HISTOIRE
DE LA
VILLE DE GAP
ET DU GAPENÇAIS

PAR

THÉODORE GAUTIER

Ancien Secrétaire général du Département des Hautes-Alpes

PUBLIÉE
POUR LA PREMIÈRE FOIS
D'APRÈS LE MANUSCRIT ORIGINAL, AVEC NOTES, DOCUMENTS INÉDITS ET TABLES

Par l'abbé PAUL GUILLAUME

Chanoine honoraire de Gap, Archiviste des Hautes-Alpes
Correspondant du Ministère de l'Instruction publique pour les travaux historiques

TOME II

GAP

IMPRIMERIE & LIBRAIRIE ALPINES, RUE CARNOT, 13

1910

ARCHIVES HISTORIQUES DES HAUTES-ALPES

X

HISTOIRE
DE LA
VILLE DE GAP
ET DU GAPENÇAIS

ARCHIVES HISTORIQUES DES HAUTES-ALPES.

I. **Chartes de N.-D. de Bertaud, second monastère de femmes de l'ordre des Chartreux, diocèse de Gap (1188-1449).** Gap, 1888, in-8° de LVI-368 pages.

II. **Chartes de Durbon, quatrième monastère de l'ordre des Chartreux, diocèse de Gap (1116-1452).** Montreuil-sur-Mer, 1893, in-8° de XXX-904 pages.

III-V. **Histoire générale des Alpes Maritimes et Cottiènes et particulièrement d'Ambrun, leur métropolitaine,** par le P. Marcellin FORNIER, Tournonois. Paris, 1890-92, 3 vol. in-8° de LVI-816, IV-779 et XXIV-559-176 pages.

VI. **Inventaire des archives seigneuriales de l'Argentière en 1481,** d'après un manuscrit de l'époque. Gap, 1888, in-8° de 67 pages.

VII. **La Période révolutionnaire dans les Hautes-Alpes,** par Théodore GAUTIER (1790-1830). Gap, 1895, in-8° de IV-190 p.

VIII. **Guillestre et ses environs.** Gap, 1906, in-8° de VI-312 p. et carte.

IX-X. **Histoire de la ville de Gap et du Gapençais,** par Théodore GAUTIER. Gap, 1909-10, 2 vol. in-8° de XLVI-722 et VIII-576 p.

XI. **Clergé ancien et moderne du diocèse de Gap.** Gap, 1909, in-8° de X-702 p.

HISTOIRE
DE LA
VILLE DE GAP
ET DU GAPENÇAIS

PAR

Théodore GAUTIER

Ancien Secrétaire général du Département des Hautes-Alpes

PUBLIÉE
POUR LA PREMIÈRE FOIS
D'APRÈS LE MANUSCRIT ORIGINAL, AVEC NOTES, DOCUMENTS INÉDITS ET TABLES

Par l'abbé Paul GUILLAUME

*Chanoine honoraire de Gap, Archiviste des Hautes-Alpes
Correspondant du Ministère de l'Instruction publique pour les travaux historiques*

TOME II

GAP

IMPRIMERIE & LIBRAIRIE ALPINES, RUE CARNOT, 13

1910

NOTE DE L'ÉDITEUR.

Ainsi que déjà nous l'avons dit (tome Ier, p. XIII), le tome IIe de la rédaction définitive de l'*Histoire de Gap et du Gapençais* par Théodore Gautier était, depuis longtemps, considéré comme perdu.

A la suite d'heureuses circonstances dont nous devons nous réjouir, et au moment même où paraissait le tome Ier de cette Histoire, M. le baron DE L'ISLEROY rencontrait, à Grenoble, dans un galetas et dans une malle oubliée, le second volume de l'*Histoire de Gap*. Notre compatriote M. Joseph CHAUVET, avocat, mis au courant de cette découverte, voulut bien nous en faire part et, sur notre demande, il eut l'amabilité de servir d'intermédiaire entre nous et l'heureux possesseur du manuscrit. M. le baron de L'Isleroy consentit aussitôt, et très libéralement, à nous confier le manuscrit original de Gautier. Nous prions M. de L'Isleroy d'agréer l'expression de notre vive gratitude.

Déjà, au moyen de la minute autographe de l'*Histoire de Gap*, que possèdent les archives des Hautes-Alpes, nous avions pu préparer une bonne copie, pour l'impression, du second volume de cette Histoire ; mais, grâce au volume manuscrit que nous a communiqué M. de L'Isleroy, il nous a été possible d'améliorer cette copie sur bien des points et d'obtenir un texte définitif, tel que son auteur l'avait arrêté peu de temps avant sa mort, arrivée le 13 octobre 1846.

Le 2ᵉ volume manuscrit de l'*Histoire de Gap*, au point de vue extérieur, est en tout semblable au 1ᵉʳ volume, acquis naguère (1885) par le Conseil général des Hautes-Alpes pour les archives du Département. Il forme un beau volume, petit in-folio de 720 pages, relié comme le tome Iᵉʳ, — dos en marocain rouge et plats en papier noir moiré, — et, comme lui, il porte sur le dos le mot : MANUSCRIT ; au-dessous, sur peau verte : *Histoire de la ville de Gap*, et, plus bas, un gros chiffre **2**, correspondant au chiffre **1** du premier volume. Les fers et décors qui ornent le dos de ces deux volumes sont identiques et se correspondent exactement.

C'est donc ce second volume de l'*Histoire de la ville de Gap* par Théodore Gautier que nous avons pris comme base de notre édition.

Ce volume ne le cède en rien au précédent, à cause de son importance et des multiples événements qu'il rappelle. Ces événements vont de 1601 à 1845. Gautier énumère tous les faits, plus ou moins remarquables, qui se sont passés dans les Alpes et, en particulier en Gapençais, sous les règnes de Henri IV (1601-10), Louis XIII (1610-43), Louis XIV (1643-1714), Louis XV (1715-74), Louis XVI (1774-92), et pendant la Révolution (1789-1800) et la période moderne (1800-1845). Ces faits se sont déroulés surtout au temps des évêques de Gap Charles-Salomon du Serre (1600-37), Artus ou Arthur de Lionne (1639-62), Pierre Marion (1662-75), Guillaume de Meschatin (1677-79), Victor de Meillan (1680-92), Charles-Bénigne Hervé (1692-1706), François Berger de Malissoles, *le Saint des Alpes* (1706-38), Claude de Cabanes (1739-41), Jacques-Marie de Caritat de Condorcet (1742-56), Pierre-Annet de Pérouse (1756-62), François de Narbonne-Lara (1763-74), François de

Jouffroi-Gonsans (1774-78), J.-B. Marie de La Tour-Landry (1778-84), François-Henri de La Broue de Vareilles (1784-1801) ; les évêques constitutionnels Ignace de Cazenenve (1791-98) et André Garnier (1799-1801) ; les évêques de Digne Irénée-Yves Desolles (1802-5) et Bienvenu de Miollis (1805-23) ; enfin sous les évêques du nouveau diocèse de Gap : François-Antoine Arbaud (1823-36), Nicolas-Augustin de La Croix d'Azolette (1837-40) et Louis Rossat (1841-44). L'épiscopat de ces différents prélats a servi généralement de cadre à Gautier pour la division de son travail.

Nous faisons suivre le texte de Gautier de diverses listes supplémentaires, soit religieuses et monastiques, soit administratives et judiciaires. Ces listes, dont l'intérêt n'échappera pas au lecteur, seront, pensons-nous, à l'avenir de quelque utilité.

Les diverses *Tables* dressées par Gautier, en tête du premier volume de son manuscrit, ne correspondant plus avec notre édition, il a fallu les refaire en entier. Nous avons pensé qu'il était préférable de les fondre toutes en une seule *Table générale des noms de lieux, de personnes et de matières*, contenus dans le texte et dans les notes des deux volumes [1].

Théodore Gautier se proposait de compléter son travail par un troisième volume, qui aurait surtout traité de la Période révolutionnaire et de l'époque moderne. Il avait recueilli divers matériaux nécessaires à la rédaction de ce volume. Nous en avons publié naguère une grande partie [2].

---

[1] La lettre *b* désigne, dans cette Table, le tome II de notre édition.

[2] Dans les *Bulletins de la Société d'études des Hautes-Alpes* (1891, pp. 225-55 et 432-47), l'analyse des délibérations du directoire du district de Gap, et, dans le *Courrier des Alpes* (des années 1892-1894), l'analyse des actes du directoire du département des Hautes-Alpes (Tiré à part sous le titre : *La Période révolutionnaire, le Consulat, l'Empire, la Restauration, dans*

En rédigeant l'*Inventaire des papiers de la Révolulution*, conservés aux Archives départementales des Hautes-Alpes, actuellement en cours d'impression [1], nous avons réuni bon nombre de notes et divers documents, qui pourront aider à perfectionner le travail de Gautier. Peut-être pourrons-nous, si Dieu nous en laisse le temps et si nous en avons les moyens, faire paraître un jour ce nouveau volume, qui servirait de complément aux deux volumes de l'*Histoire de Gap*. Mais ce que nous n'osons espérer de faire, d'autres sauront l'exécuter, tôt ou tard, tant les événements de la Période révolutionnaire et de l'époque contemporaine présentent d'intérêt captivant.

En terminant cette note, il nous est agréable de renouveler à M. Coolidge l'expression de notre gratitude pour le concours empressé et généreux qu'il a bien voulu nous fournir, concours qui nous a décidé à entreprendre l'impression de l'*Histoire de Gap et du Gapençais*.

Gap, 15 février 1910.

P. Guillaume.

---

les Hautes-Alpes par Théodore Gautier, 1790-1830. Gap, 1895, in-8°, de IV-190 pages).

[1] *Inventaire sommaire de la série L*. Les pages 1 à 256, soit 32 feuilles in-4°, sont imprimées (février 1910).

XXXᵉ LETTRE.

ÉPISCOPAT DE CHARLES-SALOMON DU SERRE.

1ʳᵉ PARTIE (1602 à 1614).

Charles Salomon du Serre, 65ᵉ évêque de Gap. Réaction catholique dans le diocèse. — 1ʳᵉ tournée de l'évêque. — Synode protestant de 1603. — Articles de foi: le Pape antechrist. — Prédications du P. Michel-Ange, d'Avignon, et du P. Richard, de la famille d'Abon, de Gap. — Conversion de plusieurs hérétiques. — Le coq du moulin de Burle. — Voyage des pénitents de Gap à Marseille. — Différends entre l'évêque et son chapitre. — Doléances du clergé sur les décimes. — Établissement des Capucins dans Gap. — Conversion de la mère et de la belle-sœur de l'évêque, et de plusieurs notables protestants — Opposition des gouverneurs de la ville et de Puymaure. — La dame du Villar, punie miraculeusement de ses railleries contre les Capucins. — Rencontre du P. Anselme et du gouverneur de Gap à la porte St-Arey. — Voyage de l'évêque à Grenoble. — Consentement de Lesdiguières à l'établissement des Capucins dans Gap. — Controverses entre le ministre protestant et le P. Anselme. — Fondation du couvent et de l'église des Capucins. — Règlement pour l'exécution de l'édit de Nantes.

Charles-Salomon du Serre, intronisé sur le siège épiscopal de Gap le 1ᵉʳ juillet de l'année 1601, ainsi que je l'ai annoncé dans ma dernière lettre [1]), voyait succéder dans cette ville, aux tourmentes qui l'avaient agitée, durant de si longues années, un calme que l'édit de Nantes et le règlement du mois d'avril 1601 semblaient ne plus permettre de trou-

---

[1]) Théod. Gautier avait d'abord écrit 21 mars 1600. Il a adopté plus tard la date ci-dessus. Cf. tome Iᵉʳ, page 704; G. 1506, et l'Introduction de G, t. III (1897), p. xvii.

bler. Il donna une forte impulsion à la réaction catholique, qui se manifesta dans son diocèse plus que sur les autres points de la France. Il n'employa d'autres armes que celle de l'éloquence, et rarement vit-on, pendant son épiscopat, sortir du fourreau où Henri-le-Grand l'avait fait rentrer le glaive sanglant des temps calamiteux qui venaient de s'écouler.

Pour plus de clarté, le règne de ce prélat doit être divisé en deux parties, car nous sommes parvenus à une époque où les matériaux historiques deviennent plus abondants. Je vous présenterai, d'abord, le seigneur spirituel, profondément affligé de voir son troupeau dispersé, les sanctuaires renversés et foulés aux pieds par l'indifférence ou l'hérésie, et travaillant sans relâche *à la réparation des temples vivants*. Le comte de Gap vous apparaîtra, ensuite, armé de tous les vieux parchemins qui avaient échappé à la fureur brutale des protestants, cherchant à ressaisir la plénitude de cette souveraineté, tant disputée dans le moyen-âge et qui, bientôt, allait être enlevée aux parties contendantes, par la fermeté d'un ministre qui rêvait et réalisait l'unité de la monarchie. Cette seconde partie renfermera, en outre, les divers actes de l'histoire civile et politique de la ville de Gap auxquels l'évêque n'eut aucune participation.

1602. — Messire du Serre, issu des seigneurs de Thèze et de St-Léger, entreprit, d'abord, la visite générale de son diocèse. Il avait à parcourir deux cents paroisses qui, pour la plupart, se trouvaient dépourvues de titulaires. Un grand nombre de prieurés et de chapellenies étaient tombés au pouvoir des seigneurs protestants, qui en percevaient les revenus, et comme il lui parut difficile de les en déposséder, sans quelques démonstrations d'une force matérielle assez importante, il eut soin de se faire accompagner par plusieurs gentilshommes, zélés catholiques, qui, tous, étaient ses parents ou ses amis. Malgré les menaces des protestants et quelques voies de fait qu'eurent à subir les personnes de sa suite, l'évêque eut la satisfaction de faire célébrer la messe dans toutes les paroisses de son diocèse, même dans les plus considérables, où le service divin avait été interrompu depuis le commencement des troubles; il y établit des curés titulaires, et il déclara vacants les bénéfices usurpés par les huguenots; ce qui *causa beaucoup de querelles, tant contre le dit seigneur évesque que contre ses parents et amis qui l'avoient accompagné en sa visite, et contre ceux qui approuvoient et soubstenoient ce qu'il avoit fait* (1).

1603. — Déjà l'année 1603 touchait à son déclin, lorsqu'un orage, que les pieuses remontrances de l'évêque n'avaient pu détourner, fondit tout à coup sur sa ville épiscopale.

Un synode protestant, qui devait s'ouvrir à Gap dans les premiers jours d'octobre, attirait dans cette ville, outre les ministres de la religion P. R. de toutes les provinces de France, un grand nombre d'étrangers et même des Luthériens sortis du fond de l'Allemagne, malgré les défenses que le Roi en avait faites en l'année 1598. A leur tête se montrait Daniel Chamier, pasteur de Montélimar[2]), qui présida le synode ou plutôt le *Conventicule de Gap*, ainsi que le nommèrent les catholiques. Afin de parer à l'orage, ou du moins pour en atténuer les sinistres effets, Charles-Salomon du Serre avait convoqué le ban et arrière-ban de toutes les célébrités orthodoxes que renfermaient les provinces voisines. Le

(1) *Livre des Annales des Capucins de Gap* [ms. in-folio, aux Arch. départ. des H.-A.], pag. 60 et 61.

[2]) Né en 1565, mort au siège de Montauban le 17 oct. 1621 (Rochas, *Biogr. du Dauphiné*, t. I (1858), p. 198-202.

P. Bruno, minime d'Avignon, et l'un des grands controversistes de l'époque, accourut à sa voix, ainsi que M. de Fenouillet, prédicateur éloquent, qui, depuis, occupa le siège épiscopal de Montpellier [1]). L'un et l'autre étaient accompagnés d'un grand nombre de religieux et d'ecclésiastiques séculiers, qui les secondèrent merveilleusement dans la lutte qui s'établit entre le temple de Ste-Colombe et l'église cathédrale de Notre-Dame.

Dans le temps que, dans la ville de Gap, les partisans du libre examen et de la raison individuelle imposaient comme articles de foi et de discipline à leurs coreligionnaires : 1º que le baptême conféré par un protestant qui aspire à l'emploi de ministre est invalide et doit, par conséquent, être réitéré ; 2º que les ministres doivent rarement invoquer, dans leurs sermons, le témoignage des Pères et des Docteurs scolastiques, pour s'en tenir à la parole de Dieu ; 3º que les disputes scolastiques ne seraient plus traitées dans les consistoires, mais renvoyées aux écoles ; 4º que toute l'obéissance de Christ en sa vie et en sa mort nous est imputée pour l'entière rémission de nos péchés, comme n'étant qu'une seule et même obéissance ; 5º que l'évêque de Rome, lequel prétendait domination sur toutes les églises et tous les pasteurs et se nommait Dieu, *est proprement l'antechrist, le fils de perdition marqué dans la parole de Dieu, et la bête vêtue d'écarlate, que le Seigneur déconfira, comme il l'a promis et commence déjà ;* dans le temps, dis-je, que l'assemblée hétérodoxe arrêtait que le Roi serait prié d'employer son intercession auprès du duc de Savoie, pour qu'il laissât la liberté de conscience aux protestants du marquisat de Saluces, et Sa Majesté serait, en outre, suppliée de trouver bon

---

[1]) Pierre Fenouillet, d'Annecy (Savoie), docteur en théologie, nommé théologal de Gap le 6 oct. 1601, devint évêque de Montpellier en 1608 et y mourut en 1652.

que les termes de *Religion Prétendue Réformée* ne fussent plus employés dans les actes judiciaires, — car ils ne pouvaient s'en servir en conscience, — le R. P. Bruno faisait retentir, deux fois le jour, les voûtes, encore délabrées, de l'église cathédrale, et sa parole éloquente réfutait les erreurs et les paradoxes des ministres réformés. Il n'avait garde d'éprouver de la répugnance à assister à leurs prêches; au contraire, il se rendait, chaque jour, dans leur temple, et, souvent, emporté d'un saint zèle, il repoussait, dans le temple même, tout ce que l'orateur protestant venait d'articuler contre la foi catholique. Les autres prédicateurs, l'éloquent Fenouillet à leur tête, agissaient fortement de leur côté, en prêchant dans tous les coins et recoins de la ville et en s'attirant l'admiration dans leurs conférences particulières.

Le vigilant pasteur qui ne prêchait pas, mais qui, d'ordinaire, assistait à toutes les prédications des ministres catholiques, avait ordonné à tous les curés de son diocèse de se rendre à Gap, pour accompagner les processions journalières de la paroisse; de sorte que, *chasque jour*, dit le rédacteur du *Livre des Annales des Capucins*, *venoient un grand nombre des processions avec une dévotion exemplaire à l'édification des catholiques et confusion des hérétiques*. Le St Sacrement était exposé dans toutes les églises, où les processions allaient le visiter et l'adorer; le retour à la cathédrale était toujours suivi d'un sermon, *et ledit seigneur évesque défrayoit les prestres et curés qui y venoient*. Enfin, le digne pasteur vit couronner son zèle d'un succès qu'il n'avait trop osé espérer, car, *par la grâce de Dieu, il se fit des conversions, mesmes de quelques-uns de leurs ministres* (1).

(1) *Livre des Annales des Capucins de Gap*, p. 60 et 61. — *Mémoires chronologiques et dogmatiques pour servir à l'histoire ecclésiastique*, par le s^r d'Avrigni. Tom. I, p. 11 et suiv. — Œuvres

Bien que les luthériens, venus d'Outre-Rhin, n'eussent pu s'entendre avec les calvinistes sur aucun des points entre eux constestés, le conventicule ou, pour parler plus poliment, le synode de Gap eut du retentissement dans le monde *prétendu* réformé, ou réformé tout court, pour faire droit à sa requête. Les synodes de La Rochelle, de Privas et de Tonneins, tenus en 1607, en 1612 et 1614, confirmèrent ce qui avait été arrêté par les Pères de Gap; mais le fameux Dumoulin et le synode d'Ay[1]) en rejetèrent ou en blâmèrent quelques articles; et, à l'occasion du pape déclaré *Antechrist*, le ministre et l'ami d'Henri IV, le duc de Sully, ne put s'empêcher de dire que c'était l'ouvrage d'une troupe de bigots. Il écrivit à l'assemblée, pour l'inviter à retrancher ce nouvel article de foi; mais elle eut d'autant moins d'égards à ses remontrances qu'elle ne le considérait pas comme un calviniste assez dévot. Les catholiques écrivirent, de leur côté, pour venger la chaire de St-Pierre et en soutenir les droits. Dans la suite, Bossuet tonna contre le synode national de Gap; il pressa les calvinistes de vives interrogations qui sont restées sans réponse; mais j'ai tout lieu de craindre, qu'aux yeux des zélés ministres de l'époque actuelle, le Pape ne soit toujours *la beste vestue d'écarlate que le Seigneur* tarde trop de *déconfire* (2).

Cependant Charles-Salomon du Serre, qui craignait de voir ralentir l'enthousiasme pour la bonne cause qu'avaient montré les catholiques de sa ville épiscopale, durant la tenue du synode, demande des secours, vers la fin de l'année, au Provincial

de Bossuet. *Hist. des variations*, édit. de Liège, 1766, tom. 4 des Œuvres complètes, p. 539 et suiv.

[1]) Ay-Champagne, chef-lieu de canton, arr. de Reims (Marne).
(2) *Mémoires* du P. d'Avrigni, loc. cit. — Bossuet, *Hist. des variations, loco citato*. — Voir, au surplus, la polémique qui s'est élevée naguère entre les catholiques et les protestants de Grenoble.

des capucins de Provence, qui s'empressa de lui envoyer le Père Michel-Ange d'Avignon, gardien du couvent d'Aix, très docte, très dévot et très zélé prédicateur, auquel il donna pour compagnon le R. P. Richard, né dans le sein de la ville de Gap, appartenant à la noble maison d'Abon et qui, dans le monde, avait porté le nom de François d'Abon. Il était fils d'un autre François, seigneur de Montfort, et de Catherine de Bonne, sœur de ce fameux baron d'Auriac, devenu vicomte de Tallard, depuis quelques années, et, de ce côté, allié aux plus illustres familles du Dauphiné. Pendant sa jeunesse, il avait été page de Lesdiguières, alors que celui-ci était lieutenant du Roi en cette province ; mais il déposa son armure pour entrer dans un ordre monastique, sur la fin du XVIe siècle, et il fut reçu capucin le 3 novembre 1600. Du reste, le P. Richard *était de riche taille, d'un aspect vénérable, beau de corps et de visage, d'un maintien grave et doué d'un très bon esprit* (1) et, sans doute, non moins éloquent que le P. Michel-Ange, auquel le Père Provincial l'avait adjoint.

1604. — Leurs prédications, pendant l'Avent de l'année 1603 et le carême de l'année suivante, ébranlèrent fortement les croyances des hérétiques et excitèrent si vivement la piété des catholiques que, de toutes parts, dans la ville, on ne rêvait que capucins et que l'on demandait à grands cris qu'un couvent de leur ordre y fût établi. Quarante hérétiques de l'un et de l'autre sexe abjurèrent leurs erreurs. La joie des catholiques fût immense, en voyant rentrer au giron de l'Église l'épouse de noble Pierre du Faure, *grande savante à la controverse et fort obstinée ; de laquelle la conversion fut une espèce de miracle de la souveraine bonté et miséricorde de Dieu,*

(1) *Liv. des Annales des Capucins,* p. 1.

aïant du despuis vescu fort vertueusement et pieusement dans nostre religion, et on la consideroit comme un miroir de vertu et de dévotion, ce qui esbranla fort les hérétiques et consola beaucoup les catholiques (1).

Je n'oserais me permettre de passer sous silence les quarante heures prêchées aux trois fêtes de Pâques par l'étonnant P. Michel-Ange. Le froid était excessif, malgré la saison déjà avancée : la neige couvrait, non seulement les crêtes de Chaillol, de Céûse et de Charance, mais s'étendait en abondance jusques sur les bords de Luye ; les chemins en étaient remplis, et cependant une foule presque innombrable affluait dans la ville de Gap. En ce temps-là, le fameux moulin de Burle, premier témoin des prédications de Guillaume Farel, moulin hérétique, s'il en fût jamais et toujours habité par des hérétiques, vit s'accomplir une merveille dont le récit sera mieux placé sous la plume naïve du R. P. qui a rédigé le *Livre des Capucins*, qu'il ne saurait l'être par celle de votre correspondant :

« Quoiqu'il fît grand froid et qu'il y eût quantité
« de neige, plusieurs, néanmoingz, estoint si ardens
« qu'ilz y venoint à piedz nudz par dévotion, de
« quoy les hérétiques enrageoint, mais particuliè-
« rement une femme hérétique, laquelle demuroit
« au molin proche du pont qui est sur le chemin
« allant de la ville aux RR. Pères Cordeliers, où
« s'arrestoint les processions des paroisses qui
« venoint de ce coste-là, pour se ranger et entrer
« en ordre dans la ville : laquelle voyant un si
« grand abord de peuple, avec un si grand zèle,
« dévotion et mortification, marchant à piedz nudz
« dans la neige, s'escria comme une enragée : « Et
« puis, vous direz que ce capucin n'est pas un sour-
« cier et un magicien ? Hé ! ne voyés-vous pas com-
« me il fait venir tout ce pauvre monde avec un

(1) *Livre des Annales des Capucins de Gap*, p. 67.

« temps si rude et mauvais » ? Mais à peine eut-
« elle achevé ces exécrables paroles que Dieu en
« voulut faire faire un chastiment exemplaire, per-
« mettant qu'un coq luy sauta sur la teste, et l'aïant
« eschevelée et esgratignée tout le visage, avec une
« furie extraordinaire, luy vouloit encores arracher
« les yeux, n'eust esté le secours charitable des
« catholiques, qui le luy arrachèrent par force de
« dessus : ce qui donna de la terreur aux autres
« hérétiques pour ne blasmer pas la dévotion des
« catholiques, laquelle s'acreut par ce nouveau et
« prodigieux accident » (1).

Le Père Michel-Ange eut à dévorer bien des insultes de la part des hérétiques, mais il les supporta avec constance, les repoussa avec générosité, et sa patience n'en reçut aucune altération. Il s'en retourna à Aix, après avoir fait dans Gap une abondante récolte de fruits spirituels. Les larmes des habitants lui témoignèrent le regret que leur causait son éloignement. Les vénérables frères de la congrégation des pénitents blancs, ayant appris qu'il prêcherait les Avents de cette même année 1604, dans l'église collégiale des Accoules de Marseille et qu'il y ferait les quarante heures aux fêtes de Noël, prirent la résolution de se rendre dans cette ville, pour l'ouïr et gagner les indulgences, et ils le prièrent de leur réserver une heure pour assister exclusivement à ses prédications.

En effet, les pénitents de la ville de Gap, au nombre de quarante-six, accompagnés de quelques femmes dévotes, se rendirent processionnellement à Marseille, aux approches des fêtes de Noël. Le froid, la neige, la glace accompagnèrent leur pèlerinage ; mais ils étouffaient leurs murmures, en voyant venir à eux les processions des villes qu'ils avaient à traverser, en entendant louer leur zèle et leur dévotion par les bons catholiques de Provence, qui les

---

(1) *Livre des Annales des Capucins*, pp. 67 et 68.

recevaient *comme des anges du Paradis,* et qui s'estimaient trop heureux d'en avoir quelques-uns *pour les loger et caresser dans leurs maisons.* Je serais bien long et passablement ennuyeux, si je vous disais en détail avec quel honneur et quel empressement nos pénitents furent accueillis, dans la vieille cité des Phocéens, les processions auxquelles ils assistèrent, les sermons que le bon Père Michel-Ange leur réserva, et par quels actes de dévotion *ils gagnèrent le Jubilé.* Il vous suffira d'apprendre que, le jour de saint Jean l'Évangéliste, ils demandèrent à leurs confrères de Marseille, qui tenaient la chapelle du Saint-Esprit, de leur accorder, par grâce, un crucifix, car ils n'en possédaient aucun : celui qu'ils avaient porté à Marseille ayant été emprunté par eux de l'église cathédrale de Gap. Non seulement les frères du Saint-Esprit leur donnèrent ce beau crucifix que vous pouvez voir encore aux fêtes solennelles du Saint-Sacrement et du patron du diocèse, ou lorsqu'il est porté nu-pieds à N.-D. du Laus, le jour où les respectables Frères s'y rendent processionnellement ; mais ils y ajoutèrent une croix peinte en noir et en argent, et une bannière, où le Saint-Esprit était représenté et qui fut consumée lors du terrible embrasement de 1692. Nos pénitents furent immédiatement agrégés à la confrérie du Saint-Esprit, dont ils prirent le nom, en quittant celui de Ste-Anne qu'ils avaient porté jusqu'alors ; puis, les frères Jean Ariey-Rostaing et Théophile Arnaud, l'un recteur et le second sous-recteur, jurèrent et promirent de tenir les pénitents de Marseille pour leurs fondateurs. Ces derniers les accompagnèrent, ce jour même, jusques à St-Lazare, *où, s'estant mutuellement embrassez et prins congé les uns des autres, se séparèrent avec grande tendresse de charité chrestienne, chascun pour retourner chez soi* (1).

(1) *Livre des Annales des Capucins de Gap,* p. 68 et 69.

Il m'eût été pénible de couper le récit des événements survenus avant et pendant le synode des Calvinistes, et des actes de dévotion qui le suivirent et qui s'y rattachent, pour vous parler du différend qui, dès le commencement de l'épiscopat de Mgr du Serre, s'était élevé entre ce prélat et son chapitre et qui fut terminé par une sentence arbitrale du 5 février 1604, rendue à Aix par le vénérable Père Michel-Ange et par les frères Fabriquez et Audibert. Il s'agissait de la juridiction civile et criminelle de l'évêque, à laquelle le doyen et ses chanoines prétendaient n'être pas soumis. A l'appui de cet exhorbitant privilège, ils invoquaient un grand nombre de vieux titres et, entre autres, une bulle à eux octroyée par le pape Alexandre III, portant que la juridiction civile et criminelle sur les chanoines et autres prêtres de l'église de Gap, leurs serviteurs et leurs domestiques, était donnée au doyen et au chapitre ; partant, qu'ils étaient exemptés de la juridiction de l'évêque, ainsi que de tous autres juges [1]); laquelle bulle avait été confirmée par le pape Benoît XIII, au mois de janvier 1176 [2]).

Charles-Salomon du Serre, qui n'était pas d'humeur à laisser s'échapper de ses mains l'une des plus belles prérogatives de l'épiscopat, contestait l'authenticité des titres produits par les chanoines et exigeait d'eux, au mois de janvier 1604, une déclaration par laquelle ils reconnaissaient leur seigneur évêque, avec toute l'autorité et la juridiction qu'il avait sur eux, en vertu de la sect. 25, ch. 26, du Concile de Trente, renonçant à user des privilèges par lesquels le doyen du chapitre prétendait avoir lui-même juridiction sur les chanoines. Elle fut, en effet, souscrite, le 23 janvier, par les sieurs Buysson,

[1]) Cette bulle, du 2 septembre 1176, est très suspecte (cf. G. 1859, page 26 de l'Inventaire).
[2]) La prétendue confirmation de Benoît XIII est datée de Gênes, 12 juin 1405 (G. 1859, *ibid.*).

de Montjeu, C. Arnaud, Astier et Fenouillet. Il paraît que les autres chanoines refusèrent d'apposer leur signature au bas de cette déclaration ; mais, bientôt après, fut rendue la sentence arbitrale déjà mentionnée, laquelle apporta des modifications importantes aux prétentions réciproques des parties. Il fut décidé par les arbitres :

1º Que l'évêque aurait juridiction sur le chapitre, à la forme de l'art. 11 de l'ordonnance d'Orléans. On y dérogeait, toutefois, en ajoutant par exception que deux chanoines siégeraient, avec l'évêque, pour juger tous les ecclésiastiques de la cathédrale ;

2º Que le doyen aurait à lui seul la juridiction civile ;

3º Que l'évêque aurait, seul, le droit de convoquer le chapitre, à moins qu'il ne s'agît d'affaires où il n'aurait nul intérêt. Dans ce cas, il serait convoqué par le doyen, mais l'évêque devait en être prévenu, afin de s'y trouver et de présider l'assemblée, s'il le jugeait convenable ;

4º Enfin, que la transaction de 1531, relativement aux réparations de la cathédrale, mises à la charge de l'évêque, serait exécutée (1).

Ainsi fut rétablie l'harmonie au sein de l'église de Gap. Elle vécut en paix jusques en 1627, et, depuis lors, je pense, elle n'a plus été troublée. On dit pourtant qu'en l'an de grâce 1838, un changement dans le *Rituel* a trouvé des opposants dans les stalles de la cathédrale. On ajoute que le métropolitain a rendu une décision en faveur du prélat et que les chanoines vont recourir à l'autorité absolue du Saint-Siège. Et toute cela passe inaperçu dans la plus petite ville épiscopale du monde chrétien. O indifférence !

1605. — Cependant, dans ses rapports avec le

(1) Archives de la Préfecture. *Déclaration* du 23 janvier 1604. — *Sentence arbitrale* du 25 février suivant. Mss.

clergé de France, l'église de Gap se trouvait dans un embarras extrême. Au mois de décembre 1605, elle devait encore, sur les décimes qu'elle s'était engagée à payer, une somme de 26.000 livres, indépendamment de sa cotisation dans l'aliénation des biens ecclésiastiques. Elle ne savait trop où puiser pour faire face au paiement qui lui en était demandé ; aussi, dans sa requête à l'assemblée du Clergé, où le diocèse de Gap est présenté comme le plus pauvre et le plus désolé des diocèses de France, par suite du ravage qu'il avait souffert durant les guerres civiles, demanda-t-il la remise entière des 26.000 l. et la décharge de ce qu'il restait devoir sur l'aliénation de 1576, à moins de voir cesser tout à fait le service divin. L'évêque se rendit à Paris, l'année suivante (1606), pour appuyer les doléances de son clergé, et obtint du Roi qu'il serait procédé à un nouveau répartement des décimes ; mais l'exécution de cette mesure fut ajournée à de longues années, et ce n'est qu'en 1613 que le diocèse obtint, enfin, un juste rappel à l'égalité proportionnelle (1).

1613. — J'arrive ainsi à cette dernière année, non pour continuer l'histoire peu intéressante des contributions frappées sur le clergé, mais pour laisser raconter au pieux historien de *la Fête du Saint-Sacrement*[2]), comment les désirs du prélat et de la population catholique de Gap furent enfin satisfaits, par l'établissement, dans le sein de la ville, de ces vénérables frères de l'ordre de Saint-François qui, dès le commencement du siècle, y avaient opéré des conversions si éclatantes. L'opposition, les menaces et les voies de fait des protestants furent des obstacles que le zèle et la persistance des catho-

(1) Requête du Clergé de Gap du 22 décembre 1605. Ms. — *Livre des Annales des Capucins,* p. 61.

²) Au sujet de cette « supercherie littéraire », voir le t. Iᵉʳ, p. xxi-xxii.

liques parvinrent à surmonter, et, bientôt, il ne resta plus à la secte hérétique que l'arme du sarcasme et du ridicule, laquelle vint s'émousser sur le bouclier de la foi orthodoxe.

La parole est définitivement au chroniqueur de 1744 :

« Les RR. PP. Capucins, dignes successeurs de ces bons pères que leurs travaux apostoliques avaient fait admirer dans notre cité, dès l'année 1604, et que Monseigneur Charles-Salomon du Serre parvint à établir, en 1614, dans le joli local qu'ils possèdent, le long du torrent du Turellet, et où il fit construire les beaux édifices et la belle église qui le décorent ; les RR. PP. Capucins, disons-nous, marchaient gravement, à la suite des ermites de Charance, de La Rochette et de Rambaud, tous revêtus de chasubles ou de dalmatiques par-dessus leur robe d'un gros drap brun, tissé hors de nos murs, car ces pauvres religieux avaient trouvé trop rude celui que, 18 ans en çà, avait fabriqué à leur usage Jacques Valentin, maître cardeur de la rue Boucharde (1).

« Mais, chose que l'on n'avait pas encore vue dans aucune procession précédente, et qui avoit été ainsi réglée par délibération du vénérable chapitre, en cette grande circonstance, l'on étoit tenu de faire paroître à la procession les statues et les reliques des saints de chaque monastère, de chaque église et de chaque paroisse. Les Capucins, obtempérant à cet ordre, avoient fait sortir de sa niche la belle statue en marbre, représentant la Sainte Vierge, tenant dans ses bras son divin enfant, que le R. P. Nicolas de Briançon, gardien actuel du couvent, avait fait venir de Gênes, et pour l'achat de laquelle honorable Honoré Pauchon, de cette ville de Gap, avait donné cent écus (2) ; elle précédait les RR.

(1) *Livre des Annales des Capucins*, p. 88.
(2) *Livre des Annales des Capucins*, p. 104.

PP., portée sur un brancard par deux frères lais et les deux portiers du couvent. Il n'avoient eu garde de laisser l'image colossale de saint Roch dans la chapelle qui lui est consacrée, qui fut érigée en 1630, au moment où la peste affligeait cruellement la ville de Gap et dans laquelle, le 16 août de chaque année, nos consuls, accompagnés du conseil de la communauté, se rendent en chaperon, pour y entendre une messe votive (1). Cette statue étoit portée, moyennant salaire, par quatre robustes travailleurs de terre du quartier Saint-Arey et terminoit le cortège des vénérables Capucins.

« Vous savez, cher lecteur, que je me plais, trop souvent peut-être, à couper mon récit par de longues digressions, lorsqu'un incident quelconque rappelle à mon souvenir quelque fait important de l'histoire de notre antique cité. Vous serez d'autant moins étonné de trouver en ce lieu le narré de l'établissement de ces bons pères dans Gap, que les événements qui s'y rattachent montrent comment, après les grands troubles et les sanglants démêlés des guerres de religion, les traités et les règlements de conciliation sont exécutés par les parties adverses.

« Or, vous saurez que, depuis l'année 1604, où le Père Michel-Ange et ses compagnons étoient venus dans cette ville, pour y combattre corps à corps l'hérésie, réunie en synode, les catholiques n'avoient cessé de soupirer après le moment où ils verroient s'établir dans Gap un couvent des vénérables pères de saint François, connus sous le nom de *Capucins*. Une tentative fut faite en 1609, mais, quoique la plupart des habitants se fussent taxés volontairement pour couvrir une partie de la dépense, elle resta néanmoins sans effet. Au mois de septembre 1613, le chapitre provincial d'Avignon consentit à

---

(1) *Livre des Annales des Capucins*, p. 99.

l'établissement des Pères dans notre cité, et les très doctes prédicateurs P. Anselme de Forcalquier et P. Marcel de Capentras, vinrent y prêcher l'Avent. Ne serez-vous pas surpris, ami lecteur, d'apprendre, qu'à cette époque, la mère et la belle-sœur de notre seigneur évêque, de celui qui, depuis son entrée dans l'épiscopat, n'avoit cessé de battre en brèche les sophismes de Farel et de Calvin, étoient encore enlacées dans les liens de l'erreur ? Eh bien ! la dame du Serre, sœur du très zélé catholique Étienne de Bonne d'Auriac, alors vicomte de Tallard, et mère de Mgr Charles-Salomon, ainsi que madame sa belle-fille, de la maison de Poligny, épouse de noble Daniel du Serre, l'une et l'autre de la Religion Prétendue Réformée, ne purent résister à l'éloquence et à la dialectique du R. P. Anselme, et furent reçues à la foi catholique, avec le seigneur de Manteyer, de la maison du Faur; Charles Philibert, seigneur de Charance ; la demoiselle de Saint-Léger ; maître Jean *Pauletti*, qui avoit vu commencer l'hérésie dans la ville de Gap ; et, ce qu'il y a peut-être de plus étonnant, avec l'apostat hérétique, messire François *Turri*, prêtre augustin.

« Vous dirai-je, maintenant, comment noble Louis de Vachon, seigneur de La Roche et de l'Espiney, conseiller au parlement de Grenoble, et madame son épouse, l'un et l'autre d'une haute et sublime dévotion, très riches et sans famille, contribuèrent largement de leurs aumônes à l'établissement des RR. PP. Capucins ? Comment, dans une assemblée générale des catholiques, ledit seigneur de La Roche offrit d'acheter l'emplacement où le couvent seroit élevé? Comment l'offre de M. de Camargues de donner sa métairie, située près le prieuré de St-André[1]), fut rejetée, parce qu'elle se trouvoit trop

---

[1]) De la dépendance de l'abbaye de Cluny (voir ma *Notice historique sur le prieuré de St-André de Gap*, Montbéliard, 1881, in-8° de 12 p.).

rapprochée du couvent des Cordeliers [1]) et que, d'ailleurs, elle étoit trop exposée à la bise ? Comment on ne trouva pas de terrain plus convenable que le pré et la terre de M. Arnoux de Lagier, surnommé *M. Gangaille,* trésorier général des finances, situés près le Turellet, et qui furent acquis et payés par ledit sieur de Vachon, son cousin, le 19 février 1614 ? Comment ce généreux seigneur reçut du prieur de Saint-Arey [2]), de qui elle relevoit en partie, l'investiture de la terre par lui acquise et en fit ensuite une donation aux Capucins ? Comment, enfin, messire Charles-Salomon du Serre acquit pour eux, de la prévôté, un pré contenant une charge de semence, contigu aux terres données par le s^r de La Roche ? Les détails en sont consignés dans les registres que l'on conserve soigneusement au couvent, et, si vous désirez les connaître, adressez-vous, cher lecteur, au R. P. Nicolas, qui s'empressera de vous les montrer, pourvu que vos recherches ne soient pas excitées par une vaine curiosité et qu'elles ayent pour mobile l'esprit de charité dont étoient animés les bienfaiteurs et les fondateurs du couvent.

« A présent, voyez accourir à Gap les seigneurs et les principaux habitants des villages voisins, pour assister, avec les gentilshommes et les bourgeois et manants de la ville et de sa banlieue, à la plantation de la croix.

« C'étoit le second jeudi de carême, 20 février 1614, que la procession générale se disposa sur la place de St-Arnoux, au sortir de la messe solennelle, qui avoit été suivie d'un sermon, où le R. P. Anselme avoit parlé comme à son ordinaire, *c'est-à-dire à merveilles, avec grande affluence et concours du beau monde,* ainsi qu'on le trouve écrit en toutes

---

[1]) Ou Frères Mineurs conventuels.
[2]) De la dépendance de la prévôté d'Oulx (en Piémont). Ce prieuré avait été établi en 1080.

lettres ès dits registres. *Dix-huit cents jeunes filles*, voilées et habillées de blanc, marchoient les premières dans un ordre parfait. Elles étoient suivies d'une foule de petits enfants, dans le costume des anges du Paradis et portant les mystères de la Passion, lesquels devoient être attachés à la croix, qui venoit après eux. Cette croix, d'une grande dimension, étoit portée par les principaux seigneurs et gentilshommes qui assistoient à l'imposante cérémonie et qui, *à l'imitation de l'empereur Constantin, prindrent à grande honneur de porter sur leurs propres espaules le signe adorable de nostre rédemption que J.-C. avoit porté, y avoit été crucifié et y avoit rendu les derniers aboys de sa vie parmi les douleurs.*

« L'on distinguoit, parmi ces nobles hommes : M. le conseiller de La Roche, premier bienfaiteur du couvent ; le fameux Étienne de Bonne, baron d'Auriac et vicomte de Tallard, qui, pour éviter des querelles, avoit refusé à MM. ses fils la permission de venir à Gap en cette conjoncture ; le s^r de Flotte, comte de La Roche [et] de Montmaur ; le frère du premier pasteur du diocèse, Daniel du Serre, seigneur de Thèze, de Melve et d'autres places ; le s^r du Saïx ; le capitaine Jean de Bataille, et quelques autres seigneurs qui, à l'envi, se joignirent à eux, pour les soulager durant le trajet. Les Mineurs conventuels et les Dominicains, qui se trouvoient les plus rapprochés du noble cortège, étoient suivis du clergé de la cathédrale, dont les chantres, quittant le plain-chant ordinaire, faisoient retentir les airs d'une musique délicieuse, et de Monseigneur de Gap, vêtu pontificalement et ayant à ses côtés les RR. PP. Marcel et Anselme. Les magistrats, les deux consuls catholiques de la ville et *quatorze mille* personnes de tous les ordres, de tous les rangs et de toutes les professions, que l'on voyait ensuite, représentoient un corps d'armée allant combattre l'hérésie avec l'arbre du salut. La croix fut plantée et ensuite adorée par cette multitude, *avec de si grands signes de joye qu'on les pouvoit, avec raison, raporter à ceux que le peuple Hébreu donna à l'arrivée de l'arche renvoyée par les Philistins.* A l'heure de midi, la cérémonie était terminée, et la procession reprenoit le chemin de la cathédrale, après avoir reçu la bénédiction donnée par l'heureux pontife, qui avoit su la rendre si solennelle et si magnifique (1).

« Mais sachez, ami lecteur, qu'en ce temps-là, la ville de Gap et la citadelle de Puymaure qui, en l'année 1596, avoient été données aux protestants, comme places de sûreté, avoient pour gouverneurs, à sçavoir: la citadelle, le sr de Montalquier²), et la ville, le seigneur du Villar, l'un et l'autre hérétiques fort zélés pour leur parti. En vain, ils avaient voulu mettre des obstacles à la plantation de la croix des Capucins, menacé de l'arracher de vive force, si jamais on l'élevait; l'enthousiasme des populations catholiques accourues à l'auguste cérémonie leur en avoit imposé, bien qu'ils se sentissent appuyés par toutes les personnes de la Religion Prétendue Réformée, en bon nombre dans Gap. Leur menace n'eut d'autres suites que des moqueries, des railleries et des blasphèmes que le Ciel s'empressa de punir, ainsi que le verrez dans le récit suivant, fait par le R. P. capucin qui a écrit le *Livre des Annales du couvent* et qui, à son tour, se raille si délicatement des railleurs huguenots:

« Ce mesme jour, Madame du Villard, femme du
« dit sieur gouverneur, obstinée hérétique, accom-
« pagnée de quelques femmes de sa religion, qu'elle
« avoit assemblé à dessein, s'en alla voir la croix et
« le lieu où l'on l'avoit plantée, disant que c'estoit
« une *albareste,* se riant, mocquant et raillant avec
« mespris des mystères qu'on y avoit attachés,

(1) *Liv. des Annales des Capucins,* p. 70, 71 et 72.
²) Le ms. de l'auteur porte, par erreur, *Montorcier.*

« avec des paroles et des gestes d'impiété et de
« blasphème. Mais Dieu ne tarda pas longtemps à luy
« faire porter sensiblement et visiblement la peine
« de son crime : car, la nuict d'après, estant couchée
« dans son lict, elle fut travaillée d'un cours de
« ventre, qui l'obligea à se lever promptement, sans
« attendre la lumière, et marchant dans les ténèbres
« à la précipité, elle visa contre une fenestre ouverte,
« qui la blessa cruèlement tout le long du visage ;
« duquel coup elle fut si fort surprinse et estourdie
« que, se voulant abbaisser, elle rencontra un dos-
« sier d'une chèse qui la blessa à travers le visage,
« luy ayant fait une croix qu'elle porta plus de trois
« moys, sans oser sortir de sa maison : ce que les
« catholiques ayant sceu, disoint publicquement
« que c'estoit la punition de son crime et que cette
« albareste avoit tiré son dard qui l'avoit si bien et
« visiblement marquée » (1).

« Cependant tout n'étoit pas fait, ou plutôt tout restoit à faire, puisqu'il falloit bâtir un couvent et élever une église. Il n'y eut pas, dans notre cité, un ecclésiastique, un gentilhomme, un avocat, un médecin, un bourgeois, un artisan et même un procureur qui n'y contribuât par des taxes volontaires. Le zèle des uns et des autres ne faisant que croître et embellir, l'on vit, peu de jours après la plantation de la croix, les hommes, les femmes, les garçons et les filles, les jeunes comme les vieux, se porter en masse à un bastion démoli, près la porte Colombe, et à la muraille de la contre-escarpe du *barriot,* en enlever les pierres et les porter sur les bords du Turellet, au lieu où la croix était plantée. Les huguenots en frémirent de rage, et le gouverneur de la ville en porta ses plaintes au duc de Lesdiguières, notre ancien ennemi et pour lors lieutenant du Roi en Dauphiné, lui demandant un commissaire pour informer contre les catholiques,

(1) *Livre des Annales des Capucins de Gap,* p. 72.

destructeurs des remparts confiés à sa garde, et des soldats pour mettre fin aux désordres commis par eux. L'évêque y remédia, d'abord qu'il en eut connaissance, en faisant publier, à son de trompe, la défense d'enlever les pierres des fortifications de la ville. M. du Villar, qui à toute force vouloit empêcher l'érection du couvent, forma opposition dans une assemblée du conseil et des notables, soutenant que le lieu où il devoit s'élever était trop près de la ville, pour ne pas devenir, selon les occurences, préjudiciable à la sûreté et à la garde d'icelle, et que, d'ailleurs, Gap étant une des villes données en ôtage aux Réformés, aucun nouvel établissement religieux n'y pouvoit être fait, aux termes de l'édit de Nantes.

« C'est dans ces moments de crise que, rencontrant un jour le P. Anselme, dans l'entre deux de la porte St-Arey, le gouverneur tira son épée contre ce digne religieux, l'appellant *sorcier et magicien, avec des paroles de menace, de colère et d'injures, et le traitant de séducteur, de faux prophète.* Loin d'être irrité de ces graves insultes, le prédicateur catholique écarta le vêtement qui couvroit sa poitrine, *pour l'assurer qu'il prendroit à faveur de mourir pour la querelle de J.-C. et de sceller de son propre sang la vérité de l'Évangile qu'il preschoit.* Les catholiques, dont étoit peuplé le quartier qui porte le nom du grand *Arigius*, accoururent sur le lieu témoin de l'insulte faite à ce bon père et le tirèrent des mains du seigneur du Villar. Déjà l'on entendoit proférer des cris de vengeance, déjà la proposition de profiter de cette circonstance pour se défaire des hérétiques éclatoit au milieu du tumulte, lorsque M. le conseiller de La Roche vint calmer les esprits par de douces paroles et une patience à toute épreuve (1).

---

(1) *Liv. des Annales des Capucins*, p. 73.

« Enfin, à la suite de diverses délibérations du conseil de la communauté, après que l'on se fut assuré que l'établissement du couvent, sur la rive gauche du béal du Turellet, ne nuisoit aucunement à la sûreté de la place, Monseigneur du Serre, animé d'un saint zèle pour l'établissement des Capucins dans sa ville épiscopale, prit la résolution de se rendre auprès du seigneur des Diguières, nonobstant la rigueur de l'hiver et l'abondance des neiges, qui avoient entièrement interrompu les communications de Gap à Grenoble et particulièrement au col de *Saint-Grigou*[1]), vers la montagne de Bayard. Il étoit précédé de cent paysans, qui lui ouvroient les avenues, et lui-même étoit porté dans une chaise à bras, non sans danger imminent d'y perdre la vie. Sa démarche fut couronnée d'un plein succès : non seulement Lesdiguières lui octroya sa demande, mais étant venu à Gap, au mois de mai suivant, il fit à M. du Villar des reproches sur la conduite qu'il avoit tenue en cette conjoncture, desquels *il profita, nous aïant, du despuis, honoré et salué fort civilement*. Enfin, le 11 du même mois, étant à Puymaure, le gouverneur du Dauphiné écrivit au Provincial de Provence, pour lui annoncer qu'il avoit consenti à l'établissement des Capucins dans notre ville, espérant que ces religieux maintiendroient les peuples en paix et dans leur devoir au service du Roi (2).

[1]) Le col *Saint-Guigues* sur lequel anciennement était construite une maison hospitalière, dont Brun était précepteur ou commandeur le 20 avril 1224 *(Bull. Soc. d'étud. des H.-A.*, 1883, p. 116. Cf. G. 2218).

(2) *Livre des Annales des Capucins*, p. 74 et 75. La lettre de Lesdiguières [au Père Provincial] se trouve textuellement dans la suite de ce recueil.

La voici en entier :

> *Coppie de la lettre de Monsieur le mareschal de Lesdiguières, lieutenant et gouverneur du Roy en Dauphiné, qui nous permet de bastir le couvent à Gap, escripte au révérend père provincial de Prouvence.*

Monsieur, Il a pris envie à M. l'évesque de Gap d'instituer un couvent de vostre ordre auprès de la dite ville ; ce que j'ay permis

« A présent, cher lecteur, il faudroit vous faire assister aux controverses qui eurent lieu, durant le carême de cette même année 1614, où le s^r Pioulet, ministre hérétique de la ville de Gap, fut confondu par le P. Anselme, tandis que le P. Marcel, son compagnon, restoit sans mot dire, et vous apprendre comment un conseiller calviniste au parlement de Grenoble, nommé *Martinelly*, trompé par ce silence, crut pouvoir l'attaquer avec avantage et trouva dans ce capucin un antagoniste digne de lui et un homme qui joignoit à un extrême douceur une dialectique lumineuse et puissante, tellement qu'il avoua n'avoir jamais connu un plus savant docteur en théologie, et qu'il l'invita à l'aller voir à Grenoble et de prendre logis dans sa maison.

« Mais revenons au couvent et à l'église des capucins de Gap, dont on fit dresser les plans aussitôt la belle saison. L'adjudication des travaux de construction en fut passée à deux maçons de cette ville, et le 20 juillet, jour de dimanche et fête de Ste Marguerite ; *Paul V estant pape ; Mathias estant empereur ; Louis XIII estant roy de France et de Navarre, dauphin de Viennois, Valentinois et Diois ; Charles-Salomon du Serre, évesque de Gap ; François de Bonne, duc des Diguières, mareschal de France et lieutenant général du Roy au gouvernement de la province de Dauphiné ; le R. P. Paul de Cezeno, général de l'ordre, et le R. P. Raphaël d'Avignon,*

volontiers, sur l'asseurance que j'ay que vos religieux contiendront les peuples en leur devoir. A quoy je vous prie de les exhorter, afin que je sois tousjours bien édifié d'eux ; autrement je ne le sçaurois estre, s'ilz troublent tant soit peu le repos des subjectz du Roy, qu'ilz doivent tascher de réunir autant qu'ilz le pourront. C'est l'asseurance que j'ay de vostre prévoyance, et vous la devés avoir de la promesse que je vous fais icy d'estre toujours, Monsieur, vostre très humble pour vous faire service.

LESDIGUIÈRES.

Ce 11me jour de mai 1614 à Puigmore.

(*Livre des archives du Couvent des Pères Capucins de Gap* in-f°, p. 31).

provincial de la province de Provence. L'on porta processionnellement la pierre angulaire de l'église des Capucins au lieu où vous voyez à présent cette église. Là, Mgr l'évêque la bénit solennellement, ainsi que tous les fondements de l'édifice, et le dédia à saint *Demetrius,* disciple des saints apôtres, premier évêque de Gap et martyr, en présence et aux applaudissements de la multitude, qui rentra processionnellement dans la ville, en chantant des hymnes d'actions de grâces.

« Il fut permis ensuite aux bons Pères de St-François d'arracher les fondements du vieux bâtiment des Templiers [1]) et de démolir les vieilles masures du prieuré de St-Arey, pour l'édification de l'église et du couvent; c'est toujours en procession qu'on se rendoit dans les décombres, et, au retour, chaque assistant apportoit une pierre sur le bras ou sur le dos; mais ce ne fut que bien longtemps après que ces beaux et vastes édifices furent entièrement terminés, ainsi que le verrez dans la suite de mon récit... » (2).

Ici, je coupe brusquement la parole à mon chroniqueur de 1744, dans la crainte que tant de processions ne lassent votre patience: car nous ne sommes pas au bout de ces pieuses cérémonies, et des prédications que les Capucins firent entendre dans la vaste étendue du diocèse, où ils opérèrent de nombreuses conversions. Ils pénétrèrent même dans les gorges les plus élevées de nos Alpes, dont les habitants éprouvaient une extrême surprise, à la vue du costume étrange, qui, pour la première fois, se montrait à leurs yeux.

D'ailleurs, en vous parlant sans cesse de Capucins, n'ai-je pas lieu de redouter les sarcasmes des

---

[1]) Ou, plus exactement, des Hospitaliers de Saint-Jean de Jérusalem ou de Malte, dont les bâtiments de l'hôtel de la préfecture des Hautes-Alpes occupent actuellement la place.

2) *Livre des Annales des Capucins,* p. 76 et 77.

vieux disciples du vieux Arouêt de Voltaire, et qu'ils ne viennent me corner aux oreilles le caustique refrain de Béranger, leur redoutable antagoniste :

> Grâce à la Vierge et aux saints
> Vous avez des Capucins !

Laissons en paix ces bons pères et terminons cette mémorable année, par le règlement que les Commissaires députés par le Roi pour l'exécution de l'édit de Nantes avaient arrêté à Puymaure le 13 mai 1614. Toutes les dispositions en étaient bienveillantes et tendaient à concilier les droits et les prétentions, souvent inconciliables, des protestants et des catholiques. L'on remarque que les uns et les autres étaient tenus de garder le calendrier des fêtes célébrées dans le diocèse ; que les processions des catholiques ne pouvaient passer devant le temple des protestants qu'après que ceux-ci avaient terminé leur prêche ; qu'à l'avenir les personnes professant cette religion ne seraient plus soumises à contribuer aux réparations et aux ornements des églises catholiques, à moins qu'ils n'y fussent obligés par fondation ; que les protestants, condamnés à mort par justice, ne seraient tenus à recevoir exhortation que de ceux de leur religion ; que les ecclésiastiques ne seraient plus troublés en la perception des dîmes et des revenus de leurs bénéfices ; enfin, que les revenus des diverses communautés du diocèse auraient à pourvoir, les protestants, aux frais de ces communautés, d'un lieu pour la sépulture de leurs morts, à peine de 500 livres d'amende. Lesdiguières et le conseiller de La Roche étaient au nombre des députés qui rédigèrent ce règlement. Il fut prononcé en la présence des parties, et l'évêque déclara qu'il ne pouvait y acquiescer (1).

(1) Règlement du 13 mai 1614. Ms. aux Archives de la Préfecture.

A un autre ordinaire, la suite de la première partie de l'épiscopat de Charles-Salomon du Serre. Soit que je laisse la parole au verbeux historien de la procession du Saint-Sacrement, soit que je m'en empare moi-même, *vous y trouverez des choses fort curieuses à apprendre,* comme dirait un éditeur intéressé au succès d'un méchant livre.

Gap, le 12 novembre 1838.

Nota. — Cette dixième [XXX°] lettre et les suivantes étaient écrites et mises au net, lorsque je pris la résolution de visiter de nouveau les papiers de l'évêché, déposés aux Archives de la Préfecture, et que les deux cahiers contenant les notes autographes de Juvénis me tombèrent entre les mains. Pour ne pas recommencer ce long et fastidieux travail, j'ai mentionné dans un *Supplément,* à la fin de chaque lettre, les faits résultant de mes nouvelles investigations, ainsi que des notes de Juvénis, lesquelles sont fort rares pour l'époque où nous sommes parvenus.

SUPPLÉMENT A LA X° [XXX°] LETTRE.

Le 25 avril 1602, Charles-Salomon du Serre réunit en assemblée générale tous les bénéficiers de son diocèse, pour délibérer sur l'opposition formée par les prieurs de Volonne, de Malijai, de Sigottier et de Tallard, au paiement des décimes qui leur avaient été imposés. La réunion eut lieu dans la salle haute du logis de noble Daniel du Serre, où résidait le révérendissime évêque (1).

Au mois de février 1605, notre jeune prélat dressa un mémoire pour être soumis à l'assemblée générale du clergé de France qui devait se réunir au mois de juin suivant. Il y exposait la ruine et l'oppression dans lesquelles était plongé le clergé de son diocèse. Sur 350 paroisses dont il était composé, on n'en trouvait pas 50 dans lesquelles le service divin pût être célébré; le patrimoine des églises était profané, détenu et usurpé, de manière que sur cinq ou six cents bénéfices, il n'en restait pas cent qui fussent en leur entier ou tenus par les véritables titulaires. L'on se doute bien que ce mémoire n'avait d'autre but que d'obtenir une diminution sur les décimes imposés au diocèse (2).

Dans le courant de la même année, les bénéficiers de l'église de Gap portèrent également leurs plaintes aux pieds du trône au sujet des décimes. Brouillant un peu les dates dans leur mémoire, ils exposaient que les guerres civiles avaient commencé dans le diocèse en l'année 1561, ce qui était exact; qu'en 1569, la ville de Gap avait été prise par ceux de la religion prétendue réformée; que toutes les églises, les maisons, les archives, furent entièrement saccagées, puis brûlées ou en partie démolies, et principalement la maison épiscopale et les châteaux de La Bâtie-Neuve, de La Bâtie-Vieille, de Rambaud, de Charance, de Lazer, de Sigoyer, de Lettret et plusieurs autres, et généralement les églises et maisons presbytérales de tout le diocèse (3). Mais il est étonnant que MM. les bénéficiers n'aient nullement mentionné l'année 1577, où la ruine de la

---

(1) Archives de la Préfecture. Procès-verbal du 25 avril 1602, ms.
(2) Archives de la Préfecture, *Mémoire de l'évêque a l'assemblée générale du clergé du royaume*, du 4 février 1605, ms.
(3) *Ibidem.* Plainte adressée au Roi par les bénéficiers de l'église de Gap, 1605, ms.

cathédrale, de la maison épiscopale, de l'église de St-Jean-le-Rond et de tous les couvents situés dans Gap ou hors de ses murailles, fut consommée [1]).

Gap, le 8 février 1842.

---

[1] Ceci n'est exact qu'en partie : la cathédrale et les autres églises de Gap furent ruinées en 1567 (G. 1499) ; le palais épiscopal fut démoli et « ruyné jusques aux fondements » en janvier 1577 (G. 1199 et 1283).

XXXIᵉ LETTRE.

ÉPISCOPAT DE CHARLES-SALOMON DU SERRE.

(Suite). — 1615 A 1630.

Éloge des Capucins. — L'*in pace* du couvent de Gap. — Le F. Humble de St-Tropez. — Ses quêtes en Dévoluy. — Ses prédications à St-Laurent. — Nouvelles conversions des hérétiques. — Synode protestant de 1618. — Les *pieds deschaux* et l'*empegat*. — Exercices catholiques pendant la tenue du synode. — Innocentes ruses des Capucins à l'encontre des Calvinistes. — Les pies changées en pigeons. — Abjuration de Lesdiguières. — Prise d'armes des protestants. — Vigilance de l'évêque de Gap. — Conversion de M. du Faure, de Madame de Pontis et d'autres notables calvinistes. — Dévotion des FF. Pénitents. — Nouveau procès entre l'évêque et son chapitre. — Conduite singulière de quelques ecclésiastiques. — Bal du 15 février en 1629. — Conversion de 1.500 protestants. — Procession des pénitents de Gap à Embrun. — Ils sont protégés par Louis XIII. — *Supplément.* Mort du sʳ Abrachy, de La Saulce.

Ce XVIIIᵉ siècle, qui a tout dénaturé, tout osé, tout fait croire; ce siècle, tout à la fois si emphatique et si moqueur, n'a pas manqué de tomber sur les ordres monastiques et d'accabler de ses sarcasmes ces pauvres Pères de saint François, qu'il nous a présentés comme les plus sales et les plus ignorants de tous les moines. Le mot de *capucin* n'offrait plus à la génération qui nous a précédés que l'idée de la paresse en habits grossiers, en costume grotesque, allant, une besace sur le dos, arracher à la pauvre villageoise le pain qui devait nourrir ses enfants, et le *Génie du Chris-*

tianisme, cette sublime *capucinade*, ainsi que je l'ai entendu nommer sans épithète, par un de nos compatriotes (1), n'a pas tellement relevé leur mérite et les services qu'ils rendirent à la société, au moment de leur apparition dans le monde et dans les diverses périodes de leur existence, que le mot [de capucin] ne fasse encore sourire involontairement presque tout ce qui respire, dans ce siècle de l'or et des chemins de fer.

N'importe : j'aime ces bons Pères, bien que, dans mon enfance, ils m'ayent causé la frayeur la plus vive que j'aie jamais éprouvée. Je me trouvais à l'heure de vêpres dans ce joli verger des bords du Turellet, que les Capucins s'étaient empressés de planter, aussitôt que les maçons et les architectes eurent déblayé le terrain. Lorsqu'au dernier coup de cloche, je voulus rentrer dans le couvent pour me rendre à l'église, ne voilà-t-il pas que je trouve fermées les deux portes qui donnent issue dans le jardin. Je parcours rapidement l'enclos, dans tous les sens, et je vois que j'y suis seul. Aussitôt se présentent à mon imagination alarmée ces souterrains creusés au-dessous des caves, ces *in pace* sans fond où étaient renfermés pour toujours les Frères Capucins, infracteurs de la règle, et les fils de famille, que de grandes fautes faisaient livrer par leurs parents à ces terribles moines. Cent fois, nous nous étions entretenus de ces horribles cachots des Capucins, et nous avions gémi cent fois sur le sort des tristes victimes qui y avaient été plongées vivantes. Hélas ! bien qu'après avoir interrogé ma conscience, elle n'eût aucune faute capitale à me reprocher, je me crus destiné à l'*in pace !* Mes faibles mains essayèrent vainement de forcer les serrures ; en vain, je tentai d'escalader le mur du jardin ; il fallut attendre le sort qui m'était réservé,

(1) Le Dr R[oubaud].

non avec patience, mais dans des angoisses mortelles. Jamais vêpres n'avaient été aussi longues que celles des Capucins ; à la fin, le frère André, moine de haute stature, s'il en fut jamais, que nous vîmes, dans la suite, revenir dans Gap avec l'épaulette de lieutenant d'infanterie, rentra dans le verger, et sa démarche calme et son air riant mirent un terme à la terreur que j'avais éprouvée.

Mais nos Capucins étaient-ils aussi ignorants, aussi sales que le philosophisme l'a prétendu? Vous avez déjà vu, dans ma précédente lettre, à quelle hauteur s'étaient élevés ces PP. Michel-Ange, Anselme et Marcel, qui, dans les premières années du XVII° siècle, opérèrent tant de conversions dans le Gapençais. Était-il sale ce P. Vincent, commensal du château de Charance, au temps de M. de Maillé ; ce capucin, le plus beau de la ville, toujours si bien frisé, dont la barbe ondoyait si élégamment sur la poitrine, lorsque, pour l'amusement des dames de la ville, qui se plaisaient infiniment à faire faire le plongeon à sa Révérence et à le repêcher ensuite, il entrait hardiment dans la barque qui devenait l'instrument de son naufrage dans la pièce d'eau qui avoisinait le château? Et ce dernier gardien du couvent de Gap, ce respectable P. Augustin de La Roche, que nous trouvions si imposant et si majestueux, dans sa verte vieillesse, était-il donc si ignorant ? J'aime à croire qu'il ne le cédait en rien aux Pères de 1604 et de 1614. Or, vous avez vu combien leur dialectique était serrée et leur éloquence entraînante.

Je reviens donc, sans crainte, à ces vénérables Pères, et j'ose espérer, Monsieur, que vous ne verrez pas sans intérêt la suite de leurs travaux apostoliques dans la ville et dans le diocèse de Gap.

Parmi les Capucins qui vinrent s'établir dans cette ville en 1613, on remarquait un jeune frère qui, avant d'appartenir à l'ordre de Saint-François, avait visité le Saint-Sépulcre et tous les lieux célèbres de la Palestine, Saint Jacques de Compostelle en Espagne, les tombeaux des apôtres saint Pierre et saint Paul à Rome, le sanctuaire de Notre-Dame à Lorette, et tous les lieux saints de l'Italie, et qui avait fait ces longs pèlerinages presque toujours pieds nus. C'était le Frère Humble de St-Tropez. Il prolongea sa carrière jusques au mois de novembre 1666, et sa charité sans bornes lui attira la vénération de tous les habitants du diocèse et principalement des citoyens de la ville de Gap, lorsqu'en 1629 et 1630 la peste vint désoler cette contrée (1).

Or, pour assurer la subsistance des religieux, il était nécessaire d'aller quêter, par monts et par vaux, de quoi mettre sous la dent et se vêtir bien grossièrement, et, en récompense, d'instruire les populations des devoirs du christianisme, par des entretiens familiers. Frère Humble de St-Tropez, quêteur ordinaire du couvent, fut le premier qui se mit en campagne pour ramasser quelque peu de laine à l'usage des Pères de Gap. Vers l'année 1615, il part avec le Frère Jovite de Monteoux, pour le pays le plus âpre, le plus sauvage et de l'accès le plus difficile de tout le Gapençais (2). Ils y arrivèrent à travers les cailloux de La Béoux, et il leur advint ce que je laisse raconter au rédacteur des *Annales,* sans rien changer à son orthographe, sans altérer en rien la naïveté de son récit :

« Ils passèrent à la vallée du Dévolluy, où le peuple estoit si rude et grossier que chascun avoit peur d'eux et on s'en cachoit comme du rencontre des Boëmes. Chascun leur fermoit au naiz la porte de sa maison, jusques aux curés, les prenant pour des voleurs. Ilz estoint obligez de coucher à la campagne, sans avoir du pain à manger. Et comme ilz s'efforsoint de les rasseurer par des douces et agréa-

(1) *Livre des Annales des Capucins de Gap,* p. 14.
(2) *Ibid.,* p. 80-81.

bles discours au langage du païs, cella n'estoit pas assès puissant pour bannir la crainte et la terreur pannique qu'ilz en avoint conceu. Ilz estimoint qu'ilz avoint leurs testes aussi arquées et longues que leurs capuces. De quoy l'un d'eux en voulut faire l'expérience suivante, luy maniant la pointe du capuce avec les deux mains. De quoy s'apercevant, frère Humble luy demanda qu'est-ce qu'il faisoit là ? Il luy répartit qu'il vouloit voir s'il avoit sa teste aussy longue que son chapeau : ce qui donna occasion au dit frère de les instruire de nostre façon de vie, du couvent que nous bastissions à Gap, où Monseigneur de Gap nous avoit apellé, et que nous n'estions pas des sauvages, comme ilz se persuadoint, que nous n'avions qu'un habit diférent d'eux, qui nous faisoit religieux et destinés au service de Dieu. A quoy ces peuples leur repartoint qu'ilz n'avoint veu des personnes habilléez comme eux. Et quoique nos religieux leur parlassent, au langage du pays, de Dieu avec grande civilité et douceur, néanmoins à cette première visite ilz furent obligés d'en sortir bientost, pressez de la faim et de la nécessité, ne trouvant personne pour les retirer. Du depuis, peu à peu, ilz s'en firent conoistre, leur allant prescher fort souvent, catéchiser, instruire et faire la queste de la layne et du burre : ce qui leur fit concevoir une si grande estime de nos religieux qu'ilz nous avoint en une vénération extraordinaire, et nos religieux en ont banni l'ignorance, l'hérésie et l'erreur » (1).

Le Dévoluy est toujours aussi rude et d'un accès aussi difficile qu'au temps de Frère Humble ; les habitants, qui n'ont plus peur des Capucins, en sont toujours aussi misérables, ainsi que l'a montré M. Collin, ancien juge de paix de St-Étienne, dans le lamentable tableau qu'il a tracé de cette contrée (2).

(1) *Livre des Annales des Capucins*, p. 80.
(2) *Notice sur la décadence du canton de St-Étienne-en-Devoluy*, par P.-J. Collin. Paris, 1818, [in-8° de 51 pages].

Ils ont même peu profité des progrès de la civilisation, surtout s'ils continuent à se livrer à ces jeux burlesques dont fut témoin, il y a quelques années, ce vieux ermite de la Guiane, qui a tant couru le monde et si bien observé les mœurs, et si agréablement décrit les mœurs, les us et les coutumes des Hautes-Alpes, et qui pénétra si hardiment, par le col du Noyer, dans le Dévoluy, dont il a fait le *Dévouly*, avec ledit M. Collin, dont il a fait un *curé* (1). Les sceptiques de Gap, qui ont osé lui reprocher d'assez lourdes bévues, ont paru douter que ce bon ermite ait jamais pénétré dans le Dévoluy, du Noyer, où les chèvres ne passent qu'en tremblant, et paru quelque peu étrange aux sceptiques de la capitale des Hautes-Alpes. Ignorent-ils donc que, sans sortir de la chambre, et la carte de *Cassini* sous les yeux, l'on court aujourd'hui la poste à travers nos vallées, nos rochers et nos montagnes : l'on passe, dans un clin d'œil, du Valgodemar dans la Vallouise ; l'on va de droite, de gauche, en avant, en arrière, dans la direction des trente-deux rumbs de vent, sans rencontrer le moindre obstacle ? Que l'on trouve nos mœurs et nos usages, nos superstitions et nos ridicules supérieurement décrits dans un ouvrage presque aussi célèbre que l'*Ermite en Province;* lequel a servi de type, non seulement à cet ermite, mais au *Nouvel Anacharsis*, à la *France pittoresque*, à l'*Encyclopédie à deux sous*, voire au *Musée des familles ?*

Le pauvre frère Humble, qui surmontait réellement tous les obstacles, lorsqu'il parcourait les Alpes, un bâton à la main et des sandales aux pieds, après avoir exploré le Dévoluy, franchit le plateau de Bayard, avec un Père de son couvent, tomba dans le duché de Champsaur, alors le pays le plus hérétique de tout le Gapençais, et en instruisit les habitants, les éclaira des mystères de la

---

(1) *Œuvres complètes d'Étienne Jouy :* L'hermite en Province.

foi et convertit à la religion apostolique et romaine trente-et-un calvinistes de la paroisse de St-Laurent [-du-Cros], sans compter une femme en couches qui n'avait pu se rendre à l'église. Aussi n'appelait-on plus les religieux de St-François que les Saints Pères et Monseigneur de Gap, de son côté, ne les nommait que les apôtres du Champsaur (1).

Ils eurent bientôt à soutenir une nouvelle lutte contre l'hérésie, au sein même de la ville de Gap, où un synode fut convoqué en l'année 1618. Quatre-vingt-cinq ministres, des plus huppés, s'y rendirent, avec pareil nombre d'*anciens,* parmi lesquels les catholiques voyaient, avec dégoût, environ cinquante prêtres ou religieux apostats. Les députés de La Rochelle, ce boulevard du protestantisme, qui, dans quelques années, allait devenir son tombeau, y furent reçus avec de grands témoignages de respect. A leur arrivée, ils s'empressèrent de se rendre à Puymaure, pour rendre leurs devoirs de civilité à M. de Montorsier²), qui en était le gouverneur. Cet hérétique obstiné, qui les reçut fort honorablement, les invita à traiter secrètement de leurs affaires dans le synode, et à se garder des Capucins, qu'il appelait des *pieds-deschaux,* et surtout du P. Marcel de Capentras, que, par raillerie, il nommait *l'empegat,* à cause d'un emplâtre que ce docte religieux portait sur le cerveau, pour se guérir d'une fluxion tenace dont il était atteint.

Le synode s'ouvre au jour indiqué ; aussitôt on prend la résolution, à l'évêché, de faire prêcher les quarante heures dans l'église cathédrale, et l'on invite toutes les paroisses du diocèse à venir processionnellement à Gap, afin de *gaigner les indulgences et faire triompher glorieusement la vérité du mensonge, la foy de l'hérésie et la piété de l'impiété.* De toutes parts, l'on accourut dans notre cité, pour

(1) *Livre des Annales des Capucins,* pp. 80 et 81.
²) Même observation que plus haut, page 19, note.

assister aux prédications du Père Marcel et du Père Alexandrin, qui, seuls, pendant la durée du synode, occupèrent la chaire de vérité. Les autres capucins, au nombre de seize, remplirent, au confessionnal, le saint ministère. Mais, dites-moi, je  prie, où vous auriez logé et comment vous ourri les *cent mille* personnes qui affluè- s Gap ? Car il y en était descendu de toutes agnes, monté de toutes les vallées et même oble ; et ce nombre est exactement écrit, s lettres, au *Livre des Annales*. Les catholiques de Gap, ayant à leur tête, le capitaine Georges Spié, l'un des consuls, y pourvurent sans doute de la manière la plus convenable, car il est encore dit, au même *Livre,* que ce digne consul contribua de tout son pouvoir aux desseins des religieux de St-François dont il était le bon ami.

Afin d'attraper leur monde, ces bons religieux substituèrent, au portier ordinaire du couvent, le P. Maximin, qui savait par cœur son Cicéron et son Virgile, et qui, d'ailleurs, était fort versé dans la controverse. Lorsque quelque ministre ou quelque ancien du synode venait visiter le jardin ou le monastère, le P. Maximin, sans dire gare, leur parlait aussitôt latin, et les attaquait de controverse ; *de quoy les ministres restoient tous confus*, et disaient des Capucins que, jusques au portier, tout le monde savait le latin, dans le couvent de Gap (1).

Une ruse tout aussi innocente, bien qu'un peu plus rafinée, fut encore employée par les Pères de ce couvent durant la tenue du synode. Il s'agissait de savoir, de fil en aiguille, tout ce que les ministres disaient, prêchaient et résolvaient dans le lieu de leur réunion. Or, en ce moment, il y avait à Gap un *signor italiano*, nommé *Francesco Turri,* prêtre augustin *perverti et inconneu, qui faisoit le mestier*

---

(1) *Livre des Annales des Capucins,* p. 81 et 82.

*de confesseur, duquel les hérétiques faisoient grand
capital, l'aiant admis dans leur consistoire secret, se
persuadans qu'il avoit grand zèle pour leurs intérêts ;*
mais le P. Marcel leur avait joué un tour pendable,
en le ramenant secrètement au giron de l'Église ;
et, comme cet honnête *signor* n'avait pas encore
abjuré publiquement ses erreurs, il parut, plus que
tout autre, propre au rôle que l'honnête Sinon joua,
aux temps homériques, dans la célèbre ville de
Troie. Le jour, il ne manquait jamais de se rendre
au temple de Ste-Colombe, et, la nuit, de se glisser
furtivement dans le couvent des Capucins, où il
rapportait fidèlement tout ce qui avait été dit, fait
et conclu dans le synode. Comme ils étaient penauds, le lendemain, ces ministres et ces anciens
de la race huguenote, lorsqu'ils entendaient le P.
Marcel publiant, du haut de la chaire de la cathédrale, leurs secrètes conférences et réfutant, avec
une supériorité incontestable, leurs arguments
contre la foi catholique et l'autorité du Saint-Siège !
Je laisse au *Livre des Annales* le soin de vous l'apprendre d'une manière plus détaillée.

« Tous les ministres et hérétiques ne sçavoint
« que responde et estoint estonnés coment il pou-
« voit sçavoir si asseurément toutes leurs plus se-
« crètes résolutions. Ilz furent obligez de se séparer
« avec la honte sur le visage et avec cette confusion
« que deux capucins eussent mis en desroute tout
« leur synode et leur eussent donné le cartel et défy
« de la dispute privée et publique, sans qu'aucun
« l'eût voulu accepter, que led. Père leur faisoit
« tous les jours en chaire. Le champ de bataille resta
« glorieusement aux catholiques, et les ministres
« et hérétiques furent le subject de la risée et moc-
« querie d'un chasqu'un : ce qui leur fit résoudre
« constamment de ne jamais à l'advenir tenir aucun
« synode à Gap, tant qu'il y auroit des capucins,
« qu'ilz nomoint et publiont estre des sorciers et

« magiciens, qui avoiut deviné tout ce qu'ilz avoint
« proposé en leur consistoire et l'avoint par après
« réfuté en public » (1).

Depuis ce triomphe des catholiques, les protestants ne cessèrent de proférer des menaces contre les Pères de Saint-François ; ils parlaient même d'abattre leur couvent avec le canon de la forteresse ; mais le frère Humble, poussé d'un mouvement prophétique, répondit à l'un d'eux : *Je ne croys pas de mourir que je ne coye que les pierres de Puymore seront employées à achever nostre couvent.* En effet, ne vit-on pas, en 1633, époque où le château de Puymaure fut démoli par ordre du Roi, notre célèbre frère Humble s'aider lui-même à en renverser les murs ? Les pierres qui provinrent de cette démolition, et principalement les pierres de taille de la grande porte, ne servirent-elles pas à l'embellissement de l'église et du couvent des Capucins (2) ?

Je ne puis en finir avec le synode de 1618, sans vous dire, qu'à cette époque, il y avait, dans Gap, un de ces restaurateurs goguenards, de ces mauvais plaisants, dont n'ont point hérité les restaurateurs de nos jours. Celui de 1618, sachant que plusieurs ministres huguenots devaient loger en son hôtellerie, envoya des braconniers dans toutes les directions, avec ordre de lui apporter le plus qu'ils le pourraient de ces volatilles babillardes qu'on appelle pies, *desquelles ce pays est fort peuplé.* Il lui en arriva une quantité telle qu'elle aurait suffi pour attraper tout un synode, six mois durant ; il les pluma, les fit *seréner* et les servit ensuite, pour des pigeons du Dauphiné, aux ministres et aux anciens qui logeaient chez lui et qui les trouvèrent d'un goût friand et délicat. Le moment de la *despartie* étant arrivé, ils payèrent largement leur hôte,

(1) *Livre des Annales des Capucins*, p. 82.
(2) *Ibid.*, p. 82 et 83.

lui témoignèrent leur satisfaction sur la bonne chère dont il les avait repus, montèrent à cheval et demandèrent à boire le coup de l'étrier. « L'hoste « s'y accorda et but avec eux, et après leur dit « qu'est-ce qu'ils croyoient d'avoir mangé chez lui. « — Des pigeons fort bons. — Au contraire, vous « n'avez, répartit l'hoste, mangé que des pies, bien « dures et maigres, que j'avais fait seréner, et se « mocquant d'eux en pleine rue ; de quoy ces mi- « nistres confus partirent, sans mot dire, et luy se « retira satisfait de leur avoir fait cette confusion « profitable (1) ».

C'est ainsi que, d'un ton moitié plaisant, moitié sérieux, nous ont été transmis les détails de la tenue du synode de 1618, lequel, du reste, a eu moins de retentissement dans le monde chrétien, que celui de 1603. Ainsi je vous le donne d'un ton moitié sérieux, moitié plaisant, sans craindre les censures ecclésiastiques, puisque je n'ai en rien altéré la bonne humeur ni diminué la gravité du bon père qui, en 1658, en écrivait l'histoire dans le *Livre rouge des Capucins*.

1622. — Clio, changeons de style, laissons le rédacteur des *Annales* absoudre canoniquement l'hoste à demi *sourcier*, et l'honnête *signor Turri* ; laissons le rire, seul, dans sa barbe, de la déconvenue des hérétiques, et prenons ce ton grave, sentencieux, redondant et parfois ennuyeux, qui convient à l'histoire, pour signaler à notre correspondant un événement qui causa aux Réformés un déplaisir, bien autrement sensible que celui qu'ils avaient éprouvé, en voyant les pies changées en pigeons et les pigeons métamorphosés en pies. C'est la conversion à la foi catholique de notre ancien et redoutable ennemi, de ce pauvre gentilhomme, que ses talents, son audace, ses nom-

---

(1) *Livre des Annales des Capucins*, p. 83.

breux succès dans les armes, avaient élevé, du grade d'enseigne, par lequel il débuta sous Montbrun, au rang de maréchal de France et au poste éminent de gouverneur du Dauphiné.

François de Bonne, duc de Lesdiguières, *parfaitement détrompé de ses erreurs*, abjura le calvinisme à Grenoble, le 24 juillet 1622, jour de la fête de Ste-Madeleine, patronne des repentants, entre les mains de messire Guillaume d'Hugues, archevêque d'Embrun. Immédiatement après la cérémonie, il reçut l'épée de connétable, et, deux jours après, le collier de l'Ordre. Quelle ne dut pas être la surprise, le mécontentement, le dépit des calvinistes en voyant passer dans le camp ennemi, celui qui, pour leur cause, avait versé son sang dans les combats meurtriers ; celui qu'ils considéraient comme le plus ferme appui de la Réforme et dont la protection allait leur être retirée ? Ils ne manquèrent pas de s'écrier, avec le duc de Rohan, qu'il avait sacrifié sa religion à sa fortune ; mais, comme lui, ils auraient pu ajouter que, depuis longtemps, il avait cessé de croire à Farel, à Bèze et à Calvin, et qu'il était devenu l'ennemi déclaré de sa secte. En effet, n'avait-il pas eu le dessein d'établir à Grenoble une maison de Jésuites, en considération du Père Coton, dont il entendait publiquement les sermons ? N'aurait-il pas, dès lors, abandonné les Calvinistes, s'il avait pu se résoudre à renvoyer la belle Marie Vignon, sa maîtresse, fille de basse extraction, qu'il finit par épouser, après la mort de la maréchale ? N'avait-il pas combattu contre eux à St-Jean-d'Angély et à Clérac ? N'avait-il pas, enfin, à son retour en Dauphiné, ordonné aux religionnaires de son gouvernement, qui s'étaient attroupés pendant son absence, de quitter les armes, sous peine de la vie ? (1).

(1) *Mém. chronologiques et dogmatiques pour servir à l'histoire ecclésiastique*, par le P. d'Avrigni, T. I, p. 322 et suiv. [Cf. Dufayard, *Le connétable de Lesdiguières*, 1892, p. 456 et suiv.).

Pendant cette prise d'armes, la vigilance de l'évêque de Gap ne s'était pas endormie. Craignant que les Huguenots ne maltraitassent les catholiques et ne ruinassent, de nouveau, ce peu d'églises qu'il était parvenu à réparer, il fit, à ses frais, provision de toutes sortes d'armes et en pourvut ses partisans. Des corps de garde s'établirent dans la basse-cour et dans la rue qui conduit à la cathédrale. Une nuit, le bruit court que les rebelles viennent attaquer la ville ; le tocsin retentit, l'alarme est donnée : aussitôt Charles-Salomon du Serre se fait armer de toutes pièces, monte à cheval, se met à la tête des serviteurs du Roi, fait le tour de la ville et inspire de cette manière de la terreur aux rebelles, si rebelles il y avait, car on n'en vit paraître aucun. Toutes les fois qu'il le jugeait nécessaire, ce digne successeur de Paparin de Chaumont, renouvelait ses rondes, malgré les gouverneurs hérétiques de la ville et de Puymaure, qui, vainement, tâchèrent d'empêcher ces démonstrations hostiles, bien qu'ils eussent à leur disposition les huguenots de la ville et les soldats de la garnison : « *De façon que, par la grâce de Dieu, zèle, courage et bonne conduite du dit seigneur évesque, la ville de Gap et son voisinage furent garantis des incursions des rebelles et le service de Dieu fut confirmé* » (1).

Sincère ou simulée, l'abjuration de Lesdiguières dut porter une bien douce satisfaction dans l'âme de notre prélat. Le retour aux croyances catholiques de celui qui les avait si longtemps combattues, avait été précédé et fut suivi de nombreuses convertions dans le diocèse de Gap, parmi lesquelles, je n'en signalerai que deux : celle du seigneur de Manteyer, de la maison du Faure [2]), arrivée en 1620, et qui, cette même année, mourut à Gap dans son hôtel, après avoir légué cent livres aux Capucins ;

(1) *Livre des Annales des Capucins*, p. 61 et 62.
[2]) Charles du Faur, sgr de Manteyer dès 1582.

et celle de la dame de Pontis, survenue en 1623. Cette dame, sœur germaine de M. de Champoléon et hérétique des plus tenaces, fut attaquée par le P. Marcel de Carpentras, soutenu du P. Paul de Marseille, gardien [des Capucins] de Gap. Les conférences durèrent trois jours, après lesquels parfaitement convaincue, [Madame de Pontis] abjura l'hérésie, avec grande abondance de larmes. Peu de temps après, le P. Clément d'Arles et le F. Humble de St-Tropez allèrent la visiter, l'instruire de nouveau et lui dire la messe. Alors, animée d'un saint zèle, elle foula aux pieds tous les livres hérétiques qui l'avaient si longtemps maintenue dans l'erreur, pleurant à chaudes larmes l'aveuglement de sa vie passée. Elle ne fut point ébranlée par les lettres, pleines de termes injurieux et désobligeants que lui écrivirent M. de Champoléon, son frère, et la dame de Bonne, sa sœur. Les Capucins, qui prenaient grand soin de son salut, firent venir de Lyon de bons livres, dont ils la pourvurent. Aussi, au commencement de chaque carême, avait-elle soin d'envoyer à leur couvent une bête chargée de provisions, pour les *aider à le passer*.

Je ne puis m'empêcher de vous dire encore, qu'en la même année (1623) les pères de Gap, reçurent à la foi catholique le s^r de La Villette ; le cadet de Bellevue, père de la dame du Poët ; le s^r de Moustiers, gendre du seigneur de Reynier, et plusieurs autres hérétiques de moindre considération (1).

Le catholicisme était donc triomphant dans notre diocèse. L'exercice public des cérémonies religieuses n'y éprouvait aucun obstacle ; les processions se succédaient, sans relâche, dans les campagnes comme dans la ville. D'où vient donc que ces pauvres pénitents qui avaient parcouru sans obstacle

(1) *Livre des Annales des Capucins*, p. 87.

toute la Provence en 1604, en étaient exclus en 1622, malgré la teneur du règlement? Je ne sais si des démonstrations trop hostiles de leur part n'avaient pas choqué les calvinistes et surtout le gouverneur de Gap, qui, en maître absolu, leur avait retiré l'autorisation de faire des processions publiques, afin d'éviter des désordres. L'évêque lui-même les avait expulsés de la chapelle qu'ils avaient élevée, d'après son autorisation, sur les ruines de l'église de St-Jean-le-Rond. Alors les confrères allaient chanter l'office au pied d'un noyer, dans le quartier de Camargues, où ils portaient leur crucifix. *O Dieu, quels confrères pour lors !* s'écrie le recteur de 1721, après avoir rapporté le fait qui précède ; ce qui prouve que, sous l'épiscopat de M. de Malissoles, leur zèle était bien refroidi ; mais le Frère Roure, s'il vivait de nos jours, aurait-il à se plaindre ? Cependant ils avaient présenté une requête au roi Louis XIII, le 2 décembre 1622, afin d'obtenir l'autorisation d'exercer extérieurement leurs dévotions. Le pieux monarque la leur accorda et, le 8 du même mois, jour de la Conception, ils purent faire une procession publique dans l'enceinte de la ville, à la barbe des huguenots (1).

1627. — La bonne harmonie ainsi rétablie, par autorité, entre les pénitents et les calvinistes, ne fut plus troublée que vers l'année 1629. Mais des divisions intestines, fruit d'une longue paix, se montrèrent de temps à autre au sein même de l'église de Gap. En 1627, l'interprétation des vieilles transactions, intervenues entre l'évêque et le chapitre, donna lieu à un procès dont je ne saurais trop vous dire l'issue. Messire du Serre exigeait le paiement d'une rente de 25 florins d'or qui lui était due par le chapitre, en vertu d'un traité de l'année 1437,

(1) *Registre de la confrérie des pénitents de la ville de Gap* Relation écrite en 1721 par le F. Roure, recteur indigne.

par lequel l'évêque de cette époque avait uni à la mense capitulaire la prébende de Savournon ; et il refusait de satisfaire aux obligations qui lui étaient imposées par la transaction du 21 septembre 1531. Il paraît que la rente fut servie et que le prélat se soumit, de son côté, à faire à l'église cathédrale les réparations mises à sa charge par ce dernier traité (1).

1629. — Ces intérêts matériels s'effaçaient devant l'intérêt, bien autrement puissant, que lui inspiraient les mœurs du clergé et de la discipline ecclésiastique, prétexte banal de réforme, pour les novateurs de tous les temps, et dont Farel avait usé largement, dans les acrimonieuses prédications du siècle précédent. L'œil de l'évêque ne se fermait jamais et veillait sans cesse sur les scandales qui pouvaient se commettre dans son diocèse et principalement au sein de sa ville épiscopale.

Le dimanche, 16 février 1629, il n'avait point paru à la messe capitulaire ; mais, avant que les chanoines eussent quitté leurs stalles, on le vit entrer dans l'église, en parcourir la grande nef, d'un pas grave et mesuré, s'agenouiller ensuite devant le grand autel et se rendre dans la sacristie après son adoration. Sa figure était plus rembrunie que de coutume, et son regard sévère et perçant avait jeté l'épouvante dans plus d'une conscience coupable et une crainte salutaire dans les cœurs les plus innocents. Quelques minutes s'étaient à peine écoulées que le bedeau vint sommer, au nom de l'illustrissime et révérendissime Charles-Salomon du Serre, évêque, comte et seigneur de Gap, conseiller du Roi en ses conseils d'État et privé, Messires Honoré Buysson, Paul de Beauvois, Charles Arnaud, Gabriel Robert, Philippe Sagnières, Jean Arnaud, Daniel de

(1) Pièces du procès entre l'évêque et les syndics du chapitre de Gap, au nombre de 4. Mss. aux archives de la Préfecture.

Vitalis et Charles du Serre de St-Martin, tous chanoines prébendés en l'église cathédrale de Notre-Dame, de se rendre auprès de lui, dans la sacristie, où il leur serait fait des communications importantes. Les regards des assistants se fixèrent involontairement sur le dernier des chanoines nommés, qui, sans se déconcerter, la tête haute, le regard fier et même un peu cynique, n'hésita point à suivre ses confrères dans le lieu où le prélat les attendait. Là, sans autre préambule, après avoir invité les membres du vénérable chapitre à prendre place, selon leur rang, après avoir salué d'un regard de bienveillance les chanoines Paul de Beauvois et Honoré Buysson et les autres vétérans des guerres de religion, Mgr du Serre porta la parole en ces termes :

« Vous savez, Messieurs, que la charge qu'il a plu à Dieu nous soumettre nous oblige à prendre garde aux manquements et scandales qui peuvent se commettre par ceux de notre profession. Or, depuis longtemps, on nous a donné avis assuré que quelques-uns de nos chanoines trèvent [fréquentent] le bal publiquement, se font donner des bouquets, vont quérir les dames, et, étant au dit bal, ne se contentent pas de danser avec elles, mais se jettent parfois à deux genoux devant telle que bon leur semble, lui baisent les mains, proférant des paroles si sales que la plus débordée jeunesse séculière n'oseroit se les permettre. Cela sert de scandale à tous les catholiques, de risée aux hérétiques, et de sujet aux uns et aux autres de blâmer l'honneur et intégrité du chapitre. Et non contents, on les voit ordinairement en habit indécent, tant hors de l'église que dans icelle, même pendant le divin office, conduisant des dames sous le bras, les cheveux coffrés (*sic*) et frisés en courtisan ; le tout à la confusion de leurs confrères. Dans les brelans, jeux publics et cabarets, on n'entend que des blasphèmes que telles personnes y profèrent ; de telle sorte que nous avons été contraints, souventes fois, usant de notre charité paternelle, de les faire prier et exhorter, et nous-même les avons admonestés de quitter tous ces désordres, particulièrement au temps où nous sommes, auquel il semble que Dieu, pour nos péchés, nous menace des trois fléaux les plus rudes de sa justice, qui sont la famine, la contagion et la guerre, et qu'à l'exemple de nos voisins, il faudrait tâcher de fléchir l'ire de Dieu par notre bonne vie et nos prières, tant publiques que particulières. Mais tant s'en faut que ces remontrances ayent profité sur leur esprit, qu'au contraire ils semblent s'être enfermés davantage en leur obstination, continuant leurs débauches : car, même hier au soir, dans le bal qu'on a tenu publiquement dans cette ville, quelqu'un du chapitre y a paru, étant masqué et la plume blanche au chapeau. C'est ce qui nous a obligé, pour la décharge de notre conscience, de faire présentement assembler le corps du dit chapitre, aux fins de prendre tel ordre et y donner tel remède que le Saint-Esprit lui suggèrera ».

Je n'ai pas voulu couper la harangue du vigilant pasteur afin de vous la montrer intégralement dans toute sa forme et sa teneur (1) ; mais il est écrit que l'un des chanoines désigné charitablement par le mot *quelqu'un*, dans la dernière partie des remontrances, n'usa pas de la même circonspection. Le chanoine Charles du Serre de St-Martin se permit d'interrompre plusieurs fois le discours de l'évêque. Tantôt il traitait de peccadille la faute que l'on commet en allant aux bals publics et en y dansant, avouant effrontément qu'il les avait fréquentés lui-même ; tantôt il s'écriait qu'il voyait bien que les remontrances s'adressaient à lui, mais qu'il n'avait

(1) Je n'en ai changé que l'orthographe, qui, d'ailleurs, diffère peu de celle de nos jours.

de correction à recevoir de personne ; tantôt il disait que, malgré ce beau discours, il ne cesserait de faire ce que bon lui semblerait ; il parlait enfin avec tant de mépris et d'arrogance, que le prélat se vit contraint de lui imposer silence et de lui ordonner de se taire, jusques à ce qu'il eût *parachevé de dire ce que des personnes de qualité lui avoient rapporté concernant ces déportements particuliers*. Et, alors, s'adressant directement à lui, comme Cicéron à Catilina, Mgr du Serre ajouta : « Lorsqu'un de vos amis est venu vous avertir, ces jours passés, qu'on pourrait impétrer votre canonicat, si vous continuiez à vivre de la sorte, n'avez-vous pas répondu que vous tueriez celui qui oserait l'entreprendre » ? — Loin de le nier St-Martin, bouffi de colère, avoua ces impudentes paroles, et les répéta, plusieurs fois, en ajoutant qu'il le tuerait *quel qu'il fût*. Par celui-là ne jugez pas des autres ; car, à peine cette menace avait été proférée, que tous les membres du chapitre se levèrent spontanément, entourèrent l'évêque et le remercièrent vivement de ses avis salutaires et de ses charitables admonitions. St-Martin s'élança alors et voulut sortir de la sacristie, malgré le sacristain Honoré Buysson, qui tâchait de l'arrêter. Il proféra de nouveau des paroles si indiscrètes, si arrogantes, si irrévérencieuses, que l'évêque ne put s'empêcher de lui dire que ses actions étaient celles d'un fou, et qu'il méritait d'être conduit en prison ; mais le furieux chanoine avait déjà franchi l'espace qui le séparait du sanctuaire. Arrivé près du maître-autel, *où repose d'ordinaire le St-Sacrement eucaristique*, il se tourna vers l'assemblée et s'adressant à l'évêque : *Quiconque dit que je suis un fou en a menti* ; et, après avoir répété ces insolentes paroles, il sortit de l'église. — Aussitôt et sans désamparer le vénérable chapitre ordonna que le dit Charles du Serre de St-Martin serait privé de ses distributions capitulaires, pour les irrévérences par lui commises, avec inhibitions et défenses *de par ci-après revenir à semblables actes, sous les peines du droit,* et qu'il serait plus amplement informé sur les autres excès auxquels il avait pu se livrer (1).

Ainsi, malgré les quarante heures prêchées aux fêtes de la Pentecôte de l'année précédente, et les nombreuses processions solennelles, où les enfants des hérétiques venaient se mêler, malgré leurs parents ; malgré l'exemple donné par 150 paroisses qui se rendirent à Gap et les *six vingt mille âmes,* que l'on compta à la procession de clôture ; malgré l'exemple donné par quinze cents hérétiques, qui abjurèrent leurs erreurs, car un grand nombre de protestants étaient descendus à Gap des plus hautes montagnes du Dauphiné, lesquels *entrans dans l'église et la voyant parée avec si grande pompe et magnificence, esclairée avec tant de lumières pour honorer le très-saint-Sacrement qui estoit exposé en évidence, se mettoient d'abord à genoux, croyant d'estre dans le Paradis, et disoient tout haut:* Vive l'église romaine, *qui est si magnifique et non pas les temples des ministres, qui semblent des estables à bestes* (2). Ainsi, dis-je, malgré l'impression salutaire qu'avaient dû produire tant de cérémonies pieuses et brillantes, et l'établissement des religieuses Ursulines qui avait également eu lieu l'année précédente : l'on dansait toujours dans la bonne ville de Gap, non plus aux champs, comme au temps des guerres civiles, mais dans de belles chambres, bien chauffées et bien éclairées. Ainsi des chanoines prenaient toujours des *habits de masques et de bergers,* comme à l'époque de la venue de Farel, non plus pour courir la ville et danser

---

(1) Procès-verbal du 16 février 1629. Ms. Cet acte fut signifié le même jour au chanoine St-Martin, par Mᵉ Latil, notaire royal delphinal de la ville de Gap. Aux archives de la Préfecture.

(2) *Livre des Annales des Capucins,* p. 88 et 89.

dans les églises, mais pour accompagner les dames *ès lieux où l'on balloit,* danser avec elles, se jeter à leurs genoux et leur baiser les mains. Nous étions vraiment en progrès. Et n'est-ce pas ce qui arrive toujours, à la suite des grandes commotions politiques ou religieuses ? Avec une révolution encore, le progrès ne sera plus indéfini, mais fini.

Quelques jours après la condamnation du chanoine du Serre de St-Martin, Louis XIII et le cardinal de Richelieu faisaient leur entrée dans la ville de Gap.

Or, comme cette partie de notre histoire appartient au règne temporel de Mgr Charles-Salomon du Serre, j'aurais terminé ma XIe [XXXIe] lettre, si je n'avais en réserve une dernière et bien longue procession à vous offrir pour la clôture de tant de processions. Les pénitents furent l'occasion ou le prétexte de celle où vous allez assister.

1629. — Le gouverneur de Gap ayant de nouveau, *soubs des prétextes malicieux,* défendu aux pénitents blancs, sous peine de la vie, de sortir de leur chapelle, avec leurs habits, et de faire des processions tant au-dedans qu'au-dehors de la ville, l'évêque, à qui des plaintes en furent portées, ordonna à M. de Camargues, recteur de la confrérie, de tenir sa compagnie toute prête, pour l'accompagner à Embrun, le jour de la Nativité de Notre-Dame, où il voulait se rendre, afin d'accomplir un vœu, qu'il avait fait à Dieu, à la Sainte Vierge de l'église métropolitaine. En conséquence, le 8 septembre 1629, sans manifester aucune crainte, deux cents pénitents, en habits resplendissants de blancheur, ayant à leur tête le pasteur du diocèse, revêtu du sac de la confrérie, défilèrent en bon ordre devant les huguenots, qui n'osèrent les troubler d'aucune manière. La procession put parcourir, sans encombre, l'espace qui nous sépare de la capitale des Alpes Maritimes, et retourner à Gap, sans éprouver le moindre obstacle. Mais le gouverneur, qui voyait, avec une extrême amertume, le mépris que l'évêque et les pénitents faisaient de ses ordonnances, courut à Grenoble porter ses plaintes au lieutenant général de la Province. Mgr du Serre l'ayant appris, à son retour, envoya, de son côté, M. de Camargues avec des lettres pour Louis XIII, qui, en ce moment, se trouvait dans cette ville. Le digne recteur fut présenté au Roi par le duc d'Épernon, et il obtint de Sa Majesté la permission aux pénitents de continuer leurs dévotions et processions ordinaires, avec défense à qui que ce fût de les troubler (1).

Telle est la dernière manifestation des différends qui, durant l'épiscopat de Charles-Salomon du Serre, s'élevèrent entre les protestants et les catholiques. Une seule fois encore, vers l'année 1650, l'épée sortit du fourreau, dans la ville de Gap, pour le soutien des croyances religieuses, et c'est encore sur ces pauvres pénitents du St-Esprit que s'appesantit le courroux des religionnaires.

Gap, le 20 novembre 1838.

(1) *Livre des Annales des Capucins*, p. 63. Je ne saurais affirmer que ce fut réellement en l'année 1629 qu'eut lieu cette dernière procession, ainsi que l'indique le *Livre rouge des Capucins* : car il prétend que le gouverneur de Gap porta ses plaintes au *connétable* de Lesdiguières. Or, depuis trois ans, l'illustre guerrier avait terminé sa longue carrière. Mais, d'un autre côté, la présence de Louis XIII à Grenoble me ramène forcément à 1629 ou à 1630, puisque ce monarque se trouvait réellement dans cette ville au mois de février de la 1ʳᵉ année et dans le courant de la seconde. Mettez *le duc* à la place du *connétable*, et tout se concilie.

SUPPLÉMENT A LA XI° [XXXI°] LETTRE.

Je laisse raconter au rédacteur des *Annales des Capucins* la mort de sire Abrachy, de La Saulce, précédée de circonstances miraculeuses, suivie de legs pieux en faveur du couvent, en l'année 1628.

« Le sire Jean Abrachy, hoste de La Saulce, qui avoit toujours logé et caressé à merveilles nos religieux passans dans sa maison, avec un transport d'amour et de charité, tomba malade. Nostre père saint François luy apparut le 24 juin 1628 (1). Mademoiselle Jeanne Nas, sa femme, s'approchant de son lict pour le consoler, il luy dit : Pleut à Dieu que vous eussiez esté digne de voir ce que j'ai veu ! — Et qu'avez-vous vu, répartit-elle ? — J'ai veu nostre père saint François, qui ne me quittera jamais que je ne sois avec nostre Seigneur Jésus-Christ ; et, si je devois demeurer encores au monde, comme je doibs promptement sortir, ha ! que j'aimerois bien plus les Capucins que je n'ay pas fait : car quinconque aimera cet ordre, il ne périra jamais ! Après il se confessa à M. Louis Eyssautier, son curé, et le pria de dire à sa femme et à ses autres prosches parens de ne tirer pas peine de luy, d'autant que nostre père saint François ne me quittera jamais qu'il ne m'aye mis entre les mains de mon sauveur Jésus-Christ. Il vesquit encores deux jours, avec un visage tousjours jouyeux et riant à merveilles, exortant fort souvent sa femme de ne se point fascher : car, lui disoit-il, je vous laisse pour protecteur nostre père saint François,

(1) C'est lo jour de la fête patronale de La Saulce.

qui nous assistera toujours. Et un peu avant que de rendre son âme à Dieu, il luy dit de conserver chèrement une image de nostre père saint François qu'elle avoit dans sa caisse, parce qu'elle le représentoit fort bien et estoit semblable à celuy qui lui avoit despuis peu appareu, qu'elle avoit eu de nos pères, de la vraye esfigie de saint François. Le père Georges de Saint-Paul, prebtre du couvent de Gap, l'assista durant huit jours à bien mourir ; il luy ferma les yeux, estant mort de la mort des justes. Il vouloit obliger par son testament son fils unique, qu'il laissoit héritier, de loger nos religieux avec la mesme charité ; mais nos pères le prièrent de ne le point obliger, d'autant qu'il le feroit sans obligation, ainsin qu'il a fait, et Mademoiselle sa femme aussy, qui fut grandement consolée d'une si heureuse mort. Il légua soixante-quinze livres à nostre couvent de Gap, qu'on a payé » (1).

Gap, le 9 février 1842.

(1) *Livre des Annales des Capucins*, p. 89 et 90.

XXXIIe LETTRE.

ÉPISCOPAT DE CHARLES-SALOMON DU SERRE.

(2e PARTIE). — 1602 à 1620.

L'évêque considéré comme seigneur temporel. — Embarras financiers de la ville. — Impôts directs et indirects. — Montalquier et Lesdiguières créanciers de la ville. — Premier procès entre la ville et le clergé. — Transactions des 26 et 27 avril 1611. — Second procès entre l'évêque et la ville. — Transaction du 29 avril 1611. — Lesdiguières à Puymaure. — Ses ordonnances. — Sentence arbitrale sur les comptes municipaux. — Contribution de la ville au pont La Barque. — Vente des biens à elle cédés par l'université de l'église cathédrale. — Le pré de la Foire et Daniel du Serre. — Procès entre l'évêque et le lieutenant des maréchaux de Dauphiné. — Grand procès entre le prélat et la ville. — Bureau de charité pour les pauvres passants. — Élections municipales en 1614. — Création des procureurs en titre d'office. — *Supplément.* Requête de l'évêque au Roi. — Tremblement de terre à Gap.

Faisons maintenant un pas rétrograde, et de l'année 1630, où nous avait conduit le règne spirituel de Charles-Salomon du Serre, reprenons notre histoire civile et politique au point où nous l'avions abandonnée, c'est-à-dire aux premières années du XVIIe siècle.

1604. — La ville de Gap avait été obligée d'emprunter des sommes énormes, durant les guerres de religion. Les moyens que l'on employa pour parvenir à les rembourser firent succéder aux horreurs de la guerre civile des troubles qui agitèrent les esprits d'une manière presque aussi intense.

D'abord, on s'occupa de l'apurement des comptes présentés par les personnes qui, depuis l'année 1580, avaient l'administration des affaires publiques, et l'on établit, presque en même temps, des droits d'octroi, connus sous le nom de *rève*, et une imposition extraordinaire sur les personnes et sur les propriétés. La révision des comptes avait été requise par plusieurs habitants, à la tête desquels se trouvaient noble Pierre du Faure, Guillaume Davin et Raymond Juvénis, père ou oncle de notre historien [1]. Les deniers qui en provenaient étaient reçus par François Davin et Richard Sauret. — Quant aux impôts *indirects*, les droits du grand poids à farine furent portés au double et spécialement affectés au paiement de ce qui était dû à M. de Montalquier. Ils devaient être énormes, puisqu'ils furent affermés à raison de 1.600 écus par année.

D'un autre côté, sept mille écus d'or étaient dus à Lesdiguières en vertu peut-être du traité de 1589. Afin de se libérer de cette somme énorme, il fut fait une taille à raison de 4 sous par florin, pour la perception de laquelle huit personnes furent établies, moyennant la rétribution de onze pour cent ; il fut arrêté que Lesdiguières homologuerait le rôle et décernerait des contraintes contre les contribuables en retard, comme il le voudrait et quand il le voudrait. Malheur aux vaincus ! Cela se passait en 1604, année pendant laquelle la place de régent pour l'école catholique, donnée au concours et après que les concurrents avaient soutenu des thèses, échut à Vital Rauque, de Villefranche, aux gages de 150 livres, sauf aux protestants de pourvoir à leurs frais à l'éducation de leurs enfants (2).

[1] Raymond Juvénis, procureur du Roi en 1637, consul de Gap en 1643, mort vers 1665, était l'oncle et le parrain de l'historien (né en 1628, mort à Gap le 7 janv. 1705). Cf. *Hist. de Gap*, t. I, p. xix, note 1.

(2) *Mémoires* de M. Rochas, p. 152 à 154, 1ʳᵉ série.

D'autres créanciers de la ville étaient encore à satisfaire en l'année 1607. Pour parvenir à en payer une partie, il fut passé vente, le 11 février de cette année, à noble François de Philibert, seigneur de Venterol et commandant de la citadelle de Puymaure, d'une rente ou pension annuelle de 4.000 livres moyennant le capital de 72.000 l., pour le service de laquelle la ville lui hypothéqua les revenus du grand poids à blé et à farine, sans pouvoir les employer à d'autres dépenses (1).

Telle est l'origine de la 1re série de procès que la ville de Gap eut à soutenir contre l'évêque et son clergé : car ils prétendirent être exempts des droits de *rêce*, soit en vertu du privilège inhérent à leur qualité d'ecclésiastiques, soit en vertu des traités intervenus entre eux et la ville.

D'abord (1609), ils formèrent opposition à l'établissement de ces droits ; ce qui donna lieu à un arrêt du Conseil d'État, en date du 19 décembre 1609, par lequel fut ordonné aux consuls de représenter l'état des dettes de la ville aux commissaires députés par le Roi pour procéder à la vérification de ces dettes, et pour être pourvu, ensuite, au paiement des créanciers par une contribution sur les propriétés foncières, ou une imposition sur le blé, le vin, la chair, etc., et sur telles personnes qu'il appartiendrait (2).

Ce premier différend entre l'évêque de Gap et la maison consulaire de cette ville fut terminé, le 26 avril 1611, par une transaction de laquelle fut médiateur François du Faure, président au parlement de Grenoble [3]. Mgr du Serre consentit à la perception des impositions extraordinaires, destinée à l'acquittement des dettes contractées durant les guerres

---

(1) *Ibid*, p. 106 et 107, 1re série.
(2) Archives de l'hôtel de ville, sac coté C. — *Mémoires* de M. de Rochas, p. 109 et suiv., 1re série.
[3] D'abord procureur général, nommé le 14 mars 1609, démissionnaire en 1627 *(Inv. des arch. de l'Isère*, t. II (1884), introd., p. 12-13).

civiles. Les consuls et les députés de la ville promirent, non seulement d'exempter le prélat du paiement des *rêves* établies, mais encore de lui compter, dans six mois, des premiers deniers provenant de cet impôt, la somme de 1.800 livres tournois. Ils quittèrent noble Daniel du Serre, frère de l'évêque, et les siens de toutes les sommes auxquelles ils pourraient être imposés pendant tout le temps que l'augmentation aurait lieu ; ce qui n'était pas tout à fait à titre gratuit, mais en compensation des dépens faits par l'évêque, qui s'élevaient, d'après lui, à 9.000 l. (1).

Le lendemain, 27 avril, deux autres transactions mirent aussi un terme aux procès existant entre la ville et le chapitre et l'université de l'église cathédrale. Par la première, Messieurs les chanoines et les membres de l'université voulurent bien consentir à l'augmentation des droits de *rêve* pour huit ans, à condition, néanmoins : 1º que le clergé séculier et régulier de la ville n'aurait rien à payer pour la chasse, la volaille, la venaison, les agneaux et les chevreaux, qu'il lui plairait consommer, et pour une certaine quantité de viande qu'il leur serait loisible de prendre à la boucherie ; — 2º que chaque chanoine pourrait faire moudre douze charges de blé et chaque bénéficier, six, sans les faire peser, ni payer le droit de *rêve* pour ces quantités ; — 3º que les chanoines pourraient également, sans payer, faire entrer annuellement dans la ville vingt charges de vin et les bénéficiers dix, mais ils devaient les boire, puisqu'il est stipulé qu'ils seront soumis au droit, s'ils vendent leur vin ou s'ils le débitent. Le doyen du chapitre [2]) protesta de ne vouloir faire préjudice à sa qualité, laquelle lui

---

(1) Archives de l'hôtel de ville, sac coté C. — Registre d'Allemand, notaire et secrétaire de la ville, aux années 1610 et 1611. — *Mémoires* de M. Rochas, *loco citato*.

[2]) Laurent Aréod ou d'Aréod, nommé en juillet 1596, mort le 20 sept. 1614 *(Inv. des Arch. des H.-A.*, série G. IV, p. xviii).

donnait droit à une portion double. Les chanoines firent leurs protestations contraires. Tous ensemble dirent qu'ils n'entendaient donner aucune atteinte à leurs privilèges et franchises, n'ayant consenti que pour le repos de la ville aux concessions par eux faites ; et la ville, de son côté, n'oublia nullement ses protestations contraires. « Il est « remarquable, dit le pieux Joseph-Dominique de « Rochas, dans ses *Mémoires*, pour ce qui con- « cerne les droits de *rève* sur la farine et sur le vin, « qu'il ne fût fait aucune mention des Pères Jaco- « bins et Cordeliers. Serait-ce parce qu'ils sont « réputés mendiants ? » (1).

La seconde transaction, du 27 avril 1611, nous ramène au sein des guerres de religion. En l'année 1562, les consuls s'étaient emparés de l'argenterie de l'église cathédrale ²) et il paraît qu'ils ne l'avaient jamais rendue. Cependant, en vertu de droits qui remontaient à la fondation de la ville et qui avaient été reconnus par tant d'anciens traités, Messieurs du chapitre et de l'université avaient été compris aux rôles de la contribution foncière ; mais ils s'étaient opposés à des exécutions et saisies de leurs biens, faites par le receveur de la ville, au mois de mars 1598, et avaient obtenu des lettres royaux, dont ils demandaient l'entérinement, ainsi que la restitution de l'argenterie et de certain métal propre à faire des cloches. La ville soutenait que tout bien situé dans son territoire, même les biens nobles, étaient soumis à l'impôt, que les Cordeliers et les Jacobins, ces pauvres mendiants, le payaient, ainsi que l'avaient payé les religieux de St-André et de St-Antoine, et que, d'ailleurs, les habitants avaient employé déjà plus de cinq à six

---

(1) Archives de l'hôtel de ville. Registre d'Allemand déjà cité, fos 92 à 96. — *Mémoires* de M. Rochas, *loco citato*.

²) Le 17 septembre 1562 *(Inv. de la série G,* art. 1591, t. IV, 1901, page 108).

mille écus pour la réédification de l'église cathédrale ruinée par les protestants [1]).

Enfin, le procès, qui, d'abord, avait été porté au Parlement et que la ville avait fait évoquer au Conseil privé du Roi, fut terminé aux conditions suivantes : 1° L'université de l'église céda tous les fonds par elle possédés dans la ville et le terroir de Gap, de Montalquier, Colombis et autres taillables ; — 2° Elle, lui céda encore les directes et censes dépendant des chapelles de la Madeleine, syndicat et sacristie, et tous autres lui appartenant ; — 3° La ville s'obligea de faire à l'université une pension annuelle et perpétuelle de 500 livres ; de payer, dans deux ans, le prix de l'argenterie, à raison de 23 livres le marc ; plus la somme de 500 livres, pour servir au rétablissement du clocher de la cathédrale, et, enfin, de restituer 28 quintaux de métal pour fondre des cloches.

Ces traités eurent lieu, toujours par l'entremise du président du Faure, sous le consulat de Jacques Baud, docteur et avocat, et d'Antoine Rizoul-Barret, qui représentaient la ville, avec noble Jean Abon, sieur de Reynier, et Ardoin Paris, l'un et l'autre docteurs en droit ; Jacques Vellin, substitut du procureur général au bailliage de Gap ; Claude Davin, sieur de Beaujeu ; Jean Cressy et autres, qu'il vous importe fort peu de connaître (2).

Tout n'était pas dit : car un procès, de nature différente et dont j'aurai à vous entretenir longuement, dans la suite, avait été intenté à la ville par Mgr du Serre, qui, au moment où nous sommes parvenus, avait voulu le faire évoquer au parlement de Provence. Les consuls s'étaient opposés à la vérification des causes de suspicion qu'il présentait

[1]) Voir G, t. III, p. xxxv-xxxvi.
(2) Archives de la Préfecture. Actes reçus par Claude Allemand et Jean Ariey-Rostaing, notaires royaux delphinaux, le 27 avril 1611, Mss. — *Mémoires* de M. Rochas, *loco citato*

contre le parlement de Dauphiné. Le prélat avait fait signifier des exploits pour procéder sur l'opposition des consuls ; mais nos seigneurs souverains les consuls avaient tout bonnement fait saisir et emprisonner le sergent de notre seigneur souverain l'évêque et comte de Gap ; à raison de quoi le Conseil de notre grand suzerain, le Roi-Dauphin, par arrêt du 30 septembre 1608, avait cassé, comme injurieux et tortionnaire, l'emprisonnement de ce pauvre sergent, qui n'en pouvait davantage, et condamné les consuls aux dépens, dommages et intérêts, liquidés à la somme de 921 livres 4 sous. L'évêque n'avait pas tardé de mettre cet arrêt à exécution, en faisant procéder à la saisie des biens des consuls. Les consuls n'avaient pas manqué de s'opposer aux exécutions, et par un nouvel arrêt du Conseil, ils avaient été condamnés aux dépens, qui ne s'élevaient cette fois qu'à la somme de 512 livres 12 sous.

Hé bien ! Ce bon président du Faure, cet ami conciliant des capucins, des consuls, de l'église et du prélat, parvint encore à mettre un terme, non au procès, mais à l'incident qui était venu en interrompre le cours, en faisant consentir la ville à payer à l'évêque une somme de 12.000 livres, au moyen de quoi l'incident était terminé, et le grand procès pouvait reprendre sa marche lente et solennelle. Tel est l'objet d'une quatrième transaction, en date du 29 avril 1611 (1).

J'ai tort peut-être d'attribuer au président du Faure, seul, les accords survenus entre les consuls, le chapitre et le prélat. Il y avait alors, sur le rocher de Puymaure, un souverain d'un autre genre, qui exerçait sur les souverainetés gapençaises une

---

(1) Archives de l'hôtel de ville. Registre d'Allemand, notaire et secrétaire de la ville, p. 97 à 101. [Ce registre des délibérations de la ville de Gap n'a pas été retrouvé, et il paraît être égaré ou perdu]. — *Mémoires* de M. Rochas, *loco citato*.

autorité presque absolue. C'était notre seigneur François de Bonne, duc de Lesdiguières, devenu maréchal de France et lieutenant général du Roi en Dauphiné. Il avait ordonné, le 23 mars 1611, aux consuls et aux manants et habitants de la petite ville, qui s'agitait sous ses pieds, de compromettre sur tous les différends survenus au sujet de la révision des comptes, et de choisir pour arbitre noble François du Faure, ou bien de traiter à l'amiable, par-devant l'anti-capucin noble du Villar, gouverneur de la ville, au jugement duquel ils seraient tenus de se soumettre, à peine de 3.000 livres d'amende. Une seconde ordonnance, donnée à Puymaure, le 26 avril suivant, et rendue, sur l'avis et le rapport du même président du Faure, portait :

Art. 1er. — Suivant la commission de S. M., les *rêves* de la ville de Gap ne seront établies que pour huit ans, aux conditions posées par le conseil général de la ville.

Art. 2. — Le fermier ne se désaisira du prix de son bail que sur l'état des charges et dettes de la dite ville, qui sera dressé par nous et les consuls.

Art. 3. — Attendu l'insuffisance du produit des *rêves* pour satisfaire les créanciers de la ville, les consuls qui seront élus, pendant les huit années de la durée de l'impôt, auront à dresser une taille d'un sou par florin, trois jours après leur élection. Le produit en sera employé, ainsi que nous l'aurons établi de concert avec les consuls.

Art. 4. — Il est ordonné à ces derniers de mettre en vente les biens cédés à la ville par l'université de l'église de Gap, pour, les deniers en provenant, être employés aux charges de la ville.

Art. 5. — Il est enjoint aux personnes qui se prétendraient grevées, par la révision des comptes, de bailler leurs remontrances dans la huitaine au président du Faure, à peine de déchéance.

Art. 6. — Les consuls, d'un côté, et François

Davin et Richard Sauret, de l'autre, sont tenus de convenir, dès demain, de deux auditeurs pour examiner et clore leur compte, en présence dud. sieur président, au dire duquel la ville et les comptables s'en rapporteront, à peine de désobéissance et de 3.000 livres d'amende.

Art. 7. — Pour l'exécution de notre ordonnance, nous commettons les sieurs Olier de Montjeu, vibailli; du Villar, gouverneur de la ville, et de Montalquier, juge d'icelle et commandant en notre citadelle de Puymaure (1).

Ah! malheureux traité de 1378, comme vous êtes mis en lambeaux! O vous, vénérables syndics de la ville, Arnaud Santelly, Jean Aymonet et Jean *Rayceliny*, auriez-vous cru jamais que vos dignes successeurs, malgré les nobles stipulations de votre grande charte, seraient un jour obligés de recourir à une autorité étrangère pour établir des impôts dans la ville de Gap et la distribution des revenus municipaux, selon la volonté d'un gentillâtre de St-Bonnet!

Et vous, grand inquisiteur de la foi, illustre François *Borelli*, c'est vainement que vous aviez affermi vos compatriotes dans l'exercice des immunités, des privilèges, des libertés et des droits dont elle jouissait de toute éternité et que vous n'aviez fait que constater dans la fameuse transaction où vous représentiez N. S. P. le Pape!

Hélas! Le soleil du moyen-âge commençait à s'obscurcir, à l'époque où nous sommes parvenus. Les ordonnances de Lesdiguières recevaient leur exécution. On examinait et réexaminait tous les comptes, à partir de l'année 1580; et une sentence arbitrale, rendue, le 15 décembre 1611, par les dits seigneurs de Lesdiguières et du Faure, arbitres convenus forcément par les parties, venait clôre

(1) Arch. de l'hôtel de ville. Registre d'Allemand, f° 27 à 31. — *Mémoires* de M. Rochas, *loco citato*.

tous les traités survenus en cette année mémorable. En voici les principales dispositions :

Tous les habitants de la communauté, moins ceux de Montalquier, furent condamnés à payer à ces derniers une somme de 1.500 livres, pour les indemniser des frais par eux supportés durant les guerres de religion, avec inhibitions et défenses de ne plus les comprendre désormais dans les *rêves,* les collectes ou autres impositions levées pour satisfaire aux accords faits ou à faire avec les évêques. Cette sentence fut lue et publiée dans une séance du conseil général, tenue le 26 du même mois. Nos conseillers protestèrent contre les dispositions qui viennent d'être rappelées ; et il fut décidé qu'on attendrait Mgr le maréchal de Lesdiguières, pour le supplier humblement d'écouter les remontrances de la ville à l'égard des privilèges de Montalquier (1). On attribua au commandant de Puymaure la faveur qui avait été accordée aux habitants de cette dîmerie, mais on pense que cette partie du jugement arbitral ne fut jamais exécutée.

Il n'en fut pas de même d'une autre ordonnance, par laquelle Lesdiguières condamna les villes de Gap et de Veynes à contribuer aux frais de construction du *Pont La Barque,* situé entre La Bâtie-Montsaléon et Serres : il en coûta à la ville de Gap plus de 2.700 livres, ainsi que l'établissent les quittances déposées aux archives de l'hôtel de ville (2).

Enfin, cette même année 1611, vit se consommer les ventes des biens cédés à la ville par l'université de l'église cathédrale, ainsi que le prescrivait l'art. 4 de l'ordonnance rendue par Lesdiguières, le 26 avril. Le président du Faure assista aux encans et délivrances des terres cédées, dont le prix fut délégué

---

(1) Archives de l'hôtel de ville. Registre de Jean Aricy-Rostaing, notaire et secrétaire de la ville, f° 25. — *Mém.* de M. Rochas, *loco citato.*

(2) Reg. d'Allemand, f°° 31 à 42. Reg. de Blocard, f°° 1 à 13.

aux créanciers de la ville. Elles étaient au nombre de sept, parmi lesquelles figure le *Pré de la Foire*, contenant sept charges, trois émines, un civayer, qui fut acquis par le frère de l'évêque, noble Daniel du Serre, au prix de 2.250 livres. La ville s'était réservée le droit d'y faire tenir les foires de la St-Martin et du Carême ; mais il plut à M. du Serre d'y faire semer du blé, dans le dessein, sans doute, ajoute M. Rochas, dans ses *Mémoires*, de se soustraire à l'exécution de cette clause. La ville le somma, extrajudiciairement, le 22 septembre 1612, d'y laisser tenir les foires, M. du Serre répondit qu'il n'y apporterait aucun empêchement, pourvu que sa terre ne fût pas ensemencée en blé (1). Comment se termina le différend ? Je l'ignore ; mais le pré labouré de la foire est redevenu pré vieux. La foire de la St-Martin s'y tient toujours, et, au moment où j'écris ces lignes, il est couvert de bestiaux, de toutes les espèces.

1608. — Je serais tout à fait sorti de cette première série de procès, si je pouvais passer sous silence celui que Mgr du Serre avait intenté, en 1608, à maître Jérôme Bernard, lieutenant des maréchaux de Dauphiné, qui voulait empiéter sur les droits épiscopaux dans la ville de Gap, laquelle appartenait jadis aux évêques, *tant en propriété qu'en juridiction, et ne faisant les dits évêques foi et hommage à personne pour la dite ville,* ce qui n'était pas de la dernière exactitude ; mais il est vrai que, par le traité de 1513, le Roi-Dauphin leur avait laissé la juridiction civile et criminelle dans la cité et qu'ils en avaient joui sans trouble jusques en 1550, époque à laquelle, le vibailli Benoît Olier avait troublé l'évêque et ses officiers en l'exercice de leur justice. Les

---

(1) Arch. de l'hôtel de ville. Reg. d'Allemand, secrétaire de la ville, f. 127 à 157. [Cf. *Inv. des Arch. de la ville de Gap*, BB. 17, p. 92.] — *Mém.* de M. Rochas, 109 à 124, 1ʳᵉ série.

troubles civils avaient interrompu le procès, et *qui, plus est, messire Gabriel de Clermont, pourvu dud. évêché, auroit été peu soigneux et négligent des droits de son église, voire mesme auroit été déserteur d'icelle et de sa religion,* ce qui avait donné courage au vibailli d'entreprendre sur la juridiction des officiers de l'évêque, et à ses successeurs, de continuer en leur usurpation. Or, maître Bernard s'attribuait effrontément la connaissance des *cas, excès et crimes,* commis dans la ville, tandis qu'il n'avait affaire qu'aux vagabonds et malfaiteurs qui battent la campagne ; et l'évêque l'avait assigné au Conseil, ainsi que le vibailli, dont le procès était suivi à part, de peur d'en manquer. L'on voit, dans les énormes écritures du prélat, que le lieutenant du prévôt voulait être renvoyé devant le Parlement ; mais ce qui résulta de ce grand débat restera probablement ignoré des races présentes et futures (1).

1613 et 1614. — Nous voilà de nouveau revenus à ces années 1613 et 1614, où l'on restaurait l'église cathédrale ; où les Capucins s'établissaient dans Gap ; où les prédications, les processions et les conversions se succédaient sans interruption ; où vous auriez juré, en ne voyant que la première partie de l'épiscopat de Charles-Salomon du Serre, que la plus parfaite harmonie régnait entre la maison consulaire et le palais épiscopal. Il n'en était rien, pourtant : car, en ces années mêmes, le grand procès était à son paroxisme, et l'on s'inscrivait en faux contre l'évêque. J'en ajourne l'historique à l'époque où il fut terminé, pour faire observer, en passant, qu'en 1614, la ville créa un *Bureau d'aumône,* pour soulager les pauvres qui la traversaient, auquel

---

(1) Inventaire servant d'avertissement que met et produit pardevers le Roi et nos SS. de son Conseil, messire Salomon du Serre, évêque et comte de Gap, demandeur en requête, du dernier jour du mois de février 1608. Ms. Archives de la Préfecture.

on attribua les revenus du petit poids et des attache, leyde et pulvérage, lesquels, d'après le marché passé le 15 mars, s'élevaient à 126 livres ; que le médecin Étienne Roche, consul de la ville, fut député pour la représenter aux États de la province, convoqués à Grenoble pour le 5 août, et que les mêmes commissaires, qui avaient fait le règlement du 13 mai, pour l'exécution de l'édit de Nantes, dont je vous ai fait connaître les principales dispositions dans ma X⁰ [XXX⁰] lettre, en approuvèrent un second, relatif à l'administration des affaires publiques, que la ville leur avait fait présenter, le lendemain 14 mai (1).

Mais, au lieu de vous en présenter les dispositions délayées dans une trentaine d'articles, ne préférez-vous pas de le voir mettre à exécution, dans la partie qui concerne l'élection consulaire ? Allons, suivez-moi sur la place St-Étienne, où nous trouverons les notables habitants réunis, pour se concerter, sans pamphlets, sans injures et sans calomnies préalables, sur les choix qu'ils sont appelés à faire, ce jourd'hui 15 mai 1614.

Une heure sonne à l'horloge de la maison consulaire, et voilà que Claude Grolly, le crieur et trompette de la ville, publie pour la dernière fois, à haute et intelligible voix, que la séance va s'ouvrir. La cloche du beffroi lui coupe la parole, et chacun s'achemine vers la maison susdite. Suivons la foule et entrons, avec les électeurs, dans la grande chambre d'icelle. Le valet de ville ne nous refusera pas l'entrée, puisque nous portons un justaucorps de ratine de Vienne, aussi propre et aussi parfaitement confectionné que celui de Messieurs du petit conseil ; il ne pourra se dispenser de croire que nous en faisons partie.

(1) Arch. de l'hôtel de ville [BB. 17]. Registre de Rostaing, f⁰ 323. — Idem [BB. 18], de Blocard, f⁰ 21-51 à 65. — *Mém.* de M. Rochas, p. 125 à 129, 1ʳᵉ série.

Déjà le bureau a pris place. Ah! bon Dieu, quelle atteinte à nos vieilles franchises! N'est-ce pas le gouverneur de la ville, le seigneur du Villar, ce huguenot invétéré, qui va présider l'assemblée ? A sa droite, vous voyez le premier consul actuel, noble Hector Bot, sieur de Cardebat et de Saignon, et, à sa gauche, les deux autres consuls, ou plutôt les deux capitaines Gabriel Gandalle et Georges Patac. A la droite du sieur de Saignon, est assis maître Jean Chabot, procureur de la ville, et, à la suite des deux capitaines, se présentent les deux députés du clergé, qui viennent siéger en vertu du traité du 29 janvier 1274, que nos seigneurs les évêques ne laissent pas tomber en désuétude, et des règlements plus récents, survenus à la suite de l'édit de Nantes ; l'un est le vieux chanoine Paul de Beauvois, dont l'existence paraît indéfinie et qui représente le vénérable chapitre et l'autre messire Pierre Léautier, prêtre bénéficier de la cathédrale, commis par la respectable université de cette église. Ce vieillard, encore vert, qui tient la plume, au bas de la table, vous est connu depuis nombre d'années : c'est ce même Jean Ariey-Rostaing, notaire royal, congreffier épiscopal et secrétaire de la ville et communauté, qui, en qualité de recteur des pénitents, conduisait sa congrégation à Marseille, en 1604, et achetait l'année suivante, en cette dernière qualité, les ruines de St-Jean-le-Rond, pour y élever la chétive chapelle où Monseigneur du Villar ne lui laissa pas chanter paisiblement l'office du Saint-Esprit.

Voyez-vous dans l'endroit le plus apparent de la salle, ces électeurs qui semblent faire bande à part ? Ce sont quelques-uns des hommes nobles ou prétendus tels de la cité : Jean de Comboursier, sieur de La Grange ; l'avocat Jean Abon ; Pierre du Faure ; Claude Davin, sieur de Beaujeu ; Claude Blanc, sieur de Camargues ; Gaspar du Tanc, et les capitaines Arnoux de Bardonenche et Paul Bonthoux. De l'autre côté, figurent, parmi les avocats : Jacques Velin, Hélie Philibert et Anthoine de Caseneufve; puis, tous ces bourgeois et citoyens que maître Rostaing va vous faire connaître par leurs noms, surnoms, prénoms et qualités : car il tient déjà en main le cahier des électeurs ou plutôt du grand conseil de la communauté, pour faire l'appel nominal.

Un moment M. le gouverneur prend la parole. C'est seulement pour nous prévenir que Messieurs les consuls nous ont réunis en assemblée, pour procéder à l'élection consulaire; ce que nous savions de reste par les criées aux carrefours de la ville, faites par Claude Grolly. Il nous admoneste, au surplus, de nous conduire avec toute modestie et sans passion; ce que toute sa puissance dans la ville ne lui fera pas obtenir.

Le premier consul Hector Bot, en son nom et en celui de ses confrères, le remercie de ses *admonitions et remonstrances* ; puis, se tournant vers l'assemblée, il ajoute que les consuls *remercient la compagnie de l'honneur qu'ils ont heu de la ville en leurs charges, et desclarent estre bien marrys, s'ils ne s'en sont acquités comme ils devoyent et comme leur intention estoit. Toutesfoys, ils y ont faict tout ce qu'a esté en leur possible, les suppliant les en excuser.* (Applaudissements.)

Le sieur de Saignon continue et conjure les électeurs de procéder mûrement et en paix; de quitter toutes les haines, passions et rancunes, et d'opiner chacun par ordre; qu'ayant, ce matin même, convoqué le conseil particulier, pour désigner les candidats au consulat de la ville, ce conseil a fait choix du seigneur de Montalquier et de M. l'avocat Hélie Philibert, pour premier consul du *party de la religion;* et, pour le second consul, qui, cette année, doit être du parti catholique, le sieur Roche, médecin, et le sire Jacques Rostaing la Coste ; ayant laissé à la compagnie le pouvoir de choisir le troisième, et les autres officiers de la ville, ainsi qu'elle l'entendra, conformément aux réglements ; priant de nouveau les électeurs d'opiner chacun en ordre et *d'advoer en tant que de besoing leur négotiation et gestion deurant leur consolat et charges.* (Nouveaux applaudissements.)

Ils n'en finiront pas avec leurs harangues. Voilà maître Chabot, le procureur de la ville, qui prend la parole à son tour, pour nous dire qu'*il est venu à sa notice qu'il y a aulcungs de la dicte ville, quy ont faict des brigues, les ungs pour estre consuls, les aultres procureur de ville* (on rit); *aultres, secrétaire ; aultres viziteurs et cuminaulx* [1]*); et, pour hoster icelles,* il prie les consuls de faire prêter serment aux assistants, lesquels auront à déclarer si quelqu'un parmi eux a brigué ou a été requis par les brigueurs de donner leurs voix aux uns et aux autres ; *suivant ce qu'a esté trouvé bon par Monseigneur le Mareschal.* (Murmures.)

Sire Jacques Rostaing se lève, tout rouge de colère, et déclare que, bien qu'il ait eu l'honneur d'être désigné, avec M. Roche, pour occuper la place de second consul, aucune brigue ne saurait lui être reprochée ; il somme le procureur de la ville de nommer tout haut les personnes qui se sont livrées à des menées aussi coupables.

Il en est un, réplique maître Chabot, qui a *engagé une cédule de dix escus, chez un hoste,* pour qu'il donnât à boire et à manger à tous ceux qui promettraient de lui donner leur suffrage. Le capitaine Blaise Michel doit le savoir ; qu'il le dise !

Je dis, répond le capitaine Michel, que maître Charles, l'*hoste cy présent,* m'a nommé le sire Fran-

---

[1] Et non *criminaux,* comme porte le ms. de Gautier. Cf. *Essai historique sur le cominalat de Digne,* par Firmin Guichard. Digne, 2 vol. in-8°.

çois Davin, apothicaire. (Rires et chuchotements.)

Le gouverneur se lève pour mettre fin au débat ; il dit *qu'on se faict tort de nommer ceulx quy font telles brigues*, et nous invite à passer de suite à l'élection consulaire et à y procéder sans passion. (Mouvement d'adhésion.)

Et puis, l'on viendra nous dire, deux siècles plus tard, que la ville de Gap n'était pas en progrès en l'année 1614 ! En conscience on ne ferait presque pas mieux en l'an de grâce 1838.

L'appel nominal commence, enfin ! Le premier inscrit au tableau se présente : c'est messire Paul de Beauvois, qui, après avoir remercié les consuls et les officiers de la ville de la peine qu'ils ont prise durant leurs charges, donne son suffrage à deux des candidats désignés par le conseil particulier pour la place de premier et de second consul, et à qui il lui plaît, pour le troisième, ainsi que pour le procureur de la ville, le secrétaire, les visiteurs et les cuminaux.

Et aussitôt, M. Rostaing constate le vote dans le gros livre où il inscrit le procès verbal de la séance.

Les autres électeurs remercient et votent à haute et intelligible voix, comme l'a fait M. le chanoine.

Un grand nombre de votants, à l'imitation des moutons de Panurge, opinent comme ceux qui les ont précédés. Quelques uns remercient Mgr le gouverneur de la peine qu'il a bien voulu prendre de *venir céans*. Les lâches ! — Tenez, voilà l'avocat Jacques Velin, qui, en cette dite qualité, fait procéder son vote d'un discours : il complimente et gouverneur et consuls sur l'exercice de leurs emplois, mais il est *marry* que l'on n'ait pas désigné, au conseil particulier, celui qui figure en ce moment dans le second ordre des consuls, d'autant qu'on ne pouvait choisir une personne plus capable et d'une plus grande utilité pour la ville. (Le capitaine Gandalle se rengorge, et plusieurs membres du conseil froncent le sourcil.)

Guillaume Davin reste la bouche béante, après avoir choisi pour premier consul le sieur de Montalquier. Quant au second, *il est perplex, d'autant qu'il ne voyt pas que le sieur Juvénis, qui avoyt esté nommé cy-devant* et qui a en mains les plus grandes affaires de la ville, se trouve au nombre des candidats. Il reconnaît, à la vérité, le sire Rostaing La Coste pour un homme de bien, *mais ne sçait escrire*, et il est d'autant plus important que le second consul soit lettré, que le premier continuera de résider à Puymore. Maître Davin laisse enfin tomber de sa bouche le nom du médecin Roche; mais il refuse de nommer le troisième consul et le procureur de la ville.

Le gouverneur fait observer que le sieur Juvénis mériterait d'occuper, non seulement la seconde, mais la première place du consulat de la ville. Mais, s'il était élu, sa charge de procureur du Roi au bailliage ne lui permettrait pas d'accepter, puisque, le vibailli a déclaré qu'il s'opposerait à cette nomination; il ne restait donc qu'à prier *le dict sieur Juvenis de continuer son amytié et bienveillance envers la ville.* (Approbation.)

A votre tour, M. le procureur de ville. Pas de difficulté pour les consuls; mais arrivé au secrétaire de la communauté, et avant de donner son suffrage, maître Jean Chabot conclut à ce que désormais cet employé se contente de ses gages; que, pour les contrats qu'il aura à recevoir en faveur de la ville, si grands qu'ils puissent être, il ne reçoive que vingt sous, et *deux souls pour chascuny fulhet des tailhes,* pourvu que chaque page contienne quinze lignes; que les charges de procureur et de secrétaire de la ville ne puissent être données à un étranger, qui ne l'aurait pas habitée pendant dix ans, *d'aultant que, cy-devant, il y a heu des secrétaires estrangers quy ont rendu des papiers de la ville concernant le procès qu'elle a contre Monseigneur de Gap, ce quy a porté uny grand préjudice à icelle.*

(Maître Rostaing lève les épaules et écrit, en se pinçant les lèvres, le vote de maître Jean Chabot, ainsi que celui de *sire Anthoine de Caseneufve, qui a faict mesmes remerciements.*)

Passons, passons cette foule de muets qui ne savent prononcer que des noms propres, pour arriver au recensement des votes émis. Maître Rostaing en fait le relevé, sur son grimoire, et il en résulte :

Que le seigneur de Montalquier, gouverneur de Puymaure, est élu premier consul ;

Qu'Étienne Roche, médecin, et Ariey Jouglard, forestier, sont nommés l'un second et l'autre troisième consul ;

Que Clément Giraud devient procureur de la ville ;

Que Pierre Brunet-Blocard en est le secrétaire ; (lira qui pourra ses horribles grimoires.)

Que le capitaine Guillaume Gobaud et le sire Joseph Brochier sont nommés visiteurs ;

Et que Jean Benoît et Jean *de Domo*, dit *St-Arey*, sont élus cuminaulx. (Tonnerre d'applaudissements.)

Alors le sieur de Saignon, ancien premier consul, prie humblement le seigneur de Montalquier de vouloir bien accepter la charge qui vient de lui être conférée ; et, ensuite, tant au nom des anciens officiers de la ville qu'en celui de *tous les aultres manants, habitants et forestiers d'icelle,* il donne tout pouvoir d'exercer leurs charges aux nouveaux élus, et promet d'avoir pour agréable et *tenir ferme* tout ce qui sera fait par eux. Il adresse de nouveaux compliments à Mgr le gouverneur, qui les lui rend, en le remerciant des peines que lui et ses collègues ont prises, pendant les deux années qu'a duré leur administration. Puis, maître Jean Ariey-Rostaing clot son procès-verbal, le signe avec paraphe et écrit ces mots à la suite de sa signature : *Finis. Laus Deo,* car le registre est terminé avec la carrière administrative de ce pauvre secrétaire (1).

Il est neuf heures ; *la barloque* sonne à la tour de la maison de ville, et les 159 membres présents du grand conseil de la communauté vont souper à cette heure indue et se coucher immédiatement, après ce dernier repas, les uns satisfaits de leur journée, les autres déçus de leurs folles espérances.

Ainsi, quant aux élections, les règlements antérieurs n'avaient pas été modifiés par celui de 1614. Il est vrai qu'il ne dépendait pas des citoyens de la ville de le changer, puisqu'il était imposé par la puissance souveraine ; mais les mécontents n'avaient-ils pas la faculté de demander la réforme électorale, comme aucuns de leurs descendants le font dans icelle, après six ou sept ans de privations à eux imposées par la loi de 1831 ?

Voilà donc quels avaient été, depuis deux ans, et quels seront, pour l'année courante, les magistrats municipaux chargés de défendre l'honneur et les intérêts de la ville contre messire Charles-Salomon du Serre. Il serait temps, enfin, d'arriver à l'histoire de ce grand procès ; mais, comme les parties, dans les nombreux mémoires qu'elles se jetèrent à la tête, remontaient au temps des Croisades et même au-delà, pour appuyer leurs prétentions respectives, c'est là que je serai obligé de les suivre et ce n'est rien moins qu'un abrégé de l'histoire municipale de la ville de Gap, depuis cette époque jusques au XVIIe siècle. Avant de l'entreprendre et pour ne plus en interrompre la narration, je terminerai cette lettre par une déconvenue de notre antagoniste.

Il s'était ligué avec plusieurs seigneurs du voisi-

---

(1) Arch. de l'hôtel de ville. Registre des conseils tant généraulx que particuliers tenus dans la maison de ville, années 1612, 1613 et 1614, fº 761 à 780. [BB. 17, cf l'Inv. p. 99].

nage, pour s'opposer à un édit du mois de décembre 1620, qui érigeait en titre d'office l'état de procureur et en limitait le nombre. Ce fut en vain que les ligués demandèrent à être maintenus dans leurs anciens droits. Un arrêt du Parlement, confirmé par un arrêt du Conseil, débouta nos seigneurs temporels de leur opposition et leur enleva pour toujours le droit de nommer eux-mêmes des défenseurs officieux (1).

Gap, le 1er décembre 1838.

SUPPLÉMENT A LA XIIe [XXXIIe] LETTRE.

1608. — Au mois de février 1608, Charles-Salomon du Serre présenta au Roi et à son Conseil une requête dans laquelle il exposait que la ville de Gap *appartenait* anciennement à ses prédécesseurs ; mais que l'un d'eux se rendit sujet et hommageable du roi Louis XII, le 9 avril 1513, à condition que la justice lui resterait en cette ville, ainsi qu'à ses successeurs, et que des officiers seraient par eux institués pour l'exercer, tant au civil qu'au criminel, sauf appel au parlement de Grenoble. Cependant, en l'année 1550, maître Benoît Oliér, alors vibailli du Gapençais, sous prétexte d'un édit de 1545, par lequel François Ier attribuait les cas royaux à son juge, troubla l'évêque et ses officiers dans l'exercice de la justice qui leur était dévolue, et intenta à ce

(1) *Mémoires* de M. Rochas, p. 156, 1re série.

sujet un procès devant le parlement de Dauphiné. Gabriel de Clermont, qui, à cette époque, occupait le siège de Gap, se pourvut devant le roi Henri II et en obtint des lettres patentes, le 20 mars 1558, portant que le différend serait porté au Conseil ; mais les troubles des guerres civiles étant survenus, le procès fut discontinué, et, qui plus est, Gabriel de Clermont négligea les droits de son évêché et déserta la religion catholique ; ce qui encouragea le vibailli à entreprendre sur la juridiction des officiers du prélat. M. du Serre signalait ensuite les usurpations de Jérôme Bernard, se disant lieutenant des Maréchaux de France, et demandait que ce dernier et le vibailli fussent assignés devant le Conseil du Roi ; ce qui lui fut accordé, ainsi que nous l'avons vu à la page 63 ci-dessus, où se trouve analysée la production faite au Conseil du Roi par notre évêque (1).

1612. — « Le dernier janvier 1612, entre deux et
« trois heures après midy, est advenu un tremble-
« ment de terre en cette ville, qu'il sembloit que les
« maisons deussent tomber; mais Dieu y a telle-
« ment pourveu qu'il n'est tombé en ruyne qu'une
« partie du cartier de la muraille de la ville vers
« porte Garcine ». Ainsi s'exprime Juvénis dans ses notes autographes, en annonçant qu'il a trouvé la mention de ce *tremble-terre* dans le livre des *Mémoires* de maître Hugues Buisson (2).

Gap, le 10 février 1842.

---

(1) Archives de la Préfecture : Requête au Roy et à nosseigneurs de son Conseil, répondu le 28 février 1608, ms.
(2) Juvénis, *Notes-autographes*, p. 26.

XXXIII° LETTRE.

ÉPISCOPAT DE CHARLES-SALOMON DU SERRE.

(Suite de la 2° partie.) — 1620 a 1629.

Grand procès entre l'évêque et la ville. — Conclusions de l'évêque sur la directe universelle. — Mémoires produits de part et d'autre. — Origine des droits de l'évêque. — Diverses reconnaissances de la directe universelle. — Bureau établi pour la défense. — Inscription de faux contre l'évêque. — Arrêt du parlement d'Aix, du 30 juin 1614. — Nouveaux mémoires sur les chefs non jugés. — Second arrêt, du 8 juin 1619. — Intervention du chapitre. — Le président Expilly à Gap. — Transaction du 2 mai 1622. — Ses principales dispositions. — Les roturiers assimilés aux nobles. — Notaires royaux établis dans Gap. — Création d'un bureau d'*Élection* dans cette ville. — Louis XIII à Grenoble. — Préparatifs pour la réception du Roi. — Robes de velours pour les consuls. — Arcs triomphaux. — Lettre du Roi aux consuls. — Entrée de Louis XIII dans Gap. Le dais épiscopal. — Le gardien des Capucins et Frère Humble aux pieds du monarque. — Le cardinal de Richelieu et le Père Joseph de Paris. — Le Pas de Suze. — Retour du Roi. — Son départ pour les Cévennes — Aumônes des seigneurs de la Cour en faveur des Capucins. — Réquisitions frappées sur la ville. — Le comte de Soissons. — L'évêque et les portiers de la ville. — Linge pour les blessés. — Arrestation du 1er consul. — Sa mise en liberté. — Ses plaintes au Roi. — Règlement des dépenses. — Nouveaux consuls. — Peste dans les Alpes. — *Supplément*. Juges et viballis de Gap de 1600 à 1624. — Serment des baillis des Montagnes. — Rixe dans Gap et condamnation à mort.

1602 à 1622. — Le 14 août de l'an de grâce 1606, un huissier se présente à la maison consulaire de la ville de Gap et notifie aux consuls [1] une demande introductive d'instance devant nos seigneurs du

---

[1] Noble Benoit du Tanc, Parat et Sarrazin *(Inv. p. xv)*.

parlement de Grenoble, dressée à la requête de messire Charles-Salomon du Serre, évêque, comte et seigneur spirituel et temporel de la dite ville. Il ne s'agissait de rien moins que de reprendre le procès intenté par messire Pierre Paparin de Chaumont, ès années 1582 et 1584, à raison de la dîme et de la directe, et de faire condamner les consuls et communauté, manants et habitants de la ville de Gap, à lui passer titre et reconnaissance nouvelle, tant de la directe universelle que des pulvérages, leydes, fournages, gabelles, poids, montagnes, fossés, lieux publics et régales, qu'il disait lui appartenir, tant dans la ville que dans la banlieue ; et, de plus, à lui payer le droit de *cosse* ou consulat et la dîme de tous les grains, fruits, chanvres, aulx, oignons, bétail et blés en gerbe, à la quote douzième. Or, comme il était évident que nous tenions en fief de nos seigneurs les évêques tous les héritages qui se trouvaient dans la communauté, ce qui constituait proprement la directe universelle, Monseigneur du Serre avait été en droit de conclure, pour ce chef, de la manière suivante :

« La dicte communauté et habitants de Gap seront
« condamnez de faire et prester hommaige au dict
« seigneur évesque, en qualité de comte et seigneur
« temporel de la dicte ville de Gap et son terroir, à
« cause de son évesché, et ce, tant en général qu'en
« particulier, à sçavoir : les nobles, teste nue, à
« joinctes mains entre celles du dit sieur évesque,
« avecq le baiser requis ; et les plèbes, à mains
« joinctes aussi entre celles du dict sieur évesque,
« à *genoulx et baisant le poulce* (Combien qui le lui
« auraient mordu !), suivant la forme des anciens
« hommaiges et mesme de celluy de l'an mil trois
« cent cinq ; à quoy ils satisferont, dans deux mois,
« à peine de dix mille livres d'amande, dès mainte-
« nant desclarée, et d'estre procédé contre eux par
« les peines du droict... ».

Au lieu de passer par la fenêtre de la maison de ville, comme l'en menaçaient les regards du capitaine Patac, l'huissier put se sauver par la porte avant que le mandeur, là présent, l'eût saisi au collet.

Bientôt le pouvoir exécutif convoque le sénat de la communauté. L'on fouilla dans tous les coins et recoins des archives de la maison consulaire.

Le *Livre des libertez,* qu'aucuns nomment le *Livre rouge,* fut feuilleté d'un bout à l'autre, et l'on sortit de leurs étuis les parchemins constatant les droits, les franchises, les immunités et les privilèges de la ville. L'évêque, de son côté, rassembla les titres qui établissaient ses droits à la souveraineté de la ville et de son territoire; titres qui, en grande partie, se trouvaient encore à La Baume-lès-Sisteron, où Paparin de Chaumont les avait fait porter, avec les reliques de saint Démètre et de saint Arnoux, pendant les guerres civiles. Et quatorze ans durant, on les lut, on les relut, on les examina, on les commenta, on les analysa, on les dépéça jusques à ce que le disciple bien-aimé du grand Cujas vint, en 1622, mettre un terme aux tortures des Saumaises, laïcs et ecclésiastiques, de la tumultueuse cité, en réglant définitivement les droits de l'État et de l'Église.

A l'appui de ses hautes prétentions, le prélat invoquait les concessions faites à ses prédécesseurs, dans les XII° et XIII° siècles, par les empereurs d'Allemagne, qui, à cette époque, vendaient les parcelles du royaume d'Arles ou de Bourgogne au plus offrant et dernier enchérisseur. En 1178, Frédéric Barberousse n'avait-il pas donné à Grégoire Ier la ville de Gap, avec tous les droits de régale? Le même empereur n'avait-il pas confirmé tous ces dons, en 1184, en ajoutant: *præsidatum totius civitatis Vapincensis cum territorio suo?* En l'année 1186, tous ces droits n'avaient-ils pas été étendus encore et Frédéric II ne les avait-il pas confirmés, de nouveau, en 1238 ? — Au mois de juin de l'année 1305, les habitants de Gap au nombre de 1300, tant nobles que roturiers, n'avaient-ils pas reconnu et confessé qu'ils étaient hommes-liges du seigneur évêque et de son église ? Les syndics de cette ville, *nomine universi,* n'avaient-ils pas, le 9 avril 1452, proclamé l'évêque seul seigneur de la cité de Gap et de son terroir, et reconnu, de nouveau, que les biens des habitants étaient tenus de sa seigneurie directe et censive, et sujets aux services annuels et aux lods, à raison de deux sous par florin ; qu'ils pouvaient être contraints à faire tous *charrois et courvées de main,* pour les affaires de leur dit seigneur et à sa volonté ; qu'ils lui devaient annuellement 200 florins pour les chevauchées, fouages, et tailles ; et qu'ils étaient tenus de cuire à son four, en payant le droit de fournage au douzain, ainsi que la dîme ? — Avait-il la directe le seigneur évêque de Gap, lorsqu'en 1232, un prince souverain, André, dauphin, comte d'Albon et de Vienne, reconnaissait *se habere debere et possidere in feudum francum omne jus, et dominium quod habebat vel habere debebat vel acquirere posset in futurum in loco episcopatus Vapincensis a prædicto episcopo et successoribus suis, et homagium, et successores suos debere facere et fidelitatem eidem episcopo et successoribus suis, pro omnibus supradictis;* et qu'en exécution de cette reconnaissance, il prêtait l'hommage, que le dauphin Guigues renouvelait en 1251 ? Les seigneurs de St-Germain, de Montalquier avaient-ils hésité à la reconnaître, et surtout Lantelme de St-Marcel, lorsqu'en 1309, il vendait à l'évêque sa terre de Charance ?

Je n'en finirais pas si j'énumérais tous les actes invoqués par l'évêque pour prouver son droit à la souveraineté universelle. Heureusement que quatre énormes volumes de reconnaissances recueillies par Mᵉ Mutonis, chargé jadis de les renouveler par Gabriel de Clermont, avaient été *prins, pilles et bruslés* pendant les guerres de religion ; mais il en restait encore assez dans les quarante ou cinquante sacs produits par l'évêque pour étonner des consuls vulgaires. Ceux de la ville de Gap ne furent nullement épouvantés de tout ce fatras de papiers et de paroles. En hommes supérieurs, ils rétorquaient les arguments de leur adversaire, et, les archives de la maison consulaire ayant échappé, Dieu merci, aux dévastations du siècle précédent, ils opposaient parchemin à parchemin, et le *Livre rouge*, tout entier, aux 1330 feuillets que contenaient les registres de Mᵉ Mutonis, lesquels, toutefois, ne figuraient que pour mémoire. On dit même que l'évêque pâlit en lisant pour la première fois la grande charte du 7 mai 1378.

Les consuls avaient établi un bureau qui avait mission de proposer tous les moyens de défense, lequel donna pouvoir à maîtres Jacques Velin et Jean Chabot, avec qui vous avez fait dernièrement connaissance, de retirer les papiers, les actes et documents de la ville d'entre les mains de maître Henri Combassive. Ils demandèrent ensuite la convocation du grand conseil de la communauté, pour délibérer sur un acte d'une extrême importance.

En effet, le 9 mars 1614, l'assemblée se réunit en la maison consulaire, et, par une procuration solennelle, elle donna pouvoir à Mᵉ *Colomby*, procureur au parlement de Provence, où l'affaire était pendante par évocation, de s'inscrire en faux contre les prétendues reconnaissances des 10 juin 1305 et 9 avril 1452, produites par l'évêque. Il serait aussi long qu'ennuyeux de consigner ici les moyens sur lesquels s'appuyait la communauté pour démontrer la fausseté des actes invoqués par Mgr du Serre ; mais elle soutenait, d'ailleurs, que la ville et divers citoyens de Gap avaient des directes, tant dans

l'enceinte que dans le territoire, qui ne relevaient nullement de l'évêque ; que la directe de ce seigneur temporel était restreinte aux reconnaissances particulières passées en sa faveur ; que le surplus de la ville et du territoire était de sa nature franc et allodial, tenu et réputé tel, tant par la coutume que par la possession immémoriale ; que les possesseurs ne relevaient que de Dieu ; enfin, les consuls ajoutaient, dans un mémoire : « Les habitants de Gap
« ont esté tousjours nourris et eslevés à l'obéys-
« sance de l'Église et du Roi, et en ceste escole,
« ont appris de s'opposer courageusement contre
« ceulx qui veulent, non seulement envahir leurs
« biens, mais asservir leurs libertés, non par les
« voyes ordinaires, mais par la supposition de piè-
« ces qui portent la honte escripte... ». Je m'arrête dans la crainte que nos magistrats ne perdent tout à fait le respect qu'ils doivent à leur seigneur suzerain.

Le parlement d'Aix, par arrêt du 30 juin 1614, avait relaxé les consuls et les habitants de Gap de la directe universelle, sauf à Monseigneur du Serre à se faire baiser le pouce par les nobles et les manants qui avaient eu la sottise de la reconnaître. Il avait, au surplus, réglé et attribué les droits utiles, excepté la dîme, l'aumône, le droit de fournage des forestiers, le droit de pulvérage, celui sur les tours et les murailles de la ville, pour lesquels il devait être fait des enquêtes. Quant à la réparation des remparts et des fontaines, les parties devaient être plus amplement ouïes. De là, nouveaux et longs mémoires, enquêtes sur enquêtes et toute la kyrielle de procédures, dont vous trouverez la nomenclature dans la bouche de Madame la comtesse de Pimbesche. On revenait même sur l'hommage et le serment de fidélité réclamés par l'évêque, à qui les consuls opposaient, cette fois, une fin de non-recevoir, fondée sur la prescription, plus que centenaire, indépendamment de la fausseté de la reconnaissance de 1305. Et la Grand-Chambre du parlement de Provence rendait un second arrêt, le 8 juin 1619, qui laissait encore en suspens une partie des conclusions des plaideurs. C'est alors que le chapitre intervint pour demander le tiers de la dîme; mais les consuls eurent recours au parlement de Dauphiné, qui fit inhibitions et défenses à Messieurs les chanoines de se pourvoir ailleurs que devant leurs juges naturels. Le Conseil privé du Roi, auquel les consuls avaient recouru, cassa l'arrêt du parlement de Provence, le 4 mai 1621, et renvoya au Grand Conseil les procès et les différends des parties.

C'était, comme vous le voyez, à recommencer. Toutefois, comme la matière était épuisée ; que toutes les archives avaient été fouillées et compulsées ; qu'il ne restait plus la moindre parcelle de parchemin à invoquer et à produire ; que la plume tombait des mains de l'évêque, des consuls et de leurs avocats, on s'avisa de finir comme on aurait dû commencer. On parlait, d'abord, tout bas et, ensuite, plus haut de paix et de transaction. Or, comme il y avait alors, dans la ville de Grenoble, un homme extrêmement conciliant, qui jouissait d'une réputation de probité et d'impartialité à toute épreuve, qui avait fait ses premières études à Turin et à Pavie, dont le grand Cujas avait reconnu la science, que le roi Henri-le-Grand et son successeur avaient jugé digne des charges les plus importantes de la robe : c'est à lui que l'on s'adressa, pour traiter de la paix, sincèrement invoquée par les parties belligérantes.

1622. — Vers la fin du mois d'avril 1622, la ville de Gap eut l'honneur de recevoir dans ses murs le chevalier Claude Expilly, seigneur de la maison-forte de La Poype, conseiller du Roi et président au parlement de Grenoble [1]). C'est par ses avis et son intermédiaire qu'intervint la fameuse transaction du 2 mai suivant, laquelle mit fin aux dissensions qui avaient si longtemps troublé les esprits, en terminant tous les procès suscités à la ville. Elle fut respectée jusques à ce que l'Assemblée nationale-constituante l'eût abolie, en vertu de l'autorité, plus que souveraine, dont elle se trouva investie, pour faire disparaître jusques aux dernières traces de la féodalité.

Il ne vous reste plus qu'à subir une analyse succinte du dispositif de la transaction du 2 mai 1622, et puis c'est une affaire finie, quant aux procès qui pourraient concerner la ville de Gap en corps de communauté.

1° Les consuls reconnurent, qu'en parlant dans leurs écritures de subornation de témoins, ils n'avaient jamais entendu désigner comme suborneurs ni le seigneur évêque ni aucun de ses proches.

2° La dîme des grains fut fixée à la quote vingt-quatrième.

3° La communauté, *pour rendre meilleure la condition de l'Église*, promit de payer à l'évêque une pension annuelle et perpétuelle de deux cents livres, et au chapitre, une pension de cent livres, qui tiendrait lieu de celle promise par la transaction du 15 avril 1598.

4° Pour remplacer l'aumône que les évêques étaient tenus de faire aux pauvres, le dimanche et le jeudi de chaque semaine, il fut convenu que, désormais, l'évêque livrerait annuellement au bureau de charité quarante charges de bon blé *métayer* provenant de la dîme.

5° Le droit de fournage revenant à l'évêque et au

---

[1] Il avait été nommé le 29 octobre 1616 et il résigna ses fonctions en 1627 *(Inv. des arch. de l'Isère,* t. II, Introd. p. 12-13). Né à Voiron le 21 déc. 1561, il mourut à Grenoble le 25 juil. 1636 (Ad. Rochas, *Biogr. du Dauphiné,* I, p. 360-365).

chapitre fut fixé à la quote vingt-quatrième, avec défense aux fourniers, à leurs femmes, à leurs valets, *leoriers* et servantes, de rien exiger en sus du droit ainsi réglé.

6° Les pâtissiers et les boulangers furent autorisés à se servir de leurs fours pour leur usage et à jouir de leur ancienne franchise, en payant annuellement trois livres au seigneur évêque.

7° Les habitants de la banlieue purent également continuer à construire des fours en leurs maisons, en livrant à l'évêque une demi-émine d'avoine, ou bien en lui payant six sous par famille, à chaque fête de Noël.

8° Les habitants de Gap *extra* et *intra muros* continueraient à jouir du droit, qu'ils ont eu, de tout temps, de ne payer aucun droit de *cosse* ou consulat pour tous les grains qui seraient vendus par eux, fors les voituriers et habitants de la ville qui achettent aux marchés voisins et les revendent à celui de Gap. Le droit de cosse sur ces derniers et sur les étrangers fut fixé à la quote 24°.

9° Le droit de pulvérage, la propriété et la jouissance des tours et des remparts de la ville étaient reconnues appartenir de plein droit à la communauté.

10° L'évêque était tenu de payer les gages des quatre portiers, nommés par lui, sur la présentation des consuls.

11° La ville quittait l'évêque de sa cotisation dans divers rôles dressés pour les dépenses de la ville, sans préjudice des contributions à venir, auxquelles il participerait à la forme du droit.

12° Il était, au surplus, stipulé que la dîme sur les agneaux, le chanvre, les aulx et les oignons, n'était pas due, et ne serait jamais exigée par l'évêque.

Et l'hommage ?

« Honneur aux consuls Jean Latelle, François Leautier-Faure et Pierre Blanc ! Grâces immortelles soient rendues à nobles Charles *de Tartullis,* sieur de Saignon, et Jean Abon, sieur de Reynier ; à Raymond Juvénis, procureur du Roi ; aux avocats Jacques de Vellin, Jacques Baud, Hélie de Philibert et Jean Arnaud ; à sires Georges Rochas, Claude Philibert, Henri Combassive, Michel *Mutonis* et Jean Rochas, fils à feu Firmin ; aux capitaines Paul Bellon et Martin Rolland, et au seigneur de Montalquier : les uns et les autres *citoyens, manants et habitants de la dicte ville et son terroir,* députés d'icelle, pour traiter avec Monseigneur Messire Charles-Salomon du Serre, évêque, *comte* et seigneur de Gap et de Charance !

« Vainement il prétendit, *le dict seigneur,* qu'une distinction essentielle devait exister entre la noblesse et la roture, dans la forme de l'hommage ; que les uns et les autres ne devoient y voir qu'un acte de respect et de révérence; qu'il ne demandoit point aux citoyens de Gap de se soumettre à des devoirs bizarres, à des coûtumes extravagantes, comme on le voyoit en d'autres pays, où la prestation de foi oblige le vassal à contrefaire l'ivrogne et de chanter une chanson gaillarde à la dame du château ; qu'il ne demandoit point qu'on lui présentât des alouettes, sur un char traîné par des bœufs, ainsi qu'on le pratiquoit jadis dans la baronnie de Moncontour, et, moins encore, que chaque manant vint en sa présence, comme y étoit tenu certain gentilhomme en celle du roi d'Angleterre, *facere,* [*die natalis Domini, singulis annis, coram domino rege Angliæ*], *unum saltum, unum suffletum et unum bumbrelum ;* qu'il ne craignoit nullement, qu'à l'exemple du duc Raoul de Normandie, les nobles de la cité de Gap, au lieu de lui baiser la bouche, ne lui mordissent le pied et, le faisant tomber à la renverse, comme icelui le pratiqua envers le roi de France; mais qu'il n'exigeoit de ceux-là qu'un signe de confiance et d'amitié ; et de la plèbe, de lui baiser purement et simplement le pouce, ayant les deux genoux en terre, ainsi que le porte la coutume du Dauphiné (1).

« Les consuls et les députés de la ville, à force de bons et beaux raisonnements, malgré les insistances du prélat, parvinrent à démontrer au président Expilly que tout homme qui s'étoit donné la peine de naître, dans Gap et sa banlieue (2), étoit noble *ipso facto,* ainsi que le reconnut la clause suivante :

« Les dicts consuls, au nom de tous les habitants
« des trois ordres de la dicte ville, son terroyr et
« paroisse, jurisdiciables du dict seigneur évesque
« *et à rayson de sa dicte jurisdiction,* fairont hom-
« maige et presteront serment de fidélité entre les
« mains du dict seigneur évesque et de ses succes-
« seurs, avec honneur et respect *more nobilium,*
« lorsqu'ils en seront requis par le dict seigneur et
« au changement de chasque seigneur évesque » (3).

C'est de cette manière que, se rengorgeant toujours, Me Barbier parlait, au prince de Conti, de la clause humiliante, glissée furtivement entre les aulx et les oignons, dans la transaction de 1622. Je dis humiliante. Hé ! comment qualifier un traité qui laissait tomber en désuétude l'honorable disposition de la grande charte de 1378, qui prescrivait à l'évêque, avant d'exiger l'hommage, d'offrir un dîner succulent à tous les mâles de la ville, *omnibus*

---

(1) Salvaing de Boissieu, *De l'usage des fiefs en Dauphiné,* ch. 4.

(2) Beaumarchais met quelque chose de semblable dans la bouche de son Figaro ; peut-être qu'avant d'écrire *la Folle journée* il avait eu connaissance du manuscrit de *la procession du St-Sacrement.*

(3) Archives de la Préfecture. Transaction du 2 mai 1622, reçue par Mes Brunet-Blocard et Mandaroux, notaires, et publiée en la chambre haulte de la maison de noble Daniel du Serre, frère de l'évêque, où celui-ci demeurait. Pièces du procès. — *Mémoires* de M. Rochas, p. 129 et suiv. 1re série. — *Livre des Annales des Capucins,* p. 62 et 63.

maribus dictæ civitatis (1), et cette clause culinaire était entièrement oubliée en 1622 !

Le consul de 1744 continue :

« Ainsi furent clos et terminés ces longs débats, ces terribles querelles qui avoient ensanglanté le moyen-âge, depuis qu'il avoit plu à certains empereurs d'Allemagne de faire de nos évêques des seigneurs temporels. Dès lors, nous n'eûmes plus à craindre de voir se renouveler les violences et les excommunications d'Othon, les exigences de Jacques d'Artaud, les tracasseries de Léger d'Eyrargues et les cruautés de Gaucher de Forcalquier. Chacun a joui des droits qui lui étoient conférés par le dernier traité de paix. Les évêques n'ont pas requis la prestation de l'hommage ; mais aussi, par déférence, nous avons cessé, à leur entrée dans la ville, de leur en fermer la porte au nez, lorsqu'ils avoient négligé d'approuver, ratifier et jurer les libertés, franchises et immunités de la ville, dans l'église des Frères Mineurs conventuels, ainsi que l'exigeoient la coutume et la charte de 1378 ; et moi-même, lorsqu'il y a deux ans, Mgr de Condorcet vint prendre possession de l'évêché de Gap, je me rendis au palais épiscopal, muni de notre grand *Livre rouge*, où Sa Grandeur souscrivit la déclaration d'usage ».

1624 à 1628. — Il est presque ridicule, après de si grands débats, de vous dire que, le 24 septembre 1624, Monseigneur le haut-justicier de Gap, traduisait, devant le parlement de Grenoble, quelques particuliers qui s'étaient emparés, pendant les troubles civils, d'une garenne située dans le territoire de Châteauvieux, en la montagne de Cristaye (2).

J'ai parlé ailleurs du différend qui s'éleva entre

---

(1) Transaction du 7 mai 1378. Arch. de l'hôtel de ville [AA. 5 ; *Inv.* p. 22]. Etui de carton, coté B. *Livre rouge*, p. 3 et suiv.

(2) *Requête adressée au parlement par l'évêque.* Ms. Archives de la Préfecture.

l'évêque et son chapitre, en 1627 ; mais je ne puis passer sous silence l'édit du mois de mai de cette dernière année, portant création de 1200 offices de notaires héréditaires dans le Dauphiné, et que, pour sa part, la ville de Gap en obtint seize ; non plus que l'édit du mois de mars de l'année suivante (1628), par lequel le Roi suspendit les États de la Province et y créa des sièges ou bureaux d'*élection*, au nombre de six. L'un des principaux fut établi dans notre ville, et sa juridiction comprit non seulement tout le Gapençais, mais s'étendit encore sur toutes les communautés de l'Embrunais et du Briançonnais (1).

1629. — La Rochelle était tombée au pouvoir de Louis XIII et de son adjoint le cardinal de Richelieu, qui, en l'année 1629, faisait prendre la résolution de secourir le duc de Nevers contre la maison d'Autriche et le roi d'Espagne, et de le rétablir en possession du duché de Mantoue. Il traçait au monarque un plan d'opérations contre le duc de Savoie, prétendant au même duché, et lui promettait de le ramener vainqueur, pour aller ensuite triompher des Huguenots dans les Cévennes.

Aux premiers jours de l'année (1629), ils arrivaient dans les Alpes, où la peste venait de se déclarer. Bientôt le bruit se répand dans Gap, que le Roi doit y faire une entrée solennelle vers la fin du mois de février. Ce bruit est confirmé par une lettre de M. du Saïx, gouverneur de la ville, qui s'était rendu à Grenoble, auprès du monarque. Aussitôt les consuls, assistés du conseil particulier, arrêtent que des proclamations seront faites dans tous les carrefours de la ville, pour enjoindre aux habitants de préparer et de nétoyer leurs maisons, d'enlever les fumiers qui encombrent les rues, de fermer les

(1) *Mém.* de M. Rochas, p. 159 et 169, 1ʳᵉ série. [Cf. *Recueil des Réponses... de l'élection de Gap*, Paris, 1908, p. v et suiv.].

cours où se trouvent les immondices, tant au-dedans qu'au-dehors de la ville, et d'emmener les pourceaux à la campagne. C'était le 16 février que cette salutaire résolution était prise par le corps municipal, bien que déjà la ville se trouvât dans un embarras extrême pour le logement et la nourriture des troupes qui, après quelques jours de repos, filaient sur Embrun.

Le 18, le conseil général est convoqué. Le premier consul, maître Antoine de Buysson, avocat en la cour, ayant à ses côtés le sieur Jean Millon, consul du second ordre, et le capitaine Charles Spié, troisième consul [1]), confirme de nouveau l'arrivée prochaine de Louis le Juste en la noble et antique cité de Gap : « En cette occasion, ajoute-t-il, la ville doit
« transmettre à la postérité qu'elle a heu l'honneur
« d'avoir icy le Roy, par conséquent que les consuls
« qui la représentent doibvent porter quelques
« marques, affin qu'en ceste arrivée, ils soyent
« cogneus pour tels, et à l'advenir aussy ». Cette motion est fortement appuyée par les hautes capacités de l'assemblée et, entre autres, par le chanoine Paul de Beauvoys. « Il faut », dit ce vieux témoin des guerres civiles, sans égard pour les prétentions de son évêque, « il faut que la ville se
« montre au Roy comme ses vrays vassaulx et
« subjects, et, à cest effect, si la compagnie trouve
« bon, qu'on fasse fère une robbe de vellours au
« premier consul... ; qu'il soit faict un arc triomfans
« aux portes de la ville..., et emprunter quelques
« pistolles, et en secourir ceulx qui en auront
« besoin, des habitants de la ville ».

Tels, dans des phrases quelque peu contournées, maître Rolland, notaire et secrétaire de la ville et communauté, nous a transmis les discours de quelques membres du grand conseil *d'icelle*. Non seule-

---

[1]) Ils avaient été élus le 7 mai 1628 (BB. 28, p. 137 de l'*Inv.*).

ment ces équitables propositions sont adoptées, mais l'on décrète que chacun des trois consuls aura sa robe de velours, le simple chaperon ne pouvant plus suffire dans une aussi grande circonstance. Mais, comme la ville de Gap, à cause des dettes énormes par elle contractées durant les guerres religieuses, se trouvait alors dans un dénuement presque égal à celui qu'éprouvait constamment une cité voisine ; que l'impérieuse nécessité avait forcé les habitants à se vêtir des étoffes les plus simples et quelquefois les plus grossières ; que, par suite de cet état déplorable, les marchands de velours en étaient disparus depuis plusieurs années, le sr Villar, membre du conseil privé, eut ordre de se rendre de suite à Sisteron, pour y acheter du velours, ou tout au moins du satin, propre à être transformé en robes consulaires. D'un autre côté, le sieur Céas, autre membre du petit conseil, prit la route de Veynes, pour se pourvoir, dans la vallée du Buëch, du buis nécessaire à l'ornement des colonnes triomphales ; les sieurs Clary et Combassive se chargèrent du soin de se procurer des pins qui devaient servir de fût à ces colonnes ; et il ne resta aux dignes consuls qu'à emprunter de droite et de gauche, pour distribuer des aumônes et satisfaire aux autres dépenses, et à faire confectionner les armes royales qui devaient s'unir légitimement aux armes de la ville dans les *arcs triomphans*.

Trois jours encore, et le monarque entrera dans la ville avec Monseigneur le Cardinal, assisté de Son Éminence grise le R. P. Joséph de Paris. Comme on se démène ; quel mouvement ; quelle anxiété ; que de préparatifs pour recevoir dignement le fils d'Henri IV ! Le conseil est permanent en la maison consulaire. Toup à coup maître Antoine Buysson entre, d'un air consterné, dans la salle des délibérations, tenant à la main un papier que vient de lui remettre ce que nous appellerions aujourd'hui un officier d'ordonnance. On l'entoure avec inquiétude ; on l'interroge : il ne répond pas. Enfin, assis au haut bout de la table, d'une voix émue et presque étouffée par les sanglots, il donne lecture de la lettre suivante :

« *A nos chers et bien amés les consuls, manans et « habitans de ma ville de Gap.*

« Chers et bien amés, nostre intention estant de
« passer en nostre ville de Gap sans nous y arres-
« ter, nous vous avons bien voulu faire ceste lettre
« pour en donner advis et vous dire que nous ne
« désirons pas que vous nous prépariez aulcune
« entrée en la dicte ville, vollant y passer sans aul-
« cune cérémonie.

« Donné à Grenoble, le dix-huictiesme febvrier
« mil six cent vingt neuf. *Signé :* Louis, *et, plus bas,*
« Philipeaux ».

Et les pins sont déjà coupés, et le buis entré par la porte de St-Arey ! Et le velours consulaire arrivé de Sisteron, avec Mᵉ Villar, qui l'étale sur le bureau du Conseil ! — Tant de soins ne sauraient être perdus ; tant de travaux ne sauraient rester infructueux. Et, d'ailleurs, peut-être n'est-ce qu'une ruse de Mgr le Cardinal. L'on délibère séance tenante ; et l'on arrête, à l'unanimité, advienne que pourra, que, non seulement un arc de triomphe sera élevé à la porte Jaussaude, par laquelle on fera entrer adroitement Sa Majesté, mais qu'il en sera élevé un second *au logis* où Elle doit descendre ; que le premier consul lui présentera les clefs de la ville, non les vieilles clefs du XIIe siècle, mais des clefs toutes neuves, que le meilleur serrurier de la rue Souveraine venait de confectionner ; et, enfin, que Mgr de Gap sera prié de prêter son dais à la communauté pour être offert *à sa dicte* Majesté.

Les consuls mirent de suite en réquisition les meilleurs tailleurs de la ville, pour qu'ils eussent à dépecer le velours provençal et à lui donner, pour le lendemain, une forme élégante, digne des premiers magistrats de la cité épiscopale ; et tous les fronts s'épanouirent de nouveau.

Bon gré, mal gré, Louis XIII fit une entrée solennelle dans la ville de Gap, par la porte Jaussaude, le 24 février 1629. Les clefs de la ville lui furent présentées par maître Antoine de Buysson, tout couvert de velours ; mais Sa Majesté refusa de se placer sous le dais épiscopal. Qu'advint-ils alors de ce pauvre dais ? Les valets de pied du Roi s'en saisirent et s'en servirent comme d'un jouet d'enfant. Les consuls, s'apercevant de cette profanation, firent un signe au valet de ville, au crieur public et au portier de la porte Jaussaude. Ces dignes serviteurs de la ville tombèrent sur les valets de cour, leur arrachèrent le dais ; mais hélas ! dans la lutte, une des quatre pommes qui l'ornaient fut brisée! Et nos consuls, ne pouvant le rendre à l'évêché dans cet état délabré, s'empressèrent, quelques jours après, d'acheter une pomme toute neuve et de la faire dorer aux frais et dépens de la ville (1).

Le Roi fut reçu avec magnificence par Mgr du Serre, qui lui céda les appartements qu'il occupait, dans la maison de son frère. Le duc d'Épernon remplissait les fonctions de maître des cérémonies. Ce fut ce vieux seigneur qui présenta à Louis XIII le gardien des capucins et notre célèbre frère Humble. L'un et l'autre tombèrent aux genoux de S. M. «Mes
« Pères, que puis-je faire pour vous autres, dit le
« Roi, en donnant la main au Père Antoine de Col-
« mars, pour l'aider à se relever, dites-le moy et je
« le feray, car je suis tout à vous de bon cœur; ce

---

(1) Registre des Conseils généraux et particuliers de la ville de Gap, tenu par Me Rolland, notaire et secrétaire, aux années 1628 et 1629 — Séances des 16, 18, 23 février et 29 avril 1629. Archives de l'hôtel de ville [BB. 29, p. 137 et suiv. de l'*Inv*.].

« qu'il répliqua par trois foys avec grande affec-
« tion » (1).

J'éprouve un vif regret de ne pouvoir vous dire dans quel quartier, dans quelle rue, dans quelle maison étaient logées les deux puissances qui, après le Roi, honorèrent en ce temps-là la ville de Gap de leur présence : je veux parler de Mgr le Cardinal, *grand ministre d'Estat et le tout-puissant,* et de *Son Éminence grise,* le R. P. Joseph de Paris, grand capucin et *grand homme, et qui estoit du conseil de mon dit seigneur le Cardinal et de sa suite, avec grand crédit auprès du Roy.* — Ainsi les désigne le R. P. rédacteur des *Annales* ; — mais ce bon capucin n'a pas daigné nous apprendre en quel endroit ils étaient descendus.

Le Roi partit, le lendemain, pour le Mont-Genèvre. Bientôt après, un cri de victoire retentit au sein des Alpes et les consuls de Gap surent bientôt, d'une manière positive, que le *Pas de Suse* a été franchi. Cependant les barricades que le duc de Savoie y avait fait élever avaient paru impossibles à forcer aux maréchaux de Toiras, de Bassompierre et de Schomberg, qui accompagnaient le Roi ; à divers officiers élevés en grade et en mérite, et surtout à Mgr le Cardinal et peut-être aussi au R. P. Joseph. Le Roi, seul, persista dans son dessein et se refusa à la retraite. Il était logé dans un méchant hameau, presque seul, ayant cependant une garde pour la sûreté de sa personne ; mais, dès que le jour commençait à tomber, il était abandonné à une entière solitude, ce qui en cette saison et dans une gorge étroite arrivait de fort bonne heure. Le Cardinal et les maréchaux avaient eu recours à cet artifice, pour l'engager à revenir sur ses pas. L'ennui fut grand, d'abord ; mais le marquis de St-Simon, premier écuyer du Roi, à qui ce prince s'était plaint de

(1) *Livre des Annales des Capucins,* p. 90.

la solitude, lui amena un musicien de l'équipage de M. de Mortemart, et les soirées s'écoulèrent sans trop d'ennui. Le jour, Louis XIII montait sur les rochers encore couverts de neige, pour tâcher de découvrir les endroits par lesquels il pourrait attaquer les formidables retranchements du duc de Savoie. Il continuait, depuis assez longtemps, ses pénibles recherches, lorsqu'à la cime d'une montagne, il trouve enfin un chevrier, qui, par des sentiers affreux, le conduit sur le revers de la montagne et lui montre les barricades. Après avoir tout examiné, le monarque résolut l'attaque pour le lendemain. En effet, le 7 mars 1629, les retranchements sont attaqués. Le Roi y combat en grand capitaine et en valeureux soldat, gravissant les rochers, à la tête de son armée, et franchissant les barricades, à mesure qu'il gagne du terrain ; il se faisait pousser par les grenadiers pour grimper sur les tonneaux, donnait cependant ordre à tout, avec une présence d'esprit admirable, et excitait autour de lui des cris d'admiration. Le Pas de Suse est forcé ; la déroute du duc de Savoie est complète et le Roi reste à cheval, pour recevoir le monarque piémontais, qui s'avance vers lui. Il ne fait pas seulement mine d'en descendre et se contente de porter la main à son chapeau, lorsque Charles-Emmanuel l'aborde à pied, met un genou en terre et embrasse sa botte. Le vaincu adresse un compliment au roi de France, qui, sans se découvrir, lui répond avec une majestueuse dignité (1).

Il est temps de laisser la parole à M⁰ Barbier, qui, montrant au prince de Conti le fameux pont de Burle, ne laisse pas échapper l'occasion de raconter les événements dont cet indestructible produit de l'art gapençais fut le témoin impassible.

« A son retour de sa brillante campagne sur le

(1) *Fragments inédits* du duc de St-Simon, insérés dans la *Revue des deux mondes*, année 1834, Tom. IV, p. 409.

revers des Alpes, Louis XIII fut reçu sous un nouvel arc de triomphe, que la ville de Gap avoit fait élever en avant de ce pont. Là, il fut harangué par le premier consul Anthoine de Buysson, qui avoit à ses côtés les deux autres consuls [Jean Millon et Charles Spié], et, à sa suite, tous les membres du conseil particulier. Le monarque reçut avec modestie les éloges qui lui étoient adressés, répondit avec bienveillance à notre premier magistrat, et lui remit de l'argent pour le soulagement des malheureux qui pourroient être atteints par le fléau qui désoloit alors la province. Sa Majesté alloit traverser le pont et faire son entrée dans la ville, lorsqu'un capitaine de son armée s'avançant lui demanda la permission de réciter des vers inspirés à sa muse par le succès de sa glorieuse expédition. Un signe de tête et un sourire amical du monarque encouragèrent le poëte, qui, d'une voix mal assurée, avec une prononciation vicieuse et bégayante dit, en montrant Louis XIII :

> « Je l'ai suivi dans les combats ;
> « J'ai vu foudroyer les rebelles ;
> « J'ai vu tomber les citadelles
> « Sous la pesanteur de son bras ;
> « J'ai vu forcer les avenues
> « Des Alpes qui percent les nues,
> « Et leurs sommets impétueux
> « S'humilier devant la foudre
> « De qui l'éclat victorieux
> « Avoit mis La Rochelle en poudre ».

Ce capitaine-poëte n'était autre qu'Honorat de Bueil, marquis de Racan, qui, depuis, *chanta Philis, les bergers et les bois* (1).

Ce fut le 1er mai 1629, que le Roi fit sa seconde

(1) C'est en vain que, dans nos paperasses, j'ai cherché une autorité qui vînt corroborer cette partie du récit du consul de 1744. Je n'ai, pour l'appuyer, qu'une tradition orale sur l'arc de triomphe du pont de Burle. Maître Barbier n'aurait-il pas quelque peu orné l'histoire, en faisant réciter à Racan, une strophe de l'une de ses meilleures odes ?

entrée dans la ville, au milieu des populations des communautés environnantes, accourues autant pour voir leur souverain que pour trafiquer à la foire qui s'ouvrait ce jour même. Il en partit, le lendemain, pour se rendre à Veynes, et de là, vers les Cévennes, pour forcer les huguenots dans leurs dernières retraites et les soumettre à Mgr le Cardinal.

Pendant le court séjour dans la ville de Gap du monarque et de la Cour, le marquis de Gordes et le seigneur de Champremi firent une quête dans la maison du Roi pour la fabrique des RR. PP. Capucins. Sa Majesté donna sept pistoles et les seigneurs de sa suite, dix-huit. Madame du Saïx en fit une autre dans le logis de Son Éminence, qui lui donna six pistoles. Le R. P. Joseph de Paris dîna au réfectoire des Pères capucins et témoigna à ces respectables confrères sa bonne volonté à leur être utile. Tous les religieux allèrent saluer, avec grand respect, Mgr le Cardinal sur le chemin de Veynes, au moment où il jetait un regard de travers sur la citadelle de Puymore ; puis tout fut dit » (1).

Malgré la sentence que vient de prononcer le respectable consul, tout n'est pas dit encore, non sur le séjour du Roi dans notre ville, mais sur les réquisitions énormes dont elle fut frappée, sur les nombreux emprunts auxquels elle fut obligée de se livrer pour y satisfaire et, enfin, sur la liquidation et le paiement de toutes ces dépenses.

Quelques jours après la première entrée de Louis XIII, l'on apprit, je ne sais par quelle voie, une nouvelle qui mit de nouveau en émoi toute la ville. Le comte de Soissons, gouverneur de la province, devait y arriver dans le courant de la semaine, pour suivre le Roi à l'armée. Le conseil

---

(1) *Livre des Annales des Capucins*, p. 90 et 91.

s'assembla de nouveau et arrêta que les consuls feraient travailler aux armoiries de son Altesse, pour être placées au-dessus de la porte par laquelle il ferait son entrée dans la ville, ainsi qu'à celle de l'hôtel où il descendrait ; que l'on conserverait le buis et les sapins pour élever de nouveaux arcs de triomphe ; en un mot, que l'on suivrait à son égard presque le même cérémonial que l'on avait suivi à l'égard du souverain dont il était le représentant dans le Dauphiné (1).

J'ignore comment, après le départ du Roi pour le Mont-Genèvre, il vint aux oreilles du premier consul que Mgr l'évêque, sans égard pour les anciens comme pour les nouveaux traités, avait formé le dessein de faire supporter à la ville le paiement des gages des portiers, et que, pour y parvenir, il avait envoyé un émissaire à Embrun devers le Roi ; mais le consul avait suivi ce dernier à la piste et avait défendu avec tant d'éloquence les intérêts de la ville que l'évêque n'avait rien obtenu de Louis-le-Juste. De retour à Gap, il fit part de ses succès à MM. du conseil particulier, qui, toujours en méfiance contre les menées épiscopales, jugea nécessaire de se préparer à la défense, dans le cas où le seigneur temporel voudrait renouveler cette affaire au retour du Roi ; et ordonna qu'il serait dressé de *bons et amples mémoires,* pour démontrer l'illégalité d'une pareille prétention (2).

Parmi les réquisitions qui furent adressées à nos consuls, il en est une qui aurait fait gémir les graves matrones de la cité, si elle n'avait eu pour objet le soulagement des militaires qui avaient reçu des blessures dans les combats livrés sur la cîme des Alpes. Le 14 mars, ils reçurent une lettre de cachet du Roi, datée de Chaumont, qui leur prescrivait de fournir à son armée 12 douzaines de linceuls et 12

(1) Délibération du 26 février 1629. Registre déjà cité.
(2) Délibération du 2 mars 1629. Registre cité.

douzaines de serviettes, pour servir au pansement des blessés. Les consuls s'empressèrent de parcourir toutes les bonnes maisons de la ville, pour satisfaire à la demande de S. M. Aussi, le 28 du même mois, Mgr Escoubleau, archevêque de Bordeaux, s'empressa-t-il de leur mander que le monarque était satisfait de leur prompte obéissance à ses ordres, ajoutant seulement par *Post scriptum* de vouloir bien lui envoyer le linge qu'ils avaient préparé pour les hôpitaux (1).

Je ne sais pourtant à quoi pensait notre 1er consul, Me Antoine de Buysson, de ne pas obtempérer également aux réquisitions qui lui étaient faites par les fournisseurs de l'armée, comme si ces messieurs ne représentaient pas légitimement le roi de France. Un sieur La Croix, agent de l'un de ces maltotiers, avait requis une vingtaine de bêtes à voiture, et notre consul restait dans l'inaction. Cet employé subalterne, sans vénération pour la dignité consulaire, sans respect pour la robe de velours, marque de cette haute dignité, sans égard pour les titres extra-municipaux dont il était revêtu, fait empoigner maître Buysson, par un exempt des gardes et un archer de la prévôté, et le conduit prisonnier à La Bâtie-Neuve. Il était dur pour les faisceaux consulaires de se baisser devant un fournisseur d'armée. Cependant, comme la tour du château de La Bâtie n'était pas un séjour de délices, le premier consul ne tarda pas d'inviter par écrit Me Rolland, secrétaire de la ville, de lui envoyer 19 bêtes de trait. Celui-ci, non seulement sut trouver les dites bêtes, mais il les conduisit lui-même à La Bâtie-Neuve, en la compagnie du messager de la ville; et alors Me Buysson recouvra sa liberté. Il en profita pour assembler le conseil particulier, qui,

(1) Délibération des 14 et 28 mars 1629 [BB. 29].

indigné de l'insulte faite par un quidam, tel que le sʳ La Croix, au premier magistrat de la ville, prescrivit au consul d'en porter ses plaintes au Roi. En effet, peu de jours après, il partit pour Briançon, avec Mᵉ Baud, ancien consul, que le Conseil municipal lui avait adjoint (1).

Le mois d'avril et le commencement du mois de mai se passèrent à régler les comptes de la ville, à aviser aux moyens de rembourser les prêteurs et de payer le vin, le pain et les rafraîchissements *offerts* par la ville à divers régiments et principalement à MM. les mousquetaires de la garde du Roi ; ce qui désenchantait quelque peu Messieurs du grand comme du petit conseil. Ils s'en consolèrent en pensant que chaque jour de l'année il ne passait pas des rois, des princes et des premiers ministres dans leur pauvre cité, et qu'en cette conjoncture les consuls l'avaient noblement représentée.

L'époque des élections étant arrivée, on les conjura dans plusieurs assemblées municipales, de continuer leurs fonctions pendant une année encore malgré l'opposition de quelques mécontents. Les consuls hésitèrent d'abord, mais, à la fin, pour faire cesser les murmures des ambitieux qui aspiraient au fauteuil consulaire, ils refusèrent nettement de continuer leurs fonctions, et, le 30 mai, l'assemblée électorale pourvut à leur remplacement. Noble Balthasar d'Abon, seigneur de Reynier, fut nommé consul du premier ordre ; Esperit de Cazeneufve, consul du second, et Alexandre Villar, consul forestier.

Un fléau plus terrible que la guerre menaçait alors de franchir les portes de la ville (2). Vous verrez, dans la lettre suivante, comment ces nouveaux magistrats s'épuisèrent en vains efforts pour

(1) Délibérations du 23 mars 1629. Registre déjà cité.
(2) Délibérations des 2 et 24 mars, et des 6, 14 et 30 mai 1629, *ibid.*

dissiper l'orage, car le courroux du Ciel s'appesantit d'une manière épouvantable sur la malheureuse population gapençaise!

Gap, le 12 décembre 1838.

SUPPLÉMENT A LA XIII° [XXXII°] LETTRE.

1600 à 1625. — L'on trouve dans diverses pièces, provenant du fonds de l'évêché de Gap, que :

De 1600 à 1624, cette ville avait pour juge Antoine Buysson, docteur ès droits ;

De 1617 à 1624, Jean Abon, sieur de Reynier, était lieutenant du juge de Gap ;

Et qu'en 1624, Alexandre de Philibert de Charance était vibailli de Gapençais.

1625. — « Au mois de décembre 1625, lors de la
« réception du sieur comte de Suze en l'office de
« bailly des Montagnes, fut résolu par la Cour de
« parlement de Dauphiné, de l'advis des Chambres,
« que lorsqu'on reçoit les baillifs ou sénéchaux de
« la noblesse à prester serment en la Chambre du
« Conseil, ils peuvent porter leur espée au costé ».
(Monsieur d'Expilly, au chap. 215 de ses Arrests) (1).

1626. — Je ne sais à quel propos, il s'éleva dans Gap une terrible dispute entre Esperit Michel, Jehan

(1) Juvenis, *Notes autographes*, p. 75.

Jullien, Jacques Gombaud et autres. C'était au mois de mai 1626. Et tant fut frappé de part et d'autre qu'Esperit Michel mourut, peu de jours après, des suites de la blessure qu'il avait reçue. Aussitôt le promoteur de l'évêque porta plainte devant le juge épiscopal, auquel, d'après le prélat, la connaissance de cette cause appartenait, tant par droit que par ancienne coutume. Le juge, saisi de la cause, condamna à mort Jullien et Gombaud, et, de plus, à des amendes au profit du promoteur; mais les condamnés interjetèrent appel devant le Parlement. Or, comme ceux-ci déclinaient la juridiction du juge de la ville, l'évêque, par un mémoire du 12 juin 1627, conclut devant le Parlement, à ce que, révoquant une commission déjà accordée au vibailli, il fût défendu à ce juge royal de prendre aucune connaissance de l'affaire, à peine de dix mille livres d'amende et autre arbitraire (1). Quelle fut l'issue du déclinatoire ? Je l'ignore. Les condamnés furent-ils définitivement pendus et étranglés ? Je ne saurais non plus vous le dire.

Gap, le 10 février 1842.

---

(1) Archives de la Préfecture. Requête adressée au parlement de Dauphiné par l'évêque de Gap, le 12 juin 1627. Ms.

XXXIVe LETTRE.

ÉPISCOPAT DE CHARLES-SALOMON DU SERRE.

(Fin de la 2e partie). — 1629-1637.

Nouveau genre de courage de Louis XIII. — Précautions pour se préserver de la peste. — Elle se déclare dans Gap. — Traités avec les médecins et les chirurgiens. — Dévouement des Capucins. — Ils succombent presque tous. — Frère Humble est atteint et guérit. — Tallard préservé de la peste. — Fin de la contagion. — Nombre des personnes atteintes et des morts. — Conversion de quelques protestants. — La peste se déclare de nouveau. — Lettre des consuls au Provincial des Capucins. — Les Capucins à Ventavon et dans le Valgaudemar. — Longue carrière de frère Humble. — Sa mort. — Destruction de la citadelle et du château de Puymaure. — Érection de la chapelle de St-Roch. — Mort de Charles-Salomon du Serre. — Mort d'Étienne de Bonne d'Auriac. — Règlements municipaux de police de 1405 et de 1632.

1629. — Un mois s'était écoulé depuis le départ de Louis XIII, lorsque toutes les autorités de la ville songèrent sérieusement aux mesures de précaution qu'il convenait de prendre pour échapper au fléau qui s'était déclaré dans les Alpes. Le Roi y avait échappé, et, à cette occasion, il avait déployé un genre de courage que bien des héros n'auraient pas montré. Il se trouva logé, en y arrivant, dans une maison où régnait la peste. Saint-Simon l'en fit sortir ; mais la nouvelle demeure qui fut choisie se trouvait également infectée. On voulut, de nouveau, l'en faire déloger ; alors le Roi, avec une tranquillité parfaite, répondit : « Il paraît que la peste est partout dans ces montagnes ; je dois donc m'abandonner à la Providence et ne plus penser à la contagion, mais seulement au but que je veux atteindre » (1).

Un bureau de santé, composé des notabilités de la ville et de l'évêché, fut établi dans les premiers jours de juin. La première réunion eut lieu dans la maison consulaire, le 10 du même mois. Les consuls de Cazeneufve et Villar ; le sacristain Honoré Buysson, chanoine de la cathédrale et *surintendant de la santé*, et autres notables y assistèrent. Il fut résolu que le nouveau gouverneur de Puymaure, le s^r Heybert ²), arrivant de Grenoble, lieu notoirement affligé de la maladie contagieuse, serait prié, par le consul de Cazeneufve et le sacristain Buysson, de ne pas descendre dans la ville, *du moings jusques à ce que la lune aye faict de nouveau ;* en second lieu, que les *paouvres estrangers* qui se trouvaient dans Gap seraient tenus d'en sortir (3).

Il serait bien long, bien ennuyeux et vraiment peu profitable, d'analyser ici les deux énormes registres des délibérations prises par le bureau de santé, jusques au moment où l'épouvante, résultat d'une horrible certitude, s'empara de tous les esprits. Qu'il vous suffise de savoir, qu'en cette conjoncture, tout ce que la prudence humaine peut inventer de précautions pour calmer les imaginations et éloigner le fléau des murs de la ville fut mis en usage par nos dignes consuls et le bureau de santé.

1630. — Ainsi s'écoula une année, dans des tran-

(1) Fragments inédits du duc de St-Simon.
²) Claude d'Heybert ou *d'Eybert*, de Seyssins, sg^r de Paris et de Pariset (Isère), en arrivant à Gap, était descendu au « logis du *Moton* » *(Inv.* BB. 28, p. 134).
(3) Premier registre des assemblées tenues au bureau establly pour la santé en cette ville, juin 1629, escrivant Allix, notaire et secrétaire, p. 1 et suiv. Arch. de l'hôtel de ville [BB. 30; *Inv.* p. 148].

ses mortelles, que les mesures sanitaires n'étaient nullement parvenues à calmer.

Mais le 3 juillet 1630, sous le consulat de Gaspar Juvénis, Jean Bellon et Jean-Luc Eyraud [1], la peste, *puisqu'il faut l'appeler par son nom,* pénétra au sein de la ville de Gap. La charité chrétienne ne recula point devant la hideuse maladie; elle fut la première à braver les périls et à cueillir les palmes de ce genre de martyre. Le lendemain, tous les membres du couvent des Capucins s'assemblèrent au réfectoire et n'hésitèrent pas un instant à s'offrir, *en général et en particulier*, pour faire le service des malades pestiférés; toutefois, il fut résolu de ne désigner, pour le moment, que trois Pères *à ce sainct employ* et de réserver les autres pour les suppléer, lorsque le besoin s'en ferait sentir (2).

Le 5 juillet, le corps municipal tâchait encore de s'étourdir et de dissimuler l'apparition de la maladie. Une réunion extraordinaire eut lieu *dans le jardin de Monseigneur d'Auriac*. L'assemblée fut présidée par l'évêque, bien que les protestants s'y trouvassent en assez bon nombre, car le danger commun avait effacé toute dissidence d'opinions religieuses. Là, se montraient le baron du Saïx, gouverneur de la ville, les trois consuls, le sacristain Buysson et plusieurs autres chanoines ou bénéficiers *de la grande église ;* noble Jean de Montauban, seigneur du Villar et lieutenant du gouverneur; nobles Félicien Boyer, doyen du chapitre, Jean d'Abon, Charles de Beauregard et Daniel du Serre, seigneur de Chaillol et frère de l'évêque ; les avocats Raymond Juvénis, Jacques Baud et Jacques de Vellin ; les sires Jean Arnaud et Hélie Philibert, Claude Blanc de Camargues, George Rochas ; le médecin Chanebon et les apothicaires Vincent Girard et Louis Meyer.

[1] Élus le 5 mai 1630 (BB. 31 ; *Inv.* p. 156).
(2) *Livre des Annales des Capucins de Gap,* p. 92.

Le premier consul prit la parole et exposa que le bureau de santé, pour obvier et remédier aux accidents du mal contagieux qui *pourroit avenir en la ville*, avait voulu traiter avec Élizée Ollivier, chirurgien, pour savoir à quel prix et à quelles conditions il s'engagerait à traiter les malades qui pourraient être atteints de la peste, *au cas que Dieu en voulust affliger la d° ville*. Le chirurgien, beaucoup plus philanthrope que charitable, bien que le mot ne fut pas encore inventé, avait déclaré ne pouvoir s'exposer à moins de deux cents livres par mois, et sous la condition qu'on lui fournirait un logis hors la ville, des préservatifs pour son usage et les médicaments nécessaires ; et que, dans le cas, où, le nombre des malades augmentant, il serait obligé d'aller dans les hameaux disséminés sur le territoire de la communauté, un cheval lui serait en outre fourni, aux frais de la ville.

Gaspar Juvénis invita l'assemblée à délibérer sur les offres du s^r Ollivier, à voir s'il ne serait pas à propos de retenir un ou deux médecins, pour traiter avec eux, et de convenir du nombre d'apothicaires qui voudraient se charger de servir les malades ; à nommer un capitaine du guet et ses soldats pour la garde de la ville ; à faire provision de blé pour la nourriture des pauvres ; à acheter des planches pour faire des cabanes, et, enfin, à désigner un lieu pour loger les malades. Déjà les consuls avaient pris des mesures pour le service des inhumations et pour nétoyer et parfumer les maisons infectées, tout en se plaignant des faux bruits qui circulaient, dans les environs, sur l'état sanitaire de la ville, ce qui causait un grand préjudice aux habitants.

L'assemblée fut d'avis : 1° d'accepter les propositions du chirurgien Ollivier ; 2° de retenir dans la ville un médecin étranger, nommé Arnaud, en lui promettant, ainsi qu'au médecin Sancton, 180 livres

par mois; 3° de traiter avec les apothicaires Louis
Meyer, Mathieu Bonnet et Vincent Girard, et de
remettre à chacun d'eux la somme de 300 livres
pour acheter des drogues destinées au soulagement
des habitants de la ville; 4° enfin, d'adopter les
autres propositions du consul et, surtout, de publier des avis attestant que, *Dieu grâces,* la ville
n'est pas atteinte de la maladie (1).

Ainsi, comme nous l'avons vu naguère, au temps
du choléra, les uns soutenaient hardiment que la
peste n'avait pas franchi les murailles de la ville,
tandis que les autres voyaient, dans chaque mourant en ce temps déplorable, une victime du fléau
destructeur. C'était du moins l'avis des Capucins,
ainsi que je l'ai déjà fait remarquer. Laissons discuter au conseil de la ville les intérêts pécuniaires,
qui, en aucun temps et en aucune conjoncture, ne
perdent leurs droits, et retournons au couvent de
ces bons Pères de saint François, qui ne balanceront pas à sacrifier leur vie pour le soulagement et
le salut de leurs concitoyens, assurés qu'ils sont
d'une récompense éternelle.

Le surlendemain de l'assemblée tenue au jardin
du baron d'Auriac ou plutôt du vicomte de Tallard,
le grand-vicaire de l'évêque réunit, dans le couvent
des Capucins, les curés de la ville et les supérieurs
des autres couvents, et leur montra l'urgente nécessité de servir les malades pestiférés, leur offrant
toute assistance, de la part de l'autorité municipale,
et tout pouvoir spirituel, de la part du premier pasteur du diocèse. L'un des curés fut chargé d'administrer les sacrements aux personnes en santé, et
l'autre de visiter les hameaux du territoire. Les
supérieurs des couvents des Cordeliers et des
Dominicains (Notez, je vous prie, que je ne l'avance
que sur l'autorité du rédacteur des *Annales des*

(1) Arch. de l'hôtel de ville, 2ᵉ Registre du bureau de santé.
Délibération du 5 juillet 1630, p. 57 et suiv.

Capucins); les supérieurs de ces deux couvents, dis-je, s'excusèrent sur la pauvreté de leurs religieux *et la cuillette du bled*. Tous les Capucins, au contraire, s'offrirent à servir les pestiférés, et alors messire Jean Arnaud, le grand-vicaire, leur donna les pouvoirs nécessaires pour l'administration des sacrements et les autres fonctions spirituelles (1).

Maintenant, voilà les Pères Jovite, André et Georges qui prennent congé de la famille, *avec grande tendresse et amour fraternel ;* ils sortent du couvent avec des casaques de treillis gris, passées sur leurs longues robes, des bottines et des gants, et munis de drogues préservatrices, pour se rendre à la maladrerie où l'on avait établi une infirmerie. En même temps, ne voyez-vous pas entrer dans le couvent un boulanger de la ville, appelé pour apprendre à paîtrir le pain aux Pères qui y étaient restés ? Hélas ! ce boulanger avait déjà ressenti quelques atteintes du mal et le communiquait au P. Antoine de Tarascon.

Quels sont encore ces hommes, selon l'esprit de Dieu, qui parcourent la ville à chaque heure du jour, les habits relevés jusqu'à mi-jambe, la casaque par-dessus, descendant jusques à la cheville, portant chacun à la main un bâton surmonté d'une croix ? Ce sont encore des Capucins, qui vont confesser et consoler les malades, avant que le délire se soit emparé d'eux et qu'une mort subite les ait dérobés à leur zèle. L'un des Pères portait, de grand matin, le Saint-Sacrement aux malades, *avec grande révérence, revestu de surplis et de l'estolle, avec des boutines aux pieds et des gans qui avoient les deux doigts sacrés ouverts, pour esviter le souffle du malade.* Un homme sonnait une clochette, pour avertir le peuple, et précédait le prêtre ; à ses côtés, quelques personnes portaient des flambeaux allu-

(1) *Livre des Annales des Capucins*, p. 92.

més ; à la suite, se montraient tous les convalescents qui pouvaient marcher. Arrivés à la maison du pestiféré, on descendait le malade à la porte de la rue et, là, on lui administrait le St-Viatique, *avec grande consolation et édification, et après avoir exhorté les assistants à bien mourir, et les visitant fort souvent, pour les aider et consoler en tout* (1).

La plupart de ces bons pères reçurent bientôt la récompense céleste due à leur charité. Le P. Jovite mourut le 5 août ; le P. Georges, le 21 ; le P. Vincent, le 23 ; le P. Charles, le 31 du même mois ; le P. Bonaventure, le 3 septembre, et le P. Fulgence et le F. Joachim, le 30 novembre. Le premier était venu de Provence, avec quelques autres religieux, au secours de ses confrères de Gap et le second rentrait d'une quarantaine. Un jour que, malgré la peste, deux jeunes gens de la ville se querellaient au-devant de l'église des Capucins et formaient le dessein de se battre en duel, le P. Fulgence et le F. Joachim accoururent pour les séparer, et furent, l'un et l'autre, atteints du mal dont les querelleurs portaient en eux le germe. Le F. Antoine de Tarascon, le P. André de Pertuis et l'admirable F. Humble de St-Tropez, également pestiférés, n'avaient pas succombé et, aussitôt après leur guérison, ils avaient continué leurs soins aux malades. Le F. Humble fut alors chargé de l'intendance et de la distribution de tous les vivres de l'infirmerie (2).

Deux autres Pères du couvent de Gap, au moment où la contagion se répandit dans la ville, étaient allés, par ordre du Provincial, faire une quarantaine à Tallard, où les habitants les reçurent fort civilement et leur donnèrent la subsistance, aux dépens de la communauté. La petite ville des bords de la Durance dut son salut à la protection du grand saint Grégoire d'Amnice, son patron : car, tandis

(1) *Livre des Annales des Capucins,* p. 93.
(2) *Livre des Annales des Capucins,* p. 94 et 95.

que la mort promenait sa faux meurtrière dans toute la province, Tallard échapait miraculeusement à la peste. « Ce fléau, destiné pour la punition des
« mortels, fit un estrange ravage dans tout l'Estat ;
« et comme la province de Dauphiné n'en fut pas
« exempte, tous les lieux circonvoisins de Tallard
« en furent affligez ; et quelques personnes, attein-
« tes de cette funeste maladie, se glissèrent dedans ;
« mais, au lieu de l'infecter, ils y eurent une entière
« et parfaite guérison, par l'intercession de nóstre
« bienheureux saint ; ce qui causa une admiration
« incroyable à tout le monde, et augmenta d'autant
« plus la confiance des fidèles qui en furent les
« témoins » (1).

Le sujet est trop sérieux et trop triste pour mettre, ici, en opposition l'indifférence et l'inertie de saint Arnoux avec le zèle et le concours de saint Grégoire ; mais, vers la fin de l'année, le courroux du Ciel sembla s'appaiser. Déjà le F. Humble avait fait parfumer la ville bien des fois, lorsque, le 4 octobre, fête de saint François, un feu de joie fut béni et allumé, par le P. André de Pertuis, et un parfum général, qui avait commencé par la barrière de la porte Jaussaude, pratiqué dans tous les carrefours de la ville, en présence des religieux que la contagion avait laissés debout, des consuls, des capitaines de santé et des notables de la ville, *avec une joye extraordinaire au cœur et le flambeau allumé en leurs mains.*

Le surlendemain, le sacrifice de la messe, discontinué depuis deux mois, fut célébré solennellement à la cathédrale, et les principaux de la ville assistèrent à un banquet chez le chanoine Buysson, capitaine de santé. Le 12 du même mois, un parfum de santé fut administré à deux cents convalescents, dans l'église des Capucins, *qui, de là, s'en allèrent à*

(1) *Livre des Annales*, p. 94. — *Abrégé de la vie du bienheureux S. Grégoire, patron de Tallard*, par Dupille, 1680.

leurs maisons pour commencer de repeupler la ville.
Le 1er décembre, tous les meubles furent désinfectés avec des parfums et rendus à ceux qui en étaient les propriétaires. Aux fêtes de Noël, deux quarantaines s'étant écoulées sans nouvelle manifestation de la maladie, une procession générale, où assistaient le P. André et le F. Antoine et le F. Humble, qui, seuls de leur couvent, avaient échappé à la peste, tous les magistrats et près de 4.000 personnes de Gap, *rentrées en leurs maisons avec assurance,* parcourut toute la ville. Enfin, le dernier jour de l'année 1630, toutes les infirmeries furent fermées (1).

1631. — Le premier janvier 1631, l'on publia à son de trompe que le libre commerce avait été accordé à la ville par le parlement de Grenoble, et l'on porta cette nouvelle dans tous les lieux circonvoisins. Quelques jours après, l'on parfuma encore quelques malades qui se trouvaient en pleine convalescence, ainsi que les chirurgiens, les *corbeaux* et les autres officiers de l'infirmerie, tous réunis dans le couvent des Capucins. De là, ils se rendirent processionnellement à la cathédrale, avec les religieux, lorsqu'ils furent rencontrés à la porte Colombe par une autre procession, composée du chapitre et du clergé, des magistrats de la ville et *d'une grande foule de peuple qui suivoit avec des larmes de joye.* L'on fit encore le tour de la ville, *où l'on entendoit de partout des bénédictions hautement redoublées.* De retour à la cathédrale, on chanta solennellement un *Te Deum* en musique ; *et, de là, chacun s'en alla à sa maison, pour se conjouir avec ses parents et amis.* Les Capucins furent accompagnés jusques à leur couvent par toutes les autorités de la ville. M. de Vellin, devenu premier consul, les remercia, au nom des

(1) *Livre des Annales des Capucins,* p. 95 et 96.

habitants, et leur dit, qu'après Dieu, ils tenaient la santé et leur salut *des soins, diligence et charité* de ces bons pères. Le P. André de Pertuis lui répondit *fort civilement* et lui offrit la continuation des services de tous les religieux du couvent ; *et après, chascun se retira, donnant à Dieu des grâces immortelles pour les merveilles qu'il avoit opéré par l'entremise de nos religieux* (1).

Ah ! combien de larmes durent être encore répandues sur les pertes énormes que la ville venait d'essuyer ! Car le naïf religieux, à qui nous devons le précieux *Livre des annales*, ajoute, immédiatement après, que *cinq mille* personnes avaient été malades et que TROIS MILLE *étaient passées à une meilleure vie, munies des sacrements de l'Église et assistées chrestiennement et charitablement de nos religieux* (2).

Si la brèche faite à la population de la ville de Gap par les guerres de religion s'était refermée, à l'époque où nous sommes parvenus (3), elle fut bien largement rouverte en 1630. Ce n'est que dans le *Livre des annales des Capucins* et dans les *Mémoires* de M. Rochas, qui l'a copié, que je trouve l'évaluation des pertes que la contagion fit éprouver à notre ville ; pertes énormes, puisque, d'après ces autorités, elles s'élevaient à près de la moitié de la population.

Durant cette crise épouvantable et que, sous ce rapport, notre chroniqueur n'hésiterait pas à nommer salutaire, quinze protestants étaient rentrés au giron de l'Église. Dans ce nombre, on remarqua Jacques Falquin, homme d'honneur, qui avait

(1) *Livre des Annales des Capucins*, p. 95, 96 et 97.
(2) *Livre des Annales des Capucins*, p. 97.
(3) Au bas d'une copie de transaction intervenue entre l'évêque Paparin et la ville, le 15 avril 1598, on trouve ces mots : « Il y a dans la ville de Gap et son terroir, trois mille cinq cents âmes ». C'est, je pense, une exagération en sens inverse de celles qu'on s'est permise dans ces derniers temps. [Voir t. I, p. 11].

exercé des emplois supérieurs dans les armées du Roi et qui, de son lit de mort, après avoir abjuré, légua 300 livres pour l'érection de la chapelle de St-Roch.

Les pères exerçaient indistinctement leurs soins charitables envers les huguenots et les catholiques ; ceux-là disant tout haut que les Capucins étaient leurs véritables pères et non leurs ministres, qui avaient fui. A la honte de l'humanité, l'on avait vu des malheureux profiter du trouble et de la consternation générale, pour se livrer au vol et au pillage. Ces religieux avaient empêché beaucoup d'excès de se commettre, et fidèles dépositaires de l'argent que les malades leur confiaient dans les infirmeries, et surtout au bienheureux F. Humble, ils s'étaient empressés de le rendre aux malades guéris ou aux parents de ceux qui avaient succombé, aussitôt que le fléau avait cessé ses ravages (1).

Cependant, vers le mois de février, une crainte mortelle vint saisir tous les esprits. La peste se déclara, de nouveau, dans la ville ; mais le mal ne fut ni bien violent ni de longue durée, et le F. Humble, dont le zèle n'était point refroidi, eut bientôt à terminer le service qu'il s'était empressé de reprendre, avec le P. André. C'est à cette époque que nos consuls écrivirent une lettre de remerciments au P. Provincial, Innocent de Bresse, que vous ne serez peut-être pas fâché de trouver ici textuellement reproduite :

---

(1) *Livre des Annales des Capucins*, p. 98.

Lettre des Consuls de Gap au Père provincial des Capucins,
relativement a la Peste de 1630.

« *Au révérend Père provincial des Pères Capucins*
« *de la province de Provence, à Aix.*

« Mon révérend Père,

« Cette pauvre ville, affligée de la maladie, ayant
« recouvert la santé, par le soin et vigilance de vos
« Pères, elle seroit sans ressentiment et sans cœur
« de jetter dans l'oubli des obligations si pressan-
« tes, lesquelles nous attachent et à eux et à vous,
« de la main duquel nous les avons favorablement
« reçus. Nous sommes dans l'impuissance pour
« donner la satisfaction deue à ces bienfaits ; mais,
« sachant que vous ne la trouverez que dans la
« pauvreté, vous pouvez vous asseurer, mon R. P.,
« que praticant le précepte du fils de Dieu, nous
« nous souviendrons des pauvres et les aurons
« toujours avec nous ; vous suppliant de continuer
« les mesmes faveurs en cas de nécessité. Cela ne
« se peut faire sans fruits, il est vrai ; mais cette
« perte est un bien, puisqu'elle leur a acquis la
« couronne qu'ils ne perdont jamais, et à vous, la
« gloire d'avoir heu des soldats qui ont si heureu-
« sement combattu soubs vostre obéissance.

« Gap, qui avoit changé de lieu et de nom, estoit
« une infirmerie ; elle avoit des dortoirs, aïant plu-
« tost la forme d'un cloistre que d'une ville ; aussi
« étoit-ce de vrais religieux de S. François qui en
« estoient les gouverneurs. Ils alloient faire leurs
« visites, pour voir les manquements qui regar-
« doient le spirituel et le temporel, et pourvoyoient

« si bien à tout qu'il n'y manquoit rien. Ils faisoient
« la distribution du pain et de la chair; tous les
« jours, le St-Sacrement marchoit parmi les caba-
« nes, avec la révérence deue ; les pauvres, remplis-
« sant l'air d'acclamations de joye, bénissoient
« l'amour de Dieu en l'amour de ces bons Pères ;
« mais ils sont morts, et nous en sommes dans les
« regrets, la perte estant presque toute nostre : car,
« comme nous ne connoissons jamais bien le
« mérite, le prix et la vertu des choses, que lorsque
« nous les avons perdues, ainsi lorsque nous fûmes
« privés de leur assistance, nous croyons avoir
« tout perdu ; mais Dieu, qui se rend secourable en
« l'extrémité, nous laissa le R. P. André, l'esprit et
« le jugement duquel, dans la conduite, supplée au
« défaut de ses compagnons que la mort nous
« avoit ravis.

« Cette histoire véritable de nos malheurs, comme
« elle attendrira vostre cœur en la perte de vos
« enfants, aussi rendra-elle un témoignage asseuré
« de nos souvenirs, de nos affections, lesquelles
« nous conserverons entières pour votre service ;
« car, si ces pères estoient des estoilles, vous en
« estes le firmament, qui soubsteniez et donniez
« l'estre à leur mouvement. En cela, mon R. P., ne
« nous estimez pas complaisants, car nous croy-
« rions de nous faire tort, perdant l'occasion de
« dire du bien des hommes auxquels il suffit de
« donner des louanges pour en mériter ; néanmoins,
« si nous en souhaitons quelqu'une, c'est princi-
« palement d'avoir l'honneur de nous dire, mon
« R. P., vos très humbles, très obéissans et vos
« obligez serviteurs.

Signé : « J. MARCHON, *consul de la ville de Gap ;*
« J.-L. EYRAUD, *consul;* ALLIX, *secrétaire.*

« Gap, le 8 février 1631 » (1).

(1) *Livre des Annales des Capucins de Gap,* p. 98. — *Livre des Archives du même couvent,* p. 83.

La peste avait également régné, en 1632, à Ventavon et dans les communautés du Valgaudemar. Là encore, nous verrons accourir le F. Humble, avec le F. Natal de Seyne, et s'acquitter charitablement, l'un et l'autre, de tous les soins qu'exigeait l'état de ces malheureuses populations.

Le F. Humble, que je ne puis quitter sans un extrême regret et que j'ai suivi avec un intérêt toujours croissant, depuis son apparition dans les gorges du Dévoluy, prolongea sa bienfaisante carrière jusques en l'année 1666. Il avait atteint sa quatre-vingtième année, lorsque se rendant à Sisteron, le 12 novembre, il mourut en route, à un quart de lieue de la Tourronde. Six paysans relevèrent son corps et le portèrent à Gap, où une génération nouvelle avait peut-être mis en oubli les services qu'il avait rendus à la génération précédente. C'est dans le cimetière du couvent que fut enseveli *sans pompe, enfermé dans une vile bierre,* le pèlerin de Rome, de St-Jacques de Compostelle et de Jérusalem, et le plus charitable des mortels (1).

1633. — L'année 1633 vit se consommer la destruction de la citadelle et du château de Puymaure, et l'érection de la chapelle de St-Roch, au couvent des Capucins. Au mois de novembre 1627, il avait été résolu, dans le conseil du Roi, de faire raser les fortifications de quatorze petites places, dans la province de Dauphiné, qui n'étaient ni frontières ni passages importants, et dont Puymaure faisait partie ; mais le véritable but de cette mesure avait été d'enlever aux protestants l'occasion de s'emparer de ces forteresses, au moment des troubles qu'ils ne cessaient de susciter. Ainsi fut dépouillé pour toujours de ses formidables ornements, ce monticule qui semblait ne s'élever, à deux pas de la ville, que pour l'asservissement de ses habitants,

---

(1) *Livre des Annales des Capucins,* p. 14 et 98.

et que, selon la prédication du religieux-italien, qui, vers le milieu du XVIᵉ siècle, annonça la double entreprise de Lesdiguières, verra se consommer la ruine définitive de la cité ¹).

Quant à la chapelle de St-Roch, il faut nous reporter au moment où la peste exerçait ses ravages dans Gap. Les Capucins, qui, les premiers, eurent l'idée de l'établissement de ce sanctuaire, s'adressèrent aux magistrats de la ville, qui trouvèrent ce projet *utile et raisonnable :* « Après ce vœu, ajoute « le chroniqueur du couvent, plusieurs malades « guérirent de la peste, et diverses personnes firent « des legs et des donations pour son érection. La « ville n'eut à fournir que 300 livres ». La pierre angulaire fut bénie et placée le 17 mai 1633, en présence des consuls et de toute la population, et, le 16 août de l'année suivante, jour de la fête de St Roch, la première messe y fut célébrée. Tous les ans, les magistrats de la ville s'y rendaient et s'y rendent encore, le 16 août, avec le chapitre de la cathédrale (2).

1637. — Le règne de Charles-Salomon du Serre touchait à son couchant. Il était devenu paralytique ; partant, plus de procès, plus d'humeur acerbe dans l'exercice de sa puissance souveraine. Il succomba le 16 mai 1637, et fut enseveli, le lendemain, dans la chapelle de St-Sébastien, qui se trouvait à gauche en entrant dans la cathédrale par la grande porte. Le P. Arnoux d'Avignon, gardien du couvent des Capucins de Gap, qui l'avait assisté dans ses derniers moments, prononça son oraison funèbre.

Ce gardien rendit le même office à la mémoire du

---

¹) Nous avons publié en 1904, dans les *Annales des Alpes* (t. VII, p. 157-175 et 205-224) d'assez nombreux documents relatifs à la démolition des fortifications de Puymauré ou Puymore.

(2) *Mémoires* de M. Rochas, p. 121, 2ᵉ série. — *Livre des Annales des Capucins*, p. 99, 100 et 101.

plus rude, du plus constant, du plus redoutable soutien des doctrines catholiques à l'époque des guerres de religion. Le gentillâtre Étienne de Bonne d'Auriac, devenu grand seigneur par l'acquisition des terres épiscopales de La Bâtie-Neuve et de la vicomté de Tallard, venait de terminer en Piémont sa brillante carrière [1]. Toute la noblesse des environs et plusieurs personnes de mérite s'étaient rendues dans ce bourg, où, pour parler congrûment, dans la célèbre petite ville, afin d'entendre le panégyrique de l'illustre défunt. Il fut prononcé par le R. P. Arnoux, dans cette élégante, mais toujours radieuse chapelle gothique, qui se trouve à l'entrée du château, en présence de *Madame la Comtesse de Tallard*, veuve de M. d'Auriac, *qui en témoigna grande satisfaction* à l'éloquent P. gardien, *y aïant fort bien réussi, et beaucoup d'affection à l'ordre et particulièrement au couvent de Gap,* auquel elle avait fait bien des aumônes (2).

Mgr du Serre avait parfaitement choisi son temps pour mourir en bonne compagnie, car, la même année vit encore descendre dans la tombe l'empereur Ferdinand et le duc de Savoie Victor-Amédée. La tendre et chaste Lafayette s'ensevilissait aussi, toute vivante, dans le couvent de la Visitation, échappant ainsi aux embûches de *leurs Éminences rouge et grise* et au tendre penchant que le Roi avait conçu pour elle.

Ici se termine l'une des époques les plus dramatiques de l'histoire de la ville de Gap. J'ai rapporté, sans haine et sans crainte, les faits et gestes du prélat qui, durant 38 ans, en fut le gouverneur spirituel et temporel. Envisagé sous la première face, quels éloges n'avons-nous pas à lui adresser ! Je laisse à l'écrivain gapençais le plus religieux du

---

[1] Il ne mourut, ce semble, qu'en 1643 (G. 1168, p. 74 de l'*Inv.* Voir aussi H suppl. 463, p. 447 de l'*Inv.*, note).

(2) *Liv. des Annales des Capucins,* p. 63 et 104.

XVIII᷉ siècle, à juger le seigneur temporel : « Cet
« évêque du Serre fut un plaideur continuel contre
« la ville et un homme versé dans les ruses des
« praticiens » (1).

C'est bref et serré, et ce peu de mots dénote tout
le fiel de la haute bourgeoisie de la cité, transmis
d'âge en âge, contre l'usurpation de la souveraineté temporelle de la part des évêques. M. le cardinal et son successeur avaient pourtant mis d'accord, depuis bien des années, les parties contendantes, lorsque le pieux Joseph-Dominique de
Rochas écrivait ces deux lignes.

Je remonte un peu haut, pour signaler un acte
auquel avaient concouru les deux souverains de la
ville, en 1632, et qui sera mon dernier mot sur
l'épiscopat de Charles-Salomon du Serre.

En l'année 1405 et le 3 du mois de février, Jean
des Saints, qui siégeait alors à Gap, et les syndics
ou consuls de cette ville dressaient, de concert, un
règlement de police, qui ferait honneur à l'intelligence municipale de notre temps. L'on n'y fixe pas
le prix des denrées et des comestibles, à l'exception du pain ; mais, d'ailleurs, tout y est parfaitement ordonné. Quant à cette *vituaille*, il est dit :
« Le prix et la valeur en seront réglés de telle sorte
« que, si l'émine de froment ou avoine ou bled,
« duquel les dits pains seront faits, vaut ou se vend
« *dix sols,* que le prix soit constitué au dit pain ; si
« *quatorze,* autre prix ; et ainsy montant jusques à
« valeur de *trente-deux sols,* si tant il se vendoit, QUE
« DIEU NE VEUILLE ! s'il se vendoit moins, QUE DIEU
« LE PERMETTE !, à proportion, et mesme que par
« lors sera trouvé bon par les dits corrier et scindi-
« ques, soit ordonné et constitué le dit poids et le
« prix du dit pain » (2).

(1) M. Rochas, *Mémoires inédits*, p. 149, 1ʳᵉ série.
(2) Archives de l'hôtel de ville. « Extrait des libertés de la ville
« de Gap et du livre appelé *Bulle dorée,* traduit fidèlement du
« latin en françois » (dans le XVIIᵉ siècle). Ms.

1632. — Mais celui du 12 décembre 1632, fait et rédigé dans une assemblée tenue par-devant messire Charles-Salomon du Serre, à laquelle assistaient les trois consuls Étienne Rolland, avocat en la cour, Esprit Gaillard et Pierre Gilibert; et les conseillers Jean Arnaud, chanoine, Pierre Gautier, bénéficier, nobles Pierre-du Faure, François de Montauban de Rambaud, seigneur du Villar, et Charles de Beauregard ; et les sieurs Raymond Juvénis, Jacques de Vellin, Jacques Baud et Jean Arnaud, avocats : celui-ci, dis-je, annonce un progrès notable en économie politique, puisqu'on y réalise ce que la Convention ne décréta que deux siècles plus tard, en établissant le *maximum* du prix des denrées.

Ainsi quelle que fût l'abondance ou la rareté de la marchandise ; quel qu'en fût l'apport au marché et la quantité offerte au consommateur de la ville de Gap, le paysan de Chabottes ne pouvait exiger du bourgeois que 2 sous 6 deniers d'une livre de *chabots,* et cinq sous, pour une livre de *truites ;* celui des Bassets ou de Charance devait livrer ses *coqs* et ses *gelines* pour 5 sous la pièce ; la ménagère des Sagnières ou des Fauvins ne pouvait rapporter, sous son toit en chaume, qu'un sou pour *quatre œufs* qu'elle avait livrés ; le braconnier de la Tourronde et de Cristaye vendait ses bécasses à raison de 12 sous la paire. Le beure de St-Laurent et autres communautés champsaurines ne pouvait excéder 3 sous la livre, et le *fromage,* 2 sous 6 deniers. Les *perdrix rouges,* étant plus rares sans doute que les bécasses, ne pouvaient entrer dans la cuisine du citadin, à moins de 24 sous la paire ; au contraire, les *lièvres et levraux* étaient à donation, puisqu'on s'en passait la fantaisie au moyen d'une pièce de 12 sous ; mais le jour de Noël, vous ne pouviez ajouter une dinde, à la soupe obligée de *creusets* ou de *losans,* que vous aviez mangée la veille, avant de partir pour la messe de minuit, sans sortir de l'escarcelle la somme de 15 gros sous de 12 deniers chaque.

Ceci servira pour faire regretter le bon temps du gouvernement municipal à bon marché et mieux encore, à vous faire apprécier la valeur de l'argent à deux siècles de distance.

Je ne vous parlerai pas des mesures qui furent prises, afin d'arrêter les *caballes* des revendeurs et revendeuses, lesquels avaient le front d'acheter à fort bon marché et de revendre le tout fort chèrement ; de ce qui fut arrêté pour rompre les *ligues* des marchands de cuir, qui forçaient la moitié de la population d'aller nuds-pieds, à cause du prix excessif mis par eux à cette marchandise, laquelle fut réduite à *12 sols l'esmine ;* comment on força les *manganiers* et *manganières,* les boulangers et boulangères, à faire le poids du pain et à le vendre à un prix raisonnable et les cabaratiers à tenir de bonnes et larges amphores, échantillonnées au coin de la communauté (1).

Mais ce qui dénote un changement notable dans les mœurs et peut-être dans la soumission au Saint-Siège des fidèles gapençais, c'est que ce dernier règlement n'est soumis qu'à la sanction du Parlement, et n'entraîne que des peines temporelles, tandis que celui de 1405, rendu exécutoire par le Souverain Pontife, en l'année 1460, soumit les contrevenants aux peines éternelles, indépendamment des amendes et confiscations par eux encourues (2).

Gap, 24 décembre 1838 et 10 février 1842.

(1) Règlement du 12 décembre 1632. Ms.
(2) « Qu'il ne soit donc loisible à aucun d'entre les hommes,
« soit nostre pagine de confirmation, ratification, approbation,
« conjonction, rappletion, déclaration et constitution, transgresser,
« rompre, ou par audace téméraire aller ou faire au contraire ;
« car, si quelqu'un présume l'attenter, sache qu'il encourt et
« s'attire *l'indignation de Dieu omnipotent et des bienheureux*

XXXV° LETTRE.

ÉPISCOPAT D'ARTUS DE LIONNE.
1637-1661.

Artus de Lionne, 66° évêque de Gap. — Sa famille. — Ses études. — Artus, conseiller au parlement, perd son épouse. — Il entre dans le sacerdoce. — Préséance du juge épiscopal. — Préparatifs pour la réception de M. de Lionne. — Son entrée dans Gap. — Projet de l'etablissement d'un présidial dans cette ville. — Réclamation de l'évêque. — Craintes d'une nouvelle contagion. — Consécration de l'église des Capucins. — Tentative des Jésuites pour s'établir dans Gap. — Leurs prédications dans cette ville. — Ils sont repoussés par le corps municipal, le chapitre et les ordres monastiques. — Plaintes prononcées en chaire par le P. Bertaud. — Zèle des dames de Gap en faveur des Jésuites. — Ces derniers quittent la ville. — Assemblée du Clergé [relative aux décimes]. — Le P. Bonancour, jésuite. — Dernier acte de violence des calvinistes envers les pénitents. — Mission de Tallard en 1659. — Merveilles qui en furent la suite. — Chute et guérison du premier consul de Tallard. — M. de Lionne refuse l'archevêché d'Embrun. — Il se démet de l'évêché de Gap. — Son testament. — Sa mort. — Son éloge. — Notice sur son fils Hugues de Lionne et sur ses petits-fils. — Note A, sur les fêtes données par les Jésuites d'Embrun, à l'occasion de l'érection de leur église. — Note B, sur le départ de M. de Lionne. — *Supplément.* — Divers actes relatifs aux Capucins de Gap. — Libertés de cette ville confirmées par Louis XIV. — Secours accordé par ce monarque à nos Capucins. — Comète de 1661.

Bien que, le 13 août de l'année 1634, un coadjuteur eût été donné à Charles-Salomon du Serre, que cette nomination eût été confirmée par un brevet du 13 janvier 1636, et, plus récemment encore, par

« *apôtres saint Pierre et saint Paul*. Donné à Rome à St-Pierre,
« l'an de l'incarnation de nostre seigneur 1460 et le 15° des calen-
« des de may et de nostre pontificat l'an troisième. — (Signé)
« *J. P. de Picolomini de Piscia de Castilla* » (Réglement du
3 février 1405).

Du reste, c'est ici la formule mise au bas de tous les actes soumis à la sanction du Souverain Pontife.

ÉPISCOPAT D'ARTUS DE LIONNE.

un acte du mois de mai 1637, le nouvel évêque de Gap ne fit son entrée dans sa ville épiscopale qu'en 1640. C'était le célèbre Artus de Lionne, qu'une de ces pertes immenses qui désolent une vie entière, lorsque la religion ne lui prête pas son secours, avait poussé dans la carrière ecclésiastique.

Issu de l'une des plus nobles et des plus anciennes maisons du Dauphiné, laquelle possédait déjà, dès le temps des anciens dauphins, plusieurs terres vers St-Quentin et dans le Royannois, Artus, fils cadet de Sébastien de Lionne et de Bonne de Portes, après avoir terminé ses études d'une manière brillante, fut pourvu d'une charge de conseiller au parlement de Grenoble, où il épousa, bien jeune encore, Isabelle Servien, fille du seigneur de Biviers et sœur d'Abel de Servien, comte de La Roche-des-Aubiers et surintendant des finances de France. Cette noble dame, aussi belle que vertueuse, après avoir donné un rejeton digne de tout point de la maison de Lionne, fut enlevée à la tendresse de son digne époux, lorsqu'à peine elle avait fait quelques pas dans la carrière épineuse de la vie. Elle était dans la 21e année de son âge, lorsque la mort vint la frapper.

Dès lors, toutes les pensées de M. le conseiller de Lionne se tournèrent vers Dieu; sa dévotion devint exemplaire, et il finit par se lier aux ordres sacrés. Nommé par le Roi à l'évêché de Gap [1], il eut beaucoup de peine à accepter cette haute dignité; mais, dans la suite, il ne voulut jamais abandonner son église; et lorsque, en 1648, Louis XIV voulut le transférer sur le siège archiépiscopal d'Embrun, il n'obtint qu'un refus de la part de M. de Lionne (2).

---

[1] Artus ou Arthur de Lionne, seigneur d'Aouste, obtint ses bulles pour Gap le 11 avril 1639 (G. t. III, p. xviii).

(2) *Annales des Capucins de Gap*, p. 63. — *Abrégé historique de l'église et des évêques de Gap*; Ms.; — Moréri, V° Lionne; — Weiss, *Biographie universelle*, tom. 24, p. 538. — M. Weiss, dit

1638. — Avant de prendre possession de son diocèse, M. de Lionne eut à s'occuper des prérogatives honorifiques que les Élus des Montagnes avaient tâché d'enlever au juge de Gap. Quelques temps après la mort de M. du Serre, ils l'avaient fait assigner au Conseil du Roi, pour voir dire et prononcer qu'ils avaient droit de le précéder dans toutes les cérémonies publiques et privées.

Mais, ayant appris que l'évêque nommé [par le Roi] avait pris en main la cause du juge, dont il avait à cœur de conserver les prérogatives, le président et les conseillers de l'Élection avaient déclaré à M. de Lionne qu'ils renonçaient à poursuivre cette affaire. Le bureau de l'élection était alors composé de M. Bertrand, président, et de MM. Tournay et Antoine Rochas, conseillers, ce dernier représenté par Paul Rochas, son frère, avocat en la cour. Me Jacques Le Gay exerçait la judicature de Gap pendant la vacance du siège épiscopal. Il fut convenu, entre les élus et le prélat que l'on s'en tiendrait à ce qui serait jugé et observé à l'égard des élus de Valence et du juge de cette ville, attendu que ce dernier jouissait des mêmes droits que le juge de Gap, puisque les seigneurs évêques et comtes de ces deux villes (la souveraineté réservée au Roi) y avaient toute juridiction haute, moyenne et basse; et que les appellations de leurs juges ressortissaient immédiatement au parlement de Dauphiné. L'évêque présenta, à cet effet, une requête à la Cour souveraine, le 23 février 1638, qui la répondit favorablement, le 28 du même mois. Mais, qui du juge ou du bureau de Gap, ou pour mieux dire, de Valence, eut le pas, dans les cérémonies publiques,

par erreur, que M. de Lionne est né à Gap et qu'il fut pourvu de ce diocèse en 1637. De son côté, Moréri avance qu'il fut nommé évêque en 1638, mais le *Livre des Annales*, l'auteur de l'*Abrégé historique* assurent que Louis XIII l'avait nommé coadjuteur de Ch.-Sal. du Serre dès 1634.

c'est ce qu'il ne m'a pas été possible de découvrir, et cependant, ô malheur!... nous voilà arrivés à l'ère des préséances (1).

1640. — Deux années s'étaient écoulées et M. de Lionne n'arrivait pas. Toutefois, vers les premiers mois de l'année 1640, l'on s'évertuait à la maison consulaire, comme au palais épiscopal provisoire, pour faire au savant conseiller devenu évêque une réception digne de sa renommée²). D'une part, toute la ville, ayant ses consuls en tête, devait se porter à la rencontre du prélat; de l'autre, le clergé, sur l'avis du prochain départ de M. de Lionne, avait arrêté, le 16 avril 1640, que messire [Jean] Arnaud, prévôt et vicaire général ; le doyen Charles du Serres de St-Martin, qui déjà vous est connu sous ses singuliers auspices ; le sacristain [Honoré] Buysson et quelques autres chanoines, se porteraient au-devant de Sa Grandeur pour lui rendre les devoirs du clergé de sa cathédrale (3).

Enfin, Mgr Artus de Lionne, institué canoniquement le 11 avril 1639 par le pape Urbain VIII, fit son entrée dans Gap, le 19 avril de l'année suivante, après avoir juré, à la porte Lignole, entre les mains des consuls, de garder les libertés et les privilèges de la ville. Quelque temps après, il fit la visite de son diocèse, en la compagnie des PP. Capucins, dont il se servit toujours dans la suite (4).

1641. — En ce temps-là, ou pour mieux dire, au mois de janvier 1641, il plut au roi Louis XIII et à

---

(1) *Requête à Nos Sgrs du parlement, présentée par messire Artus de Lyonne, nommé par S. M. à l'évesché de Gap*. Ms. Archives de la Préfecture.

²) Le 4 mars 1640, le conseil général de Gap décida d'offrir en présent au nouvel évêque « ung pair de beaux mullets arnachés, de la valleur du moingz de 600 livres » (BB. 41, *Inv*. p. 189).

(3) *Registre du clergé du diocèse de Gap*. Séance du 16 avril 1640. Ms. Ibid.

(4) *Liv. des Annales des Capucins*, p. 63 et 64.

Mgr son premier ministre de créer une *senéchaussée* ou *siège présidial* dans la ville de Gap, auquel était attribué la connaissance de toutes les matières civiles et criminelles du ressort du bailliage et celle des appellations des juges de la vicomté de Tallard, de l'archevêché d'Embrun, de l'évêché de Gap et des chapitres de ces églises. L'édit fut vérifié au Grand Conseil, par arrêt du 23 mars suivant, sans préjudice de la juridiction desdits seigneurs archevêque, évêque et chapitres, dont, néanmoins, les appellations ressortiraient au présidial au cas de l'Édit [1]).

J'ignore jusques à quel point Messeigneurs le vicomte de Tallard et l'archevêque d'Embrun furent émus, en apprenant, d'un côté, cette violation des droits héréditaires attachés à l'église d'Embrun et, de l'autre, cette infraction aux traités intervenus entre les deux souverains Louis XII, roi de France, et Bernardin de Clermont, vicomte de Tallard, en l'année 1513. Mais l'évêque de Gap éprouva une vive douleur, en voyant *l'esclat et le lustre de sa justice entièrement ravallée par le ressort au dict présidial.* Dans un mémoire, dressé, vers le mois d'avril, où se montre la clarté du mathématicien et l'éloquence de l'orateur, M. de Lionne exposait l'historique de la juridiction inhérente à l'évêché de Gap. La ville et le comté de ce nom, disait-il, appartenaient anciennement aux évêques. A la vérité, ils rendirent hommage au roi Louis XII, par transaction du 9 août 1513; mais à condition que la justice, en matière civile, comme en matière criminelle, leur demeurerait dans la ville de Gap et dans les hameaux de son territoire, sauf l'appel à la cour de Grenoble, et sans que le vibailli du siège, qui venait d'être transféré de Serres à Gap, pût exercer aucune juridiction sur les justiciables du seigneur évêque, si

[1]) Les *présidiaux*, et en particulier celui de Gap, n'eurent jamais une grande importance (cf. J. Brun-Durand, *Dict. topogr. de la Drôme*, 1891, p. xxiii-iv; *Inv. de la ville de Gap*, BB. 38, p. 185)

ce n'est au cas de submission, et encore après due réquisition aux officiers du prélat. Dès lors, furent institués par les évêques de Gap des juges, qui exercèrent paisiblement la justice civile et criminelle, privativement à tous les autres juges. Il est vrai, qu'en l'année 1550, sous prétexte d'un édit de François Ier, de l'année 1545, par lequel les cas royaux étaient attribués à ses juges, le vibailli de Gap osa troubler l'évêque et ses officiers dans l'exercice de leurs attributions; mais Henri II, à qui l'on s'était pourvu, évoqua le différend à son Conseil, par lettres patentes du 20 mars 1558. Peu de temps après, les grands troubles survinrent; Gabriel de Clermont, qui occupait le siège du diocèse, fut, non seulement peu soigneux des droits de son église, mais il la répudia, en changeant de religion. Alors, le vibailli empiéta sans gêne sur la juridiction épiscopale, en faisant exploiter ses provisions dans la ville de Gap, sans demander le *pareatis* au juge de l'évêque, ainsi qu'en termes exprès le portait la transaction de 1513. Deux évêques vigilants, Pierre de Paparin et Charles-Salomon du Serre, ayant reconnu cette usurpation de la justice royale, intentèrent un procès au vibailli, afin qu'il se soumît à demander le *pareatis,* pour exploiter ses provisions et ses mandements dans la ville. Mais ce procès, ayant été évoqué au Conseil, y était encore pendant au moment où l'évêque écrivait. Après avoir longuement fait ressortir les inconvénients qui résulteraient de l'établissement d'un présidial à Gap, autant pour les plaideurs que pour sa judicature, qui finirait par être entièrement envahie, Artus de Lionne termine son mémoire en disant qu'il serait à propos de se pourvoir au Grand Conseil, pour qu'il fût enjoint au s^r Amat, qui déjà avait traité avec Sa Majesté et vendu une partie des offices, de rapporter l'édit en la Chambre des comptes et Bureau des finances, pour y être enregistré; et qu'il fût ordonné aux président, lieutenants, assesseurs et procureur du Roi, qui devaient composer ce tribunal supérieur, de ne s'immiscer en aucune fonction, sans s'être fait recevoir et avoir prêté serment au Grand Conseil, à peine de faux, de nullité des procédures et de dix mille livres d'amende. *La diligence est nécessaire sur le tout, puisque la chose presse extraordinairement* (1).

Diligences furent faites, sans doute, par la personne à qui M. de Lionne adressa son mémoire ; et j'ai tout lieu de penser que le parlement au petit pied du cardinal de Richelieu ne fut pas plus installé dans la ville épiscopale de Gap, au XVIIe siècle, que le grand bailliage du cardinal de Loménie ne l'a été à la fin du XVIIIe.

1642. — De nouvelles craintes de la contagion, qui avait désolé la ville en 1630, se manifestèrent le samedi 24 mai 1642. Un M. Gaillard mourut, ce jour-là, dans l'après-midi, et le bruit se répandit qu'il avait apporté le germe de sa maladie de St-Bonnet, où la peste exerçait alors ses ravages. Aussitôt, non seulement les personnes, qui, des villages voisins, étaient venues au marché, mais les habitants de la ville, en sortent, avec tant d'empressement, *qu'il sembloit que les ennemis la saccageassent.* Les Capucins, au nombre de 14, ne bougèrent point du couvent et s'offrirent de nouveau pour servir les pestiférés. Heureusement la terreur fut un peu panique, car les deux crocheteurs, qui avaient enterré M. Gaillard, furent les seules victimes de cette recrudescence. Toutefois, la ville fut de nouveau interdite ; mais, après une quarantaine passée sans nouvel accident, la libre communication lui fut rendue (2).

---

(1) Archives de la Préfecture. *Mémoire pour la conservation de la juridiction de Mgr l'évesque et comte de Gap.* Ms.
(2) *Livre des Annales des Capucins*, p. 98. [Cf. BB, 42; *Inv.*, p. 195].

ÉPISCOPAT D'ARTUS DE LIONNE.

1643. — Sans doute Artus de Lionne n'avait pas déserté son poste en cette circonstance. Le 11 octobre de l'année suivante, il consacra de nouveau l'église des Capucins, en présence des consuls catholiques [Raymond] Juvénis et [Jean-] Luc Eyraud, qui assistèrent à la cérémonie en qualité de parrains (1).

J'ignore s'il favorisait ou s'il repoussait une entreprise qui, dans le courant de la même année, fut ouvertement manifestée par les Jésuites. Quoiqu'il en soit, voici le résumé de cette petite histoire, qui semble plutôt appartenir aux dernières années du XVIIIe siècle qu'à la première moitié du XVIIe.

1644. — Or, il vous souvient que le Pape avait uni au collège des Jésuites d'Embrun le prieuré de Saint-André-lès-Gap, avec titre de cure, sans oublier les censes, les dîmes et les autres revenus qui y étaient attachés, *pour rayson de quoi, ils ont été souvent en procès, pour le payement des tailles, avec la ville.* De temps à autre, les Pères d'Embrun étaient obligés de venir à Gap, pour percevoir leurs rentes et traiter des autres affaires du prieuré. C'était, pour ces bons Pères, chose fort incommode, *autant pour la peine que pour la dépense;* aussi, plusieurs fois, ils avaient cherché à s'établir dans la ville, *en forme de mission,* car ils ne pouvaient y former un collège, selon les conventions, intervenues entre eux et la ville d'Embrun, portant que les Jésuites ne pouvaient prendre aucun autre collège, à moins qu'il ne fût à 14 lieues de cette ville *et par ainsin, Gap n'estant qu'à 7 lieues, il n'y en peuvent point faire.*

Leurs desseins parurent plus vigoureux et à découvert ez années 1643 et 1644. Ayant obtenu de M. de Lionne la permission de prêcher les avents de 1643,

---

(1) *Livre des Annales des Capucins,* p. 116.

les Pères Bertaud et Trican ¹) tâchèrent de disposer par leurs prédications, leurs confessions, leurs visites *et autres pratiques,* les habitants de Gap à les recevoir. Un moyen plus puissant encore fut employé par eux avant le carême de 1644. Le P. Antoine de La Celle-Villard²) vint lui-même à Gap, et les Jésuites firent une mission, où l'on prêchait, soir et matin, avec supplément de doctrine à midi. Le père Bertaud prêcha ensuite le carême à la cathédrale. Enfin, il fut si bien et si adroitement manœuvré, que ces bons pères parvinrent à gagner quelques gentilshommes étrangers, qui passaient leur hiver à Gap, et *quelques particuliers, tant du chapitre que de la ville, qui avoient ou leurs nepveux ou leurs enfants, escoliers à leur collège d'Ambrun.*

Restait à obtenir le congé de Monseigneur de Gap, *duquel ils recevoient beaucoup de civilité et d'honneur.* Le recteur vint de nouveau dans la ville, et lui présenta une requête, où il exposait, qu'en qualité de prieur de St-André, il avait droit d'habitation dans Gap ; qu'au surplus, il désirait seconder le zèle que les catholiques avaient montré pour les Pères de sa compagnie ; il demandait donc qu'il fût permis à ceux qui demeuraient dans cette ville d'y exercer les fonctions que les Jésuites exercent dans les autres villes du Royaume, où ils sont établis ; permission qu'il leur avait auparavant accordée dans son diocèse, afin de continuer les mêmes travaux *à la plus grande gloire de Dieu, salut des âmes et extirpation de l'hérésie.*

Artus de Lionne ordonna, le 13 mars 1644, dimanche de la Passion, que la requête fût montrée aux

¹) Le nom du premier de ces pères ne figure pas dans la *Chronologie biographique de la Compagnie de Jésus. Province de Lyon, 1582-1762,* par le P. Alfred Hamy (Paris, Champion, 1900, p. 24) ; le second, Aimé *Tricand,* de Roanne, né en 1580, entré dans la compagnie le 27 oct. 1632, mourut à Vienne (Isère), le 15 déc. 1647 (*ibid.,* p. 176-7).

²) Il n'est pas cité dans la *Chronologie* mentionnée ci-dessus.

parties qui pouvaient prétendre avoir droit ou intérêt contraires. Alors les Jésuites firent signifier la requête au P. Scolastique, gardien des Capucins, qui répondit, qu'étant dans la dépendance du Provincial, il ne pouvait donner d'autre réponse que celle qui lui serait envoyée par son supérieur. Les voilà, de ce côté, payés de leur monnaie. *Le P. recteur la fit aussy monstrer à messieurs les consuls de Gap, et firent, à mesme temps, agir les fermiers de la ferme du grand poids de la ville, pour leurs intérêts, qui sommèrent les consuls et protestèrent de leur dommage, au cas qu'on refusa la réception desdits Pères dans la ville, s'imaginant que la ville se devoit peupler et enrichir par leur arrivée.*

Voyons comment elle fut accueillie par le grand conseil de la communauté.

La réunion eut lieu le 19 mars 1644, dans la maison consulaire. Le premier magistrat de la cité avait nom Raymond Juvénis, avocat et procureur du Roi au bailliage, et déjà peut-être il avait aidé Mgr de Gap à débrouiller le cahos de nos annales [1]). Le second consul se nommait Laurent de Bouffier. sieur de Sallavert, aussi avocat ; le troisième était Jehan-Luc Eyraud [2]), déjà nommé dans cette véridique histoire. Les membres du conseil général y assistaient au nombre de soixante, parmi lesquels vous distinguerez noble Jehan Abon, sieur de Reynier, Antoine Rochas, procureur, Gaspar Combassive, Pierre Marchon, Honoré Gautier, Antoine Vallon et Noé Bontoux ; le reste vaudrait bien l'honneur d'être nommé, s'il ne devait allonger ces pages d'une manière presque indéfinie.

Juvénis prend la parole ; il expose, avec l'éloquence que vous lui connaissez et sans trop de diffusion cette fois, l'objet de la réunion, et fait con-

---

[1]) Je pense qu'il s'agit ici, non de Raymond Juvénis, l'*historien*, mais de son oncle et son homonyme.
[2]) Ils avaient été élus consuls le 3 mai 1643 (*Inv.*, p. 199).

naître à l'assemblée la requête des RR. PP. d'Embrun. Je vous aurais donné en entier le discours de notre grand chroniqueur, si maître Plauche, notaire et secrétaire de la ville, ne nous en avait transmis autre chose qu'une analyse sèche et décolorée : de sorte que, séchement comme lui, je passe à la délibération du conseil général, dont voici les considérants et le dispositif :

« Considérant qu'il lui est notoire que les fonc
« tions nécessaires au salut des âmes se font, dans
« la dite ville, tant par les sieurs curés et ecclésias-
« tiques séculiers que par les RR. PP. de saint
« Dominique, Cordeliers et Capucins ; de sorte qu'il
« n'y a aucune nécessité ni besoin d'appeler les dits
« PP. Jésuites, et qu'ils ne peuvent faire aucun
« establissement des pères de leur compagnie dans
« ladite ville, à cause du dit prieuré de St-André,
« lequel, de tout temps, a été servi dans l'église
« d'iceluy hors la dite ville par un simple curé et
« vicaire, n'estant à présent raisonnable que les
« dits pères, sous le prétexte du dit prieuré, veuil-
« lent prendre logement en nombre à la dite ville ;
« ayant esgard que, par sa bulle d'union du dit
« prieuré au collège d'Ambrun, les fruits d'iceluy
« sont esté affectés et destinés pour la nourriture
« et entretien des pères du dit collège d'Ambrun,
« et que le dit establissement ne pourroit que faire
« revivre les procès et différens que la dite ville a
« eus avec eux pour le fait de la tailliabilité et pour
« soutenir les privilèges et libertés : déclare n'y
« avoir lieu de leur accorder la permission qu'ils
« demandent..., sans qu'il leur soit loisible d'avoir
« aucune autre habitation ni résidence dans la ville
« que celle qui leur est accordée par la transaction
« qu'ils ont passée lors de l'aliénation du domaine
« du dit prieuré » [1]).

[1]) Le procès-verbal de cette assemblée du 19 mars 1644 est aujourd'hui égaré ou perdu (cf. BB. 43, p. 199 de l'*Inv.*).

Pauvres Jésuites, comme l'on vous rudoyait, en 1644, dans la bonne ville de Gap ! Oh ! que les descendants des membres du grand conseil sont devenus plus humains, plus doux, moins acerbes, lorsque votre nom est prononcé dans le conseil des 23. Il est vrai que, depuis votre subtile requête, vous avez passé par tous les degrés de l'infortune : de nos jours, vous excitez la pitié bien plus que l'envie ; et, d'ailleurs, la matière injurieuse a été épuisée à votre égard sur la fin du règne de Louis XV et durant les années de la Restauration.

Voyons si les moines du XVIIe siècle seront plus traitables que les laïcs de la même époque. *Et, bien que cette opposition de la ville deût pleinement rebretter lesdits Pères de leurs poursuites, au contraire, cela ralluma leurs désirs, à la faveur de leurs amis et adhérans.* Mais le chapitre de la cathédrale, les Pères Dominicains, les Pères Cordeliers, et, par-dessus eux, nos bons et serviables Pères Capucins, ayant manifesté une opinion conforme à celle du sénat de la communauté, se fondant sur une foule de bulles et d'ordonnances, qui défendent aux religieux de s'établir, en quelques lieux que ce soit, sans la permission de ceux qui déjà y ont pris pied, le R. P. Bertaud monta dans la chaire de la cathédrale, le jour de la troisième fête de Pâques, qui tombait le 29 mars, *et ayant prins pour thesme les paroles de N. S. couchées dans le 24e chap. de St Luc :* PAX VOBIS ; il prêcha, non la paix, *mais la division allumée par sa passion, qu'il fit voir à tout le monde :* car, parlant de l'établissement des Jésuites dans Gap, il s'étonna fort que le chapitre et la ville leur eussent refusé la permission d'y exercer des œuvres qui auraient tourné à la plus grande gloire de Dieu et au salut des âmes ; ce qui ne leur eût pas été refusé dans la Turquie, ni dans les terres des infidèles. Il ajouta : « Croyez-vous, mes frères, que si
« saint Dominique et saint François étoient encore

« vivans ; que l'un fût prieur du couvent des Pères
« Dominicains de Gap, et l'autre gardien du cou-
« vent des Cordeliers et des Capucins, ils nous
« eussent rebutés, comme l'ont fait les religieux
« de ces couvens ?... Non, sans doute ; ils nous
« auraient dit agréablement : « *Venez, mes frères,*
« *travailles avec nous* », et les auraient reçu à bras
« ouverts, au contraire de leurs enfants qui les re-
« butent ».

La faconde de l'habile orateur ne laissa pas que
de produire quelque effet sur l'esprit de ses auditeurs. A l'issue du sermon, les plus chauds partisans des Jésuites convoquèrent une nouvelle
assemblée à la maison de ville et obtinrent un
espèce de consentement de quelques-uns de leurs
adhérents, les seuls qui s'y fussent rendus. D'un
autre côté, les dames, qui en matière de dévotion
ne sont jamais les dernières à discourir fort docte-
ment sur les droits de l'Église, croyant peut-être
aussi, selon l'expression du bon père rédacteur des
Annales des Capucins, que *la ville alloit se peupler*
par l'arrivée des Jésuites, allèrent faire une quête
dans toutes les maisons de la ville, ne demandant
que de l'argent, du linge et toutes sortes de meubles, pour la maison de leurs bons pères de la
compagnie de Jésus, *ce qu'elles firent fort exactement et grand zèle, sans en avoir le congé de Mgr de
Gap.* M. de Lionne en témoigna son mécontentement à la demoiselle de Montgardin, à la dame de
Manteyer Anne de Lamanon, et à la dame de sieur
Antoine Rochas, conseiller en l'élection, laquelle
était de la maison de Pontevès, de Riez ; c'étaient
les plus huppées d'entre les quêteuses. Le 9 avril,
il leur défendit de continuer, sous peine d'excommunication ; il ordonna que le produit des quêtes
fût distribué aux pauvres, et que son décret fût
publié au prône du lendemain : disposition qui fut
ponctuellement exécutée par M. Latil, curé de St-

Arnoux ¹), en son prône du matin, et par le P. Laurent de Pertuis, capucin, *à l'ave maria de la prédication qu'il fit à la grande messe de la cathédrale.* — De tout quoi il résulta *que lesdits pères Jésuites se blessèrent si fort, qu'ils furent contraints de s'en aller, avec grande confusion et desplaisir.*

En vérité, le chroniqueur des Capucins de Gap, qui s'est fait un malin plaisir d'écrire tous les détails de la déconvenue des Jésuites d'Embrun, ne traite guère mieux les pères qu'il n'a traité, dans un autre endroit de son livre, les ministres de la Religion Prétendue Réformée. On dirait que les pères de saint François étaient là sous la main municipale comme ces Hongrois du X° siècle, que le roi de Bourgogne lança sur les Sarrasins, envahisseurs d'une partie de son royaume, tandis que les barbares de l'Afrique et du Danube auraient dû s'unir pour l'écraser. Aussi les pères d'Embrun gardèrent-ils, pendant bien des années, rancune aux Capucins de Gap. En terminant ce chapitre, le rédacteur des *Annales* nous renvoie, à ce que le P. Scolastique, gardien, *a escript de ce qui se passa pour lors, et de ce qu'il faut faire, en cas que lesdits pères Jésuites voulussent, de rechef, reprendre le dessein de s'establir dans Gap, en forme de mission, pour les empescher* (2).

Ah! Monsieur, qu'il m'a été pénible de tracer ici les principales circonstances de l'histoire de Gap. Ne perdez pas de vue, je vous en conjure, que tout ce qui s'y trouve d'acerbe et de caustique à l'encontre des RR. PP. Jésuites, que je crains et que je respecte comme les fidèles, les indispensables et les fermes soutiens de l'Église universelle, est sorti

---

¹) Pierre Latil, nommé en janv. 1601, mort le 24 août 1656, ou bien Guillaume Latil, nommé le 21 févr. 1603, encore en exercice en 1648, co-curés de St-Arnoux [G, t. VI, p. xcvIII].

(2) *Liv. des Annales des Capucins*, p. 118, 119, 120, 121 et 122. — *Liv. des archives du même couvent*, p. 95 à 99. — Voir la note A, à la fin de la lettre, p.

du couvent des Capucins de cette ville, dont j'ai tiré textuellement les phrases soulignées et non soulignées. La tombe de Montlosier, cet imprudent défenseur des libertés gallicanes, est à peine fermée; et je ne voudrais pas vous mettre dans la nécessité de recourir, dans quelques années, demain peut-être, à nos RR. PP. du Conseil d'État, pour me faire obtenir les honneurs de la sépulture ecclésiastique.

1646. — Nous voilà donc débarassés... Non, je veux dire privés des pères de la Compagnie de Jésus ; et, suivant l'ordre chronologique, il me faudrait maintenant vous montrer la sollicitude de notre évêque pour la restauration de l'église cathédrale, si je n'avais épuisé la matière dans ma VIe [dernière] lettre.

Vous parlerai-je d'une assemblée du clergé, tenue à Gap le 8 octobre 1646, pour la répartition d'une somme de 12.252 livres à lever sur ce diocèse, selon les conventions intervenues entre le Roi et le clergé de France ? Quel intérêt pourrait vous présenter cette répartition et la nomenclature des bénéficiers qui supportaient cette charge extraordinaire ? Toutefois je ne puis vous laisser ignorer que, parmi les membres présents à la réunion, se trouvait, en qualité de prieur de St-André-lès-Gap, le R. P. David Bonamour, recteur du collège des Jésuites d'Embrun [1], dont le nom secondait merveilleusement les faiseurs de calembours du commencement du règne de Louis XIV (2).

1650. — Depuis sept ans, le Grand Roi était monté sur le trône de France, lorsque les calvinis-

---

[1] Né dans le Charolais en 1601, entré dans la compagnie de Jésus le 11 nov. 1620, profès le 12 avril 1636, mort à Dôle le 30 juil. 1651 (A. Hamy, *Chronologie* citée, p. 28–29).

(2) Procès-verbal de l'assemblée du clergé de Gap, en date du 8 octobre 1646. — Ms. Archives de la Préfecture.

tes de Gap, oubliant que la confrérie des pénitents. blancs avaient obtenu, en 1610 et 1622, l'autorisation de faire des processions publiques, se livrèrent à un acte de violence, inexplicable pour une époque où les querelles religieuses paraissaient entièrement étouffées. C'était vers l'année 1650. Les respectables Frères pénitents défilaient processionnellement dans les rues tortueuses de la ville. Déjà ils avaient parcouru, sans encombre, la rue Notre-Dame, la rue Droite, la rue Peyrolière, la rue Souveraine, la rue de l'Hôpital, le puits de Bedos, la rue St-Antoine, le puits Virolet, et la rue de St-Jean de Jérusalem, et ils rentraient dans la rue Droite, près la porte Colombe, lorsque M. de Beauregard, protestant célèbre de cette époque, sort du temple de Ste-Colombe, avec d'autres notables calvinistes qui s'y trouvaient en ce moment pour le prêche. Transportés de fureur, à la vue de la pieuse cérémonie, les hérétiques mettent l'épée à la main, fondent sur la procession et n'ont pas beaucoup de peine à la mettre en déroute. Non contents d'avoir dispersé le pacifique troupeau, ils arrivent sur la place St-Arnoux, entrent dans la chapelle des pénitents, où le St-Sacrement était exposé, y renversent les saints placés dans leurs niches, et y mettent tout dans un effroyable désordre !

Cet incroyable délire se montrait dans Gap, sous le pontificat de notre célèbre Artus, alors que Hugues de Lionne, son fils, était le confident intime du cardinal de Mazarin, au faîte de sa puissance, et ministre d'État du fils aîné de l'Église. Le prélat condamna Beauregard et ses complices à faire amende honorable ; mais ils recoururent au gouverneur de la province. La date précise de cet événement n'a pas été indiquée par le frère Roure, qui nous en a transmis les détails ; mais le procès auquel il donna lieu fut terminé en 1651, ainsi qu'on le voit dans une lettre écrite, le 31 août de cette année, par le duc de Créqui-Lesdiguières, gouverneur du Dauphiné, au comte du Saïx, gouverneur de Gap. L'estimable recteur nous dit qu'enfin, *une fois pour toutes*, M. le Gouverneur imposa silence à MM. les hérétiques ; il conjure ses frères d'avoir le même zèle qu'eurent les prédécesseurs, pour soutenir la confrérie, *attendu*, ajoute-t-il, dans un style et avec une orthographe que je me garderai d'altérer, que *s'il n'y a plus des uguenots, elle ne manque pas des ennemis et des critiques libertins qui, bien souvent, sont plus à craindre que les hérétiques mesmes.* On voit que le F. Roure écrivait à la fin de la Régence. Tout fut terminé, enfin, au moyen des excuses faites à M. de Lionne, en présence du sacristain et du recteur des pénitents, de deux chanoines et de l'aumônier de l'évêque, ainsi que l'avait prescrit le gouverneur de la province (1).

Ce qu'il y a de vraiment étrange dans cet événement, c'est qu'au milieu du XVII° siècle, après que Richelieu avait pesé de tout son poids sur les religionnaires, pendant le règne de Louis XIV, qui devait leur être si terrible dans la suite, ces derniers eussent poussé l'audace jusqu'à troubler aussi violemment l'exercice public de la religion catholique et de commettre des profanations dignes de Farel et de son temps, auxquelles l'édit de Nantes et les règlements locaux semblaient avoir mis un terme pour toujours.

1653. — Après cette dernière trace des guerres de religion, Gap paraît avoir joui de tout le bonheur qui résulte d'une paix profonde, car l'histoire de cette ville se traîne languissamment dans des exercices religieux, comme des missions faites, sans trouble, en 1653, par les Capucins, et d'autres faits de cette nature, dont j'ai déjà lassé votre patience.

(1) *Registre des pénitents de la ville de Gap.* Relation écrite en 1721, par le F. Roure, *recteur indigne.*

Mais des événements, aussi merveilleux qu'éclatants, se montraient dans la petite ville voisine, dont je me plais à vous entretenir, autant pour le moins et avec plus de justice que le consul de l'année 1744.

1658-1659. — Ceux de Tallard, émerveillés des prédications que le P. Alexis et le F. Daniel, qui étaient natifs de cette ville, avaient faites dans l'église paroissiale, aux fêtes de Noël de l'an 1658, vinrent en grand costume prier le gardien des Capucins de leur faire une mission et leur prêcher les quarante heures, afin de gagner les indulgences que le pape Innocent X y avait attachées. Ils furent d'autant mieux accueillis par les Pères de Gap que les Jésuites les avaient supplantés dans la chaire de la Cathédrale pendant le dernier carême et que les consuls de Tallard avaient ajouté qu'ils *feroient la despense,* ce qui était peut-être contraire à l'usage observé de temps immémorial au dit lieu. M. de Lionne, à qui il en fut référé, agréa la proposition, donna tout pouvoir aux pères Capucins et régla le cérémonial qui devait être observé pendant les quarante heures. Dès lors, des lettres circulaires furent adressées aux curés des paroisses de la Vicomté et même de celles qui se trouvaient en dehors des frontières, et l'on publia, au son de trompe, de tambour ou de crecelle, que la cérémonie s'ouvrirait par la mission et que l'on prêcherait les quarante heures aux trois fêtes de la Pentecôte, c'est-à-dire le 1er, le 2 et le 3 juin de la présente année 1659.

Le 17 mai, les R. P. Modeste de Beaucaire, gardien du couvent de Gap, le P. Alexis de Sisteron et le F. Daniel de Tallard arrivèrent pédestrement dans cette ville, et le lendemain dimanche, la mission s'ouvrit par la prédication et une procession générale, *avec une foule des auditeurs en tout prodigieuse;*

ce lieu estant peuplé de deux à trois mille personnes sans les étrangers. De nos jours, *le lieu* de Tallard ne compte, hélas ! que 1150 habitants, tant il est déchu de sa splendeur ancienne ! — Après leur dîner, les Pères coupaient les vivres aux avocats et aux procureurs de la cité et ne laissaient rien à faire au parlement *vineux,* en accomodant les procès et les différends, *tout le monde se rendant facile à la paix, par cette disposition intérieure que le Saint-Esprit leur avoit imprimé ;* ils prescrivirent de venir à confesse en corps et en confrérie. Les gens de travail (car, en 1659, tout le monde n'était pas bourgeois à Tallard, comme il le devint dans la suite au temps de Dom Raymond de Vars), commencèrent les premiers à la grand'messe du 22 mai, après avoir parcouru la ville avec des flambeaux allumés. Les enfants de *vingt ans en bas* furent assignés au lendemain, et les filles du même âge, au 24. *Les compagnies* de pénitents blancs, la confrérie du St-Sacrement, celles du St-Rosaire, de St-Joseph, de Ste-Anne et de St-Éloi vinrent successivement, à un jour d'intervalle. Vous croyez peut-être que tant de confréries n'appartenaient pas toutes à la capitale de la Vicomté ? Détrompez-vous, car nous lisons, dans le document authentique où sont puisés ces détails, que les derniers jours de cette sainte semaine *servirent à donner les mains à ceux du voisinage qui commencèrent un desfilé sans interruption, qui sembloient faire un corps d'armée, pour gaigner le Paradis, pour dépeupler l'Enfer.*

Où prendre maintenant des couleurs assez brillantes pour peindre le tableau des quarante heures qui suivirent la mission ? Je vous dirai, sans hyperbole, que, depuis l'an 403, époque à laquelle le grand saint Grégoire aida les évêques et les abbés de la province Narbonnaise Seconde à faire la dédicace et à bénir l'église quasi-cathédrale de Tallard, jamais tel concours des peuples ne s'était montré dans cette ville. *Tout Gap y fut, nobles et autres,* malgré les vieilles rancunes et le dépit secret de la plupart de ses habitants. Les deux processions des pénitents blancs et des pénitents noirs de la ville comprenaient, à elles seules, environ *trois mille personnes ;* les blancs, *avec cinq cents rangs des filles voilées de blanc, qui les suivoient de deux à deux ;* les noirs *menoient un nombre notable de vefves, voilées de noir, aussi deux à deux.* Somme toute, 34 ou 36 processions se rendirent à Tallard, de six à sept lieues de loin ; elles furent reçues *avec honneur, à l'entrée du lieu,* par les pénitents blancs de la cité de saint Grégoire. Le jour de la Pentecôte, l'on fit une procession générale, où les jeunes filles de Tallard furent exclusivement admises à représenter, les unes la Ste-Vierge, affligée au calvaire ; les autres Ste-Madeleine ; d'autres, enfin, les saintes martyres Perpétue et Félicité. Des enfants, radieux comme les anges, dont ils avaient pris le costume, portaient les mystères de la passion ; quelques-uns d'entre eux, nus comme la main, n'avait été la peau d'agneau jetée sur leurs épaules, étaient autant de St-Jean-Baptiste.

Cette procession fut renouvelée le lundi de la Pentecôte. Mais, le mardi, qui tombait en cette année mémorable, au 3 juin, vit clore la mission par des fêtes plus brillantes encore que celles qui avaient précédé. A l'issue de vêpres et après le sermon, l'on fit une troisième procession générale où l'on portait une croix énorme, ornée de tous les emblèmes de la Passion. Le signe du salut des hommes fut planté au-devant de la principale porte de la ville, *avec toute la solemnité et toute la joye publique.* Ensuite, l'on alluma un feu de joie, autour duquel on tira quelques boîtes ; les fauconneaux suzerains du château y joignirent leurs assourdissantes détonations, *pour rendre grâces à Dieu de tant de bénédictions des grâces que Dieu leur avoit fait en cette occasion.*

Ce qui me reste à vous raconter est si merveilleux que vous refuseriez d'y croire, si je ne copiais textuellement le précieux *Livre des Annales :* « Et
« pour conserver la mémoire, Messieurs les consuls
« et les habitants de Tallard en firent de grandes et
« extraordinaires (de grâces sans doute), remercié-
« rent aux susdits Pères, et demeurèrent fort obli-
« gés à nos religieux du couvent de Gap, et leur
« envoyèrent, en divers temps, du pain, du vin et
« de viande, pour leur subsistance (il n'est pas dit
« que le pain fut moisi et le vin tourné); et l'on vit
« un renouvellement du christianisme en ce lieu,
« avec une dévotion, qui a continué, qui a esté
« accompagnée de plusieurs grâces particulières :
« car, ez années suivantes, la gresle et la tempeste
« estant tombé sur les terres de leurs voisins, le
« lieu en a été préservé miraculeusement. Ces mes-
« sieurs prièrent led. Père Modeste d'en dresser
« le narré, qu'ils firent imprimer à Grenoble et le
« conservèrent chèrement dans leurs archyves,
« avec l'ordre des processions qu'on avoit observé,
« et les fruits admirables, qu'on y avoit vu des ré-
« conciliations, restitutions, conversions, confes
« sions, communions, pénitences, bonnes œuvres
« prodigieuses : le tout à la plus grande gloire de
« Dieu, salut des âmes et honeur de nostre saint
« ordre » (1).

Et puis, vains et caustiques habitants de Gap, continuez d'accabler de vos sarcasmes la sainte et prodigue population de Tallard ! Vos *trois mille* pénitents, blancs ou noirs, vos *cinq cents* rangs de jeunes vierges, vos veuves toujours si nombreuses

---

(1) *Livre des Annales des Capucins de Gap*, p. 187, 188 et 189. — Il ne m'a pas été possible de me procurer *le narré* de la mission de Tallard, dont parle le *Livre des Annales*, non plus que les *harangues et remontrances faites a M. le duc de Mayenne, faisant son entrée à Tallard, le 27 septembre 1581*, par noble Pons de Gentil, avocat à Grenoble, au nom des habitans de Tallard », lesquelles furent imprimées à Lyon en 1583 [et réimprimées à Paris, Jouaust, 1872]

dans le *Livre des Annales,* vos nobles et vos manants de 1659 furent forcés alors de reconnaître la suprématie de cette ville, surtout en fait de générosité : ils virent et ils admirèrent. Du reste, jamais pareille somptuosité ne se montra dans la suite dans les fêtes de Tallard, si ce n'est celle qui y fut célébrée le jour de saint Napoléon de l'an de grâce 1812, dont je vous montrerai la splendeur, lorsque nous aurons atteints l'ère de la gloire. Jamais les habitants de Gap n'ont couru avec tant d'empressement dans la cité rivale, si ce n'est à l'époque encore plus avancée, où le sourire emmiellé sur les lèvres et le serpent de l'envie dans le cœur, ils allaient flairer les dîners somptueux, que Dom Raymond de Vars donnait au presbytère et auxquels le piquant auteur de la *Tallardiade* vous a déjà fait assister.

1660. — Je pourrais bien, à présent, vous forcer de me suivre à la mission qui fut faite à St-Bonnet, l'année suivante, si celle de Tallard n'éclipsait toutes les missions passées, présentes et futures ; il est plus convenable je pense de rester dans ce bourg, pour y admirer la continuation des grâces que Dieu ne cessa d'y répandre, non cette fois, par l'intercession des Capucins, mais bien par le canal du grand saint Grégoire d'Ammice, son illustre patron.

Louis Carre, prieur de Tallard [1]), administrait son petit diocèse, lorsqu'en 1660, le premier consul de la même ville jugea à propos de faire publier le ban de la coupe des fourrages, lorsqu'ils n'étaient pas encore parvenus à parfaite maturité. M. le consul devançait son siècle et s'élevait à la hauteur des agronomes de nos jours, et cependant il reçut une

[1]) Nommé le 2 août 1628 (G. t. II, p. 181), auteur d'un *Abrégé de la vie de St Grégoire d'Arménie* (Maignien, *Bibliographie,* n° 691).

punition éclatante pour avoir enfreint les us et coutumes du pays. Son foin avait été coupé et porté au bas de sa grange consulaire, sans le moindre obstacle, lorsqu'il jugea convenable d'y monter lui-même, pour aider ses varlets à y introduire sa récolte. Notez, je vous prie, que cette grange se trouvait au troisième étage de la maison du consul. Or, ne voilà-t-il pas que, pour voir si la *trousse* (tel est le nom donné, dans le pays, aux faisceaux de fourrage) était bien accrochée à la corde, il s'avance au bord de l'ouverture, que le pied lui glisse et que l'honnête consul tombe maladroitement dans la rue. *Cette chute le devoit avoir fracassé*, dit l'éloquent historien de saint Grégoire, *et il est peu de personnes qui eussent échappé le coup de la mort, ou du moins qui ne fussent demeurez estropiez pour toute leur vie !* Ne vous effrayez pas trop, ni l'un, ni l'autre n'arriva, car le digne consul, *ayant conservé la liberté de son bon sens*, fait aussitôt un vœu à saint Grégoire, et jamais magistrat municipal, tombé de si haut, ne se releva plus frais et dispos que le premier consul de Tallard (1).

Je ne poursuivrai pas plus loin le récit des merveilles opérées à Tallard par l'intercession de saint Grégoire, et j'en reviens au trop court épiscopat de M. de Lionne, que j'ai trop longtemps perdu de vue, sans pouvoir vous dire si ce prélat adoptait ou s il rejetait les miracles du bord de la Durance.

1661. — J'ai déjà annoncé qu'en l'année 1649 ²), Louis XIV avait nommé à l'évêché de Gap, Georges d'Aubusson de La Feuillade et Artus de Lionne, à l'archevêché d'Embrun. La modération de notre

(1) *Abrégé de la vie du bienheureux St Grégoire, évêque d'Amnice en Arménie, patron tutélaire de Tallard,* composé par le sʳ Dupille, 1680.

²) Ou mieux, en décembre 1648 (G. 595).

évêque lui fit refuser cette haute dignité, car *il aimoit trop son épouse qu'il cultivoit avec tous les soins d'un véritable pasteur, toute défigurée qu'elle étoit depuis les désordres des huguenots*, pour l'abandonner à des vues cupides et ambitieuses. M. de Lionne resta donc à Gap et M. de La Feuillade passa à Embrun [1]), après avoir remis à notre évêque l'abbaye de Solignac en Limousin. Cependant lorsqu'il se vit dans un âge qui ne lui permettait plus d'exercer ses fonctions avec la ferveur qu'il avait toujours montrée, craignant que sa vieillesse ne fût nuisible à ses diocésains, il se démit de son évêché, en 1661, et se retira auprès de son fils, après avoir légué au chapitre de la cathédrale sa grande chapelle d'argent, composée d'une crosse, de quatre chandeliers en forme de trépied, d'une croix, d'un grand calice ciselé avec sa patène, d'une cuvette, de deux burettes, d'un bénitier avec son aspersoir, d'un encensoir et sa navette ; de deux petits bassins en ovale, d'un vase, d'une boîte pour les saintes huiles, une autre boîte destinée aux *pains à chanter* et à donner le baiser de paix, et d'une sonnette : le tout en argent ciselé, du poids de 69 marcs 3 onces et 6 gros. Il donna également sa chasuble et sa chappe à fonds d'or, avec l'étole et la manipule, ainsi que ses tuniques et ses dalmatiques de taffetas blanc, rouge et violet. Il laissa, au surplus, dix mille cinq cents livres pour la réparation de l'église cathédrale et pareille somme pour la réédification de la maison épiscopale, lesquelles devaient être payées par le marquis *Hugues de Lionne, fils très connu d'un si glorieux père*. Les églises paroissiales de Lettret, de Châteauvieux, de Lazer, de Rambaud, de La Bâtie-Vieille, de La Bâtie-Neuve, de Poligny, de La Fare, du Glaisil et du

---

[1]) Où il demeura jusqu'en 1668, époque où il fut transféré à l'évêché de Metz et remplacé à Embrun par Charles Brulard de Genlis (Fornier, *Hist. génér. des Alpes*, t. III, 1892, p. 8 à 60).

Noyer, ces anciennes châtellenies et seigneuries de l'évêché de Gap, ne furent pas oubliées par M. de Lionne. Il légua à chacune d'elles 500 fr., qui devaient leur être payées par son frère Humbert de Lionne, doyen de la Chambre des comptes de Dauphiné, qui devaient être employées à l'achat des ornements les plus nécessaires pour le service divin dans ces paroisses. Retiré à Paris, Artus de Lionne y termina son illustre carrière le 21 mai 1663. Le prieur de Charmes vint prononcer, à Gap, son oraison funèbre, laquelle fut ensuite imprimée à Grenoble en l'année 1675 (1).

Ce prélat, aussi recommandable par les vertus qu'il montra sur le trône épiscopal, que par ses hautes connaissances en géométrie, fut le premier qui tira de l'oubli le nom et la mémoire de ces prédécesseurs au siège de Gap, *pour satisfaire à la sainte intention de Nosseigneurs du Clergé de France et à la prière de MM. de Sainte-Marthe*, ainsi qu'il le dit lui-même dans le préambule de son recueil, auquel il a donné le titre de *Rolle des évesques de Gap, desquels nous avons pu avoir quelque mémoire.*

Pour débrouiller ce cahos, il fit faire des recherches dans toutes les archives de son diocèse et dans celle de la Chambre des comptes d'Aix en Provence. Raymond Juvénis et le P. Pagi, avec qui ce dernier était en correspondance, lui fournirent aussi quelques documents, ainsi que Juvénis nous l'apprend dans ses *Mémoires ;* et les frères de Sainte-Marthe, à qui il envoya une copie de son manuscrit, s'en servirent utilement et peut être exclusivement pour le chapitre consacré à Gap, dans le *Gallia christiana*. L'original se trouvait encore aux archi-

(1) *Livre des Annales des Capucins*, p. 64 et 191. — *Abrégé historique de l'Eglise et des évêques comtes et seigneurs de Gap*. Ms. — Archives de la Préfecture, Codicile d'Artus de Lionne du 16 avril 1661, reçu par M⁰ Pierre Meyssonnier, notaire et tabellion royal héréditaire de Gap, Ms. — Voir la note B, à la fin de la lettre.

ves de l'évêché vers l'année 1730. L'on ignore ce qu'il est devenu ; mais, le séminaire de Gap en possède une copie, qui lui a été donnée, tout récemment, par les petits-fils de François Vallon-Corse, qui l'a écrite en entier de sa main [1], et qui, lui aussi, s'occupa beaucoup, dans le dernier siècle, de l'histoire de sa ville natale.

Artus de Lionne est, en outre, l'auteur d'un ouvrage ayant pour titre : *Curvilineorum amœnior comtemplatio,* et que le P. Vincent Léotaud [2], son ami, fit imprimer à Lyon [G. Barbier], en 1654. M. de Lionne considère principalement, dans cet ouvrage, la lunule d'Hippocrate et celles formées, à son imitation, par des cercles différents de celui de deux à un, ainsi que de divers espaces circulaires, dont il détermine les quadratures absolues. Le premier, il a remarqué la quadrabilité absolue des deux parties de la lunule d'Hippocrate, coupées par une ligne partant du centre du plus grand cercle (3).

J'ai dit, déjà, et mieux que moi, vous le saviez, sans doute, que la maison de Lionne figurait parmi les plus illustres de notre province. Elle ne déchut point dans la descendance d'Artus. Notre évêque prit un soin extraordinaire de l'éducation de son fils Hugues [4]. Lorsque celui-ci eut atteint sa 18º année, il le confia à son oncle, Abel de Servien, alors secrétaire d'État, qui lui facilita l'accès aux grands

---

[1] Elle se conserve actuellement (1909) aux Archives des Hautes-Alpes (G. 1500).

[2] Mathématicien célèbre, de la compagnie de Jésus, né en Vallouise le 22 janv. 1595, profès le 13 oct. 1613, mort à Embrun le 13 juin 1672 (A. Lamy, *Chronologie,* 1900, p. 122-123 ; Ad. Rochas, *Biogr. du Dauphiné,* II, 1860 p. 51).

(3) *Abrégé historique de l'Eglise et des évêques comtes et seigneurs de Gap.* — Moreri, Vº Lionne. — Weiss, *Biographie universelle,* t. 24, p. 538. [On possède encore d'Arthur de Lionne une *Oraison funèbre* de S. François de Sales. Grenoble, Pierre Verdier, 1623, in-8º, de 91 pages (cf. Ad. Rochas, *Biogr. du Dauphiné,* t. II, p. 84-85)].

[4] Célèbre diplomate, né en 1611, mort en 1671.

emplois auxquels il parvint dans la suite. Le cardinal de Richelieu ne tarda pas à découvrir, dans le jeune Hugues de Lionne, toute l'aptitude et la capacité désirables pour en faire un homme d'État, et il voulut le faire rester dans l'administration des affaires. Lorsque M. de Servien tomba dans sa disgrâce, Hugues refusa et partit pour Rome en 1636. Il eut le bonheur, dans cette ville, de se lier avec un homme qui devait jouer un si grand rôle dans le drame de la régence, et d'acquérir son amitié et toute sa confiance ; c'était Jules *Mazarino*. Envoyé en Italie, l'an 1642, Hugues de Lionne y termina la guerre de Parme et fut, à son retour, nommé secrétaire des commandements de la reine régente. Des intrigues le firent se retirer de la cour dans les temps de la Fronde ; mais il y fut bientôt rappelé, et, peu de temps après, honoré de la charge de grand-maître des cérémonies et commandeur des ordres du Roi. Mazarin l'envoya faire un pape en Italie dans l'année 1654 ; deux années après, traiter de la paix à Madrid ; puis, en 1658, à la diète de Francfort, en qualité d'ambassadeur et de ministre plénipotentiaire, pour y élire un empereur. Enfin, pour récompense de si utiles services, il fut élevé à la dignité de Ministre d'État. En 1661, Louis XIV, qui, à cette époque, voulut tout à la fois régner et gouverner, le choisit pour être l'une des quatre fortes têtes, par lesquelles il faisait exécuter ses immuables volontés. Dans le ministère des affaires étrangères qui lui fut confié, Hugues de Lionne rendit des services considérables à la France ou plutôt au roi de France, qui disait : *l'État c'est moi*. Il mourut à Paris le 1er septembre 1671, âgé de 60 ans, laissant plusieurs enfants, parmi lesquels vous remarquerez, s'il vous plaît, un second Artus de Lionne, qui, comme son aïeul, fut évêque, non de Gap, mais de *Rosalie* et vicaire apostolique d'une province de l'Empire du Milieu, où il acquit une grande connaissance des lettres et des sciences chinoises; et, en second lieu, Louis, marquis de Lionne et de Claveyson, lequel eut un fils colonel, qui, à la bataille d'Hochstædt (1704), partagea la fortune de notre compatriote le généralissime Camille d'Hostun, maréchal et vicomte de Tallard, et qui le suivit dans les prisons de l'Angleterre (1).

Les troubles qui éclatèrent pendant la minorité de Louis XIV n'eurent, je pense, aucun retentissement dans les Alpes. Que voulez-vous? Les accès en étaient bien difficiles, au siècle du Grand Roi; l'on n'y voyait point alors ces belles routes royales qui les coupent dans tous les sens. Aussi, Madame de Sévigné plaignait-elle fort le marquis de Grignan, son gendre, d'être obligé, pour faire une visite à *Monsieur de Gap,* de passer par des chemins âpres, durs et raboteux, qui semblaient n'avoir été ouverts que pour les chèvres (2).

Gap, le 8 janvier 1839.

NOTE A, *de la page 133.*

Vers l'époque où les pères Jésuites essayèrent de s'établir dans Gap, ils se livraient, à Embrun, à des exercices religieux qui laissaient bien loin derrière eux les missions et toutes les fêtes données par nos pauvres Capucins. Ils le savaient peut-être, lorsqu'ils refusaient avec tant d'aigreur de donner leur assentiment à la demande par eux faite en 1643. Mais, si le conseil municipal de Gap avait appris que, l'année précédente, le jour du dimanche de la Passion, où l'on posa la première pierre de

---

(1) Moréri, V° Lionne. [Ad. Rochas, *Biogr. du Dauphiné*, II, 85-88.]
(2) Lettres de Madame de Sévigné.

l'église de leur collège, dédiée à Saint François-Xavier, et le lendemain, les Jésuites d'Embrun avaient fait sauter, dans cette ville, les Alpes comme des béliers et nos monticules comme des agneaux, aurait-il pu résister à la tentation de voir se reproduire dans notre ville leurs brillants jeux scéniques ? Voici comment l'un d'eux, le P. Fournier, parle de cette fête, dont le récit termine son *Histoire des Alpes Maritimes* (1642) :

« Aprèz que Guillaume d'Hugues eût achevé son palais archiépiscopal et embelli sa cathédrale, il tourna ses soins charitables, en 1641, à la réparation et à l'embellissement de l'hospital d'Ambrun, qu'il augmenta de sept ou huit grandes chambres et d'une longue galerie ; mais surtout il y pourveut des ameublements nécessaires, en telle sorte qu'on y peut recevoir honestement les prestres et les religieux, les soldats et autres passants qui ont quelque chose au-dessus du commun des autres pauvres.

« Comme la charité de ce prélat estoit toute agissante, aussi elle ne se contenta pas de ces biens qu'elle avoit aussi heureusement prodiguez ; il vit que, depuis 1605, il n'y avoit point d'église au collège et que la ville, qui estoit obligée en corps de la construire, avec la maison, estoit dans l'impuissance d'y satisfaire, il entreprit cet ouvrage à ses propres fraix, et il s'acquit dans cette capitale des Alpes Maritimes la mesme gloire que Salomon et Zorobabel eurent dans Jérusalem pour la construction du Temple : il choisit le 6ᵉ avril 1642, jour du dimanche de la Passion, pour mettre la première pierre, dont l'inscription fut : D. O. M. Sᵒ Francisco. Xaverio. Indiarum. Apostolo. Guillelmus. d'Hugues. archiepiscopus. Ebredunensis. Anno. M.DCXLII. Ex. voto. La cérémonie fut faite sur les quatre heures du soir aprez vespres. Ce prélat s'y rendit avec tout le clergé en procession. Il s'y fit un concours de toute sorte de personnes, mesme d'huguenots, avec une si grande foule que la basse-cour du collège, les rues, les places et les maisons voisines ne furent pas capables de la contenir. La basse-cour estoit toute remplie de tableaux, d'affiches, d'emblèmes et de poésies de toute sorte à la louange du saint et de l'archevesque. Les emblèmes que le rhétoricien fit sur ce sujet parurent excellentes et donnèrent de l'admiration à tous ceux qui se connoissoient en ces sortes de pièces. Ce prélat se déclara le fondateur de cette église, et il encouragea les ouvriers en cette manière de s'appliquer à ce travail, puisqu'il en estoit le seul autheur ; et aprez l'on fit les cérémonies et les prières accoustumées.

« Le lendemain 7e avril, l'on représenta dans le collège une action de théâtre, où les acteurs firent des merveilles. La pièce estoit belle et ingénieuse. Le sujet fut la joie de trois montagnes voisines, Morgon, Saint-Guillaume et Salusse, qui furent convoquées à cette fête par la Charité, laquelle parut comme la protase : elle estoit vestue en pierres avec ces mots : *Caritas aperit et Caritas operit*. La convocation fut ingénieusement tissue de plusieurs Échos de montagnes, tantôt triples, tantôt seules, accommodées aux demandes et aux poursuites de la Charité. L'on représenta ensuite le concours qui se fit des montagnes avec la Charance pour venir congratuler la Première Pierre. Cette pierre portoit cette inscription : *Et super hanc petram œdificabo ecclesiam*. L'Espérance survint comme la Première Pierre pour assurer la Constance qui devait conduire ce dessein jusques à sa perfection et dissiper tous les empeschemans qui y pouvoient survenir ; et à l'instant les Montagnes prirent occasion de parler de l'ancienne gloire des Alpes Maritimes ou Cottiennes, et de faire un récit des plus grands personnages qu'elles avoient veu passer depuis tant de siècles [1]). Elles s'abandonnèrent aprez cela à une joye extraordinaire, et, invitées par la Durance, elles se prirent à danser, tandis que l'Espérance chanta une très agréable chanson sur le sujet. Le concours de ces Montagnes n'estoit pas seulement pour congratuler la Première Pierre, mais encore le fondateur de cette église à l'honneur de saint François-Xavier ; elles luy offrirent ce qu'elles ont de plus curieux et de plus beau, comme les crystaux, les albastres, les pierres, les rochers, les mélèzes, les pins et autres bois, les chaux, le plastre et les autres matériaux. Quantité de Pierres et de petits Rochers survindrent sur le théâtre, qui s'offrirent à la Première Pierre et à l'Archevesque, avec les marteaux qu'on faisoit jouer avec mezure et une espèce d'harmonie, comme si on eût taillé ces pierres et ces rochers. Aprez cela, l'on fist paroître les Arbres des forests qui marchoient sur le théâtre avec un nombre de rossignols et d'autres oyseaux sur les branches, qui s'offrirent, de mesme que les Rochers, les Pierres et les Marteaux. Aprez cela, les trois Montagnes donnèrent des marques d'une extrême allégresse et d'une joye extraordinaire par diverses démarches. On les vit ensuitte passer de la joye à un combat entr'elles : les armes estoient de gros cailloux qu'elles tenoient en main, avec quoi elles se portoient de grands coups qu'elles donnoient ou recevoient l'une l'autre, s'entr'heurtant de leurs mains. Je voudrois bien que cela fût un présage de l'endurcissement des cœurs heureusement combattu par les rochers de ces montagnes, qui portent encore les traces de l'ancienne sainteté des Alpes. La Charité termina l'action par les éloges magnifiques et véritables

---

[1]) Il est probable que ce récit a inspiré le gracieux poëme de Célestin Roche : *La Légende des Alpes*. Grenoble, Émile Baratier, 1889, in-8°, xi-83 p.

qu'elle donna à ce prélat incomparable, qui a une si étroite liaison avec cette grande vertu.

« Je mets le feste à l'édifice que j'ay entrepris pour la gloire de la Reine des Roys et celle de saint Marcellin, premier archevesque d'Ambrun, tandis que Guillaume d'Hugues jette les fondemens de celle de saint François-Xavier dans le collège de cette ville. Une première pierre devient le sommet, le feste et le couronnement d'un autre temple, dont je n'ay esté que le simple ouvrier, et que j'ay travaillé sur le modèle que cet illustre et excellent architecte Guillaume d'Hugues, nostre incomparable prélat, m'a fourni ; ce qui m'oblige de dresser cette inscription à son nom, puisque la gloire de ce bâtiment luy est toute due :

BB. VIRGINI. TRIUM. REGUM.
ET. STO. MARCELLINO. PRIMO. EBREDUNENSIUM.
ET. ALPIUM. MARITIMARUM.
ARCHIEPISCOPO.
GUILLELMUS. D'HUGUES.
POSTREMUS. ILLIUS. SUCCESSOR. PP.
ANNO. M. DCXLII.

(Le P. Marcellin Fournier, *Histoire des Alpes Maritimes ou Cottiennes*, pag. 508 et 509 de la traduction [copie] de Juvénis).

NOTE B, *de la page* 144.

1661. — « Ce jourd'huy 19e avril 1661, troisième feste de Pasques, de Lyonne, nostre évesque, est parti de cette ville, sans que l'on aye casi sceu son départ, pour s'en aller démettre de l'évesché. C'estoit un grand mathématicien ; il a fait plusieurs belles observations et particulièrement sur Tycho-Brahé ; il est âgé de LXX ans ou environ ; il fut nommé l'an passé en l'évesché de Bayeux, par la mort de M. de Servien, son beau-frère ; mais M. de Lyonne, son fils, en traita pour quelques abbayes avec M. l'abbé de Hesmond, qui en a esté du depuis pourveu, et les abbayes ont esté remises au deuxieme fils dudit sieur de Lyonne ».

Juvénis, *Notes autographes*, p. 78.

SUPPLÉMENT A LA XVᵉ [XXXVᵉ] LETTRE.

Le 11 octobre 1643, l'église des Capucins fut solennellement consacrée par Artus de Lionne. Messieurs Juvénis et Luc Eyraud, consuls catholiques, accompagnés de plusieurs bourgeois de la ville assistèrent à cette cérémonie en qualité de parrains (1).

En l'année 1645, on donna au chapitre de l'église cathédrale les pierres qui formaient le portail de la forteresse de Puymaure, pour être employées au clocher de cette église, à condition qu'il ferait terminer le cordon du cloître des Capucins, à qui M. Dusserre en avait d'abord fait présent. Ce furent MM. Philibert, chanoine, et Bonnet, théologal, qui en firent la demande aux Capucins et qui s'obligèrent, par acte, à terminer le cordon susdit, *de quoy nous n'en avons-jamais rien heu,* ajoute le rédacteur des *Annales,* qui nous a transmis cette notice (2).

Par lettres patentes données à Paris, au mois de

(1) *Livre des Annales des Capucins,* p. 118.
(2) *Ibidem,* p. 122.

juin de la même année (1645), Louis XIV approuva les privilèges, droits, coutumes et libertés ci-devant accordés et confirmés par les rois, ses prédécesseurs, à la ville de Gap. Ces lettres furent dressées en présence de la reine régente, signées Le Tellier, et enregistrées au Parlement le 19 janvier 1677.

Dans le préambule, l'on trouve que les libertés et privilèges de la ville sont spécifiés dans la bulle de Pie II, obtenue en l'année 1461 ; ils consistaient :

1º A avoir une maison commune pour les assemblées des conseils ; à élire les consuls et les autres administrateurs de la ville ;

2º A lever des impositions sur les habitants, sans qu'il fût nécessaire d'en demander la permission à aucun magistrat ; plus, le droit de *rève* sur le vin et la chair, le poids du blé et de la farine et des autres marchandises ; lequel pouvait être augmenté ou diminué, toutes les fois que les besoins de la ville le requerraient ;

3º A tenir les foires et marchés accordés à la ville par les rois, ses prédécesseurs.

Lesquels privilèges, le roi Louis XII, par ses lettres patentes du mois de décembre 1512, en désunissant la ville de Gap du pays de Provence pour l'unir au Dauphiné, avait confirmés, avec faculté aux habitants d'en jouir comme ils en jouissaient avant cette union. Au surplus, ces mêmes privilèges avaient été continués et maintenus par arrêt du Conseil du 10 décembre 1641, et, aux temps antérieurs, par les rois François Ier, François II, Henri IV et Louis XIII, selon leurs lettres patentes des années 1516, 1548, 1559, 1609 et 1612 (1).

L'année 1648 vit terminer l'honorable carrière de deux personnages, que les Capucins de Gap nous ont déjà fait connaître. L'un est messire Honoré

---

(1) Archives de la Préfecture, Lettres patentes du roi Louis XIV du mois de juin 1645. Ms.

Buysson, chanoine et sacristain de l'église cathédrale, grand ami et bienfaiteur des Révérends Pères, et, de plus, premier fabricien de leur église ; il mourut à Gap *fort chrestiennement et exemplairement, adcisté toujours de nos pères,* le 3 mai 1648, après leur avoir légué par son testament cent livres, quelques meubles et quelques livres ; aussi, *on le recommanda par toute la province comme l'âme d'un de ces religieux.* — Le second, *qui pouvoit légitimement porter la qualité de fondateur* de leur couvent, était Louis de Vachon, seigneur de La Roche et de Lespiney, ci-devant conseiller au parlement de Grenoble. Quatre années avant sa mort, il avait donné trois cents livres à l'hôpital de Gap, pareille somme à la cathédrale, et au couvent des Capucins également trois cents livres, pour aider ces religieux à enclore leur jardin de bonnes murailles, qui, en partie, subsistent encore de nos jours. Son âme, comme celle de M. Buysson, fut recommandée dans toute la province par les Capucins reconnaissants (1).

Huit ans après (1656), bien que la construction en fût toute récente, l'église et le couvent de ces bons pères croulaient de toutes parts. Cette fois, ils s'adressèrent au Roi, par l'intermédiaire de M. Catelan, natif de Gap, conseiller de Sa Majesté et secrétaire dans les Finances, homme extrêmement riche et en grand crédit à la Cour. Louis XIV leur accorda six mille livres, à lever sur l'élection de Gap, conjointement avec les deniers de la *grande taille* des années 1656, 1657 et 1658. L'arrêt du Conseil qui accorda cette somme est du 19 juin 1656. A cette époque Pomponne Bertrand était président de l'élection et Jean Marchand, lieutenant particulier au bailliage (2).

---

(1) *Livre des Annales des Capucins,* p. 122 et 123.
(2) *Ibidem,* p. 124.

Il paraît que les deniers accordés par le Roi rentrèrent au couvent, puisque l'année suivante (1657), indépendamment des réparations à faire à l'église et au monastère, nos Capucins purent acheter la bibliothèque de feu messire Jean Bonnet, chanoine et théologal de l'église cathédrale, laquelle leur coûta deux-cent-dix livres. En même temps, ils firent venir d'Aix pour deux cents francs de livres ; ce qui rendit leur bibliothèque fort bonne et fort belle, puisqu'elle contenait cent volumes in-folio et vingt volumes in-quarto, *entre autres toutes les œuvres d'Albert-le-Grand qu'on paya l'année suivante* (1).

Je termine ce supplément par l'annonce d'un de ces astres errans qui ont le privilège de jeter l'épouvante dans ce bas monde.

« Le père Vincent Leautaud écrit cecy d'Embrun le 9 février 1661, nous dit Juvénis. Nous voyons *un* comète vers le levant sur les cinq heures du matin, auquel temps il se lève sur nos montagnes ; il est petit, mais sa teste est bien vive, avec une queue assez longue à l'opposite du soleil qui le suit. L'aurore qui commence quasi pour lors, ne donne pas grand loisir de le bien voir, car il disparoit lorsqu'elle est un peu exaucée. Voilà ce qu'il en dit » (2).

N'est-ce pas le même ou la même qui devait nous pulvériser en 1830 ou 1831 ? Les astronomes allemands nous l'avaient fait espérer. — En 1661, noble Jacques d'Ize, seigneur de Saléon, était vibailli de Gap.

Gap, le 11 février 1842.

---

(1) *Ibidem*, p. 187.
(2) Juvénis, *Notes autographes*, p. 74.

XXXVI° LETTRE.

PIERRE MARION. — N.-D. DU LAUS.

1661-1675.

Pierre de Marion, 67° évêque de Gap. — Ordonnance du juge épiscopal sur la police de la ville. — Contraventions à la discipline ecclésiastique. — Procès entre l'évêque et le chapitre. — Fondation du Séminaire. — Mort du gouverneur Charles de Gruel. Mort de Pierre de Marion. — Léger différend entre les Capucins de Gap et les Chartreux de Durbon. — Nouvelles merveilles à Tallard. — Benoîte Rencurel et Notre-Dame du Laus. — L'archidiacre Pierre Gaillard. — Description du Laus. — Processions des fêtes de la Pentecôte. — Raymond Juvénis, premier historien de la bergère du Laus. — Fragments de la relation de cet historien. — Inscription latine faite par lui. — *Supplément.* Préconisation à Rome de Pierre Marion. — Différends entre le Roi et la cour de Rome. — Arrestation et emprisonnement à Gap du commandant des soldats du Pape dans le comté d'Avignon. — Procès entre l'évêque de Gap et les États de Provence sur le péage de Lettret. — Autre contravention à la discipline ecclésiastique. — Privilèges des chanoines. Lettre de l'évêque de Riez à ce sujet. — Arrêt conventionnel sur les différends élevés entre l'évêque et son chapitre.

1661-1663. — Pierre de Marion, né à Paris, je ne saurais trop vous dire en quelle année, s'était acquis de la réputation dans les armées du Roi, avant d'entrer dans le saint ministère. Il était ensuite devenu abbé de St-Paul, [diocèse de Sens,] et avait reçu son brevet de Louis XIV, le 14 décembre 1661, pour remplacer M. de Lionne sur le siège de Gap. L'année suivante, [le 26 juin,] il obtint ses bulles du pape Alexandre VII[1]) et fut sacré [le 8 octobre,] à Paris [à Sainte Geneviève du Mont,] par messire Hardouin de Péréfixe, alors évêque de Rodez et bientôt archevêque de Paris, [assisté de] Jean de Maupeou, évêque de Châlon-sur-Saône[2]) et [Jean-] Jacques Seguier, évêque de Lombès[3]). Cependant il ne fit son entrée dans sa ville épiscopale que le 8 septembre 1663, après avoir, sans aucun doute, prêté tous les serments qui lui furent demandés par les consuls.

1670. — O de quel bonheur, de quelle douce quiétude ne durent pas jouir les honorables citoyens de Gap, pendant l'épiscopat de ce nouvel évêque? Le mot de *citoyen* hurle un peu sous le règne de Louis-le-Grand, mais je continue à m'en servir, puisqu'il était consacré autant par titres que par l'usage. L'histoire n'eût fait faute de consigner, dans ses registres, les événements déplorables, les accidents désastreux, les guerres homicides, si, dans le sein de la capitale des Hautes-Alpes, il était survenu quelque chose de semblable, alors que M. de Marion en était le seigneur spirituel et temporel. De sorte que je me verrais obligé de me jeter dans l'histoire générale, de vous parler d'Henriette d'Angleterre, de la tendre La Vallière, de l'éblouissante dame de Montespan, et de toutes les pompes de Versailles, voire du Jansénisme, du grand Arnaud ou de la disgrâce de Fouquet, ce que j'aurais toutes les peines du monde à rattacher à mon sujet, si, par bonheur, le susdit seigneur temporel n'eût fait rendre, par messire François de Ricou, écuyer, son juge dans la ville de Gap et dans les châteaux épis-

---

[1]) Il fut préconisé dans le consistoire du 30 juin 1662 (*Arch. nat.* L. 17025, f° 104).

[2]) Nommé le 31 juillet 1658, mort le 26 mai 1677 (Jean, p. 224).

[3]) Sacré le 6 août 1662, transféré à Nîmes en 1670, mort le 8 nov. 1689.

copaux, une ordonnance, datée du 4 septembre 1670, laquelle, selon l'avis et les craintes des fortes et bonnes têtes de la ville, empiétait ou du moins avait une tendance à empiéter sur la juridiction du *corrier* ou juge de police.

En effet, M. le juge épiscopal défendait aux personnes dépendant de sa juridiction de porter du blé aux moulins et de rentrer la farine dans les maisons, avant que ces matières eussent été pesées au poids de la ville, à peine de 200 livres d'amende ; et, ajoutant, qu'en cas de contravention, il serait par lui informé. Telle est en substance l'ordonnance de M. le juge-législateur. Or, bien que le *corrier* fût nommé par l'évêque, comme il ne pouvait prononcer de sentence sans être assisté de deux experts nommés par la ville, il importait à cette dernière de ne pas souffrir sans murmure que le juge ordinaire s'emparât de la police, fît des règlements à ce sujet et s'adjugeât les connaissances des contraventions. Aussi, murmura-t-on quelque peu ; puis l'ordonnance tomba, je crois, en désuétude (1).

Il vous souvient, sans doute, que ce fut au mois de septembre de cette même année (1670), que des enquêtes furent faites pour reconnaître l'emplacement de l'ancienne maison épiscopale [G. 1190]. Ma sixième [dernière] lettre a épuisé cette matière, partant je n'y reviendrai pas [2]).

1672. — Après deux années de paix, la discorde secoua ses flambeaux, non sur l'État, mais dans le sein de l'église de Gap.

Au mois d'avril 1672, le promoteur de l'évêque remontrait à Sa Grandeur que, sur diverses con-

---

(1) *Ordonnance du juge de Gap*, du 4 sept. 1670, Ms. [Un an après, le 5 nov. 1671, Pierre Marion recevait à Gap, « avec une profusion extraordinaire », M. de Genlis, archevêque d'Embrun. (Juvénis, dans Fornier, *Hist. génér. des Alpes*, III, p. 71)].

[2]) Cf. l'Introduction de G. III, p. xlvii.

traventions, commises par plusieurs ecclésiastiques de son diocèse et de l'église cathédrale, aux constitutions canoniques, il leur avait enjoint, en 1669, de quitter leurs longs cheveux, de se faire tonsurer et de porter des habits longs et convenables à l'état ecclésiastique, et leur avait défendu, au surplus, de fréquenter les cabarets, les jeux publics et les autres lieux de scandale. Toute la publicité désirable avait été donnée à cette ordonnance ; mais le promoteur s'était aperçu récemment qu'il se montrait encore des réfractaires et, entre autres, messire Étienne de Cervoulles, chanoine théologal[1]), qui, malgré trois sommations d'y satisfaire, ne cessait de fréquenter les jeux publics et scandaleux. On l'avait même vu jouer aux boules, près les murs d'enceinte de la ville, et quitter la soutane qu'il portait en ce moment : car, le plus souvent, M. le théologal se permettait de parcourir la ville en habit court, au grand scandale du public. En conséquence, le promoteur demandait qu'il fût informé contre messire de Cervoulles ; et M. de Marion ordonnait que l'information fût faite, pour être ensuite pourvu comme de raison (2).

J'ignore comment M. le théologal, qui, sans doute, ne montait pas trop souvent en chaire, se tira de ce pas scabreux. Peut-être cette affaire fut-elle étouffée dans le différend qui s'était élevé entre l'évêque et son chapitre, relativemeut aux annates et aux réparations de l'église cathédrale.

Il s'agissait encore cette fois de l'exécution du traité, intervenu, le 1er septembre 1531, entre l'apos-

---

[1]) Étienne Richaud de Cervoules, ou mieux Servoules, théologal au moins dès le mois de mai 1667 jusqu'au 2 sept. 1694, époque de sa mort, dans le palais épiscopal de Gap (G. IV, p. xxxv, n° 11 ; cf. V, p. xxiii).

(2) *Requête à Mgr l'illustrissime et révérendissime évesque, comte et seigneur de Gap et de Charance*, présentée, le 25 avril 1672, par M. Paris, promoteur. Ms.

tat Gabriel de Clermont et son chapitre. Dans un mémoire, signifié le 29 juillet 1672, les syndics du chapitre actuel, demandaient que le seigneur évêque fût condamné à faire les réparations nécessaires aux fenêtres de l'église cathédrale ; à fournir une lampe d'argent et à l'entretenir devant le très saint sacrement de l'autel ; à réparer les cloches et payer les cordes pour les mettre en branle ; à fournir les aubes, cordons, chasubles, dalmatiques, devants d'autel, tapis pour la chaire et autres ornements nécessaires pour le service divin, des cinq couleurs de l'église ; ainsi que les missels, graduels et psautiers et les autres livres indispensables ; à faire construire une voûte, ou au moins un lambris, dans la grande nef de la cathédrale ; à verser à la sacristie cinq setiers de froment et trois setiers d'avoine, non compris les arrérages depuis sa mise en possession ; et, enfin, à employer le produit des annates aux réparations de l'église.

Selon le précepte de l'apôtre saint Paul, le différend ne fut pas soumis aux juges civils, puisque le diocèse de Grenoble avait dans son sein de dignes ecclésiastiques qui pouvaient ramener la paix dans le bercail, sans produire le moindre scandale. Il convient de vous apprendre que Messieurs du chapitre, dans une assemblée, tenue le 9 novembre de la même année, et à laquelle assistèrent notre vieux doyen Charles du Serre-de-St-Martin, notre jeune théologal [Étienne] Richaud de Cervoulles, et l'archidiacre Pierre Gaillard, que nous allons bientôt retrouver, nommèrent, pour leur arbitre, M. Morel, chanoine et conseiller-clerc au Parlement ; que, de son côté, M. de Marion choisit pour le sien, [le 5 décembre,] messire Étienne Le Camus, évêque et prince de Grenoble [1]), et que, le 17 février de l'année

---

[1]) Né à Paris le 24 nov. 1632, nommé à l'évêché de Grenoble le 8 janv. 1671, cardinal le 2 sept. 1686, mort le 12 sept. 1707 (Ch. Bellet, *Hist. du cardinal Le Camus,* Paris, Picard, 1886, *passim*).

suivante, les bénéficiers, qui se trouvaient aussi en cause, je ne sais trop pourquoi, désignèrent également pour leur arbitre M. l'évêque de Grenoble (1).

La sentence arbitrale, rendue en 1673 et homologuée par arrêt du Parlement en date du 21 juillet de la même année, adjugea au chapitre la plupart des conclusions par lui prises contre l'évêque ; régla la convocation et la tenue de ses assemblées, le maintint dans la possession de *mulcter* les bénéficiers pour les fautes qu'ils commettraient pendant la célébration des offices ; ordonna que la crosse donnée par Artus de Lionne serait convertie en une croix d'argent, qui, de nos jours, figure encore dans toutes les cérémonies religieuses ; prescrivit au maître de musique et à l'organiste de faire les fonctions de leur charge, et aux bénéficiers, habitués, chanoines et dignitaires, d'apprendre le plain-chant dans six mois, afin de se rendre capables de chanter le chant grégorien à livre ouvert ; déclarant, au surplus, que la voûte ou lambris de la cathédrale étant une grosse réparation, ne devait pas rester à la charge du prélat (2).

1673. — L'événement le plus important survenu pendant l'épiscopat de M. de Marion, fut la fondation d'un séminaire dans le diocèse de Gap. La première impulsion fut donnée par une noble dame de la ville, qui jugea, avec un discernement exquis, combien serait utile un établissement où les personnes qui se destinent à l'état ecclésiastique vien-

---

(1) *Mémoires pour l'évêque de Gap,* du 13 juillet 1672. — *Ecritures des syndics du chapitre de Gap,* du 29 du même mois. — *Assemblée* du même chapitre, du 9 novembre suivant. — *Procès-verbal dressé par M⁰ Escallier, notaire.* Acte reçu par M⁰ Escallier, notaire, le 5 décembre 1672. — *Acte reçu par M⁰ Vallon, notaire,* le 17 février 1673. Ms. Archives de la Préfecture.

(2) *Arrêt du parlement de Grenoble* du 21 juillet 1673. Ms. Archives de la Préfecture.

draient s'instruire et se former dans la piété et les austères devoirs de la cléricature.

Le 1ᵉʳ juin 1671, damoiselle Marguerite Baud, veuve en dernières noces de noble Albert de La Villette, seigneur de Furmeyer et en partie de Veynes, fit son testament. Après divers legs en argent faits aux couvents des Capucins, des Cordeliers et des Frères Prêcheurs, aux pénitents, noirs et blancs, et à un grand nombre de personnes ; après avoir donné mille livres pour relever et enchasser les reliques du bienheureux et glorieux saint Arnoux, patron de l'église cathédrale et évêque de Gap : elle institua pour son héritier universel messire Pierre de Marion, le suppliant, après que son héritage aurait été liquidé, d'employer le restant en œuvres pies et charitables, et particulièrement à l'érection d'un séminaire, pour y instruire les jeunes clercs, les prêtres et les curés, à condition que, du jour de son entier établissement, il serait célébré dans l'église du séminaire, à perpétuité, une messe basse toutes les fêtes et tous les dimanches de chaque année, pour le repos de l'âme de feu Jacq. Baud, son frère, et de la sienne. Et comme la noble dame ne savait pas écrire, elle appela Jean Escallier, notaire royal, *personne à elle confidente et fiable*, à qui elle dicta ses dernières volontés. Le même jour, ce testament mystique fut déposé chez le notaire qui l'avait écrit, en présence de quelques chanoines et de plusieurs autres témoins, au nombre desquels figurent nobles Jean de Ricou, conseiller et procureur du Roi en l'élection, et Pierre de Ricou, son fils, avocat (1).

1673. — Il paraît que M. de Marion n'accepta point le titre de légataire universel que lui avait

---

(1) Testament de la dame de La Villette du 1ᵉʳ juin 1671. Ms. Archives de la Préfecture [cf. G. III, p. xix].

donné la dame de La Villette, puisque, deux ans après, Charles Ferroul, bénéficier de l'église cathédrale, lui présenta, en qualité d'héritier de cette dame, une requête tendant à l'établissement d'un séminaire. L'évêque accueillit favorablement cette demande, et, par son ordonnance du 3 mars 1673, il érigea dans son diocèse, au lieu de *Corrie,* mandement de La Roche-des-Arnauds, paroisse des Baux, dans l'église et bâtiment de Notre-Dame de Sauveterre, un séminaire [G. 864], qu'il commit sous son entière obéissance, à la conduite de Messires Jean Brette, son vicaire général, André Rizoul, curé de St-André-lès-Gap, et Sauvaire Clément, prêtre de N.-D. de Sauveterre et promoteur.

Cet acte, qui fut dressé en présence de mestre Charles de Gruel, baron du Saïx (il signe du Says) et gouverneur de Gap, et de noble François de Grilh, sieur de St-Michel, et Georges Bonivard-Mazet, conseiller du Roi, élu en l'élection, l'un et l'autre consuls de la ville, présente, dans son préambule, des considérations que je ne saurais négliger, puisqu'elles font connaître, mieux encore, que la requête faite l'année précédente par le promoteur, l'état dans lequel se trouvait le diocèse sous le rapport des mœurs et des connaissances cléricales :

« Bien que nous ayons, jusques à présent, appli-
« qué nos soins principallement à la réformation
« de notre clergé, que les désordres des guerres
« qui ont troublé l'Église et l'Estat auroient d'autant
« plus facilement porté un relâchement de la disci-
« pline ecclésiastique (j'aurais cru le contraire);
« qu'il s'est veu longtemps despouillé de la plus
« grande partie des biens destinez à son entretien,
« et que, pour réussir dans un dessain si juste et
« si important, nous aurions, cy-devant, faict plu-
« sieurs ordonnances dans nos synodes et dans la
« visitte de nostre diocèze, touchant la vie et mœurs
« de ceux qui y ont esté promeux aux ordres ou

« quy désirent de les recevoir : l'expériance, néant-
« moins, a faict connoistre qu'une entreprise si
« difficile ne pouvait avoir tous le succèz que nous
« en expérions, sans l'establissement d'un sémi-
« naire, où, comme dans une saincte escolle, les
« ecclésiastique et les laïques quy aspirent aux
« sainctz ordres puissent s'instruire parfaictement
« de la grandeur de leur estat et de la sainteté
« de leur caractère, et des obligations qu'ilz ont
« contractées, de se despouiller du vieil homme, en
« puriffiant leurs âmes de toutes les souilheures du
« péché et de se revestir du nouveau, quy est l'es-
« prict du grand prestre Jésus-Christ ; se sanctifiant
« eux-mesmes, par le secours de la grâce, dans les
« exercisses qui s'y font, pour contribuer ensuitte à
« la sanctification des autres, par leur doctrine,
« leur piété, religion et bons exemples... » (1).

Au moyen des pieuses dispositions de la dame de La Villette et en exécution de l'ordonnance dont je viens de vous faire connaître les principales dispositions, M. Marion commença l'érection du séminaire, dont il donna la conduite, non aux trois ecclésiastiques qu'il avait désignés, mais aux pères de la Doctrine chrétienne de la province d'Avignon, sans songer, l'imprudent pasteur, que le fameux évêque d'Ypres avait publié depuis longtemps ses Quatre propositions et que les Doctrinaires étaient véhémentement soupçonnés de ne vouloir pas les trouver dans son livre (2). Nous verrons, dans la suite, avec quelle sollicitude les successeurs de notre évêque veillèrent soigneusement à ce que le venin de *Jansenius* ne pût jamais s'introduire dans l'établissement qu'il avait fondé, et jusqu'à quel point elle fut couronnée de succès.

---

(1) Ordonnance de messire Pierre Marion, du 3 mars 1673. Ms. Archives de la Préfecture [G. 1533, n° 13].
(2) M. Rochas, *Mém. inédits*, p. 125, 2ᵉ série.

1674. — L'année suivante, mourut, dans Gap, le 1ᵉʳ gouverneur de cette ville portant le nom de Gruel, car, dans la suite, cette place devint presque héréditaire dans sa famille.

Charles de Gruel, baron du Saix et de Champcrose, s'éteignit, à onze heures du soir, le 10 février 1674 [1]). Le lendemain, la cérémonie funèbre eut lieu dans l'église cathédrale, où l'on avait élevé une chapelle ardente. L'oraison funèbre fut prononcée par M. Suedert, prêtre de je ne sais quelle église; et, le même jour, à 7 heures du soir, son corps fut porté à l'église des Capucins et enseveli dans la tombe commune des religieux qui se trouvait dans la chapelle de Notre-Dame. Il avait donné 300 livres à ces bons pères de Gap; aussi, de son vivant, avait-il obtenu sans difficulté, du général de l'ordre, la permission de reposer dans le caveau, auprès du fondateur du couvent, lorsqu'il irait se réunir, dans un meilleur monde, à ses nobles ayeux (2).

1675. — Pierre de Marion ne survécut au gouverneur de Gap que de seize mois. *Il fut ravi du monde* le 25 août 1675, après avoir légué 600 livres au couvent des Capucins. Les pères qui l'habitaient, non seulement ne l'oublièrent pas dans leurs prières, mais ils le recommandèrent dans toute la province de l'ordre et *luy firent rendre la mesme charité et adcistance de mesmes prières qu'on a coustume de dire pour leurs religieux défunts.*

Cependant cette sainte mort fit naître un léger

---

[1]) BB. 55. — Le 15 février suivant, l'avocat François Grimaud, premier consul de Gap, fit l'éloge du gouverneur défunt (ibid., p. 256 de l'*Invent.*).

(2) *Livre des Annales des Capucins*, p. 199. — En cet endroit le *Livre des Annales* contient une erreur manifeste, car il porte au 10 février 1673, l'époque de la mort de Charles de Gruel, tandis que l'ordonnance rendue [par M. de Marion] pour l'érection du séminaire, le 3 mars suivant, est revêtue de la signature de ce gouverneur.

différend entre les Pères de St François et les Pères Chartreux du couvent de Durbon.

Le P. Nicolas de Toulon, gardien des Capucins de Gap, qui avait assisté notre pieux évêque dans ses derniers moments, fit savoir aux pères de Durbon que, par son dernier testament, M. de Marion avait désiré que son cœur fût inhumé dans l'église de leur couvent, et qu'il avait, à cet effet, légué une somme de deux cents écus, pour qu'ils préparassent un lieu convenable, où serait placée la boîte qui le renfermait. Les descendants de saint Bruno répondirent qu'ils ne pouvaient accepter le don qui leur avait été fait par le prélat, à moins *qu'au préalable, et à mesme temps, les 200 escus ne leur fussent payés et consignés.* Alors, Madame Duché, nièce et héritière de M. Marion, voyant que *tout moine n'était pas charitable,* bien que, vers le même temps, le bon La Fontaine eût supposé le contraire, et connaissant toute l'affection que son oncle portait aux Capucins du couvent de Gap, voulut faire placer le cœur du prélat dans leur église. Messieurs du chapitre de l'église cathédrale, qui l'avaient supplié de les préférer, furent éconduits, et la caisse dans laquelle il était enfermé fut déposé dans la chapelle de Notre-Dame de l'église des Capucins, à l'endroit où une plaque d'étain fut placée, dans le mois de septembre de l'année même du décès, *pour servir de mémoire à la postérité* (1).

Pendant l'épiscopat de Pierre de Marion, quelques nouveaux miracles se montrèrent dans le bourg de Tallard. En l'année 1662, Honoré la Peirousse, d'Embrun, qui, vainement, avait adressé ses prières à la Notre-Dame de Louis XI, *s'avisa pieusement de recourir* à saint Grégoire. Ce brave homme se trouvait consumé par une fièvre continue qui lui avait fait perdre la vue. Sa femme fait

---

(1) *Livre des Annales des Capucins,* p. 158 et 202.

dire une messe à l'autel de saint Joseph, érigé dans l'église métropolitaine d'Embrun, invoque le patron de Tallard et la messe est à peine finie que le malade reprend ses forces et voit plus clair que vous et moi.

C'était en l'année 1665, *le propre jour qu'on solemnise la feste de nostre bienheureux saint*. Messire Jean-Louis Astier, curé de Tallard [1], et un grand nombre de personnes dignes de foi voient entrer dans l'église de ce lieu un misérable estropié qui ne pouvait se traîner qu'à l'aide de ses béquilles ; il se confesse, communie, rend son vœu à saint Grégoire, jette ses béquilles, s'en retourne librement, sans peine et sans aucune incommodité.

O surabondance de grâces ! Une heure après, l'on voit une femme aveugle invoquer l'illustre patron de Tallard, faire ses dévotions et recouvrer miraculeusement la vue, en présence de messire Astier et de la foule innombrable qui, chaque année, le dimanche qui suit le 21 septembre, encombre les rues et les places publiques de Tallard ! (2).

Comme les greniers du bienheureux évêque d'Amnice durent s'emplir ce jour-là !

Mais, en ce même temps, le soleil de Tallard était déjà éclipsé par *l'Étoile du matin* qui s'était levée sur Le Laus et qui resplendissait dans toute la contrée. Il n'était bruit, dans les vallées des Alpes, comme au sommet des monts, que des merveilles sans nombre que Dieu y opérait par l'intercession de la Sainte-Vierge ; merveilles incessantes, qui se prolongèrent durant la seconde moitié du XVIIe siècle, alors que Louis XIV étonnait l'Europe par ses conquêtes ; merveilles qui continuèrent à se manifester pendant le siècle du scepticisme ; mer-

---

[1] Nommé en janvier 1637 (G. II, p. 189), mort en janvier 1667 (cf. ib., p. 197).

(2) *Vie de St Grégoire d'Amnice, patron de Tallard,* par le s^r Dupille.

veilles qui se montrent encore de nos jours aux esprits simples, aux cœurs purs, aux âmes pieuses que la foi n'a pas entièrement délaissées.

Au levant d'hiver de la ville de Gap, et à deux lieues de cette ville, se trouve une étroite vallée, arrosée par une petite rivière nommée la *Vence* ou mieux encore l'*Avance,* qui sort des montagnes de Chorges et va se réunir à la Durance près de Malcor, dans la commune de Jarjayes.

Vers le milieu de cette vallée, l'on voit un petit village, à une faible distance de l'Avance, dont le territoire s'étend sur les deux rives de cette rivière et qui se nomme St-Étienne-d'Avançon ; il formait, avec ses dépendances, une paroisse qui dépendait jadis du diocèse d'Embrun et qui aujourd'hui fait partie de l'arrondissement et du diocèse de Gap.

En l'année 1663, une bergère, à peine âgée de 15 ans, nommée Benoîte Rencurel, pieuse, simple, pure, sans la moindre instruction, et appartenant à une pauvre famille de St-Étienne, gardait le troupeau de l'un de ses deux maîtres, sur le penchant de la montagne de St-Maurice, lorsque tout à coup une voix suave et angélique lui annonça que, le lendemain, une dame, qui devait l'instruire de bien des choses, lui apparaîtrait dans le vallon de St-Étienne. Cette voix était celle de la Sainte-Vierge, qui, en effet, se montra, le lendemain, à la bergère dans le vallon qui s'étend vers la montagne, au levant du village, et à l'endroit appelé *aux Fours* et où M. le chanoine Callandre, secrétaire actuel de l'évêché de Gap [1]), fit élever une jolie chapelle, lorsqu'il desservait, il y a quelques années, la paroisse de St-Étienne.

La petite Benoîte eut le bonheur de voir encore, plusieurs fois, la Reine des anges et de converser

---

[1]) Germain Callandre, né à Gap, le 12 novembre 1805, chanoine titulaire le 10 mars 1839, mort le 19 septembre 1847.

avec elle. Le bruit s'en répandit bientôt dans les villages voisins et même dans les villes de Gap et d'Embrun, dont les habitants coururent en foule à St-Étienne, pour voir le lieu des apparitions ; mais la plupart n'ayant d'autre mobile que la curiosité se permettaient la dérision, le sarcasme ou de mauvaises plaisanteries sur les récits, simples et naïfs, de la jeune pastourelle, qu'ils traitaient de visionnaire. Celle-ci s'en plaignit à la Sainte-Vierge, qui la consola et lui dit de ne plus venir la chercher dans le vallon de St-Étienne, parce qu'elle n'y paraîtrait plus désormais. Ces dernières paroles affligèrent la bergère ; mais, trois mois après, la Ste-Vierge lui apparut de nouveau, et lui ordonna d'aller à la chapelle de N.-D. de Bon-Rencontre, que les habitants du hameau du Laus, situé sur l'autre rive de l'Avance, avaient fait bâtir en 1640, avec la permission de Mgr Guillaume d'Hugues, archevêque d'Embrun ; ajoutant que c'est là qu'elle la trouverait à l'avenir et où s'opèreraient de grandes merveilles :
« Benoîte y alla, et y trouva la Vierge debout sur
« l'autel. Dès lors, cette chapelle commença d'être
« très fréquentée, des grands et des petits, des
« riches et des pauvres, des savans et des simples,
« des voisins et des étrangers ; il s'y fit des guéri-
« sons miraculeuses, et plusieurs personnes y reçu-
« rent des grâces extraordinaires de conversion et
« de salut » (1).

« Combien de boiteux, ajoute un autre histo-
« rien, sentirent leurs pieds s'affermir tout à coup !...
« Combien de sourds dont leurs oreilles furent
« miraculeusement débouchées !... Combien de
« muets dont la langue fut déliée !... Combien
« d'aveugles eurent la consolation de voir la lumière
« du jour, avec une joie qu'il n'est pas possible

(1) Le curé Albert, *Hist. du diocèse d'Embrun*, tom. 2, p. 403. [cf. Juvénis, dans *Hist. génér. des Alpes*, III, p. 41 et suiv.].

« d'exprimer !... Que de mondains, frappés du grand
« nombre de miracles qui se faisoient sous leurs
« yeux, furent touchés des marques sensibles des
« miséricordes de Dieu, en faveur de ceux qui invo-
« quaient la Très Sainte Vierge !... Les bois, les
« rochers, les vallons, tout retentissait des cris de
« louanges que poussaient, tout à la fois, et ceux
« qui avaient reçu ces grâces singulières, et ceux
« qui en avaient été témoins » (1).

Déjà une enquête sévère, ordonnée par l'archevêque d'Embrun, Georges d'Aubusson de La Feuillade, alors ambassadeur à Madrid, avait été faite
par le vicaire général du diocèse, assisté du secrétaire de l'archevêché, du recteur du collège des
Jésuites [2]), qui traita assez rudement la bergère.
Retenus miraculeusement au Laus, pour y être
témoins d'une guérison extraordinaire, ils étaient
ensuite retournés à Embrun, avec la résolution de
faire bâtir une église à l'endroit où se montrait la
petite chapelle et disant comme Gamaliel : « Si
cette œuvre n'est pas de Dieu, elle tombera ; si elle
est de Dieu, vous ne pouvez la détruire ». Lorsque
messire Pierre Gaillard, chanoine et archidiacre de
l'église cathédrale et grand vicaire du diocèse de
Gap [3]), qui, peut-être, se trouvait au nombre des
sceptiques de cette ville, car, d'après Juvénis, le
doute sur les apparitions de la Ste-Vierge s'était

---

(1) *Recueil historique des merveilles que Dieu a opérées à
N.-D. de Laus, près Gap, et des principaux traits de la vie de
Benoîte Rencurel, surnommée la bergère du Laus* ; ouvrage écrit
vers l'an 1722, dernière édition sans millésime. Gap, J. Allier, p.
29 et 30.

[2]) André Gérard, de Gap, né le 30 mars 1608, entré dans la
compagnie de Jésus le 26 sept. 1626, profès le 3 avril 1644, mort à
Rome, où il était « grand pénitentier », le 26 déc. 1686 (A. Hamy,
Chronologie, 1900, p. 98-99 , Fornier, *Hist. génér. des Alpes*, III,
p. 42).

[3]) Pierre Gaillard, prêtre du diocèse de Grenoble, docteur en
théologie et en droit canon, nommé chanoine de Gap le 9 août
1655 (G. 1695), vicaire général et official de M. de Lionne, avant

glissé dans l'esprit de plusieurs personnes, qui ne doutaient nullement d'ailleurs, des vérités de la religion ; lors, dis-je, messire Gaillard, qui arrivait de Grenoble, où il s était rendu pour suivre le procès du chapitre avec M. de Marion et où il avait entendu parler des merveilles du Laus, s'empressa de se rendre dans ce lieu déjà célèbre. Il avait traversé la commune de Rambaud et dépassé de quelques pas l'ermitage qui sépare la vallée de la Luye de celle de l'Avance, lorsqu'il découvrit le bassin du Laus, borné, du côté où il se trouvait ainsi que du côté du couchant, par des rochers escarpés, raboteux et coupés de profondes ravines, et, au midi, par un monticule couvert de pins et d'arbustes, qui conservent dans toutes les saisons leur feuillage d'un vert sombre. Il allait descendre vers la chapelle par le chemin déclive étroit et sinueux, tracé dans le flanc de la montagne, lorsque, tout à coup, un spectacle aussi extraordinaire qu'imposant s'offrit à ses regards ; il se sentit pénétré d'un sentiment indéfinissable et tomba à genoux.

« C'était une belle matinée de printemps ; le
« soleil levant éclairait devant lui un tableau d'une
« beauté ravissante. Sur une campagne agréable,
« dans un bassin environné de montagnes couver-
« tes de verdure, était répandue une foule immense,
« qui faisait retentir dans les airs des cantiques
« sacrés en l'honneur de la mère de Dieu. Vers le
« centre du bassin, se trouvait la petite chapelle ;
« elle ne pouvait contenir plus de douze personnes,
« et c'était successivement que chacun allait y faire
« sa prière ; les uns y entraient, les autres en sor-
« taient ; ceux-ci avec la joie d'avoir obtenu, ceux-
« là avec l'espérance d'obtenir ; tous avec une vive

---

avril 1661 (G. 1165), archidiacre de 1668 à 1694, retiré au Laus, où il mourut à l'âge de 90 ans le 12 juin 1715 (G. IV, p. xxiii, n° 29, cf. G. 1785, p. 440).

« dévotion. Çà et là des groupes à genoux assis-
« taient au saint sacrifice, que leurs pasteurs célé-
« braient sur des autels portatifs, au pied des
« arbres. Tout près de ces autels, des prêtres en-
« tendaient les confessions, entourés de nombreux
« pénitents qu'ils envoyaient sans cesse à la table
« sainte. En même temps, par toutes les avenues
« arrivaient encore des processions (il en vint, ce
« jour-là, 36 au Laus), marchant sous les croix et
« les bannières de leurs paroisses et chantant les
« louanges de Marie. Par intervalle, on redisait
« avec le Psalmiste : *Nous l'avons rencontré dans les*
« *champs couverts de bois ; nous entrerons dans son*
« *tabernacle ; nous l'adorerons dans le lieu où elle a*
« *reposé ses pieds* (Ps. 113). Quelquefois, le chant
« était suspendu ; puis, un cri solennel rompait le
« silence par cette invocation : *Sainte Marie, mère*
« *de Dieu, priez pour nous,* et mille voix répétaient :
« *Priez pour nous ;* et ceux qui étaient sur les che-
« mins répondaient encore avec un redoublement
« de ferveur... *Priez pour nous !* Ces cris vers la
« Mère des miséricordes, qui remplissaient toute
« la vallée, les rayons naissants du soleil, qui se
« montrait comme une radieuse image de la gloire
« de la Sainte-Vierge ; la foi de cette multitude, ces
« saintes cérémonies, qu'on distinguait très bien
« du haut de la montagne : tout imprima au pieux
« grand-vicaire un sentiment indéfinissable de sa-
« tisfaction et de piété. Il descendit et se mêla à la
« fête. Tandis que les vœux de tous montaient vers
« le Ciel, un homme, depuis longtemps perclus de
« ses jambes, éleva de ses deux mains ses béquilles
« au-dessus de la foule et s'écria, en pleurant de
« joie : *Je suis guéri !* Aussitôt on n'entendit que ce
« cri : Miracle ! Miracle ! et, en même temps, cha-
« cun, par un mouvement spontané, se prosterne
« vivement attendri, pour rendre gloire à Dieu et à
« sa mémoire. Le soir, à travers le silence et les

« ombres de la nuit, on aperçut une autre proces-
« sion qui s'avançait à la lueur des flambeaux et
« au chant des cantiques. Elle était formée par la
« réunion de plusieurs paroisses voisines : les hom-
« mes marchaient pieds-nus ; les femmes portaient
« une couronne d'épines sur la tête. Benoîte s'y
« trouvait confondue avec les autres. Le grand-
« vicaire s'entretint avec cette fille et reconnut en
« elle une grande sainteté » (1).

Quelque longue que vous puissiez trouver cette description brillante et pittoresque, tracée naguère par l'un des missionnaires de Provence, qui, en ce moment, desservent le sanctuaire du Laus, je n'ai pu en retrancher une seule ligne, car les éléments en ont été puisés dans un journal écrit par M. Gaillard lui-même ; et, d'ailleurs, elle fait parfaitement connaître l'enthousiasme des populations des Alpes, et de quelle impression fut saisi notre archidiacre, le jour de son arrivée dans ce site sauvage et religieux, qu'il ne quitte plus dans la suite.

C'est sur les pressantes sollicitations de M. Gaillard que l'église de Notre-Dame du Laus, dont il dirigea les travaux, fut construite en 1668, sans autre ressources que les aumônes des fidèles, si ce n'est 300 livres, données par M. de La Feuillade, pour le grand portail, où l'on voit encore ses armoiries. Alors des populations entières se rendirent de nouveau dans le village du Laus. En traversant le torrent qui coupe le chemin au bas de la montagne chaque homme se chargeait d'une pierre. L'on vit aussi des processions de femmes marchant nus-pieds, une couronne d'épines sur la tête, arriver au Laus avec une pierre du torrent entre leurs bras pour la construction de cette belle église.

Lorsqu'elle fut terminée, M. Gaillard s'occupa du

---

(1) *Notice historique sur Notre-Dame du Laus (Hautes-Alpes)* in-18, Marseille, 1829, p. 41 à 43. — Cette *Notice*, où ne se trouve

logement des prêtres. Ce fut, dès lors, un bâtiment assez vaste pour servir, dans la suite, à une communauté. Nommé directeur de l'œuvre, il dota cette maison de sa bibliothèque et, ensuite, de ses biens. Quelque temps après, il fit le voyage de Rome et en rapporta des indulgences pour ceux qui visitaient le saint lieu. Rentré au Laus, il y écrivait dans un *Journal,* que l'on y possède encore[1]), tous les événements dont il était témoin; avait de fréquents entretiens avec la sœur Benoîte, qui, quelques fois, lui découvrait les fautes légères qu'il avait commises et qu'il avait laissées passer inaperçues, et n'y éprouvait qu'un seul chagrin : celui de voir, à la place des deux prêtres, qui l'avaient assisté jusqu'alors et qui moururent en 1689, deux ecclésiastiques *dont la morale, aussi désespérante que leurs dogmes, repoussait et décourageait la piété.*

C'était, comme vous le voyez, deux Jansénistes, que M. de Genlis, successeur au siège d'Embrun[2]) de M. de La Feuillade, et soupçonné de partager leurs principes, avait placés au Laus et contre lesquels M. de Malissoles, alors évêque de Gap, s'éleva avec beaucoup de force, et qui, sur les plaintes portées à

---

pas peut-être toute l'onction, la naïveté, la pieuse et touchante simplicité de la relation, écrite au commencement du XVIIIe siècle, lui est bien supérieure par la pureté et l'éclat du style.

[1]) En réalité le *Journal* de Pierre Gaillard, se compose de plusieurs volumes manuscrits: 1° *L'Histoire de Nostre-Dame de Bon-Rencontre du Laus et de la sœur Benoîte Rancurel, la Bergère, ou plus tost un narré fidèle de tout ce qu'on a remarqué quy s'y passe, qui n'a aucune suite ny liaison, comme demande l'Histoire,* etc. 1710, in-4° de [vi-]528 pages; — 2° Suite du volume précédent (avec des notes de Jean Peytieu, de Juvénis, du frère Aubin, de M. Grimaud, etc.), in-4° de 654 pages; — 3° *Brouillon* de Pierre Gaillard, in-4° de 535 pages; — 4° *Copie* par frère Aubin des manuscrits de Pierre Gaillard, etc.

[2]) Charles *Brulard* ou *Brulart* de Genlis, né en 1628, nommé archevêque d'Embrun en 1668, qui « passa pour janséniste, sans l'être », mort à Embrun, le 3 novembre 1714 (Jean, *Les évêques de France,* 1891, p. 187; Juvénis, dans *Hist. génér. des Alpes,* édit. de Fornier, t. III, 1892, p. 61-94, et Albert, *ibid.,* p. 95-106).

l'archevêque lui-même par Benoîte Rencurel, furent enfin remplacés par des prêtres tout-à-fait orthodoxes, après environ vingt ans *d'une si rude épreuve* (1).

Un siècle et demi, renfermant le XVIIIe tout entier, deux invasions et des révolutions sans nombre, ont passé sur Notre-Dame du Laus, depuis les apparitions de la Sainte-Vierge et la mort de la bienheureuse Benoîte Rencurel, survenue en 1718. Ce sanctuaire a eu ses jours de deuil, de tristesse et d'abandon. Cependant, tâchez de venir avec moi dans ce désert, caché au fonds des Alpes, aux prochaines fêtes de la Pentecôte. Amenez avec vous quelques disciples de Saint-Simon et même *le père* Enfantin ce grand relieur, des hommes, s'il daigne vous suivre ; et tous ensemble plaçons-nous sur cette élévation qui borne, au midi, l'étroit plateau du Laus et que l'on nomme le *Calvaire*. De là, notre vue embrassera le cours de l'Avance, et, du côté du nord, le demi-cercle de rochers qui nous séparent de la vallée de Gap. Nous avons, à une faible distance, les douze ou quinze chaumières qui composent le hameau, ainsi que le couvent et l'église du Laus, dans laquelle se trouve toujours la petite chapelle de N.-D. de Bon-Rencontre.

Il est huit heures, et déjà les chants aigus des femmes et les chants rauques des hommes se font entendre dans le vallon de l'Avance, comme sur la cime et les flancs des rochers qui s'élèvent des bords de la petite rivière jusques à l'ermitage de Rambaud, où, vous auriez vu, avant la Révolution de 1830, le roi Hérode couvert d'un manteau parsemé de fleurs de lis et entouré des dames de Jérusalem, portant des vertugadins et des bouffantes

---

(1) Voir les ouvrages déjà cités sur N.-D. du Laus — Juvénis, Continuation de l'*Histoire des Alpes Maritimes ou Cottiennes* du P. Fournier p. 520 et suiv. du manuscrit autographe, — et la note A à la fin de cette lettre.

du temps de Henri IV. L'anachronisme de costume y était toléré, comme dans les tableaux de nos évêques, attachés aux piliers de l'église de Saint-Arnoux.

Les plus diligents, c'est-à-dire les plus éloignés du Laus, partis des bords du Drac et de ses affluents, dès la première heure du matin, descendent rapidement les rampes étroites et extrêmement inclinées de la montagne. La première procession, la plus nombreuse, qui déjà a atteint le pied du mont, est celle d'Ancelle. Les jeunes chantres de la paroisse se montrent par la connaissance de *la note,* bien au-dessus des chantres des paroisses voisines. Le Forest-St-Julien la suit ; mais celle aux nombreuses bannières flottantes, qui, dans ce moment offre un coup d'œil si pittoresque, en serpentant dans les lacets tracés vers le haut de la montagne, est la plus brillante du Champsaur. Saint-Laurent-du-Cros, tel est son nom, paroisse mi-partie protestante, voit à sa tête un pasteur M. Didier [1], dont la voix juste, pure et sonore, est répercutée de rocher en rocher, jusques à la sommité de la montagne toujours verte de St-Maurice, aux flancs de laquelle se fit entendre, pour la première fois, à la bergère du Laus la voix de la Vierge Marie ; où arrivent, dans ce moment, les processions de Remolon et de Valserres, seuls, restés fidèles au chef de la légion thébaine. Le premier bâtonnier des pénitents de St-Laurent, que vous voyez si empressé à retenir les sœurs qui marchent trop vite, à hâter le pas de celles qui restent en arrière, à faire rentrer dans la bonne route les enfants qui glissent verticalement d'une rampe sur l'autre, alla jadis introniser, à Stockholm, Charles-Jean-Jules [2], qui, en récom-

[1] Jean Didier, de St-Julien-en-Champsaur, né le 3 nov. 1802, curé de Saint-Laurent-du-Cros du 1er octobre 1830 au 23 juin 1840, mort à Gap le 7 janv. 1877.
[2] *Bernadotte,* né à Pau en 1764, roi de Suède de 1818 à 1844.

pense, l'a fait nommer garde-champêtre de sa commune. Le second n'a pas dépassé les colonnes d'Hercule ; mais il assure qu'après la mer vue de Cadix rien n'est plus beau comme la plaine d'Ancelle (1).

Une seule procession descend à travers ces bois qui vous apparaissent du côté du couchant, entre la montagne de Puy-Cervier et celle qui enserre le Laus, au nord et à l'ouest. Elle arrive de Jarjayes, lieu où s'opéra, quelques années après la mort de la sœur Benoite, l'une des merveilles les plus éclatantes et les mieux constatées qui soient dues à l'intercession de la sainte bergère [2]).

Maintenant, par un demi-tour sur nous-mêmes, nous nous trouvons en face les montagnes de Théus et de St-Maurice, les paroisses de l'Avance supérieure, lieux célèbres dès avant la domination romaine, nous arrivent processionnellement, en suivant le cours sinueux de cette rivière. La première, qui grimpe, à notre gauche, pour atteindre le bassin du Laus, est celle des descendants des *Caturiges ;* les *Avantiques* viennent à la suite, divisés en deux groupes ; et bientôt vous distinguerez, parmi les curés des trois paroisses, la figure fraîche, rosée et épanouie du jeune pasteur de Montgardin, M. Nègre[3]) ; la démarche un peu chancelante de M. Beynet [4]), successeur de l'*évêque de plâtre* qui siégea, comme lui, à Avançon [5]) ; et la gravité, pres-

---

(1) *Historique,* comme disait Madame de Genlis.

[2]) Voir *Information canonique sur la guérison miraculeuse de Lucrèce Souchon des Praux,* que nous avons publiée en 1900. Gap (Extrait des *Annales des Alpes*), in-8° de 83 pages.

[3]) Pierre-Laurent Nègre, né à Embrun le 6 janv. 1807, curé de Montgardin du 1er févr. 1831 au 7 nov. 1838, puis curé de Manteyer, où † 26 janv. 1856.

[4]) Aimé Beynet, de Serres, né le 13 sept. 1801, curé d'Avançon le 1er août 1836-56, † à Serres le 13 févr. 1880.

[5]) Voir Lettres d'André Garnier, dit l'*évêque de plâtre,* à Ignace de Cazeneuve, son prédécesseur, tous deux évêques constitutionnels des Hautes-Alpes, 1799-1807 (dans *Annales des Alpes*, t. XII, 1908-9, p. 81-90).

que épiscopale, du curé de Chorges¹). St-Étienne, qui fut le berceau de Benoîte Rencurel et qui est là, devant nous, est trop rapproché du Laus pour hâter son départ. Cependant les pénitents commencent à sortir de l'église paroissiale et, pour peu qu'ils pressent le pas, ils pourront atteindre les processions qui les précèdent et arriver au Laus en même temps qu'elles.

Mais quelle est cette longue file qui, à notre droite, remonte le cours de l'Avance? Ne distinguez-vous pas, sur la bannière de la plus avancée des trois processions qui se succèdent sans intervalle, la figure du gardien du Paradis ; sur celle qui suit, le précurseur du Messie, et sur la troisième l'effigie du grand saint Grégoire d'Amnice ? Aussitôt les noms de Lardier, de La Saulce et de Tallard doivent s'échapper de votre bouche. En effet, vous voyez réunis les habitants de la partie méridionale de l'illustre contrée qui, pendant le moyen âge, porta le nom de Vicomté de Tallard ; qui, en 1712, en récompense des services rendus à l'État par Camille d'Hostun, fut érigée en duché-pairie, et qui, dans les temps niveleurs ou plutôt nivelés où nous sommes parvenus, est descendue au rang de simple canton. Mais, quoiqu'en dise l'égalité moderne, cette terre de la vicomté a été, est et sera à jamais une terre privilégiée : les révolutions et les lois anti-féodales qu'elles proclamèrent sont venues se briser sur le roc de Tallard. Voyez plutôt les successeurs des Trian, des Clermont et des Sassenage, cantonner juridiquement, dans un coin reculé de leur territoire, vers le torrent de Déoule, les habitants de Lardier, qui méchamment s'étaient empa-

---

¹) *Caturigomagus*, la fameuse *civitas Rigomagensium*, autrefois cité épiscopale de la province des Alpes Maritimes. D'après l'abbé Albanès, au moins trois évêques ont siégé sur le trône épiscopal de Chorges (Communication orale de M. Albanès, à Gap, en 1894).

rés des alluvions formées aux abords de la Durance, comme si, par le traité de 1486, les serfs de la communauté susdite avaient un autre droit que celui d'y pâturer et d'y couper des houssines ; comme si le seigneur suzerain avait pû aliéner le droit d'y paraître, à tout jamais, avec le faucon au poing! Voyez-les encore, en vertu des droits royaux, exercés par leurs ancêtres et les traités intervenus entre ces derniers et une certaine reine de Sicile et de Jérusalem, comtesse de Provence et de Forcalquier, nommée Jeanne, revendiquer, *en 1838,* ces vergers délicieux, plantés à la sueur de leur front et à l'épuisement de leur bourse par les manants et habitants de La Saulce, qui, par des travaux entrepris depuis un demi-siècle et continués jusqu'à nos jours, ont repoussé sur l'autre rive les flots de la Durance! Les greffes des tribunaux et des cours royales vous l'affirmeront, si vous éprouvez le moindre doute, après m'avoir entendu.

Des processions tardives, comme celles de Neffes, de Sigoyer et de Pelleautier, autres dépendances de la vicomté, arrivent enfin par les quatre chemins qui montent ou qui descendent vers le Laus. Toutes y sont parvenues.

Gap ? Gap ne marche pas avec la foule. Revenez le jeudi de la Fête-Dieu, et vous y trouverez les restes de ces 200 pénitents qui, en 1629, l'évêque à leur tête, allèrent présenter leurs hommages à Notre-Dame d'Embrun. Venez au Laus, pour la troisième fois, au jour indiqué au prône par M. le curé de St-Arnoux, et vous y admirerez la voix douce, harmonieuse et flûttée des dames et demoiselles de la congrégation, laquelle ne saurait se marier avec la voix rauque et perçante des villageois de nos montagnes.

Maintenant, voyez tous les fidèles divisés en groupes et assis dans les champs, dans les prés, au pied des arbres, pour y prendre un léger repas, après avoir assisté, toutefois, à la messe de leurs curés, et en attendant la grand'messe.

Déjà la cloche placée dans cette tour carrée, surmontée d'une flèche très aiguë, que les missionnaires du Laus viennent de faire construire à leurs frais ou avec les offrandes des âmes pieuses ; déjà, vous l'avez entendu, la cloche a tinté pour la deuxième fois. Descendons pour nous rendre à l'église et jetons un regard, en passant, dans la chambre qui fut occupée par la sœur Benoîte, où vous la verrez grossièrement peinte, avec le couvre-chef et la colerette empesés, que l'on portait, en ces contrées, dans les siècles qui viennent de s'écouler : car, moi qui vous parle, j'ai encore vu, dans mon enfance, quelques vieilles femmes de la ville coiffées du *cubre-chap*, alors qu'une respectable dame qui avait parlé, dans son jeune âge, à la Bergère du Laus, et qui avait pour servante une vieille bonne fille qui était filleule de la filleule de la sœur Benoîte, dont elle portait le nom, soignait mes jeunes années.

Un débat s'élève pour savoir quelle paroisse aura l'honneur de fournir des chantres au lutrin. Déjà bien des concurrents sont écartés et le débat n'est plus continué qu'entre les enfants de la vicomté de Tallard. Ceux de La Saulce nous demandent leur [notre] protection auprès du respectable supérieur du Laus, bien qu'ils avouent modestement qu'ils ne connaissent guère le chant romain, encore en usage dans l'ancien diocèse d'Embrun, et que les élèves immédiats de Monsieur le Prieur (1) soient

(1) On ne désignait jamais autrement le savant et très austère M. Chabert, prieur-curé de La Saulce.
[François-Joseph Chabert, né à Gap le 7 janvier 1732, était, au début de la Révolution, prieur de Sigottier, curé de La Saulce, recteur de la chapelle des Épinettes à Upaix et de Notre-Dame des Paris en Valgaudemar, ayant de plus le titre d'archiprêtre de Lardier. Le 10 mars 1791, il avait un revenu total de 2.032 l. 8 s. (série L, 826). Il prêta tous les serments (ib., 829¹) et mourut à Gap le 20 prairial an 10 [9 juin 1802].

allés presque tous se réunir à lui dans une meilleure vie ; mais, eux, ont reçu des leçons des Grégoire Faure, des Pierre Boyer et des Grégoire Marrou, les plus illustres des élèves de l'ancien curé-prieur de La Saulce ; après, toutefois, le capitaine Faure, toujours vert, toujours debout, Dieu merci, mais dont la voix s'est quelque peu enrouée, dans les camps et sur les champs de bataille, lorsqu'il servait la Nation en 1791, la République en 1794, le Consulat en 1800, l'Empire en 1805, la Restauration en 1815 et la garde nationale de Gap en 1830. Et, certes, les disciples à la voix chevrotante de *l'évêque d'Amyclée* et de son noble cousin, l'évêque de Bethléem, bien qu'appartenant au chef-lieu, ne sauraient disputer le pas.

Le bon supérieur termine ces légers différends en admettant au lutrin, où va être chantée une messe de Lulli, et les virtuoses de Tallard et les virtuoses de La Saulce, lesquels seront renforcés par les chantres d'Ancelle, afin de ne pas troubler la bonne harmonie qui doit toujours régner, au Laus, entre le Drac et la Durance.

Moins les autels portatifs, le spectacle qui s'offre à nos regards, au sortir de la messe, est le même que celui qui remplit, il y a 150 ans, l'archidiacre Gaillard d'une si sainte émotion dans la dernière moitié du XVIIe siècle. — Eh bien ! R. P. Enfantin, croyez- vous toujours qu'il soit nécessaire de remplacer ces croyances, que vous dites usées, et de parcourir tout l'Orient pour trouver *la Mère* révélatrice du dogme nouveau ? Ne pensez-vous pas à présent que tout fut révélé, il y a 18 siècles, et que le christianisme peut *relier* les hommes mieux que le feront jamais votre réhabilitation de la matière et tous les systèmes philosophiques reposant sur l'autorité de Saint-Simon, de Fourrier ou d'Owen ? Pour faire croire à vos dogmes nouveaux, si vous parvenez jamais à les formuler, il y aura toujours la différence qui se trouve entre une opinion et une religion.

Ce petit coin sauvage et reculé des Alpes vient vous offrir un tableau qui doit se reproduire dans les autres parties du monde catholique, malgré le doute ou l'indifférence qui se montrent dans les sommités de la société. Aussi ne vous présenterai-je pas, comme un modèle de piété, ces dames, assises mollement sur des bourriques, escortées par ces jeunes élégants, à cheval sur des ânes, qui descendent le rocher escarpé du Laus, au moment où les processions vont retourner au sein de leurs paroisses.

Malheur au Laus, le jour où un chemin large et bien sablé, tracé vers l'occident et joignant la route départementale [1], permettra aux cabriolets d'y arriver commodément! La curiosité y attirera alors plus de monde que la dévotion; les pieds nus et les couronnes d'épines du XVIIe siècle seront parfaitement oubliés. Tout Gap y viendra dévotement en voiture, et Tallard, qui ne voudra pas rester en arrière, y déployera tout le luxe de ses équipages!

Retournons maintenant à Gap, par le chemin rocailleux que nous avons parcouru en venant à N.-D. du Laus, et voyons si, pendant notre excursion, l'on n'a pas installé dans sa ville épiscopale le successeur de Pierre Marion.

Gap, le 6 avril 1839.

---

[1] La route actuelle, de la vallée de l'Avance à N.-D. du Laus, commencée en 1867, a été terminée en 1887.

NOTE A, *page 175.*

Le premier historien de N.-D. du Laus est, sans contredit, Raymond Juvénis, de Gap. Vous savez que cet infatigable chroniqueur a traduit [copié, transcrit en la modernisant légèrement] l'*Histoire des Alpes Maritimes ou Cottiennes* du P. Marcellin Fournier, et l'a continuée, au moins jusqu'en l'année 1680, car les feuillets qui ont été enlevés du manuscrit autographe font présumer qu'il avait poussé son travail jusques aux dernières années de sa vie (1705). Il n'a pas tout dit sur Benoîte Rencurel, puisque cette bergère du Laus a survécu de plusieurs années ; mais sa relation, écrite à mesure qu'il était témoin des faits ou qu'ils parvenaient à sa connaissance, est, presque de tout point, conforme au *Recueil historique,* publié vers 1722, et à la *Notice historique* imprimée à Marseille en 1829. Cependant, elle en diffère en quelques endroits. D'abord, il nous apprend que la bergère du Laus, alors âgée de 15 ans, était fille de Guillaume Rencurel et de Catherine Matheron ; mais il ne parle nullement de la voix qui se fit entendre au bas de la montagne de St-Maurice. Il nous dit qu'une dame radieuse, tenant un enfant par la main, lui apparut au lieu appelé *aux Fours ;* que cette dame *approchait de la bergère, puis reculait et entrait dans l'ouverture d'un rocher,* etc.

Voici, du reste, quelques fragments du récit de Juvénis, qui corroborent ce que j'ai avancé, dans cette lettre, sur les méfiances que les récits de la jeune pastourelle inspirèrent d'abord, et sur les épreuves auxquelles elle fut soumise. Cette citation sera terminée par des vers latins, qui ne laissent aucun doute sur la foi vive et sincère de notre savant historien aux merveilles du Laus, dont il put être le témoin pendant la dernière moitié de sa vie :

« On ne parlait que de cette dévotion et des miracles qui se faisoient au Lauz ; on faisoit déjà le projet d'une église. Chacun en jugeoit suivant son inclination ou son caprice. Il y en eut qui se déclarèrent contre cette dévotion et qui traitoient ces miracles de bagatelle et les apparitions de la Sainte Vierge pour des impostures ou des illusions de la bergère. On croyoit mesme qu'il y avoit quelque émulation en quelques ecclésiastiques d'Ambrun, dans la crainte qu'ils avoient que la chapelle du Lauz ne divertit toute la dévotion que l'on avoit eue depuis tant de siècles à la cathédrale... Voicy un combat entre l'ange de Perse et l'ange des Juifs ; on s'eschauffe, on se plaint en public et en particulier,... (année 1665)... Le P. André Gérard, recteur du collège (des Jésuites), estoit plus déclaré que tout le reste contre les miracles et les apparitions ; il en parloit avec aigreur et de la manière qu'un homme sçavant, solide et pieux, doit fère pour ne pas donner crédit à la trop grande crédulité et à *l'imposture.*

« Pierre Gaillard, chanoine de la cathédrale de Gap, qui étoit, en ce moment-là, l'un des directeurs de la chapelle et passionné pour cette dévotion, pour les miracles et pour les visions de la bergère, parloit sans cesse en leur faveur ; le Recteur luy estoit toujours opposé ; il parle, en sa présence, à cette fille et il luy dit d'un ton de voix fort élevé que le vicaire général estoit venu pour interdire la dévotion ; qu'il falloit qu'elle fût trouver la Sainte Vierge et qu'elle luy dit : « Sainte Vierge, celuy qui peut « commander est icy ; si vous voulez qu'on continue « à vous honnorer en ce lieux, priez vostre Fils de

« fère un miracle, pour affermir cette dévotion ». (6 et 7 septembre 1665)...

« La dévotion du Lauz augmentoit de jour en jour. On n'y voyoit que processions, que pèlerinages, que miracles ; et, en ce temps-là, je fus obligé, par un de mes amis, à l'occasion de tout ce qui s'estoit passé en ce lieu, de faire cette inscription (1667) :

QUISQUIS IMMACULATÆ DEIPARÆ CULTOR ES
HUC ACCEDE.
NEC HORRORE LOCI DETERREARE !
COLUMBA EST
IN FORAMINE PETRÆ ET IN CAVERNA MACERIÆ.
HUC CUM HEBETI, HORRIDAQUE OPILIONE
CONSUESCIT SAPIENTIÆ MATER.
NE MIRERIS !
INSIPIENTIBUS LOQUITUR IPSA SAPIENTIA,
PAUPERUMQUE ILLUMINATRIX EST.
PROBAT IPSA OPTIMA PARENS PRÆSENS NUMEN SUUM
DIVINO THYMIAMATE QUO SACELLUM INTERDUM
PERFUNDITUR :
CONFERTIM CURRERUNT IN ODOREM FREQUENTES
POPULI,
ETIAM DISSITISSIMI ;
PANCHRÆSTUMQUE INVENERUNT.
AQUÆ MULTÆ NON POTUERUNT EXTINGUERE
CHARITATEM,
ET SI QUANDOQUE ISTHIC NONNULLORUM RETINXERINT
INCREDULITATEM.
ODORE COLUMBÆ OCULI HAC IN ARIDA HESÆBONE
PISCINÆ SALUBERRIMÆ SUNT
BONIS QUEIS ÆGRIS OMNIGENIS PRODEST :
QUM EXPISCATI QUAMPLURIMI NOCENTES
TANTA VERBI HAMI ILLECEBRA.
PIENTISSIMA GENITRICI HUC NUPER LOCATA SEDES,
QUAM HYPAPANTES LEMMATE
PRÆCIPITI VOTO
UT CUMQUE POSUERANT LAUDENSES

CŒCA PRÆSENTIUM SPE ;
QUÆ TANDEM EFFUSISSIME ILLUXIT,
CUM HUC DIUTIUS LATERE
IMMORTALIS SOLIS LUMEN ILLUD NEQUIVERINT.
MACTE ERGO ! PROPERA ! FRUERE DELICIIS
QUEIS HÆC SANCTA SEDES
PRÆSENTIA TANTÆ BENEFICÆ SCATET.
PP. R. J. C. R. A. C. V. D. N. M. Q. E.
AN R. S. M.D.CLXVII (1).

SUPPLÉMENT A LA XVIe [XXXVIIe] LETTRE.

1662. — « Le 19 février 1662, le cardinal des Ursins préconisa au dernier consistoire l'évêché de Lombès pour messire Jacques Séguier, théologal de Paris, et celuy de Gap, pour messire Pierre Marion. Le 25 juin, en plein consistoire où Sa Sainteté estoit, le cardinal d'Este, préconisa messire Louis Abelly pour être évêque de Rhodez et messire Pierre Marion pour l'estre de Gap » (2).

Juvénis raconte ensuite comment, le 22 septembre de la même année, le premier consul de cette ville, commandant de la place en l'absence du gouverneur, reçut une relation de l'attentat commis en la personne du duc de Créqui, ambassadeur à Rome,

---

(1) *Histoire générale des Alpes Maritimes ou Cottiennes*, par le P. Marcellin Fournier, traduite et continuée depuis l'an 1642, par Raymond Juvénis, p. 52) et suiv. du manuscrit autographe. [Cf. notre édition, t. III, p. 49-50.]

(2) Juvénis, *Notes autographes*, p. 78.

au sujet d'un démêlé survenu entre un corse et un français, le 20 août précédent. Le 8 octobre au soir, les gens d'Orpierre arrêtèrent le beau-frère de Don Mario, nommé Don Marcellin *de Ferdinandis,* chevalier de Malte, gouverneur de Carpentras et capitaine général de la milice du Pape dans le Comtat d'Avignon, qui se sauvait en Italie, et qui était parti avec tant de hâte qu'il n'avait pas eu le temps de prendre du linge. Il fut conduit à Gap escorté de cinquante fusiliers commandés par Bragard, et remis au consul, qui le fit garder par la milice bourgeoise. Le 11, le Premier Président donna avis au Roi de cette arrestation, et écrivit au second consul de ne pas laisser échapper le prisonnier, mais de le traiter civilement. Ici le récit de Juvénis s'embrouille de plus belle. Toutefois je puis y découvrir que, sur la recommandation de Lascaris, vice-légat du Pape à Avignon, le duc de Mercœur, gouverneur de Provence, envoya le maréchal de logis de ses gardes au Premier Président pour le prier de lui faire remettre le prisonnier. Le courrier du duc de Mercœur, nommé Florens, arriva à Gap le 19 octobre, porteur d'une lettre du vice-légat pour le capitaine général, qui en prit lecture en présence du consul, et ensuite il partit pour Grenoble. Le 23, le duc de Mercœur envoya un valet de pied dans notre ville, pour avoir des nouvelles de son valet de pied. Le 24, ce dernier était de retour à Gap, porteur d'une lettre par laquelle le Premier Président invitait le consul de laisser communiquer avec le prisonnier. Le 28, les consuls et le gouverneur reçoivent une lettre du duc de Lesdiguières, qui leur prescrit de faire des excuses au chevalier détenu et de le mettre en liberté, car le Roi avait fait dire au vice-légat qu'il avait été arrêté faute d'avoir un passeport. Au surplus, Sa Majesté avait chargé son lieutenant général en Dauphiné de dire aux consuls qu'Elle leur savait bon gré du zèle qu'eux et toute la ville avaient montré pour son service et qu'Elle s'en souviendrait. Mais, pour rendre la chose moins obscure, il faut vous dire que le 5 octobre le premier consul de Gap avait reçu une lettre adressée par le Premier Président au gouverneur, par laquelle il lui donnait ordre, de par le Roi, de faire bonne garde dans la ville, sur tous les ponts et sur tous les passages de son ressort, par lesquels on peut aller de Provence ou du Comtat en Italie, afin d'empêcher le vice-légat d'Avignon d'y passer; de prendre toutes les mesures pour être averti de sa marche ; d'envoyer secrétement à Avignon pour s'en informer, ou bien d'y aller lui-même et d'en conférer avec Perussis, gouverneur de Villeneuve, afin de s'assurer de la personne du vice-légat. C'est à la suite de cette lettre qu'on avait établi des gardes et averti les consuls d'Orpierre, de Serres et de Tallard de faire de même : et voilà comment ceux d'Orpierre se saisirent du commandant des soldats du Pape (1).

1668. — Pierre Marion soutenait un procès contre le procureur des cens des Trois-États du pays de Provence, relativement au droit de péage qu'il percevait à *Lestrech* (sic) des personnes qui naviguaient sur la Durance. Dans un mémoire qu'il dressa au mois d'avril 1668, il rappelait beaucoup de faits et divers actes des XII°, XIV° et XV° siècles, afin de prouver que l'évêché de Gap avait tous les droits possibles dans le terroir de Lettret. Il concluait à être déchargé des cent livres de dépens auxquelles il avait été condamné ; à ce que les exécutions faites contre lui fussent cassées et annulées avec dépens, dommages et intérêts; à être maintenu dans la possession et jouissance du droit de péage à Lettret, avec défense au procureur des gens des Trois-États de Provence et tous autres de

(1) Juvénis, *Notes autographes,*, p. 80.

le troubler et molester, à peine de trois mille livres d'amende.

Parmi les pièces produites à l'appui du mémoire ou inventaire, on remarque les suivantes :

1° Un extrait de l'hommage rendu à Robert, roi de Jérusalem et de Sicile, comte de Provence et de Forcalquier, par messire Dragonnet, évêque de Gap, ensuite du traité intervenu entre Charles II et l'évêque Geoffroi, le 20 juillet 1329.

2° Une permission donnée aux évêques de Gap par l'Empereur de tenir toutes les terres dépendant de l'évêché et d'en exiger les droits, en date du 17 février 1404.

3° L'investiture faite, en 1184, par Frédéric Ier en faveur de messire Guillo (Guillaume), évêque de Gap, comprenant cette ville et les autres terres alors possédées par l'évêché, avec le droit de régales.

4° Une information faite le 1er août 1416 sur le droit de péage exercé à Lettret et Châteauvieux, *qui n'est qu'une même chose,* à raison de dix sols par radeau.

5° L'hommage rendu, le 21 juillet 1480, à Charles, roi de Jérusalem et de Sicile, comte de Provence et de Forcalquier, par Gaucher de Forcalquier, évêque de Gap, pour la ville épiscopale, *Chasteauvieux et Lestrech.*

6° Un second hommage rendu par le même évêque au même roi, le 15 août 1485.

Nota. — Il y a ici une erreur : Gaucher de Forcalquier mourut en 1484, et la même année, Innocent VIII lui donna pour successeur Gabriel *de Sclafanatis,* à qui Thibaud de La Tour disputa l'évêché de Gap. L'hommage, s'il en est un de 1485, dut être rendu par l'un des deux compétiteurs.

7° Une permission donnée, le 9 mai 1553, par Gabriel de Clermont, à divers particuliers dénommés dans l'acte, de prendre l'eau de la Durance pour les moulins et les paroirs de Lettret (1).

1672. — J'ai mentionné, à la page 135, les poursuites dirigées par le promoteur de l'évêque contre le théologal Étienne de Servoules ou de Cervoules, le 27 avril 1672; mais j'aurais dû les faire précéder de la requête dressée par le même promoteur, le 4 du même mois, contre messire François Robert, chanoine prébendé en l'église cathédrale, où l'on voit que plusieurs ecclésiastiques du diocèse se permettaient d'aller en habit court, sans tonsure, portant les cheveux fort longs, fréquentant les cabarets et même les jeux publics et scandaleux ; ce que M. le promoteur avait déjà signalé le 30 mai 1669.

Malgré l'ordonnance de l'évêque, ajoute le vigilant soutien des saints décrets et des institutions canoniques ; malgré l'ordonnance qui prescrivait de quitter les grandes perruques, de se faire tondre, de ne plus porter des habits séculiers, et qui avait été publiée et affichée aux portes de l'église, quelques ecclésiastiques avaient continué la même façon de vivre, entre autres, messire François Robert, qui portait toujours les cheveux fort longs et un habit fort court, qui fréquentait les jeux et les cabarets, et qui, le 22 avril, jouait au ballon au *reveilli* de Saint-Arey, en présence de plusieurs personnes qui en furent scandalisées. Il quitta même son justaucorps et parut en chemisette piquée et bigarrée de noir ; ensuite il s'en alla, avec les autres joueurs, au cabaret où il soupa.

L'information faite le même jour, 25 avril, corrobora l'accusation du promoteur. Prenons ici le nom

(1) Archives de la Préfecture. Inventaire de production pour messire Pierre Marion, évêque de Gap et seigneur de Lettret, du mois d'avril 1668.

des honnêtes témoins qui concoururent à faire rentrer dans le devoir messire François Robert. Ces témoins furent :

1° Étienne de Cazeneufve, assesseur au bailliage de Gap ;

2° Antoine Gérard de Monjoly, juge de la cité de Tallard ;

3° Guillaume Chabot, marchand à Gap ;

4° Pierre Ricou, avocat en la Cour ;

5° Valentin Lemaître, de Paris, habitant à Gap, où il tenait un hôtel ;

6° Dimanche Jaussaud, sa femme ;

7° Et Jeanne Audéoude, leur domestique, de Montalquier.

Je termine cet article, un peu scabreux, pour vous apprendre que le promoteur de M. l'évêque se nommait Nicolas Paris, et qu'il fut procédé à une seconde information le 20 mai suivant. Mais quelles étaient les personnes qui n'avaient pas craint d'entraîner à mal M. le chanoine Robert, en faisant sa partie ?

C'était, en première ligne, M. le lieutenant particulier au bailliage, dont le nom m'est échappé ; ensuite, le sieur de Reynier, fils du sieur d'Antraïs, ce qui veut dire M. d'Abon fils ; Honoré Pauchon ; Grégoire Céas, juge de la ville épiscopale et de son territoire ; Jean Blanc le Brave, et François Reynier, avocat (1).

Mais, si notre évêque exigeait obstinément que ses chanoines ne s'écartassent en aucune manière des devoirs que leur imposait la discipline ecclésiastique, de leur côté, ces Messieurs faisaient sonner fort haut la vieille prérogative de se juger eux-

---

(1) *Archives de la Préfecture. Pour le sieur promoteur en l'évesché de Gap, demandeur, en correction des contraventions aux saints décrets et constitutions canoniques contre messire François Robert, chanoine prébendé en l'église cathédrale Nostre-Dame de Gap, défendeur et accusé.* Ms.

mêmes, que leur avait accordée jadis un Souverain Pontife. Pierre Marion, qui consulta à ce sujet messire Nicolas, évêque de Riez, en reçut, le 12 octobre 1672, la réponse suivante :

« Ce n'est pas d'aujourd'huy que la pluspart des évesques ont le malheur d'estre exposez à la révolte de leurs chanoines. Ce n'est pas d'aujourd'huy aussi que les évesques les ont humiliés et soumis à leur légitime juridiction, dont ils vouloient entièrement se soustraire. Quand Monseigneur l'archevesque de Sens ne nous fourniroit pas une preuve toute récente, je crois, Monseigneur, que vous nous la donneriez bientost par l'heureux succès que vous aurez indubitablement contre votre chapitre. Les exemptions et les privilèges dont ils veulent se flatter ne seront pas soutenus en bonne justice, puisqu'on n'a jamais ouï dire qu'un évesque deût partager sa juridiction avec ses chanoines, et qu'il feût permis à quelques uns d'entr'eux de présider à l'endroit où le grand-vicaire se trouve dans les fonctions de sa charge. Je vous envoy ce que je pratique dans la mienne au sujet des articles sur lesquels vous me demandez advis, et je vous prie de croire que personne au monde n'est avec plus d'attachement, et de respect, Monseigneur, *votre très humble et très obéissant serviteur et confrère*, NICOLAS, É. de Riez » (1).

1673. — Nous verrons bientôt se renouveler, entre nos évêques et leur chapitre, les différends que firent naître à diverses époques les privilèges invoqués par les chanoines ; mais le siècle où nous

---

(1) **Archives de la Préfecture**, *Lettre de messire Nicolas, évêque de Riez à l'évêque de Gap,* du 12 octobre 1672. — Les mots soulignés sont de l'écriture de l'évêque de Riez, qui, selon la politesse du temps, laisse la seconde page en blanc, et continue sur la troisième. — On peut voir, sur les chanoines, ce mot au *Dictionnaire de Diplomatique*, inséré dans les *Annales de philosophie chrétienne*, tome XIX, p. 384.

sommes parvenus ne se terminera pas que la puissance épiscopale ne recouvre à peu près tous ses droits. En attendant, je puis vous annoncer qu'un arrêt conventionnel du 21 juillet 1673, contenant règlement sur le désaccord qui s'était élevé entre M. de Marion, d'un côté, et les bénéficiers et le chapitre de l'église cathédrale, de l'autre, rétablit, pour le moment, la paix entre les parties contendantes (1).

(1) *Ibidem. Arrêt conventionnel du 21 juillet 1673 sur les différends élevés entre M. de Marion, évêque de Gap, les bénéficiers et le chapitre.* Ms.

XXXVIIe LETTRE.

GUILLAUME DE MESCHATIN, VICTOR MEILLAN ET CH.-BÉNIGNE HERVÉ.

1677 A 1693.

Guillaume de Meschatin, 68e évêque de Gap. — Son entrée dans cette ville. — Sa mort. — Droits de fournage. — Derniers miracles dus à l'intercession de saint Grégoire. — Histoire de ce saint patron de Tallard. — Victor de Meillan, 69e évêque de Gap. — Confirmation de l'établissement du Séminaire. — Domaines engagés. — Propos inconvenants d'un bénéficier. — Différend sur la juridiction ecclésiastique de l'évêque. — Bustes de saint Arnoux et de saint Grégoire. — Victor de Meillan est transféré à Alet. — Son éloge — Charles-Bénigne d'Hervé, 70e évêque de Gap. — Démêlés entre le Roi et le Saint-Siège. — Révocation de l'Édit de Nantes. — Prédications à ce sujet dans le diocèse. — Destruction du temple des huguenots à Gap. — Nouveau procès entre l'évêque et le chapitre. — Transaction du 19 novembre 1687. — Procès entre le chapitre et le doyen de ce corps; — entre l'évêque et son chapitre. — Les Frères Prêcheurs de Gap interdits par le grand-vicaire du diocèse. — Plaintes des curés de Gap contre les Dominicains et les Cordeliers relativement aux inhumations. — Louis XIV contre l'Europe coalisée. — Catinat dans les Alpes. — Description de la ville de Gap à la fin du XVIIe siècle. — Invasion du duc de Savoie. — Prise de Guillestre et d'Embrun. — Détails sur l'occupation de Gap par l'armée alliée. — Pillage, dévastation et ruine de cette ville. — Catinat reprend l'offensive. — Bataille de La Marsaille. — Incendie du château de La Vénerie. — Misère des habitants de Gap. — Évaluation des pertes éprouvées par cette ville. — *Supplément*. Arrêt du Conseil qui exclut les protestants du consulat et des conseils de la ville. — Poursuites contre un bénéficier. — *Idem* contre l'archidiacre Gaillard. — Notice sur la prise de Gap par les alliés.

[Guillaume de Meschatin (1677-1679)].

1677 à 1679. — Après la mort de Pierre de Marion, le siège reste vacant pendant deux années. Ce n'est qu'en 1677 qu'un noble comte de St-Jean de Lyon, messire Guillaume de Meschatin la Faye, fut nommé évêque de Gap[1]. Il fit son entrée dans la ville le 4 décembre de cette même année, siégea peu de temps, et mourut le 20 février 1679 [2].

Son érudition et sa rare piété avaient fait concevoir de grandes espérances à ses diocésains, qui le regrettèrent beaucoup, et principalement les Capucins, qu'il aimait avec tendresse, et auxquels il avait fait des aumônes considérables (3).

Pendant son épiscopat, il n'eut rien à démêler avec la ville ; mais ayant été taxé, par le Conseil du Roi, à une somme de 2.000 livres, pour le droit de fournage, que l'on supposait avoir été aliéné par la ville de Gap à l'un de ses prédécesseurs, il en obtint la décharge : car il parvint à prouver que les fours avaient été acquis à l'évêché par la donation que Charles d'Anjou, second roi de Jérusalem et de Sicile, en avait fait à Raymond de Mévouillon, le 29 juin 1289, et par divers autres actes, qui dépouillaient la ville d'une propriété qu'elle avait possédée jusqu'à la malencontreuse insurrection survenue sous l'épiscopat d'Othon II, à qui Dieu fasse paix et miséricorde (4).

Indépendamment des merveilles, qui, de son temps, se montraient au Laus, M. de Meschatin fut encore témoin de trois miracles dus à l'intercession de saint Grégoire. La fille d'un meunier de St-Pons s'étant noyée, dans l'écluse du moulin de son père,

[1] Par le Roi le 20 sept. 1675 ; préconisé à Rome le 24 mai 1677 ; sacré à Paris par l'archevêque François de Harlay, le mois d'août suivant (G. III, p. xix).

[2] « On nous écrit de Dauphiné que Mᵣ Guillaume de Meschatin, évêque de Gap, est mort dans son diocèse ». Lettre du 11 mars 1679 (*Bibl. nat.* L. 17025, f° 105).

(3) *Lier. des Annales des Capucins,* p. 159. — *Abrégé historique de l'église et des évêques de Gap.* Ms.

(4) *Acte de comparution devant le subdélégué de l'intendant en l'élection de Gap,* du 17 novembre 1678. Ms. Archives de la Préfecture.

fut rendue à la vie par suite d'un vœu que ses parents avaient fait au patron de Tallard. *Et pour satisfaire à leur vœu, ils la portèrent, le lendemain à l'église... et donnèrent mesme par forme d'oblation et de reconnaissance autant de bled que leur fille pouvait peser.* Madame de Guers, de Tallard, religieuse au couvent de Ste-Ursule de Sisteron, était affligée d'un mal de jambes extraordinaire : elle invoque le patron de sa ville natale, vient à Tallard, y fait une neuvaine et s'en retourne *gayement dans son monastère, entièrement guérie de son incommodité.* Enfin, une dame du voisinage de Tallard, de la religion prétendue réformée, était atteinte d'une maladie dangereuse, qui résistait aux efforts employés par les médecins de la contrée. On s'avise de la dévouer à saint Grégoire, *non obstant l'opposition de l'Eglise romaine, apostolique et universelle, à la sinagogue de Calvin et ses suppôts;* aussitôt la malade est guérie. C'est elle-même qui le déclara à plusieurs personnes de foi, *adjoutant que ce saint avait beaucoup de pouvoir; ayant pour le parfait accomplissement de ce vœu, envoyé offrir du bled dans son église, comme on a accoustumé de faire dans toute cette contrée* (1).

1680. — C'est en l'année 1680, où nous sommes enfin parvenus, que les bons habitants de Tallard, craignant que la réputation de leur saint patron ne fût quelque peu obscurcie, par l'humble et éclatant météore qui du Laus rayonnait dans toute la province, et que les dons que l'on *avait coustume* de faire à leur église n'éprouvassent quelque fâcheuse interruption, s'adressèrent au sieur Dupille, docteur en sainte théologie, pour écrire l'histoire du grand saint Grégoire. L'habile docteur répondit à leur attente : non seulement il célébra en prose, dans un style emphatique, qui s'adapte parfaitement à

(1) *Abrégé de la vie du bienheureux saint Grégoire, évêque d'Armice, patron tutélaire de Tallard,* 1680.

la localité, la vie miraculeuse de l'évêque d'Amnice ; mais, embouchant la trompette héroïque, il chanta encore en vers sonores et ronflants, la profanation de ses reliques aux temps calamiteux des discordes religieuses. Muni du précieux ouvrage, Gaspar Astier, marguillier de l'église de saint Grégoire, après avoir taillé ses vignes, courut à Grenoble et obtint de M. le vibailli du Graisivaudan, le 12 avril 1680, la permission de faire imprimer l'*Abrégé de la vie de saint Grégoire, patron tutélaire de Tallard, dédiée au compte dudit lieu*, ainsi que nous le lisons dans la requête dudit sieur Astier, imprimée à la suite de ladite poésie et dans l'acte par lequel messire *Petichet*, vibailli, octroye ladite permission.

[**Victor-Augustin de Meillan** (1680-1692)].

Dans le courant de cette même année, le Roi pourvut à la vacance de l'évêché de Gap, en nommant, pour en occuper le siège, un ancien aumônier de la reine Anne d'Autriche, sa mère, qui regardait avec frayeur cette haute dignité et qui la refusait. C'était messire Victor[-Augustin] de Meillan (1). Le cardinal de Bouillon, dont il avait acquis l'estime et l'amitié, lui conseilla d'accepter cette charge, et l'emmena à Rome, où il se rendait, en qualité d'ambassadeur. Cette Éminence fit un portrait si avantageux de notre évêque à Innocent XI, que ce pape lui accorda ses bulles gratuitement [le 27 mai 1680] (2).

Avant de se rendre dans son diocèse, M. de Meillan obtint de Louis XIV des lettres patentes [nov. 1680], portant confirmation de l'établissement d'un séminaire à Gap. Le diocèse y est présenté comme

(1) Dans divers actes authentiques, on donne à cet évêque le nom de Méhand, Mioland et Mei'lan ; ce dernier a prévalu. [Il était né à Paris le 10 juil. 1626].

(2) *Abrégé historique de l'église et des évêques de Gap*. [Bibl. nat. L. 17025 f° 106. Il avait été préconisé le 20 sept. 1679. Son frère était alors « intendant de la généralité de Caen », ib.].

renfermant un grand nombre d'hérétiques, *qui ne cessent d'y répandre le venin de l'hérésie.* L'évêque fut autorisé à unir des bénéfices au séminaire, jusques à la somme de 3.000 livres de revenu annuel, et d'imposer sur tous ceux du diocèse, autres que les curés, la somme de mille livres par année. Il était permis aux Pères de la Doctrine chrétienne d'acheter et faire bâtir la maison du séminaire en tel lieu de la ville ou *faubourg* de Gap, qui serait jugé plus commode, et de recevoir tous les legs et donations qui pourraient leur être faits. Enfin, les lieux sur lesquels seraient bâtis l'église ou chapelle, maison, jardin et enclos du séminaire, ne paieraient aucun droit d'amortissement, comme *dédiés à Dieu*, et ne seraient sujets à aucune finance envers le Roi et ses successeurs (1).

1681. — Victor de Meillan fit son entrée dans la ville de Gap le 15 décembre 1680 [G. 1503]. « Comme « l'ambition n'entra point avec lui au gouvernement « de son diocèse, il l'exerça sans reproche », mais non sans éprouver quelques tribulations ; car, dès le mois de juillet de l'année suivante, il fut obligé d'écrire à l'intendant de la province, pour faire cesser quelques actes qu'il croyait attentatoires à ses droits dans la ville épiscopale et son territoire. Il avait appris que m° Armand, notaire royal et commissaire pour le papier-terrier de Sa Majesté, exigeait des reconnaissances de divers particuliers, qui possédaient des maisons et des domaines engagés, par lesquelles il les obligeait de se reconnaître censitaires et justiciables de la seigneurie de Montalquier, au préjudice des droits de l'évêché de Gap. Il suppliait l'Intendant de conserver *ce peu de bien et d'honneur*, qui restait à *son pauvre evesché*,

(1) *Patentes du Roy pour confirmation de l'établissement du séminaire à Gap,* du mois de novembre 1680. Ms. Archives de la Préfecture [G. 796].

et il recourait à lui avec d'autant plus d'empressement que le sieur Armand poursuivait la ville en corps elle-même pour l'obliger à faire de pareilles déclarations, malgré les traités qui avaient réglé la juridiction de l'évêque. Il demandait donc, que le commissaire royal cessât d'en exiger de semblables, mais qu'il se bornât à en demander de conformes aux anciennes, lesquelles conservent à chacun ce qui lui appartient : *quæ Cæsaris Cæsari et quæ Dei Deo*. Dans un *post-scriptum*, M. de Meillan priait de nouveau l'Intendant de soulager la pauvre ville de Gap, par le délogement de la compagnie de cavalerie qu'elle a en garnison depuis 4 mois (1). Que ne s'adressait-il, pour ce dernier objet, à M. le premier consul de Briançon ? Il eût vite débarassé nos ancêtres de cette chétive garnison, aussi enviée peut-être en 1681, qu'elle le serait de nos jours.

Quel chagrin ne dut pas éprouver notre prélat, aussi attentif que ses devanciers à contenir les ecclésiastiques dans le cercle de leurs devoirs, de la discipline et des bonnes mœurs, lorsqu'il lut, quinze jours après avoir adressé ses remontrances à l'Intendant, la requête qui lui était présentée par le promoteur du chapitre, où ce dernier signalait les excès en propos, en injures et en menaces, auxquels Pierre Astier, diacre et bénéficier de l'église cathédrale [2], s'était livré envers messire Louis du Serre, sieur de Melve et doyen du chapitre ! Ce dignitaire de la cathédrale s'était vu dans l'obligation d'adresser des reproches au bénéficier, pour les propos plus qu'inconvenants qu'il avait tenus contre l'établissement d'une grand'messe, qui était chantée, chaque jour, et sur les moqueries qu'il s'était permises contre les chantres. Le sieur As-

---

(1) *Lettre de l'évêque de Gap à l'intendant de Grenoble* du 17 juillet 1691. Ms. Archives de la Préfecture.

[2] Nommé le 1ᵉʳ sept. 1662 (G. II, p. 194), encore vivant le 26 févr. 1692 (G. 2208).

tier, au lieu de le remercier de ses salutaires remontrances, avait menacé le doyen de cent coups
de dague, et, en présence des chanoines réunis dans
la sacristie, il lui avait dit qu'il était un *jean tout-
outre (sic)*. Le soir, à l'heure de vêpres, il avait
proféré de nouvelles menaces, accompagnées d'injures ; et, comme sa sœur, jeune personne aussi
douce qu'il était violent et emporté, fondait en
pleurs, dans l'église, où elle était témoin du scandale, il lui dit : *Taisez-vous, P...* (en toutes lettres) ;
allez-vous en au Diable (1).

Je passerai sur l'information qui fut faite, le lendemain, 4 août, par l'évêque, assisté des deux chanoines, députés par le chapitre, pour vous parler
de l'étonnement que dut éprouver l'ancien aumônier de la reine de France et de Navarre, lorsque
les deux députés du chapitre, Jacques Sarrazin ²)
et Pierre d'Abon ³), voulurent siéger à ses côtés et
connaître de la cause qui était pendante à ce tribunal ecclésiastique. Messire de Meillan les renvoya
dans leurs stalles ; mais, eux, appelèrent comme
d'abus de la prétention du prélat à vouloir, seul,
connaître des causes des bénéficiers de l'église
cathédrale et à ne point consentir à ce que les
députés du chapitre assistassent, comme juges, à
l'instruction et au jugement du procès, malgré les
transactions, les sentences arbitrales, les statuts
et les usages observés de tout temps par les évêques. A chacun le sien. Le 27 août, messire Jean
Legay, chanoine prébendé et co-syndic du vénérable
chapitre, fit de nouveau signifier à Mgr de Meillan,
une déclaration, portant que le dit chapitre adhé-
rait aux appellations comme d'abus, faites par les

(1) *Requête du promoteur du chapitre, répondu par l'évêque* le
3 août 1681. Archives de la Préfecture.

²) Docteur en théologie, curé de Gap le 8 août 1663, chanoine le
6 mai 1673, mort le 17 juin 1684 (G. V. p. xxv).

³) Fils de Melchior d'Abon, prébendé à La Bâtie-Montsaléon le
23 sept. 1683, mort en févr. 1704 *(ibid.* p. vii-viii),

deux députés, pour la poursuite desquelles il se pourvoirait comme il l'entendrait (1).

Il est à présumer, qu'à travers ce débat, notre audacieux bénéficier, Pierre Astier, alla noyer ses craintes dans l'un des cabarets qu'il fréquentait habituellement, ainsi qu'il appert, tant de la requête au promoteur que des informations secrètement prises. Et surtout, vous ne perdrez pas de vue que, si quelques membres isolés du clergé se permettaient encore des infractions à la discipline ecclésiastique, le corps entier veillait soigneusement à ce que les règles en fussent exactement observées et que l'on ne vît plus se renouveller dans Gap, depuis les guerres de religion, les saturnales auxquelles se livraient les joyeux chanoines de la première moitié du XVIe siècle.

1683. — La paix fut sans doute bientôt scellée entre l'évêque et son chapitre. Mais nos vénérables chanoines, en tournant les yeux vers la Durance, ne voyaient pas, sans un dépit secret, siéger, pendant une octave entière, un Saint-Grégoire d'argent pur, dans l'église de Tallard, tandis qu'ils ne pouvaient montrer, dans leur cathédrale, qu'un Saint-Arnoux en bois, comme *au temps passé du siècle d'or* (2). Trouvant, sans doute, la caisse du chapitre suffisamment garnie, et ayant reçu vraisemblablement le legs de 1000 livres fait par la dame de La Villette en 1671, ils prirent la sainte résolution, en l'année 1683, d'écraser ou du moins d'éclipser l'évêque d'Amnice.

(1) *Informations secrètement prises par l'évêque et les députés du chapitre*, le 4 août 1681. — *Déclaration signifiée à l'évêque*, le 21 du même mois. Mss. Archives de la Préfecture.

(2)   « Au temps passé de l'âge d'or
  « Crosse de bois, évesque d'or.
  « Maintenant changeant les lois,
  « Crosse d'or, évesque de bois ».
    (*Proverbe huguenot dans Du Cange.*)

Ils députèrent vers la ville d'Aix messire Louis du Serre, sieur de Melve, leur doyen [1]), qui, le 5 mars de l'année susdite, traita avec Christophe Cilbert, maître orfèvre de ladite ville [G. 1186]. Cet émule de Benvenuto Cellini se chargea de confectionner une chasse du glorieux saint Arnoux, en argent fin, marqué au double poinçon, en se conformant, pour *la forme et la figure du visage et ornemens, à l'un des trois images qui ont été remis au dit sieur abbé de Melves par ledit Cilbert*, et promettant de corriger les défauts que pourraient présenter la mitre, la chappe, l'étole, le surplis et le cordon ; le tout fleurdelisé, et parsemé de diverses fleurs *au dehors, dedans et par-derrière, et en tous les endroits qui pourront paroître...* Lequel ouvrage serait fait et parfait, moyennant le prix de trente-neuf livres le marc.

Lorsque M. le Doyen fut de retour à Gap, MM. les chanoines s'aperçurent avec étonnement que, d'après les conventions, leur Saint-Arnoux n'aurait ni bras ni jambes, tandis que le patron de Tallard donnait une bénédiction perpétuelle de sa main droite. Il fallut donc, pour ne pas rester inférieurs à la petite ville voisine, traiter de nouveau avec ledit maître orfèvre et convenir que le saint patron de Gap aurait ses deux bras et sa crosse (2) ; ce qui fut ainsi exécuté, à la satisfaction des habitants de la capitale du Gapençais, lesquels virent, chaque année, depuis le 19 jusques au 26 septembre, l'éfigie toute brillante du bienheureux saint Arnoux, jusques à ce que le citoyen Beauchamp, représentant du peuple en mission dans les Hautes-Alpes,

[1]) Fils de Daniel du Serre et d'Anne de Poligny, chanoine le 23 déc. 1636, prieur de Valbonnais le 17 mars 1648, prévôt en juil. 1656, prieur de St-Mens et de Tallard le 31 mars 1671, nommé doyen en 1680, mort le 13 avril 1687 (G. V, p. xxv).

(2) *Conventions entre le doyen du chapitre de Gap, le s^r Cilbert, maître orfèvre à Aix*, du 5 mars 1683, et *Addition à ces conventions*, du 6 mars 1683. Ms. Archives de la Préfecture.

en l'an 2 de la République, vint en *défanatiser* les habitants. Ce digne député, considérant que les matières d'or et d'argent, qui se trouvaient dans les temples catholiques, *étaient des objets de luxe pour la divinité, sans aucun objet d'utilité pour elle ; qu'elles n'avaient été façonnées que par l'orgueil des prêtres ; que les habitans des Hautes-Alpes ne verraient, dans leurs frères des autres départements que des républicains austères qui accordent avec la morale politique celle de la divinité* (1), empila dans la même caisse les deux chasses rivales et envoya les bustes fleurdelisés de saint Grégoire et de saint Arnoux battre monnaie, non sur la place de la Révolution, mais sur l'autel de la Patrie, pour exécuter la descente en Angleterre. Les aristocrates prétendirent que nos saints s'étaient arrêtés non loin du domicile du susdit représentant. Quoiqu'il en soit, dès que le *bon Dieu fut réintégré dans ses fonctions,* pour parler le langage de l'époque, il fallut en revenir au vieux Saint-Arnoux de bois, qui n'est point remplacé encore, au moment où je vous écris ; tandis que les Tallardiens firent confectionner un Saint-Grégoire ayant jambes et bras, qu'à la vérité, faute de fonds, ils laissèrent dans l'atelier de l'abbé Giraudon, qui l'avait sculpté ; mais ils l'ont remplacé par un petit Saint-Grégoire, tout mignon, qui, comme notre Saint-Arnoux, n'a plus ni bras ni jambes.

1684. — Victor de Meillan ne jouit pas du bonheur de voir et de bénir la nouvelle chasse du patron du diocèse avant de partir pour Alet en Languedoc, où le roi l'appela, en 1684 [le 27 juin, G. 1418]. Il se trouvait encore à Gap au mois de novembre de cette année, époque à laquelle il fit à son successeur la

(1) *Arrêté du Directoire du département pris en présence du cit. Beauchamp,* le 15 frimaire an 2 (5 décembre 1793). Registre n° 2. Signé : ... que vous importe par qui ?

remise du service et de tous les fonds qu'il avait entre les mains pour les réparations de la cathédrale ou à la reconstruction du palais épiscopal (1).

J'ajouterai, avec un anonyme, que cet évêque fut toujours pénétré de la frayeur des saints pour les fonctions épiscopales ; qu'il devint l'imitateur de leur modération et de leur désintéressement ; que, quelques années après sa translation à Alet, il donna sa démission entre les mains du Roi et ne se conserva que la prévôté de Chardavon, dans le diocèse de Gap ; encore s'en démit-il, dans la suite, pour ne penser qu'à la mort, à laquelle il se préparait dans la retraite d'un séminaire de Paris (2).

C'est pendant l'épiscopat de Victor de Meillan que la France fut épouvantée des crimes imputés à la comtesse de Brinvilliers[3] ; que les quatre articles contre les prétentions ultramontaines furent rédigés, sous l'influence entraînante de l'évêque de Meaux ; qu'Alger et Gênes furent bombardés par les flottes françaises ; que la reine Marie-Thérèse termina sa noble et triste vie ; que l'*humble violette* entra aux Carmélites ; que la vertu la plus pure et la mieux soutenue,

> Humble dans les grandeurs, sage dans la fortune,
> Qui gémit, comme Esther, de sa gloire importune,

éloigna d'auprès du trône la plus piquante comme la plus belle des courtisanes et préparait son mariage avec Louis-le-Grand, parvenu au faîte de la gloire. Et de tout cela que disait-on dans notre

---

(1) *Traité intervenu entre M. d'Hervé et M. de Meillan*, le 27 novembre 1684, reçu par Jacques Armand, notaire à Gap. Ms Arch. de la Préfecture.

(2) *Abrégé hist. de l'église et des évêques de Gap.* [Victor-Augustin de Meillan mourut, à Paris, au séminaire des Bons-Enfants le 23 sept. 1713 (*Gallia christiana*, VI, 285. cf. G. III, p. XIX-XX)].

[3] Marie-Marguerite d'Aubray, marquise de Brinvilliers, célèbre empoisonneuse, exécutée à Paris le 15 juillet 1676.

petite ville ? Rien peut-être, car les événements de la capitale étaient déjà bien loin dans le passé, lorsque, par émission directe ou par ondulation, ils parvenaient, affaiblis ou dénaturés, jusques aux oreilles de nos ancêtres.

[Charles-Bénigne Hervé (1692-1706)].

1684. — Or, ce successeur de M. de Meillan [1]), qui traitait avec lui, au mois de novembre 1684, n'était évêque de Gap qu'à demi. Il était arrivé, dès le mois d'octobre, avec le titre de vicaire général et d'évêque *nommé* du diocèse.

Vous savez qu'à cette époque la Cour de France et le trône pontifical ne donnaient pas au monde chrétien l'exemple de la bonne intelligence qui aurait dû régner, toujours, entre le chef et le fils aîné de l'Église. Innocent XI avait voulu abolir un droit d'asile, qui mettait à l'abri de la police pontificale les malfaiteurs qui parvenaient à se réfugier dans les hôtels des ambassadeurs. Louis XIV refusa, par fierté, de consentir à l'abolition de cet odieux et ridicule privilège, et le Pape laissa les églises du royaume destituées de pasteurs ; de telle sorte, qu'en 1688, trente-cinq sièges étaient vacants par le refus du Souverain Pontife à accorder leurs bulles aux évêques nommés par le Roi. Celui de Gap était de ce nombre ; aussi Charles-Bénigne d'Hervé, qui avait été nommé en 1684 [le 13 mai], ne put obtenir son institution canonique qu'en l'année 1692 [2]). Mais, comme avant sa nomination, il avait été chef d'une mission royale, il continua sa mission, en

---

[1]) « L'abbé Hervé » avait été nommé par Louis XIV le 10 juin 1684. Le 7 juin précédent, « l'abbé *Verjus*, frère du comte de Crécy », l'avait été également, mais sans effet *(Biblioth. nat.,* L. 17025, f° 107).

[2]) Il ne reçut, de Rome, ses bulles que le 15 oct. 1692 (G. III, p. xx). Il fut sacré à Paris, le 7 déc. suivant, « en l'église des religieuses de l'Assomption » *(Bibl. nat.,* L. 17025, f° 107).

prenant le gouvernement du diocèse, et, en cette qualité, il y fit deux visites générales [cf. G. 785 et 786].

Pendant son pontificat, trois grands événements vinrent surprendre, affliger ou réjouir la ville de Gap, savoir : la révocation de l'édit de Nantes, l'invasion des troupes alliées, sous le commandement du duc de Savoie, et,... quant au troisième, je vous le donne en mille, pour le deviner. Je ne saurais que vous inviter à jeter votre langue aux chiens, comme Madame de Sévigné le conseillait à M. de Coulanges, à l'occasion du mariage du duc de Lauzun avec Mademoiselle tout court. En procédant par ordre, vous le trouverez en son lieu et place, et vous verrez que, sans l'intervention du monarque le plus puissant de l'Europe, la querelle se serait prolongée jusqu'à nos jours et durerait peut-être encore, nonobstant le fameux décret du 24 messidor an XII [13 juillet 1804].

1685. — Ce monarque avait donc jugé convenable, en 1685, de révoquer l'édit de Nantes. M. d'Hervé fit exécuter, le mieux qu'il le put, dans son diocèse, l'Ordonnance de révocation [1]. Il appela le ban et l'arrière-ban de sa milice, et envoya prêcher, d'un côté, les Pères Jésuites, de l'autre, les Pères Cordeliers ; au nord, les Pères Dominicains, et au midi,

---

[1] ... « On pourroit l'imputer, disait naguère Hervé, à tous les personnages considérables du temps, car tous l'ont conseillée ou du moins tous l'ont approuvée, Vauban seul excepté. La noble idée de la liberté religieuse est toute moderne. Henri IV était en avance de deux cents ans sur ses contemporains. Louis XIV pensait comme son siècle. On peut dire aussi, sans le calomnier, qu'il était entraîné par le sentiment de son autorité poussé jusqu'à l'excès, et qu'enfin tout en lui était grand, même les erreurs. Celle-là fut immense. Mais il n'a pas seulement persécuté les protestants, il a traité avec rigueur les jansénistes et les quiétistes,... le cardinal de Noailles, disgracié comme suspect de jansénisme ; Fénélon, exilé comme entaché de quiétisme... Louis XIV... cédait à son goût pour l'unité en toutes choses. Il ne sentait pas se préparer pour la religion des dangers bien autrement menaçants que les

les Pères Capucins, qui, à eux seuls, accomplirent douze missions, *le tout aux despens du Roy*, et qui ne se prévalurent de rien, *Dieu merci*. Il en résulta *un grand fruit pour les anciens catholiques et assez d'instruction pour les nouveaux convertis* (1). Mais ces nouveaux convertis n'étaient pas en grand nombre, et les calvinistes récalcitrants se virent dans la nécessité de quitter notre ville, avec leurs femmes et leurs enfants, les uns dénués de toute ressource, les autres emportant leurs capitaux et leur industrie, et d'aller chercher du repos et du pain soit en Suisse soit en Allemagne ²), où, pendant la guerre d'Hanovre, un jeune milicien, que vous auriez pu voir, comme moi, encore debout, il y a quelques années, fut logé chez une famille d'origine gapençaise, qui n'avait nullement oublié le rude langage de ses ancêtres.

Le prêche, cette ci-devant église de Ste-Colombe, fut démoli et, sur la demande du chapitre, le Roi lui fit don de la place où il s'élevait, pour servir *doresnavant* de cimetière (3). Toutefois, cette place ne reçut jamais les dépouilles mortelles d'aucun Gapençais, car un historien, presque contemporain, nous dit, en parlant de M. d'Hervé : « Il eut le plai-« sir de voir raser le temple des huguenots, au lieu « duquel on a construit le baillage » (4).

rêveries de Madame Guyon ou les sublilités théologiques de Fénelon. Il ne prévoyait pas qu'un jour viendrait où catholiques, protestants et même simples déistes devraient s'unir pour lutter contre l'athéisme, devenu intolérant à son tour » (Hervé, *Discours de réception à l'Acad. franç.*, ap. *Bibliogr. Cathol.*, mars 1887, p. 280).

(1) *Livre des Annales des Capucins de Gap*, p. 207.

²) D'après un mémoire de l'intendant Bouchu, cité par Weis, dans le *Moniteur universel* du 3 nov. 1856, dans l'élection de Gap, *recette de Gap*, sur 1.200 protestants, il en sortit, en 1685, 744, et, dans la *recette de Briançon*, sur 11.297, il en sortit 3.700.

(3) *Ordonnance de Louis XIV* du 17 février 1692. Ms. original, signé LOUIS et, plus bas, COLBERT. Archives de la Préfecture.

(4) *Abrégé historique de l'église et des évêques de Gap*. Ms.

1687. — Bien que notre évêque n'eût encore dans le diocèse d'autre titre que celui de vicaire et official général, il n'en voulut pas moins exercer la juridiction épiscopale. Il prit en main le différend qui s'était élevé entre son prédécesseur et le chapitre, relativement aux informations, auxquelles il prétendait procéder, seul, contre le sieur Astier. D'autres ecclésiastiques, peut-être, avaient failli comme ce dernier, et messire d'Hervé, le concile de Trente et l'ordonnance de Moulin à la main, voulait écarter de son tribunal les députés du chapitre. Messieurs les chanoines prébendés invoquaient ces vieilles bulles qui les avaient exemptés de la juridiction des seigneurs évêques, mais auxquelles, malheureusement, la sentence arbitrale du 5 février 1604 avait porté une notable atteinte, en donnant au prélat le pouvoir de connaître des affaires criminelles, pourvu qu'il appelât à l'instruction et au jugement des procès le doyen et l'un des chanoines de l'église de Gap. En la présente conjecture, le vénérable chapitre attaquait Mgr d'Hervé par l'endroit le plus vulnérable : car, disait-il, la maudite sentence arbitrale n'a attribué la juridiction qu'à l'évêque seul et non à ses grands-vicaires, et Mgr d'Hervé n'avait à ses yeux d'autre titre. L'ordonnance d'Orléans, répondait celui-ci, a cassé toutes vos bulles et vos prétendues exemptions, et alors même que la sentence arbitrale, pour laquelle, je n'ai pas plus de vénération que vous-mêmes, me forcerait d'appeler à mon tribunal deux membres du chapitre, ils ne sauraient y avoir aucune voix délibérative. Comme vous le voyez, les parties étaient loin de s'entendre. Cependant, le 19 novembre 1687, elles s'entendirent, pour ne pas *entrer en de grands et dispendieux procès*. Réunis, ce jour-là, dans la sacristie de l'église cathédrale, l'évêque et le chapitre mandèrent auprès d'eux maître Jean Escallier, notaire royal, qui écrivit, dans son grimoire, les conditions suivantes :

1º Le seigneur évêque, soit présentement en sa qualité de grand-vicaire, soit postérieurement après sa consécration, pourra punir les crimes et les contraventions aux ordonnances du diocèse, soit que les délits soient imputés au doyen et à ses chanoines, soit qu'ils aient été commis par les autres bénéficiers et les ecclésiastiques de ladite église; toutefois, à la charge d'appeler le doyen et un chanoine, ou deux chanoines, dans le cas où le doyen serait partie, lesquels n'auront à eux deux qu'une seule voix, le tout à la forme du concile de Trente.

2º En cas d'absence ou d'empêchement des deux assistants, qui n'en valent plus qu'un, si le chapitre néglige d'en nommer d'autres à leur place, le seigneur évêque passera outre et procédera *tout seul* (1).

Et voilà comment la bulle du souverain pontife Alexandre III, du mois de septembre 1176, voire la transaction de 1604 tombaient pièce à pièce devant les exigences de nos évêques, que je n'accuserai néanmoins ni de Jansénisme ni d'ultra-gallicanisme; et de quelle manière le chapitre de Gap perdait insensiblement ses antiques et rares privilèges.

En cette même année, il avait donné procuration à messire Étienne Richaud de Cervoules, son théologal, rentré en grâce depuis quinze ans, d'aller retirer à Aix la chasse de saint Arnoux, et, ce qui était bien plus important, de sommer messire Joseph de Roux d'Arbaud de La Pérusse que, malgré l'évêque, ils avaient nommé doyen du chapitre[2]),

---

(1) Transaction du 19 novembre 1687. Ms. Archives de la Préfecture.

[2] Le 10 avril 1687 (G. 867), malade à Paris en juin, et à Aix, en août, mort vers le 15 octobre de cette année (G. IV, p. xix, nº 43; V, p. xxiv).

de venir prêter serment et de résider à Gap (1). M. le Théologal expédia, en effet, le buste brillant du patron du diocèse, mais il laissa, à ce qu'il paraît, le doyen en route : car, peu de temps après, nous voyons le chapitre en procès avec un autre grand dignitaire ayant le même titre, mais n'ayant pas le même nom. Celui-ci se nommait Alexandre Le Velaine, abbé de Ronceray, nommé par le Roi ²), selon le droit qu'il en avait, d'après Mgr d'Hervé, qui *le tenait de la bouche du R. P. Confesseur de Sa Majesté* (3).

1691. — Ce nouveau doyen était comme appelant d'abus de deux statuts du chapitre de Gap : l'un de 1315, le second de 1330, sans parler d'un troisième de 1293, sur lequel il n'y avait pas contestation. Or, par ce dernier statut, le chapitre avait appliqué, à la fabrique de l'église, les fruits de la première année de chaque prébende vacante. Mais les deux autres établissaient une seconde annate en faveur du chapitre, dont les chanoines capitulants se distribuaient les revenus, ce que M. le Doyen trouvait abusif et simoniaque. Je vous ferai grâce des longues et savantes dissertations des parties, et des plaidoyers de leurs avocats, devant le parlement de Grenoble, où le différend était porté, pour en venir de suite à l'arrêt du 15 février 1691, par lequel cette illustre compagnie déclara qu'il y avait abus aux statuts de l'année 1315, en ce que le chapitre collateur s'était appliqué les revenus de la seconde

(1) *Assemblée du chapitre* du 9 septembre 1687. — La signature du notaire Jean Escallier, qui a rédigé la délibération, est légalisée par Étienne de Cazencufve, conseiller et assesseur au bailliage de Gap, au nom de M. du Fresne, vibailli.

²) A Versailles, le 15 août 1687 (G. 866), mis en possession, par procureur, le 15 nov. 1687, et reçu, en personne, le 14 décembre suivant (G. IV, p. xix, n° 44; V, p. xxvii).

(3) *Mémoires des choses qu'il semble que MM. du Chapitre ayent manqué du respect dû au Roy aux élections des doyens qu'ils ont faites.* Ms. Arch. de la Préfecture.

année du bénéfice de M. l'Abbé de Ronceray, et condamna les chanoines à restituer à ce dernier ce qu'ils avaient exigé pour cette seconde année (1).

1692. — L'orage grondait sur nos têtes, et nos chétives querelles ne discontinuaient pas. Comment s'imaginer que, sous le monarque, qui, durant de si longues années, avait fait trembler l'Europe, divisée ou coalisée, le royaume de France pût jamais être envahi ! M. d'Hervé renouvelait, en 1692, je ne sais comment et à propos de quoi, sa prétention d'ôter toute voix délibérative aux deux membres du chapitre qui devaient l'assister dans son tribunal ecclésiastique.

Les chanoines invoquaient de nouveau la bulle de 1176, qui les exemptait de la juridiction de l'évêque. Les uns et les autres foulaient aux pieds la transaction de 1604 et celle toute récente du mois de novembre 1687. De plus, le prélat voulait connaître directement des différends qui pourraient s'élever relativement aux cérémonies pour la célébration de l'office divin ; aux comptes et aux distributions, tandis que la connaissance en appartenait au chapitre, comme premier degré de juridiction. L'avocat qui fut consulté, de part et d'autre, rétablit sans doute la paix, en conseillant aux parties contendantes de se conformer aux derniers traités et aux usages suivis jusques à ce jour (2).

D'un autre côté, le 24 mai de la même année (1692), jour et fête solennelle de la Pentecôte, auquel devait se faire l'ouverture du jubilé, accordé par le souverain pontife Innocent XII, M. le doyen de Ronceray, en qualité de vicaire général du diocèse ³),

---

(1) *Arrêt du parlement de Grenoble*, du 15 février 1691. Ms. Arch. de la Préfecture.

(2) *Consultation délibérée à Grenoble*, le 27 mars 1692, par A. Lambert. Ms. *ibid*. [cf. G. 1856 et 1857].

³) Dès le 29 janv. 1688 (H suppl. 544).

fit signifier au F. Manche, prieur du couvent des Dominicains ¹), acte par lequel il révoquait le pouvoir, de confesser, de prêcher et de catéchiser, qui lui avait été donné, ainsi qu'aux religieux de son couvent. Le fier gardien ne fut nullement abattu par la foudre lancée du Doyenné. Il se leva de toute sa hauteur, invoquant les permissions que les prédécesseurs de M. d'Hervé avaient accordées à son couvent ; les droits et privilèges donnés à son ordre par le Saint-Siège apostolique, entre autres, la bulle de Sixte IV de l'an 1474, l'arrêt du parlement du Dauphiné du 5 décembre 1541, et, appela *de ladite prétendue révocation* à Mgr le Métropolitain. Les causes de la fulmination lancée par le grand-vicaire ne furent nullement exprimées dans les divers actes auxquels elle donna lieu. Mais, dans la suite, lorsque M. d'Hervé, qui était alors absent, fut de retour dans son diocèse²), le pauvre F. Manche et ses religieux furent obligés de s'humilier devant le prélat, de se désister respectueusement de l'appel interjeté par eux et de reconnaître que l'on avait eu le droit de révoquer la permission, qui leur avait été donnée, de confesser, de prêcher, de catéchiser dans le diocèse, *sachant trop bien les pouvoirs de nos seigneurs les évesques sur cette matière, pour dire ou croire quelque chose qui puisse y donner atteinte* (3).

Ombres d'Innocent III, de saint Dominique et du grand Thomas d'Aquin, ne frémîtes-vous pas, en voyant l'un de vos protégés et de vos frères renoncer aux droits qu'il tenait de la haute puissance

¹) Louis *Manche* ou *Mauché*, prieur au moins dès 1690, 5 et 9 déc. (série E. 92 et C6), le 10 oct. 1691 (E. 93), le 8 janv. 1692 (G. 1892), etc.

²) Il s'était rendu à Paris, dès le 21 févr. 1692, et ne revint à Gap que le 24 octobre (G. III, p. xx).

(3) *Pièces de la procédure au nombre de neuf.* Voir entre autres, les *Déclarations des FF. Prêcheurs et du prieur de Gap*, des 24 mars et 20 avril 1694. Ms. Archives de la Préfecture.

pontificale et s'abaisser devant la maxime ultra gallicane qu'il eut la faiblesse de souscrire !

Il ne manquait à nos FF. Prêcheurs, ainsi humiliés qu'à recevoir le coup de pied des deux curés de la ville. En effet, un mois ne s'était pas écoulé depuis que l'interdiction avait été prononcée contre eux par le grand-vicaire, que MM. Pascal et Giraudy [1]), voyant que les religieux de St-Dominique et de St-François leur enlevaient tous les morts de la paroisse pour les ensevelir dans les caveaux de leurs églises, et notamment les Jacobins, qui entassaient pêle-mêle, dans les tombes de leur couvent, nobles, bourgeois. artisans et manants de la cité, portèrent leur plainte à l'évêque, le 12 juin 1692, et demandèrent : que *lesdits religieux n'enterrassent personne dans leurs églises que ceux qui ont droit et possession immémoriale de s'y enterrer ;* qu'il leur fût défendu de se parer de l'étole dans les rues ; que les corps fussent présentés à la paroisse avant d'être portés à leurs églises ; qu'il ne pussent prêcher, catéchiser, tenir aucune assemblée, sonner, ni dire aucune messe pendant qu'on célébrerait celle de la paroisse ; enfin que la confrérie du tiers-ordre de Saint-Dominique, que les PP. Jacobins prétendaient avoir établie dans leur église, fût réduite au nombre porté en la permission par eux obtenue, et surtout que la clause par laquelle ils avaient engagé toutes les sœurs de ladite confrérie à se faire enterrer dans leurs caveaux, fut cassée et annulée (2).

Vous le voyez, c'étaient de véritables accapareurs que nos FF. de Saint-Dominique. Aussi n'est-il pas permis de douter que la requête de nos curés fût

---

[1]) Véran Pascal, docteur en théologie, co-curé de Gap dès 1661, mort le 19 févr. 1710, et Antoine *Giraudi,* également co-curé, nommé le 17 juil. 1691, mort en août 1712 (G. VI, p. xcviii).

(2) *Mémoire adressé à l'évêque par les curés de Gap* le 12 juin 1692. Ms. Arch. de la Préfecture.

accueillie favorablement par Mgr d'Hervé, bien que rien ne puisse apporter aucune preuve à l'appui de mes conjectures. Cependant je ne dois pas omettre une justification qui me tombe sous la main. A cette époque, le couvent des Jacobins renfermait huit pères et trois frères, et n'avait que 1.100 livres de revenu, sur lesquelles il fallait déduire, pour charges fixes, intérêts de diverses dettes, aumônes et taxes du don gratuit, 684 livres ; de sorte qu'il ne leur restait que la faible somme de 416 livres pour suffire à tous leurs besoins (1). Est-il étonnant, d'après cela, qu'ils eussent voulu attirer la moitié du genre humain dans les nombreux caveaux de leur vaste église ?

Tandis que ces petites tracasseries amusaient les oisifs de la cité gapençaise, l'étoile de Louis le Grand commençait à se couvrir de nuages. Il avait alors à combattre les souverains de l'Europe, qui, en 1686, s'étaient ligués à Augsbourg. De brillants succès avaient été obtenus par les armées françaises, depuis le commencement des hostilités. Le maréchal de Catinat avait même remporté, en 1690, contre Victor-Amédée, duc de Savoie, une victoire signalée près de l'abbaye de Staffarde ; mais, à l'époque où nous sommes parvenus, il ne lui restait que 16.000 hommes pour garder les nombreux défilés des Alpes, et il ne pouvait se tenir sur la défensive contre le duc de Savoie, qui commandait une armée beaucoup plus nombreuse, composée des troupes des alliés et de ses propres troupes, parmi lesquelles se trouvaient un grand nombre de Barbets, calvinistes du versant oriental des Alpes. Avant de vous faire assister à la ruine de l'antique cité des Tricoriens, j'ai cru à propos de vous mettre sous les yeux la description qu'en faisait, vers cette époque, le plus savant de nos chroniqueurs :

(1) *État des revenus et charges du couvent des Jacobins de Gap*, Ms. *ibid*.

« La ville de Gap est dans un vallon entouré de
« touts côtés de montagnes, qui sont fort hautes et
« couvertes de neige la plus grande partie de l'an-
« née. Elle est dans le fond de cette vallée, entre
« deux montagnes, dont la plus haute est celle de
« Saint-Mains, du costé du levant, et l'autre, qui est
« de beaucoup plus petite, au couchant, s'appelle
« Puymore. Elle a la montagne de Chauvet ou
« Bayard au septentrion, laquelle en est pourtant
« plus éloignée ; et, du costé du midi, elle en est
« encore plus reculée. La ville est un pentagone
« irrégulier ; elle est mal bastie, nullement forti-
« fiée ; ses murailles tombent en ruine, et, quoi-
« qu'elle soit fort ancienne, elle n'a aucun vestige
« ni des marques d'antiquité, tant parce qu'elle a
« été souvent ruinée qu'à cause de la fureur des
« calvinistes qui en abattirent les églises et les
« maisons religieuses » (1).

Le duc de Savoie, à la tête d'une armée de 80.000 hommes, feignit d'assiéger Pignerol ; mais, huit jours après, il en détacha 35 ou 40.000, pour se jeter dans les Hautes-Alpes. L'armée d'invasion fut divisée en deux colonnes, dont la moindre, composée de Barbets, entra par la vallée du Queyras et ne put se rendre maîtresse du Château, où commandait M. de Lèches, natif de Bréziers. La seconde, à la tête de laquelle se trouvait Victor-Amédée, pénétra dans le Royaume par Larche. Arrivée à Gleisolles, elle remonta l'Ubaye, passa à Tournous et à Saint-Paul, et descendit vers Guillestre par le col de Vars. Elle trouva, dans cette place, les soldats de milice du Dauphiné, qu'on appelait *les Bourras*, parce qu'ils étaient tous habillés de méchantes toiles, et deux compagnies, qui occupaient le château de l'archevêque d'Embrun. Pendant six jours que dura l'investissement de Guillestre, les assiégés firent une vigoureuse défense ; mais, faute de munitions,

(1) Juvénis, *Histoire du Dauphiné*, p. 93 du Ms. de la bibl. de Grenoble.

ils furent obligés de se rendre, sous l'honorable condition que les cloches de la paroisse seraient conservées et que la ville continuerait de jouir de ses antiques privilèges.

C'était au mois de juillet 1692 que l'envahisseur avait osé fouler le territoire du Grand Roi. Le 1er août, il chassa les Irlandais qui défendaient le pont de Saint-Clément, sur la Durance, et, le 3, il arriva devant la ville d'Embrun, qu'il investit, après avoir laissé sa cavalerie, composée de 15.000 hommes, du côté de Guillestre. L'infanterie seule fit donc le siège d'Embrun, dont se rendit maître le duc de Savoie, après treize jours de tranchée ouverte. Je ne dois pas omettre que ce prince avait douze pièces de canon de siège, que les assiégés firent une vigoureuse résistance et qu'ils ne se rendirent, le 16 août, que parce qu'ils manquaient de munitions, et avec la capitulation que la garnison ne servirait plus pendant cette campagne et se retirerait au fort Barreaux. Victor-Amédée entra dans Embrun, y fut reçu en vainqueur, se logea au collège des Jésuites et y tomba malade de la petite vérole (1).

Écoutons à présent les lamentations de l'honorable Me Barbier, sur le sort funeste qu'éprouva la ville de Gap, par suite de l'invasion des troupes alliées. Nous avons, depuis longtemps, perdu de vue ce digne consul de 1744 ; mais il vous souvient, sans doute, que nous l'avons laissé sur le monticule de St-Mains, racontant à M. le prince de Conti les faits et gestes de nos ancêtres et de ses devanciers dans l'administration de la ville.

« En cette année fatale, elle avoit pour consuls

(1) *Histoire du diocèse d'Embrun*, par M. Albert, curé de Seyne, tome I, p 112-113 et 150.

[Cf. *Invasion du duc de Savoie dans les Alpes*, article de Charronnet publié dans le *Courrier des Alpes*, journal de Gap, du 29 oct. 1862 au 26 nov. même année; — *La Campagne de 1692*, par A. de Rochas-d'Aiglun, dans le t. XVI du *Bull. soc. de statistique de l'Isère*, p. 17 et suiv., et tiré à part, 1874, in-8° de 179 p. et 3 planches].

noble Charles de Beauregard, sieur de La Pigne ; Pierre Sarrazin, procureur, et Étienne Chaix, consul forain. A l'annonce des succès obtenus par l'ennemi dans les hautes vallées des Alpes, ils avoient eu la sage précaution d'emballer les papiers et les registres de la communauté, à la tête desquels se trouvait le précieux livre de nos libertés municipales et d'en envoyer la partie la plus précieuse à Aix en Provence, et l'autre à Sisteron.

« Déjà Embrun et Guillestre avoient capitulé. Le maréchal de Catinat, afin d'empêcher les alliés de pénétrer dans le Briançonnais et leur fermer, de ce côté, le passage de l'Italie, s'était placé à ce Pertuis-Rostan qui, dit-on, fut ouvert par le vinaigre d'Annibal, et n'avoit laissé, pour observer l'ennemi, que six mille hommes de cavalerie en deçà du pont de Savines ; mais, voyant qu'Embrun était tombé au pouvoir du duc de Savoie, ils rompirent le pont, et alors les habitants de Gap virent avec désespoir ce foible corps d'armée traverser leur ville, sans y laisser un seul homme et se retirer vers Corps. Oh ! alors, il ne leur restait plus d'autre ressource que de fermer leurs portes, de s'abriter derrière les remparts à demi-ruinés de leur ville et de mourir en les défendant ! — Et c'est ce qu'ils firent ? dit le Prince. — Et c'est ce qu'ils ne firent pas, répondit tristement le consul.

« Seize mille hommes s'avançoient vers Gap, chassant devant eux les populations épouvantées, commettant toutes sortes de ravages, de telle sorte qu'une terreur soudaine s'empara des habitants et qu'ils abandonnèrent leur noble et antique cité à la fureur des barbares qui, des quatre coins de l'Europe, étaient venus ravager les misérables vallées des Alpes. Les bons Pères de Saint-François, eux-mêmes, qui savoient braver la peste et toutes les contagions, ayant ouï dire que les Barbets ne faisoient aucun quartier aux moines, furent également saisis d'épouvante et s'enfuirent presque tous, avec leur vénérable gardien. Trois seulement eurent le courage de rester, c'étoient : le Père Lambert de Gap, le P. Paul de Cigalle et le F. Jean-François de La Roche, à qui fut due la conservation du couvent.

« Chaque nation alliée avait ses généraux : les Espagnols étoient commandés par le marquis de Leganez et le comte de Louvigny ; les Piémontais avaient à leur tête le fameux prince Eugène et le prince de Commerci ; les Allemands, Énée de Caprara, et les terribles barbets, le comte de Schomberg.

« Le vendredi 29 août, jour de funeste mémoire, ils arrivèrent à Gap, à trois heures de l'après-midi, et pénétrèrent sans résistance dans la ville, par les six portes largement ouvertes *(esbadalaïos)*, s'établirent dans les maisons abandonnées, et y restèrent jusque au vendredi 12 septembre, jour plus néfaste encore, où une clarté sinistre, illuminant les monts et les coteaux d'alentour, vint révéler aux habitants, qui s'étoient cachés dans les anfractuosités des rochers ou derrière les monticules qui coupent la vallée de la Luye dans tous les sens, que la ville de Gap alloit être réduite en cendres. Hélas ! quelques heures après, tout était consumé ! Mais les barbares, avant d'agiter leurs brandons, avoient eu soin de piller la ville, de s'emparer de tous les ornements, de toute l'argenterie et de tous les vases sacrés des églises. Veynes, Chorges et un grand nombre de paroisses subirent le même sort, et, aux environs de Gap surtout, la campagne n'offroit plus que ruines et dévastations de toutes sortes. *Néanmoins*, dit le *Livre rouge* des RR. PP. Capucins, *par la miséricorde du bon Dieu, à qui il faut tout attribuer, et par la piété des généraux ennemis* (Tudieu, quelle piété !), *ce couvent de Gap ne fut en rien endommagé :* ce qui, indépendamment de la protection divine, étoit encore dû au soin que les trois Pères restés au couvent avoient eu de demander aux généraux espagnols des sauvegardes, qui leur furent généreusement accordées ; *si bien que, profitant de la piété et de la bonne volonté de ces mesmes généraux, les religieux eurent moyen de ramasser une grosse quantité de biscuit, qu'ils distribuèrent charitablement aux habitants de Gap qui revenaient, après avoir apris que les ennemis s'estoient retirés.*

« Après s'être rassasiés de l'affreux spectacle qui se passait sous leurs yeux ; après avoir vociféré des imprécations contre l'auguste monarque qui les avoit forcés, disoient-ils, à prendre les armes pour mettre des bornes à son ambition ; après avoir tâché de justifier le vol, le meurtre, le pillage et l'incendie, par l'exemple donné par les François dans le Palatinat du Rhin, ils partirent de Gap, dans la nuit du 12 au 13 septembre, après deux semaines de séjour, employées à commettre les actes d'hostilité les plus atroces, *violant, bruslant les bastides et les gerbes de la campagne, et, finalement, la pauvre ville de Gap, qui ne trouva point de quoy leur payer la contribution qu'ils demandoient,* ainsi qu'on le trouve écrit en toutes lettres dans le susdit livre des *Annales des Capucins* et que des témoins oculaires, encore en grand nombre dans la cité, pourroient l'attester.

« Je sais par les registres de la maison consulaire, qu'en effet, nos consuls, cachés je ne sais où, avec la plupart des membres du petit conseil, avoient député auprès des généraux ennemis, les sieurs Escallier et Carlot, notables de la ville, pour convenir d'une contribution ; mais je ne saurois vous dire pourquoi le traité ne put avoir lieu. Vous entendrez encore des personnes assurer qu'on étoit convenu d'une somme de trente mille francs et que les députés ayant demandé une quittance au général qui commandoit en chef les troupes alliées, celui-ci leur rit au nez et rompit la conférence.

Rien n'est moins vraisemblable : nous devons croire plutôt que, sans le vouloir et faisant les capables, ils se permirent des propos inconsidérés, qui irritèrent les vainqueurs, devant qui devoit s'humilier la fierté gapençaise. Les Barbets surtout se raillièrent de nos députés et poussèrent la plaisanterie jusqu'à enlever à l'ambassadeur Escallier le cheval sur lequel il avoit chevauché, pour se rendre au lieu de la conférence ; de sorte qu'il fut obligé de s'en retourner à pied et de se présenter tête baissée devant le noble consul qui l'avoit muni de ses pleins pouvoirs.

« Que vous dirai-je ? Si au lieu de prendre la fuite, comme un troupeau de moutons harcelé par les loups, les consuls et le sénat municipal étoient restés à leur poste ; s'ils avoient su allier ensuite la prudence à la fermeté, ils auroient peut-être sauvé la ville du pillage et de l'incendie, comme l'évita le village de La Saulce, joli petit-fief de la vicomté de Tallard, en payant sept à huits cents livres, comme on le voit dans un compte consulaire rendu à cette communauté.

« Comment peindre le désespoir dont furent saisis les habitants de Gap en rentrant dans leur ville réduite en cendres ! Pas un foyer pour réchauffer leurs membres engourdis par le froid et exténués par la faim ; pas un toit pour se mettre à l'abri des pluyes et des orages de l'automne [1]) ; pas un seul morceau de pain que la mère haletante pût mettre dans la bouche de ses enfants ! Quelle désolation sans terme ; quelles imprécations et quels cris de vengeance ne durent s'échapper de leurs robustes poitrines ! Le Grand Roi sommeilloit-il ? Hélas ! Il sembla que les temps étoient accomplis et que la cité ne se relèveroit plus de ses ruines, selon les

---

[1]) Suivant les documents les plus authentiques sur un ensemble de 953 maisons, 798 furent incendiées (cf. G. 1013-15 et G. 1439).

prédictions qui avoient allarmé leurs devanciers en l'année 1540 !

1693. — « Cependant, l'année suivante, ils eurent la consolation d'apprendre que M. le maréchal de Catinat, qui avoit repris l'offensive, venoit de battre complètement, à La Marsaille, l'armée du duc de Savoie ; que huit mille hommes étoient restés sur le champ de bataille, parmi lesquels se trouvoit le comte de Schomberg, ce terrible commandant des terribles Barbets ; que la campagne de Turin avoit été livrée au pillage en répresailles des épouvantables excès auxquels les alliés s'étoient livrés dans le Dauphiné ; et que, pour venger plus particulièrement la ville de Gap du vaste embrasement qu'ils lui avoient fait subir, le maréchal avait ordonné à Bachevilliers, l'un de ses généraux, de brûler la Vénerie, superbe maison de plaisance, que Victor-Amédée possédoit près de Turin, ainsi que quelques autres châteaux de moindre importance. Triste consolation offerte à des malheureux, dénués de toutes ressources, pour se relever de leur ruine ! Aussi vit-on les habitants qui ne jouissoient pas d'une certaine aisance, quitter le territoire et aller traîner leur misère et mendier leur pain sur une terre étrangère. Ceux qui restèrent réparèrent quelque peu leurs maisons et, au lieu d'ardoises, ils jettèrent sur les murs ébranlés ces toits de chaume dont la moitié de la ville est encore couverte en ce moment.

« La fatigue du logement des troupes, pendant les dernières guerres de Louis XIV, porta un grand nombre *d'anciens citoyens* d'aller s'établir dans les villages voisins, *et d'autres, de se bâtir des chaumières à travers champs,* pour y faire leur demeure ; *en telle sorte qu'on ne compte pas les habitants de la ville au tiers du nombre qui la composoit anciennement.* Les bâtiments restent en ruine ; plusieurs des héritages de la campagne sont en friche et sans culture : car, malgré l'arrêt du parlement de Grenoble du 15 décembre 1714, qui permettoit aux Consuls de remettre les fonds et les maisons *guerpies* à ceux qui voudroient s'en charger au cadastre, pour en payer les impositions à l'avenir, peu de personnes ont voulu profiter du bénéfice de cet arrêt, de sorte que les tailles et autres impositions des héritages abandonnés restent à la charge de la ville et sont supportées en corps de communauté.

« Cependant les consuls n'avoient pas négligé d'adresser leur supplique à messire Jean-Étienne Bouchu, intendant de la province, enfin d'obtenir quelques secours du Roi ou de ses ministres. Ce magistrat chargea M. Jacques de Poligny, seigneur de ce lieu et de La Fare et de Tréminis, de procéder à l'inventaire et à l'évaluation des pertes. Ce bienveillant seigneur commença et termina le travail qui lui étoit confié, dans le courant du mois de juillet 1693. Il en résultoit que la valeur des maisons incendiées s'élevait à la somme de 673.838 livres et le montant des dommages à 517.245 livres, non compris celui éprouvé par messire Raymond Juvénis, dans sa maison, située dans la rue Nizarde au coin de celle de la Grenette, dommage que M. de Poligny ne voulut pas apprécier, à cause de la parenté qui existoit entr'eux et pour lequel il le renvoya à se pourvoir directement à M. l'Intendant.

« Les consuls s'élevèrent vivement contre les évaluations faites par M. de Poligny, qui, d'après leurs réclamations, estima que, pour réédifier les maisons incendiées et les rendre habitables, il en coûterait au moins un million deux cent-cinquante mille livres.

« Quelques secours furent distribués, dans la suite, aux habitants, en proportion des pertes par eux éprouvées, sans distinction de rang ou de fortune ; mais les petits gentilhommes et les grands gentillâtres de la contrée, qui, presque tous, avoient leurs hôtels dans la rue Droite, négligèrent, en les relevant, de leur donner l'éclat dont ils brilloient avant le funeste embrasement. Ainsi les maisons qui, en 1692, étaient possédées par dame Julie d'Albon, François de Montauban de Flotte, Alexandre de Bremond de Rosset, Jean de Moustiers, Françoise de Castelanne, épouse de M. le baron d'Hugues, la veuve d'Étienne de Cazeneuve, Jean de Cazeneuve, François de Barban, sieur de Pragastaud; dame Blanche de Beauchâteau; par le sieur Souchon des Praux, le conseiller Jacques Barbier, mon père, qu'il venait d'acquérir de M. de Montauban; Jean de Ricou, sieur de Combedose; la marquise de Montlaur, la comtesse de La Roche, Louis d'Astier, sieur de Gandière, le consul Charles-Michel de Beauregard, sieur de La Pigne; le sieur de Montauban-Jarjayes; la dame Blanc de Camargues, Jean de Castelane, sieur de St-Véran; le comte de Villebois et son fils le comte du Saix, gouverneur de la ville; François du Villar, le sieur d'Aspremont, la dame du Château-St-Pierre, et Jean de Laye, le plus pauvre et le plus noble d'entr'eux, bien qu'il en fût réduit à exercer la profession de charpentier; les maisons, dis-je, ne furent plus distinguées des maisons roturières qui les avoisinoient et, depuis lors, leurs nobles propriétaires ont peu à peu déserté la ville. De tant de descendants de Mérovée ou du roi Gontran, il n'en reste pas une douzaine qui viennent passer leur hiver à Gap » (1).

Permettez-moi d'ajouter quelques mots au récit du consul de 1744. M. d'Hervé, qui n'avait pu

(1) A l'appui du récit de M⁰ François Barbier, je puis citer les documents suivants, qui le confirment de la manière la plus exacte : 1° *Livre des Annales des Capucins*, p. 208 et 209. — 2° *Mémoires* de M. Rochas, p. 159, 1ʳᵉ série, et p. 129 à 134, 2ᵉ série. — 3° *Mémoire* de M. de Malissoles du 8 mai 1706. Ms. — 4° *Estimation générale de la ville de Gap* faite par M. de Poligny, en 1693. Ms. — 5° *Mémoire adressé au Roi par les consuls de Gap* vers le milieu du XVIIᵉ siècle. Ms.

sauver du pillage ¹) ce bel ostensoir en or, formé par un ange tenant dans ses mains élevées le soleil qui contenait l'hostie dans un double cristal ; ostensoir que le chapitre racheta ensuite d'un orfèvre de Turin et qui parut dans les grandes solennités de l'église de Gap jusques au moment où le représentant Beauchamp l'eût fait disparaître pour toujours, en l'envoyant à l'hôtel des monnaies, en compagnie de saint Grégoire et de saint Arnoux ; M. d'Hervé qui avait su dérober aux regards avides des Barbets le buste de ce saint patron, mais qui n'avait pû leur cacher son château de Charance, mena de front les réparations qu'il y fit exécuter, en 1693 et l'année suivante, avec celles de l'église cathédrale ²).

Les suites de l'embrasement et des ravages causés, en 1692, par l'armée alliée, échappent à la génération actuelle, qui n'aperçoit plus qu'une ville entièrement métamorphosée, dont les habitants jouissent de quelque aisance. Les chétives masures que l'on voit dans quelques parties de la ville et qui portent encore les stigmates de l'incendie, peuvent, cependant, leur donner une idée de ce qu'elle était avant 1789, époque d'où part le mouvement ascendant et progressif qui nous a fait ce que nous sommes, et faire juger par le quartier de Saint-Arey de l'état où se montrait le reste de la ville.

Gap, le 20 avril 1839.

¹) En réalité, le prélat, au moment du pillage et de l'incendie de Gap, se trouvait à Paris. Il y était depuis le 21 févr. 1692, mais il se hâta d'accourir dans sa ville épiscopale et y arriva le 24 octobre (G. III, p. xx) ; mais, peu après, du 15 déc. 1692 au 7 août 1693, il fit généreusement distribuer des secours de toute nature aux malheureux habitants (G. 1435 et 1436).

²) Le 26 sept. 1698, le Roi accorda 20.000 l. pour restaurer la cathédrale incendiée (G. 1187). Le 29 juillet 1699, la ville affecta au même objet les 2/3 de l'impôt sur le vin (G. 1351). Le 8 juillet 1700, le devis des travaux, dressé par Dialamant, s'élevait à 60.000 l. (G. 1351). Les travaux n'étaient pas terminés le 23 juin 1707 (G. 1189). Cf. G. III, p xxi, et p. xxvii.

SUPPLÉMENT A LA XVIIᵉ [XXXVIᵉ] LETTRE.

1681. — Un arrêt rendu par le Conseil d'État le 2 mai 1681, qui ôta aux protestants les droits politiques dont ils jouissaient dans la ville de Gap, en vertu des anciens règlements, mérite d'être rapporté en son entier :

« Le Roi ayant été informé des grandes divisions et désordres qu'il y a toujours eu dans l'hôtel de ville de Gap, et de la mauvaise administration causée par les habitants de la religion prétendue réformée de la dite ville de Gap, lesquels, quoiqu'ils ne composent que la moindre partie des habitants, ont toujours possédé les principales charges, tant dans le conseil politique que dans le consulat, et par ce moyen ont fait prendre des délibérations contraires au bien public et au désavantage de la religion catholique : à quoi étant nécessaire de pourvoir, en n'admettant d'ors en avant au consulat et au conseil politique que des personnes catholiques, Sa Majesté, étant en son Conseil, a ordonné et ordonne que les habitants de ladite ville de Gap de la religion prétendue réformée seront pour toujours exclus du consulat et conseil politique de ladite ville, sans qu'à l'avenir il soit admis au dit consulat et conseil politique que des personnes faisant profession de la religion catholique, apostolique et romaine. Enjoint Sa dite Majesté au gouverneur et lieutenant général de la province de Dauphiné, au sieur d'Herbigny, intendant d'icelle, et à tous autres officiers qu'il appartiendra, de tenir la main à l'exécution du présent arrêt, qui sera lu et enregistré dans les registres de la maison de ville du dit Gap, pour y avoir recours quand besoin sera.

« Fait au Conseil d'État du Roi, Sa Majesté y étant, tenu à Versailles, le deuxième jour du mois de mai mil six cent quatre-vingt-un. Signé, COLBERT ».

Cet acte est suivi des lettres patentes du même jour, adressées par le Roi à *son cousin* le duc de Lesdiguières, gouverneur du Dauphiné, et à l'intendant d'Herbigny, pour l'exécution de l'arrêt du Conseil, qui faisait pressentir la révocation de l'édit de Nantes.

Dans l'assemblée électorale réunie à l'hôtel de ville, le 7 juillet suivant, pour la composition du Conseil général, il fut donné lecture de l'arrêt qui excluait les protestants. Les consuls de 1681 étaient MM. Henri Philibert, avocat en la Cour, Jean Combassive, procureur, et Jean Gellin-Saint-George. Parmi les conseillers qui furent élus, nous voyons figurer, au grand et au petit conseil, M. Juvénis (1).

1685. — En l'année 1685, Victor de Meillan, qui était devenu évêque d'Alet, donna procuration à l'effet de solliciter, en la Grande Chancellerie, le renouvellement du privilège de territoire accordé par le Roi-Dauphin aux officiers de l'évêque de Gap les 19 et 21 août 1513 (2).

1686. — Était-il réellement possédé du démon ce bénéficier en l'église de cette ville, qui, à la requête de dame Marie Baudet, épouse de M. de Bertrand, vibailli du Gapençais, était ajourné à comparoir, sous trois jours, dans l'auditoire où s'exerçait la juridiction ecclésiastique, par-devant M. l'archidia-

---

(1) **Archives de la Préfecture.** *Arrêt du Conseil d'État* du 2 mai 1681. — *Lettres patentes* du même jour. — *Procès-verbal de l'assemblée électorale de Gap* du 7 juillet suivant. Mss.

(2) *Ibidem. Acte passé à Alet*, le 27 juin 1685. Mss.

cre Gaillard et les chanoines Legay et de Ricou, députés par le vénérable chapitre, pour être ouï sur ce dont il était accusé ; à savoir : d'avoir juré le saint nom de Dieu, et dit *que le diable le possédât ; et, de plus, que toutes les filles de la maison du sieur ribaly, mari de la dite dame, n'en sortoient point que le vantre plain ?* (1). Le bénéficier Louis Astraud (tel était le nom du prévenu) comparut-il sur l'ajournement qui lui fut notifié, le 27 mai 1686, par Pierre Pouses, huissier-sergent pourvu par Sa Majesté ? Fut-il condamné ou absous par l'officialité ? La noble dame de Bertrand fut-elle vengée, et ses camérières sortirent-elles blanches comme la neige de l'épreuve à laquelle les avait soumises la langue ardente du bénéficier susdit ? C'est ce qu'aucun document n'a pu m'apprendre, malgré mes infatigables recherches.

1689. — Nous venons de voir figurer, au nombre des juges du malencontreux bénéficier, M. l'archidiacre Gaillard, si honorablement cité, d'ailleurs, dans l'histoire de Notre-Dame du Laus, dont il fut le chroniqueur. Eh bien ! ce respectable archidiacre n'eut-il pas à se défendre, à son tour, devant M. le doyen et les chanoines, sur le procès qui lui avait été intenté, en paiement d'une promesse, par Marguerite Astier, veuve d'un nommé Raymond Janselme ? Dans une pièce signée par M. Faure, promoteur, le 24 juillet 1689, ce dernier ne déclarait-il pas que, sur une requête du 13 du même mois, messire Gaillard avait fait une réponse remplie de chicanes, de faits non pertinents et *apparemment* calomnieux, dans le dessein d'éloigner le jugement de la récusation qu'il avait faite de la personne de

(1) Archives de la Préfecture. *Ordre d'ajournement donné par les doyen et chanoines du vénérable chapitre de l'église cathédrale Notre-Dame de Gap du 25 mai 1686. — Assignation donnée le 27 du même mois à Louis Artraud.* Mss.

M. le doyen de Ronceray? (1). C'est encore ici une de ces anecdotes dont je n'ai pu trouver la fin, mais qui ne doit nullement ternir la gloire que notre pieux archidiacre s'était acquise.

1692. — Je termine ce supplément par un très court passage des immenses mémoires du marquis de Dangeau, qui, comme M. Gaillard, tenait note exacte de ce qui se passait sous ses yeux. Celle-ci est relative à l'occupation de la ville de Gap par les alliés, en 1692 :

« On a eu nouvelle que M. de Savoie avoit abandonné Embrun et Guillestre, après avoir fait sauter quelques tours ; mais ils ne l'ont point brûlé. M. Caprara s'excuse même de ce qu'on a brûlé Gap, par dire que, s'il y eût eu des habitants, on n'y auroit fait aucun désordre. Toutes leurs troupes repassent dans leur pays, et ils ont eu la mortification de voir que, pendant qu'ils ont été en Dauphiné, pas un religionnaire n'a branlé » (2).

Mais ils ont eu la satisfaction de réduire des populations entières à la dernière misère ; ce qui ne vous émeut guère, Monsieur le courtisan !

Gap, le 15 février 1842.

---

(1) Archives de la Préfecture *Dossier relatif au procès intenté à messire Pierre Gaillard*, au mois de juillet 1689. Mss. [Cf. *Philis de La Tour du Pin, Mademoiselle de La Charce. Étude historique* par M. l'abbé Lesbros. Paris, G. Téqui, 1883, in-8° de 304 p.].

(2) *Mémoires* de Dangeau, cités par Lemontey, *Œuvres complètes*, t. IV, p. 86.

XXXVIII° LETTRE.

CHARLES-BÉNIGNE HERVÉ.

1693 A 1705.

Grande affaire des feux de joie. — Discorde entre les évêques et les gouverneurs de Gap. — Origine de l'illustre maison du Saïx. — Histoire des feux de joie de 1636 à 1693. — Louis XIV parvient à faire terminer le différend. — État financier des monastères de Gap et de Romette. — Mœurs de quelques membres du clergé. — Le père Martelly. — Interdiction du cimetière de Notre-Dame — Le maire perpétuel. — Les inhumations sont suspendues. — Don du cimetière de la porte Chaussières. — Bienveillance du maréchal de Catinat pour la ville. — M. d'Hervé donne sa démission. — Notice sur Raymond Juvénis. — Dernier mot sur l'archidiacre Gaillard. — Note sur M. d'Hervé, sa disgrâce et ses ordonnances synodales, les confréries de Gap et de Tallard, les gentilshommes des environs de Rosans et la correspondance de cet évêque avec Juvénis relativement aux droits de *rêve*.

Je suis appelé aujourd'hui à traiter un sujet non moins triste que celui par lequel j'ai terminé ma dernière lettre, bien que, pendant un demi-siècle, il ait divisé les hauts dignitaires de la cité. L'affaire était grave, sérieuse, importante et pouvait amener les plus terribles convulsions dans le sein du diocèse : il ne s'agissait de rien moins que de savoir à qui, du successeur des seigneurs comtes souverains de Gap, ou du représentant de Louis XIV dans cette noble ville, appartenait le droit d'allumer, le premier, les feux de joie ; et, certes, sans parler de ceux de la Saint-Jean, ils étaient devenus fréquents dans ce siècle de gloire et de conquête !

Comme la maison du Saïx ou du Says, ainsi que l'écrivait le XVIIᵉ siècle, joue l'un des principaux rôles dans ce terrible débat, je dois, d'abord, en faire connaître l'illustre origine. A cet effet, j'ouvre le précieux manuscrit de *la Fête du St-Sacrement*, et je trouve, à la page 58, les paroles suivantes :

« Vous saurez, ami lecteur, qu'en l'année 1443, et le 9 du mois de février, Pierre Gruel, licencié en droit et avocat de la ville et communauté, assistoit avec noble Raymond (le) Vieux et Jacques d'Obverche, qui en étoient consuls, à la prise de possession de l'évêché. Le terrible Gaucher de Forcalquier qui, plus tard, dispersa avec fureur son troupeau, au lieu de le protéger à l'ombre de ses ailes pastorales, venoit d'en être pourvu. Selon la coutume et à la réquisition des consuls, il jura, dans la nouvelle chapelle de la Trinité de l'église des Cordeliers, d'observer, maintenir et respecter les privilèges, immunités et franchises de la dite ville, non par lui-même, mais par le moyen de Barthélemy de Brancas, seigneur de Céreste, son oncle ; de Jacques de Forcalquier, son frère ; de Jacques Villon, prévôt de Barjols ; de Palamède de Carette, prévôt de Saint-Didier d'Avignon, et de quelques autres ecclésiastiques, ses procureurs fondés. Or, M. le major descendoit en ligne directe de ce Pierre Gruel, avocat de la ville, lequel étoit fils d'un notaire du Saïx ; mais, dans la suite, il embrassa avec ardeur le parti de Gaucher, qui l'avoit pourvu de la judicature de Gap : il sollicita, en outre, une affaire relative au seigneur de Manteyer, dont il eut la terre en récompense ; et puis, il fut conseiller et président au parlement de Dauphiné en 1462, et, enfin, il fut l'un des exécuteurs des mandements de Louis XI en cette province. C'est ainsi que l'on fait son chemin dans le monde.

« L'un des membres de cette famille crut l'avoir fait, un siècle plus tard, d'une manière encore plus rapide. Le 6 septembre 1558, c'est-à-dire en l'année même où, pour la première fois, la ville de Gap fut comprise aux tailles et autres charges de la Province, nonobstant les transactions et privilèges, les coutumes et les franchises dont elle avoit joui de tout temps, il arriva que Jean des Homèdes, grand maître de l'ordre de Malte, passa de vie à trépas, et, dès le 11 du même mois, il fut procédé à l'élection d'un autre grand maître. Le bailli de l'élection, qui étoit Castillan, fit connoître les suffrages des électeurs, à la manière accoutumée, et déclara que *Claude* de La Sangle étoit promu à cette dignité éminente ; et comme il prononçoit ces paroles avec la gravité ordinaire à ceux de sa nation et qu'il mit un intervalle entre le prénom et le nom du nouveau grand maître, *Claude* Gruel, que l'on surnommoit Laborel, grand commandeur et lieutenant du grand maître des Homèdes, s'imaginant que c'étoit de lui qu'il s'agissoit, commença à se faire fête et à remercier la compagnie. Jugez de sa surprise et de sa confusion lorsque ses graves confrères l'eurent tiré de son erreur ! Sa naïve simplicité et son grand âge lui sauvèrent la punition qu'une vanité aussi ridicule auroit dû lui attirer. Ce Claude Gruel, ajoute le grand Juvénis, à qui nous avons emprunté cette relation, descendoit de Pierre Gruel, l'avocat et le persécuteur de la ville, lequel avoit donné, par ses charges, un commencement de noblesse à sa famille, qui porte trois grues en ses armoiries.

« Vous savez, mes chers concitoyens, que M. de Villebois, ayeul de notre major, et M. du Saïx, son père, avoient été successivement gouverneurs de Gap vers la fin du dernier siècle ; mais vous ignoriez peut-être que leurs ancêtres n'avoient jamais monté dans les carrosses du Roi, puisque leur noblesse est postérieure au règne de Charles VIIe. De sorte que M. Flour de Saint-Genis, le vibailli, M. Barbier, le premier consul, et le sieur Corréard, le consul forain, pouvoient marcher tête levée à côté du descendant de maître Pierre Gruel, l'avocat de la ville ».

Or, le grave différend qui s'était élevé entre l'évêque et le gouverneur remontait à une époque antérieure à l'épiscopat de Charles-Bénigne d'Hervé. Déjà M. de Marion et M. de Villebois avaient fouillé dans les annales de la ville, pour faire prévaloir leurs prétentions respectives aux yeux du gouverneur de la province. L'on était remonté jusques en l'année 1636, et l'on avait reconnu, par les registres des délibérations municipales, que toutes les fois qu'un feu de joie devait être allumé, les consuls allaient trouver Monseigneur de Gap et le prier *de choisir l'heure de sa commodité*, pour le feu de joie que l'on devait faire le soir ou le lendemain. L'on y voyait que ces mêmes consuls se retiraient aussi devers M. le gouverneur, M. le vibailli et M. le juge de la ville, pour les prier d'assister à la cérémonie et *mettre le feu au feu de joye*. La ville et communauté achetait onze superbes flambeaux de cire jaune, et remettait à l'Abbé de la jeunesse quinze livres de poudre, que celui-ci distribuait à la milice citoyenne des quatre quartiers de la ville, pour rendre la fête plus brillante et plus bruyante.

Quelques différends s'étant élevés entre le lieutenant du juge de l'évêque et la ville, les conseillers de la communauté, au nombre desquels se trouvaient nobles Benoît de Vitalis, sieur de Beauchâteau ; François de Grilh, sieur de St-Michel, et Henri de Bremond, sieur de Rosset, avaient résolu, le 23 juin 1649, de présenter de très humbles remontrances à Monseigneur l'évêque, pour le supplier « de maintenir et conserver la ville dans ses hon- « neurs, prérogatives et privilèges aux actions et « cérémonies publiques à elle accoustumées, aux « processions de la Fête-Dieu, octave, feux de joye « la veille de la Saint-Jean-Baptiste et autres, et ne

« souffrir point le trouble que cause le lieutenant de
« son juge, qui se jacte de les vouloir précéder aux-
« dites cérémonies ». L'impertinent ! Ne voulait-il
pas, lui seul, allumer le feu de joie du lendemain ?
Mais il fut arrêté qu'il ne lui serait point *baillé de
flambeau par la ville*. Ceci prouve, d'ailleurs, que
l'on s'adressait toujours à l'évêque pour terminer
de semblables difficultés.

Le 24 mars 1660, ne vit-on pas les mêmes consuls,
assistés des principaux citoyens de la ville, *s'ache-
miner*, d'abord, chez le gouverneur et, ensuite, chez
Monseigneur de Gap, pour les accompagner aux
feux de joie préparés, l'un sur la place St-Étienne
et l'autre au champ de la Commanderie, en réjouissance de la paix tant désirée, qu'il avait plu *au bon
Dieu nous donner ?* En cette grande circonstance,
l'on vit briller autour des feux de joie douze flambeaux de cire jaune et douze de cire blanche,
pesant en tout 84 livres ; lesquels, *pour plus grande
réjouissance,* restèrent allumés, toute la nuit, aux
fenêtres de la grande salle de la maison consulaire. — Je pourrai encore vous citer, par douzaines, d'autres délibérations qui prouveraient, jusqu'à l'évidence, que toujours le prélat assistait
aux feux de joie.

Toutes les pièces furent adressées à la Cour par
M. de Lesdiguières, gouverneur de la province, qui,
le 13 avril 1675, fit connaître au gouverneur de Gap
que les honneurs de ces sortes de cérémonies lui
appartenaient, comme représentant la personne du
Roi dans cette ville ; ce que Sa Majesté voulait être
exécuté, sans faire expédier aucun acte public,
afin de ne diminuer en rien le respect que les peuples doivent à leur évêque. La lettre du gouverneur,
communiquée à M. de Marion, aggrava peut-être la
maladie dont ce prélat était atteint ; et, s'il ne re-
courut point d'une décision qui plaçait le représentant de Dieu et des anciens souverains de Gap au-

dessous du représentant du roi de France, c'est qu'il mourut dans le courant du mois d'août de la même année.

M. de Meschatin, son successeur, fut plus heureux. En 1678, il obtint de Louis XIV une décision qui approuvait l'accord intervenu entre le gouverneur, M. de Villebois et lui. En voici le dispositif:
« En ce faisant, Sa Majesté a ordonné et ordonne,
« veut et entend que, doresnavant, lorsque Sa
« Majesté donnera ses ordres pour quelque céré-
« monie ou réjouissance publique, le feu de joye,
« qui sera fait à cette occasion, soit allumé conjoinc-
« tement par les dits s^{rs} évesque et gouverneur
« du dit Gap, ou par l'un d'eux, en l'absence, mala-
« die ou empeschement de l'autre, et que ce mesme
« ordre soit suivy et exécuté par ceux qui succède-
« ront audit évesché et audit gouvernement, sans
« qu'il y puisse estre apporté aucun changement,
« pour quelque cause et soubs quelque prétexte
« que ce puisse estre.

« Fait à Saint-Germain-en-Laye, le 4 janvier 1678.

Signé, « Louis, et, plus bas, Le Tellier ».

Quel est l'audacieux qui, le premier, osa porter atteinte à la décision du Grand Roi, laquelle, soit dit en passant, laissait de côté nos pauvres municipaux, et le vibailli, et l'abbé de la jeunesse, comme s'il n'en eût plus existé dans ce monde? C'est ce que nous trouverons sans doute dans la suite. En attendant, sachez qu'en réjouissance de la prise d'Ypres et de Gand, le feu de joie dressé sur la place Saint-Étienne fut allumé par Monseigneur l'évêque et par noble Pierre de Ricou, premier consul de la ville [1]), le 15 mai 1678, *sans aucun autre, attendu que M. de Villebois, gouverneur de cette ville, est à la*

---

[1]) Il avait été élu le 3 mai 1676, ainsi que l'avocat Ant. Collomb, protestant, Pierre Meynier, notaire, et Guillaume Gelin Saint-Georges, de Charance (BB. 60, p. 263 de l'*Incept.*)

campagne, et, qu'en son absence, le premier des consuls commande.

M. de Villebois fut de retour au mois d'octobre, apportant une ordonnance du Roi relative à la paix que Sa Majesté avait accordée aux Provinces-Unies ; plus, une lettre du commandant de la province, Mgr de Saint-André, qui ordonnait des feux de joie et *toutes les marques de réjouissance publique.* Le conseil s'assembla, le 23 de ce mois, et arrêta qu'un feu de joie sera fait *le plus honestement* qu'il se pourrait ; mais, au moment où l'assemblée allait se séparer, ne voilà-t-il pas Monsieur de Saint-Michel, qui se présente de la part de l'évêque et du gouverneur, et leur dit que, pour éviter les désordres déjà survenus entre la ville et le vibailli, en pareille occurence, ces hauts dignitaires ont convenu avec lui que, pour cette fois seulement, M. le juge royal serait admis au feu de joie, sans que les consuls, ni personne de leur part, fussent obligés de l'aller quérir ; que M. le gouverneur, le vibailli et les consuls se rendraient à l'hôtel de Mgr l'évêque, et que, tous ensemble, ils en sortiraient *et mettraient le feu conjointement au bûcher*. Afin d'éviter le trouble, dans une circonstance où l'on se réjouissait de la paix, le conseil municipal voulut bien condescendre à la proposition du sieur de Saint-Michel et permettre que le vibailli allumât un des coins du bûcher ; mais *pour cette fois seulement, attendu la conjoncture présente, sans qu'il pût en tirer aucune conséquence avantageuse.* Voilà, je l'espère, de la dignité municipale ! Il en résulta momentanément un accord parfait entre tous les pouvoirs de la ville.

J'ignore comment il fut troublé, dans la suite ; mais je vois que, le 2 juin 1686, M. d'Hervé avait représenté au Roi que l'on pourrait faire quelque difficulté de lui laisser allumer, *le premier*, le feu de la Saint-Jean, parce qu'il n'avait pas encore ses bulles du Pape, et que, par une lettre de cachet

adressée à M. de Virville, nouveau gouverneur de Gap, lequel n'appartenait pas, que je sache, à la famille de Gruel, Louis XIV décidait, qu'en vertu de sa nomination, M. d'Hervé devait jouir de tous les honneurs et prérogatives dont les évêques de Gap, ses prédécesseurs, ont été en possession. Cette décision est du 13 du même mois. En la faisant connaître à M. d'Hervé, le même jour, le marquis de Croissy ajoutait ces mots flatteurs : « Vous vous
« estes desja acquité des fonctions de l'épiscopat
« avec tant de zèle, par les soins que vous avez
« donnés à la conversion de vos diocésains, qu'il
« est bien juste de vous les conserver en leur en-
« tier. Je m'y employerai toujours avec joie, quand
« les occasions s'en présenteront ».

Il y avait bien quelque chose de louche dans cette décision, car, si M. d'Hervé prétendait avoir le droit d'allumer, *le premier*, les feux de joie, il allait à l'encontre de celle du 4 janvier 1678, qui admettait simultanément l'évêque et le gouverneur à s'avancer avec leurs flambeaux devant le bûcher et à mettre, en même temps, le feu à la paille qui l'entourait ; et la dernière lettre de cachet n'innovait rien à cet égard. Aussi la querelle se renouvela-t-elle, en 1687, avec plus de force que jamais, entre M. d'Hervé et messire Jacques de Gruel, seigneur et baron du Saïx, fils de l'ancien gouverneur M. de Villebois, et qui venait de succéder à M. de Virville. L'un et l'autre portaient de nouveau leurs plaintes à la Cour et au gouverneur de la province sur leurs prétentions réciproques. Le gouverneur et la Cour s'en tiraient avec des équivoques. Mais, le 8 mars 1687, l'évêque, ayant appris que les consuls de Gap avaient résolu de faire un feu de joie, pour se réjouir du rétablissement de la santé du Roi, fit sommer le premier consul, par un acte extra-judiciaire, de lui faire rendre tous les honneurs dont ses devanciers avaient été en possession ; de l'avertir du jour et de l'heure où le feu de joie serait allumé, et de l'aller prendre pour l'y accompagner, aux formes accoutumées, *protestant, à deffaut de ce, de la contravention aux ordres du Roy, d'attentat, de prendre ledit sieur consul à partie formelle.*

De son côté, le gouverneur avait fait signifier à nos magistrats municipaux une ordonnance, qui leur enjoignait de se parer de leurs chaperons, d'aller le prendre dans sa maison et de l'accompagner à l'église, pour assister au *Te Deum,* et, de là, au feu de joie.

Laissons un moment nos consuls et nos conseiller se concerter pour tâcher de se tirer, en bons Dauphinois, de ce pas difficile, et revenons à notre évêque, qui, le même jour 8 mars, faisait, en outre, signifier au gouverneur un acte un peu moins laconique que celui qui était à l'adresse du 1er consul. C'est, parlant à la deuxième personne, que Mgr d'Hervé disait à M. le baron du Saïx : « Vous prétendez allumer tout seul le feu de joie et, de plus, vous voulez empêcher l'évêque de paraître à la cérémonie ! Hé ! sachez donc, M. le gouverneur, vous qui représentez le monarque dans cette ville, que vous contrevenez ainsi aux déclarations de Sa Majesté et aux arrêts de son Conseil ! Ignorez-vous, qu'outre ma qualité d'évêque, je suis encore revêtu de celle de seigneur et haut justicier ? Vous vous appuyez sur une prétendue lettre du défunt seigneur duc de Lesdiguières, écrite en l'année 1675, captée par un de vos parents ; mais ignorez-vous encore que, trois ans après, sur la plainte de mon prédécesseur, le Roi lui-même ordonna que le seigneur évêque jouirait du rang de la préséance à tous les feux de joie ? Cet ordre fut connu de M. de Villebois, votre père, et de tous les habitants de la ville, qui, depuis, en ont toujours vu l'exécution. En conséquence, le seigneur évêque de Gap *vous somme, requiert et interpelle de ne le troubler en icelle possession, et de le laisser paisiblement jouir du rang et préséance qui luy est due au dit feu de joye ;* d'autant mieux, qu'ensuite d'une seconde lettre de cachet, dont votre père a l'original, le seigneur évêque doit jouir, en vertu de la nomination faite par le Roi, de tous les honneurs et de toutes les prérogatives attachés à l'évêché de Gap ».

M. du Saïx répondit que toutes les pièces invoquées par le seigneur évêque ne signifiaient rien ou pas grand'chose, et que la plupart d'entre elles justifiaient même qu'il n'avait le droit d'allumer les feux de joie qu'en l'absence du gouverneur. Dans trois pages d'une écriture serrée, il tâchait de détruire les arguments du prélat ; il le priait de le laisser libre, à la tête de ses troupes et du peuple de Gap, comme il le laissait libre, à la tête de son chapitre et des corps ecclésiastiques ; enfin, le gouverneur cherchait à écraser son adversaire, sous le poids de la lettre écrite à son père, le 13 avril 1675, par le gouverneur de la Province. L'évêque ne se tint pas pour battu et répliqua, le même jour. Le même jour aussi, le gouverneur fit une courte et dernière réponse, disant *qu'il n'était pas de sa fonction de tant verbaliser, ny chercher des histoires,* et que les honneurs doivent appartenir au gouverneur, comme représentant la personne du Roi.

Nous avons laissé nos officiers municipaux se gratter la tête, pour aviser aux moyens de se tirer de l'embarras où les avaient placés les deux puissances rivales. Le 9 mars 1686, les deux consuls Faure et Bonnet (le troisième faisant deffaut [1]) délibéraient, en la maison consulaire, avec les conseillers, au nombre de quinze seulement (les autres voulant conserver une exacte neutralité), sur les actes qui leur avaient été notifiés de la part du

---

[1] Jacques Faure, avocat, Arnaud Bonnet, marchand, et Pierre Aymar, de Villar-Robert, élus le 30 nov. 1685. Le premier consul mourut le 15 avril 1687 (BB. 62, p. 274).

gouverneur et de l'évêque. Ils prenaient la noble résolution, les malins, d'envoyer le premier consul les remercier, l'un et l'autre, *de ce qu'ils avaient eu la bonté de vouloir honorer leurs réjouissances de leurs présences, et les prier d'agréer que ledit feu de joye fut renvoyé jusques à ce que leurs différends fussent réglés ;* lorsque, tout à coup, le baron du Saïx tombe, comme une bombe, dans la salle consulaire, les regarde de travers et leur demande que la délibération lui soit communiquée. Après l'avoir lue, il ajoute, sardoniquement, qu'il fera faire lui-même un feu de joie, à ses frais et dépens, en réjouissance de la convalescence de Sa Majesté, puisque la ville répugnait à le faire. Puis, élevant la voix : « *Je requiers, de par le Roy, les sieurs consuls, à peyne de désobéissance, de venir me prendre en chaperon, pour m'accompagner au Te Deum et, ensuite, au feu que je ferai faire, où Mgr l'évesque n'a aucun intérêt* » ! Ma foi, la hallebarde l'emporta sur la crosse, le casque sur la mitre : il fut arrêté, par *post-scriptum*, que les dits sieurs consuls accompagneraient mon dit sieur le gouverneur au *Te Deum* et au feu de joie, attendu, peut-être, que mon dit sieur d'Hervé, n'ayant pas ses bulles, se trouvait dans l'impuissance de les excommunier.

La fête fut, sans doute, aussi brillante que si Sa Grandeur y avait assisté. Mais les lettres, les réclamations et les récriminations n'allèrent pas moins leur train. Après une correspondance active avec le gouverneur de la province, le ministre Colbert de Croissy et tous les pouvoirs de l'époque, parurent, enfin, deux nouvelles lettres de cachet, adressées au gouverneur et à l'évêque, conçues dans les mêmes termes et dont voici la copie, que je prends sur les deux originaux, signés de la main du Roi et de son ministre le grand Colbert :

« Monsieur de Villebois (Mons. l'évesque de Gap),
« je vous écris cette lettre pour vous dire que mon

« intention est que le règlement que j'ai fait en
« l'année 1678, au sujet de la difficulté qui étoit
« alors survenue entre vous et l'évesque de Gap,
« pour la cérémonie des feux de joye, soit ponctuel-
« lement exécuté, et que vous vous y conformiez
« tant pour ce qui regarde le feu de la Saint-Jean
« que pour tous les autres qui pourroient survenir
« à l'occasion des réjouissances publiques. Et la
« présente n'étant à autre fin, je prie Dieu qu'il
« vous ait, Monsieur de Villebois, en sa sainte
« garde.

« Ecrit à Versailles le 24e jour de juillet 1688.

« Signé, LOUIS, et, au bas, COLBERT. »

La volonté, plus que souveraine, de Louis XIV a-t-elle rétabli l'union parmi nous ? Sa Majesté pouvait bien conquérir des provinces, asservir des royaumes, humilier la tiare elle-même, mais elle n'avait aucun empire sur ce sentiment que nous savons si bien déguiser sous le nom de noble fierté. M. d'Hervé était parti pour Paris, dans le courant du mois d'avril 1688. M. du Saix profita de son absence, pour allumer triomphalement, lui tout seul, le feu de joie élevé sur la place publique, le 21 novembre de la même année, en réjouissance de la prise de Philisbourg par le Dauphin. Il est vrai qu'il y avait été *convié* par les consuls Jean Combassive et M. de St-Georges ; mais, le 23 juin de l'année 1691, sous le consulat de Raymond Juvénis, Benoît et Gellin St-Georges, Mgr d'Hervé, qui était de retour de Paris, où il avait passé plus de vingt mois, alluma, seul aussi, le feu de la Saint-Jean. Les deux derniers consuls étaient allés le prendre dans le palais épiscopal et l'avaient accompagné à son retour. Le premier n'avait pu se joindre à eux, car il était malade.

De là, nouvelles plaintes adressées à Colbert de Croissy par le comte du Saix, qui prétendait que la possession des évêques ne remontait qu'à M. de Lionne ; ses prédécesseurs ayant eu la complaisance de lui laisser allumer les feux de joie, parce qu'il était *oncle* d'un ministre d'État. M. d'Hervé ne manqua pas d'écrire, de son côté, à toutes les puissances de la cour, de la ville et du clergé.

Enfin, car il est temps d'en finir, le 25 août 1693, une lettre de cachet, semblable à celle de 1688, prescrivit l'exécution de la décision portée en l'année 1678 (1). J'ai tout lieu de croire que les ordres émanés du souverain pouvoir reçurent une pleine et entière exécution et qu'à compter de cette époque, lorsque des réjouissances furent célébrées dans les ruines de la ville de Gap, l'évêque et le gouverneur marchèrent de pair et allumèrent simultanément tous les feux de joie.

1695. — Lorsque M. d'Hervé n'eut plus sur les bras l'incommensurable affaire des préséances, il mit tous ses soins à surveiller la discipline ecclésiastique, la police de la ville et l'emploi du revenu des prieurés et des couvents de son diocèse. Pour ce dernier objet, vous trouverez, par exemple, que le prieuré de Romette, possédé alors par M. de Combefère ²), produisait un revenu de 500 écus, et qu'il ne restait plus, dans les décombres du monastère, que deux bénédictins, l'un sacristain, aux appointements de 200 livres, et l'autre pitancier, au revenu de 165 livres ; — que le couvent de Sainte-Ursule de Gap avait dix-sept professes, deux sœurs lays, trois tourrières, un valet et un clerc, et, pour nourrir et entretenir tant de monde, 222 livres de revenu net ; aussi, disaient les pauvres sœurs, *si*

(1) Dossier relatif au différend élevé entre l'évêque et le gouverneur de Gap sur les feux de joie, contenant 44 pièces manuscrites. Arch. de la Préfecture.

²) Guil. de Revillasc de Combefère, fils de Franç. de Revillasc, sgr d'Aspres-sur-Buëch, nommé abbé de Romette le 31 jrnv. 1687, mort le 6 sept. 1706.

Mgr l'évesque et quelques autres ne les eussent secourues de leurs charités, elles eussent déjà consommé leurs capitaux ; — que, dans le couvent des Jacobins, auquel il ne restait que 450 livres de revenu net, il y avait huit pères et trois frères, mais que cinq de ces religieux étaient allés *mendier leur subsistance* dans d'autres maisons de l'ordre (1).

Or, parmi les pères restants, il en était un qui avait eu la maladresse d'attirer sur sa tête le courroux de Mgr Charles-Bénigne d'Hervé. Mais le P. Martelly (c'était son nom) n'était pas seul compromis dans l'enquête qui fut faite, à la requête du promoteur, le 1er octobre 1695. Il se trouva en l'honorable compagnie de trois chanoines et de deux bénéficiers de l'église cathédrale ; plus, en celle de M. le prieur de Pelleautier et autres ecclésiastiques, accusés de fréquenter les cabarets, les billards et les jeux publics. Je ne me serais guère attendu à voir des jeux publics et des billards établis sur les ruines encore fumantes de la ville de Gap, si toujours les grandes catastrophes n'étaient suivies d'un immense progrès. Il était parfaitement prouvé par l'enquête que M. Grimaud, prieur de Pelleautier, et MM. les bénéficiers Brutinel et Tournai, et MM. les chanoines Le Gay, Bérard et de Monlausier fréquentaient, les jours ouvrables comme le dimanche, le billard qu'*honeste* Méraude Mouret, âgée d'environ 40 ans, tenait depuis deux ans en çà ; que les uns et les autres y faisaient leur honnête partie de billard, excepté M. Le Gay, qui ne sachant pas manier la queue, se contentait de jouer aux cartes. Il était encore prouvé que ces mêmes ecclésiastiques et d'autres, tels que les curés de Laye, de Rabou et de Valserres, allaient manger et boire en divers cabarets de la ville et, entre autres, à celui

(1) *États des revenus et des charges du prieuré de Romette, du couvent de Ste-Ursule et du couvent des Jacobins de Gap,* dressés aux mois de juillet et d'août 1695. Mss. Arch. de la Préfecture.

de la femme Reynu, qui, dans sa diabolique déposition, ajoutait, la traîtresse, que la plupart des personnes qui fréquentaient son maudit cabaret, soit laïques, soit ecclésiastiques, s'entretenaient souvent, et toujours en ricanant, de la jeune servante de M. le bénéficier Louis Astréoud et de toutes celles qui l'avaient précédée dans son service auprès de M. le bénéficier.

C'était beaucoup, mais ce n'était rien encore. La maudite cabaretière, poussée sans doute par le démon de la jalousie, n'a-t-elle pas le front de dire à M. le promoteur, qu'elle voit, très souvent et trop souvent, le P. Martelly, du couvent des Jacobins, auprès de l'aimable épouse du sieur La Vallée, chapelier, qui coiffait la moitié de la ville et qui demeurait tout près du couvent, au devant de l'hôpital Sainte Claire, *tantôt ledit père assis auprès de la dite fame, tantôt estant debout, tantôt dans la maison d'icelle, tantôt à la rue, et tantôt au-devant de la porte de la dite maison ;* ce qui, plusieurs fois, a donné à la déposante *de très méchantes impressions*, car elle entendait dire aux voituriers, gens assez rustres de leur naturel : *il y a des religieux en ceste ville qui font l'amour ; enfin, tout le monde en parle*, ajoute l'impressionable cabaretière. Les jours de fête et de dimanche, les artisanes avaient coutume de jouer aux cartes au milieu de la rue. Eh bien ! la pudique déposante n'a-t-elle pas vu, une fois, le P. Martelly faire la partie de bourre de ces honnêtes artisanes, parce que la femme La Vallée était au nombre des joueuses (1).

Malheureusement pour tous les habitants de la ville il résultait, en outre, de la plupart des dépositions, que, depuis l'incendie causée par les ennemis de l'État en 1692, le cimetière de l'église cathédrale était devenu une place publique où l'on tenait

(1) *Information faite, à la requête du promoteur général du diocèse de Gap*, le 1ᵉʳ octobre 1695. Ms. Arch. de la Préfecture.

scandaleusement le marché. Alors, nouvelle plainte du promoteur, suivie d'une ordonnance rendue, le 25 octobre 1695, qui enjoignait *au maire* et aux consuls de fermer de murailles le cimetière qui entourait la cathédrale, à peine d'interdiction, si, dans la quinzaine, l'ordonnance de Mgr d'Hervé n'était pas exécutée (1).

Ici nous voyons apparaître, pour la première fois, une autorité municipale qui, en aucun temps, n'était venu altérer la puissance de nos magistrats librement élus ; mais il avait plû au tout puissant roi de France et de Navarre d'adjoindre, par un édit du mois d'août 1692, *un maire perpétuel* à nos consuls annuels, pour les soulager dans l'administration de la ville et communauté de Gap. Or, messire Jean Masseron, conseiller du Roi, notre premier et dernier maire perpétuel, s'empressa de convoquer le conseil municipal, aussitôt que l'ordonnance épiscopale lui eut été communiquée. Toutefois, la réunion n'eut lieu que le 24 novembre, dans la salle basse des Frères Prêcheurs, *servant par emprunt* d'hôtel de ville, car *icelui*, n'avait pas échappé au vaste embrasement de 1692 ; et alors que le délai accordé par l'évêque était expiré, noble Antoine d'Abon, premier consul de la ville, allait prendre la parole, lorsque, sur un signe du maire royal, il resta bouche béante et se vit forcé de la lui céder. Celui-ci exposa que, faute de n'avoir pas fait la clôture dans le temps prescrit, les habitants de Gap étaient obligés *de garder les corps morts dans leurs maisons, pour ne savoir où les enterrer, ce qui causait une infection capable d'attirer de grandes maladies dans la ville.* La saison avancée dans laquelle on se trouvait alors ne permettait pas d'exécuter l'ordonnance avant le printemps ; et, d'ailleurs, *l'impuissance où la ville* se trouvait alors ne le permettait

(1) *Requête du promoteur suivie de l'ordonnance de l'évêque,* du 25 octobre 1695. Ms. Arch. de la Préfecture.

pas davantage. Après mûre délibération, il fut arrêté, néanmoins, que le maire et les consuls feraient travailler incessamment à la clôture exigée par l'évêque ; que la dépense serait soldée des *deniers les plus clairs de la ville,* et que l'on irait supplier Sa Grandeur de bénir l'endroit qui serait désigné pour y enterrer les soldats, les pauvres et les étrangers (1).

1696. — Malgré les injonctions du Conseil, le double pouvoir exécutif de la ville resta dans l'inaction. Peut-être qu'il eût fallu pêcher en eau trouble les deniers les plus clairs de la ville, indiqués comme devant faire face à la dépense. Pendant cet intervalle, il s'était trouvé un ami des vivants et des morts, qui, voyant tomber en dissolution le corps des pauvres trépassés, fit don à la ville d'une place ou jardin, situé près de la porte Chauchières, en échange du *plassage du presche démoli.* Cet acte charitable porte la date du 24 février 1696. Alors, M. d'Hervé leva son interdiction et bénit le jardin cédé par Daniel Meyssonier, conseiller municipal et procureur du Roi à l'hôtel de ville, pour servir de cimetière succursal, où seraient enterrés les pauvres étrangers, les soldats passants et autres qui mouraient à l'hôpital, et ceux qui succomberaient sous le coup des maladies contagieuses, en attendant que la clôture du cimetière de la cathédrale fût faite, selon la parole donnée par la ville (2); laquelle, je pense, ne s'en souvint plus dans la

(1) *Délibération du conseil de la ville de Gap* en date du 24 novembre 1695. Ms. Arch. de la Préfecture. [Cf. BB. 63, p. 280 de l'*Inv.*].
(2) *Ordonnance de l'évêque de Gap* du 1er mars 1696, au bas d'une requête à lui présentée par le maire et les consuls de cette ville. Ms. Arch. de la Préfecture. [Il n'est peut-être pas hors de propos de noter ici que, à la fin du XVIIe siècle, en 1699, l'intendant Bouchu visita la plus grande partie du département actuel des Hautes-Alpes. Le 30 juin 1699, il était à St-Julien-*en-Bochaine ;*

suite : car le vieux cimetière de Notre-Dame devint la place Saint-Arnoux, et le cimetière de la porte Chauchières, qui s'étendait le long du rempart, reçut, dès cette époque, les corps des citadins, comme des passants et des pestiférés, jusques aux premières années de la Révolution, où il fut envahi par la route nationale, devenue, depuis, la Rue-Neuve [1]) de la ville et cité de Gap.

La ville présentait encore, en 1696, si peu de ressources, pour le logement des gens de guerre, que le maréchal de Catinat prescrivit aux troupes qui devaient y passer, depuis le mois de mai jusques au mois d'octobre, de n'y point prendre le logement et de camper sur le terrain qui leur serait indiqué, afin de contribuer le plus possible au soulagement des habitants et les engager à rétablir leurs maisons ; les consuls ayant, d'ailleurs, pourvu à la fourniture du bois et de la paille nécessaires pour le campement (2).

1704. — Je vous ai fait connaître, dans ma 6° [44°] lettre, les soins que M. d'Hervé apporta à l'édification de l'église cathédrale, si peu respectée par les Barbets du duc de Savoie. C'est lui encore qui appela dans Gap les religieuses de Saint-Joseph, pour desservir l'hôpital Ste-Claire. Néanmoins, il trouva des censeurs de sa conduite, jusques dans le sein de sa ville épiscopale, et, après 20 ans de pontificat, il donna sa démission de l'évêché entre les mains du Roi, qui le pourvut d'autres bénéfi

---

du 5 au 10 juillet, à Aspres-sur-Buëch ; les 15, 16 et 17 juillet, à Veynes ; du 26 juillet au 1ᵉʳ août, à Gap ; le 14 août, à Embrun ; les 15 et 16 août, à La Roche-de-Râme ; le 31 août, à Briançon ; le 28 septembre, à Molines-en-Queyras. Partout, il s'occupait activement des questions concernant les communautés, leurs dettes, les impôts, etc (Cadastres des communautés, Comptes communaux, etc.).

[1]) Actuellement (1909), rue Carnot.

(2) *Ordonnance du maréchal de Catinat,* du 21 avril 1696. Ms.

ces, considérables par les revenus qui y étaient attachés (1).

1705. — C'est pendant la vacance du siège épiscopal que mourut dans la ville de Gap, où il était né, l'homme qui avait si honorablement traversé le siècle de Louis XIV et qui, simultanément ou successivement, y avait exercé les fonctions de consul, de procureur du Roi au siège du bailliage et de subdélégué de l'intendant du Dauphiné ; emplois qu'il avait dus, moins à son immense érudition qu'à une probité parfaite ; à son zèle pour l'orthodoxie, et à sa continuelle vigilance à maintenir les droits et les privilèges de la ville qui l'avait vu naître et dont il fut le plus bel ornement.

Raymond Juvénis, tant de fois cité dans ces lettres, était fils ²) de cet autre Raymond, qui, comme lui, était procureur du Roi au bailliage, dans les premières années du XVII⁰ siècle, ou peut-être de Gaspar Juvénis ³), qui exerçait les fonctions de premier consul en 1630. Vous savez qu'il fut le collaborateur du savant Artus de Lyonne et qu'il était en correspondance avec Moréri, le P. Pagi et son ami Chorier. C'est pour ce dernier, je pense, qu'il composa ses *Mémoires sur la ville de Gap*, du moins, il les lui communiqua, puisque Chorier les a cités très souvent dans son *Histoire du Dauphiné*. Moréri ne put jouir du même avantage, aussi semble-t-il s'en plaindre, dans la première édition de son *Grand Dictionnaire*. Quant au P. Pagi, c'est de

---

(1) *Abrégé historique de l'église et des évêques de Gap.— Mémoires* de M. Rochas, pag. 150 et 151, 2ᵉ série — « Le roy a eu la bonté de me donner une abbaye qui est affermée vingt mille livres, toutes charges faites, excepté la capitation. » (Lettre de M. d'Hervé à l'évêque de Die, du 11 avril 1706) Arch. de la Préfecture. Voir la note A, à fin de cette lettre, ainsi que la note B.

²) Ou, plus exactement, neveu et filleul (Voir t. Iᵉʳ, p, xix, note).

³) Cette dernière opinion de Gautier est la seule fondée et véritable *(Ibid.)*.

ce savant Cordelier qu'il reçut un grand nombre de renseignements pour la composition des *Mémoires* et dont il se servit, plus tard, lorsqu'il entreprit d'écrire l'*Histoire du Dauphiné*.

Quoi ! une *Histoire du Dauphiné*, après celle de l'ami Chorier ! Pourquoi pas ? N'était-il pas aussi érudit et pour le moins aussi véridique, aussi consciencieux que lui ? Comme lui, ne possédait-il pas à fond la langue de Rome, d'Athènes et de Jérusalem ? Du reste, voici les motifs qui l'ont porté à entreprendre cet immense travail, tels qu'il les énonce lui-même :

« Nicolas Chorier est le premier et l'unique, qui
« a écrit en deux volumes in-folio l'*Histoire du Dau-*
« *phiné* ; il avoit beaucoup de mémoires de Viennez
« et de la ville de Vienne, où il étoit né ; il savoit
« les belles-lettres ; les historiens anciens et mo-
« dernes ne lui étoient pas inconnus ; il avoit une
« curieuse bibliothèque ; et, s'estant retiré à Greno-
« ble, après la suppression de la Cour des Aydes
« de Vienne, pour faire la fonction d'avocat, les
« archives de la Chambre des Comptes lui furent
« ouvertes par la faveur de Boissieu, qui en étoit
« le premier président. Il y composa cette histoire,
« qu'il abrégea à la suite ; et il fit encore l'*État poli-*
« *tique de la Province* en quatre petits volumes. Il
« a sans doute beaucoup mérité du public par ces
« ouvrages ; mais, comme il n'avoit pas une par-
« faite connaissance de tout ce qui s'étoit passé
« dans le Dauphiné, et que, d'ailleurs, il étoit pré-
« venu de certains préjugés qui sont opposés aux
« traditions, mesme à partie de celles qui ont été
« universellement reçues ; qu'il avoit encore des
« sentiments qui lui étoient propres, et s'étoit mé-
« pris sur plusieurs choses : je me suis trouvé
« obligé de le réfuter en quelques endroits de cette
« préface et de mon histoire ; ce que j'ai pourtant
« fait dans toutes les mesures qu'on doit garder

« vers un ami et un homme de mérite, et suivant
« la règle que Polybe prescrit en ces sortes d'occa-
« sions. Je dois aussi avouer que j'ai beaucoup
« profité de ses ouvrages, comme encore de l'*His-*
« *toire des Alpes Maritimes* et des *Annales ecclésias-*
« *tiques d'Ambrun* du P. Marcellin Fornier, jésuite,
« et des *Mémoires* qui m'ont été fournis par le
« R. P. Antoine Pagi, docteur en théologie, qui a été
« plusieurs fois provincial des Frères Mineurs con-
« ventuels de la province de Saint-Louis, qui a
« composé la dissertation hippatyque des Consuls
« Cœsars, et qui travaille à de savantes notes
« sur les *Annales* de Baronius ; outre un grand nom-
« bre de titres, d'actes et de cartulaires, qui me
« sont tombés en main » (1).

Je pense que si Chorier avait pû lire l'histoire de Juvénis, il n'aurait pas eu à se plaindre des égards avec lesquels il l'a traité, dans le passage que je viens d'en extraire. Comme notre procureur du Roi avait commencé cet ouvrage dans un âge avancé et qu'il le menait de front avec sa traduction [transcription] de l'histoire du P. Fournier, la mort vint le surprendre, qu'il en était à peine aux premières années du XIIIe siècle. Le manuscrit, déposé à la bibliothèque de Carpentras, a pour titre : *Histoire ecclésiastique et séculière du Dauphiné et de ses dépendances,* et forme deux volumes. Le premier comprend 27 livres et finit à l'an 1000 de J.-C. ; le second n'en comprend que 3 et se termine à l'an 1113 ; réunis, ils contiennent 1.500 pages d'une écriture très serrée. Pourquoi la volumineuse histoire de Raymond Juvénis n'est-elle pas déposée dans la bibliothèque de sa ville natale ? Comment la copie de cet ouvrage se trouvait-elle, d'abord, dans le couvent des Cordeliers de la ville d'Aix ? Comment devint-elle la propriété du président de Mazaugues,

---

(1) Juvénis. *Hist. du Dauphiné,* manuscrit de la bibliothèque de Grenoble, p. 51 et 52.

puis de M. d'Inguimberti, évêque de Carpentras, et, enfin, de la bibliothèque de cette ville ? Je ne saurais répondre à aucune de ces questions. D'abord, elle ne renfermait que la première partie de l'histoire du Dauphiné et se terminait vers l'année 1105 ; mais, en 1768, en faisant des recherches dans les papiers de la maison de Poligny, héritière de Juvénis, on y trouva l'original autographe par cahiers détachés, qui présentaient beaucoup de lacunes, mais qui la poussaient jusqu'au XIIIe siècle. M. Rochas, qui en devint le propriétaire, la continua par ses mémoires jusques au commencement de la Révolution. Le fils de ce dernier, Jacques-François-Joseph de Rochas (Rochas-Aiglun), ex-bailli du Champsaur et ensuite juge d'instruction au tribunal de Gap, fit don, vers l'année 1812, du manuscrit de Juvénis et des mémoires de son père à la bibliothèque de Grenoble, qui les possède toujours, bien que la ville deshéritée de Gap fût en droit de les revendiquer, en vertu des instructions ministérielles, si elle avait, la pauvrette, quelque manuscrit à donner en échange.

Non seulement Raymond Juvénis consulta l'*Histoire générale des Alpes Maritimes ou Cotiennes* du P. Marcellin Fournier, mais il eut le courage de traduire [transcrire] ce volumineux ouvrage, terminé à l'année 1642 ; et de le continuer jusques à 1680, et au-delà sans doute, car du manuscrit autographe de Juvénis, (contenant 689 pages de papier à double cloche,) ont été coupés et enlevés 15 feuillets, qui nous auraient conduits, probablement, jusques à la fin du 17e siècle.

Le séminaire de Gap possède, depuis peu de temps, cette traduction, restée enfouie pendant plus d'un siècle dans une maison de la ville. Juvénis perdit, pendant dix ans, ses peines à obtenir la communication du manuscrit original, qui se trouvait entre les mains des PP. Jésuites de Lyon. Se seraient-ils souvenus qu'en 1644, il présidait, en qualité de premier consul, le conseil municipal, qui refusa de consentir à l'établissement de ces bons Pères dans la ville de Gap ? La charité ne me permet pas de le croire ; mais, en 1672, le R. P. Régis, recteur du collège d'Embrun, le lui fit parvenir (1) et ce n'est que de cette époque que nous pouvons faire dater son double travail, connu sans doute du P. Le Long, de l'Oratoire, qui a bien voulu faire l'éloge de notre historien.

Juvénis mourut à Gap le 7 janvier 1705 et fut inhumé dans l'église des Frères Prêcheurs, en la chapelle de saint Raymond, son patron.

Me sera-t-il permis de relever une petite tache dans une si glorieuse vie ? Non, j'en laisse le soin à l'homme le plus doux, le moins caustique que la ville de Gap ait renfermé dans son sein pendant le 18e siècle, à l'auteur des *Mémoires* qui font suite à l'*Histoire* de Juvénis, à Joseph-Dominique Rochas en un mot. Il convient que notre auteur était un homme d'un grand mérite, fort connu parmi les savants, mais qu'il avait cédé à la petite vanité qu'ont bien des gens, de vouloir donner du relief à leur famille. M. l'avocat Rochas ajoute que, dans la chronologie des évêques de Gap, il n'en a vu aucun qui ait porté le nom d'Antoine, bien que Chorier ait

---

(1) « Ambrun le 16 octobre 1672.
« Monsieur, je vous envoye l'*Histoire des Alpes* du P. Four-
« nier que vous avez désirée et que j'ay reçue de Lyon. Comme
« je n'ay nul secret avec vous, je vous envoye aussi la lettre que
« m'a escrite le P. Columby, lequel m'a presté lo dit manuscrit.
« C'est un vieillard de quatre-vingts ans, et ces sortes de gens
« ordinairement se désaisissent mal volontiers de ce qu'ils ayment,
« etc. Signé, H.-J. Régis. »
Au dos de cette lettre, on trouve les mots suivants écrits de la main de Juvénis :
« Le dit P. Columby marquoit par sa lettre que les reviseurs
« avoient jugé que ce livre ne devoit pas paroitre en public, à
« cause qu'il parle de la sortie des Jésuites hors du Royaume ».
(Lettres originales jointes à la traduction de Juvénis.)

avancé, au chap. 12 de son *Histoire du Dauphiné*, que le vrai nom de Jean de Saints était celui d'Antoine Juvénis ; qu'il est à remarquer, qu'en cette partie, Chorier écrivait sur la foi des *Mémoires* de Raymond Juvénis ; et, enfin, que l'on trouve, dans le Cadastre latin de Gap, un trait qui rend plus vraisemblable ce qu'il dit de la vanité de ce dernier. Dans ledit cadastre, qui, par malheur pour certaines personnes, n'avait pas péri dans l'embrasement général de la ville, l'on avait donné à un membre de la famille de Juvénis la qualité de muletier : *Solidum Antonii Juvenis, mulatieri ;* mais notre Raymond avait effacé le mot *mulatieri*, pour y substituer, de sa main, celui de *militis*, qui signifie chevalier ou noble.

Hé! bon Dieu ! qu'aurait dit M. de Rochas, s'il avait connu les mémoires de notre savant auteur et s'il avait su lui-même qu'il descendait des Rochas d'Aiglun ! Non seulement Raymond Juvénis prouve qu'Antoine Juvénis, non le muletier, le chevalier, mais l'évêque de Gap de ce nom, a existé, et qu'il appartenait à son illustre famille. Après avoir cité Velleius Patérculus, il s'écrie qu'il croirait faire tort à la vérité, à ce qu'il doit à sa patrie et à la mémoire d'un illustre prélat, s'il était retenu par la crainte d'un blâme injuste, pour avoir manqué de modestie en parlant de ce qui peut lui être avantageux. Or, Antoine Juvénis, natif de la ville de Gap, était issu, comme tous les Juvénis, des vicomtes de Marseille, par le moyen de Geoffroy et de Guillaume, qui fut appelé *Juvenis*, parce qu'il était le plus jeune de ses frères, ainsi que notre historien l'avait lu dans un mémoire de l'an 1410, écrit en marge d'un registre de la maison consulaire, et dans le livre en parchemin du chapitre de Gap[1]. Le père de ce prélat était chambellan et capitaine de Louis Ier, de la seconde

---

[1] Qu'est devenu ce livre en parchemin ?...

maison d'Anjou, en 1383, et, Jean, son frère, assista de ses conseils et de son bras la reine Marie et Louis 2, son fils, en leur guerre avec le vicomte de Turreine ; mais ce qui ne laissait aucun doute sur l'existence et la qualité d'Antoine Juvénis, c'est, ou plutôt c'était un haubert ou un heaume, ou une médaille, car le mot est à demi effacé dans les mémoires de Raymond, où l'on voyait d'un côté un évêque vêtu pontificalement, tenant la crosse de la senestre et donnant la bénédiction de la dextre ; plus un écu au bas, avec ces mots : *Ant. Epis. Vapin.* Au revers, une main élevée à trois doigts recourbés, avec l'inscription que voici : *Dextera B. Arnulphi* (1).

Maintenant lequel croire de nos deux chroniqueurs ? Pour moi, je laisse aux Saumaises futurs le soin d'éclaircir cette haute question et de décider qui a tort ou raison, du cadastre latin de notre bonne ville ou du mémoire de 1410 joint au livre en parchemin du chapitre et aux inscriptions que M. l'avocat Rochas n'avait jamais lues et devant lesquelles, sans doute, serait tombée sa petite malice, à moins qu'elle n'eût haussé d'un cran, en voyant M. Raymond Juvénis se prétendre issu des Vicomtes de Marseille.

Quelques autres Gapençais se firent remarquer dans la première moitié du siècle dont nous venons de faire la clôture. Je crois vous avoir signalé déjà le Jésuite Ignace Armand [2]) et l'avocat Gui Armand. Mais en terminant cette lettre il ne serait nullement convenable d'oublier notre pieux archidiacre Pierre Gaillard, que nous avons laissé à N.-D. du Laus et

(1) *Mémoires inédits* de Juvénis. — *Histoire du Dauphiné*, du même, p. 51 et 52. — *Correspondance de Juvénis avec le recteur des Jésuites d'Embrun*, Ms. — *Histoire des Alpes maritimes ou cotiennes*, du P. Marcellin Fournier, traduite par Juvénis. — Lettre de M. Vallon-Corse à l'intendant du Dauphiné. — *Mémoires* de M. Rochas, p. 56, 1re série.

²) Non mentionné dans la *Chronologie* du P. Hamy, 1900, p. 12.

qui indépendamment des mémoires qu'il a légués aux desservants de ce sanctuaire, publia en 1679 un ouvrage ayant pour titre : *Le chemin du vrai chrétien*, suivi d'un *Discours sur la Conception de la Vierge* (1).

Gap, le 30 janvier 1839.

NOTE A, *de la page 247.*

Le marquis de Dangeau, qui était à l'affut de toutes les nouvelles, et l'anonyme qui a annoté ses *Mémoires*, ont parlé de la disgrâce de M. d'Hervé de la manière suivante :

« 14 mars 1702. Le Roi n'étant pas content de la conduite de M. l'évêque de Gap, qui n'a pas profité des avertissemens que S. M. lui a fait donner, a relégué cet évêque à Condom ».

Note de l'Anonyme : « Cet évêque, appelé Hervé, était parvenu à l'épiscopat par ses missions et par une vie fort sainte. Son épiscopat le fut de même jusques vers l'âge de cinquante ans qu'il se dérangea, et la dégringolade fut rapide et affreuse... Cette forcénerie, à la fin, lui valut cet exil, dans lequel ne changeant point de vie, on voulut qu'il quittât son évêché ; mais il n'y voulut point entendre. La cérémonie d'un concile provincial et un grand éclat réduisirent le Roi à capituler avec lui. Il se démit, moyennant la domerie d'Aubrac, de 20.000 livres, et

(1) Gui. Allard, *Bibliothèque du Dauphiné*, p. 172, éd. de 1797.

la permission d'être à Paris, tant qu'il voudrait, dont il usa avec son même scandale, et allait même effrontément à la Cour, où il contait fleurettes aux dames en passant. Devenu fort vieux, Dieu le toucha. Il se retira, travailla à des missions avec des Capucins, et finit avec beaucoup de repentir de ses déréglemens » (1).

Malgré l'anonyme, je puis dire de M. d'Hervé que si, sous le rapport des mœurs, sa conduite ne fut pas exempte de reproches, il veilla avec un soin extrême sur celles de son clergé de son diocèse, ainsi que le prouvent les Ordonnances synodales qu'il publia pendant son épiscopat, et qui furent imprimées en placard (Arch. de la Préfecture [G. 934]).

1694. — En 1694, cet évêque fit dresser l'état des confréries, fondations et autres établissements du diocèse [G. 939].

On y voit que la ville de Gap possédait dans son sein 1º La confrérie de Saint-Laurent, érigée en l'année 1648, *avec de beaux statuts ;* 2º la confrérie des Agonisants, sous le titre de Saint-Joseph ; 3º celle de Notre-Dame de l'Assomption, établie dans l'église des Frères Prêcheurs, pour les tisserands et les cordiers.

Tallard était plus riche en confréries que sa rivale, puisque cette petite ville en avait quatre, savoir : 1º La confrérie de Saint-Laurent, érigée de l'autorité de M. de Beauvois, en l'année 1683 ; 2º celle du Saint-Esprit, érigée en 1695 ; 3º celle du Saint-Rosaire, érigée en 1630 et confirmée en 1682 ; 4º la confrérie de Saint-Joseph pour les agonisants, érigée de l'autorité de M. de Marion, en l'année 1669 (2).

Vers la fin du XVIIᵉ siècle, je ne sais dans quel

(1) *Mémoires* de Dangeau, cités par Lemontey, tom. 4, p. 167.
(2) Archives de la Préfecture. *État des confréries, etc., du diocèse de Gap,* 1694.

dessein, Charles-Bénigne d'Hervé avait également fait dresser un état des gentilshommes et principaux seigneurs de diverses paroisses du côté de Rosans. Quoiqu'il en soit, cet état nous apprend :

1° Que le village de *Saint-André* avait autrefois un prieuré, de l'ordre de Cluny. Le prieur était seigneur spirituel et temporel de cette paroisse. Au moment où l'état fut dressé, ce prieur se nommait Henri de Fortia-Montréal. Il y avait, en outre, à Saint-André un gentilhomme catholique, nommé Jean de Manent, sieur de Monthaut, et un huguenot, noble Gui de Lhomme, sieur de La Clavenière ;

2° Que le seigneur de *Rosans* était noble Pierre d'Ize, sieur de Châteauneuf-de-Mazenc, professant la religion prétendue réformée ; que noble Pierre de Lhomme, sieur de Saint-Basile, et noble Jean-Louis de Lhomme, sieur de La Fare, celui-ci huguenot, le premier catholique, résidaient dans cette province ;

3° Que dans la paroisse de *Moidans* résidaient noble François-Antoine de Meynier, seigneur de Rochefort, d'Aix en Provence, et M. de la Sonne, conseiller au parlement de Grenoble et seigneur de Moidans ;

4° Que noble François-Ignace de Chabestan-Alauson était seigneur des deux paroisses de *Ribeyret* et *Sorbiers*, etc. (1).

Je pense que c'est aussi à M. d'Hervé que sont dus deux mémoires sans date, l'un sur la *Conservation de la juridiction de Monseigneur l'évesque et comte de Gap ;* l'autre sur les droits des évêques de ce diocèse. Le premier rappelle de nouveau le traité du 9 août 1513 et les usurpations faites par le vibailli en 1550. Ce que contient le second se trouve plus amplement détaillé dans les factums de Charles-

---

(1) Archives de la Préfecture. *État des gentilhommes et principaux seigneurs du côté de Rosans.* Sans date.

Salomon du Serre, lors de son grand procès avec la ville de Gap (1).

1701. — Enfin, vers l'année 1701, notre évêque, étant à Paris, écrivit à Raymond Juvénis, qui cumulait alors les fonctions de procureur du Roi au bailliage et de subdélégué de l'intendance du Dauphiné, une lettre relative aux droits de *rève* établis par la ville de Gap, auxquels, d'après lui, l'évêque et le chapitre ne devaient pas être soumis. Le 12 octobre 1701, Juvénis adressa à M. Bouchu, intendant de la province, une lettre relative au procès que les fermiers de la *rève* avaient intenté aux rentiers de l'évêque au sujet de cet impôt, et y joignit celle de l'évêque. Ce qui fut décidé par le subdélégué, à qui l'Intendant renvoya l'affaire, ne m'est pas connu (2).

NOTE B, *de la page 247.*

Parmi les nombreux Mémoires sur l'histoire de France, qui ont paru pour la première fois dans ces dernières années (3), il n'en est pas qui soient remplis de plus de calomnies sur d'illustres personnages, d'anecdotes plus scandaleuses racontées avec plus de cynisme et d'effronterie et d'un ton de porte-faix, propre à faire rougir un corps de garde, qui soient plus dignes, enfin, de l'époque où ils

---

(1) Archives de la Préfecture. *État des gentilshommes et principaux seigneurs du côté de Rosans.* Sans date.
(2) *Lettre de l'évêque de Gap à Juvénis,* datée de Paris le 15 septembre. — *Lettre de Juvénis à l'Intendant,* du 12 octobre 1701. — *Réponse de l'Intendant,* en tête de cette lettre, sans date.
(3) *Mémoires, fragments historiques et correspondance de Madame la duchesse d'Orléans, princesse palatine, mère du Régent.* Paris, 1832, p. 342.

furent écrits, que ceux de la duchesse d'Orléans, mère du Régent. L'une des anecdotes les plus décentes racontée dans ces Mémoires concerne M. d'Hervé. Je me hasarde à la transcrire ; mais je n'oserais la répéter devant une réunion d'honnêtes femmes.

« L'archevêque de Paris, M. de Noailles, sermonait l'évêque de Gap, au sujet de la mauvaise réputation qu'il avait acquise par son commerce avec les femmes. « Ah ! Monseigneur, répondit l'évêque
« de Gap, si vous saviez ce que c'est, vous ne vous
« en étonneriez pas ; j'ai vécu 40 ans sans y songer.
« Je ne sais comment je m'avisai d'en tâter ; mais,
« depuis je n'ai pu m'en passer. Essayez-en une fois
« seulement, Monseigneur, et vous verrez qu'il est
« impossible de s'en passer après » (1). Cet évêque demeure maintenant au village de Boulogne, près Paris ; c'est un petit prêtre tout laid, avec une grosse tête et un visage rouge de feu » ²).

Gap, le 16 février 1842.

---

(1) « Cet évêque nommé Hervé, ayant été sage et régulier jusqu'à l'âge de 50 ans, commença tout à coup à mener une vie très dérangée. On le força à se démettre de son évêché ; ce qu'il fit à la condition d'être à Paris tant qu'il voudrait. Il continua de vivre très joyeusement ; mais, à la fin de sa carrière, il se repentit de ses péchés, et il travailla à des missions avec des Capucins ».

²) Ces racontars abominables sont démentis par toute la correspondance échangée entre M. d'Hervé et ses anciens diocésains (Voir G, t. III, p. xxi).

XXXIXe LETTRE.

FRANÇOIS BERGER DE MALISSOLES.

1706 A 1726.

François Berger de Malissoles, 71e évêque de Gap. — Situation du diocèse au commencement de son épiscopat. — Mission de St-Bonnet. — Mission de Gap pour les soldats albigeois. — Différend entre le maire perpétuel et le juge épiscopal sur les préséances. — Ordonnances synodales de M. de Malissoles. — Grande mission de Gap. — Les Ninivites. — Les mystères de la Passion. — Fruits de la mission. — Fêtes pour la canonisation de saint Félix de Cantalice. — Miracle au couvent de Ste-Ursule. — Procès entre l'évêque et le vibailli. — Autre procès entre le maire, le gouverneur et le vibailli, sur les préséances. — Testament du chanoine Jean de Ricou. — Craintes de l'évêque sur l'orthodoxie des professeurs du séminaire. — Ses plaintes au Régent sur les préséances de son juge. — Transaction sur les bois de Charance. — Les billets de Law. — Peste de 1720. — La famille des Praux. — Sœur Louise Souchon des Praux paralytique. — Détails sur sa guérison miraculeuse. — Les Riquetti de Mirabeau. — Nouvelles craintes du prélat sur l'orthodoxie des Doctrinaires. — Déclaration du P. Rieux. — Le *Corrier* et le Lieutenant de police. — L'évêque et le prieur d'Upaix. — Mission au régiment de Languedoc. — Ouragan de 1726. — *Supplément.* Arrentement du Four-Neuf. — Réparations à la cathédrale. — Notables de 1707. — Arrêt sur la répartition des décimes. — Les consuls de Serres. — Confirmation des privilèges de la ville de Gap. — Correspondance relative aux protestants de ce diocèse. — — Orthodoxie des directeurs du Séminaire. — Note sur le mandement publié par M. de Malissoles en 1711.

Nous avons déjà fait quelques pas dans le siècle de la *Bulle Unigenitus* et de la banqueroute de Law ; de l'Encyclopédie et des sarcasmes de Voltaire ; de la bile acrimonieuse de Rousseau et de la perfectibilité inventée par le neveu de l'un de nos évêques ; dans le siècle des lumières et de la tolérance ; dans le siècle où se complétèrent les doctrines de Farel, et qui se termina par l'immense révolution qui a changé sous tant d'aspects la face de l'Europe. Nous allons maintenant assister à l'humiliation, à la noble fierté et à la mort du Grand Roi et traverser la Régence, sous les auspices de l'un des plus saints pontifes que l'église de Gap ait jamais possédés.

1706. — François Berger de Malissoles, né à Vienne en Dauphiné, fut le successeur de M. d'Hervé au siège de notre diocèse: Il était doyen de l'église de Die, lorsque, au mois d'avril 1706, Louis XIV le nomma à l'évêché de Gap (1).

J'ignore si notre évêque obtint ses bulle gratis, ainsi qu'il l'avait demandé au Souverain Pontife, dans un mémoire qu'il adressa à Rome dans le courant du mois de mai de la même année. Il exposait que, depuis le concordat, l'évêché de Gap avait perdu 25.000 livres de rente par les guerres des calvinistes, lesquels s'y trouvaient encore au nombre de 80.000 (je pense qu'à aucune époque ils avaient été en si grand nombre dans le diocèse et qu'il y a ici un zéro de trop, car, depuis bien des années, l'édit de révocation avait été publié et exécuté) ; qu'en 1692, le diocèse avait été absolument ruiné, pillé et désolé par les hérétiques des montagnes de Savoie, et que la plus grande partie des terres y était demeurée inculte, depuis que les villages et les paroisses avaient été brûlés et détruits ; qu'à la même époque, la ville de Gap fut entièrement saccagée, l'église cathédrale brûlée et réduite en ma-

(1) *Abrégé historique de l'Église et des évêques de Gap.* — *Mémoires* de M. Rochas, p. 151 et 152. 2ᵉ série. — Lettre de M. d'Hervé à M. de Malissoles, du 11 avril 1706. Arch. de la Préfecture.

sure, et la sacristie dépouillée de tous ses ornements ; que le palais épiscopal était en très mauvais état (il datait pourtant d'une époque toute récente) ; qu'il n'y avait point de séminaire dans le diocèse (qu'étaient donc devenus les oratoriens de MM. de Meillan et d'Hervé ?) ; ce qui, néanmoins, était absolument nécessaire pour rétablir le culte de Dieu, convertir les hérétiques et former de bons prêtres ; enfin, que le diocèse était si pauvre, qu'en quinze années de temps, les deux derniers évêques s'étaient démis de leur évêché entre les mains du Pape. M. de Malissoles avait eu soin de joindre à son mémoire : 1º le plan de l'église cathédrale ; 2º une délibération du conseil de la ville de Gap, présidé par M. Masseron, maire perpétuel, et à laquelle avaient pris part les deux consuls François Léautier et Georges Nas, ainsi que tous les conseillers municipaux, par laquelle on suppliait Sa Sainteté d'avoir *la bonté et la charité* d'accorder à l'évêque nommé et au profit de l'église cathédrale le don de ses bulles ; 3º un mémoire de la ville de Gap où se trouvaient répétés les faits exposés par ce dernier (1). Quoiqu'il en soit du résultat de sa demande, cet évêque obtint ses bulles de Clément XI, fut sacré à Vienne dans l'année même de sa nomination et fit son entrée dans sa ville épiscopale le 13 avril 1707 (2).

1707. — A peine arrivé dans son diocèse, M. de Malissoles s'empressa d'en visiter les paroisses et

---

(1) *Mémoire de M. de Malissoles*, non daté. — *Plan de l'église cathédrale.* — *Délibération du Conseil municipal de Gap* du 8 mai 1706, où assistaient, indépendamment du maire et des consuls nommés dans le texte, MM. Ricou, chanoine ; Astréoud, bénéficier ; Rochas, commissaire ; Barbier et Combassive, élus ; Bonloux ; Sarrazin et Imbert, avocats ; Jean de Cazeneufve, etc. — *Mémoire pour la ville de Gap*, concernant le rétablissement de l'église cathédrale. Mss. Arch. de la Préfecture.

(2) Voir la note de la page 260.

d'assister à diverses missions faites par les Capucins de Gap. Dans celle qui eut lieu à Saint-Bonnet, il se trouva à la plantation de la croix. La neige tombait à gros flocons et rien ne le mettait à couvert, car il avait refusé les parapluies qui lui avaient été offerts ; il n'en prêcha pas moins durant une demi-heure, de sorte que, selon l'expression du narrateur, *la neige lui fit une calotte et un camail blancs*. Il montrait le crucifix, lorsque les cris, les pleurs et les clameurs des Champsaurins, accourus de toute la contrée, l'empêchèrent de continuer. Alors, il retourna à l'église paroissiale, où il monta en chaire et prêcha encore pendant une autre demi-heure, *disant toujours les choses les plus belles*. En étant descendu pour donner la bénédiction, il parla de nouveau pendant une troisième demi-heure, tenant le saint-sacrement à la main, exhortant le peuple à persévérer et à conserver les fruits de la mission (1). Ne vous semble-t-il pas que ce zèle apostolique, cet intarissable besoin de répandre la parole évangélique s'appliquent également au vénérable prélat qui administrait ce diocèse avant que le siège épiscopal eût été rétabli à Gap et qui, tout récemment, vient de voir couronner sa longue et vénérable carrière par son admission au chapitre de Saint-Denis ? ²).

La mission de Saint-Bonnet était à peine terminée que M. de Malissoles invita les Pères de Saint-François à en faire une autre, dans leur église, pour les deux bataillons de *soldats albigeois*, qui prenaient leur quartier d'hiver à Gap et qui, d'après les plaintes de leurs hôtes, commettaient toutes sortes de désordres chez eux. Cette mission réussit d'une manière admirable. Jamais on ne vit tant d'ardeur, tant de zèle, tant d'assiduité à tous les

(1) *Livre des Annales des Capucins de Gap*, p. 213.

²) Mgr Miollis, évêque de Digne, nommé le 25 août 1805, mort à Aix, le 27 juin 1843 (G. III, p. xxviii).

exercices, tant de larmes répandues dans l'église, tant de pleurs versés au confessional, tant de modestie et de respect dans les processions. *Ces démons devinrent des agneaux ou plutost des anges;* et toute la ville en était ravie d'admiration (1).

1710. — J'interromps un instant les travaux apostoliques du nouvel évêque de Gap, pour vous parler d'une toute petite affaire de préséance, qu'il prit fort à cœur et pour la solution de laquelle il crut devoir porter ses plaintes jusques au pied du trône ! Le maire perpétuel prétendait avoir le pas sur le juge épiscopal ! M. de Malissoles convenait que la déclaration du Roi du 19 août 1702, portant règlement pour les rang, séances, fonctions et privilèges des maires créés par l'édit du mois d'août 1692 et confirmés par celui du mois d'août 1701, accordait à ces officiers administratifs et à leurs lieutenants, dans les villes où la justice appartenait à des seigneurs particuliers, le droit de précéder les officiers des seigneurs en toutes occasions, aux cérémonies publiques comme aux cérémonies particulières ; mais il prétendait se trouver dans un cas exceptionnel, attendu que les évêques de Gap étaient feudataires de l'Empire, que toujours le juge de l'évêque avait précédé les officiers de l'hôtel de ville, bien que le premier consul fût choisi parmi les gentilshommes, ce qui, soit dit en passant, n'était pas de la dernière exactitude. Enfin, il concluait à ce que le juge fût maintenu dans les rang et préséance qu'il avait toujours gardés par-dessus le maire et les consuls, avec défense d'y apporter aucun trouble, à peine d'amende (2). Je ne vois

(1) *Livre des Annales des Capucins,* p. 213.
(2) *Mémoire pour le seigneur évêque de Gap contre les maires* « nouvellement créés de la dite ville, concernant la préséance « qu'ils prétendent sur son juge dud. Gap, 17 mars 1710. Ms. Archives de la Préfecture.

nulle autre part qu'au mois de mars 1710, époque où le mémoire fut rédigé, M. de Malissoles eût quitté son diocèse pour se rendre à Paris ; mais il se trouvait réellement dans cette ville, si j'en crois la note écrite au bas de cette pièce (1) ; de sorte qu'il put le remettre lui-même à Louis XIV, qui, n'en doutez pas, confirma la préséance établie par l'édit de 1702 ; et, dès lors, messire Jean Masseron, maire royal, précéda en toutes circonstances le juge du ci-devant feudataire de l'Empire.

1712. — Bien que notre évêque eût connaissance des ordonnances synodales de Gabriel *de Sclafanatis ;* de celles qu'avait publiées, sur la fin du seizième siècle, Pierre Paparin de Chaumont, et sans doute aussi de celles imprimées en placard, dues au zèle de M. d'Hervé, son prédécesseur, quoiqu'il ne les cite pas, comme les premières, il crut devoir en rédiger de nouvelles, qui témoignent hautement de la rigidité de ses mœurs ; et pourtant il fut très zélé moliniste. Elles portent la date du 1ᵉʳ mai 1712 et forment un gros volume, terminé par une oraison, où sont invoqués les évêques de Gap, reconnus pour saints et dont la liste fut singulièrement abrégée par Mgr son neveu, lorsqu'il fut appelé sur le siège de ce diocèse, dans la seconde moitié du XVIIIᵉ siècle.

Le bienheureux *Arigius* s'y trouve en son rang. Pourquoi donc notre prélat a-t-il négligé de le placer, comme les autres saints, autour des vastes piliers de la cathédrale ? Quoiqu'il en soit, ses ordonnances firent l'admiration des hommes rigides et des âmes pieuses, répandues en grand nombre dans la vaste étendue de son diocèse ; on les trouva surtout remplies de sagesse dans la vicomté de Tallard, qui, cette année même, fut érigée en

(1) « Ce mémoire a esté envoyé à Paris, comme il est icy cor-
« rigé, à M. l'évêque le 17 mars 1710 ».

duché-pairie : car les habitants de la contrée virent avec admiration, à la page 143°, que c'est dans leur petite ville capitale des bords de la Durance, que M. de Malissoles voulait établir ou transférer son séminaire. Enfin, les ordonnances de cet évêque n'ont jamais été modifiées par ses successeurs et furent suivies et observées dans le diocèse jusques en 1791 (1).

Suivons maintenant le cours des travaux évangéliques et des solennités religieuses où nous verrons reluire la piété de nos ancêtres, sauf à revenir aux graves questions de préséance qui ne tardèrent pas à être soulevées de nouveau dans la cité de Gap. Une grande mission s'y prépare et l'on va mettre en action l'un des chapitres des livres sacrés : ce qui nous ramènera quelque peu aux mystères du moyen âge.

1713. — Dès les premiers jours du mois de décembre 1712, l'on avait convoqué à Gap les Capucins de toute la Provence. Onze de ces pères s'y trouvaient réunis, le 22 janvier 1713, jour où fut faite la procession générale pour la plantation d'une croix sur le grand chemin de Sisteron. Permettez-moi de vous conduire en dehors de la porte Colombe, où elle va défiler devant nous. Voyez d'abord ces huit bannières appartenant à autant de paroisses des environs, et qui ouvrent la marche. Le vénérable capucin qui les suit, tenant un grand crucifix à la main, c'est le P. Augustin de Nîmes, gardien du couvent de Grasse ; il est le chef de file de ces *neuf cents* jeunes vierges de la ville, toutes vêtues d'une robe éclatante de blancheur, portant un voile sur la tête, surmonté d'une couronne d'épines. La ville de Gap n'a jamais manqué de veuves, comme vous avez pu

(1) *Ordonnances synodales du diocèse de Gap,* par François Berger de Malissoles, évêque de ce diocèse. 1 vol. in-12. Grenoble, 1712 [Cf. G. 947]. — *Mémoires* de M. Rochas, p. 152, 2ᵉ série.

le remarquer dans les cérémonies religieuses des siècles antérieurs et comme vous le voyez aujourd'hui encore, car ces femmes qui, en grand nombre, marchent après les jeunes filles ont toutes perdu leurs époux. Quelle est donc cette étrange mascarade formée par ces quatre ou cinq cents hommes, jeunes et vieux, vêtus d'un sac, ceints d'une corde, portant aussi comme les vierges, une couronne d'épines sur la tête et qui tiennent de plus une pierre à la main? — Silence donc ; ne voyez-vous qu'ils représentent le peuple de Ninive, et que ce grand et gros garçon à la longue barbe postiche, à la robe large et traînante n'est autre que le prophète Jonas? Le voyez-vous se retourner, de temps en temps, vers les sujets de la grande Sémiramis et leur crier, d'une voix tonnante : *Peuple de Ninive, écoutez la voix du prophète ; encore quarante jours et Ninive sera détruite !* A ces mots, les Ninivistes de Gap frappent leur poitrine avec la pierre qu'ils portent à la main. Les cœurs les plus durs sont touchés de ce spectacle, des larmes abondantes coulent des yeux *les plus secs*, et, par trois fois, l'on entend retentir à travers les sanglots : *Miséricorde, mon Dieu !* Viennent ensuite messieurs les pénitents, qui marchent dans un ordre parfait. Mais ce qu'on ne peut voir *sans être attendri et sans verser* de nouveaux *torrens de larmes,* c'est cette vive et exacte représentation de la passion de N.-S. Jésus-Christ. Rien n'y manque, depuis le roi Hérode jusques au *bon Dieu,* dont le nom restera attaché à la famille de ce jeune homme qui porte la croix et qui représente le Sauveur marchant vers le Calvaire. Ce prélat au teint frais et vermeil, malgré les austérités de la dévotion la plus pure, au regard doux et serein, est Mgr Berger de Malissoles, portant également une croix et ayant à ses côtés son aumônier et son secrétaire. Les corps religieux et le chapitre de la cathédrale le suivent. Nous voilà arrivés au lieu où le signe du salut doit être élevé. L'évêque le bénit, ainsi que toutes les autres croix, les images, les chapelets, les rosaires et les médailles que tous les assistants ont à la main. S'adressant maintenant au peuple qui l'entoure, *il prêche avec un zèle admirable ;* et le sermon fini, l'immense procession retourne dans le même ordre à l'église cathédrale.

Trois ou quatre compagnies des soldats de la garnison, qui avaient déjà fait leur retraite, communièrent le 29 janvier, jour de la mission, où une nouvelle procession fut faite autour de la ville. M. de Malissoles, qui avait fait ériger une grande croix dans le jardin de l'évêché, y conduisit tous ces pieux militaires, et, en leur présence, il bénit le signe de la rédemption et ensuite une infinité d'autres croix qui étaient plantées autour du jardin. De retour à l'église, il confirma tous les soldats à qui ce sacrement n'avait pas encore été conféré, sans vouloir être aidé de personne. *Ainsi la ville de Gap n'a jamais mieux été confirmée que pendant le cours de cette mission,* où les peuples, à l'exemple de leur prélat, montrèrent une assiduité admirable, malgré la rigueur de l'hiver et l'abondance des neiges tombées pendant tout le mois où elle fut faite.

Le lendemain des Rois, on avait établi un bureau pour accomoder les procès, nonobstant clameur de haro, de la part de quelques avocats et de quelques procureurs de la ville. L'on en vit même siéger quelques-uns, tels que M. l'avocat Joubert, M. le procureur Rochas, dans ce bureau qui était présidé par l'évêque et qui parvint à mettre un terme à cent procès, qui, presque tous, avaient été portés au Parlement. Les restitutions qui furent faites en grand nombre s'élevèrent à plus de 8.000 livres, indépendamment d'une grande quantité de meubles. Mais ce qui rembrunit un peu le brillant tableau de cette mission tracé par le Capucin qui a continué le *Livre des Annales,* c'est la remarque

suivante, qu'il a insérée au milieu de sa narration :
« Il est bon de remarquer icy que M^rs du chapitre,
« voyant tant de missionnaires, tant d'illumina-
« tions, le soir et le matin, dans l'église, conclurent
« de ne rien fournir et même défendirent aux rece-
« veurs du Saint-Sacrement de fournir quoyque ce
« soit, bien que Monseigneur et le P. gardien leur
« eussent dit de fournir, et que si, à la fin de la
« mission, il n'étoient pas indemnisés, on les in-
« demniseroit du tout, et on leur donneroit quelque
« chose de plus. Comme ils n'en voulurent rien
« faire, le P. gardien se chargea de fournir tout,
« tant pour les messes, les bénédictions et illumi-
« nations, à condition qu'il auroit les cierges des
« communiants... Dépense payée, il y a eu de bon
« 140 livres de cierges pour le couvent ; ce qui est
« venu à propos, pour la solennité de S. Félix » (1).

Que vous semble de cette charité et de cette double et mesquine parcimonie, qui ne perd pas ses droits au milieu de la ferveur et de l'exaltation religieuse ? Pauvre humanité !

La mission de Gap avait été précédée et elle fut suivie de plusieurs autres missions, faites dans le Champsaur, la vallée d'Orcières, le Valgodemar, à Sigoyer, Lardier, Barcilonnette, etc., auxquelles je ne vous ferai pas assister ; mais je ne puis m'empêcher de vous ramener au couvent des Capucins de Gap, où la grande et rare solennité, qui vient de vous être annoncée, va consommer le bénéfice en cierges que les PP. avaient fait sur leurs fournitures à la mission de cette ville.

Le jour de la Pentecôte de la même année, c'est-à-dire le 4 juin 1713, les habitants de Gap se pressaient dans l'église des RR. PP. de St-François et admiraient, en étouffant, les belles tentures qui en couvraient les parois, depuis le sol jusqu'au lam-

(1) *Livre des Annales des Capucins,* p. 216, 217 et 218.

bris ; une corniche artistement établie suportait 70 cierges allumés et séparés de bouquets de fleurs naturelles, d'une agréable variété ; une superbe et riche tapisserie empruntée à M. de Malissoles. et qui couvraient presque toute la voûte ; l'autel manifiquement orné et les cinq triangles portant chacun onze cierges, qui en faisaient le couronnement. S'ils se tournaient du côté de la chapelle de Saint-Roch, ils la voyaient également tapissée et ornée d'une grande quantité de tables, aux cadres dorés, *de toilettes,* etc. Une grande bannière, attachée au balustre de cette chapelle, pendait dans l'intérieur de l'église, au milieu de laquelle on voyait encore un lustre portant 24 cierges, *si proprement travaillé, avec du papier,* qu'il faisait l'admiration de tout le monde. Ceux qui n'avaient pu pénétrer dans l'église, se consolaient en voyant au-dehors un grand pavillon, sur lequel se trouvait la bulle de Clément XI, du 26 juin de l'année précédente, par laquelle Sa Sainteté avait permis à nos Capucins de célébrer la fête de la canonisation de saint Félix *de Cantalice,* huit jours durant, avec indulgence plénière et rémission de tous péchés ; ils pouvait encore admirer un arc de triomphe, fort élevé *et fort proprement orné avec du buis et des rubans de papier de diverses couleurs,* au milieu duquel apparaissait un tableau représentant le nouveau saint.

Dès la veille, Mgr de Malissoles, vêtu pontificalement, avait reçu du père gardien la bulle du Pape, attachée à un très beau voile, en avait tout haut donné lecture, l'avait expliquée au peuple, pendant un quart d'heure, et avait ensuite béni la bannière de saint Félix.

Voici venir maintenant les processions de Sigoyer, de Jarjayes, de Romette, de La Rochette et de La Bâtie-Vieille, qui, toutes, assistent, avec le chapitre, à la grand'messe, chantée par M. de Pina, doyen du chapitre, et pendant laquelle se firent entendre les détonations de vingt-sept boîtes. Le soir, après vêpres, procession générale, où marchaient, en première ligne, les cinq processions étrangères. Venaient ensuite les quatre compagnies de la milice bourgeoise (le temps l'avait permis), composées chacune de 40 hommes, qui, alternativement et sans discontinuer, faisaient des décharges de leurs mousquetons. Après, l'on voyait flotter la bannière du saint, portée par un clerc du couvent, ayant à ses côtés deux petits enfants, habillés en capucins, et suivi de 80 autres enfants habillés à la romaine et portant chacun un guidon à la main, représentant, d'un côté, saint Félix, couronné de fleurs, et, de l'autre, les armoiries du Souverain Pontife, ou bien celles de Monseigneur de Gap, ou bien celles du Roi, ou bien encore celles de l'ordre de Saint-François. Tous ces enfants étaient si proprement et quelques-uns, si richement vêtus; ils marchaient avec une telle gravité, tellement en harmonie avec l'habit qu'ils portaient, qu'on ne pouvait se lasser de les admirer. Ils étaient suivis de 300 jeunes personnes, habillées de blanc, avec un voile sur la tête, auquel était attachée une couronne de fleurs ; puis venaient les veuves *en grand nombre ;* puis, les pénitents ; puis, les corps religieux ; puis, le chapitre ; puis, les consuls, et, enfin, *un nombre infini du peuple*. Mais ne laissons pas défiler les Capucins, sans remarquer que chaque rang de ces RR. Pères était coupé par deux anges, et qu'au milieu d'eux, l'on voyait encore trois quadrilles d'autres esprit célestes, dont le second portait la bulle *étendue sur une très belle toilette*. De retour à l'église, on chanta un motet, avec accompagnement d'instruments, après lequel Mgr de Malissoles prononça le panégyrique de saint Félix et donna ensuite la bénédiction, au bruit de l'artillerie gapençaise.

Mais, c'est le soir, à l'entrée de la nuit, que l'admiration fut au comble. Un feu d'artifice avait été préparé au bout de l'esplanade, qui, alors, se trouvait au-devant de l'église. On y voyait douze perches revêtues de buis, portant chacune une roue avec deux fusées. On y mit le feu ; les roues tournent pendant un grand quart d'heure... Ma foi, écoutez la relation originale qui vaut cent fois mieux que celle que je pourrais en faire :

« Sur ces perches étoit un aix qui faisoit le tour
« sur lequel étoient les fusées, serpentaux, lances
« et pétars. Au milieu étoit un bûcher, au milieu
« duquel étoit un autre sur lequel on avoit mis plu-
« sieurs guidons et caché plusieurs pétars et ser-
« pentaux ; autour de tout cela étoient les cheva-
« liers romains, le guidon à la main, au bout duquel
« était un serpenteau; mais, comme ils n'avoient
« pas patience d'attendre leur tour, ils se mirent
« à danser autour et à vouloir faire alumer leur
« serpenteau, et ils mirent le feu au feu d'artifice.
« Aussitôt, on vit les roues rouler et vomir du feu,
« les fusées s'élever jusques aux nues, les serpen-
« teaux sauter et voltiger et faire reculer le monde,
« et les pétars faire entendre un bruit confus et
« charmant. Après, Monseigneur, M. le Doyen et le
« père gardien mirent le feu au bûcher et, quelques
« momens après, il y a eu un second feu d'artifice
« par les serpentaux et pétards qui sortirent de
« l'arbre du milieu. Les boëtes et quatre douzaines
« de fusées firent la fin de cette journée, à l'étonne-
« ment de toute la ville qui se trouvoit là, chacun
« sachant que c'étoit les religieux qui avoient fait
« tout cela d'eux-mêmes sans l'avoir apris ».

Si je voulais suivre, jour par jour, toutes les cérémonies qui se firent pendant l'octave, la relation deviendrait trop longue, comme le fait remarquer le capucin enthousiaste, à qui nous devons tous ces détails. Il me suffit, comme à lui, et, encore en l'abrégeant, de vous dire que les prédicateurs se succédèrent sans interruption dans la chaire du couvent ; que l'on vit arriver dans Gap les processions du Noyer, de Poligny, de La Fare et de Manteyer ; ensuite, celles de Rabou, de La Roche, de Laye, et de St-Laurent ; puis, celle de La Freissinouse ; plus tard, celles d'Orcières et de Champoléon ; et, enfin, celles de La Saulce, de Châteauvieux, de La Bâtie-Neuve, de La Bâtie-Vieille, de Valserres, de Rambaud, de Manteyer, de Neffes et de Pelleautier, quelques-unes pour la seconde fois ; que, tous les soirs, les boîtes, les serpentaux, les pétards et les fusées, ne cessèrent de bruire et d'éclairer les coteaux d'alentour, que 5.700 personnes reçurent la communion ; et que tout se termina par un feu de joie, allumé sur la place St-Étienne, à l'occasion de la paix d'Utrecht.

Je ne terminerai pourtant pas, comme allait le faire le P. Vital, à qui nous devons cette intéressante relation, sans vous parler d'*un vrai miracle, arrivé le samedi de l'octave de saint Félix*. Madame de Poligny, religieuse au couvent de Ste-Ursule, dont elle avait été supérieure, était paralytique du bras et de la main droite. Elle fit demander de l'huile de saint Félix ; le P. François de Pignerol se rend au couvent, s'approche de la grille, donne de l'huile à toutes les religieuses, en verse sur la main paralytique et, quelques moments après, Madame de Poligny sent dans sa main comme des fourmis qui la picotent. Surprise, elle veut remuer son bras et sa main ; cet acte de sa volonté s'exécute sans peine et, alors, elle s'écrie : Miracle ! Miracle ! mon bras est guéri ! « Monseigneur, à qui elle avoit aupara-
« vant demandé d'aller prendre des bains, l'a veue
« et ne l'appelle plus que la sœur de St-Félix » (1).

(1) *Livre des Annales des Capucins*, p. 218 à 221. La relation de la fête de St-Félix est évidemment écrite par le gardien de cette époque, le P. Vital de Draguignan, prédicateur missionnaire, qui avait été élu le 19 mai 1711 et qui ne fut remplacé que le 11 mai 1714, par le P. Germain de St-Maximin (V. page 162 du même *Livre*).

Il m'est bien pénible, je vous jure, de quitter la hauteur des exaltations religieuses, pour descendre à de misérables intérêts matériels et à des intérêts d'amour-propre, plus misérables encore. L'inexorable histoire l'exige impérieusement et me force à vous déclarer, qu'en cette même année 1713, commençait, entre l'évêque et le vibailli, nonobstant le bureau de conciliation établi au mois de janvier, un procès au sujet du bois de Rambaud, qui devait se traîner jusqu'en 1724 ; que la guerre était déclarée entre M. du Saix, gouverneur de Gap, et M. [Jean] Murat [conseiller du Roi,], à qui l'on donne la qualité de maire alternatif de cette ville. M. le maire refusait de se rendre en chaperon, les jours de cérémonie et de fêtes solennelles, chez M. du Saix, pour l'accompagner au lieu de la cérémonie et à l'église, et de le reconduire à sa maison. D'un autre côté, messire Louis de Bertrand, sieur du Fresne et vibailli de Gap, qui était venu se mêler dans le débat, soutenait, qu'en l'absence du gouverneur, il devait occuper la place principale dans les mêmes cérémonies et y allumer les feux de joie, et, de plus, que le maire et les consuls devaient arborer le chaperon, pour le prendre chez lui et l'y reconduire. Or, tous ces graves intérêts se débattaient entre la mission éclatante du commencement de l'année et les fêtes éblouissantes de l'apothéose de saint Félix. Le Roi mit un terme à ces différends, par un bref qui donnait gain de cause au gouverneur, et ordonnait, qu'en l'absence de celui-ci et même du maire, lors de la cérémonie des feux de joie, M. le vibailli n'occuperait que la seconde place, la première était dévolue au maire et à nos dignes consuls. Néanmoins, l'un d'entre eux était condamné à l'avertir du jour et de l'heure de la cérémonie, à le conduire près du feu de joie et à l'accompagner au retour. Ainsi le décida le vieux et grave roi de France, étant en son château de Versailles, le 10 mars 1713 (1), après avoir entendu son ministre Voysin et sa *solidité* Madame la marquise de Maintenon.

C'est encore dans l'intervalle des cérémonies religieuses, dont je vous ai si longuement entretenu, que se mitonnait un acte suspect d'hérésie, qui, heureusement, pour la tranquilité de notre très orthodoxe prélat, ne vit le jour qu'en 1721. Depuis bien des années l'on voyait siéger, dans les stalles de la cathédrale, un chanoine au regard dur, à la parole stridente comme la fatalité, lequel avait nom messire Jean de Ricou, et qui prenait le titre de conseiller du Roi et de lieutenant en l'élection de Gap. C'était le fils de noble Jean de Ricou, que nous avons vu, je crois, procureur en la même élection. Au mois d'avril 1713, il lui passa par la tête d'écrire son testament. A travers beaucoup de dispositions qui vous paraîtraient insignifiantes, il laissa couler de sa plume des mots qui eussent été applaudis par le grand Arnaud et toutes les illustrations de Port-Royal-des-Champs ; qui auraient fait ajouter une proposition aux cent-une propositions du pauvre P. Quesnel, de l'Oratoire ; qui auraient fait couler des douces larmes des yeux du bon Rollin, agenouillé devant la porte du cimetière de St-Médard ; qui auraient déridé le rude Mésanguy ; qui auraient encouragé M. de Soanen dans ses protestations contre la bulle *Unigenitus*, et dans ses appels au futur concile, mais qui n'auraient pas évité l'anathème, s'ils étaient tombés sous la main de M. le promoteur du concile d'Embrun. Après avoir fait un grand nombre de legs, M. de Ricou instituait pour ses héritiers universels les RR. PP. de la Doctrine chrétienne, établis à Gap pour la conduite du séminaire. Le fonds provenant de son héritage devait être employé par ces pères, *et non par d'autres*, à l'entretien de deux

---

(1) *Ordonnance du Roi du 10 mars 1713.* Signée : Louis, e', plus bas, Voysin. Ms. Arch. de la Préfecture.

professeurs de théologie, indépendamment de ceux qu'ils sont obligés d'avoir par leur fondation, qui seraient tenus d'enseigner publiquement *la pure doctrine de saint Thomas, et non autre,* le testateur déclarant que telle était sa volonté, *afin d'empêcher que le diocèse ne soit inondé des maximes relâchées et corrompues, et procurer que les ecclésiastiques soient imbus d'une saine et sainte doctrine, et les peuples nourris de la morale de l'Évangile* (1).

Vous savez, Monsieur, quel était l'ordre accusé d'inonder le monde chrétien de maximes relâchées, et avec quelle vigueur de pinceau l'*effrayant* génie, nommé Blaise Pascal, les avait flétries dans ses immortelles *menteuses.* A ce langage que vous trouverez orthodoxe, du moins je l'espère, j'ajouterai que, s'il vivait de nos jours, M. de Malissoles n'éprouverait aucune crainte de voir dans son diocèse s'exécuter les dispositions testamentaires de M. le chanoine de Ricou, puisqu'un ancien directeur de l'un des séminaires de l'évêché de Gap y dédie aujourd'hui, avec une adresse admirable, ses ouvrages à saint Ignace de Loyola (2).

1714. — Cependant le pasteur du commencement du XVIII⁰ siècle ne voyait pas, sans en éprouver de sérieuses craintes, l'éducation cléricale de son diocèse entre les mains des Oratoriens, bien qu'ils eussent signé le Formulaire. Je ne sais s'il pressentait ce que contenait le testament de son chanoine, mais, l'année suivante, il demandait à l'évêque de Fréjus

(1) *Testament mystique de messire Jean de Ricou,* en date du 29 avril 1713, déposé, le lendemain, chez Mᵉ Vallon, notaire, en présence de MM. Bondilh, curé de Gap, Jacques Philibert et Antoine Bonnet, bénéficiers; Jean-André Bondilh, bourgeois; Firmin Sarrazin, procureur; Joseph Bonnet et Jean Valantin. Arch. de la Préfecture. [Cf. *Annales des Alpes,* VI, 1903-4, p. 71. G. V; 1904, p. xxiii].

(2) *Maximes des SS. PP. et des matières de la vie spirituelle sur l'examen particulier.* 1 vol. in-8°, Gap, A. Allier, 1838.

des renseignements sur les professeurs attachés à son séminaire et à l'archevêque d'Aix. Ce dernier lui mandait, le 15 octobre 1714, qu'il avait été fâché de perdre le P. Gaston et que, pour la doctrine et les manières, il n'avait que du bien à lui en dire. De son côté, l'évêque de Fréjus l'assurait, le 22 du même mois, que ce même Père lui avait donné des preuves non suspectes de sa bonne doctrine, et qu'il avait même montré du zèle contre les nouveautés du temps (1).

1716. — Rassuré du côté de son séminaire et sur la doctrine de celui à qui il en avait confié la direction, M. de Malissoles, qui n'avait pas obtenu une solution satisfaisante sur la question des préséances, adressa de nouvelles plaintes au Régent, le 14 juillet 1716. Il lui exposait qu'il n'avait suspendu ses poursuites, en 1710, que pour ne pas fatiguer le monarque, dans un temps où il avait tant d'ennemis à combattre, et que, d'ailleurs, il comptait que sous un roi très chrétien, protecteur de l'Église, le siège de Gap recouvrerait infailliblement, dans une glorieuse paix, ce qu'il pouvait perdre dans la guerre. Mais, puisque aujourd'hui, sous la protection de Son Altesse Royale, l'on jouissait du repos ; que l'édit de création des maires était anéanti, il venait demander la confirmation des prérogatives dont avait toujours joui son juge (2).

1718. — Des différends d'une autre nature divisaient notre pieux pontife et la ville de Gap, depuis les premières années de son épiscopat. Il s'agissait de la propriété des bois rabougris qui, du côté du

---

(1) *Lettres adressées à M. de Malissoles par l'archevêque d'Aix et l'évêque de Fréjus,* les 15 et 22 octobre 1714. Mss. Arch. de la Préfecture.

(2) *Lettre écrite par l'évêque de Gap à M. le Régent,* le 14 juillet 1716, relativement aux prérogatives de son juge. Ms. Arch. de la Préfecture.

midi, tapissent la montagne de Charance. Une transaction, à laquelle nos consuls eurent la faiblesse d'adhérer, priva la communauté d'une possession qui remontait à la fondation de la ville, si j'en crois un très pieux chroniqueur, qui s'exprime de la manière suivante :

« Par transaction passée entre la ville de Gap, d'une part, et M. de Malissoles, son évêque, d'autre, le 20 mai 1718, reçue Escallier, notaire de Gap, les bois de Charance furent cédés à l'évêque, contre toute sorte de droit, n'étant pas douteux que les communaux appartenoient à la ville. La seule réserve stipulée dans cette transaction est que les habitants de la ville et son terroir, véritablement pauvres, auront la faculté de couper dans le susdit bois de Charance des branches de *bois mort et mort bois*, sans pouvoir se servir de haches ou autres instruments pour couper les gros troncs morts; mais seulement de petites serpettes, appelées en patois *gouyons* » (1).

Les habitants, véritablement pauvres, comme ceux qui ne l'étaient pas, continuèrent de couper, avec des *gouyons* et quelquefois avec des haches, les bois morts et vivants de Charance, et même de les arracher avec leurs racines, jusques à ce que le propriétaire actuel les eût fait cantonner à l'extrémité de la montagne. Depuis cette époque, encore bien récente, elle commence à parer sa vieille nudité et à se couvrir d'une agréable verdure, depuis le château jusques à son point culminant qui nous sépare de la commune de Rabou, tandis que la partie assignée à la ville de Gap ne présentera bientôt plus qu'un rocher dépouillé de terre végétale, d'où les eaux pluviales, coulant avec rapidité, formeront des torrents, qui finiront par envahir les plateaux inférieurs, si l'on n'y prend garde. D'où l'on pour-

(1) *Mémoires* de M. Rochas, p. 135, 2ᵉ série.

rait conclure que la transaction de 1718, injuste au fond, nous a été favorable dans la forme.

1720. — Trois ans s'écoulent en paix ; mais, en 1720,

« Un écu est un écu,
« Un billet de banque est un torche-... »

disaient au commencement de cette année les beaux esprits de Gap, en se raillant des habitants de cette ville qui avaient fondé de brillantes espérances sur le système de Law, croyant bientôt aller réaliser leurs rêves sur les bords du Mississipi, pays *où l'on ferrait les mouches.*

Ce fléau faisait place à un autre, chez nos voisins de Provence ; mais nos magistrats, se souvenant des désastres de 1630, dont la tradition était arrivée jusqu'à eux, fraîche et *vêtue d'épouvante*, surent garantir leurs concitoyens de la peste qui désolait Marseille, par une vigilance et des précautions que leurs prédécesseurs n'avaient pourtant pas négligé de prendre. La contagion s'étendit jusques aux portes de la ville ; mais, cette fois, elle ne les franchit pas.

Un jour, — c'était le dimanche 6 septembre 1720, — l'une des sentinelles avancées, qu'on avait placées à la Tourronde, accourait vers la ville, se présentait devant les magistrats en permanence à l'hôtel de ville et leur annonçait qu'on avait vu paraître, à l'extrémité de la plaine de La Chau, une litière escortée par plusieurs hommes à cheval et qui, probablement, se dirigeait sur Gap, où elle ne tarderait pas d'arriver. Bientôt, en effet, le gardien de porte Colombe vint annoncer que la chaise flottante était arrivée et que M. Claude Souchon des Praux, ancien premier président au bureau des finances de Provence et seigneur d'Avançon, à qui elle appartenait, demandait à entrer dans la ville, avec ses gens et deux de ses filles, religieuses au couvent de Ste-Ursule de la ville d'Aix ; l'une d'elles, la sœur du Saint-Esprit étant paralytique de la moitié du corps ; mais assurant que ni lui, ni aucune personne de sa suite, n'avaient éprouvé les moindres signes de la contagion qui régnait en Provence.

Les consuls et le bureau sanitaire n'osèrent refuser à M. le président des Praux la grâce qu'il sollicitait, et il pénétra dans la ville, au grand étonnement des bourgeois qui fuyaient à son approche, et escorté des murmures de la classe ouvrière et des oisifs, dont l'imagination épouvantée accueillait cette famille, comme elle eût accueillie la peste elle-même, si elle s'était présentée en personne. Le lendemain, les murmures devinrent plus vifs et l'on entendit, dans la rue Souveraine et au quartier Saint-Arey, proférer quelques menaces de sédition. Enfin, le 9 septembre, les menaces étaient si hautement exprimées que nos magistrats furent obligés de notifier à M. des Praux l'ordre de sortir de la ville. Il en sortit, en effet, ce jour-même, et se retira au château de Jarjayes, où la pauvre paralytique arriva presque mourante. En ce temps-là, vous le voyez, la ville de Gap renfermait peu d'anti-contagionnaires.

Quinze jours s'étaient écoulés, sans que la présence de la famille des Praux dans cette ville eût rien produit de funeste à la santé de ses habitants, lorsqu'un bruit se répandit, tout-à-coup, et vola, comme l'éclair, dans tous les quartiers de la cité. L'on assurait que la sœur du Saint-Esprit, cette misérable infirme, qu'on avait transportée mourante jusqu'à Jarjayes, avait miraculeusement recouvré l'usage de tous ses membres, à la suite d'une neuvaine que ses parents avaient faite à N.-D. du Laus, où, depuis deux ans, était ensevelie cette Benoîte Rancurel, dont le nom était invoqué, plus que jamais, dans toutes les vallées des Alpes. Le président des Praux vint confirmer ces bruits, en présentant à M. de Malissoles une requête, où les faits qui venaient de se passer étaient succinctement rappelés et sur lesquels il le suppliait de faire informer. Le prélat accueillit cette demande : car, disait-il, *il est toujours glorieux de découvrir et de publier les merveilles qu'opère le Seigneur : Opem Dei revelare et confiteri honorificum est.* Le 25 novembre, il commit Messire Claude de Pina, doyen de l'église cathédrale, vicaire général et official de son diocèse, pour faire les enquêtes et procédures ordinaires en pareil cas (1). M. des Praux présenta une seconde requête à ce dernier, le 13 décembre, pour le prier de procéder à l'information. Elle fut communiquée au promoteur, qui répondit, le 16 du même mois : « *N'empêchons de procéder à la preuve du susdit prétendu miracle* ». La sœur miraculée fut ensuite assignée, pour comparaître devant M. de Pina ; et, le 18 décembre, eut lieu l'interrogatoire que lui fit subir cet official et dont vous me permettrez de ne pas altérer le moindre terme en supprimant seulement les questions qui lui furent adressées par le sévère doyen (2).

Les faits de Socrate, dont personne ne doute, sont moins attestés que ceux qui vont se dérouler à nos yeux. Attention, je vous prie, au récit de sœur Lucrèce des Praux ou plutôt de la sœur du St-Esprit, qui, après avoir prêté serment, en tenant la main sur la poitrine, à la manière des ecclésiastiques, s'énonce de la manière suivante, avec une grande droiture et une grande simplicité :

(1) « *Requête présentée à Mgr l'illustrissime et révérendissime* « *évêque, comte et seigneur de Gap, par messire Claude Souchon,* « *seigneur des Praux*, répondue le 25 novembre 1720 ». Ms. Arch. de la Préfecture. [Voir *Information canonique sur la guérison miraculeuse de Lucrèce Souchon des Praux*, dans *Annales des Alpes*, III, 1899-1900, et tiré à part, Gap, 1900, in-8°, 83 p.]

(2) *Requête adressée à l'official*, le 13 décembre 1720. — *Réponse du promoteur*, à qui elle est communiquée, du 16 du même mois. — *Assignation donnée à la sœur Lucrèce des Praux*, le même jour. Mss. Arch. de la Préfecture.

« Depuis onze ans, j'étais religieuse au monastère
« de Sainte-Ursule dit de Saint-Sébastien à Aix,
« lorsque j'en sortis, avec la permission de mes
« supérieurs, afin d'éviter la contagion qui régnait à
« Marseille, et, en même temps, pour tâcher, en
« venant chez Messieurs mes parents, de me
« remettre de la maladie dont j'étais atteinte.

« Dès mon entrée en religion j'avais éprouvé plu-
« sieurs sortes de maladies, toutes dangereuses et
« qui m'avaient laissée à l'extrémité. C'étaient des
« vomissemens et des douleurs violentes dans tout
« le corps, qui m'avaient obligée de rester au lit
« pendant dix-huit mois. Je fus, ensuite, atteinte
« d'une attaque de paralysie, dont la durée fut de
« quatre mois et dont je guéris en usant de remèdes
« apéritifs, non toutefois sans rester languissante
« pendant deux ans, ne pouvant m'étendre dans
« mon lit, ce qui m'obligea de faire quelques autres
« remèdes qui me soulagèrent.

« Le 24 mars dernier, jour des Rameaux, je fus
« atteinte d'une fièvre continue, avec redoublement.
« Quinze jours après, je commençais à me remettre,
« lorsque des vomissemens continuels et extra-
« ordinaires me jetèrent dans des convulsions, qui
« durèrent jusques au 25 avril, et qui me réduisi-
« rent à l'extrémité. On m'a dit, depuis, que j'avais
« reçu l'extrême-onction et que la recommandation
« de l'âme m'avait été faite. Je restai dans cet état
« pendant quatre heures, mais, sur le soir, je repris
« connaissance et recouvrai la parole, bien qu'en
« bégayant, car ma langue était restée tremblante
« et affectée de mouvements convulsifs. Ma tête,
« un bras, une jambe et tout le côté droit, éprouvè-
« rent ce tremblement et les mêmes mouvements
« pendant cinq mois, et jusques au moment où j'ai
« été miraculeusement guérie. Le mal augmenta
« même si fort que je devins absolument muette et
« paralytique de tout le côté droit ; cependant, il

« m'était toujours resté quelques faibles sensations
« dans cette partie de mon corps.

« Loin de me soulager, les remèdes ne firent
« qu'aigrir mon mal et les médecins n'espéraient
« plus ma guérison. M. *Joanis*, médecin à Aix, qui
« m'a traitée, m'avait laissé un mémoire sur la
« nature du mal que j'éprouvais, afin de pouvoir
« consulter à Paris ; enfin, je ne pouvais plus m'ai-
« der de mon bras et de mon pied, ni soulever la
« tête, quelques efforts que je fisse pour y parvenir ;
« aussi, pour venir d'Aix à Gap, on fut obligé de me
« placer dans une chaise flotante, où l'on avait pré-
« paré une espèce de lit avec des carreaux, sur les-
« quels j'étais appuyée du côté droit, afin d'éviter le
« tremblement universel qui se manifestait dans
« toute cette partie de mon corps, lorsque je me
« reposais du côté gauche. Je mis quatre jours pour
« faire le trajet, étant partie le 2 septembre et arri-
« vée à Gap le 6 de ce mois, sans faire aucun séjour
« dans les lieux intermédiaires. Je séjournai pen-
« dant trois jours dans cette dernière ville, mais
« sans sortir du lit. Le 9 septembre, ayant été obli-
« gée de quitter la ville avec ma famille, je fus por-
« tée dans une chaise-à-porteur au château de
« Jarjayes, appartenant à Monsieur mon beau-frère.
« On m'avait placée, comme on avait pu, sur le
« siège de la chaise, avec deux carreaux à mes
« pieds ; mais je glissai dans le moment même
« contre la porte de la chaise. Alors les porteurs
« me croyant morte, comme ils l'ont dit dans la
« suite, me portèrent sans ménagement, laissant
« heurter la chaise contre les pierres, sans que je
« pusse crier ni me plaindre du mal qu'on me
« faisait.

« Étant encore à Aix, je racontais à ma sœur,
« religieuse comme moi, au couvent de Sainte-
« Ursule, que j'avais songé, en dormant, que je
« guérirais, si je pouvais être transportée à Notre-

« Dame du Laus. Mon état me faisait alors regarder
« ce voyage comme impossible ; aussi ne fis-je pas
« beaucoup attention à ce songe. Cependant, ayant
« appris au château de Jarjayes que ma sœur avait
« l'intention d'aller à Notre-Dame, je lui fis connaî-
« tre que j'éprouverais un grand plaisir, si elle y
« faisait célébrer une neuvaine de messes à mon
« intention. Ma sœur se rendit, en effet, dans ce
« sanctuaire, le 24 septembre, et y fit commencer la
« neuvaine que je désirais tant. Le soir du même
« jour, on me fit une onction sur toutes les parties
« affligées, avec de l'huile prise dans la lampe qui
« est allumée devant l'autel de la Sainte-Vierge ;
« mais jusques à huit heures du matin du lende-
« main, il n'y eut aucun changement dans ma
« position.

« Le lendemain, 25 septembre, à huit heures du
« matin, je sentis tout-à-coup une force à laquelle
« je n'étais pas accoûtumée ; ma tête était plus
« ferme. Alors j'eus la curiosité de voir si je pour-
« rais m'aider de mon bras droit, et prenant mon
« peigne de ce côté-là, et m'en servant, d'abord de
« la main gauche, je pus m'en servir ensuite avec
« la main paralytique, quoique, d'abord, avec un
« peu de tremblement ; mais, un quart d'heure
« après, la faiblesse que j'avais éprouvée à la tête
« et au bras droit, se dissipa entièrement, après
« une seconde onction de l'huile de la lampe et
« quelques prières qu'on récite au pied de mon lit,
« en l'honneur de la Sainte-Vierge, entre autres
« l'*Ave, maris stella*. Ces prières étaient à peine ter-
« minées que je me levai de mon lit, sans aucune
« aide ; je m'habillai, sans secours étranger, et je
« marchai ensuite, avec autant de fermeté que je
« pourrais le faire en ce moment même. Dès que
« je fus levée, je me mis à genoux et récitai trois
« *Ave Maria* ; ensuite, je me couvris de mon voile
« et me rendis, sans bâton et sans autre appui, à la

« chapelle du château. Cependant je n'avais usé
« d'aucun remède, depuis mon arrivée à Gap. Le
« jour de ma guérison, je n'éprouvai aucune dou-
« leur nouvelle : je me trouvais dans le même état
« de faiblesse où j'avais été jusques à ce moment,
« et je ne m'aperçus en aucune façon de quelle
« manière elle s'opéra » (1).

Tel est le résultat des réponses faites par la sœur du St-Esprit aux questions qui lui furent adressées par M. de Pina, les 18 et 19 septembre 1720. L'interrogatoire fut montré à M. Pellegrin, promoteur, qui ordonna, le 7 janvier suivant, qu'il fut informé des faits mentionnés, tant devant l'official du diocèse de Gap que devant celui du diocèse d'Aix.

1721. — Le 20 janvier suivant, M. de Pina délivra une commission rogatoire à l'official général de l'archevêché d'Aix. Celui-ci se nommait François Reynard de Villeneufve et prenait le titre de docteur en théologie, de chanoine de l'église métropolitaine St-Sauveur de la ville d'Aix et de vicaire général de Mgr Charles-Gaspar-Guillaume de Ventimille, des comtés de Marseille du Luc. La procédure qu'il fit, les 17 et 18 février 1721, confirma les faits avancés, tant par M. le président des Praux, dans sa requête à l'évêque de Gap, que par la sœur du Saint-Esprit, dans l'interrogatoire de M. de Pina : elle ne présente rien de remarquable, si ce n'est la manière dont M. Jean-Baptiste *de Joannis*, professeur royal en médecine, qui avait soigné la malade, termine sa déposition :

« Le déposant croit devoir ajouter que, s'il est
« vrai, comme on l'a assuré, que la dite sœur du

(1) *Interrogatoire fait par M. de Pina, official général, à Sœur Lucrèce Souchon des Praux* les 18 et 19 décembre 1720. Ms Cet acte est revêtu, à la fin et au bas de chaque page, de la signature de M. de Pina et de celle de la sœur du Saint-Esprit ; et, à la fin, de celle de M. Paul, greffier de l'officialité. Arch. de la Préfecture.

« Saint-Esprit avoit, peu de temps après son arri-
« vée à Gap, recouvré entièrement la santé, d'une
« manière même subite, il y a lieu de croire que
« cette guérison est plutôt un effet d'une assis-
« tance miraculeuse du Ciel et un prodige surnatu-
« rel, qu'une opération de la nature, ni un heureux
« effet des remèdes » (1).

Ce ne fut que le 13 mars suivant, que les témoins qui devaient déposer devant l'official de l'évêché de Gap, furent assignés, à sa requête, par l'huissier Alexandre Reybaud. L'information, qui commença ce jour même et ne fut terminée que le 28 avril, corrobore tous les faits qui nous sont déjà connus, mais elle renferme beaucoup plus de détails encore que ceux résultant de l'interrogatoire de la sœur Lucrèce des Praux. Parmi les témoins assignés et entendus, l'on remarquait M. Pierre Souchon des Praux, conseiller au parlement de Provence, fils du précédent ; Marguerite-Françoise d'Estienne, épouse de ce dernier ; Catherine-Françoise Le Maître, épouse du conseiller des Praux ; Henriette des Praux, religieuse ursuline à Aix, sœur de Lucrèce ; les demoiselles Lucrèce de Colomb et Charlotte de Pelat ; les dames Lucrèce Souchon d'Augeri et Hippolyte de Pisany de La Boulie ; les demoiselles d'Estienne de Prunières et Rose de Poncet ; Joseph-Auguste de Bondilh, curé de Gap ; Jean-Antoine de Riquetti, marquis de Mirabeau ; Françoise de Castellane, son épouse ; Tourniaire, curé de Jarjayes ; M. Berlie, supérieur de N.-D. du Laus ; Noël Roubaud, avocat en la cour ; Augustin Le Blanc, receveur des tailles en l'élection de Gap ; le docteur Richaud, médecin à Tallard, et la demoiselle Bon, épouse du sʳ Gillis, châtelain de Jarjayes. *Le reste ne vaut pas l'honneur d'être nommé* (2).

(1) *Procédure faite par l'official d'Aix*, les 17 et 18 février 1721.
(2) *Assignation donnée à la requête de l'official de Gap* le 13 mars 1721. Ms.

Vous voyez que la crainte de la contagion avait poussé dans Gap beaucoup de Provençaux ; et que, sans la procédure, vous auriez ignoré à tout jamais que cette ville possédait, en 1721, le père du célèbre *ami des hommes*, qui ne l'était guère, dit-on, de sa femme, non plus que de son fils Honoré-Gabriel de Riquetti, comte de Mirabeau, dont l'éclat a éclipsé celui de ses ancêtres. Sans doute que le bambin Victor de Mirabeau se trouvait à Gap, auprès de sa mère, mais comme il n'était alors que dans sa sixième année, le futur économiste n'avait pu être entendu en témoignage, dans l'enquête de M. de Pina.

La déposition d'Henriette des Praux, connue en religion sous le nom de sœur de Sainte-Barbe, est la plus intéressante de cette enquête. Elle dit, d'abord, qu'elle avait été obligée de partir subitement avec sa famille et de sortir de la ville de Gap, pour des raisons inutiles à rapporter. Cependant, Madame de La Boulie y avait été reçue, comme elle, après avoir quitté sa campagne de l'Eygalade ; mais, sans doute, après avoir fait quarantaine en dehors des murailles de la ville. La sœur de Ste-Barbe continue :

« Le 25 septembre 1720, à neuf heures du matin,
« j'entrai dans la chambre de ma sœur qui me fit
« comprendre par signes qu'elle se trouvoit mieux.
« M'approchant alors du lit de la malade, je lui
« demandai si elle avait éprouvé quelque crise ex-
« traordinaire dont elle serait soulagée. — Non,
« répondit la sœur du St-Esprit ; et aussitôt : je
« crois, ma sœur, que je parle ! — Vraiment oui,
« ma sœur, vous parlez! Aussitôt, je courus en
« porter la nouvelle à mon père et à ma mère, ainsi
« qu'au reste de la famille, qui ne voulut pas y
« croire... On se rendit ensuite à la chapelle du
« château, où l'on chanta un *Te Deum* et où l'on
« récita d'autres prières, en actions de grâces. Ma

« sœur y assista, se tenant toujours à genoux sans
« s'appuyer en aucune façon ; et, trois jours après,
« elle alla à Notre-Dame du Laus ».

Il résulte, en outre, de la déposition de deux autres témoins que la chaise à porteur, dans laquelle était roulée la sœur du St-Esprit, stationna, pendant deux heures, auprès du moulin Borel. On la croyait mourante et on l'avait abandonnée aux porteurs.

On trouve, enfin, dans le procès-verbal d'information, que M. le président des Praux demeurait à Gap, avec son épouse, ainsi que la dame de Castelane, épouse du marquis de Mirabeau ; que les deux sœurs religieuses étaient âgées de trente ans environ, que leur père en avait soixante et leur mère cinquante, et que M. le conseiller des Praux n'avait qu'un an de plus que l'aînée de ses sœurs (1).

Messire Pellegrin, promoteur en l'officialité de Gap, à qui toutes les pièces de la procédure avaient été communiquées, prit, le 7 mai 1721, les conclusions suivantes :

« Concluons à ce que la guérison de la dite sœur
« Lucresse du St-Esprit *Despros,* religieuse pro-
« fesse au premier monastère de Sainte-Ursule de
« la ville d'Aix en Provence, soit déclarée estre sur-
« naturelle et miraculeuse ; qu'elle n'a pu estre
« faitte que par une voye extraordinaire et par une
« grâce toutte particulière de Nostre Seigneur,
« obtenue par la toutte puissance de la très-Sainte-
« Vierge ; et, qu'en recognoissance, il soit célébré
« le vingt-cinquiesme jour de ce mois de may, à
« neuf heures du matin, en la ditte église de Nos-
« tre-Dame du Laus, une grande messe d'action de
« grâce, à laquelle sera conviée d'assister la ditte
« sœur Lucresse du Saint-Esprit » (2).

---

(1) *Information faite par M. de Pina,* commencée le 13 mars et terminée le 28 avril 1721. Ms.
(2) *Avis et conclusions du promoteur à l'officialité de Gap* du 7 mai 1721. Ms. Arch. de la Préfecture.

Enfin, le 8 ou le 18 du même mois, M. le doyen de Pina, en qualité d'official général, porta son jugement, contenant la déclaration et la publication du miracle arrivé dans le diocèse de Gap, le 25 septembre de l'année 1720, en la personne de sœur Lucrèce du Saint-Esprit, par l'intercession de la sainte Vierge, en suite de quelques onctions de l'huile de la lampe qui brûle devant l'autel de la chapelle de N.-D. du Laus, et le premier jour d'une neuvaine de messes célébrées en ladite église (1).

Et tout cela se passait à l'époque, je pense, où le jeune Arouet osait faire entendre, sur le premier théâtre de la capitale, ces deux vers sentencieux qui retentirent dans toutes les parties de la France, durant le XVIIIᵉ siècle et qui furent le prélude de la guerre qu'il déclara au Christianisme ; mais que la génération actuelle semble heureusement avoir un peu oubliés :

« Les prêtres ne sont pas ce qu'un vain peuple pense :
« Notre crédulité fait toute leur science ».

Maintenant, ne venez pas dire, avec Diderot, que, si tout Paris vous affirmait qu'un mort est ressuscité à Pantin, vous n'en croiriez rien. Discutez les faits, mais ne niez *a priori* aucune possibilité d'événements surnaturels. Je viens de vous présenter, sans altération et avec la même simplicité de cœur qu'ils ont été recueillis, ceux qui, en 1721, étonnèrent toute la contrée et qui ne furent admis qu'avec une certaine méfiance par le promoteur et l'official du diocèse de Gap. Toute la ville crut au miracle, excepté peut-être les Jansénistes, qui formaient

---

(1) La pièce originale de ce jugement ne s'est pas retrouvée. L'on ne possède qu'une colature, sans date, écrite de la main de M. Pina, ne renfermant que les mots portés dans le texte. L'ancien *Recueil des merveilles opérées au Laus*, réimprimé à Gap, dit que le jugement de l'official est du 8 mai ; mais la *Notice historique sur N.-D. du Laus*, imprimée à Marseille en 1829, le recule jusqu'au 18 du même mois.

l'opposition de cette époque ; et, si aujourd'hui, vous veniez au Laus, vous y verriez encore un devant-d'autel, très riche, brodé en or et en argent de la main même qui fut guérie de la paralysie, et vous ne liriez pas sans émotion cette légende autour d'un *agnus dei* qui se trouve au milieu de cet ornement : *Manus a Deipara paralysi liberata contexuit oblutit.*

1722. — Je ne saurais vous dire si M. le chanoine de Ricou, qui vivait encore à cette époque, ne vit dans la guérison de la sœur Lucrèce des Praux qu'un événement fort naturel, ou s'il pensa qu'elle était due à l'intervention divine ; mais, comme il mourut le 26 octobre 1721, son testament fut connu et réveilla peut-être, dans l'esprit de M. de Malissoles, des craintes sur l'orthodoxie des directeurs de son séminaire. Il consulta, à cet égard, l'évêque de Nîmes [1]), qui lui répondit, le 4 septembre 1722. « Je pense que la Doctrine chrétienne est une con-
« grégation, qui, depuis quelque temps, s'est ren-
« due suspecte, moins par ses connaissances et
« son attachement à la mauvaise doctrine, que par
« sa complaisance pour M. le cardinal de Noailles,
« telle que l'ont eu la plupart des corps formés en
« France et dont le général est sous ses yeux. C'est
« par là que cette Éminence se charge d'un furieux
« paquet, soit qu'elle attire à son parti tous ces
« corps par séduction, par crainte ou par simple
« envie de lui plaire ». Cependant l'évêque de Nîmes lui conseille de recevoir les PP. de la Doctrine chrétienne, car les écoliers qu'ils forment sont assez forts sur la latinité et la savent par principes, et que pour le reste, à tout prendre, ils seront bons, parce que le père général est un fort honnête homme, quoique fort attaché au cardinal de Noailles, et

[1] Jules César Rousseau de La Parisière, né à Poitiers en 1667, nommé évêque de Nîmes le 11 juillet 1710, mort le 15 nov. 1736.

que le nombre des sujets suspects est si petit qu'on pouvait hardiment assurer que M. de Malissoles ne les aurait pas. Le successeur du grand Fléchier donne ensuite à notre évêque des conseils sur la conduite à tenir dans la conjoncture présente, et les termine de cette manière : « Il n'y
« a qu'à souhaiter que le Gouvernement soit tou-
« jours, comme il paroist être aujourd'hui, con-
« traire à ces dissertations hardies et à tout cet
« esprit de cabale. C'est ce qui peut nous arriver de
« mieux, mais sur quoi nous n'aurions eu rien à
« craindre, si on nous eust fait marcher de suite.
« Dieu tire sa gloire de tout, même des hérésies et
« des scandales. Notre siècle lui en procurera beau-
« coup par cet endroit » (1).

M. de Nimes, en parlant ainsi, n'avait en vue que les opposants à la bulle ; il ne prévoyait pas, sans doute, que, dans le cours de ce siècle, s'élèveraient d'étranges novateurs, qui balayeraient devant eux les opposants comme les acceptants, le catholicisme comme l'hérésie, et, enfin, la révélation tout entière !

1723. — M. de Malissoles fut rassuré davantage, au commencement de l'année suivante, par la communication qui lui fut faite d'une lettre du P. Griffon, général des Doctrinaires, aux provinciaux de l'ordre, portant que *des raisons très-pressantes* l'obligeaient de défendre à tous les sujets de la congrégation de rien dire contre la constitution *Unigenitus* et d'avancer aucune des cent-une propositions qui y sont condamnées, et qu'il leur ordonnait même de recevoir ladite constitution (2). Déjà.

---

(1) *Lettre autographe de Jean-César,* év. de Nimes, du 4 sept. 1722. Arch. de la Préfecture.
(2) *Lettre du T. R. P. général* du 18 décembre 1722. *Copie collationnée sur l'original, par M. de Malissoles,* le 25 février 1723. Arch. de la Préfecture.

lorsque cette lettre lui avait été communiquée par le P. Sylvestre, il avait exigé du P. Rieux, qui vraisemblablement lui avait paru plus suspect que les autres doctrinaires attachés au séminaire, la déclation suivante :

« Je déclare que je n'ay jamais confessé, ni con-
« seillé, en aucune façon, qui que ce soit, de l'un ou
« de l'autre sexe, qui eût appellé de la constitution
« *Unigenitus*, ni même qui y eût été contraire. Je
« déclare encore, devant Dieu, que j'accepte ladite
« constitution purement et simplement, avec tout
« le respect et toute la soumission possibles, la
« regardant comme une règle de foy, qu'il n'est
« plus permis à aucun catholique d'impugner. Et
« pour preuve que le tout cy-dessus contient vérité,
« et que c'est mon véritable sentiment, auquel je
« me conformerai toujours, c'est que j'ose bien en
« prendre Dieu à témoin, en présence de Monsei-
« gneur l'évêque de Gap. Fait à Gap, ce 20 jan-
« vier 1723 ».

En vain le P. Rieux en avait formulé une, par laquelle il déclarait se soumettre à la Constitution, avec les qualifications données par le pape Clément XI, il fallut souscrire celle dont je viens de vous donner la contexture et qui probablement était plus orthodoxe que celle-là (1).

1725. — Vous croyez peut-être que notre saint évêque, livré tout entier à la polémique soulevée par la fameuse bulle, négligeait les devoirs que lui imposait sa qualité de seigneur temporel? Détrompez-vous ; car, au mois d'avril 1725, il était en instance, devant le Conseil d'État, pour une affaire qui intéressait fortement la juridiction qu'il avait dans sa ville épiscopale.

Vous savez que, par un édit du mois d'octobre

(1) *Déclarations du P. Rieux, prêtre de la doctrine chrétienne,* du 20 janv. 1723. Mss. *Ibidem.*

1699, Louis XIV avait créé des lieutenants de police dans toutes les villes du Royaume ; mais M. d'Hervé avait fait connaître à M. de Malissoles que la ville de Gap devait être exceptée, en vertu des traités de 1511 et 1513, lesquels maintenaient les droits de l'évêque relativement à sa juridiction dans cette ville. Or, Me Noël Roubaud, avocat au Parlement, non content d'avoir réuni sur sa tête les offices d'assesseur de la maréchaussée et de lieutenant au bailliage de Gap, d'avoir obtenu une commission à la recette de l'élection, et plusieurs judicatures seigneuriales aux environs de la ville, venait de *se décorer*, le cumulard, du titre de lieutenant de police, comme si l'évêque n'avait pas, lui seul, toute juridiction dans Gap, et que l'on pût dépouiller ses officiers de la connaissance des matières de police ; comme s'il n'avait pas toujours eu un *courrier* et un lieutenant du courrier, dont les fonctions consistent à en faire exécuter les ordonnances ! — Aussi M. de Malissoles obtint-il du Roi, en son Conseil, le 2 octobre 1725, un arrêt qui le maintenait, lui et ses successeurs, dans la possession et droit de faire exercer la police dans la ville de Gap par ses juges ordinaires, et qui défendait à Noël Roubaud de les troubler dans l'exercice de leurs fonctions, à peine de dix mille livres d'amende et de tous dépens, dommages et intérêts. Il fut, en outre, enjoint à cet avocat de remettre à M. de Fontanieu, intendant de la province, les provisions de lieutenant général de la police de la ville de Gap par lui obtenues, le 12 avril précédent, pour être procédé à la liquidation, et obtenir ensuite le remboursement de sa finance, ainsi qu'il serait ordonné par Sa Majesté (1).

(1) *Arrêt du Conseil d'État du Roi, tenu à Fontainebleau* le 2ᵉ jour d'octobre 1725. — *Copie précédée de celle du traité intervenu le 19 août 1513, entre l'évêque Gabriel de Sclafanatis et le procureur général du parlement de Grenoble.* Ms. Arch. de la Préfecture.

1726. — Je pourrais maintenant suivre M. de Malissoles au fameux concile d'Embrun, si, l'année qui en précède l'ouverture, il n'avait eu quelques différends à régler avec l'abbé Joubert, prieur d'Upaix et chanoine de St-André de Grenoble [1]), relativement à la présentation et à la nomination du curé de cette paroisse. Un commerce de lettres, d'abord fort polies, puis quelques peu sèches, ne put y mettre un terme. Dans une requête qui fut adressée au prélat, dans le courant du mois de septembre 1726, M. le prieur d'Upaix, qui croyait avoir le droit de présentation et de nomination, se plaignait de ce que l'évêque avait nommé un curé sans sa participation, et le sommait de recommencer : car il présentait le même individu que M. de Malissoles avait placé à Upaix [2]). Ce prélat repoussa la demande, en disant que jamais il n'avait été de sa connaissance que le suppliant eût un droit de patronage ecclésiastique dans son diocèse, et que, d'ailleurs, il n'avait produit aucun titre (3).

La mission qu'il avait permis aux Capucins de faire au régiment de Languedoc [4]), en quartier dans la ville de Gap, pendant le carême de la même année, avait sans doute plus d'attraits, pour notre pieux évêque, que la dispute suscitée par le chanoine royal de St-André de Grenoble. « C'était un

[1]) Pierre Joubert des Isles, de Grenoble, nommé prieur de St-Andéol d'Upaix, le 21 juil. 1712 (G. II, p. 224), mort en juil. 1764 (ib. p. 260).

[2]) Claude Thomé, docteur en théologie, fut nommé curé d'Upaix le 27 sept. 1726 (G. II, p. 232); il résigna sa cure le 25 avril 1735 (ib. p. 245).

(3). *Lettres autographes de M. de Malissoles,* des 20 août et 4 septembre 1724, 15, 28 juillet et 3 novembre 1726. — *Requête à lui présentée par messire Pierre Joubert, prieur d'Upaix, chanoine de l'église royale de St-André de Grenoble,* répondue le 28 septembre 1726. Ms. Arch. de la Préfecture.

[4]) Créé par ordonnance du 20 mars 1672, composé de 20 compagnies commandées de 1712 à 1738 par Jean-Armand, comte d'Arros (Susane, *Hist. de l'Infanterie,* t. IV, 1876, p. 358).

« plaisir de voir le zèle de ces soldats et leur assi-
« duité aux exercices du matin et du soir. Au lieu
« de chansons profanes qu'on avoit coûtume de
« chanter, ils ne faisoient plus retentir les airs que
« de cantiques spirituels qu'on leur enseignoit, et
« on avoit la consolation de les voir assemblés dans
« l'église, longtemps avant le sermon, la confé-
« rence ou la retraite, pour y chanter ces saints
« cantiques. Ils ne se contentoient pas de le faire
« dans l'église, ils le faisoient même très souvent
« dans notre jardin. Comme il y avoit beaucoup de
« soldats qui n'avoient pas reçu le sacrement de
« confirmation, Monseigneur voulut bien le leur
« administrer, dans notre église, où se faisoient
« touts les exercices de la mission. Il y en eut envi-
« ron 300 qui furent confirmés ; 550 qui eurent le
« bonheur de communier des mains de Sa Gran-
« deur, et deux qui firent abjuration du Calvinisme
« entre ses mains. Pour laisser un monument de
« leur piété à toute la postérité, ils voulurent plan-
« ter une croix à la clôture de leur mission. C'est
« celle qui est devant notre église, que Monseigneur
« bénit au retour de la procession qui se fit dans la
« ville et où Sa Grandeur assista. Ce saint prélat ne
« borna pas là son zèle pour le salut de ces pauvres
« soldats, il voulut encore monter en chaire et leur
« faire un petit discours, pour les exhorter à persé-
« vérer dans les bonnes résolutions qu'ils avoient
« pris ; et ce fut par là que la mission finit » (1).

La croix a disparu avec la piété militaire ; mais que vous semble des futurs vainqueurs de Fontenoy ? Et pourquoi, après ces marques de leur dévotion, ai-je à mentionner que, le 24 juillet de la même année, un orage des plus terribles ravagea toute la campagne aux environs de Gap ; que, dans la ville, il réduisit en poussière la plus grande partie

(1) *Livre des Annales des Capucins*, p. 229.

des toits ; que la grêle perçait, non seulement les ardoises, mais encore le fer-blanc, comme l'aurait fait une balle lancée par un mousquet; et qu'enfin cet orage constitua en de grands frais les RR. Pères Capucins de cette ville? (1)... Ils s'étaient peut-être trop enorguellis du succès de leurs prédications.

Bon gré, malgré, vous aurez à me suivre, prochainement, dans la métropole des Alpes Maritimes, où nous trouverons nombreuse, brillante et très-docte compagnie.

Gap, le 4 mai 1839.

SUPPLÉMENT A LA XXXIXᵉ LETTRE.

1706. — Je ne mentionne ici un acte d'arrentement du Four Neuf de la ville de Gap, passé le 18 mai 1706 à Jean Pascal, pour cent livres, qu'afin de ne pas laisser tomber dans l'oubli le nom de quelques magistrats de cette époque. Or, les enchères furent reçues par Jean Masseron, juge de cette ville, assisté de Joseph Bouffier, conseiller du Roi et receveur des tailles en l'élection des Montagnes, lequel adressa à ce juge, le 21 juillet suivant, une requête au sujet des comptes qui devaient être rendus par M. d'Hervé (2).

(1) *Ibid. Loco citato.*
(2) Arch. de la Préfecture. *Acte d'arrentement du Four-Neuf*, du 18 mai 1706. — *Requête adressée au juge de Gap par J. Bouffier*, le 21 juillet 1706. Mss.

1707. — Le même motif m'engage à rappeler une délibération prise par le conseil municipal, le 23 juin de l'année suivante, relativement aux réparations de la cathédrale. Les délibérants furent MM. Léautier, premier consul ; Pierre Sarrazin ; Tourrès, président ; Combassive, élu ; Meissonnier ; Jacques Rochas ; Firmin Sarrazin, procureur ; Barbier, élu ; Jean Eyraud, marchand ; Jean Céas ; Jean Laffrey ; Antoine Michel, cordonnier ; Pierre Bonnet ; Jean Farnaud, et César Rolland La Baume (1).

Dans le courant de la même année 1707, il nous arriva un prêtre nommé Louis Isnard, du diocèse de Digne, qui avait été ordonné le 24 septembre, par messire Jean Soanen, ce fameux évêque de Senez, qui occupe presque toutes les pages de la lettre suivante (2).

1714. — En 1714, un arrêt de la chambre souveraine du clergé de Provence régla la répartition des décimes imposés au diocèse de Gap, paroisse par paroisse et bénéfice par bénéfice (3).

1715. — Le 1er janvier 1715, on procéda dans la ville de Serres à l'élection des consuls et, selon l'ancien usage, on nomma un ancien catholique et un nouveau converti. Le curé de Serres, qui assistait à cette cérémonie, s'éleva contre cet usage et en porta ses plaintes ; mais l'intendant de Grenoble, M. d'Angervilliers, blâma fort la conduite tenue par le curé en cette conjoncture et rendit une ordonnance, le 7 du même mois, portant qu'il serait procédé à l'élection consulaire de Serres sans aucune

(1) Arch. de la Préfecture. *Délibération du conseil de la ville de Gap,* du 23 juin 1707. Ms.
(2) Arch. de la Préfecture. *Ordination faite par messire Jean Soanen, évêque de Senez,* le 24 septembre 1707. On voit sur cette pièce le sceau de M. Soanen. Ms.
(3) Arch. de la Préfecture. *Arrêt du 3 février 1714.* Ms.

différence ni aucune distinction des anciens catholiques et des nouveaux convertis, lesquels n'inspiraient pas une grande confiance à M. de Malissoles, comme nous le verrons bientôt (1).

1720. — Disons, avant d'entreprendre cette matière, que, par lettres patentes du mois de mars 1720, Louis XV voulut bien confirmer les libertés et privilèges de la ville de Gap, à peu près dans les mêmes termes que l'avait fait son bisaïeul au mois de juin 1645. On voit dans l'exposé que les habitants de Gap jouissaient de leurs privilèges de temps immémorial, alors même que la ville était dans la dépendance de leur évêque, qui s'en *prétendoit souverain* (2).

Pendant cette première période de son épiscopat, nous avons vu M. de Malissoles parcourir le diocèse, faire des missions, prêcher, prêcher sans cesse, pour ramener au bercail les brebis égarées ; nous l'avons vu entourer du plus grand éclat les cérémonies religieuses auxquelles il présidait, et veiller avec un soin extrême à ce que les subtiles erreurs de Jansenius ne vinssent infecter son diocèse. Mais les huguenots persistants, comme les huguenots bien ou mal convertis, furent aussi l'objet constant d'une surveillance pour le moins aussi active; il provoqua contre eux des rigueurs que sa bonté naturelle ne lui permit pas toujours de mettre à exécution, ainsi que le prouve la correspondance qui va être analysée.

1710 à 1721. — M. de Malissoles avait fait part au ministre Voysin, le 28 août 1710, que beaucoup de

(1) Arch. de la Préfecture. *Procès verbal de l'élection des consuls de Serres,* du 1ᵉʳ janvier 1715. — *Lettre de l'intendant de Grenoble,* du 7 du même mois. — *Ordonnance du même jour,* Mss.

(2) Arch. de la Préfecture. *Lettres patentes de Louis XV,* du mois de mars 1720. Ms.

religionnaires se faisaient marier clandestinement par des aumôniers de régiment et par d'autres qui, sans doute, n'étaient pas dans sa dépendance. Le ministre, en lui répondant le 10 septembre suivant, invita le prélat à lui envoyer les noms de deux de ces religionnaires qui causaient le plus de scandale, et lui annonça que Sa Majesté donnerait des ordres pour les faire enfermer dans la tour de Crest, ainsi que l'évêque l'avait demandé.

Une seconde lettre du même ministre, datée de Marly le 31 janvier 1712, annonçait à M. de Malissoles que le Roi avait appris avec peine l'inexécution, dans plusieurs diocèses du Royaume, de ses ordonnances touchant les religionnaires, et que Sa Majesté espérait que MM. les évêques mettraient plus d'attention que jamais à remplir les devoirs de leur ministère.

J'interromps un instant cette correspondance, afin de montrer que notre évêque ne méritait nullement les reproches adressés par Louis XIV aux prélats de son royaume, et qu'il cherchait constamment à ramener au giron de l'Église les protestants de son diocèse : car, en cette même année 1712, il eut le bonheur de convertir un sieur Pinchinat, à qui il fit souscrire une déclaration, datée de Gap le 14 mai, par laquelle celui-ci promettait à l'évêque de professer, *moyennant le secours du Ciel et la grâce de Dieu,* la religion catholique, apostolique et romaine.

M. de Malissoles annonçait, en 1713, au ministre que les nouveaux convertis de son diocèse s'étaient mis dans la tête, qu'à cause de la paix, le Roi s'était relaché à leur laisser plus de liberté sur l'exercice de leur ancienne religion. M. Voysin s'empressa de lui répondre, le 25 octobre de cette même année, qu'ils étaient dans l'erreur, qu'il fallait les détromper : car Sa Majesté voulait que l'on tînt plus exactement que jamais à l'exécution des ordres donnés précédemment au sujet de ces nouveaux convertis et des religionnaires. Le Roi, ajoute le Ministre, aurait fait punir les habitants des villages de Serres et d'Orpierre qui ont enterré deux morts dans leurs anciens cimetières, s'il n'avait appris en même temps que, sur les premières remontrances de notre évêque, ils étaient rentrés dans leur devoir.

En 1716, M. de Malissoles reçut une lettre du Conseil de conscience, signée par le cardinal de Noailles et par l'archevêque de Bordeaux, et portant la date du 29 août. J'en transcris le premier alinéa :

« M. le Régent, persuadé, Monsieur, que l'instruction des enfants et particulièrement des nouveaux réunis, est le moyen le plus sûr et le plus efficace pour leur inspirer les principes de la religion catholique et pour déraciner dans leurs cœurs les semences d'erreur que des parents prévenus auroient pu y répandre, a résolu de soutenir et de perfectionner, autant qu'il sera possible, les établissemens d'écoles catholiques que la piété du feu Roy avoit commencez ».

Après cette manifestation du zèle pieux de Son Altesse royale, le Conseil de conscience invite notre évêque à dresser et à lui envoyer un état des lieux de son diocèse où il y a déjà des maîtres et des maîtresses d'école, de ceux où il serait à propos d'en établir de nouveaux, de la dépense qu'il faudrait faire, etc.

Une première lettre du comte de Médavy, intendant à Grenoble, portant la date du 5 septembre de la même année, nous apprend également que l'intention du Régent était que les religionnaires, de quelque qualité et condition qu'ils pussent être, devaient faire une abjuration solennelle, avant de pouvoir se rétablir en France. L'intendant demandait un état des personnes qui étaient revenues dans leurs paroisses sans avoir fait leur abjuration, « afin, ajoute t-il, qu'en y envoyant des troupes, je

« puisse la leur faire faire, ou les faire sortir de la
« Province ».

A peu près à la même époque, M. de Malissoles en reçut une de son *affectionné ami* Philippe d'Orléans lui-même. Le Régent louait le zèle qui animait notre prélat ; mais il n'avait aucun ordre particulier à lui donner, attendu qu'un édit, prêt à paraître, contiendrait un règlement général sur les religionnaires. Cette lettre est du 7 septembre 1716.

Une seconde lettre du comte de Médavy, datée de Grenoble le 29 juillet 1717, porte ce qui suit :

« Je vois, Monseigneur, par la lettre que vous m'avez fait l'honneur de m'écrire le 25 de ce mois, que quelques nouveaux convertis de votre diocèze vont impunément se faire marier à Genève, ou subornent pour cela des prestres des diocèzes voisins à prix d'argent. Comme il est à propos de faire cesser ces désordres, si contraires aux lois de l'Église et de l'État, je vous prie, Monseigneur, de me désigner les plus coupables, c'est-à-dire ceux qui se sont mariés à Genève, et le lieu de leur résidence. Je les enverrai arrester et traduire dans les prisons les plus voisines, jusqu'à ce qu'ils ayent fait rédiger leurs mariages aux formes ordinaires. J'ai l'honneur d'être, avec respect, Monseigneur, votre très humble et très obéissant serviteur. Le comte DE MÉDAVY ».

Il paraît que M. de Malissoles ne mit pas trop d'empressement à désigner les coupables à M. l'intendant. Du moins on peut le présumer par la réponse que M. de Médavy fit, le 9 février 1719, à une lettre de notre prélat du 7 du même mois : « Je suis ravy, lui dit-il, d'apprendre que les calvinistes de vostre diocèze soient tranquilles. J'espère que le châtiment que je viens de faire à ceux de la vallée de Bourdeaux servira d'exemple aux autres de la province et qu'ils se comporteront de manière *à ne pas s'attirer chez eux mes missionnaires* ». Le comte parle ensuite des nouveaux convertis qui vont se marier à Genève, et demande leur nom et le lieu de leur demeure, pour les faire arrêter.

Le 10 juillet 1720, il adressa une quatrième lettre à M. de Malissoles pour l'inviter de nouveau à lui désigner les coupables qui allaient se marier à Genève. Il avait l'intention de les faire traduire dans la tour de Crest ou dans les prisons les plus voisines. « Il faut que ces gens-là passent par les montagnes, ajoute l'intendant, car tous les postes des grands chemins sur les frontières, sont soigneusement gardés ».

Enfin, notre pieux évêque, qui n'exécutait rien et se plaignait toujours, porta cette fois ses doléances au chancelier de France. Voici la copie exacte de la réponse que lui adressa, le 11 novembre 1721, l'illustre Daguesseau :

« Monsieur, sur ce que vous m'avés mandé que les nouveaux convertis de votre diocèse ne gardoient plus de ménagement par rapport à la religion, j'en ai escrit à M. l'Intendant. Il m'a fait réponse que, vous ayant demandé qui estoient ceux dont vous aviés sujet de vous plaindre, vous aviés souhaité qu'il vous escrivît et qu'il vous a, en effet escrit une lettre telle que vous la désiriés pour intimider les plus coupables et tascher de les ramener à leur devoir avant que de les nommer. Je souhaite que le parti, que votre modération et votre sagesse vous ont inspiré, ait le succès que vous en attendés, et, si cette voye ne suffit pas, je concourrai toujours très volontiers à tout ce qui vous paroistra nécessaire pour le bien de vostre diocèse.

« Je suis, Monsieur, votre très humble et affectionné serviteur.
« DAGUESSEAU.

« A Paris, le 11° novembre 1721 » (1).

(1) Arch. de la Préfecture. *Lettres du ministre Voysin*, des 10 septembre 1710, 31 janvier 1712 et 25 octobre 1713. — *Déclara-*

Ainsi, il est parfaitement démontré que M. de Malissoles fit toujours plus de peur que de mal aux religionnaires de son diocèse.

1722. — En parlant des craintes que les directeurs du séminaire de Gap inspiraient à notre prélat (page 289), j'aurais dû ajouter qu'il avait consulté l'évêque de Mende, comme celui de Nîmes. Le premier lui mandait, le 4 septembre 1722, qu'il avait suffisamment éprouvé la doctrine et examiné les mœurs et la conduite des pères de la Doctrine chrétienne, pour pouvoir l'assurer qu'il ne risquait rien d'accorder son consentement pour le collège qu'on voulait établir à Gap en leur faveur (1).

Gap le 18 février 1842.

---

ration du sieur Pinchinat, du 14 mai 1712. — *Lettre du Conseil de conscience*, du 29 août 1716. — *Lettre de l'intendant de Grenoble*, des 5 septembre 1716, 29 juillet 1717, 9 février 1719 et 11 juillet 1720. — *Lettre du régent du royaume*, du 7 septembre 1717. — *Lettre du chancelier Daguesseau*, du 11 novembre 1721. Mss.

(1) Arch. de la Préfecture. *Lettre de l'évêque de Mende à l'évêque de Gap*, du 4 septembre 1722.

XL° LETTRE.

M. DE MALISSOLES (fin), CLAUDE DE CABANES.

1727 A 1742.

Concile d'Embrun. — M. de Soanen, évêque de Senez. — Ses appels au futur concile. — Son instruction pastorale de 1726. — Le Roi et le Souverain Pontife autorisent la tenue du nouveau concile. — Première congrégation générale. — Nom des prélats et des ecclésiastiques qui y assistent. — L'instruction pastorale de M. de Soanen y est dénoncée. — Récusation des PP. du Concile par cet évêque. — Évêques étrangers à la métropole d'Embrun appelés au concile. — L'évêque de Gap, *prince du Saint-Empire*. — Nom des nouveaux prélats qui assistent au concile. — M. de Senez repoussé d'un *Te Deum*. — Ses protestations. — Il est cité pour se rendre devant les Pères. — Sa comparution. — Il récuse de nouveau tous les membres du concile. — Ses motifs de récusation contre M. de Malissoles. — Condamnation de M. de Soanen et de ses écrits. — Il est exilé à La Chaise-Dieu — Le cimetière de St-Médard. — M. de Malissoles rentre dans son diocèse. — Vente de la terre de La Bâtie-Neuve. — Procès entre les chanoines et les bénéficiers de la cathédrale. — Nouvelles craintes de M. de Malissoles sur l'orthodoxie des Doctrinaires. — Sa correspondance avec M. de Belsunce. — Le collège de Gap à son aurore. — La halle au blé. — Le Consolat. — Le grenier d'abondance. — Mort de M. de Malissoles. — Vision d'un capucin. — Éloge du dernier prélat. — Une naïveté sur saint *Demetrius*. — M. de Pina administre le diocèse pendant la vacance du siège. — Claude de Cabanes, 72° évêque de Gap. — Son court épiscopat. — Sa mort. — Plainte de cet évêque sur une usurpation des officiers du bailliage. — Prérogatives des officiers municipaux de Gap. — Le nouvel hôtel de ville. — *Supplément*. Le frère pitancier du prieuré de Romette. — Notice sur le couvent du Pin. — Les nouveaux convertis et les hérétiques obstinés. — Nouvelle mission à Gap. — Assemblée du 1ᵉʳ janvier 1741.

Et d'abord, avant d'assister aux séances de l'aréopage ecclésiastique réuni dans le palais archiépiscopal d'Embrun, dites-moi, Monsieur, croyez-vous que les cinq fameuses propositions se trouvent ou ne se trouvent pas dans le livre de *Jansenius* ?

Tenez-vous pour hérétiques ou pour orthodoxes les cent-une propositions du P. Quesnel, et entre autres celle-ci, la seule qui se soit gravée dans ma mémoire : « *La crainte d'une excommunication injuste ne doit pas nous empêcher de faire notre devoir* » ?

Êtes-vous appelant de la bulle *Unigenitus* ou disposé à signer le formulaire ?

Croyez-vous, avec le docteur Virey (1), que les coups de barres de fer donnés à tour de bras sur la poitrine et sur l'omoplate des convulsionnaires de Saint-Médard ne faisaient que leur chatouiller agréablement la peau ?

En un mot, êtes-vous *Janséniste* ou *Moliniste* ?

Je crains bien que, comme cet honnête artisan, à qui son confesseur adressait la même question, vous ne répondiez : « Non, je suis *ébéniste* », car nous sommes devenus singulièrement ébénistes, nous, successeurs immédiats des sceptiques du dernier siècle.

1727. — Or, dans la circonscription de la province des Alpes Maritimes, l'on voyait, en l'année 1727, un vieillard qui avait atteint sa quatre-vingtième année et dont les facultés intellectuelles n'avaient nullement faibli. Cet homme, de mœurs pures, d'une conduite exemplaire, mais d'humeur tenace, s'il en fût jamais, et qui n'eut pas cherché de moyen terme, pour répondre à toutes les questions que j'ai posées, était évêque du petit diocèse de Senez, où il était concentré, sans protection à la Cour, et se nommait Jean Soanen [2]).

---

(1) Voyez le mot *Convulsionnaire*, dans le *Grand Dictionnaire des sciences médicales.*

[2]) Né à Riom le 6 janv. 1647, nommé évêque de Senez le 8 sept. 1695, sacré le 1ᵉʳ juil. 1696, mort à La Chaise-Dieu le 25 déc. 1740, à 94 ans.

Déjà, en 1717, il avait interjeté appel au futur concile général de la constitution *Unigenitus*, appel qu'il avait renouvelé en plusieurs autres circonstances. Mais, le 28 août 1726, il publia une instruction pastorale, dans laquelle, à l'occasion des bruits qui s'étaient répandus sur sa mort, il rendait son clergé et son peuple dépositaires de ses derniers sentiments sur les questions qui agitaient l'Église. Il avait eu le courage, ou plutôt, pour m'exprimer comme M. le promoteur du concile d'Embrun, l'inconcevable audace de condamner le formulaire d'Alexandre VII, d'en signaler la signature, pure et simple, comme la source des maux qui affligeaient l'église de France ; d'expliquer d'une manière illusoire la bulle de Clément XI ; de représenter la bulle *Unigenitus* comme autorisant des opinions dangereuses sur le dogme, des maximes de relâchement sur la morale, des abus sur la discipline et de faux principes sur la hiérarchie ; enfin, de donner les plus grandes louanges au livre des *Réflexions morales* du P. Quesnel, qui, d'après lui, non seulement ne méritait aucune censure, mais qu'il trouvait très digne d'être lu et très propre à nourrir la piété des fidèles, comme renfermant le langage des divines Écritures et comme rempli de morale et d'onction.

Des propositions aussi mal sonnantes émurent toute la Chrétienté. La majorité des évêques de France avaient adopté la Bulle et, par cela même, la représentaient comme un article de foi, malgré une minorité factieuse, qui invoquait sans cesse le futur concile, seul compétant, à ses yeux, pour juger si les 101 maximes du P. Quesnel étaient catholiques ou schismatiques.

Parmi les évêques les plus soumis aux décisions du Souverain Pontife, l'on remarquait messire Pierre Guérin de Tencin, archevêque et prince d'Embrun [1]), qui, disait-on, aspirait déjà à ceindre son front de la triple couronne, ou du moins à poser sur sa tête le chapeau de cardinal. L'évêché de Senez dépendait de cette métropole, et il fut résolu de frapper tout le parti Janséniste sur les épaules du bon vieux Soanen.

Le 3 avril 1727, l'archevêque d'Embrun demanda au Roi la permission d'assembler et de tenir le concile de la Province, pour traiter des affaires pressantes de la religion. Elle fut accordée le 24 mai suivant, par Louis XV, qui écrivit lui-même aux évêques suffragants, pour leur enjoindre de se trouver à Embrun, le jour qui serait indiqué par le métropolitain. Il est bien entendu que M. de Tencin avait également obtenu du Pape l'approbation nécessaire en pareille occurence.

Je passe sur plusieurs actes préparatoires relatifs à la tenue du concile, pour arriver au 16 août, jour de la première congrégation générale et particulière, à laquelle assistèrent, sous la présidence de l'archevêque, les illustrissimes et révérendissimes seigneurs : Jean Soanen, évêque de Senez ; Flodoard Moret de Bourchenu, évêque de Vence [1714, † 1744] ; Laurent-Dominique de Berton de Crillon, évêque de Glandèves [1721, † 1747] ; Claude-Léonie-Octavien d'Antelmy, évêque de Grasse [1726, † 1752]. Il ne manquait à l'appel que les évêques de Nice et de Digne : le premier [2]) était allé à Rome pour se faire sacrer, et le second [3]) était représenté au concile par Joseph de Puget, son vicaire général et son

---

[1]) Né à Grenoble, le 22 août 1679, fils d'Antoine, conseiller au parlement, lequel descendait d'une famille originaire de Ceillac, canton de Guillestre (Hautes-Alpes) ; nommé à l'archevêché d'Embrun le 6 mai 1724, sacré à Rome le 2 juillet suivant par le pape Benoît XIII, il fut créé cardinal le 23 février 1739, et fut transféré, le 24 sept. 1740, à Lyon, où il mourut le 2 mars 1758.

[2]) Raymond, *Recrosio*, pourvu de ses bulles le 30 juil. 1727, sacré solennellement à Embrun par son métropolitain, le 21 septembre suivant, mort à Nice le 23 mai 1732.

[3]) Henri du Puget, nommé évêque de Digne le 7 avril 1708, em-

procureur. Indépendamment des théologiens et canonistes que chaque évêque avait amené, l'on voyait encore à Embrun : Victor-Amédée de La Font de Savine, abbé de Boscodon [1], et un député de l'abbaye de Lérins, avec l'habit de son ordre. Parmi les officiers du concile qui, dans cette séance, furent nommés par l'archevêque, l'on remarquait le promoteur, messire Gaspar d'Hugues, chanoine d'Embrun [2], qui avait à jouer le rôle le plus important dans cette affaire. Le concile nomma également ses canonistes et théologiens, au nombre de quatorze, tant séculiers que réguliers, parmi lesquels figuraient avec avantage deux pères de la Compagnie de Jésus, à savoir, le P. Nicolas Boudret, recteur du collège d'Embrun [3], et le P. François Mollie, directeur du séminaire [4].

Dans cette première congrégation, nous voyons M. de Senez demander au concile que l'on admit au nombre des théologiens deux ecclésiastiques qu'il lui présenta. Le reste de la journée avait été employé en discours et en cérémonies religieuses, dont le détail vous paraîtrait sans doute aussi fastidieux que la délibération qui fut prise pour la tenue du concile, le costume des prélats et des canonistes et l'ordre des délibérations.

La dénonciation de l'ouvrage de M. de Soanen ne se fit pas attendre. Le surlendemain, 18 août, le promoteur signala l'ordonnance pastorale de cet évêque comme ayant révolté le public, scandalisé les faibles, alarmé les catholiques et excité le zèle de plusieurs saints évêques : car l'auteur s'était

pêché par ses infirmités d'assister en personne au concile, mort à Digne le 22 janv. 1728.

[1] Nommé le 19 juillet 1712, † 1760.
[2] Au lieu de Gaspar, lire *Guillaume* d'Hugues, chanoine d'Embrun dès 1693, vicaire général en 1716, prévôt en 1725, évêque de Nevers en 1740, archevêque de Vienne en 1751, mort en 1774.
[3] Né à Besançon le 23 juin 1684, mort à Lyon le 25 févr. 1760.
[4] Né à Lyon le 15 déc. 1630, mort à Embrun le 28 oct. 1748.

efforcé de détruire les lois et de corrompre le dogme de l'Église. Il demandait que M. de Senez fût tenu de déclarer si cet ouvrage était de lui, et, qu'en cas d'aveu, comme en cas de dénégation, la lettre pastorale du 28 août 1726 ne fût pas moins condamnée. Un des ecclésiastiques de M. de Soanen voulut prendre la parole ; elle lui fut refusée par le concile. Alors ce prélat demanda qu'il fût fait droit à l'acte extra-judiciaire qu'il avait fait signifier le 11 août à tous les évêques et par lequel il déclarait qu'il ne reconnaissait point le concile provincial d'Embrun pour juge de ses écrits et de sa personne (1).

Le concile décida, qu'auparavant, il serait préalablement interrogé. M. de Soanen avoua aussitôt qu'il était l'auteur de l'écrit dénoncé ; et le concile décida, nonobstant les moyens d'incompétence contenus dans l'acte extra-judiciaire, qu'il serait passé outre au jugement de l'instruction pastorale. Alors, M. de Senez déclara qu'il récusait en général tous les évêques du concile et chacun d'eux en particulier, et donna lecture d'un écrit contenant ses moyens de récusation :

« Nous vous déclarons à vous, Mgr Pierre Guérin
« de Tencin, archevêque d'Embrun, et à vous, Mgr
« de Bourchenu, évêque de Vence, et à vous, Mgr
« Antelmy, évêque de Grasse, et à vous, M. de
« Puget, comme fondé de procuration et représen-
« tant Mgr de Puget, évêque de Digne, que nous
« vous récusons, tous et chacun en particulier,
« comme nos juges... Nous le disons, avec douleur
« et une peine extrême, Mgr l'archevêque d'Embrun

(1) Ici je dois signaler une erreur commise par les historiens qui ont parlé du concile d'Embrun. Ils prétendent que M. Soanen avait été cité au concile pour rendre compte de ses écrits, tandis que, dans l'acte extra-judiciaire du 11 août 1727, il est dit que c'est *par la voix publique* qu'il a appris que le concile avait un autre objet que celui indiqué dans la lettre de convocation, laquelle portait que cette convocation n'était que la suite et l'exécution de l'assemblée du clergé de 1725.

« a été accusé publiquement du crime de confi-
« dence et de simonie... Mgr de Vence a dit, en
« présence de Mgr l'archevêque d'Embrun et en la
« nôtre, que nos deux dernières instructions étoient
« deux boute-feux... Mgr de Glandèves a dit, dans
« notre appartement et en présence de plus de vingt
« personnes, que nos deux instructions étoient in-
« soutenables. Mgr de Grasse, qui l'accompagnoit,
« ayant avancé que notre appel au futur concile
« n'avoit rien de différend de celui de Luther, Mgr
« de Glandèves l'approuvoit en tout, à haute voix...
« Mgr de Grasse a dit, dans la ville d'Aix : 1° qu'on
« nous laisseroit parler et qu'ensuite, quoyque nous
« représentassions, on nous interdiroit ; 2° que les
« coups de bâton ne font honneur à personne :
« M. l'évêque de Senez en a voulu tâter, il en aura ;
« 3° qu'il y auroit des défenses aux parlements d'Aix
« et de Grenoble de recevoir aucun appel comme
« d'abus de ce qui se feroit dans le concile d'Em-
« brun... Mgr de Digne, après nous avoir invité
« lui-même à prêcher à la profession d'une reli-
« gieuse de la Visitation de cette ville, nous écrivit,
« peu de temps après, une lettre, par laquelle il
« nous mandoit qu'il ne pouvoit se dispenser de ré-
« voquer le pouvoir qu'il nous avoit donné, attendu
« les engagements qu'il avoit pris avec les autres
« évêques ».

Il frappait fort le caustique vieillard ! Frappait-il
juste ? C'est ce qui ne fut nullement reconnu par
les PP. du concile, qui, tous, se justifièrent ou
cherchèrent à se justifier des griefs qui leur étaient
imputés, et passèrent outre à l'instruction et au
jugement de la plainte du promoteur, lequel, par
surcroît, requérait, le 19 août, que les récusations
de M. de Soanen fussent déclarées vaines, illu-
soires, frustratoires, informes et nulles. Cependant, dans la 4° congrégation générale, tenue le
lendemain, messire Gaspar [Guillaume] d'Hugues

demanda que, pour rendre plus solennel le jugement du concile, on invitât à y assister les évêques des provinces d'Aix, d'Arles, de Vienne, de Lyon et de Besançon, ce qui lui fut accordé, après le retour d'une députation qui était allée chez l'évêque de Senez, d'où elle rapportait que ce prélat persistait dans ses sentiments, malgré les représentations les plus vives et les plus charitables.

Il y avait à Embrun un pauvre huissier, nommé Jacques Lagier, qui ne cessait de trotter du logis de M. Soanen au palais archiépiscopal, pour notifier au concile les actes et les protestations de celui-ci, tandis que le secrétaire et les notaires de cette assemblée, maîtres Vial et Leydon arpentaient, de leur côté, les rues qui séparaient le palais de la maison de M. Roux, juge de la ville, où demeurait l'évêque de Senez, pour lui signifier les actes du concile. Il serait aussi long qu'ennuyeux de vous les faire connaître, car, au fond, ils ont tous un air de ressemblance. Passons, je vous prie, à la session qui s'ouvrit, le 8 septembre, par des cérémonies religieuses, où assisteront quelques-uns des prélats des quatre provinces, nommées en la délibération du 20 août, et, entre autres, messire François Berger de Malissoles, évêque de Gap.

Une petite disgression, s'il vous plait, avant de suivre les délibérations du concile renforcé. Vous savez que, dans les premiers siècles de l'Église, nos prélats n'eurent jamais d'autre titre que celui d'évêque, qui, alors, leur paraissait assez beau ; que, dans le XIIe, ils prirent celui de seigneurs de Gap, en vertu des concessions à eux faites par les deux Frédéric, empereurs d'Allemagne ; que, vers la fin du XVe, Gabriel *de Sclafanatis* osa glisser, dans ses actes, celui de comte de Charance ; que dans ses assemblées, tenues à La Baume-lès-Sisteron, où les guerres civiles l'avaient forcé de transporter le siège du diocèse, Paparin de Chaumont eut l'audace de se dire comte de Gap, et vous aviez cru, sans doute, que nos évêques s'étaient dit : Nous n'irons pas au-delà ! Eh bien ! le plus pieux et le plus modeste d'entre eux, franchit la barrière et dans la 14° congrégation générale du concile d'Embrun, la première où M. de Malissoles fut appelé à délibérer, on vit, à la suite de son nom, les titres d'évêque et comte de Gap, et de *prince de Saint-Empire,* et, à la fin des décrets, où il était toujours nommé le premier, à cause de son âge, vous trouvez : †. *Ego Franciscus Ep. et Comes Vapincensis, princeps sancti Imperii, subscripsi,* ce qui le mettait au niveau de l'archevêque d'Embrun et de l'évêque de Belley, qui prenaient aussi le titre de princes de Saint-Empire.

Ombre du grand chroniqueur Juvénis, vous qui vous indigniez si fort, en voyant nos prélats usurper des titres qui semblaient attenter aux libertés de la ville, dont vous fûtes si souvent le premier administrateur, vous dûtes sourire de pitié, à ce surcroît de dignités, et répéter ce qui vous était échappé en parlant du comte Gabriel *de Sclafanatis : Fumosum seculi typum !*

Indépendamment des prélats déjà nommés, l'on vit assister au concile : 1° M. de Malissoles ; 2° Henri-François-Xavier de Belsunce de Castelmoron, évêque de Marseille [1709, † 1755] ; 3° Jean de Dousset, évêque de Belley [1712, † 1745] ; 4° Pierre-François Laffiteau, évêque de Sisteron [1710, † 1764] ; 5° Antoine-François Bliterswich de Moncley, évêque d'Autun [1721-1732] ; 6° François Renaud de Villeneuve, évêque de Viviers [1723-1748] ; 7° Jean-Baptiste de Vaccon, évêque d'Apt [1723, † 1751] ; 8° Alexandre Milon, évêque de Valence [1725, † 1771] ; 9° Jean de Caulet, évêque de Grenoble [1725, †1771] ; 10°, et plus tard, Raymond *de Recrosio,* évêque de Nice [1727, † 1732].

Or, M. Soanen ayant reçu, comme les autres

évêques, une lettre du Roi pour l'inviter à faire chanter un *Te Deum,* à l'occasion de la naissance du prince qui devait lui succéder au trône et *hériter de la piété de son père* et de ses augustes ayeux, n'hésita point à se rendre à l'archevêché, le dimanche 7 septembre, pour assister à la cérémonie. Il y fut d'abord assez froidement accueilli, mais étant passé dans une salle voisine pour se mettre en rochet et en camail, il ne fut pas peu surpris, en rentrant, de voir, l'un après l'autre, sortir de l'appartement, et dans un profond silence, les évêques de Gap, de Marseille, de Glandèves, de Grenoble, de Belley et de Grasse, qui s'y trouvaient, et d'entendre l'archevêque d'Embrun lui dire : « Ces prélats ne veulent pas souffrir que vous assistiez, avec eux, à la prière ordonnée par le Roi ». Sur les représentations de M. de Senez, l'archevêque ajouta qu'il ne devait pas s'exposer à prendre place dans l'église, de peur de causer un grand scandale. Et alors, force fut au pauvre Soanen de quitter ses habits d'église et de se retirer en son logis. Là, il dressa une plainte sur l'outrage qui lui avait été fait et qu'il considérait comme un acte de séparation, par lequel les prélats levaient l'étendard du schisme et le traitaient comme déjà séparé de l'Église, avant l'examen des matières dont ils prétendaient être les juges. J'ai même ouï dire, autrefois, que M. de Malissoles avait été le premier à tourner le dos, en marmotant entre ses dents ces paroles que le divin Racine met dans la bouche d'un personnage grotesque :

« Son procès est tout fait et je l'assommerai »,

ou du moins quelque chose de semblable ; mais je dois vous prévenir que le bon abbé Bontoux, alors professeur d'histoire à l'École centrale des Hautes-Alpes, qui me parlait ainsi, 70 ans après la condamnation de M. de Soanen, inclinait singulièrement vers le jansénisme [1]).

La protestation de M. de Soanen ne fut pas mieux accueillie au concile que les précédentes et celles qui la suivirent. Il fut cité, pour s'y rendre et répondre verbalement aux questions qui lui seraient adressées, les 10 et 11 septembre ; mais il n'y parut qu'après une troisième sommation, avec deux témoins, qui ne furent point admis, et dit aux évêques assemblés : « Je ne parois point pour obéir « aux citations qui m'ont été faites, ne reconnois-« sant point ce tribunal pour mon juge, protestant « d'incompétence ; mais je suis venu pour lire un « écrit que j'ai en main ». Or, l'écrit qu'il tenait en main et qui est d'une longueur démesurée, était un acte souscrit par lui et par Charles-Joachim Colbert, évêque de Montpellier [2]) aux mois de juin et de juillet précédent, lequel contenait toute l'histoire du Jansénisme racontée par deux partisans de l'évêque d'Ypres, la justification des doctrines de ce prélat et de celles du P. Quesnel, la profession de foi des deux évêques et le renouvellement de l'appel par eux interjeté, le 1er mars 1717, au concile général, qu'ils priaient de nouveau le Souverain Pontife de convoquer.

Le 11 septembre, messire Gaspar [Guillaume] d'Hugues annonçait au concile trois nouveaux ac-

---

[1]) François Bontoux, de Gap, né le 25 juil. 1732, bachelier en droit canon, curé de Chéchiliane, dioc. de Die, en 1760, de Nyons en 1787, curé constitutionnel de Sigoyer-sur-Tallard en 1791, en procès, le 10 juin 1793, avec Gaspar Meyssohier, son vicaire (V. 41), professeur de l'École centrale des Hautes-Alpes en 1797, nommé curé d'Aspres-sur-Buëch, le 21 avril 1803 (V. 50), mais non acceptant, refusa, malgré les instances de Mgr Miollis, de rétracter ses serments, ainsi que l'atteste sa lettre à ce prélat du 21 déc. 1806 (V. 75). Il est mort à Gap le 16 févr. 1813

[2]) Né à Paris le 11 juin 1667, fils de Charles, marquis de Croisy, diplomate célèbre, et neveu de J.-B. Colbert, ministre de Louis XIV. Nommé évêque de Montpellier le 1er mars 1696, il mourut le 2 avril 1738, janséniste obstiné.

tes qui venaient de lui être signifiés, à la requête de M. Soanen. Le promoteur concluait, après en avoir discuté le mérite, à ce qu'il fût passé outre au procès. Voyons, cependant, sur quels motifs s'appuyait le prélat pour récuser de nouveau tous les membres du concile et particulièrement les derniers arrivés, appartenant à des évêchés étrangers à la province des Alpes Maritimes.

Il se plaignait, d'abord, qu'avant l'ouverture du concile, on avait arrêté et mis en prison un messager chargé de papiers et de mémoires pour sa défense ; en second lieu, de ce que l'archevêque d'Embrun avait chassé ses théologiens du concile ; en troisième lieu, de ce que ce dernier avait supprimé la signification de son acte d'incompétence et n'avait point voulu le faire lire au commencement du concile. Je passe sur d'autres plaintes, pour arriver aux récusations générales et personnelles faites par M. de Senez et particulièrement à la récusation de M. de Malissoles : « Déclare, ledit sei« gneur évêque, qu'il récuse personnellement Mgr « l'évêque de Gap, pour la profession qu'il a faite, « dans son mandement, d'une doctrine corrompue « et depuis longtemps condamnée dans l'Église, le « dit mandement fait en 1711 » (1). *Ab uno, disce omnes.* Les évêques de Marseille, de Viviers, d'Apt et d'Autun, n'étaient pas mieux traités que le nôtre par M. Soanen, qui appelait de nouveau comme d'abus de tous les jugements, griefs, nullités, etc.

Une dernière tentative fut faite, par ordre du concile auprès de l'évêque de Senez : M. de Malissoles et l'évêque de Grasse se rendirent chez lui, le 12 septembre, assistés des deux notaires du concile. L'obstiné vieillard persista à ne point reconnaître pour juges de sa personne et de ses écrits les évêques assemblés à Embrun ; et alors trois moni-

---

(1) Voir la note à la fin de cette lettre.

tions canoniques lui furent faites pour qu'il eût à rétracter son instruction pastorale, principalement ce qu'il y a enseigné de contraire à la signature pure et simple du formulaire d'Alexandre VII, et d'opposé à la constitution *Unigenitus,* et en ce qu'il y avait dit pour autoriser la lecture des *Réflexions morales* de Quesnel. Il y répondit verbalement et par un long mémoire, où sont répétés, pour la vingtième fois, tous ses griefs contre le concile, et une nouvelle justification de sa doctrine. L'évêque de Marseille se récusa, parce que M. de Soanen avait dit en toute occasion qu'il le regardait comme son ennemi. Enfin, le 20 septembre 1727, le concile d'Embrun prononça sa terrible sentence.

L'instruction pastorale de Jean Soanen, évêque de Senez, en date du 28 août 1726, fut condamnée comme téméraire, scandaleuse, séditieuse, injurieuse à l'Église, aux évêques, à l'autorité royale, schismatique, pleine d'un esprit hérétique, remplie d'erreurs et fomentant des hérésies. Défenses furent faites d'enseigner ou de suivre la *doctrine perverse* de cette instruction pastorale, et de tous les écrits qui la favoriseraient, de les vendre, de les débiter et de les lire. Il fut enjoint à toutes les personnes qui en possédaient des exemplaires, manuscrits ou imprimés, de les remettre au greffe de l'officialité de leur diocèse ; le tout, à peine d'excommunication encourue par le seul fait. *Le révérendissime seigneur* Jean de Soanen, qui, nonobstant les monitions canoniques à lui faites de rétracter les excès contenus dans son instruction pastorale, y avait *opiniâtrement* persisté, fut suspendu de tout pouvoir et de toute juridiction épiscopale, et de tout exercice de l'ordre, tant épiscopal que sacerdotal. Tous les ecclésiastiques pourvus par M. Soanen ne devaient faire aucune fonction de leurs charges, tant que durerait la suspense et l'interdit de cet évêque. Messire Jean d'Yse de Saléon, prêtre, docteur en théologie, capable, idoine et recommandable par sa piété, son zèle et sa doctrine, était nommé vicaire général et official du diocèse de Senez [1]). A son arrivée dans cette ville, il devait y convoquer un synode et faire signer le formulaire à ceux qui ne l'auraient pas signé ; il était tenu, en outre, de biffer l'instruction pastorale dans les registres de l'évêché et de faire publier la constitution *Unigenitus*, aux formes ordinaires. Enfin, le Roi devait être prié d'autoriser et de procurer l'exécution du jugement du concile. Louis XV fut, en effet, prié, le 27 septembre, de faire exécuter le fameux jugement, et les évêques ne manquèrent pas de lui prédire que, dans les annales de la France, il figurerait au rang des Constantin, des Théodose, des Marcien, des Justinien, et qu'il se montrerait fidèle imitateur de la religion de saint Louis et de Louis-le-Grand ! Assurément, disaient plus tard les Jansénistes, le Saint-Esprit ne dictait pas ce pompeux éloge aux PP. du Concile (2).

Indépendamment de l'examen de l'ouvrage et des opinions de M. de Senez, le concile d'Embrun porta plusieurs décrets concernant le dogme et la discipline, dont je ne ferai aucune mention particulière. Il condamna, en outre, un écrit sur la validité des ordinations des Anglais, publié par Le Courrayer, chanoine de l'abbaye de Sainte-Geneviève de Paris, écrit que je laisserai dans l'oubli où il est tombé, pour vous annoncer que le Roi ne tarda pas longtemps d'approuver la sentence rendue contre

---

[1]) Jean d'Yse de Saléon, né à Grenoble en 1669, fut nommé évêque de Digne le 10 févr. 1728, transféré à Agen en 1729, à Rodez en 1734, et devint, en 1746, archevêque de Vienne, où il mourut le 10 février 1751, à 82 ans.

(2) *Acta concilii provincialis Ebreduni habiti ab illustrissimo et reverendissimo D. D. Petro de Guérin de Tencin, archiepiscopo, principe Ebredunensi, et die 16 Augusti anno 1727 inchoati.* [Cf. *Journal histor. du concile d'Embrun*, 1727, 2 vol in-12. Fornier, *Hist. génér. des Alpes*, t. III (1892), p. 112-125].

M. Soanen et de notifier à cet évêque, par une lettre de cachet, qu'il avait cru d'autant plus nécessaire de l'éloigner de son diocèse, que sa présence y entretiendrait l'esprit de division qu'il s'était proposé de réprimer. Il l'exilait à la Chaise-Dieu, au diocèse de Clermont, pour y demeurer jusqu'à nouvel ordre. Ce nouvel ordre n'arriva jamais et la vie de M. Soanen se prolongea dans le lieu de son exil jusqu'à l'âge de 94 ans. Il ne signait plus que *Jean, évêque de Senez, prisonnier de J.-C.* ; et le Jansénisme tout entier recevait ses lettres comme celles d'un martyr.

Le Souverain Pontife Benoit XIII, par un bref du 17 décembre, approuva, de son côté, le jugement rendu contre l'évêque de Senez ; et cependant jamais concile n'a été critiqué, bafoué, ridiculisé, comme le concile d'Embrun. Tantôt on le comparait au conciliabule de Tyr où saint Athanase fut déposé ; tantôt au brigandage d'Éphèse, où les partisans de Dioscore prévalurent. En la forme, on prétendit qu'on y avait violé le droit des gens ; au fond, on taxa d'inique la condamnation de M. Soanen. Les réfutations ne manquèrent pas ; et le monde fut inondé de chansons, de libelles et de satires (1).

Après l'évêque de Montpellier, le plus grand partisan de M. de Senez c'était le diacre Pâris, trop zélé anti-constitutionnaire, appelant, réappelant et adhérant au prélat avant sa condamnation ; car il était mort au commencement de l'année même qui la vit s'accomplir, et avait été inhumé au cimetière de Saint-Médard, où les malades et les estropiés éprouvaient, sur son tombeau, des convulsions extraordinaires, et d'où ils s'en revenaient battus et à moitié guéris. C'est l'œuvre de Dieu, disaient les appelants ; c'est l'œuvre du démon, disaient les acceptants ; c'est l'œuvre des hommes, disaient les

(1) *Histoire du diocèse d'Embrun,* par M. Albert, curé de Seyne, tome 2, p. 279 et 280.

philosophes qui commençaient à poindre. Et tout ce ridicule se termina à peine en 1732, où l'autorité fit fermer le cimetière, alors qu'un malin plaisant s'avisa d'écrire sur la porte d'icelui :

> « De par le Roi, défense à Dieu
> « D'opérer miracle en ce lieu ».

Ce qui n'empêcha pas le bon Rollin d'aller, chaque jour, s'agenouiller sur le seuil de la porte fermée, et d'invoquer, comme à l'ordinaire, le saint diacre Pâris.

Le pieux évêque de Gap, que nous avons perdu de vue depuis si longtemps, revint dans sa ville épiscopale, fort content d'avoir fait triompher le principe de l'unité, et d'avoir ainsi abaissé l'orgueil insensé du Jansénisme, lequel, désormais, cherchera vainement à secouer le joug d'une dépendance légitime, dans le diocèse confié à son administration.

1732. — Cependant, en l'année 1732, il éprouva quelque douleur, en voyant passer en des mains étrangères la terre épiscopale de La Bâtie-Neuve, aliénée au temps des guerres de religion, et que ni lui ni ses prédécesseurs n'avaient été en état de racheter, bien que, par sentence rendue en 1641, M. de Bonne d'Auriac eût été condamné à la rendre et désamparer à l'évêque de Gap, en lui remboursant le prix de l'aliénation. Le 20 septembre 1663, la succession vacante d'Alexandre de Bonne, comte d'Auriac et de Tallard, sous la garantie de Roger d'Hostun, marquis de La Baume, l'avait vendue au maréchal de Villeroy, avec le fief de Montreviol et les terres et seigneuries d'Auriac et de La Rochette. Le fils ou le petit-fils de ce dernier, Louis-Nicolas de Neufville, duc de Villeroy, gouverneur de Lyon, aliénait de nouveau, le 1ᵉʳ février 1732, la terre et seigneurie de La Bâtie-Neuve et les anciennes propriétés du fameux Étienne de Bonne, à messire

Mathieu de Loyat, avocat général au parlement de Grenoble, au prix de 90.000 livres (1). Ainsi s'éteignait la famille du redoutable ennemi de Lesdiguières, et, pour l'évêque de Gap, l'espoir de voir réuni au domaine de l'évêché l'une des terres les plus rapprochées de la ville, et après laquelle avait tant soupiré le valeureux Paparin de Chaumont.

1733. — Mais, l'année suivante, M. de Malissoles éprouva une bien douce satisfaction, en voyant se terminer le différend qui s'était élevé entre son chapitre et les bénéficiers de l'église cathédrale. Le dispositif de la transaction intervenue, le 21 avril 1733, vous fera connaître les exigences de ces derniers et comment elles furent réprimées. Les bénéficiers renoncèrent à la prétention de faire corps, et promirent de ne tenir aucune assemblée dans la sacristie de l'église cathédrale ; de ne point sonner les cloches à ce sujet ; de ne pas nommer de doyen pour présider à leurs assemblées, ni de syndic pour administrer leurs affaires particulières ; de ne rédiger aucuns statuts, ordonnances ou règlements ; de ne tenir aucun registre, et de remettre à l'évêque ceux qu'ils avaient eu jusqu'alors, pour être brûlés. Néanmoins, il leur était loisible de choisir un procureur pour l'administration des affaires qui pouvaient les concerner. Lorsqu'ils auraient à traiter de ces affaires, ils pourraient s'assembler dans la chapelle de St-Pierre, mais sans pouvoir se servir des cloches, ni d'aucune sorte de sonnerie. Enfin, lorsque, aux fêtes solennelles, quelques bénéficiers seraient désignés pour chanter au lutrin, ils pourraient y porter, ainsi qu'aux processions, les chapes qui leur seraient fournies par messieurs du chapitre (2). Le siècle de l'indépendance en était encore

(1) Acte reçu par deux notaires de Lyon, le 1ᵉʳ février 1732. Ms. Arch. de la Préfecture.
(2) Brouillon de transaction en date du 21 avril 1733. Ms. de l'écriture de M. de Malissoles. Archives de la Préfecture.

à son aurore, et déjà l'on voyait les individus, comme les corporations, y aspirer ouvertement. Nos bénéficiers, voulant marcher de pair avec nos chanoines, étaient-ils Jansénistes, à l'instar du bon vieux Soanen ?

Le vénérable chapitre de l'église cathédrale déclarait, au contraire, à M. de Malissoles que, par l'arrêt conventionnel dont je viens de vous entretenir, il ne prétendait déroger en aucune façon aux droits de l'évêque, ni à tout ce qui avait été réglé entre ses prédécesseurs et les chanoines, par la sentence arbitrale du 16 mars 1604, non plus qu'à la transaction du 19 juillet 1673 (1); et l'ordre hiérarchique fut ainsi confirmé et rétabli jusqu'à nouvel ordre dans le sein de l'église de Gap.

1734. — Le concile d'Embrun n'avait fait qu'exciter M. de Malissoles à veiller, de plus près encore qu'il ne l'avait fait jusqu'alors, à ce que la subtile hérésie de Jansenius ne s'infiltrât dans aucune partie de son diocèse. J'ignore si, avant la tenue de ce concile, il était lié d'amitié avec le célèbre M. de Belsunce, évêque de Marseille, ou si les relations affectueuses qu'ils eurent, dans la suite, ne datent que de cette époque ; mais, en l'année 1734, notre prélat versait, dans le cœur de l'évêque des Phocéens, ses craintes et ses défiances sur le corps entier des Doctrinaires, et principalement sur les pères de cet ordre à qui était confiée la conduite de son séminaire. Il lui mandait qu'il les surveillait de près ; qu'il ne leur avait point permis de donner des écrits, et qu'il leur avait prescrit d'enseigner le *moëlleux* Abelly et la théologie de Poitiers. Depuis vingt-six ans qu'il avait déjà passés à Gap, deux professeurs seulement lui avaient parus suspects ;

(1) *Déclaration faite à l'évêque* le 15 mai 1733, par M. de Pina, doyen ; Céas, prévôt ; Auprince, sacristain, et par les chanoines Rochas, Dupuis, Nas, Tardieu, Oddoul, Romane, Bondilh et Sylvestre. Ms. Archives de la Préfecture.

aussi les avait-il priés de se retirer. « J'ajoute,
« Monseigneur, que je n'en reçois pas un qui ne
« signe le Formulaire, la Constitution et tout l'ac-
« cessoire, en sorte qu'en leur parlant sans réserve
« sur ces matières, je tâche de pénétrer le dedans,
« je veux dire si le cœur parle comme la langue, et
« s'il n'y a point de restriction ou distinction sur
« jeu : car je connois ce que saint Jean appelle, dans
« son Apocalypse, *altitudines Satanœ*. J'ay plus fait ;
« c'est que, de temps en temps, j'ay empêché pen-
« dant plusieurs années nos séminaristes, ou plutôt
« nos ecclésiastiques, d'entrer dans notre sémi-
« naire, et que je les ay envoyés aux séminaires
« d'Embrun, d'Avignon et de Viviers, disant hau-
« tement que c'étoit parce que je craignois les PP.
« Doctrinaires, sachant qu'il y avoit un mauvais
« levain parmy eux. M'étant impossible de changer
« ce séminaire, ay-je pu faire mieux, ni prendre
« plus de précautions ? Et certainement j'ay la sa-
« tisfaction de n'avoir pas un seul ecclésiastique,
« dans tout notre diocèze, qui ne soit bon catholi-
« que et même zélé pour la Constitution et contre
« le jansénisme ».

Telle était la vigilance, pour l'instruction cléricale, du *saint pasteur des Alpes,* ainsi que le désignait la capitale du monde chrétien et la cour de France. Elle s'étendait encore sur l'instruction que l'on donnait aux laïques, dans un *prétendu collège,* qu'à son arrivée dans Gap, il avait trouvé entre les mains de deux régents et d'un frère Jacobin qui apprenait à lire à quelques pauvres. Comme, dans cette lettre, notre évêque dévoile entièrement le fond de sa pensée, permettez-moi de vous en citer encore quelques passages, moins pour vous faire connaître la situation de la ville sous le rapport des sciences et des lettres, très peu florissant à cette époque, que pour vous montrer l'un des plus véné-rables prélats qui aient honoré l'église de Gap. Il s'agit du collège ; et M. de Malissoles continue ainsi :

« Mon projet fut d'abord d'attirer icy nos amys
« les RR. PP. Jésuites. Je m'y suis donné tous les
« mouvements possibles, et comme c'était au temps
« de notre grand roy Louis XIV, j'y aurois infailli-
« blement réussi, si je n'eusse pas été traversé par
« le T. R. P. de La Chaize, mais d'une manière si
« vive, qu'il fallut me désister de mon projet. J'ay
« encore sur cela les lettres de Sa Révérence. Je
« revins à l'assaut, pendant la tenue du T. R. P. Le
« Tellier, qui, de son cotté, forma des difficultés et
« qui aboutirent à un refus formel, de la part du
« R. P. de Dortan, pour lors provincial des Jésuites.
« [Depuis ce temps-là est venue la Régence, et je
« ne me suis plus flatté de pouvoir avoir icy des
« Jésuites] [1] : 1° parce que j'ay toujours trouvé *in*
« *majoribus* de la résistance ; 2° parce que cette
« ville est trop petite et trop pauvre ; 3° parce que
« la Providence ne m'a pas fourni les moyens d'y
« suppléer ; et, finalement, parce que je n'y trouve
« ni n'y vois aucune sorte de ressource ».

M. de Malissoles entre ensuite dans de nouveaux détails sur l'administration du collège, que l'on avait enlevé aux Doctrinaires pour le donner aux pères Jacobins ; mais ceux-ci étaient tellement incapables que la ville voulut en revenir aux pères de la Doctrine chrétienne, lesquels s'engagèrent à fournir trois régents et un maître d'école, pour la somme de 850 livres par an. Comme tout renchérit dans le cours d'un siècle ! L'on avait été fort content des Doctrinaires, et M. de Malissoles ne pouvait s'empêcher de convenir qu'un grand changement s'était opéré dans la jeunesse gapençaise, pendant les trois années qu'ils avaient dirigé le collège, soit sous le rapport des mœurs, soit pour

[1] Les mots entre crochets ont été omis par M. Gautier dans sa dernière rédaction.

la latinité. Cependant, de grandes altercations s'élevèrent pendant l'année 1728, et le collège revint aux Jacobins, l'année suivante, sous le prétexte que la dépense était moins considérable, puisqu'on ne donnait à ces pères que 430 livres, *mais au vray*, dit le prélat, *par une intrigue très odieuse*. A tout cela, il n'avait eu d'autre part que d'avoir donné, en 1726, son consentement au transport du collège chez les Doctrinaires, et même, avec tant de précaution, qu'il avait empêché que la ville n'obtînt les lettres patentes qu'elle postulait en leur faveur. Enfin, tout allait si mal, chez les RR. PP. Prêcheurs, que, de nouveau, nos magistrats municipaux voulaient confier leurs enfants aux pères de la Doctrine ; et c'est en cette conjoncture que M. de Malissoles consultait l'évêque de Marseille, car il n'avait d'autre choix à faire qu'*entre deux corps qui ont également des infirmités par rapport à la doctrine* (1).

Les Doctrinaires l'emportèrent, et c'est au séminaire que les enfants de la ville allèrent, jusques à la Révolution, commenter Horace et Quintilien et peut-être Mésenguy : car, vers la fin du siècle, quelques-uns des professeurs se moquaient rudement, dit-on, et du concile d'Embrun, et du bon M. de Malissoles, qui, dans son cathéchisme, avait placé l'enfer au centre de la terre, et du culte du Sacré-Cœur, que ses prédécesseurs avaient tenté d'introduire dans le diocèse, lequel ils qualifiaient d'une manière si irrévérencieuse et en des termes si inconvenants que ma plume se refuse de les reproduire (2).

1737. — C'est M. de Malissoles qui avait fait éle-

---

(1) *Minute d'une lettre de M. l'évêque de Gap à M. l'évêque de Marseille*, en date du 25 octobre 1734. Ms. Arch. de la Préfecture.

(2) Nous aurons bientôt également le culte des sacrées f.....,

ver, sur la place Grenette, en face du couvent des Jacobins, la halle aux grains, qui fut détruite, pendant la Révolution, pour être reléguée dans un coin reculé de cette place. Le corps municipal avait, d'abord, demandé que la halle fût établie sur la place St-Arnoux, qui servait encore, en 1737, de cimetière ; mais, sur l'opposition des chanoines, des curés et de plusieurs habitants, il fut décidé qu'elle serait construite *à la teste de la Grenette sans que la ville entre, pour raison de ce, en aucune dépense,* attendu que le consolat appartenait à l'évêque (1).

1738. — En effet, ce droit lui appartenait, depuis bien des siècles, et pour le faire reconnaitre au sieur François Blanc, marchand à Gap, qui refusait de le payer, sous prétexte que les blés par lui vendus dans la ville sortaient des magasins du Roi ; qu'ils ne lui étaient livrés par les traitants que pour être renouvelés et être distribués aux particuliers, qui éprouvaient de pressants besoins ; c'est, dis-je, pour soumettre ce marchand à vendre ses grains à la Grenette et aux marchés publics et à payer à ses fermiers le droit de *cosse,* que M. de Malissoles adressait une requête à l'intendant de la province, le 22 juillet 1738. Sans doute que l'ordre de satisfaire aux exigences de l'évêque lui fut intimé par l'Intendant ; mais les pièces jointes à la requête m'apprirent que, dix ans auparavant, le Gouvernement avait fait aux habitants de la subdélégation

disait dans un grossier ricanement le P. Alboin, professeur de mathématiques.

(1) Délibérations du conseil de la ville de Gap des 11 août et 22 septembre 1737, où étaient présents, entre autres, MM. Roubaud, maire ; Tournu et Farnaud, consuls ; Romane et Joubert, avocats ; Chuzin, orfèvre ; l'abbé d'Abon ; le marquis d'Hugues ; Revigliasc de Montgardin ; Gautier, élu ; Laurent Subé-Blanc ; Jean-Paul, notaire ; Jean Farnaud, droguiste ; Eyraud, secrétaire. Nous voilà en pays de connaissance. — Arch. de la Préfecture.

de Gap des prêts en grains, pour ensemencer leurs terres et pour établir un grenier d'abondance dans cette ville, et que ce grenier existait réellement en 1738 (1).

Tel fut le dernier acte du seigneur temporel de la ville de Gap. M. de Malissoles, *rempli de jours et de mérites, mourut, en odeur de sainteté*, le 21 septembre 1738, dit M. Rochas dans ses *Mémoires* (2). « Sa
« mort, dit, de son côté, le *Livre des Annales des*
« *Capucins de Gap*, a été accompagnée de certaines
« circonstances, qui nous font connoître qu'il est
« mort en odeur de sainteté... » Un de nos pères, gardien à St-Esprit « en Languedoc, l'a vu en
« songe en Purgatoire, très dévôt et mortifié, selon
« sa louable coûtume, et, dans les premiers mois
« de son décez, aller en Paradis, dans un carosse,
« le visage serain et riant, remerciant ce dit père et
« tout son ordre. La couleur de l'habit et camail de
« ce grand prélat étoit alors d'une couleur minime
« claire, et un petit galon rouge tout à l'entour, les
« boutons rouges. Voilà la vision de ce père que
« j'ay cru devoir insérer ici pour la consolation des
« bons serviteurs de Dieu, *eodem anno et primo*
« *mense sui obitus* ». La reconnaissance des bons pères de St-François s'exhalait ainsi, comme un doux parfum, sur la tombe de M. de Malissoles, car il les avait comblés de ses bienfaits ; et en 1737 et 1738, il leur avait donné une somme suffisante pour réparer leur église, qui tombait en ruine, quelque opposés qu'ils fussent *à ses amys les RR. PP. Jésuites* (3).

Il fut enseveli dans l'église cathédrale, au-devant du trône où siègent les évêques lorsqu'ils officient

---

(1) *Requête à l'intendant de la province* du mois de juillet 1738, à l'appui de laquelle sont jointes d'autres pièces. Mss. Arch. de la Préfecture.
(2) Page 152, 2ᵉ série.
(3) *Livre des Annales des Capucins*, p. 159.

pontificalement. L'inscription gravée sur la pierre tumulaire nous apprend, qu'au jour de son trépas il avait atteint sa soixante-septième année.

Je terminerai ce qui concerne notre bienheureux prélat, dont plus de cinquante ans après sa mort j'ai entendu le plus touchant éloge dans la bouche d'une vieille dame (1), qui avait reçu de sa main le sacrement de la confirmation, par rapporter ce que disait de lui l'auteur d'un ouvrage sur l'église de Gap dédié à notre saint pasteur.

« Le sage nous donne avis de ne pas louer les
« personnes de mérite pendant leur vie, mais d'at-
« tendre de le faire après leur mort. *Lauda post*
« *mortem*. On ne peut pas, néanmoins, s'empêcher
« de dire que ce prélat marche sur les pas des
« anciens évêques de l'Église qui faisoient tout par
« eux-mêmes. Ses travaux infatigables à visiter
« annuellement son diocèse, souvent à pied, à faire
« des missions, à prêcher, à entendre les confes-
« sions de ses diocésains, ses soins à terminer les
« affaires, son zèle pour la beauté de son église et
« pour la décoration des lieux consacrés au service
« divin, sa conversation si honnête, sa conduite
« réglée, convient ses diocésains à faire sans cesse
« des vœux à Dieu pour qu'il lui plaise lui fournir
« une longue carrière. Il a été député pour assister
« à l'assemblée générale du clergé de France tenue
« à Paris l'an 1725 » (2).

« L'hôpital, les maisons de Charité de cette ville,
« les Capucins et autres corps religieux se sont
« ressentis de tous ses bienfaits » ; « il n'oublia pas,
« non plus, son chapitre, qu'il a laissé pour héri-
« tier », ajoute de son côté M. Rochas dans ses mémoires (3).

(1) Demoiselle Thérèse Gautier, veuve de Charles Chusin, morte à Gap au moi de mai 1793 à l'âge de 85 ans.
(2) *Abrégé historique de l'église et des évêques de Gap*, dédié à M. de Malissoles. Ms. [G. 1503].
(3) *Mémoires* de M. de Rochas, p. 152 et 153. 2ᵉ série.

Rapporterai-je, en finissant, une anecdote que j'ai entendu raconter, bien des fois, à un vieux chantre de la cathédrale, véhémentement soupçonné de jansénisme ? C'est un trait qui n'altère en aucune façon la piété et la pureté de mœurs de M. de Malissoles, mais qui, s'il était constaté, annoncerait chez notre prélat peu de présence d'esprit et une grande naïveté. Vous savez que dans l'église cathédrale de Gap, sur trois faces des énormes piliers qui soutiennent les voûtes latérales et le lambris de la grande nef, l'on voit des tableaux que M. de Malissoles avait fait peindre lui-même, vers l'année 1720, et qui représentent les évêques canonisés, même ceux que M. de Pérouse, de son autorité privée, a retranchés de son bréviaire, ainsi que divers sujets tirés de l'histoire sainte ou de l'histoire particulière de l'église de Gap. Sur le premier pilier à droite, en entrant par la grande porte, saint Demetrius est reproduit portant sa tête dans ses deux mains, ce qui le fait prendre pour saint Denis par les personnes qui ne sont pas versées dans l'histoire du diocèse, bien que le nom de notre martyr soit écrit en toutes lettres en tête du tableau. Or, notre digne prélat, faisant un jour le panégyrique de saint Demetrius, dans la chaire de la cathédrale, racontait dans le plus grand détail le supplice de notre premier évêque. Afin d'augmenter encore la grandeur du miracle opéré en sa faveur, M. de Malissoles ajoutait, qu'après avoir porté sa tête dans ses mains depuis le Mont-Calvaire jusques dans l'intérieur de l'église, saint Demetrius *la baisa* en présence de tous ses diocésains ! Mais le chantre susdit (M. Borel), qui n'est mort que depuis une vingtaine d'années, n'avait pu voir ni entendre M. de Malissoles, puisque le vénérable pasteur des Alpes était décédé en 1738. Aussi je vous conseille de placer cette anecdote au rang des contes jansénistes. Le concile d'Embrun pesait, sans doute, sur ce cœur anti-constitutionnaire.

[Claude de Cabanes (1739-1741)]

1739 à 1741. — A la mort de notre pontife, messire Claude de Pina, doyen du chapitre et vicaire général, prit les rênes de l'administration du diocèse. Son premier acte fut l'approbation, par lui donnée le 8 octobre 1738, à un règlement pour les dames de Charité et de Miséricorde de la paroisse de Malijay, dépendant de l'évêché de Gap, quoique très-rapprochée de la ville de Digne (1). Les autres sont, sans doute, d'une importance aussi médiocre, puisque la tradition n'en a gardé aucun souvenir. Cependant l'administration de M. de Pina se prolongea jusques au 10 septembre 1739, époque à laquelle messire Claude de Cabanes, chanoine en la métropole d'Aix et successeur de M. de Malissoles, fit son entrée dans la ville de Gap. Son éloge se trouve dans ce peu de mots, tracés de la main de M. de Rochas dans ses *Mémoires:* « Il marchait « sur les traces de son pieux prédécesseur ; mais « sa carrière fut bien courte, car il mourut sainte- « ment à Gap le 10 septembre 1741, et fut inhumé à « la cathédrale devant l'autel de la Très-Sainte- « Vierge, où l'on voit la pierre sépulchrale avec une « inscription » (2).

Quelque courte qu'ait été l'administration de M. de Cabanes dans le diocèse de Gap, on ne lui laissa pas ignorer qu'il était en même temps seigneur spirituel et temporel de sa ville épisco-

---

(1) « *Confrérie de charité et de miséricorde établie dans l'église et paroisse de Malijay* ». *Requête présentée à M. de Malissoles par M. Bondilh, prieur-curé de ce lieu, suivie du règlement approuvé* le 8 octobre 1738. Ms. Arch. de la Préfecture.

(2) *Mém.* de M. Rochas, p. 152. 2ᵉ série.

pale. Aussi, lorsque après le décès de dame Anne Le Camus de L'Estrade, survenue le 19 juillet 1740, les officiers du bailliage de Gap s'avisèrent de poser de nouveau les scellés sur les biens et effets de cette dame, tandis que le juge de l'évêque avait déjà, selon un droit antique et solennel, procédé à la même opération, M. de Cabanes s'empressa-t-il de s'en plaindre au parlement de Grenoble, par une requête, où, pour la centième fois, l'on rappelait à l'auguste compagnie que l'évêque de Gap avait, dans cette ville, toute juridiction, haute, basse et moyenne, d'après les traités antiques, anciens et modernes, toujours cités et toujours méconnus par les officiers royaux. Il demandait que, sans s'arrêter à la procédure d'apposition des scellés faite à la requête de l'avocat du Roi, par le vibailli de Gap, laquelle devait être déclarée nulle comme attentoire à la juridiction du seigneur évêque ; celle opérée par les officiers de sa judicature serait déclarée bonne et valable, et, qu'en conséquence, ceux-ci procèderaient à la levée des scellés. La cause de l'évêque était imperdable ; toutefois, j'ignore si, au fond, il sortit triomphant de la lutte ; mais ce que je sais pertinemment, c'est que, par ordonnance du 23 juillet de l'année susdite, le Parlement ordonna, par provision, que les officiers de la judicature procèderaient à la levée du scellé (1).

Et pendant la courte durée de l'épiscopat de M. de Cabanes, que faisait la ville de Gap ? La ville de Gap, toujours infiniment jalouse de conserver les honneurs et les prérogatives inhérents au rang qu'elle tenait dans ce bas monde, obtenait, le 2 juin 1740, un arrêt du Parlement, qui conférait aux consuls le droit d'entrer dans le chœur de l'église cathédrale, et de se placer à côté du prévôt dans

(1) *Requête présentée à la Cour du parlement, par Messire Claude de Cabanes, évêque, comte et seigneur de Gap*, répondue le 23 juillet 1740. Ms. Arch. de la Préfecture.

les stalles du fonds, les jours de fêtes solennelles, pour y assister en corps, à la grand'messe ou aux *Te Deum*. D'un autre côté, le 5 mars 1741, M. de Breteuil, ministre et secrétaire d'État, décidait, sur la demande de nos magistrats, que les officiers municipaux nouvellement élus ne devaient de visite qu'au vibailli de Gap et non au lieutenant particulier, même en l'absence du vibailli (1).

Après ces importantes décisions, que me reste-t-il à vous apprendre sur l'administration de la ville ? Rien, si ce n'est que, par une requête, répondue le 2 mars de cette même année 1741, les consuls Barbier, Delafont et Gorréard, demandèrent à sa Grandeur Mgr l'Intendant du Dauphiné, qu'il fût enjoint à Henriette Baillot, femme de Dominique Jaussaud, de leur abandonner une maisonnette ruinée, qui leur était nécessaire pour l'édification du nouvel hôtel de ville, en lui en payant la valeur, de gré à gré, si faire se pouvait, à défaut de quoi, qu'il fût permis aux consuls de la faire estimer par experts et d'en réunir ensuite le sol à l'hôtel de ville pour être compris dans la réédification qu'ils en avaient entreprise (2). Je ne vous dirai pas précisément de quelle manière fut consommé cette expropriation forcée pour cause d'utilité communale ; mais l'hôtel de ville fut terminé en 1743, ainsi que l'indique l'inscription que l'on voit au-dessus de la porte d'entrée.

Gap, le 14 mai 1839.

(1) *Mémoires* de M. Rochas, p. 137, 2ᵉ série.
(2) Cette requête me fut communiquée, en 1833, par M. Delafond, ancien subdélégué et petit-fils du second consul de 1741 et qui, alors, était témoin, encore vivant, des événements de la dernière moitié du XVIIIᵉ siècle. Ce respectable vieillard mourut en 1837. — M. Martin de La Pierre était subdélégué en 1741.

NOTE DE LA XLe LETTRE, *page* 314.

Sur le Mandement publié par M. de Malissoles, en 1711.

M. de Malissoles enseignait dans ce mandement que « les écrits de Saint Augustin sur les matières « de la grâce sont dangereux ; que les pécheurs « livrés à leurs passions doivent avoir autant de « grâce que de cupidité, sans quoi leurs crimes ne « seraient que des péchés improprement dits ; que « la fornication peut être commise par une igno- « rance invincible ; qu'on doit absoudre les péni- « tents sans les avoir suffisamment éprouvés ; que « les pécheurs publics et scandaleux doivent être « remis sans réparation publique ; que l'on peut « recevoir l'effet des indulgences sans esprit de « pénitence ».

« Je passe sous silence, ajoute l'auteur anonyme de l'*Histoire de la condamnation de M. l'évêque de Senez* (1728, p. 346 et suiv.), je passe sous silence divers autres excès et erreurs contenus dans ce mandement, qui fut justement flétri par le mandement de M. le cardinal de Noailles du 3 mai 1711. M. Brulart de Genlis, alors archevêque d'Ambrun, pour prévenir le mal que le mandement de M. de Gap pouvait faire dans son diocèse, à cause du voisinage, en écrivit à ce prélat en ces termes : « J'apprends, Monsieur, qu'un mandement, affiché « dans Paris et contre lequel M. le Cardinal, son « illustre archevêque, a formé quelques plaintes, « se répand dans mon diocèse ». Il l'avertit ensuite qu'il a une lettre toute prête à opposer à ce mandement, dans laquelle il représente la doctrine de saint Augustin sur la grâce et la prédestination comme reconnue par toute l'Église pour vraiment apostolique, Enfin, il conclut sa lettre en ces termes : « Je vous conjure donc, Monsieur, de ne pas « souffrir que votre mandement paroisse dans mon « diocèse, puisqu'on soutient que la doctrine de « saint Augustin, la théologie dogmatique et la « morale de l'Évangile n'y sont pas traitées avec « toute la circonspection requise ». Cette lettre est du 13 juillet 1711 [1]).

« M. de Gap y répondit en 1712, et sa réponse a été imprimée. Il y dit qu'il aurait répondu aux censures de son mandement, mais que Sa Majesté lui a imposé silence, en se réservant la connaissance de ce différend. Il ajoute qu'il a tout lieu de croire la doctrine de son mandement conforme à celle de l'Église et aux décisions des Souverains Pontifes, et que le Saint-Siège en sera lui-même le juge. Ce prélat n'a jamais depuis donné satisfaction à l'Église sur les excès qu'il avait avancés, et son mandement a été regardé avec raison comme un des avant-coureurs de la constitution *Unigenitus*, par laquelle il a cru triompher lui-même de ses censeurs, et avoir gain de cause de la part du Pape. On peut juger par là des dispositions dans lesquelles M. de Gap venait au concile d'Ambrun, et s'il était de la bienséance de l'établir juge de M. de Senez dans une affaire où il était si personnellement intéressé » (2).

---

[1]) Publiée dans *Annales des Alpes*, XII, 1908-9, p. 38-40.
(2) *Histoire de la condamnation de M. l'évêque de Senez par les prélats assemblés à Ambrun*, 1728, p. 345 et suiv.

SUPPLÉMENT A LA XL° LETTRE.

1734. — Je pense que c'est en l'année 1734 que les habitants de Romette présentèrent à l'évêque de Gap une requête ayant pour but d'obliger le sieur Gavet, pitancier du vieux monastère, de résider dans cette paroisse et y faire son service. Il paraît qu'elle fut renvoyée par M. de Malissoles au chapitre de Saint-Victor de Marseille, duquel relevait le monastère de Romette ; car, par une ordonnance rendue le 26 mai 1734, ce vénérable chapitre enjoignit au sieur Gavet de résider au prieuré conventuel de Saint-Pierre de Romette et d'y remplir les fonctions dont ses prédécesseurs s'étaient toujours acquittés (1).

1734. — Le prieuré du Pin, situé dans le territoire de Rousset, hameau de la paroisse de Curban, avait été érigé par une bulle de l'antipape Benoît XIII, siégeant à Avignon, en faveur des religieux de l'ordre de Saint-Jérôme, bien qu'il portât déjà le nom de prieuré en 1230. Durant les troubles des guerres de religion, un sieur de Saint-Véran se saisit du prieuré et de la maison monacale, qui, ayant été entièrement ruinée et abandonnée par les religieux, fut, quelque temps après, unie à la chartreuse de Villeneuve-lès-Avignon, jusqu'à ce que le frère Juvénis, religieux de Saint-Jérôme, se remit en possession du Pin, sous le titre de prieuré rural et conventuel. Mais, en l'année 1608, le frère Juvénis se démit de son droit en faveur du collège des Jésuites

(1) Arch. de la Préfecture. *Requête présentée à l'évêque de Gap par les habitants de Romette,* non datée. — *Ordonnance de MM. du vénérable chapitre de Saint-Victor de Marseille, contre le sieur Gavet, pitancier de Romette,* du 26 mai 1734. Ms.

d'Embrun, qui venait d'être érigé par une bulle de la même année. Cette union fut confirmée par une autre bulle de 1608 et une troisième bulle de 1614. L'évêque de Gap donna son consentement, à la charge par les Jésuites de nourrir et entretenir deux enfants dans leur collège, pour y être élevés dans les exercices de la science et de piété. Par sa déclaration du 12 novembre 1609, messire Charles-Salomon du Serre s'était, au surplus, réservé le droit de désigner, tous les dix ans, les deux enfants qui devaient être élevés par les Jésuites d'Embrun.

Or, en l'année 1734, M. de Rousset et les habitants de ce village intentèrent un procès aux Jésuites. Ce seigneur prétendait avoir le droit de placer ses armoiries ou ceintures funèbres dans la chapelle du Pin ; et les habitants soutenaient, bien que Curban fût leur paroisse, que cette même chapelle était ou devait devenir leur église paroissiale ; en conséquence, d'après eux, les Jésuites, en qualité de seigneurs décimants, étaient tenus de fournir à l'entretien d'un prêtre pour exercer les fonctions curiales au Pin ou à Rousset, à raison des fonds qui composaient le domaine du prieuré. Les Jésuites combattaient toutes ces prétentions, dans un long mémoire qu'ils dressèrent le 23 juin 1734, et qui, soumis à un avocat d'Aix, fut répondu d'une manière qui leur assurait gain de cause (1). L'affaire fut-elle plaidée ? Les pères d'Embrun gagnèrent-ils leur procès ? C'est ce qu'il ne m'a pas été possible d'apprendre.

1736 et 1737. — M. de Malissoles s'occupait toujours de ses nouveaux convertis, lesquels avaient un singulier penchant pour le prêche. En 1736, il se

(1) Arch. de la Préfecture. *Mémoire pour le prieuré de Notre-Dame du Pin, contre le seigneur et les habitants de Rousset, suivi d'une consultation délibérée à Aix le 23 juin 1734, par M* Honnoré. Ms.

fit adresser par les curés du diocèse des états contenant les noms et prénoms des ci-devant huguenots, et un tableau des officiers municipaux obstinés dans le calvinisme, au nombre desquels on voit M. Antoine Ruelle, consul de Serres. Ces états étaient accompagnés de mémoires. L'un d'eux, dressé en 1735, présente, comme chef de parti, un maître de cabaret, à un quart de lieue de Serres, nommé Paul Barrillon. Mais celui-ci désavoua tous les faits qui lui étaient imputés, par une déclaration faite devant le chapitre de Gap, le 3 mars 1736. Je crois que nous sommes ici en pays de connaissance. Quoiqu'il en soit, notre évêque, muni de ces documents, dressa deux mémoires qu'il envoya à M. de Maillebois, intendant à Grenoble, lequel lui en accusa la réception le 29 août 1737. Et l'affaire, je pense, n'eut pas d'autres suites, car, le 12 septembre suivant, l'intendant annonça à M. de Malissoles que la Cour prenait des arrangements pour établir en Dauphiné quelques maisons de propagation, ainsi que le Chancelier et M. du Muy le lui avaient fait connaître (1).

1741. — Pendant le court épiscopat de M. de Cabanes, nous n'avons aperçu aucun exercice religieux un peu extraordinaire. Mais, après sa mort, le siège étant vacant, une mission s'ouvrit à Gap, le 3 décembre 1741, et obtint le plus brillant succès. Les ouvriers de cette mission furent le P. Chrysostome, gardien des Capucins, et six autres pères du couvent de cette ville. A la procession générale, la croix fut portée par la *conseillère* des Praux ayant à sa droite Madame d'Abon et à sa gauche Madame *la viballive*. A la procession des jeunes personnes, les Demoiselles de Valgodemar

(1) Arch. de la Préfecture. *États et documents sur les nouveaux convertis.* — *Lettres de M. de Maillebois,* des 29 août et 12 septembre 1787.

figurèrent en tête; à celle des garçons, M. des Praux, fils, porta le signe de la Rédemption; et, enfin, à celle des hommes, il fut alternativement porté par Messieurs de Grilh, de Prunières et de La Baume, trois anciens et saints officiers (1).

(1) *Livre des Annales des Capucins*, p. 241.

XLI° LETTRE.

J.-M. DE CARITAT DE CONDORCET.

1742 à 1756.

Jacques-Marie de Caritat de Condorcet, 73° évêque de Gap. — Sa famille. — Sa naissance. — Élection consulaire de 1742. — Entrée du nouvel évêque dans Gap. — Le premier consul François Barbier. — Les vieux parchemins de la ville. — Visite du corps municipal à l'évêque. — Le rejeton de l'empereur Conrad pris au collet par le consul. — Les six greffes des judicatures épiscopales. — Formulaire de M. de Condorcet. — Son procès avec l'héritier de M. de Cabanes. — Carême de 1742. — Portrait peu flatté des habitants de Gap. — Ils chassent sur les terres de l'évêché. — Les chanoines de 1743. — Doivent-ils être soumis à la juridiction de l'évêque ? — Transaction entre M. de Condorcet et le chapitre. — Le consul royal. — Les armées françaises et espagnoles à Gap. — Maladie contagieuse. — Le prince de Conti et l'infant Don Philippe. — Notabilités gapençaises de 1744. — Anecdotes de cette époque. — *L'abbé, donne-moi ma boule !* — Officiers généraux de la suite du prince de Conti. — Seigneurs du Gapençais. — Succès et revers de l'armée franco-espagnole. — Embellissements de Charance. — L'évêque et un curé nommé par le Légat. — Fraudes des propriétaires de vignobles à Lettret et à Châteauvieux. — Les chasseurs incorrigibles. — M. de Condorcet est transféré à Auxerre et ensuite à Lizieux. — Sa conduite dans ces deux évêchés. — Sa mort. — Son éloge. — Charivari de Die. — Les consuls et le chapitre de Gap. — Mort de M. de Pina. — Éloge de ce doyen. — Construction des casernes. — *Supplément.* Vente de la baronnie de Montmaur. — Différend élevé entre les officiers de l'élection et les avocats de la ville. — Un budget du siècle dernier.

De toutes les familles nobles du Dauphiné, à l'époque où la doctrine de Luther pénétra dans cette province, la première qui se déclara ouvertement pour la réformation fut celle des Caritat de Condorcet, dont le principal manoir se voyait et se voit encore près de Nyons. S'il fallait l'en croire, cette famille était noble et archi-noble, puisqu'elle descendait en droite ligne de Conrad le Salique ; mais ce point était contesté et donnait même lieu parfois à de piquantes plaisanteries. Quoiqu'il en soit de cette illustre descendance, Henri de Caritat, l'un des membres les plus distingués de cette famille, se trouvant à Orange, lors des affreuses journées de la Saint-Barthélemy, à la tête de quelques gentilshommes et d'un petit nombre de soldats, qui s'étaient réfugiés dans sa maison, résista aux brigands, qui sous les ordres du comte de Suze, étaient venus d'Avignon pour surprendre la ville d'Orange, et il obtint la permission de se retirer.

C'est dans le château de Condorcet que naquit, en 1703, Jacques-Marie de Caritat [1]), dont nous aurons à nous entretenir dans cette lettre. Dans son jeune âge, il suivit la carrière des armes, qu'il avait d'abord embrassée sans une vocation bien prononcée, car, après plusieurs années de service, il prit l'habit ecclésiastique et devint, d'abord, grand vicaire de son oncle, messire Jean d'Yse de Saléon, évêque de Rodez, qui depuis fut archevêque de Vienne, et qui, auparavant, s'il vous en souvient, avait pris une part assez active au concile d'Embrun, en qualité de théologien et avait été chargé, par les pères de ce concile, de l'administration du diocèse de Senez, après la condamnation de Jean Soanen. M. Condorcet fut ensuite nommé par le Roi à l'évêché de Gap, en l'année 1741 (2).

1742. — Tel fut le successeur de M. de Cabanes. Comme nos consuls vont se trouver en sa présence et qu'il est plus que probable qu'ils auront quelques

[1]) Il était fils d'Antoine de Caritat, seigneur de Condorcet, près de Nyons, et de Judith-Amica d'Antoine. Il naquit à Condorcet le 11 nov. 1703 (G. III, p. xxiii).

(2) *Biographie universelle,* tom. 9, p. 402.

petits points plus honorifiques que théologiques à démêler ensemble, je commencerai cette lettre par vous faire assister aux élections de 1742, année pendant laquelle le nouveau pontife fit son entrée dans Gap. Comme déjà je vous ai rendu témoin des formes observées au commencement du XVII⁰ siècle, vous verrez comment, sans journaux, sans pétitions, sans réclamations, sans actes émanés du pouvoir législatif, nous étions parvenus à une réforme électorale en sens inverse de celle invoquée de nos jours.

C'est aujourd'hui le 1ᵉʳ janvier 1742. Vous vous attendez peut être à voir arriver à la maison consulaire, comme en 1614, une nuée d'électeurs municipaux partis de tous les coins de la ville et de sa banlieue? D'abord, je dois vous prévenir qu'il n'y a plus de maison consulaire et que, sur ses ruines, l'on construit dans ce moment un superbe hôtel de ville, qui sera orné de balcons aussi solides qu'élégants, au fronton et sur les portes duquel on va placer les armoiries de la France, du Dauphiné et de la ville; hôtel modèle qui, désormais, servira de type aux architectes de la cité de Gap. Il faut donc nous rendre chez le sieur Honoré Léouffre, qui a bien voulu louer la grande salle de sa maison, jadis possédée par Raymond Juvénis et sise dans la rue Nizarde[1]), pour y tenir les assemblées municipales, en attendant le parachèvement dudit hôtel.

Il est deux heures de relevée, et c'est à peine si la cloche du beffroi, fortement ébranlée par Pierre Brunache, le valet de ville, a pu réunir 38 membres du grand conseil. — Il faut vous dire, d'abord, que ce matin à huit heures, les membres du conseil particulier, au lieu de courir les rues pour porter

---

[1]) Dite anciennement rue des Minsards; *carriera Minsardorum* (Gap, 455, fol. 25), et, le 14 janv. 1551, rue Nussarde *sive Massely* (G. 1576). C'est la partie occidentale de la rue du Mazel actuelle.

des billets de visite à toutes les portes un peu honnêtes et distribuer des étrennes aux dames et aux enfants de la ville, s'étaient déjà réunis en la même salle où, après s'être souhaité réciproquement une bonne année accompagnée de plusieurs autres, ils s'étaient occupés de faire choix des personnes à présenter à l'élection. M. Blanc, procureur du Roi en l'hôtel de ville, avait requis qu'il fût *procédé à la rétention de six personnes capables pour le premier et second chaperon,* et il était résulté des votes émis que, sans égard pour le réquisitoire du procureur du Roi, Messieurs Barbier et Delafont, consuls en exercice, étaient priés de continuer leurs fonctions pour la présente année, sous l'approbation du conseil général. Quant à M. Corréard, consul forain, il n'en avait été nullement question dans cette assemblée matinale.

Maintenant, sans discours du président, bien qu'il fût assez disert, le cher homme; sans réclamation des avocats et des aspirants à la dignité consulaire; sans excuse des consuls anciens sur la manière dont ils ont exercé leur charge; sans applaudissements de la part des administrés, ainsi que cela se pratiquait 127 ans auparavant, nos électeurs sont bientôt d'accord; et maître François Barbier, président de l'assemblée, à l'exemple de certains maires de nos jours, se proclame premier consul. Il annonce ensuite que Messieurs Delafont et Corréard, ayant pareillement obtenu la presque totalité des suffrages, sont continués, l'un dans la charge de second consul, et l'autre dans celle de consul forain. J'ai dit la presque totalité : car, si nos consuls n'avaient pas obtenu la *touchante unanimité,* c'est qu'alors les candidats avaient assez de retenue pour ne pas s'appliquer leur suffrages ; et ils avaient opiné en faveur de M. le médecin Masseron, pour la place de premier consul, et de M. Laurent Blanc, pour le second chaperon. Maître Jean Eyraud, secrétaire de la ville, dresse ensuite le procès-verbal de la séance électorale que chacun s'empresse de revêtir de sa signature (1). Et en voilà pour dix ans : car, pour des causes qui seront plus tard signalées, vous n'aurez de nouvelles élections municipales qu'en l'année 1752.

Le grand conseil composant le corps électoral de la ville au nombre de soixante membres, était nommé ensuite par six électeurs, ni plus ni moins; à savoir : les trois consuls modernes et les trois consuls anciens, en présence du procureur du Roi en l'hôtel de ville et du secrétaire de la communauté. Il était divisé en trois colonnes et choisi parmi les notabilités de la ville et de la banlieue, car dans chaque colonne figuraient trois conseillers forains. Enfin, du grand conseil étaient extraits vingt-quatre citoyens archi-notables, pour composer le conseil particulier, où entraient nécessairement un député du chapitre et un député de l'université de l'église cathédrale (2). C'est avec les petits enfants des conseillers laïques de 1742 que nous avons joué au *Turellet* dans notre enfance, et consommé notre âge mur à dire des riens politiques, philosophiques ou scientifiques, voire à disserter à perte de vue sur les perdrix de *Coste-Folle* et la nécessité d'un canal d'irrigation pour fertiliser la riante vallée de la Luye.

Messire Jacques-Marie de Caritat de Condorcet fit son entrée solennelle dans la ville de Gap le 4 août 1742. Nos consuls avaient eu la condescendance de ne pas exiger, soit dans l'église des Cordeliers, selon les vieux traités (3), soit à la porte

---

(1) Réunions du 1er janvier 1742. *Registre des délibérations de la ville de Gap*, années 1741 à 1754. Archives de l'hôtel de ville [BB. 68].
(2) *Registre des délibérations*, déjà cité.
(3) Dans l'ouvrage que vient de publier M. l'abbé Aucel, ancien secrétaire de l'évêché, et qui a pour titre *Recueil des circulaires*,

Lignole, selon un usage plus récent, le serment préalable de respecter ce qui restait des droits et des franchises de la cité ; mais ils se rendirent au palais épiscopal, munis du fameux *Livre rouge*, dans lequel M. de Condorcet souscrivit la déclaration en tel cas requise et nécessaire. L'auteur de la *Procession du Saint-Sacrement* va nous faire connaître les détails de la première visite faite à ce prélat par le corps municipal.

« Jamais, depuis que Gap est Gap, nous n'avions eu de consul plus disposé à faire respecter les droits, immunités, franchises et privilèges de la ville que messire François Barbier, sévère sans dureté, intègre sans orgueil, religieux sans ostentation ; il est entouré de nos respects et de l'estime générale. Au bareau, son éloquence éclate toujours en faveur de la veuve et de l'orphelin. Dans le sein du conseil, ses vues ne tournent qu'à l'intérêt de la communauté et jamais à ses intérêts personnels. N'est-ce pas ce digne magistrat, qui, voyant se ralentir parmi nous ce zèle ardent qui animoit nos anciens syndics et nos consuls plus modernes pour la conservation de nos éminents privilèges et de nos indestructibles libertés, a fait secouer, en ces derniers temps, la poussière de nos archives et tirer de leurs cartons ces antiques parchemins où nos droits sont consignés, pour en faire une étude nouvelle et approfondie, et en confier la transcription ou la traduction en écriture ou en langage modernes à un docte avocat de Provence, très versé dans la science que l'on nomme, je crois, paléogra-

et mandements de Mgr Arbaud, évêque de Gap, se trouve une erreur sur le lieu où les évêques prêtaient serment avant de prendre possession de l'évêché. M. Aucel avance, pag. xxx, que c'était dans l'église de St-André. Cependant, *selon la coûtume*, nous voyons, en 1443, que les procureurs de Gaucher de Forcalquier prêtèrent serment dans l'église des Cordeliers en la nouvelle chapelle de la Ste-Trinité. Voir, au surplus la grande Charte de 1378.

phique ? (1). Ce trait seul suffiroit pour le rendre cher aux races présentes et futures et l'élever au niveau des Arnaud *Santelly* et des Raymond *Juvénis*, s'il n'avoit, d'ailleurs, tant d'autres droits à notre vénération et à notre estime. Il est vrai que M. Barbier est accusé par le clergé et particulièrement par Monseigneur l'évêque de tendance au jansénisme et à la philosophie nouvelle, car il fréquente assez volontiers les RR. PP. de la Doctrine, et il lit assez complaisamment les *Lettres provinciales,* le P. Quesnel et Mésanguy, le *Dictionnaire* de Bayle et les écrits de M. Arouet de Voltaire ; mais il est bien certain que le bon sens et la piété de notre consul ont triomphé des subtiles erreurs des uns, ainsi que des paradoxes, des sophismes et des obcénités irréligieuses des autres, ainsi que le prouvera la suite de cette véridique relation.

(1) *Conseil particulier.* Séance du 25 février 1742. — Monsieur Delafont, second consul, expose que M. Barbier, premier consul, voyant que personne ne pouvait plus lire les vieux parchemins et les anciens actes *en lettres gothiques* qui se trouvent aux archives de la ville, « lesquels, dit-il, doivent être de la plus grande
« conséquence pour la ville par la précaution que l'on a prise de
« les conserver dans des étuis, les a fait lire et en partie trans-
« crire par M. Maximin, avocat de Provence, qui est fort entendu
« en ces sortes de matières et qui a déjà découvert des choses
« jusques à présent incognues et très avantageuses à la ville... »

Même Conseil. Séance du 4 mars suivant. — « Le Conseil approuve le choix fait, par M. Barbier, de M. Maximin pour déchiffrer les anciens documents de la ville, et le prie de vouloir bien continuer, et de traiter avec ce dernier des honoraires qui pourront lui estre deubs à raison de ses peines... ».

(*Registre des délibérations de la ville de Gap,* années 1751 à 1754). Archives de l'hôtel de ville.

Que sont devenues les copies de nos chartes municipales faites par l'avocat Maximin, de Venterol ? Je l'ignore. Mais toujours vous en trouverez les originaux aux archives, enfermés dans leurs étuis et la copie *en lettres gothiques* dans le *Livre rouge* ; le tout confié aux soins et à la vigilance de Me Jean Paul, IIIe du nom, successeur immédiat de Me Jean Paul, notaire et secrétaire de la ville et communauté dès l'année 1745, qui, avec abondance de larmes, les sauva de l'incendie révolutionnaire en 1793, et qui avait succédé à Jean Paul Ier.

« Lorsque, en l'année 1742, Monsieur de Condorcet vint prendre possession de l'église de Gap, le corps municipal alla lui faire une visite, le jour même de son entrée dans la ville, selon les anciens us et coûtumes, bien que Monseigneur eût dérogé à la règle anciennement observée et portant, qu'avant d'y être introduits, les évêques jureroient, en présence des consuls et dans la chapelle de la Sainte-Trinité de l'église des Fères Mineurs, d'observer et faire observer, maintenir et faire maintenir les privilèges, immunités et franchises de la ville. Messire François Barbier, revêtu des insignes de sa charge, adressa un fort beau compliment à Sa Grandeur, qui ne demeura pas en reste de courtoisie, du moins en paroles : car, après quelques discours bienveillants, d'une part, et respectueux, sans bassesse, de l'autre, le corps municipal se retiroit, et Monseigneur, qui les avoit reconduits jusques sur le pallier de la chambre de réception, alloit rentrer, lorsque Monsieur le consul lui représenta que, selon l'usage, il devoit accompagner Messieurs les officiers de l'hôtel de ville jusques au seuil de la principale porte d'entrée du palais épiscopal. Monsieur de Condorcet trouva l'usage suranné, bizarre, étrange et ridicule, et dit en ricanant que c'étoit sans doute par forme de plaisanterie que le consul montroit semblable exigeance. Maître Barbier, qui, ce jour-là, n'étoit pas d'humeur plaisante, prit au collet le rejeton de l'empereur Conrad, et le força, bon gré, mal gré, de descendre assez rapidement les marches du grand escalier, et ne lacha Sa Grandeur que lorsqu'elle fut parvenue sur le seuil de la porte ; puis, après lui avoir fait une profonde révérance, ainsi qu'à l'effigie de Notre-Dame sculptée en bois et clouée sur icelle, il se retira avec Messieurs les second et troisième consuls, et les 24 conseillers qui rirent de l'aventure jusques à leur rentrée dans la salle du sieur

Honoré Léouffre, servant de maison consulaire ; le nouvel hôtel de ville étant pour lors en construction » (1).

Voilà donc M. de Condorcet intronisé, sous d'assez plaisants auspices. Il était à peine installé qu'il donna à maître Jean Collomb, notaire royal de la ville de Gap, les six greffes de la judicature de cette ville et des châteaux épiscopaux. L'un de ces greffes devait être exercé par le titulaire et les cinq autres, par les personnes qu'il choisirait. Cette sextuple charge ne coûta à Mᵉ Collomb que la somme de 3.000 livres, bien que le prélat lui eût transmis les honneurs, droits, prééminences, prérogatives et émoluments qui y étaient attachés (2).

Élevé à l'école de messire d'Yse de Saléon, si connu par son dévouement aux Jésuites, M. de Condorcet s'empressa, dès l'année même de son entrée en exercice, d'ouvrir un registre à l'évêché, où tous les membres du clergé de son diocèse furent tenus d'apposer leur signature, et sans restriction mentale, au bas de la déclaration suivante :

« Je me soumets, de cœur et d'esprit, à la consti-
« tution *Unigenitus*, émanée de N. S. P. le pape
« Clément XI, d'heureuse mémoire ; je la regarde
« comme un jugement dogmatique et une loi irré-
« formable de l'Église, à laquelle tous les fidèles
« doivent la même soumission. En foi de quoi, j'ai
« signé, à Gap, le 21 septembre 1742 ».

Tous souscrivirent cette déclaration ; tous, jusques aux Doctrinaires chargés de l'enseignement clérical : car, parmi le nombre infini de signatures que présente le registre, vous voyez figurer, avec quelque surprise, celles du P. Ledon, recteur du

(1) Cette anecdote, qui n'est écrite nulle autre part, a été transmise de bouche en bouche aux arrière-petits-fils du consul de 1742. Je l'ai entendu moi-même raconter à un vieillard qui avait été témoin de l'irrévérence de maître Barbier.

(2) *Conventions entre M. de Condorcet et M. Jean Collomb*, en date du 10 août 1742. Ms. Arch. de la Préfecture.

séminaire, et des PP. Aubert, Céas, Augustin Ollivier de La Motte et Joseph Pouzol, prêtres de la Doctrine chrétienne (1).

L'année 1742 n'était pas écoulée, que M. de Condorcet intentait une action contre l'abbé Philippe de Cabanes, héritier du dernier évêque, pour le faire contraindre au rétablissement de deux moulins dépendant de la terre épiscopale de Charance, lesquels avaient été abandonnés par M. d'Hervé, qui les regardait comme plus onéreux que profitables, qui furent entièrement détruits en 1692, lors de l'invasion du duc de Savoie en Dauphiné, et que ce dernier, ainsi que M. de Malissoles et M. de Cabanes, avaient négligé de faire rétablir ²).

Il eut bien d'autres procès dans la suite avec les habitants de Gap, *ut singuli* s'entend ; et pourtant, il résulte d'un document authentique, qu'à cette époque, au lieu des francs vauriens que l'on y trouvait à chaque pas, la ville ne renfermait plus que de petits saints. Pendant le carême de 1742, un éloquent et digne fils de saint François, le P. Joseph de-Châteauroux, y avait opéré des merveilles : car, « autrefois, il arrivoit beaucoup d'accidens dans le « carnaval ; et cette année, le carnaval a été pres- « que aussi réglé que la semaine sainte... C'est « effectivement le seul doigt de Dieu qui a opéré « toutes ces merveilles : car qu'une communauté « de capucins, et la plupart jeunes gens, *ayent ren- « versé une ville comme Gap pour les vices*, c'est un « miracle visible de la grâce de J.-C. » (3).

Ah ! très-chers et bons ayeux, quelle flétrissure !

---

(1) *Registre ouvert le 21 septembre 1742.* La dernière signature apposée sur ce registre a été donnée le 14 février 1771. Arch. de la Préfecture.

²) En sept. 1743, Louis de Vocance, évêque de Senez, résida pendant huit jours à Gap et il s'y efforça de terminer les difficultés auxquelles avaient donné lieu les successions de MM. de Malissoles et de Cabanes (G. 1398).

(3) *Livre des annales des capucins de Gap*, p. 242.

Malgré la sollicitude des deux saints prédécesseurs de M. de Condorcet, le virus de la régence avait-il coulé jusques dans nos veines ?

Afin d'éviter le retour des vices signalés par le *Livre des Capucins*, il fut arrêté qu'une mission serait faite dans Gap, de dix ans en dix ans, par les pères de cet ordre. Chacun s'empressa de contribuer à cette fondation ; et nous voyons avec plaisir que la demoiselle Robin offrit, à elle seule, une somme de 500 livres et que M. le médecin Masseron donna, de son côté, 300 livres (1).

1743. — Cependant, l'année suivante, maître Arnoux Bournens, le plus goguenard, le plus malin, et le plus piquant conteur, et, qui plus est, le meilleur de tous les huissiers que la ville de Gap ait jamais renfermés dans son sein, courait au domicile d'un grand nombre de chasseurs, qui, oubliant les leçons du carême prêché par le P. Joseph, avaient violé les terres de Monseigneur de Condorcet, et les sommait, en son nom, de comparoir devant le maître particulier des eaux et forêts au département de Grenoble, pour se voir condamner à l'amende et aux dommages-intérêts, en tel cas requis (2).

C'est en cette même année que je dois placer la rédaction d'un mémoire à consulter, rédigé par M. de Condorcet contre ses féaux du chapitre de Gap, lesquels avaient montré quelque velléité de vouloir faire revivre leurs franchises plus que surannées. Il exposait, en premier lieu, qu'à l'époque de son arrivée dans le diocèse, Messieurs les chanoines et autres bénéficiers de la cathédrale, sous le prétexte de prétendus privilèges d'exception, avaient refusé de le recevoir, conformément à

---

(1) *Livre des annales des capucins*, de Gap. *Loco citato.*
(2) *Exploits signifiés au mois de septembre 1743*, par Arnoux Bournens, huissier. Mss. Arch. de la Préfecture.

ce qui est prescrit par le Pontificat romain et l'arrêt du Conseil de l'année 1663. Sous le même prétexte, — j'ose à peine transcrire, — ils ne voulurent jamais déférer aux remontrances que leur fit, souvent, notre prélat, de renvoyer leurs jeunes servantes et de ne plus aller à la chasse avec des fusils : car ces deux articles étaient défendus par les ordonnances synodales du diocèse, à l'observation desquelles ils étaient soumis par le traité du 19 novembre 1687. Bon vieux doyen de Pina, pour qui j'ai conçu une si juste estime, une si grande vénération, heureusement que votre grand âge et votre sincère piété vous mettent à l'abri de ces reproches ! — En troisième lieu, M. de Condorcet discute savamment les traités intervenus entre le chapitre et ses prédécesseurs, et parvient, je crois, à démontrer que les titres d'exemption ont des marques évidentes de supposition ; qu'ils sont, d'ailleurs, vicieux, nuls et abusifs et que, dès lors, toute juridiction civile et criminelle lui appartient sur les membres du chapitre. Vous le voyez, notre prélat parlait assez irrévérencieusement de la bulle du pape Alexandre III, confirmée par celle de l'antipape Benoît XIII. On n'en présentait, il est vrai, ni l'original ni aucun extrait en forme, mais l'on trouvait, dans celle de Benoît XIII, que la première avait été brûlée dans le château de Rabou, appartenant au chapitre, et il en était resté une copie faite par Jean Fabry, notaire à St-Étienne en Dévoluy (1).

1745. — De suite, et sans divertir à autres actes, je dois vous dire que, non seulement les différends relatifs aux prérogatives du chapitre, mais encore le procès sur les moulins de Charance, furent terminés par une transaction intervenue, le 22 août

(1) Mémoire à consulter, non daté, rédigé par M. de Condorcet. Ms. [Sur cette bulle, très suspecte, voir G. 1859.]

1745, entre M. de Condorcet et messires Claude de Pina, doyen de l'église cathédrale, et François Pascal, chanoine et syndic du chapitre, l'un et l'autre procureurs fondés de ce corps et de l'université de l'église, qui, dans l'affaire relative aux moulins, avait été appelée en assistance de cause et garantie par l'héritier de M. de Cabanes, attendu que, de son côté, la cathédrale était héritière de M. de Malissoles. M. de Condorcet resta chargé de la reconstruction des moulins de Charance, non gratuitement, mais au moyen d'une somme de 1.600 livres, qui lui fut comptée par le syndic du chapitre. Je passe sur d'autres dispositions relatives aux réparations à faire au palais épiscopal, aux maisons et églises dépendant de la mense épiscopale, ainsi qu'à la remise des ornements et effets qui composaient les chapelles de Messieurs de Malissoles et de Cabanes, faite par M. de Condorcet au chapitre, qui, à cet égard, lui avait compté une somme de 2.048 livres, pour arriver à la question des privilèges invoqués par le corps de l'église cathédrale. Il fut convenu que l'arrêt conventionnel de 1673 et la délibération capitulaire du 19 septembre 1693 seraient exécutés selon leur forme et teneur ; que Messieurs du chapitre et de l'université se conformeraient exactement au Cérémonial romain, expliqué et commenté par Dumoulin, et, qu'en conséquence, les jours d'œuvre, comme les jours de dimanche et de fêtes, les chanoines iraient prendre l'évêque pour l'accompagner lorsqu'il voudrait assister aux offices (1).

1743. — Revenons maintenant à l'année 1743, laquelle vit se consommer un acte de la volonté

(1) *Transaction du 22 août 1745,* passée à Grenoble devant Mes Benoît et Girard, notaires et conseillers du Roi, [et cela, grâce à la médiation du marquis de Valbonnais]. Ms. Arch. de la Préfecture [G. 1403].

royale, qui altérait d'une manière profonde notre constitution municipale. En vertu de l'édit de novembre 1733 et des arrêts du Conseil des 29 décembre et 9 mars suivants, le Roi, *étant bien informé de la probité, suffisance, fidélité, affection à son service*, de la personne de M. Pierre-Paul Arthaud, avocat et lieutenant en la judicature de Gap, le commit, le 22 février 1743, pour faire l'exercice et les fonctions de son conseiller-consul en cette ville, et ce, tant qu'il plairait à Sa Majesté. Ce nouveau fonctionnaire, après avoir prêté serment entre les mains de M. de Sauvigny, intendant de la province, se présenta dans une réunion du conseil particulier, du 15 avril suivant, et fut installé sans trop de cérémonie. Mais l'assemblée « pria Messieurs les consuls de « faire les très humbles remonstrances de la ville « au Roi, pour la conservation des privilèges de la « ville, que Sa Majesté avoit bien voulu lui confir- « mer, fondé sur ce que les officiers du seigneur « évêque de cette ville ne peuvent pas estre eslus « consuls, et que, d'alhieurs, M. Artaud, n'estant « pas natif de la ville, est exclus du consulat par les « mesmes privilèges » (1). — Eh bien ! Malgré les remontrances des consuls, malgré les privilèges confirmés par tous les rois, les dauphins et les comtes de Forcalquier, présents et passés, et invoqués par les représentants de la ville et communauté, M. l'avocat Arthaud siégea pendant dix ans au-dessus des consuls constitutionnellement élus. Les élections furent suspendues durant tout ce temps, et ce ne fut que le 1er janvier 1752 qu'elles furent reprises et que les habitants nommèrent trois consuls selon les formes anciennes. Le premier chaperon échut alors à M. Masseron, médecin, le second à M. François Val-

---

(1) *Délibération du conseil particulier*, du 15 avril 1742. Registre déjà cité. Archives de l'hôtel de ville [BB. 68; *Inv.*, p. 315].

lon, et le troisième, à M. Honoré Guigues, de La Garde (1).

1743 et 1744. — Dans l'automne de cette même année, 1743, nous voyons arriver à Gap de forts détachements de l'armée espagnole, honteuse de n'avoir pu forcer Château-Dauphin, et traînant avec elle le germe d'une maladie épidémique qui ne tardera pas à se développer et à frapper de nombreuses victimes. Vous savez que, depuis quelques années, l'Espagne guerroyait en Italie, pour tâcher de ressaisir ce qu'elle y possédait avant la guerre de la succession. Un hôpital général fut établi dans la ville, et comme il devint insuffisant pour contenir tous les malades, on s'empara, d'abord, des églises des Jacobins et des Cordeliers et, ensuite, de celle des Capucins, malgré la résistance des pères, appuyée de celle de M. de Condorcet, qui avait écrit à l'intendant de Grenoble pour lui remontrer que l'église de ce dernier couvent lui était nécessaire pour confesser les gens de la campagne.

Malheureusement M. l'Intendant, loin d'accueillir la demande de l'évêque, écrivit à M. Martin de La Pierre, seigneur de La Villette à Montorcier-de-Chaillol et son subdélégué à Gap, que si les Capucins ne voulaient pas céder leur église de bonne grâce, il eût à s'emparer de force de tout le couvent ; ce qui, pourtant, ne fut exécuté qu'en partie, car on laissa aux religieux, par charité, leurs cellules et le réfectoire. Depuis le 20 octobre jusques à la fin de l'année, deux cent cinquante espagnols périrent dans ce seul couvent. Le premier homme de marque qui succomba fut le senor Emmanuel *Moyos del Tobar*, officier dont le grade ne nous a pas été signalé, et qui, appartenant au tiers ordre

(1) *Délibérations du 1er janvier 1752*. Même registre [BB. 69, *Inv*., p. 323].

de Saint-François, voulut être revêtu de l'habit de capucin et être enterré dans l'église du couvent de Gap (1).

Pendant tout l'hiver de 1744, la contagion continua d'exercer ses ravages, non seulement sur les troupes françaises et espagnoles qui campaient tout près de la ville, mais encore sur les habitants de Gap. On croyait n'être atteint que de fièvres malignes ; « mais elles étaient si malignes, en effet, dit
« M. Rochas, dans ses *Mémoires,* que j'ai entendu
« dire aux médecins et chirurgiens, qui servirent
« dans ce temps-là, qu'ils avoient reconnu des bu-
« bons de peste, dont plusieurs étoient morts et
« quelques-uns s'étoient relevés ; mais que, par
« prudence, ils avoient gardé le secret, crainte,
« d'un côté, d'épouvanter les habitants, et de l'au-
« tre, que toute communication ne fût interdite à la
« ville. Il mourut de ces maladies environ 1200 per-
« sonnes de la ville ou son terroir. J'en avois vu
« moi-même porter à la sépulture jusqu'à cinq à la
« fois ». M. Rochas ajoute que les couvents et la maison de l'hôpital ne suffisant pas, bien que remplis de malades, on en avait encore entassé dans plusieurs maisons de la ville, et que dix mille soldats, tant espagnols que français, succombèrent en cette triste circonstance (2).

Il serait bien superflu de vous parler des préparatifs de guerre qui furent faits, pendant l'hiver de 1743 à 1744 ; mais je ne saurais passer sous silence qu'un digne petit-neveu du grand Condé, Louis-François de Bourbon, prince de Conti, fut désigné pour commander les 25.000 français qui se trouvaient dans les Alpes et y seconder l'infant Don Philippe et les troupes espagnoles sous ses ordres. Après leur expédition sur le Var et dans le comté de Nice, ces princes, nullement alarmés par la

(1) *Livre des Annales des Capucins,* p. 244.
(2) *Mém.* de M. Rochas, p. 159 et 160, 2ᵉ série.

contagion, qui, du reste, à cette époque, avait cessé d'exercer ses ravages, arrivèrent à Gap le 27 juin 1744, et descendirent au palais épiscopal, où une petite scène d'intérieur, transmise d'âge en âge à la génération actuelle, réjouit fort nos grands-pères, ainsi que le raconte le précieux manuscrit de la *Procession du Saint-Sacrement,* dont vous me permettrez d'extraire un assez long passage, où figurent les notabilités gapençaises de 1744, et quelques traits de l'esprit presque satirique de nos bons ayeux.

« Or, point ne manquoit d'aspirants à l'honneur de porter la bannière du Saint-Sacrement. La noblesse, un peu dédaigneuse de son naturel et craignant le regard malin du jeune prince et des courtisans de sa suite, n'avoit montré aucune prétention. Restoient donc les bourgeois, les artisans et les laboureurs, qui, n'appartenant à aucune corporation, devoient se ranger sous cette bannière. La veille, ils s'étoient réunis devant la chapelle de St-Arey, située sur le monticule qui s'élève, au-delà du Turellet, au dessus du couvent des RR. PP. Capucins. Bon Dieu! Que de vanités se montrèrent! Que de privilèges furent invoqués dans cette tumultueuse assemblée! Enfin, au milieu de la confusion et d'un grand cliquetis de paroles, une voix de stentor couvrit toutes les voix. C'étoit celle du procureur Louis-Ignace Rochas, qui, monté sur une grosse pierre et appuyé sur l'ancien consul forain, Jean-Pierre Subé-Blanc, de Charance, discuta avec force et logique les prétentions de huit ou dix familles, qui faisoient valoir des droits antérieurs et dont les pères, s'il avoit fallu les en croire, avoient toujours porté la bannière de la divine Eucharistie, depuis saint Démètre jusques au bienheureux François de Malissoles. Il démontra qu'aucune famille bourgeoise n'avoit jamais eu de privilège dans la ville, et que c'étoit par voie d'élection que cet honneur avoit toujours été déféré. Bref, ô merveille ! il réduisit au silence ses confrères les procureurs Guillaume Blanc, Grégoire Barbaroux, Chaix, Meyère, Pellegrin, Léautier et Blanc-Subé ; et, qui plus est, les avocats Nas de Romane, Tourrès-Lavalette, Armand, Rochas et Allemand ! En vain, les bourgeois Grégoire Escallier, Paul Bonnet et Laurent Blanc, qui se trouvoit là, on ne sait trop pourquoi, puisque, le lendemain, il devoit se montrer à la tête de la confrérie des pénitents, dont il étoit recteur ; en vain, dis-je, ces honnêtes bourgeois, qui ne le cédoient en rien pour l'éloquence et la loquacité aux hommes du barreau et de la chicane, voulurent-ils l'interrompre par leurs cris et leurs gestes empreints de colère ; en vain, les médecins Marchon et Masseron, les chirurgiens Pierre Dhéralde et Pompone Arnaud, Jean Farnaud, le droguiste, et Jean Eyraud, le secrétaire, avaient-ils trépigné du pied et manifesté leur impatience ; en vain, Claude Gérard, Pierre Philibert, Jean Rappelin, Barthélemy Farnaud et Antoine Anglès, ces honorables prud'hommes, avoient-ils adressé des signes à M. Jean-Louis Disdier, notaire et président de l'assemblée, pour réclamer la parole ; en vain Benoît Martin, le meilleur de nos hôtes, perdant patience, s'étoit-il enfui par le chemin le plus rude ; en vain, Joseph Bonnet-Donnefort, Jean-Pierre Blanc, Guillaume Eyraud et François Ducros, tous marchands de profession, et par-dessus eux, Grimaud, le notaire, si redoutable par la force de ses poumons et la vigueur de son bras, avoient-ils cherché à le faire descendre du bloc où il étoit élevé et qui, jadis, servoit de marche pour entrer dans l'église du prieuré de Saint-Arey : Ignace Rochas, ne démentant nullement son nom et son origine, resta ferme comme le roc de Tallard, battu par les flots de la Durance, et parvint à terminer son interminable harangue. Après avoir tout pesé, tout calculé, tout apprécié, il s'arrêta sur un bel et beau jeune homme, marié depuis une dizaine d'années, lequel avait, lui, un privilège : celui de faire remettre, le vendredi de chaque semaine, aux marchands et boutiquiers de la ville, les lettres de leurs correspondants : à M. le premier consul, la *Gazette de France* ; à M. le médecin Marchon, le *Mercure Galant* ; aux RR. PP. de la Doctrine chrétienne (et bien en cachette), les *Nouvelles ecclésiastiques* ; à Mgr de Condorcet, le *Journal de Trévoux* ; à M. le subdélégué et à M. François-Antoine Gautier, président de l'élection, le *Journal des Savants*. Ce candidat étoit Gaspar Céaly, directeur de la poste aux lettres et messager de la ville.

« Ce qui lui attira un grand nombre de suffrages, c'est ce que raconta son ami Marchon-*San-Méniqué*, l'apothicaire, au sujet de ses espiègleries envers Sa Grandeur. C'est Gaspar Céaly, qui, le premier, en arrosant son pré de Saint-Georges, s'étoit avisé de porter un pistolet sous sa veste et de faire feu, comme si des braconniers chassoient sur les terres de l'évêché. Cette incartade avoit causé un grand émoi au château de Charance : car Monseigneur, qui portoit dans ses veines le sang d'Henri de Condorcet, l'un de ses ayeux, sauta avec vivacité sur sa crosse, croyant s'emparer de son épée de colonel ; mais la vue du bâton pastoral lui rappelant son nouvel état, il se contenta d'envoyer quelques-uns de ses laquais à la recherche du coupable. Ceux-ci ne virent que des cultivateurs arrosant paisiblement leurs prairies ou labourant péniblement leurs guérets, et s'en retournèrent, la tête baissée, faire à Sa Grandeur le rapport de leurs recherches infructueuses.

« C'étoit encore Gaspar Céaly qui, le lendemain de l'arrivée de Mgr le prince de Conti, que Son Altesse Sérénissime devoit faire sa partie de boules, dans le jardin de l'évêché, avec le prince espagnol Don Philippe, avoit aidé quelques jeunes gens et tous les marmots de la ville à s'introduire dans le cimetière de Saint-Jean-le-Rond, et les avoit engagés à monter sur le mur de clôture pour être témoins des ébats des princes. De ce point élevé, ils avoient vu et entendu une chose inouïe dans les fastes gapençois ; ils avoient entendu très-distinctement les mots suivants adressés par Mgr de Conti au neveu du grand d'Yse de Saléon, au descendant des rois de Bourgogne, au petit-fils de l'empereur Conrad : *L'abbé, donne-moi ma boule !* et ils avoient vu l'abbé s'empresser d'aller ramasser la boule et la remettre respectueusement à Son Altesse Sérénissime !... Or, le premier qui fit circuler dans la bonne cité de Gap le mot du prince et la soumission du prélat ce fut encore Gaspar Céaly. *Monseigneur* n'être plus que *l'abbé* nous parut à tous chose fort étrange et fort réjouissante ; et nous aurions douté de la véracité du raconteur, si l'anecdote ne nous avoit été confirmée tout bas par noble Jacques de Gruel, comte du Saix, notre gouverneur ; par M. de La Pierre, subdélégué de l'intendance ; par messire Jean-Antoine Flour, lieutenant général civil et criminel au bailliage et seigneur de St-Genis et de Laup-Jubéo, et par messire Pierre-Paul Arthaud, notre consul royal, qui, les uns et les autres, avaient été admis à faire leur cour aux princes et qui assistèrent à la partie de boules faite sous les tilleuls du jardin de l'évêché. Du reste, elle eût pu être racontée encore par nos seigneurs le bailli de Givry, le fameux Chevert, les ducs d'Agenois et de Montmorency, les comtes de Lautrec et de Stainville, le marquis de Villemur, les chevaliers de Chauvelin et de Chabannes, qui, tous, avoient des commandements supérieurs dans l'armée française ; ainsi que par les officiers de la suite de l'infant d'Espagne ; et même, en langage du pays, par M. le chevalier François de Maurienne de Verdun, capitaine dans les gardes Walonnes.

« Enfin, Gaspar Céaly, n'étoit-il pas bien reçu et bien choyé dans tous les châteaux du Gapençais ? N'est-ce pas lui, ardent et habile chasseur, qui étoit sans cesse demandé par les seigneurs de Laric, de Nibles et de Rocheblave ? Était-il mal accueilli par M. de Beauregard au château de St-Léger ? Et, s'il voulait pousser ses excursions dans le reste du Champsaur, pensez-vous que Madᵉ la marquise de Champoléon (1) lui refusât l'honneur de tuer les lièvres de St-Jean-de-Montorcier ; ou M. d'Estienne de St-Jean de Prunières, d'abattre les loups du Valgodemar ? Ne l'avait-on pas vu, en se rendant au château de M. de Rastel de Rocheblave, saluer, en passant, M. Jean-Joseph de Bousquet, marquis de Montlaur, lorsqu'il se trouvoit à sa terre de Manteyer ; madame la comtesse de La Roche-des-Arnauds et M. le marquis de Montmaur ; puis à Furmeyer, noble Pompée de La Villette ; à Veynes, le capitaine Neveur d'Aiguebelle ; à Aspres, M. le comte de Revilliasc ; à Chabestan, le capitaine François de Roux de Bellaffaire ; à Serres, le régisseur des biens de M. le duc de Villeroy et des dames d'Alincourt et de Boufflers et, dans le Dévoluy, lorsqu'il venait y visiter ses terres, M. le conseiller de Pina ? Et, arrivé à Savournon, où l'on voyoit rassemblés, indépendamment des sept fils de M. le comte de Rocheblave, les sires Jean de Bardel de Montrond, et Pierre de Bardel, seigneur de Méreuil ; de Belle de Sauret, seigneur d'Aspremont ; feu le capitaine François de Laget, seigneur de Montmorin ; de Chabestan d'Alauzon, seigneur de Sorbiers ; Louis d'Abel de Chevallet, seigneur

---

(1) C'est de cette marquise de Champoléon, que son fils capitaine, dans je ne sais quel régiment, si connu par ses sarcasmes et par des dépenses supérieures à ses revenus, disait, bien des années après : « Je savais « *bien qu'il y avait un Père-Éternel ; mais j'ignorais qu'il y eût une mère éternelle !* » Quelle aimable tendresse filiale ! — C'est la fleur du bon ton et des fanfaronades, des vices du temps de la Régence.

de Ste-Colombe ; Paul-François de Durand de Pontaujard, seigneur d'Antonaves ; le comte de Flotte de St-Martin, seigneur d'Argençon ; le marquis de Bimard, qui venoit d'épouser Marianne de Flotte, dame de La Bâtie-Montsaléon, François de Genton, seigneur d'Étoile (1) ; de Revilliasc de Colonne; François de Taxis, d'Orpierre, et, enfin, le plus goguenard et le plus intrépide de tous les chasseurs, après notre directeur de la poste, Balthazar de Prunières, capitaine au régiment de Médoc, en semestre alors dans sa terre de La Baume-des-Arnauds (2).

« Arrivé, ai-je dit à Savournon, n'est-ce pas Gaspar Céaly, qui, à la tête de la plupart des seigneurs qui s'y trouvoient rassemblés, alloit parcourir, en chassant les bois du fief de Beauregard, situé dans la comté de Ventavon, ensuite les hauteurs de Crigne et de Peissier, et les gorges de l'ancienne abbaye de Clausonne, dont les pères d'aucuns des seigneurs susdits s'étoient emparés pendant les guerres de la Religion, d'où ils rentroient au château de Rocheblave le carnier rempli de lièvres, de cailles et de bartavelles ? Ne le voyait-on pas, ensuite, trotter par monts et par vaux, et causer fami-

(1) Plus tard, une querelle sanglante, dont M. Barginet a placé la scène aux environs de Grenoble, s'éleva entre M. de Genton et M. de Rocheblave. Les détails en sont rappelés dans la *Chemise sanglante* ; mais la scène eut lieu à Savournon.

(2) Le capitaine Balthasar de Prunières allait joindre son régiment en Allemagne, accompagné d'un paysan de La Baume, dont il avait fait son domestique, mais qui n'était pas tout à fait novice, car, dans son jeune âge, il avait travaillé à Marseille. Lorsqu'ils furent en vue de Gap, à la *cerce* de Meissonnier, le capitaine de Prunières lui dit : « Tu vois l'église de St-Arnoux ? Eh bien ! dans le pays où je t'emmène, on mange des choux aussi gros que cette église ». — Le matois sourit, baissa la tête et ne répondit pas. Lorsque, deux jours après, ils eurent dépassé La Mure et atteint les lacs de Laffrey, le domestique reprit la parole et s'adressant à M. de Prunières : « Croiriez-vous, Mon-« sieur le capitaine, que j'ai vu à Marseille une chaudière qui « aurait contenu toute l'eau de ce lac » ? — « Eh ! à quoi servait-« elle, Bon Dieu » ? — « A faire cuire vos choux ».

lièrement, à Upaix, avec M. Étienne Amat du Vivier ; baiser la main de la dame d'Agoult, au même village ; celle de la marquise d'Agoult, de Chanousse, à Lazer ; celle de la dame Dumolard, à Méreuil ; celle de la dame de La Roque, à Châteauneuf-de-Chabre ; celle de la dame de Linage, à St-Auban-d'Oze, et celle de dame Angélique de Ferrus, à La Bâtie-Neuve ; déjeuner, au Poët, chez M. de Gautier ; dîner, à Eyguians, chez M. de Méans, lieutenant de cavalerie, et souper, à Ribiers, chez le châtelain de M. le marquis du Muy, et, le lendemain, rentrer à Gap, après avoir offert ses respects à Madame la marquise de Sassenage, qui étoit venue visiter, à Tallard, les ruines de l'antique manoir de ses ancêtres ? Il est inutile d'ajouter que, quand il lui plaisoit, il alloit, sans façon, chasser à Reynier, dans les terres de sire Jean d'Abon, son voisin de ville, et, à Charance, dans le domaine du sieur de Château-Villar, commissaire des guerres, son voisin de campagne, et qu'il étoit presque toujours en la compagnie de noble François Blanc, seigneur de Camargues. En quelques circonstances, on l'avoit vu, même dans l'Embrunois, aller sans façon passer quelques jours chez M. le marquis de Savines ; de là, passer à Verdun, où il s'attabloit, huit jours durant, chez noble Louis de Maurienne, après avoir parcouru avec lui les rochers de Morgon et les bois de l'abbaye de Boscodon, et tenté de faire terminer à l'amiable le grand procès qui divisoit les pères de ce monastère et M. le conseiller de Ravel, seigneur des Crottes, à l'occasion d'une méchante garenne, située sur les bords de la Durance, où l'on ne trouvoit pas un seul lapin.

« Gaspar Céaly fut donc déclaré porteur de la bannière du Saint-Sacrement, nonobstant les murmures, partis des rangs de quelques bourgeois gentilshommes, et son nom fut salué d'une triple salve d'applaudissements par la plus grande partie de l'assemblée, aussitôt qu'il eût été prononcé par le notaire Disdier, qui venoit de présider avec un aplomb et un sangfroid digne des plus grands éloges » (1).

Enfin, je respire. N'avez-vous pas craint, comme moi, que l'auteur prolixe et bavard, qui m'a fourni ce passage, n'allât faire passer sous vos yeux la longue liste de la bourgeoisie gapençaise ; que tous les hauts barons et les feudataires et les hobereaux possédant fiefs dans les Hautes-Alpes ne vinssent nous étaler leurs titres, et nous faire arpenter les terres nobles et roturières ? Heureusement que l'absence de toute féodalité dans la principauté de Briançon a abrégé son récit, sans quoi nous aurions vu l'intrépide chasseur, qu'il met en scène, courir après les chamois du Galibier et du Mont-Viso ou abattre les ours de Dormilhouse et du Mont-Pelvoux ; et son récit durerait encore.

Puisque, enfin, nous en sommes débarrassés,

(1) Quelle que soit la confiance que m'inspire l'auteur de la *Procession du Saint-Sacrement*, j'aime à appuyer ses récits sur d'autres autorités que sa simple parole. Eh bien ! les registres de la ville de Gap m'apprennent, qu'à cette époque, tous les bourgeois qu'il fait délibérer à la chapelle de Saint-Arey étaient ou avaient été quèques années auparavant membres du grand conseil de la communauté. Les nobles et les seigneurs nous apparaissent dans un registre des impositions payées par la noblesse dans l'élection de Gap, lequel fut ouvert en 1742 et continué jusques en 1789. Les officiers de la suite du prince de Conti figurent aussi dans l'histoire du XVIIIe siècle par Charles Lacretelle, tom. 2, p. 235. — Quant aux anecdotes sur les faux braconniers, et la manière, plus que familière, avec laquelle le prince de Conti en agissait avec notre évêque, bien des fois, je vous le jure, le respectable vieillard qui devait porter la bannière du St-Sacrement à la procession de 1744, et qui prolongea sa carrière jusque dans le siècle présent, car il n'est mort qu'en 1807, âgé de 90 ans, m'a raconté les détails rapportés par l'auteur de la *Procession* et surtout le *Donne-moi ma boule* du prince. Visitait-il, dans sa jeunesse, tous les châteaux que l'auteur anonyme lui fait parcourir ? C'est peu probable. Toutefois, il est certain qu'il était allé plusieurs fois chasser chez M. de Nibles, à Vitrolles, chez M. de Rocheblave à Savournon, voire chez les chartreux de Durbon, où il était toujours accueilli avec bienveillance.

disons succintement que le prince de Conti, avant de venir à Gap, avait passé le Var, au mois d'avril, avec l'infant Don Philippe ; que le comté de Nice avait été envahi ; que le brave Chevert avait escaladé le roc de Château-Dauphin et était entré, le premier, dans cette forteresse ; que le roi de Sardaigne fut ensuite entièrement défait sous Coni ; que les armées alliées furent obligées de lever le siège de cette place, dans l'automne suivant, et de repasser les Alpes, ce qui diminua quelque peu les louanges prodiguées, d'abord, au nouvel Annibal ; qu'en cette même année, la première, d'après le grand Frédéric, du « règne de Cotillon », la belle Le Normand d'Étioles monta sur le trône de *Louis le Bien-Aimé*, sous le nom de marquise de Pompadour.

Je ne m'appesantirai pas, non plus, sur les embarras que causèrent à nos magistrats municipaux le soin d'approvisionner le camp franco-espagnol, dressé dans le terrain qui en porte encore le nom, ainsi que les nouvelles troupes qui arrivèrent dans la ville, au moment où les deux princes et leur suite en occupaient tous les logements. Je vous dirai seulement qu'un bataillon du régiment royal-artillerie, y étant arrivé le 28 juin, on fut obligé de le cantonner dans le nouveau bâtiment des Dominicains, où les fournitures leur furent faites (1).

M. de Condorcet, qui avait demandé, le 5 février précédent, au maître des eaux et forêts de la province la permission de faire couper et arracher les arbres des vieilles allées du château de Charance ; de former une nouvelle avenue et de planter de nouveaux arbres, l'obtint dans le courant de l'année (2). Ainsi ces vieux tilleuls qui végètent encore

(1) *Délibération* du 1ᵉʳ juillet 1744. Rég. déjà cité. Arch. de l'hôtel de ville [BB. 68 ; *Inv.*, p. 315].
(2) *Requête présentée le 5 février 1744*. Ms. Arch. de la Préfecture [G. 1198].

au milieu des arbres verts, groupés entre les allées sinueuses, qui, avec les parterres, les cascades et tous les embellissements que lui a donnés M. Brochier, receveur général à Nîmes, font de Charance le jardin le plus beau et le plus pittoresque des Alpes, sont dus à cet évêque, qui fit également doubler les appartements du château (1).

1748. — Je pourrais bien vous montrer, à présent, comment on s'y prenait, en 1748, pour éloigner un prêtre nommé par le légat d'Avignon à la cure de La Roche-des-Arnauds, sur la démission du titulaire, lorsque l'évêque ne voulait pas de lui. On lui faisait subir un interrogatoire, aussi long que captieux, propre à faire perdre la tête à l'ecclésiastique le plus instruit et le mieux organisé; et l'on décidait ensuite qu'ayant erré dans la foi et montré de l'ignorance dans la morale, le *visa* par lui demandé ne pouvait lui être accordé (2). L'évêque avait raison de soumettre à une épreuve rigoureuse les ecclésiastiques étrangers à son diocèse, qui désiraient y exercer leur ministère; mais quel est celui qui, sans préparation, aurait pu répondre, sans tergiverser, aux questions qui furent adressées au pauvre curé de Mélan, Joseph-Hilaire Baron, qui désirait transférer son domicile à La Roche?

Quoi qu'il en soit, à la même époque, c'est-à-dire dans l'automne de 1748, quelques particuliers, propriétaires de vignobles à Lettret et à Châteauvieux, s'attirèrent l'animadversion du prélat en ne payant pas franchement la dîme de leur récolte. Au lieu de donner la vingtième partie de leurs raisins, ils

(1) *Mémoires* de M. Rochas, p. 153, 2ᵉ série.
(2) *Requête présentée par Joseph-Hilaire Baron le 18 septembre 1748. — Procès-verbal du 18 décembre suivant, contenant l'interrogatoire auquel cet ecclésiastique a été soumis par l'évêque, en présence de M. l'abbé de L'Isle, son vicaire général, de M. Thomé, curé de Gap, et du P. Moran, supérieur du séminaire* Ms. Arch. de la Préfecture. [Cf. G. 965.]

choisissaient, non seulement ceux qui étaient de la plus mauvaise qualité, mais les charges à livrer aux fermiers de l'évêché étaient beaucoup plus légères que celles qui entraient dans leurs cuves. D'autres particuliers allaient plus loin encore : au lieu de se présenter devant les personnes chargées de constater la quantité de la vendange perçue, ils prenaient des chemins *détournés et insolites*, de sorte qu'on était obligé de s'en tenir à leur déclaration, presque toujours infidèle. Aussi, dès le printemps de l'année suivante (1749) M. de Condorcet s'adressa-t-il au Parlement afin d'obtenir la réforme de ces abus (1). Les fraudeurs se soumirent, sans doute, aux exigences de l'évêque ou plutôt de ses fermiers, et évitèrent les visites domiciliaires, qu'ils auraient été condamnés à subir, ainsi que les autres démarches qui auraient pu gêner leur liberté individuelle, laquelle nous avons déclarée imprescriptible de sa nature, vers la fin du dernier siècle.

Mais, en 1753, notre prélat se vit encore dans la nécessité de sévir, non contre les fraudeurs de dîme, mais contre nos incorrigibles amateurs de cailles et de perdrix, qui s'étaient *avisés* de chasser, même pendant la récolte, dans le territoire de la ville de Gap et dans d'autres terres dépendant de l'évêché. Il se trouva donc de nouveau dans la nécessité de présenter requête au maître particulier des eaux et forêts au département de Grenoble, qui permit une enquête, le 28 septembre de cette année. Me Honoré Allemand, docteur ez droit, avocat en la cour, qui avait été chargé de l'information, y procéda le 6 octobre suivant, Me Étienne Goudet, notaire royal, tenant la plume ; et il en résulta que le nommé Jean Marchand, garde en la maîtrise des eaux et forêts, demeurant à Gap, avait été vu chassant, dans divers quartiers du territoire de cette

(1) *Requête présentée au Parlement* par M. de Condorcet, répondue le 29 avril 1749. Ms. Arch. de la Préfecture.

ville, entre autres, aux Sagnières, à la chapelle Saint-Arey et à Bonne, ainsi que le déposèrent divers témoins, assignés par Arnoux Bournens, à la requête de l'évêque. Et voilà en somme tout le résultat de l'enquête, dans laquelle les honorables Jean-Antoine Anglès, bourgeois; Benoît Martin, marchand ; Joseph Arnaud, avocat en la cour ; François Thomé, fils de M. Thomé, procureur ; Pierre Roubaud, marchand drapier, et Jean Marchon, fils de l'apothicaire de ce nom, furent entendus (1).

Après cette déconvenue, Mgr de Condorcet n'eut plus qu'à demander un siège plus élevé que celui de Gap : il obtint celui d'Auxerre, en 1754 [le 16 déc.] d'où il fut transféré à celui de Lizieux en 1761. Terminons sa biographie par des éloges bien mérités. En arrivant à Auxerre [2 janv. 1755] il donna l'exemple d'un grand désintéressement, en refusant une abbaye qu'avait possédée M. de Caylus, si connu par son attachement au Jansénisme. M. de Condorcet, qui professait des sentimens diamétralement opposés, éprouva de grandes contrariétés, de la part des curés de son nouveau diocèse, qu'il voulait, sans doute, soumettre à souscrire la déclaration dont je vous ai présenté le texte au commencement de cette lettre. De part et d'autre, parurent de volumineux mémoires, qui sont, je pense, entièrement oubliés de nos jours. Dans son évêché de Lizieux, où il mourut le 21 septembre 1783, âgé de quatre-vingts ans, et généralement regretté pour ses vertus, notre prélat excita quelques troubles par sa rigidité ; mais là, comme ailleurs, ses ennemis n'ont pu s'empêcher de convenir qu'il était

(1) *Requête répondue par M. Richard, maître des eaux et forêts de Grenoble* le 28 septembre 1753, après avoir été communiquée à M. Lenoir de La Roche, procureur du Roi. — *Exploits d'assignation des témoins.* — *Information* faite, le 6 octobre suivant, par Me Honoré Allemand, avocat en la cour. Mss. au nombre de 7. Arch. de la Préfecture.

savant et laborieux (1). Un de nos chroniqueurs a mêlé à son égard la louange et le blâme, en s'exprimant de la manière suivante : « M. de Condorcet « aimoit la vaine gloire et avoit l'esprit processif ; « mais il avoit aussi de grandes qualités : il étoit « fort charitable, tout appliqué au gouvernement « de son diocèse et exemplaire dans ses mœurs... « *Il commençoit* à se faire aimer dans sa ville épis- « copale et dans tout son diocèse lorsqu'il fut trans- « féré à l'évêché d'Auxerre... Il est certain que lors- « qu'il quitta Gap, ce ne fut qu'avec regret, tant de « son côté que de celui de la ville » (2).

A propos de la vaine gloire dont M. de Condorcet était si amateur, d'après le doux et véridique avocat de Rochas, me permettez-vous de rapporter une anecdote, dans laquelle joue le principal rôle une dame, alliée de fort près à son illustre famille, et qui nous fut racontée jadis par M. l'abbé Bontoux, le plus vif, le plus probe et le plus janséniste de tous les professeurs de l'École centrale des Hautes-Alpes, où il enseignait l'histoire aux sept à huit élèves qu'il avait pu réunir autour de sa chaire. M. Bontoux, qui avait été curé de Nyons, bien des années avant la Révolution, aimait beaucoup à nous parler de M. de Condorcet et de sa famille ; et comme il allait souvent à Die, pour plaider contre son évêque, qui probablement était moliniste, il fut témoin de la sinistre aventure dont fut victime la nièce de notre évêque et qu'il nous racontait à peu près dans les termes suivants :

Le curé de cette dernière ville eut à bénir le mariage d'un homme d'une taille si élevée qu'il en avait reçu le sobriquet de *Grand-Louis*, et d'une veuve si babillarde qu'elle était plus connue sous le nom

---

(1) *Biographie universelle*, tom. 9, p. 402 [G. III, p. XXIII. Son portrait était naguère (1905), à l'évêché de Gap].

(2) M. Rochas, *Mémoires inédits*, p. 153, 2ᵉ série [cf. BB. 70 ; Inv., p. 326].

de Madame de *Trente-six langues* que sous son nom patronymique. A l'occasion de ce mariage, toute la ville de Die se livra à un charivari tel qu'on n'en donne, pas même de nos jours, de plus bruyant et de plus discordant aux députés ministériels. Le tapage nocturne se renouvela pendant deux soirées consécutives ; mais, à la troisième, lorsque le tintamare recommençait de plus belle, le Grand-Louis, suffoqué de colère, sort de son logis et tombe sur l'avant-garde, où figurait en première ligne Madame de Condorcet, nièce de notre évêque : car elle était la femme ou la belle-sœur du fameux marquis de Condorcet, l'inventeur de la perfectibilité indéfinie, qui plus tard..., mais alors il tenait encore à son illustre origine. Or, la première victime du nouvel époux fut précisément Madame de Condorcet : elle reçut sur la joue, ô honte pour la maison de Caritat ! un vigoureux soufflet de la main velue du Grand-Louis !

Jugez, je vous prie, de l'indignation qui s'empara de l'âme noble et fière de l'illustre insultée, et du retentissement que dut avoir, dans le Dauphiné, une aussi grave offense.

Huit jours s'étaient écoulés, lorsqu'un des libraires ambulants, qui, à cette époque, allaient de ville en ville vendre à bas prix les éditions contrefaites de la cité papale d'Avignon, vint étaler sa marchandise sur la place publique de la ville de Die. Quelques jeunes gens, qui se promenaient sur cette place, s'approchent du banc où le libraire arrangeait ses volumes. L'un d'eux aperçoit les *Centuries* de Nostradamus, prend la brochure et, après un moment de lecture, un cri de surprise s'échappe de sa bouche. Ses compagnons l'entourent, se pressent autour de lui et lui demandent la cause de son étonnement. Après un moment de silence: « Prêtez l'oreille, leur dit-il, et admirez la science prophétique de l'illustre provençal, dont les oracles trouvent tant d'incrédules dans ce siècle du doute et de la matérialité :

ANNÉE 1777.

« Charivari de langues trois fois douze
« Grande rumeur dans Die excitera.
« Le Grand-Louis souffletera-l'épouse
« D'un rejeton de l'empereur Conrad ».

Bientôt il n'est question dans la ville de Die que de Nostradamus et de son exacte prescience. Les cent exemplaires de ses *Centuries* possédés par notre libraire ambulant sont vendus à un prix fort élevé, et celui-ci est obligé de retourner dans la cité papale pour s'y pourvoir de nouvelles *Centuries*, dans lesquelles, dit-on, la fameuse prophétie du charivari ne se trouvait plus.

Ici devrait se terminer cette lettre plus anecdotique qu'historique, si je pouvais omettre qu'en 1754, le syndic du chapitre, tant au nom de ce corps qu'en celui de M. de Condorcet, afin de mettre un terme à des différends qui pouvaient remuer la ville de fond en comble, n'avait offert à nos consuls de lui octroyer le droit d'entrer par la grande porte du sanctuaire, lorsqu'ils allaient prendre leurs places dans le chœur de l'église, et même de sortir par la même porte, pourvu néanmoins que la cérémonie ne fût pas commencée et qu'ils ne sortissent qu'avec le prélat. Ils acquiescèrent à cette proposition, qui devint commune aux officiers du bailliage (1).

1753. — Le vertueux doyen du chapitre, Claude de Pina, qui occupait cette dignité depuis près de 52 ans, avait cessé de vivre à cette époque. Il était mort au mois de janvier 1753, âgé d'environ 89 ans. Sa naissance, sa probité, ses lumières et sa prudence l'avaient fait respecter et chérir de tout le dio-

(1) *Mémoires* de M. Rochas, p. 138, 2ᵉ série.— L'acte d'aquiescement de la ville est du 30 juin 1754.

cèse. J'ai déjà dit, dans une note, que l'église cathédrale était redevable à sa munificence de l'orgue que vous voyez encore, au-dessus de la grande porte, et d'une balustrade qui séparait les nefs du sanctuaire, en tout semblable à celle qui y a été placée vers la fin de l'année dernière. Pour le jeu d'orgues seul, il avait donné 12.000 livres. A ces dons, il faut joindre ceux qu'il fit encore, pour l'entretien des enfants de chœur ; pour l'augmentation des distributions aux petites heures ; pour l'établissement d'un aumônier à l'hôpital ; pour la dot de diverses religieuses hospitalières, et principalement du couvent de Ste-Ursule, qui reçurent environ 3.000 livres. Ayant vécu dans une économie prudente, il put, dans ses derniers jours, répandre ses bienfaits à pleines mains, et il suffisait de lui proposer une œuvre pieuse, pour qu'il s'empressât d'y contribuer : « Son désintéressement avoit tou-« jours été si admirable qu'il seroit très difficile « d'en trouver un semblable dans ce siècle », nous dit le continuateur des *Annales des Capucins*, à qui nous avons emprunté l'éloge de ce doyen, qui, en même temps, fut toujours grand-vicaire de l'évêché de Gap (1).

J'ai parlé, ailleurs, d'une demande faite par nos magistrats, pour l'établissement d'un corps de caserne dans cette ville. Elle fut, enfin, accueillie ; et, le 3 juillet 1754, sous le consulat de M. de Camargues, Vallon-Corse et Guigues, de La Garde, fut posée la première pierre de ce vaste édifice. Les consuls, en chaperon, placèrent, eux-mêmes, cette pierre fondamentale, sur la première face de laquelle on lisait l'inscription suivante :.

(1) *Livre des Annales des Capucins*, p. 252.

Quinto nonas julii M · DCC · LIV.
Regnante Ludovico XV
Francorum rege invictissimo,
His ædibus, ad excipiendos milites
Ædificandis,
Primum posuere lapidem consules Vapincenses
Civium solatio,
Civitatis ornatui.

Et sur l'autre :

Sub auspiciis
Excellentissimi DD. Carl. Ren. de voyer
de Paulmy
Regi a sanctioribus Commentariis Reique
bellicæ administratoris ;
Nec non beneficiis DD. Petri. Joan. Francisci
de La Porte,
Provinciæ Delphinatus dicatæ
Præfecti prætantissimi inceptum
Absolvendumque opus [1]).

Vous remarquerez qu'un mot a été effacé de cette dernière inscription, car nos savants en archéologie et en linguistique s'étant aperçus que le mot *dicatæ,* qu'on avait gravé sur la pierre ne convenait nullement à un intendant de province, le corrigèrent, en copiant l'inscription dans le registre des délibérations du corps municipal, et se servirent du mot *præfecti,* qui, selon eux, et comme par esprit prophétique, convenait mieux aux administrateurs des provinces du royaume. « Il faut conve-
« nir, dit à ce sujet M. Rochas, que cette entreprise
« de bâtir des casernes aurait été d'un grand soula-
« gement aux habitants ; mais l'infidélité de plu-

[1]) Cf. BB. 70; *Inv.*, p. 326.

« sieurs entrepreneurs, qui s'en sont mêlés succes-
« sivement, est cause que nous voyons tomber en
« ruine ce qui avait été fait, et qu'il n'est que trop
« vraisemblable que nos descendants ne verront
« pas accomplir ce grand ouvrage » (1).

La correspondance des consuls de Gap avec l'intendant du Dauphiné, en l'année 1757, nous apprend que la ville fournissait annuellement 8.000 livres pour la construction des casernes, prélevées sur les droits de *rève*, qui étaient affermés 13.700 livres. Ce droit était perçu sur les grains et farines, sur le vin et sur la viande.

Pendant bien des années, l'on a pu craindre que la prévision de M. Rochas ne fût accomplie : car, au commencement de la Révolution, le corps de caserne ne présentait plus que des ruines ; l'intérieur en était totalement dégradé et les toits en avaient disparu, si ce n'est aux deux pavillons où il en restait encore de grands fragments qui mettaient à l'abri des intempéries les murs d'enceinte très solidement construits. L'administration centrale du Département songea à la réédification de ce bâtiment ; mais l'entreprise s'arrêta après la construction des deux portes d'entrée qui se trouvent au milieu du grand corps de logis. C'était encore d'immenses ruines sous l'Empire, lorsque fut ordonné l'établissement de dépôts de mendicité dans tous les départements. Alors cet édifice fut confectionné tel que nous le voyons aujourd'hui, c'est-à-dire avec une distribution intérieure appropriée à sa nouvelle destination. Toutefois, jamais homme errant ou vagabond n'a mis les pieds dans ce dépôt de mendicité, et, selon l'intention de nos ancêtres, il est devenu corps de caserne. Le Gouvernement l'avait cédé à la ville ; la ville l'a rétrocédé au Gouvernement, qui, seul, reste chargé de

(1) *Mémoires* de M. Rochas, p. 142 et suiv., 2ᵉ série.

l'entretien, sauf la rétribution pour les lits militaires que la commune est toujours obligée de payer.

Gap, le 24 mai 1839.

P. S. — Je ne puis résister au désir de vous présenter, du moins en abrégé, un budget des dépenses de la ville de Gap, dressé sous le consulat de MM. Barbier, Delafont et Corréard. Vous y verrez comment, à un siècle de distance, les charges de la ville ont changé de nature et surtout de quotité. Il se divise en *royal* et *négotial :* mots qui pourraient se traduire en langage moderne par ceux d'impositions directes et de dépenses municipales, si la première partie n'en comprenait qui rentrent, de nos jours, dans la seconde.

REGISTRE DES DÉLIBÉRATIONS DE LA VILLE DE GAP.
(Années 1741 à 1754.)

*Délibération dans la salle d'Honoré Léouffre
servant d'Hôtel de Ville.*

(1ᵉʳ janvier 1742, 8 h. du matin). — Les consuls MM. Barbier, Delafont et Corréard, consul forain.
Présents : MM. Marchon, Corréard, Magallon, ex-consuls ; Tardieu, chanoine, et de Cazeneuve, chanoine honoraire, député de l'église ; de St-Genis, vibailli ; Masseron, médecin ; Bontoux et Alleman, avocats ; Gauthier et Bontoux, élus ; Benoît Escallier, bourgeois ; Laurent Subé-Blanc, Jean Meyer et André Chaix, procureurs ; Pierre Philibert, Claude Girard et François Armand, bourgeois ; Bontoux, avocat. Tous membres du conseil de la ville. Eyraud, secrétaire.

Il s'agit de faire choix des personnes à présenter à l'élection des consuls du 1er et second ordre et de procéder à l'élection du consul forain.

M. Blanc, procureur du roi en l'Hôtel de Ville, requiert qu'il soit procédé à la retention de six personnes capables pour le 1er et le second chaperon.

Il résulte des votes émis que MM. Barbier et Delafont sont priés de continuer leurs fonctions pour l'année 1742, sous l'approbation du conseil général.

Conseil général (du 1er janvier 1742, 2 heures après midi). — Présents 38 membres, parmi lesquels figurent Michel Grimaud et Jean-Louis Disdier, notaires ; Charles Chuzin, orfèvre ; Benoît Martin, hôte, etc. et les membres du conseil particulier.

Les deux premiers consuls opinent en faveur de MM. Masseron, médecin, pour 1er consul ; et pour le 2e, M. Laurent Blanc, bourgeois, M. Corréard, pour consul forain ; mais tous les autres membres présents sont d'avis de confirmer les consuls et les officiers municipaux, en exercice.

En conséquence, Mre Barbier se proclame lui-même 1er consul ; et proclame M. Delafont pour 2e consul et M. Corréard pour consul forain ; Me Guillaume Corréard, pour procureur de ville ; Ribail et Joseph Bonnet, pour experts, et Jean Eyraud, pour secrétaire, aux gages de 30 livres. Tous les membres signent le registre.

Conseil particulier (25 février 1742). — M. Delafont, 2e consul, expose que M. Barbier, 1er consul, voyant que personne ne pouvait plus lire les vieux parchemins et les anciens actes en lettres gothiques qui se trouvent aux archives de la ville, lesquels doivent être de la plus grande conséquence pour la ville, par la précaution que l'on a prise de les conserver dans des étuis, les a fait lire et en

partie « transcrire par M. Maximin, avocat de Pro-
« vence, qui est fort entendu en ces matières, et
« qui a déjà découvert des choses jusques à présent
incognues et très-avantageuses à la ville ».

L'assemblée n'étant pas en nombre suffisant, la
délibération est renvoyée au dimanche suivant.

(4 mars 1742). — Le conseil approuve le choix
fait par M. Barbier de M. Maximin pour déchiffrer
les anciens documents de la ville et le prie de vouloir continuer et de traiter avec ce dernier des
honoraires qui pourront lui être deus à raison de
ses peines.

(1ᵉʳ avril 1742). — *État des sommes à imposer pour
l'année 1742 :*

Art. 1ᵉʳ. Deniers royaux............	13.009 l » s » d	
Art. 2. Logement des troupes.....	2.161 15 »	
Art. 3. Pour le principal de l'usten- sile des troupes..........	2.851 10 »	
Art. 4. Pour les 18 deniers pour livre de cette dernière somme.................	213 17 3	
Art. 5. Droit de quatre quittances.	2 » »	
Art. 6. Sceau du rôle.............	14 13 »	
Art. 7. Droit de recette à raison de 5 0/0....................	259 6 6	
Total du royal...	19.012 l 1 s 9 d	

Négotial. — *Budget des dépenses :*

Art. 7 bis Gages des consuls : 40 l. aux 2 premiers consuls et 20 l. au 3ᵉ................	100 l » s » d
Art. 8. Gages de M. Jean Blanc, pro- cureur du roi en l'Hôtel- de-Ville..................	260 » »
Art. 9. Gages de Jean Eyraud, se- crétaire	30 » »
Art. 17. Gages du crieur public....	6 » »

Art. 18. Gages du vallet de Ville.... 100¹ »ˢ »ᵈ
Art. 22. Gages de six gardes du terroir, 9 l. chacun.......... 54 » »
Art. 23. Gages de quatre gardes de Montalquier et Colombis, 6 l. chacun............, 24 » »
Art. 25. Pour le logement du gouverneur.............. 200 » »
Art. 26. Pour le logement du major. 100 » »
Art. 27. Pour le logement des cavaliers de la maréchaussée. 100 » »
Art. 36. A Honoré Léouffre, pour le loyer de la chambre servant d'Hôtel-de-Ville, ou de sa boutique.......... 60 » »
Art. 41. Pour le loyer de la maison de Jacques Guion, père, attendu que celui-ci a été obligé de la quitter jusqu'à ce que la maison de ville soit rétablie............. 45 » »

Le total du négotial s'élève à 4.682 l. 19 s.

Suite : Pour la statue de St Roch, dans la chapelle des Capucins.................. 300 » »
A M. Maximin, de Venterol, pour avoir déchiffré les anciens documents de la ville................... 210 » »

Ce supplément de budget s'élève en total à 3.160 l.

(15 avril 1743). — « M. Arthaud, advocat et lieu
« tenant en la juridiction de cette ville, a obtenu un
« brevet de S. M., le 22 du mois de février dernier,
« qui le commet à l'office de consul de cette ville, en
« exécution duquel il a prêté le serment entre les
« mains de monseigneur de Sauvigny, intendant de
« cette province, le 4 du présent mois... »

« Il a été délibéré que le brevet que S. M. a

« accordé à M. Arthaud, advocat et lieutenant de la
« judicature de cette ville, sera enregistré à la
« suite de la présente assemblée ; et cependant
« l'assemblée prie MM. les consuls de faire les très
« humbles remonstrances de la ville au Roi pour la
« conservation des privilèges de la ville que S. M. a
« bien voulu lui confirmer, fondé sur ce que les
« officiers du seigneur évêque de cette ville ne
« peuvent pas estre eslus consuls, et que d'alhieurs,
« Monsieur Arthaud, n'étant pas natif de la ville, est
« exclu du consulat par les mêmes privilèges ».

Extrait du brevet du 22 février 1743. — « Estant
« bien informé de votre probité, suffisance, fidélité,
« affection à notre service et âge compétant, nous
« vous avons commis, et par les présentes, signées
« de notre main, commettons pour faire l'exercice
« et les fonctions de notre Conseiller Consul de la
« ville et communauté de Gap, conformément à
« notre édit du mois de novembre 1733, et aux
« arrêts de notre Conseil du 29 décembre et 9 mars
« ensuivant, et ce tant qu'il nous plaira. » — Signé :
Louis. — Par le roi-dauphin, de Voyer d'Argençon.

(1er juillet 1744). — « Les 27-28 et 29 juin dernier,
« leurs altesses R. et sérénissimes l'infant don
« Philippe et Mgr le prince de Conti ont passé et
« séjourné en cette ville, avec leur suite ; auquel
« effet, ils (les consuls) ont été obligés de leur fournir
« le bois et charbon dont ils ont eu besoin pour leur
« usage ; lequel bois a été fourni par les habitans
« des dexineries, et le charbon a été pris en partie
« chez les marchands et autres habitans, outre
« trois charges qui ont été prises d'un habitant du
« Villar-Montmaur, ce qui monte la somme de...
« *(sic).*

« Le même jour, 28 juin dernier, le bataillon de
« Varus, du régiment royal artillerie, étant arrivé
« en cette ville et n'ayant pu être logé, à cause de

« l'embarras de la suite des princes qui ont occupé
« tous les logements de la ville, on fut obligé de
« cantonner ledit bataillon dans le nouveau bâti-
« ment des R. P. Dominicains et de leur faire four-
« nir 26 quintaux paille », etc.

Le reste est relatif aux embarras qu'éprouve la ville pour les fournitures à faire au camp de la cavalerie espagnole, etc.

Te Deum et feu de joie à l'occasion de la prise de Menain.

(1er janvier 1745). — Jean Eyraud donne sa démission de secrétaire, et l'assemblée nomme M. Jean Paul, notaire pour en remplir les fonctions pendant une année.

Les consuls de 1742 continuent leurs fonctions jusques au 1er janviers 1752. A cette époque M. Masseron, médecin, est élu 1er consul; François Vallon, bourgeois, 2e consul ; et Honoré Guigues, Consul forain. —. Le consul royal cesse ses fonctions [1]).

---

[1]) Arch. de la ville de Gap, BB. 68 ; *Inv.* p. 313 et suiv.

XLII° LETTRE.

MM. DE PÉROUSE, DE NARBONNE, DE JOUFFROI-GONSANS ET DE MAILLÉ.

1756 à 1784.

Pierre-Annet de Pérouse, 74° évêque de Gap. — Son entrée dans cette ville. — Faute bien vite réparée. — Romette et son ancien monastère. — Règlement pour les eaux de Charance. — M. de Pérouse *dénicheur de Saints* — Opinion de deux auteurs sur les fondateurs de l'église de Gap retranchés par ce prélat. — Son éloge. — Les chanoines *peu réguliers* de N.-D. de Chardavon. — Mort de M. de Pérouse. — François de Narbonne-Lara, 75° évêque de Gap. — Fondation d'un grenier d'abondance. — Histoire lamentable d'un banc placé dans l'église de Tallard. — Le grand saint Grégoire de cette ville reconnu par le Pape. — Fin des consuls. — Présentations pour la place de Maire. — Nomination des échevins. — M. de Narbonne est transféré à Évreux. — Ce prélat à la cour de Louis XV. — François-Gaspar de Jouffroi-Gonsans, 76° évêque de Gap. — Son éloge. — Il est transféré au Mans. — Ouragan de 1777. — Jean-Baptiste de Maillé de La Tour-Landry, 77° évêque de Gap. — Fêtes de Charance. — Les commensaux de l'évêché. — Emprunts de M. de Maillé. — Il quitte Gap pour Saint-Papoul. — Réclamations de ses créanciers. — Conduite de M. de Maillé pendant la Révolution. — Il est nommé évêque de Rennes. — Sa mort et ses brillantes obsèques. — Anecdotes. *La Landoride*. — Opinion sur la conduite de cet évêque. — *Supplément*. Arrêt du Conseil sur les droits de *rève*. — Revenus de l'évêché en 1700. — Règlement pour le casuel. — Lettre du ministre Choiseul. — Notable ecclésiastique. — La terre épiscopale du Noyer. — Notice sur M. de Jouffroi. — Droits de l'évêché.

L'on a déjà remarqué, dans la succession de nos évêques, les contrastes les plus frappants : à Sagittaire succède saint Arey : à Ripert le Simoniaque, le glorieux saint Arnoux ; à Othon II, Raymond de

Mévouillon ; à Gaucher de Forcalquier, Gabriel de *Sclafanatis;* à Clermont l'apostat, Paparin de Chaumont, qui versa son sang dans les batailles, et même sur le trône épiscopal, pour le triomphe de l'Église. Mais aux prélats jaloux de leurs titres et de leur prétendue souveraineté temporelle, avaient presque toujours succédé des prélats qui faisaient descendre nos ancêtres dans l'arène, ou, selon les temps, les traînaient devant les tribunaux séculiers ou ecclésiastiques, pour les asservir ou augmenter des droits dont l'origine n'était rien moins que louable.

[Pierre-Annet de Pérouse (1754-1763)]

1756 à 1761. — Cette fois, à l'amateur d'une vaine gloire, à l'évêque d'un esprit processif, nous voyons succéder un pontife d'une piété solide, qui se chargeait volontiers d'accomoder les procès des autres et qui n'en intenta jamais aucun aux habitants de la ville de Gap ; *en quoi,* dit son pieux contemporain, *il est plus louable et plus heureux que ses prédécesseurs »* (1).

Cet évêque qui, d'après le même auteur, fut le plus savant qui soit jamais monté sur le trône épiscopal de cette ville, était le digne neveu du bienheureux Berger de Malissoles, et, comme lui, il était né à Vienne, mais vers la fin du XVIIe siècle. Pierre Annet de Pérouse était conseiller-clerc au parlement de Grenoble, lorsque, en 1754, M. de Condorcet ayant été transféré à Auxerre, il fut nommé pour le remplacer sur le siège de Gap. Cependant, il ne fit son entrée en cette ville, sans s'y être fait annoncer, qu'en l'année 1756 ²).

Une seule faute lui fut reprochée au commence-

---

(1) M. Rochas, *Mémoires inédits,* p. 153, 2ᵉ série.
²) Le 12 novembre (G. 814. Cf. G. III, p. xxiii).

ment de son épiscopat; mais ce fut la seule, et bientôt il la répara. Un dignitaire de son chapitre, messire [Pierre] Coudreau, capiscol ou précenteur[1]), plaidait avec ce corps, devant le Parlement, au sujet des droits que sa place lui assurait dans le chœur de l'église, M. de Pérouse eut le malheur d'écouter trop favorablement quelques-uns de ses chanoines et de demander une lettre de cachet contre le capiscol. Il l'obtint trop facilement. Cette lettre exilait M. Coudreau en Berry, son pays de naissance. Frappé de ce coup inattendu et voyant d'où il était parti, il prit la résolution de s'en plaindre à l'évêque lui-même, qui le reçut à bras ouverts. Après une explication franche et sincère, le prélat lui promit de faire annuler la lettre de cachet et lui tint parole; de sorte que notre capiscol en fut quitte pour la peur et transigea, ensuite, avec le chapitre sur les droits attachés à son emploi. Cependant comme il n'avait pu bannir toute crainte de son esprit, après la mort de M. de Pérouse, il impétra des lettres royaux de rescision contre cette transaction. La mort le surprit lui-même, peu de temps, après, et les choses en restèrent où la transaction les avait placées (2).

Plus de procès; partant plus d'histoire. Aussi me vois-je forcé de recourir à un mémoire, sans doute présenté à M. de Pérouse par les habitants d'un village, jadis petite ville, avec château-fort et remparts flanqués de tours, qui joua dans notre contrée un rôle assez important pendant les troubles du XVI° siècle. Les habitants de Romette, puisqu'il faut l'appeler par son nom, exposaient qu'autrefois l'on voyait dans ce village, alors qu'il était ville, un couvent de l'ordre de St-Benoît, dépendant du véné-

---

[1]) Nommé le 21 août 1734, mort en sept. 1768. Il était originaire du diocèse de Bourges et neveu de Jean Auprince, sacriste du chapitre de Gap (G. IV, p. XXXIII).

(2) M. Rochas, *Mémoires inédits*, p. 153 et suiv., 2° série.

rable chapitre de St-Victor de Marseille ¹), dans lequel se trouvaient un grand nombre de religieux qui secouraient, non seulement les habitants de Romette, mais encore ceux des paroisses voisines, dans leurs besoins spirituels, par leur vie édifiante et par le service divin qu'il y célébraient chaque jour, et, dans leurs besoins temporels, par les grandes aumônes qu'ils distribuaient aux nécessiteux. Sous M. de Condorcet, il ne restait plus que deux religieux à Romette : M. Blanc, sacristain du prieuré, et M. Gavet, pitancier. Celui-ci avait déserté le village, et il s'agissait de l'obliger à résider et à faire son service.

Une seconde requête, beaucoup plus étendue et à laquelle, non plus, je ne saurai assigner de date précise, nous apprend que l'évêque, au lieu de forcer le frère pitancier à se contenter des légumes que produit abondamment le village de Romette et, partant, à y fixer sa demeure, s'était contenté d'y placer un secondaire tout à fait séculier. Nous y voyons encore que la plus grande partie des biens affectés au couvent de Romette avaient été envahis ou dissipés par le malheur des temps, de sorte qu'il n'était resté de ses anciennes richesses qu'un revenu à peine suffisant pour fournir à l'entretien du prieur, qui se gardait bien de résider²), et du sacristain et du pitancier, fort enclins à marcher sur les traces du successeur d'Augustin Trivulce ³). En effet, le prieur et le pitancier finirent par s'éloigner totalement de Romette ; et s'ils y revinrent de temps à autre, ce fut pour y affermer les terres du

---

¹) Et plus anciennement de l'abbaye de la Novalaise (cf. G. VI, p. CLXXXVI).

²) Antoine-René de Bardonnèche, chanoine de N.-D. de Grenoble, nommé prieur de Romette le 17 sept. 1748, vicaire général de Vienne en 1759, devint évêque de Vence le 15 mars 1772 et mourut le 6 oct. 1783 (G. VI, p. CLXXXVII).

³) Évêque de Bayeux et cardinal, prieur de Romette du 7 juil. 1536 à 1543 (G. VI, loco cit.).

prieuré et en percevoir les revenus, dans des proportions fort inégales. Le pauvre sacristain seul n'abandonna pas les ruines de l'antique monastère. Mais, comme ce misérable religieux finit par s'ennuyer à Romette et qu'il s'en absenta fort souvent, la requête avait pour objet de le contraindre à une résidence continue, dans une paroisse où l'on trouvait près de quatre cents communiants, dont la moitié était éparpillée dans la montagne qui s'élève au-dessus du village (1).

Aujourd'hui, vous y chercheriez vainement la trace du prieuré et des pauvres frères, que l'on voulait contraindre à y résider. Les habitants n'en ont gardé, je pense, aucun souvenir. Un desservant y suffit pour les besoins spirituels, et le beau pré des moines (2), ainsi que les autres terres du prieuré, dont les Romettins sont devenus propriétaires depuis la Révolution, remplacent abondamment les aumônes que les disciples de saint Benoît distribuaient à leurs ancêtres.

1762. — M. de Pérouse ne pouvait voir, sans éprouver un vif chagrin, les habitants de Gap, possesseurs de prairies au quartier de Charance et tout le long du Turellet, se disputer avec acharnement, durant les ardeurs de l'été, l'eau qui coule de la montagne dans le grand bassin du château, et, de là, se répand par de petits canaux, dans ces prairies. Chacun voulait arroser en même temps, et d'autre droit n'était admis que celui de la ruse, de l'adresse ou de la force. Des propos insultants, on en venait aux injures grossières ; alors les pelles étaient levées, et le sang des arroseurs venait souvent se mêler aux minces filets d'eau qui étaient le

---

(1) *Requêtes présentées à Mgr l'évêque de Gap par les consuls et habitants de la paroisse de Romette.* Mss. Arch. de la Préfecture.

(2) *Pra moungiou.*

sujet de ces rixes violentes. Pour mettre un terme à des scènes aussi déplorables, M. de Pérouse présenta une requête au Parlement, dans le courant du mois de mai 1762, demandant qu'il fût fait un règlement et établi des *prayers*, qui, seuls, seraient chargés d'arroser les prairies du territoire Gapençais. Il exposait que les eaux de Charance naissent dans les bois supérieurs de l'évêché et dans les fonds de quelques particuliers ; que celles-ci, acquises par M. de Condorcet, suivant un acte du 5 septembre 1748, donnèrent lieu à un procès entre cet évêque, d'une part, et les Frères Prêcheurs et les sieurs Céaly et Morel, de l'autre ; lequel fut terminé par un arrêt du 2 mai 1752, qui permit à l'évêque de faire conduire l'eau de plusieurs sources au réservoir de Charance. La cour de Parlement seconda les pacifiques intentions de notre prélat, et, par ordonnance du 27 mai 1762, elle établit deux *prayers* ou préposés à la distribution des eaux, pour l'arrosage des prairies du territoire, et notamment pour le jardin et le pré de l'évêché, avec défense de les dériver (1).

M. de Pérouse, moins savant peut-être, quoiqu'en dise M. Rochas, qu'Artus de Lionne, qui l'avait précédé d'un siècle sur le trône épiscopal de Gap, voulut réformer le *Bréviaire* du diocèse et, de son autorité privée, sans motifs connus, dédaignant une antique tradition, et cédant, comme je l'ai dit en passant dans ma 6ᵉ lettre ²), au rationalisme qui, à cette époque, avait envahi la société, s'avisa, pour complaire à son siècle, de se faire *dénicheurs de saints*. Ne voyant figurer, dans aucun concile, ni saint *Demetrius*, qui annonça la *bonne nouvelle* à nos ancêtres; ni les martyrs *Eredius* et *Territus*, pas-

---

(1) *Ordonnance de la cour de parlement de Dauphiné* du 27 mai 1762, *précédée de la requête de l'évêque*. Imprimé. Arch. de la Préfecture.

²) Voir t. I, p. 94 et suiv.

teurs, qui, dans les premiers siècles du christianisme, furent ses successeurs sur le siège de Gap: il les retrancha de son bréviaire; et, des deux saints Constantin et Constance, il n'en fit qu'un seul évêque, suivant en ceci l'opinion de *Robertus*, dans l'ancienne *Gaule chrétienne*, bien qu'elle eût été victorieusement combattue par notre docte Juvénis.

Je me proposais de vous présenter quelques observations sur les retranchements opérés par M. de Pérouse, mais j'ai été devancé par un auteur récent, qui, dans une dissertation lumineuse, a fait triompher l'antique tradition, et a rétabli sur le siège dont ils avaient été expulsés les fondateurs de l'église de Gap (1). Je me bornerai donc à vous faire connaître, sur la question qui nous occupe, l'opinion des contemporains de M. de Pérouse, résumée dans celle que M. Rochas a consignée dans ses mémoires, sauf à traiter plus amplement cette matière, si jamais je parviens à écrire la 1re partie de l'*Histoire de la ville de Gap* ²) :

« Quoique M. de Pérouse possédât beaucoup l'an-
« tiquité, néanmoins on a eu raison de dire que;
« dans son *Bréviaire*, il a abandonné trop facile-
« ment l'autorité de la tradition au sujet des saints
« évêques dont l'église de Gap faisait auparavant
« l'office : car il en a retranché quelques-uns, et il
« a confondu ensemble saint Constantin et saint
« Constance, quoique l'ancien *Missel* du diocèse de
« Gap, dont il existe encore un exemplaire gothique

(1) Voir l'ouvrage que vient de publier M. l'abbé Aucel, ancien desservant de la paroisse de St-André-lès-Gap et chanoine honoraire, lequel a pour titre : *Recueil des circulaires, mandements, etc. de Mgr Arbaud, évêque de Gap, précédé d'un aperçu sur les traditions religieuses de cette église et d'une notice sur les évêques qui l'ont gouvernée jusqu'à ce jour*, p. xxii et suiv. Gap, J. Allier et fils, 1838.

²) L'ordre suivi par Théod. Gautier, dans la rédaction de son travail, est exactement connu, grâce aux dates de chacune de ses *Lettres*.

« aux archives du chapitre ¹), fasse mention parti-
« culière des uns et des autres. Nous croyons que
« quand la tradition d'un fait est appuyée par des
« monuments très anciens, transmise de bouche
« en bouche depuis plusieurs siècles, elle mérite
« notre vénération. Cependant cette réflexion n'est
« point faite pour critiquer l'ouvrage du savant évê-
« que; lui-même aurait suppléé aux omissions, si
« on lui avait donné à connaître les faits que vrai-
« semblablement il ignorait lors de la composition
« de son ouvrage » (2).

On trouva, néanmoins, que le nouveau bréviaire du diocèse était de toute beauté, bien, à ce que prétendent les connaisseurs, qu'il ne fût qu'un calque de Paris ; mais M. de Pérouse n'eut pas la satifaction de le publier, la mort l'ayant surpris, avant qu'il fût sorti des presses de la capitale. Son successeur se chargea de ce soin et fit le mandement, pour la réception de ce nouveau bréviaire. M. de Narbonne rend toute justice à la mémoire de M. de Pérouse, en déclarant qu'il était un grand homme, *religione doctrina, zelo secundum scientiam et virtutibus quœ dignum commendant episcopum*, telles sont les paroles qu'on lit dans ce mandement (3).

Ce prélat entreprit une autre réforme, plus importante et bien plus difficile à opérer que celle du *Bréviaire* du diocèse. Ce serait une histoire fort longue et passablement scandaleuse à vous raconter que celle de la prévôté de Chardavon, située à La Baume-lès-Sisteron, de la vie qu'y menaient MM. les chanoines réguliers de l'ordre de St-Augustin. L'esprit d'indépendance, et, le plus souvent, de licence qui s'y était introduit, depuis deux siècles, avait éveillé bien des fois la sollicitude de nos évêques et principalement de M. de Malisolles ; mais,

¹) Cet exemplaire ne s'y trouve plus aujourd'hui (1909).
(2) *Mémoires* de M. Rochas, p. 153 et suiv. 2ᵉ série.
(3) *Mém.* de M. Rochas, p. 153 et suiv.

après des amendements passagers, dans leur conduite, on voyait toujours ces religieux retomber dans les mêmes fautes. M. de Pérouse se rendit à La Baume, au mois d'octobre 1756, première année de son épiscopat, et après un interrogatoire, qu'il fit subir aux chanoines *peu réguliers*, Thoinon, Pontet, Paris et Lieutaud, et qui, du 21 octobre se prolongea jusques au 23 de ce mois, il rendit une ordonnance, qui enjoignait au s^r Thoinon, chanoine et sacristain de la prévôté, de se rendre à Annonay, où il venait d'être exilé par lettre de cachet, dans le cas où la réclamation qu'il avait présentée à M. de St-Florentin ne serait pas suivie de la révocation de cette lettre. Elle prescrivait, en outre : 1º de sonner les matines à 5 heures et demie, en été, et à 6 heures et demie, en hiver ; 2º que lesdits chanoines réguliers se rendraient tous au chœur, demi-heure avant les matines, pour y demeurer en oraison ; 3º que la grande porte de la prévôté serait fermée à 9 heures du soir, en été, et à 8 heures, en hiver, sans qu'il fût permis aux chanoines de découcher, à moins qu'ils ne fussent en voyage ; 4º que, sous peine d'interdit et de suspense, il était défendu aux dits religieux d'introduire ou de permettre qu'il fût introduit aucune personne du sexe dans la maison de la prévôté ; 5º enfin, que le pain et le vin du sacrifice seraient fournis aux chanoines par le sacristain, sans que les prêtres qui voudraient célébrer la messe fussent obligés de l'envoyer chercher hors de la maison et encore moins chez des personnes du sexe.

Par ce qui est défendu vous pouvez juger, à peu près, de ce que l'on se permettait. Mais notre évêque, peu rassuré par les prescriptions de son ordonnance, et voyant qu'il ne pouvait rétablir la régularité et la discipline dans une maison dont elles étaient bannies depuis si longtemps, et l'inutilité de ses efforts contre des *esprits indociles et rebelles,* demanda, plus tard, la suppression du chapitre de N.-D. de Chardavon, « ayant senti que « son autorité ordinaire serait trop faible contre « un esprit invétéré d'indépendance, si elle n'é- « tait appuyée par un arrêt du Conseil, qui ordonnât « la suppression éventuelle de l'office de sacristain « et des places conventuelles, après la mort du « sacristain, qui, seul, est en titre du bénéfice ; et « des cloîtriers, qui n'ont que de simples places « sans titre, comme aussi la suppression actuelle « de deux novices, qui ne peuvent être admis à la « profession en conséquence de l'ordre du Roy, du « mois de mars 1762, qui le défend » (1).

M. de Pérouse mourut à Gap le 22 juillet 1762, âgé d'environ 70 ans, et fut inhumé dans l'église cathédrale, à côté de M. de Malissoles, son oncle. Il avait institué son chapitre et l'hôpital général de cette ville pour ses héritiers. Le chapitre répudia sa part dans la succession, de sorte que l'hôpital seul en profita. Mais, hélas ! comme celle de la plupart des gens de bien, elle était peu considérable (2).

[**François de Narbonne-Lara** (1768-1774)].

François de Narbonne-Lara, des vicomtes de Narbonne, né dans le diocèse de Condom ³), fut le successeur de M. de Pérouse. Son épiscopat ne présenta rien de bien remarquable, si ce n'est qu'il

---

(1) *Documents manuscrits relatifs aux chanoines réguliers de la Baume-lès-Sisteron,* au nombre de 18. Voir, entre autres, la visite épiscopale de M. de Pérouse, en date du mois d'octobre 1756, suivie de son ordonnance du 23 de ce mois. Arch. de la Préfecture.

(2) *Mém. inédits* de M. Rochas, p. 153 et suiv., 2ᵉ série [Cf. G. 1480].

³) En 1720, à Aubiac. Il était fils de François de Narbonne, seigneur de Birac et d'Aubiac, et d'Angélique-Olive de Goth; abbé de Passan, diocèse d'Auch, vicaire général d'Agen, et premier aumônier des princesses Victoire et Sophie, filles de Louis XV (G. 1411).

fut le fondateur d'un grenier d'abondance [G. 821], qui penche vers sa ruine ; il donna, lui seul, autant que tous les habitants de la ville ensemble, pour l'accomplissement de cette *bonne œuvre*. Ainsi s'exprimait-on, avant qu'Adam Smith, le père des économistes, et son disciple, J.-B. Say, nous eussent désabusé, en répudiant ces œuvres *prétendues charitables* (1).

Toutefois, je ne saurais passer sous silence un événement qui, pendant l'épiscopat de M. de Narbonne, vint affliger les têtes pensantes et réfléchissantes de la petite ville de Tallard, que nous avons trop perdu de vue, et, partant, réjouir la grande ville, sa rivale, où l'affaire fut portée au jugement du prélat et de son officialité, nonobstant le conflit élevé par la judicature dudit lieu, si connue sous le nom de *parlement vineux*. La scène que j'ai à vous offrir se passe dans l'intervalle qui sépare le Lutrin de Paris du Banc des officiers de La Motte en Champsaur, l'un chanté par le régulateur du Parnasse, l'autre par l'auteur de la *Tallardiade* et qui nous semble n'être qu'une parodie du premier et qu'un parfait modèle du second.

1765. — Or, en l'année 1765, l'on voyait dans la cité de Tallard un vieillard près d'atteindre sa 70e année, qui n'en *sablait* pas moins régulièrement, chaque après-dînée, chez son voisin le droguiste, si connu par son remède assuré contre la gale, la fine bouteille de Tresbaudon ou de Lettret, et qui, ce nonobstant, avait pris la résolution d'assister régulièrement aux offices divins dans l'église de S. Grégoire, son patron, et surtout aux prônes et aux sermons que M. le Curé et son secondaire y prêchaient, les dimanches et fêtes de l'année,

(1) *Mém. inédits* de M. Rochas, p. 157. — La doctrine des nouveaux économistes sur les hôpitaux et les greniers d'abondance est-elle bien chrétienne ?

Mais le sr Grégoire Borel (tels étaient ses nom et prénom) voulant y assister *avec un peu de commodité, à cause de son grand âge,* s'adressa tout naturellement au pasteur de Tallard et lui demanda la permission de placer un petit, tout petit banc, dans l'église, assez long, cependant, pour que Madame Borel pût y trouver place à ses côtés. Le successeur du saint évêque d'Amnice était, malheureusement pour l'impétrant, d'humeur rebrousse et mal advenante ; car, bien que Grégoire Borel, eût indiqué une place vide, pour y installer son banc, M. le curé refusa *tout plat* d'octroyer la permission, si convenablement demandée, sous le prétexte qu'il s'était engagé à donner cette même place à sire Jean-Baptiste Dou, lequel avait fait construire un banc d'une longueur si démesurée qu'il avait obstrué *tout ce quartier* de l'église *et intercepté le passage* qui se trouvait, tant au-dessus qu'au-dessous du pilier de la chaire et que l'on suivait pour se rendre à la sainte table.

L'honnête vieillard était têtu, comme un Tallardier du moyen-âge. Il ne se tint pas pour battu et s'octroya lui-même sa demande. Dans la journée du 1er février 1765, jour de saint Ignace, après due réquisition au menuisier du lieu qui avait confectionné l'instrument du scandale, il fit placer, au *quartier* par lui indiqué, un *banc manuel,* avec ou sans *parabande* (les mémoires sont muets à cet égard), et, plus tard, à la place de celui-ci, un banc à *main de maître,* après en avoir demandé la permission au vicaire général du diocèse, qui lui avait dit que l'évêque seul pouvait la lui accorder.

Jugez, je vous prie, de quel étonnement, ou plutôt de quelle fureur dut être saisi M. le curé de Tallard ! Il convoque aussitôt la fabrique et les marguilliers de la paroisse, et court à l'hôtel de ville implorer le bras séculier de la communauté. Bientôt après, on le voit entrer dans le lieu saint, ayant à ses côtés messire Claude Borel, second consul de la ville, et Jean-Baptiste Dou, à qui le pasteur avait promis ses faveurs, et suivi d'un fier-à-bras, nommé Jean Peyre, horloger, et, qui plus est, serrurier de son métier ; lequel, sur la réquisition des autorités spirituelle et temporelle réunies dans l'église, empoigne le banc malencontreux, l'enlève et le place au beau milieu de la rue, pour servir de risée aux commères et aux dévotes de l'endroit.

Mais à ce pauvre banc, qui n'avait siégé qu'une heure dans l'église, de bien plus grands affronts étaient réservés. La nuit venue, je ne sais quel démon (car je ne saurais, comme le s^r Grégoire Borel, attribuer cette insulte au pasteur et à ses acolytes), la nuit venue, une troupe de bandits, un tas de mauvais garnements, qui encombrent les petites comme les grandes cités, s'emparent du banc et le traînent, de rue en rue, dans tous les coins et recoins de Tallard. Hélas ! après lui avoir fait subir le sort que le destin réserva à Hippolyte, le banc, comme le fils de Thésée, *n'offre plus à nos yeux qu'un corps défiguré*. Cependant l'agenouilloir n'a pas reçu d'écorchure. Que fait-on ? On le pend, sans miséricorde, aux vieilles masures de *Saint-Barthélemy !* « *Cette question*, s'écrie Grégoire Borel « parlant à l'évêque de Gap, est attentatoire à *l'auto-« rité de votre Grandeur* (il aurait également pu dire « *à la grandeur de votre autorité*, tellement les « moyens étaient abondants en cette cause), con-« traire aux bonnes mœurs et à l'édification. Elle « usera de son droit, en réprimant pareils excès, en « contenant chacun dans son devoir et en empê-« chant d'en franchir les bornes ». Il avait raison, le bon vieillard. Jamais banc *à main de maître* n'avait été ainsi traîné aux gémonies !

Ce n'était rien encore ; car, le dimanche 10 février, le curé de Tallard poussa les choses à l'extrême,

en prônant ses gémissements sur « l'escalade commise dans l'église », et ne voulut pas laisser ignorer aux habitants de la banlieue son droit prétendu, tout en *décriant* la bonne foi de Grégoire Borel. Et, pour contrarier de plus en plus ce digne citoyen, il fit clouer et arrêter avec du fer et du plomb, au lieu et place du banc pollué, un prie-Dieu, jadis ambulant, qui ne servait que pour l'adoration du Saint-Sacrement, auquel l'on attacha une chaise, de chaque côté, de sorte que le *passage* en était *incommodé*, et la vue extrêmement *choquée*. Mais c'est dans *la nuit du même jour,* que la ruine du banc fut entièrement consommée. Après avoir été traîné dans les rues de Tallard, ainsi que le porte l'histoire, on l'avait laissé à moitié brisé, les membres disloqués, au-devant de la maison de la demoiselle Lussignol, où M. le curé [1]) avait élu domicile. « Pour n'en pas faire à deux fins l'agenouilloir « pendu, le banc ne pouvait être envoyé *en galère :* « il fut *rompu* et ensuite *brûlé.* Il devait faire bon « feu, le bois étant bien sec ! » C'est ainsi que, dans son amère douleur, Grégoire Borel racontait les funérailles du plus malheureux de tous les bancs à Monseigneur de Narbonne. Il ajoutait dans une sainte indignation : « Votre Grandeur répri-
« mera, par son autorité, des excès, des violences
« ignominieuses et scandaleuses, qui attaquent vos
« droits, attentent à votre autorité *et à celle du sou-*
« *verain ;* injurieuses à la communauté des fidèles
« et des plus scandaleuses, pour la religion et les
« bonnes mœurs. L'harmonie et la tranquilité pu-
« blique souffrent, par la crainte et la sujétion des
« particuliers, et l'ignominie très humiliante dont
« on a voulu couvrir ledit Borel, qui ne cessera

---

[1]) Gaspar Bernard, ancien curé de Lazer, nommé à la cure de Tallard le 6 oct. 1762, archiprêtre le 15 janv. 1785, qui, le 20 févr. 1793, très âgé et infirme, se donne pour suppléant Chaffrey Arnoux, curé de Lettret.

« d'adresser ses vœux les plus ardents, pour la
« *longueur* et la prospérité de Votre Grandeur ».

Sa Grandeur fit quelque peu traîner l'affaire en longueur : car, après l'accusation, il lui parut de toute justice d'entendre la défense. Messire Bernard, curé et archiprêtre de Tallard, produisit une délibération, du 7 février, par laquelle la fabrique de l'église faisait défense à tout Tallardier, tant de la ville que de la campagne, de placer aucun banc dans le lieu saint, sans en avoir obtenu et exhibé la permission. Le valet de ville était tenu, lorsqu'il en serait requis par M. Claude Borel, consul et de plus marguiller de la fabrique, d'enlever et de sortir ceux qui pourraient y être introduits furtivement. Malheureusement cette ordonnance réglementaire était postérieure de six jours à l'affront qu'avait essuyé le banc *à main de maître* du plaignant. Pouvait-elle avoir un effet rétroactif et être appliquée dans l'affaire en instance ? On dit que le barreau de Tallard se partagea sur cette importante question.

Mais la fabrique n'avait pas songé que M. l'avocat Marquis, le flambeau du parlement vineux, était allié de fort près au propriétaire du banc traîné, roué et brûlé, car la demoiselle Marquis.. sa fille, était l'épouse du fils de Grégoire Borel ou peut-être de Grégoire Borel lui-même ; c'est ce que les pièces du procès n'établissent pas d'une manière lucide. Or, M. l'avocat Marquis se chargea naturellement de soutenir l'accusation. Dès le jour même où l'ordonnance de la fabrique fut publiée dans Tallard, il s'adresse au premier pasteur du diocèse ou à son représentant : car il paraît, qu'en ce moment, M. de Narbonne ne se trouvait point dans la ville épiscopale, et le supplia de n'accorder à qui que ce fût, noble ou roturier, bourgeois ou paysan, l'autorisation d'introduire aucun banc, avec ou sans *parabande,* dans l'édifice sacré où reposent les reliques du grand Grégoire d'Amnice, jusques à ce que la dame Borel, sa fille, lui eût présenté requête, à l'effet d'obtenir la permission d'y en placer un.

Le lendemain, 8 février, M. le curé expédie un exprès dans la capitale des Alpes, pour supplier, de son côté, le gouverneur du diocèse de n'accorder de permission à personne. Le 16 du même mois, M. l'avocat Marquis recourt à M. le grand vicaire, son ami, pour lui demander protection en cette *humiliante conjecture*, espérant qu'elle sera *une seure égide, contre laquelle tous les traits malins s'émousseront*. Il lui envoie le mémoire où est raconté la lamentable histoire du banc proscrit, lequel mémoire doit couvrir de honte les auteurs *du projet et de la manœuvre*, et il profite de l'occasion, pour demander à son ami la permission de manger du bœuf et du mouton, voire des lièvres et des perdrix, pendant le saint temps du carême.

Le 11 mars, messire l'archiprêtre et curé Bernard réplique au mémoire Marquis, par un mémoire, pour le moins aussi prolixe et aussi proprement léché que celui de M. l'avocat. L'histoire du banc y est rectifiée, corrigée, augmentée et commentée, comme elle devait l'être. En effet, jamais M. le curé n'avait accordé à la femme Borel la permission de placer son banc dans l'endroit où elle désirait le mettre, parce qu'il était occupé par le prie-Dieu de l'adoration perpétuelle ; il est vrai, toutefois, que, par faiblesse ou par bonté, M. l'archiprêtre avait ajouté que, si la dame Borel trouvait dans l'église une autre place, où son banc n'apportât aucune gêne, *il ferait l'aveugle*. Le reste du récit diffère peu de celui présenté par M. Marquis ; cependant il convient d'ajouter, dans l'intérêt de la défense, que le valet de ville avait sorti de l'église le banc maudit, sans lui occasionner le moindre dommage, et l'avait posé délicatement le long de la muraille, près de la porte du lieu saint ; qu'un voisin, le voyant là abandonné aux mouches, s'émut de compassion et l'entra dans son logis ; mais que la femme Borel vint l'en retirer, elle-même, et le replaça à l'endroit où le valet de ville l'avait déposé, afin, sans doute, que le corps du délit fut toujours subsistant, et que la ville toute entière pût en témoigner au besoin ; que l'on ignorait comment il fut apporté devant la porte de la demoiselle Lussignol ; mais, qu'il y resta, trois jours, sans nulle trace de dégradation ; si ce n'est qu'on avait distrait la petite planche sur laquelle on se met à genoux ; qu'il disparut ensuite et que le bruit courrait, dans la cité, que la Borel l'avait rentré chez elle, toujours dans un état florissant. M. le Curé aborde, ensuite, la question de droit et prouve, à sa manière, que l'expulsion du banc est légale et que ceux qui l'ont ordonnée auraient pû, eux-mêmes, porter leur plainte en justice, si les griefs qu'ils auraient à faire valoir n'étaient trop multipliés, pour trouver place dans son mémoire (1).

L'affaire resta peut-être ensevelie dans les cartons de l'évêché ; peut-être aussi les parties s'arrangèrent-elles à l'amiable, car rien est moins vivace que la haine, dans la paisible cité de Tallard. Quoiqu'il en soit, il m'a été impossible de découvrir, si par la protection de saint Grégoire, son patron, le sr Borel put s'asseoir, à l'avenir, sous la chaire où le curé tonna contre son banc, ou s'il prit place dans le banc municipal, où les consuls de la cité s'étalent, en face du prédicateur et ne perdent pas une miette de la pâture spirituelle qui leur est distribuée, au moins une fois chaque semaine.

(1) *Mémoire pour présenter à Mgr l'illustrissime et révérendissime évêque, comte et seigneur de Gap*, par sr Grégoire Borel, de Tallard. *Lettres de M. l'avocat Marquis*, des 7 et 16 février 1765. — *Délibération du bureau de fabrique de Tallard*, du 7 du même mois. — *Lettres de M. Bernard, curé de Tallard*, des 8 février et 11 mars 1765. Mss. Arch. de la Préfecture.

1768. — C'est dans le courant de cette même année que les marguilliers, le curé, le juge, les avocats, les procureurs, les consuls, le grand et le petit conseil, et tous les habitants de la ville de Tallard, apprenant que le savant M. de Pérouse doutait, non seulement des prédications de l'évêque d'Amnice, dans leur cité, mais de l'existence même de leur saint patron, et qu'il n'en était fait nulle mention dans le nouveau Bréviaire que M. de Narbonne venait de publier, recoururent en Cour de Rome contre cet oubli et ce dédain d'une sainte tradition. Le livre du sieur Dupille à la main, ils n'eurent pas beaucoup de peine à démontrer à Clément XIII l'authenticité des faits que cet historien attribue à saint Grégoire, et, malgré les sourdes menées qui partaient du bord de la Luye, ils en obtinrent, après trois ans d'attente, un bref qui le réhabilitait dans ses droits, honneurs et prérogatives, et qui accordait indulgence plénière et la rémission de leurs péchés « à tous les chrétiens, « de l'un et l'autre sexe, qui visiteraient, chaque « année, l'église paroissiale dudit saint Grégoire, « évêque de la grande Arménie et du lieu de Tallard, « et qui, là, pour la concorde des princes chrétiens, « pour l'extirpation des hérésies et pour l'exaltation « de l'Église, élèveraient à Dieu de ferventes priè- « res » (1).

A cette même époque, la ville de Gap voyait finir le règne de ces magistrats librement élus, qui avaient administré la ville et défendu ses droits, depuis l'invasion romaine jusques en 1768. Les consuls étaient abolis dans les villes de 4.500 habi-

(1) *Bref donné à Rome, à Ste Marie-Majeure, sous l'anneau du pêcheur*, le 5 septembre 1768, la onzième année du pontificat de Clément XIII. La publication de ce bref fut autorisée par M. Pugel, vicaire général du diocèse, le 11 mai 1770, qui assigna, au 1er dimanche après le 21 septembre, la fête de saint Grégoire. Archives du séminaire de Gap. Ms. original.

tants et au-dessus, par la déclaration royale du 12 mai 1766, et ils étaient remplacés par un maire et quatre échevins ; mais, si les notables en nombre très limité qui devenaient électeurs, nommaient directement ces derniers, ils n'avaient qu'un droit de présentation pour la première magistrature municipale, et la nomination en était dévolue au gouverneur de la province.

La première réunion de cette espèce eut lieu à Gap le 28 mars 1768. L'assemblée était présidée par M. Pierre-Jean-François Philibert, conseiller du Roi, vibailli, lieutenant général, civil et criminel, de la ville et bailliage. Là, se trouvaient MM. Roubaud, premier et *dernier* consul de Gap, et de Cazeneuve, second consul, ainsi que MM. Bonnet, bénéficier, Labastie, chanoine, le marquis d'Hugues, Laffrey, de Romane, Rochas, Marchon, Blanc, le cadet, Dhéralde, Blanchard, Boyer, Avon et Motte, tous notables, élus dans une assemblée tenue la veille.

Un seul incident vint suspendre le paisible vote de nos placides électeurs. L'agonisant premier consul fit connaître, qu'à la requête de Mgr l'évêque, il venait de lui être signifié un acte d'opposition à l'assemblée de la veille et à tout ce qui devait s'en suivre, relativement à l'élection de M. Bonnet, bénéficier, comme notable de l'ordre ecclésiastique ; mais le vibailli, à qui l'on déféra le jugement de l'opposition, après avoir entendu le procureur du Roi, déclara que, sans s'y arrêter, on procéderait, de suite, à l'élection des officiers municipaux. On y procéda, en effet, et il résulta, des seize suffrages émis, que MM. Laffrey, de Romane et Rochas, avocats, en ayant obtenu, chacun, treize, furent nommés candidats, pour la place de maire. C'est, parmi ces noms honorables, que Mgr le duc d'Orléans, premier prince du sang, gouverneur et lieutenant général de la Province, devait choisir celui qui en exercerait les fonctions. On procéda, ensuite, à l'élection des échevins, et, bientôt après, M. le vibailli proclama, en cette qualité, MM. Marchon, avocat, Blanc, le cadet, procureur, Dhéralde, chirurgien, et Blanchard, l'ainé, qui, entrant en fonctions avec le maire, au lieu de l'antique et noble chaperon consulaire, s'affublèrent d'une longue robe rouge, marque de leur nouvelle dignité. Telles sont les pâles élections de 1768, où l'on remarqua seulement une timide protestation de MM. Marchon, Rochas et Nas de Romane, sur la prétendue présence du sieur Laffrey et des officiers de l'élection, qui vraisemblablement avaient voulu occuper le haut bout de la table électorale (1).

1773. — Ainsi se traînèrent les choses jusques à l'année 1773, époque à laquelle messire François de Narbonne fut transféré au siège d'Évreux.

On a dit et imprimé que cet évêque fut l'un des quatre prélats qui n'osèrent point parler de confession à Louis XV mourant. Dans des *Mémoires* publiés, il y a quelques années, sous le nom de Louis XVIII (2), l'on trouve un portrait de notre premier pasteur, qui paraîtra ressemblant aux personnes qui fréquentent ou qui ont fréquenté les évêques de Cour : le voici, tel que le présente le malicieux auteur des *Mémoires :*

« L'évêque de Gap, M. de Narbonne-Lara, aumô-
« nier de mes deux autres tantes (Mesdames
« Victoire et Sophie), était plus grand seigneur
« qu'humble prélat. C'était un bel homme, fort en
« odeur de sainteté auprès de nos vieilles douai-
« rières, et qui était plus occupé de son avancement

---

(1) *Procès verbal de l'assemblée des notables, tenue à l'hôtel de ville de Gap,* le 28 mars 1768. Ms. Arch. de l'hôtel de ville [BB. 74, p. 344 de l'*Inv.*].

(2) Dans le *Monde littéraire,* on attribue ces mémoires à M. Lamotte-Langon.

« temporel que du salut de son âme » (1). L'auteur de la Charte n'est pas trop charitable, s'il a réellement tenu le propos qu'on lui attribue. Tout ce que je puis vous dire, d'ailleurs, de notre ancien prélat, c'est que nos grand'mères, comme les filles de Louis XV, le trouvaient fort bel homme et que leurs maris riaient, en grimaçant, de l'énormité de son nez à la saint Jérôme dont la nature l'avait pourvu.

[François-Gaspar de Jouffroy-Gonsans (1774-1778)].

1774. — Son successeur nous arriva de Saint-Claude, où il était chanoine, avant d'être élevé à l'épiscopat, le 25 octobre 1774. Ce nouveau prélat, qui portait le nom de François-Gaspard de Jouffroi-Gonsans ²), était rempli de douceur, montrait beaucoup de zèle pour la religion, et avait des mœurs pures ; ce que ses contemporains ont remarqué, attendu que la chose devenait assez rare, même en province. On ne connaît de lui qu'un décret, du 3 avril 1775, concernant les cas réservés, mais, comme il paraît que les chapons du Maine étaient de son goût plus que les moutons du Gapençais, il fut transféré au siège du Mans, en l'année 1777 (3).

1777. — C'est dans la nuit du 21 au 22 septembre de cette dernière année, qu'un ouragan terrible vint fondre sur la ville de Gap et dans les villages d'alen-

---

(1) *Mémoires de Louis XVIII*, Tome I, p. 241 et 342 [Ces *Mémoires* sont apocryphes et ne méritent aucune créance].

²) Né le 15 août 1723 au château de *Gonssans*, ou mieux *Gonsans*, arrondissement de Baume-lès-Dames (Doubs); il était licencié en l'un et l'autre droit, chanoine de St-Claude, abbé de Lieu-Croissant, et, depuis 14 ans, vicaire général d'Evreux (G. 1418, cf. G. 1200-1).

(3) *Mémoires* de M. Rochas, p. 157 et 158, 2ᵉ série. Voir le Supplément.

tour. Les vents du nord et du midi, extraordinairement chauds, s'entrechoquaient avec violence. Vers les neuf heures du soir, toutes les cloches de la ville firent entendre des sons lugubres, pour appeler les fidèles à la prière ; mais le courroux du Ciel n'en fut nullement apaisé. Toute la nuit, les vents déchaînés exercèrent leurs ravages et, dès l'aurore, les habitants de Gap purent voir les toits de leurs maisons de ville, comme de leurs maisons des champs, entièrement détruits, les arbres arrachés par leurs racines, d'autres arbres brisés vers le tronc, et, ce qu'il y eut de plus étrange, vingt toises du mur d'enceinte du parc de la caserne, renversées ou plutôt enlevées d'un seul coup, jusques en leur fondement et portées dans le champ des Cordeliers, dont ce mur était séparé par la nouvelle route royale. « Les « anciens se rappellent, ajoute M. Rochas, qui fut « témoin du désastre, que, le 28 décembre 1719, on « avait essuyé pareille tempête ; mais elle ne causa « pas de si grands dommages » (1).

[J.-B.-Marie de Maillé de La Tour-Landry (1778-1784)].

1778. — Mais voici venir le prélat le plus gai, le plus jovial, le plus spirituel de tous nos évêques ; le représentant le plus fidèle du siècle le plus évaporé de tous les siècles, malgré le titre philosophique avec lequel il s'est pavané. Voici venir Jean-Baptiste de Maillé de La Tour-Landry, que l'on nous donne pour successeur au prélat un peu morose, qui s'en allait vers Le Mans, et qui va effacer, dans tous les esprits, les traces de l'orage qui l'avait précédé dans la ville de Gap. Si M. de Condorcet cherchait l'origine de son illustre famille dans les héritiers des rois de Bourgogne, M. de Maillé trouvait la sienne

(1) *Mémoires* de M. Rochas, p. 147, 2ᵉ série.

dans l'historien de la première race des rois Francs ; vous savez, ce Landry de La Tour, dont parle Grégoire de Tours, ce beau maire du palais de l'aimable Frédégonde, qui aida cette reine à se défaire de l'incommode Chilpéric et qui protégea les enfants du soupçonneux monarque, comme s'ils lui avaient appartenu. Eh bien ! c'est de ce Sicambre que descendait, en droite ligne, notre nouvel évêque [1]. Il entra sans façon dans Gap, et sans s'y être fait annoncer, le 26 juillet 1778 ; mais il fit bientôt de Charance, où il passait une grande partie de l'année, le château le plus riant que l'on pût trouver, à vingt lieues à la ronde. Monsieur l'évêque, qui avait dansé en s'arrêtant, en-deçà de La Mure, dans la première paroisse de son diocèse (2), dansa, dit-on, à Gap et, à coup sûr, il dansa à Charance, comme l'atteste la chronique rimée que l'on fredonne encore de nos jours, en se rendant au château, le jour

[1] Né au château d'Entrammes, près Laval (Mayenne), le 6 déc. 1743, de Charles-Henri de Maillé et de Marie-Françoise le Savonnière de Maulne. Il suivit, d'abord, la carrière des armes, puis entra dans l'état ecclésiastique, devint abbé de St-Vincent du Loc (Oléron), vicaire général du Mans et de Dol. Nommé à l'évêché de Gap le 7 déc. 1777, il fut préconisé à Rome le 30 mars 1778 et sacré le 2 mai suivant (G. III, p. xxv. Cf. vicomte de Broc, *Un évêque de l'ancien régime sous la Révolution, M. de Maillé La Tour-Landry*. Paris, 1894, in-8°, viii-351 p.).

(2) M. Rougier, alors curé de St-Laurent en Beaumont, qui fut ensuite transféré à Romette et qui est mort curé de Veynes, depuis le concordat de 1802, a raconté bien des fois, en ma présence, qu'il ne savait où prendre M. de Maillé, lorsqu'on lui eut annoncé que ce prélat avait mis pied à terre dans sa paroisse. C'était un dimanche, et les jeunes gens et les jeunes personnes de Saint-Laurent dansaient à l'ombre d'un noyer. C'est là que M. Rougier trouva son digne pasteur, agaçant les jeunes filles de sa paroisse. Il l'emmena au presbytère, où il lui offrit des rafraîchissements. M. de Maillé demanda au curé s'il était né dans son diocèse et s'il ne désirait pas se rapprocher de la ville épiscopale. M. Rougier, qui était né à St-Julien-en-Beauchêne, paroisse située à l'autre extrémité du diocèse, lui dit que celle de Romette lui conviendrait assez. M. de Maillé n'oublia pas l'accueil que lui avait fait le curé de Saint-Laurent, et, peu de temps après, il lui donna la cure de Romette [le 18 févr. 1780 (G. II, p. 100), démis[e] 24 mars 1794].

de Saint-Louis (1). Sa table était toujours ouverte à la bonne compagnie de la ville et de la campagne.

(1) Les notabilités ecclésiastiques et laïques de l'époque figurent dans cette chanson, rimée dans la langue du pays, et dont voici quelques couplets :

      Anen en Charance, maïre,
         Anen en Charance.
      L'avesque l'ey danso, maïre ;
         L'avesque l'ey danso.

      Qui l'ey di la messe, maïre ;
         Qui l'ey di la messe ?
      L'abbé La Villette, maïre
         L'abbé La Villette.

      San Genis lou levo, maïre ;
         San Genis lou levo.
      ....
      ....

      La Blanc, l'avoccato, maïre,
         La Blanc, l'avoccato,
      Faï la délicato, maïre,
         Faï la delicato.

      Président (1) babille, maïre ;
         President babille.
      Que l'ase lou quille, maïre,
         Que l'ase lou quille.

      Fasé-lour de gaoudos, maïre ;
         Fasé-lour de gaoudos.
      Meytayer de truffos, maïre,
         Meytayer de truffos... etc.

Il en est une autre qui courait tout bas et que je n'oserais reproduire, par deux motifs, le premier c'est que la plupart des strophes en sont quelque peu cyniques ; le second, parce que quelques-unes des personnes qui y figurent par leurs noms et prénoms sont encore vivantes au moment où j'écris. Toutefois voici une strophe qui peut être reproduite sans causer du scandale :

      Vivo nouestre vibailli !
      L'y a pas lou parier en Franço :
         Anarié à Mississipi
      Per poueire ramplir sa panso...

1) M. Vallon, président en l'élection.

Là, figuraient, en première ligne, M. le vibailli Philibert, malgré les sarcasmes de l'abbé de La Villette, abbé de Clausonne et grand vicaire du diocèse ; abbé de deux pieds et demi de haut, crossé, mitré, bossu, bancroche, et la bouche fendue jusques aux oreilles, où toujours se montrait un sourire sardonique. Cet Ésope, en miniature, faisait payer cher à notre grave magistrat les dîners, non interrompus, qu'il prenait à l'évêché et au château, par les continuelles plaisanteries, qu'il se permettait sur des difformités moins apparentes que les siennes ; mais il était assez bossu, notre pauvre vibailli, pour ne pas échapper à la langue empestée de l'abbé de Clausonne. L'un se fâchait, l'autre redoublait ses sarcasmes ; et tout cela amusait fort Monseigneur, et M. le chanoine Flour de St-Genis, et M. Vallon, président de l'élection, et Mesdames D..., B..., R..., et toutes les lettres de l'alphabet, commensales de l'évêché, voire le R. P. Vincent, le plus beau des capucins de la ville, et M. Fauré-*l'Entendu*, bon ménager de Charance, admis parfois à la table de l'excellent M. de Maillé, lorsqu'il se trouvait au château.

Notre vibailli paya encore plus cher qu'il ne l'aurait cru les dîners de l'évêché, car il emplissait parfois la bourse toujours vide de M. de Maillé. Ce prélat, qui joignait, à une grande aménité de caractère, un cœur bienfaisant et généreux, jusqu'à l'excès, ne puisa pas seulement dans l'escarcelle de M. Philibert, mais il emprunta encore, de tous côtés, pour satisfaire à des dépenses bien supérieures aux revenus de l'évêché de Gap : car, peut-être, à cette époque, ils n'excédaient pas 15.000 livres par an, et vous savez que Mgr le Cardinal-Archevêque de Strasbourg, son contemporain, s'étonnait de pouvoir vivre avec quinze cent mille livres de rente.

1784. — La famille toute puissante de M. de Maillé, croyant qu'un évêché, plus riche que celui de Gap, lui permettrait de payer les dettes qu'il avait contractées dans cette ville, réussit facilement à lui faire obtenir le siège de Saint-Papoul en Languedoc, où il se rendit en 1784. Elle eût tout aussi bien fait de l'envoyer dans un régiment, avec les épaulettes de colonel, ce qui eût mieux convenu à sa vocation innée, puisque, à Saint-Papoul, comme à Gap, M. de Maillé, emprunta et ne remboursa jamais.

Lorsque, bien des années après (c'était au commencement de 1815), Monsieur, depuis Charles X, vint à Grenoble; les créanciers de l'ancien évêque de Gap se rendirent dans cette ville, pour réclamer de M. le duc de Maillé, son neveu, le paiement de ce qui leur était dû. Ce seigneur, qui accompagnait le prince en qualité d'aide de camp, les accueillit fort bien, leur parla des pertes que sa famille avait éprouvées, pendant la Révolution, et les paya..... avec de l'eau bénite de cour.

La révolution de 1789 trouva M. de Maillé à Saint-Papoul. Il ne quitta cette ville qu'après la promulgation de la Constitution civile du clergé; et, quoiqu'en ait dit le journal Janséniste de l'abbé Grégoire (1), cet évêque, qui montra une extrême légèreté dans sa conduite et qui fut le sujet de tant d'anecdotes scandaleuses, vraies ou supposées, n'abjura jamais sa religion. Pendant la Révolution, il résida presque toujours à Paris, où il rendit beaucoup de services, jusques à ce qu'il fut déporté à l'île de Ré, avec plusieurs autres ecclésiastiques, qui, comme lui, furent rassasiés de souffrances et d'amertumes (2).

---

(1) *Annales de la religion,* tom. XI, à la fin du volume.
(2) *Hist. générale de l'Église,* années 1796 et 1797. [Voir vicomte de Broc, ouvr. déjà cité.

J'ai ouï raconter de M. le médecin Dhéralde (qui, en 1791, était allé à Paris pour assister à la fédération du 14 juillet, fête commémorative de la prise de la Bastille,) qu'en passant devant un corps de garde, il fut tout étonné de voir un garde national lui porter les armes en souriant, à lui qui n'était que simple dragon de la milice bourgeoise de Gap. En y regardant de plus près, il fut bien plus étonné encore en reconnaissant dans le soldat-citoyen de la capitale notre ancien évêque M. de Maillé. A l'époque du Concordat, il fut nommé évêque de Rennes. Là, il ne vécut pas dans une parfaite harmonie avec le fameux Mounier, qui administrait à la même époque le département d'Ille-et-Vilaine. M. de Maillé mourut à Paris, en 1804, au moment du sacre de Napoléon. Jamais obsèques plus brillantes n'illustrèrent la mort d'un évêque : car tous les prélats de France, ainsi que les Italiens de la suite du Souverain Pontife Pie VII, suivirent son convoi, en grand costume. C'était, en vérité, bien prendre son temps pour mourir.

Avant cette époque, M. de Maillé avait apporté de la réforme dans ses mœurs, et en était venu aux plus strictes pratiques de la dévotion ; il avait même eu assez d'ascendant sur M. de Saint-Genis, l'un de ses anciens chanoines et de ses anciens compagnons des fêtes plus qu'équivoques du château de Charance, pour le ramener à une conduite plus régulière. S'il faut en croire les contemporains, l'épiscopat de M. de Maillé fut la petite régence de la ville de Gap. Des poètes surgirent pour célébrer les saturnales de Charance. Le poème de la *Landoride* (1), qui n'est point venu jusqu'à nous et que l'on attribua à M. l'abbé Rolland, depuis membre de l'Assemblée Constituante, professeur à l'École centrale et mort principal du collège de Gap, fit les

(1) Allusion au nom de *Landry*, l'un de ceux de notre évêque.

délices des connaisseurs gapençais. Il courut des chansons patoises et françaises d'un ordre moins élevé, mais qui n'en étaient que plus piquantes. Enfin, il n'est sorte de quolibets, de malins propos, de contes graveleux que ne se permirent les habitants de la ville et de l'ancien comté de Gap sur le rejeton du sicambre La Tour-Landry. Vous montrerai-je les belles dames et les gentilles demoiselles du château de Charance s'ébattant sur la pelouse qui sépare l'édifice de la pièce d'eau, puis agaçant le Père Vincent et le forçant d'entrer dans la faible nacelle qui flottait sur ce grand réservoir; puis faisant chavirer la barque et repêchant Sa Révérence, en riant aux éclats, après lui avoir fait faire le plongeon ? Vous dirai-je le bon mot de l'abbé La Pierre, mauvais plaisant qui fréquentait le tripot plus que l'église et l'évêché, sur un gros bourgeois avec lequel il montait à Charance, qui avait licence de chasser dans les terres de Monseigneur, et qui après avoir entendu ledit abbé, se trouva battu et content ? Ou bien le mot plus plaisant encore et surtout plus cynique du chanoine Saint-Genis, parlant à M. Faure l'*Entendu* de Madame sa femme ?... Ou bien encore les exigences de Madame de La Pierre...? Non, en vérité. Notre siècle est trop décent, en paroles, pour que je l'expose à rougir de ces contes graveleux. Je préfère terminer ce chapitre par trop scabreux par un éloge parti du couvent des Capucins de Gap, lesquels n'avaient jamais eu qu'à se louer du zèle de notre évêque pour la prospérité de l'ordre de Saint-François :

« M. de Maillé avait pour nous une bonté singu-
« lière. Le P. Vincent, vicaire, résidait avec lui à
« Charance. En son absence, un autre religieux luy
« donnait la messe ; il nous témoignait la plus
« tendre amitié quand nous le visitions. Il nous a
« donné pour achever l'acqueduc de la fontaine, en

« trois temps différents, 244 livres. *Vivat ad longos annos?* » (1).

Si quelque radoteur octogénaire, quelque témoin indiscret des fêtes de Charance venait vous battre les oreilles des contes et des anecdotes qui, de son temps, couraient sur notre prélat, n'ajoutez pas une foi aveugle aux faits et aux mots scandaleux qui pourraient s'y trouver. M. de Maillé ne se présente à moi que comme un étourdi, un homme jovial, spirituel, qui laissait s'échapper de sa bouche tous les bons mots que les circonstances faisaient naître de son cerveau léger, et qui bravait ainsi l'opinion, sans trop s'inquiéter du jugement que l'on portait sur sa conduite. Il avait tort, car l'opinion ne se fonde que sur les apparences ; et les prétendus esprits fins, qui se croyent pénétrants, lorqu'ils ne sont que de misérables finasseurs, croiraient manquer de perspicacité s'ils ne cherchaient ou ne trouvaient derrière ces apparences des faits qui n'ont de réalité que dans leur imagination. Mais, je le répète notre évêque était blâmable, car, en fait de mœurs, comme les femmes et plus que les femmes, un prélat ne doit pas braver l'opinion, mais y soumettre sa conduite. Celle qu'il a tenue, ensuite, pendant la Révolution a effacé bien des fautes ; et je suis presque tenté de finir par le *Vivat* du rédacteur des *Annales des Capucins*.

Gap, le 11 juin 1839.

(1) *Livre des Annales des Capucins*, p. 281.

SUPPLÉMENT A LA XLII° LETTRE.

1758. — Le 20 mars 1758, un arrêt du Conseil d'État homologua le tarif pour la levée des droits de *rève* de la ville de Gap, ainsi que la délibération du 6 août 1741 qui les avait établis. Cette imposition avait principalement pour objet de faire face aux dépenses occasionnées par la construction de la caserne (1).

1760. — Voulez-vous savoir où en était réduit, en 1760, l'ancien seigneur souverain de Gap et de dix châteaux épiscopaux ? Consultez l'état des revenus de l'évêché, présenté par M. de Pérouse au bureau diocésain pour y être vérifié et, ensuite, adressé à l'assemblée générale du Clergé. Vous trouverez que ces revenus s'élevaient à........ 21.693 l. » s.

Que les charges de l'évêché montaient à.................... 5.274 l. 16 s.

Et que, par conséquent, il ne restait net que................ 16.418 l. 4 s. (2)

1762. — Peu de mois avant sa mort, ce même prélat publia un règlement pour les honoraires, rétributions et droits casuels de son diocèse, où l'on trouve que les messes pour les morts n'étaient taxées qu'à sept sous (3).

1766. — Le 20 mai 1766, le duc de Choiseul adressa

---

(1) Arch. de la Préfecture. *Arrêt du Conseil du Roi*, du 29 mars 1758. In-4° de 19 pages. Grenoble, veuve d'André Faure.
(2) *Ibidem. État des revenus de l'évêché de Gap*, 1760. Ms.
(3) *Ibidem. Règlement* du 10 mai 1762. Imprimé.

à M. de Narbonne deux arrêts du Conseil. L'un supprime un réquisitoire de l'avocat général au parlement de Provence, comme injurieux au clergé et contraire au respect et à la soumission que les lois du Royaume assurent à la fameuse constitution *Unigenitus*. L'autre avait pour objet d'arrêter le cours de toutes les disputes sur les droits essentiels de l'autorité ecclésiastique et de la puissance séculiaire, et sur les questions mixtes qui les intéressaient (1).

1768. — Je pense que, dans ce diocèse, tous les différends nés de la bulle *Unigenitus* et des droits mixtes avaient à peu près cessé en 1766 : cependant, le 22 avril 1768, l'ordre ecclésiastique de la ville de Gap présenta au vibailli une requête par laquelle ils demandaient l'élection d'un notable pris dans leur sein, pour concourir à l'élection des échevins, en exécution de l'édit municipal (2). Vous avez vu que le 20 mars précédent, le vibailli avait écarté l'opposition formée par l'évêque à l'élection du bénéficier Bonnet comme notable ecclésiastique et que l'on avait procédé à la nomination des officiers municipaux sans désemparer. La requête du mois d'avril ne pouvait donc avoir d'effet que pour l'avenir.

1773. — Une lettre adressée à M. de Narbonne le 25 mars 1773, par la marquise de Sassenage, nous apprend que cette noble dame possédait à cette époque la vieille terre épiscopale du Noyer. Des différends s'étaient élevés entre elle et les habitants de cette communauté pour des droits seigneuriaux, et Madame la marquise demandait communication

---

(1) Archives de la Préfecture. *Lettre du duc de Choiseul à l'évêque de Gap, du 29 mai 1766*. Ms.

(2) *Ibidem. Requête présentée au vibailli de Gap par l'ordre ecclésiastique de cette ville*, le 22 avril 1768.

des titres relatifs à cette terre, qui, du reste, avait été vendue en 1578 (1).

1774 à 1777. — *Sur M. de Jouffroy.* — « Jouffroy, François-Gaspard, évêque du Mans, de la même famille que l'inventeur des bâteaux à vapeur (Claude-François-Dorothée, marquis de Jouffroy d'Albans), mais d'une autre branche, naquit en 1723, au château de Gonsans, près de Besançon. Après avoir achevé ses études théologiques d'une manière brillante, il entra dans les ordres et fut pourvu d'un canonicat au chapitre noble de Saint-Claude. Nommé en 1774 à l'évêché de Gap, il fut transféré, en 1778, à celui du Mans, où, dit un biographe, il fit beaucoup de bien. Il s'occupa d'abord de rétablir l'ordre et la paix dans son diocèse; mais il ne put y parvenir qu'en unissant à la patience une grande fermeté. Désirant ranimer le goût des fortes études dans son clergé, il institua des concours pour les cures, qui ne furent plus données qu'au talent et au mérite. Député aux États généraux en 1789, il fut du nombre des prélats qui protestèrent contre les décrets de l'Assemblée constituante, et se retira, vers la fin de 1792, à Paderborn en Westphalie, dont le chapitre était uni par des liens de confraternité avec celui du Mans depuis plusieurs siècles. Il fut accueilli par les chanoines de Paderborn avec les égards dus à son rang et à sa position. Un revenu de 1.200 florins lui fut assigné sur la mense capitulaire; et comme il était naturellement économe, il se trouva assez riche pour venir au secours de ses compatriotes plus malheureux que lui. Ce respectable prélat mourut dans l'exil en 1797. M. P. Renouard lui a consacré une notice à la fin du 2ᵉ volume de ses *Essais historiques sur le Maine* » (2).

(1) Archives de la Préfecture. *Lettre adressée à l'évêque de Gap par la marquise de Sassenage,* le 25 mars 1773.
(2) Weiss, *Biographie universelle,* tome 68, p. 284.

J'ajouterai que le philosophe Jouffroy de nos jours est de la même famille que celle de notre évêque. (Il est mort dans le courant de cette année 1842).

1778. — Avant de quitter notre ville, ce prélat avait consulté à Grenoble sur les droits de l'évêché, résultant du traité du 15 août 1513, intervenu entre Gabriel *de Sclafanatis* et le procureur général du Parlement. En lui envoyant une copie, le 3 mai 1778, M. d'Agfred ajoutait qu'il le considérait comme synallagmatique, mais que les droits qui y avaient été établis se trouvaient perdus par une longue possession, après laquelle il n'était plus possible de rentrer (1).

Gap, le 21 février 1842.

(1) Arch. de la Préfecture. *Lettre de M. d'Agfred à l'évêque de Gap,* du 3 mai 1778.

XLIIIe LETTRE.

LES TEMPS MODERNES.

1784 à 1839.

François de La Broue de Vareilles, 78e évêque de Gap. — Il termine un différend élevé entre le chapitre et les curés de cette ville. — Le curé de Méreuil et les croix de Saint Louis. — Charité de la confrérie des pénitents. — Processions à la montagne Saint-Maurice, dans la ville de Gap et à la chapelle de Saint-Arey. — Jean-Pierre Martin, notable de l'ordre ecclésiastique. — Léger aperçu de Gap pendant la Révolution. — Doctrines philosophiques. — Émeute contre l'évêque. — L'évêque constitutionnel. — Il est excommunié par l'archevêque d'Embrun et l'évêque de Gap. — Ce dernier quitte son diocèse. — Culte de la Raison. — Le fanatisme dans la langue des patriotes de Saint-Arey. — L'Être Suprême. — La Théophilantropie. — Le sabéisme. — L'École centrale. — Culte public. — Les *patarons* et les *bannets*. — Le curé-capitaine. — Gap sous le rapport politique pendant et après la Terreur, sous le Consulat et sous l'Empire. — La franche-maçonnerie. — La petite église. — Gap sous la Restauration et à l'époque actuelle. — *Supplément*. Notice sur M. de Vareilles.

1784. — D'après l'ordre de succession au trône épiscopal de Gap, le Ciel nous devait un prélat de mœurs austères, d'une piété non équivoque, d'une gravité imposante, devant laquelle vinssent s'émousser les traits malins lancés par les Gapençais contre l'épiscopat, à l'occasion de la légèreté et de la conduite imprudente de leur dernier évêque. Le Roi et le Souverain Pontife en furent les instruments, lorsqu'ils nous envoyèrent, pour succéder à M. de Maillé, François-Henri de La Broue de Vareilles, abbé commendataire de l'abbaye royale de La

Grâce-Dieu et vicaire général du diocèse de Metz. Ce prélat, qui était né le 2 septembre 1734, au château de Sommières en Poitou, fut sacré le 23 juillet 1784, et fit sa première entrée dans sa ville épiscopale le 27 octobre de la même année.

1785. — Au mois d'avril 1785, il eut le bonheur de terminer un différend qui s'était élevé entre le chapitre de son église cathédrale et MM. Bontoux et Escallier, curés de la ville de Gap, qui l'avaient choisi pour arbitre. Le dispositif de la sentence arbitrale du 24 avril vous fera connaître l'objet du litige, et la manière dont il fut vidé.

M. de Vareilles décida : 1º Que le chapitre ne serait pas tenu solidairement de payer la portion congrue des deux curés, vicaires perpétuels de Gap, mais seulement d'y satisfaire au *prorata* de la portion de dîme dont il jouit, comme il a fait depuis le 1ᵉʳ janvier 1776 ; — 2º Que toute la cire qui sera offerte, sur les cimetières de la ville, appartiendrait à la sacristie ; en conservant, néanmoins, aux curés celle dont ils jouissent privativement à ladite sacristie, savoir : celle offerte dans les chapelles et sur les autres cimetières de la paroisse ; celle offerte pour les baptêmes, les premières communions et les mariages, ainsi que les cierges qu'ils portent à la main, lors des sépultures ou des absoutes ; — 3º Que la bénéficiature du maître-autel, alors vacante, serait désormais occupée par les curés, lesquels porteraient l'habit attribué à la rectorerie, et auraient la préséance sur les deux sous-recteurs, de manière, qu'à toujours, ils siégeraient et marcheraient immédiatement après les chanoines, soit titulaires, soit honoraires, soit *ad effectum*, et les premiers de tous les bénéficiers de l'église ; — 4º Que, sans être astreints à tous les devoirs qu'ils remplissaient autrefois dans l'église cathédrale, les curés assisteraient cependant aux offices, autant que leurs occupations pastorales le leur permettraient, les jours de dimanche et de fêtes, et notamment des fêtes solennelles ; qu'ils continueraient d'y faire les fonctions du chœur, lesquelles consistaient principalement à donner la bénédiction du St-Sacrement, les premier et troisième dimanche de chaque mois; d'assister aux processions de St Arey, de la Croix-Rouge, de St Roch, de St Sébastien, de St Marc, des Rogations, et de celles ordonnées extraordinairement par l'évêque, à l'effet d'obtenir la pluie ou la sérénité du temps, ou pour autres calamités publiques ; — 5º Que, si les circonstances le permettaient, dans la suite, d'établir ou d'employer un ou plusieurs vicaires dans la paroisse de Gap, ils pourraient assister aux offices qui s'y célèbrent, y porter l'habit de chœur des bénéficiers, et y prendre le dernier rang parmi eux, mais sans aucune rétribution pour leur assistance (1).

Quelques jours après, M. de Vareilles eut encore à s'interposer dans une querelle, qui ne pouvait être sanglante, bien que l'on y vît figurer, d'une part, un chevalier de St-Louis ; mais, de l'autre, on n'y trouvait engagé qu'un simple curé de village, lequel n'avait aucune velléité d'enfreindre les édits de nos rois et les canons de l'Église sur les duels. C'était le sieur Clavel, curé de Méreuil.[2]), qui, dans une assemblée des *trois ordres* de cette communauté, réunie pour procéder à l'élection des con-

---

(1) *Sentence arbitrale* du 24 avril 1785. Ms. — Voici le nom des chanoines de cette époque, tels qu'on les trouve dans les délibérations qui précédèrent et suivirent cette sentence: Jean Busco, doyen, Jean-François-Arnoux-Marie Blanc, archidiacre ; Ignace Céas, prévôt; Joseph-Bruno Tournu, sacristain ; Joseph de Labastie; Jacques-Marie Flour de St-Genis; Pompone Gautier, Félix-Étienne Bonnard; Joseph Brutinel; Ignace de Cazeneuve; Augustin-Pierre-Joseph Dupuy et François Marchon. Arch. de la Préfecture. [Voir l'Introduction de G. t. V, *passim*].

[2]) Jean-François Clavel, de Gap, nommé en janv. 1771, démissionnaire le 13 avril 1794, curé de Chaudun en 1803, mort en mars 1805, âgé de 70 ans.

suls, le 12 juillet 1784, s'était permis de dire qu'il se moquait des croix de Saint-Louis, lesquelles, apparamment, voulaient contrarier l'influence pastorale de l'ordre ecclésiastique, que le curé avait l'honneur de représenter. Or, comme, dans l'assemblée des trois ordres de Méreuil, il n'y avait d'autre membre de l'ordre de Saint-Louis que M. le chevalier de Bardel, ancien capitaine de grenadiers au régiment de Flandres, celui-ci s'appliqua le mot insultant du curé, et porta ses plaintes, d'abord, à M. le duc de Tonnerre, gouverneur de la province de Dauphiné, et, ensuite, à Mgr l'évêque de Gap, qui, je n'en doute nullement, prescrivit à Messire Clavel, curé de Méreuil, d'être plus circonspect à l'avenir envers les croix de Saint-Louis ; et l'affaire n'eut pas d'autres suites, bien que M. le chevalier de Bardel eût joint à son mémoire une note, contenant le nom des chevaliers de Saint-Louis, à qui il appartenait de fort près, ainsi que celui des prélats et des hommes de robe, dont sa famille était parente ou alliée (1).

Vers la fin de la même année, M. de Vareilles eut à s'occuper d'une affaire bien douce à son cœur, et qui témoigne hautement de la piété et de la charité de nos respectables frères les Pénitents blancs de la ville de Gap. Suivant un précepte du livre de l'*Ecclésiastique*, qu'ils traduisaient ainsi : « Frères chrétiens, ne fraudez l'aumône aux pauvres, et ne détournez pas vos regards de l'indigent » (2), ils prirent la résolution de fonder un *hospice de miséricorde*, et de contribuer à son établissement par une aumône de six deniers par semaine, versée par chaque frère et par chaque sœur, laquelle serait d'abord

(1) *Lettre de M. le chevalier de Bardel à M. l'évêque de Gap*, du 18 mai 1785. Ms. — Cette pièce et les notes qui l'accompagnent sont au pouvoir de M. le contre-amiral de Bardel, neveu du plaignant. M. le contre amiral est mort à Gap en 1841.

(2) *Filii, eleemosynam ne defraudes pauperi et oculos tuos ne transvertas a paupere.* Eccl. IV.

employée à payer le loyer d'un appartement qui servirait d'asile aux malheureux ; en second lieu, à acheter de la toile pour des draps et des garde-paille, ainsi que des bancs et des planches, pour servir provisoirement de lits ; du bois et du charbon, pour réchauffer les pauvres et faire cuire leur soupe ; enfin, la rétribution devait servir à l'achat du riz, des ustensiles et autres objets propres à *faire supporter aux pauvres, avec le moins de peine, l'incommodité de leur vie malheureuse et leur fournir, dans le besoin, tout ce qui peut leur être nécessaire pour mourir avec les secours humains.* L'évêque approuva, d'abord, le *prospectus* de cette bonne œuvre et le projet d'emploi des aumônes, le 14 octobre et le 20 décembre 1785 ; mais le règlement définitif, qui lui fut présenté sur la fin de l'année, ne fut sanctionné, après de légères corrections, que le 12 mars de l'année suivante (1).

Une phrase du prospectus et un mot du règlement semblent se ressentir de l'influence du siècle. Ce n'est point la *philanthropie* substituée à la *charité,* dont elle n'est que la parodie, selon l'heureuse expression de l'auteur du *Génie du christianisme,* le mot était trop grec pour les oreilles gapençaises de cette époque. Mais j'y vois avec étonnement l'*Être Suprême* à la place de *Dieu,* qui ne fut pourtant détrôné que sept ans après. D'un autre côté, je trouve une maxime philosophique fort belle, à la vérité, qui, en morale fut le dernier terme de Confucius, de Socrate ou de Marc-Aurèle, qui servit, dans la suite, de frontispice aux catéchismes de la Révolution et à laquelle il ne manqua qu'une sanction pénale pour la rendre exécutoire : *Ne fais pas à autrui, ce que tu ne voudrais pas qu'on te fît à toi-*

---

(1) *Pièces relatives à l'établissement d'un hospice de Miséricorde, qui serait administré par les Frères et Sœurs de la confrérie des pénitents blancs de la ville de Gap.* Mss. au nombre de quatre. Arch. de la Préfecture.

même. Elle est produite par nos pénitents comme se trouvant dans les Livres Saints ; mais le précepte de l'Évangile ne vous laisse pas ainsi dans un état passif ; il prescrit, non seulement de ne pas faire du mal à son prochain, mais de lui faire tout le bien dont vous êtes capable ; car il est écrit : *Faites aux hommes tout ce que voulez qu'ils vous fassent. C'est là la loi et les prophètes* (1). L'une approfondie, analysée et trop bien commentée, devient le fondement de la morale des intérêts ; le précepte évangélique, au contraire, nous pousse au désintéressement, à la charité et nous impose l'obligation de la pratiquer.

1786. — Vous parlerai-je maintenant de la permission accordée par notre évêque à M. Jean-Joseph Jacques, curé de Valserres ²), de conduire la procession de son village, le second jour des fêtes de la Pentecôte, sur la montagne de St-Maurice, dédiée au glorieux martyr colonel de la Légion thébaine, où l'on se rendait, autrefois, de dix lieues à la ronde, et de célébrer la messe dans l'antique chapelle, que l'on voit au sommet du mont ; levant à cet égard, la défense faite par M. de Jouffroy, de célébrer le saint sacrifice dans les chapelles rurales, pourvu que les paroissiens de M. Jacques s'y conduisissent avec décence et édification ? (3).

1787 et 1788. — Vous dirai-je les plaintes des chanoines (parmi lesquels, je vois figurer, pour la première fois, M. le théologal Louis-Thomas Reymond ⁴), l'un des héros du malin poème de la *Tàl-*

---

(1) St Mathieu, VII, 12.

²) Né le 1ᵉʳ mars 1754, « prieur-curé décimant » dès le 13 juin 1780, et, en même temps, prieur de Méreuil et de Serres, où il prêta serment le 23 janv. 1791 et le 7 oct. 1792.

(3) *Requête présentée à l'évêque de Gap, par Jn-Jph Jacques, curé décimant de Valserres*, répondue le 4 mai 1786. Ms. Arch. de la Préfecture.

⁴) Originaire du diocèse d'Embrun, maître ès arts et docteur en

lardiade), sur le peu d'empressement que mettaient les habitants de Gap à assister à une procession du Saint-Sacrement, que l'on faisait dans la ville, le dimanche qui suivait la fête de la Nativité de la Ste-Vierge ; laquelle avait été instituée pendant une mission de 1754, et avait été approuvée par un bref de Benoît XIV, en date du 3 avril de la même année? Et ajouterai-je que M. de Vareilles prononça, le 20 février 1788, que désormais, elle n'aurait lieu que dans l'intérieur de l'église (1).

Rappellerai-je que, par une autre ordonnance, du 15 mars suivant, cet évêque suspendit la procession que l'on faisait à la chapelle de St-Arey, le second jour de Pâques ? Je vous en ai déjà longuement entretenu dans ma 6e lettre [2]).

1789. — Mais je ne puis me dispenser de vous faire connaître une légère altercation qui s'éleva, en 1789, entre le corps municipal et l'ordre ecclésiastique de la ville de Gap,

En vertu de la déclaration du Roi de l'année 1766, l'assemblée des différends corps se réunit dans l'hôtel de ville, le 1er mars 1789, sous la présidence du maire M. Joseph-Augustin Marchon, à l'effet de procéder à la nomination de deux notables : l'un pour la noblesse et l'autre pour l'ordre ecclésiastique. M. d'Abon, père, à qui l'on donne le titre de marquis, fut élu pour l'ordre de la noblesse ; c'est bien. Mais, devineriez-vous jamais à qui fut dévolu le soin de représenter le clergé dans l'assemblée des notables de la ville de Gap ? Au sieur Jean-Pierre Martin, négociant de cette ville [3]). Messieurs les

théologie, chapelain de l'église des Quinze-Vingts à Paris, nommé théologal de Gap, le 9 mai 1774, ayant, le 3 déc. 1790, un revenu total de 2.364 l., élu, le 24 avril 1791, « vicaire épiscopal » d'Ignace de Cazeneuve, etc. (Voir G. IV, p. xxxv-vi).

(1) *Assemblée capitulaire* du 29 décembre 1788. — *Ordonnance de Mgr l'évêque de Gap*, du 20 février 1787. Ms. *Ibidem*.
[2]) Voir la lettre qui suit.
[3]) Arch. de la ville de Gap, BB. 78; *Invent.*, t. I, p. 361.

ecclésiastiques, qui ne se crurent pas assez dignement représentés par cet estimable citoyen, tout à la fois bourgeois, négociant et ancien soldat dans le régiment de Médoc, où il s'était distingué sous les simples prénoms de *la Jean-Pierre,* repoussèrent sa nomination, par une requête qu'ils s'empressèrent d'adresser au vibailli [1]). Quoi ! disaient-ils, on choisit pour représenter le premier ordre de l'État, un membre d'une classe si inférieure ! Passe encore, si on l'avait pris parmi les avocats, médecins ou bourgeois *vivant noblement,* ainsi que le prescrit la déclaration de 1766. « Cet abus des « règles, qui contient une espèce de mépris pour « l'ordre ecclésiastique, met les suppliants dans la « nécessité d'user de leurs droits et de réclamer « les dispositions de l'Ordonnance ». En conséquence, ils demandèrent l'annulation de la nomination du sieur Martin et la convocation d'une nouvelle assemblée des différents corps et corporations de la ville, à laquelle assisterait un député ecclésiastique, pour choisir, dans cet ordre, un notable digne de le représenter. M. le vibailli, après avoir entendu M. l'avocat Blanc, procureur du Roi, cassa, le 7 mars 1789, la nomination du pauvre *la Jean-Pierre,* et ordonna une nouvelle réunion des députés des corporations, lesquels seraient tenus d'élire, à sa place, un notable de l'ordre ecclésiastique, qui serait choisi dans cette classe. Dans une réunion, tenue au palais épiscopal, sous la présidence de l'évêque, le 11 du même mois, les membres de cet ordre choisirent l'abbé de La Villette, ou, si mieux vous aimez, l'abbé de Clausone [2]), — ce nain de M. Maillé, qui jouait *à la galoche* avec les

[1]) Pierre-Jean-François Philibert, vibailli de Gap, au moins dès le 26 sept. 1762 (Gap, *Inv.* I, p. 331), jusqu'en 1790.

[2]) Guillaume-Pompée de La Villette, de Veynes, né le 15 février 1732, vicaire général et official de Gap, nommé abbé de Clausone le 19 mai 1767, emprisonné à Gap le 22 novembre 1794, retiré en 1802 à Veynes, où il est mort en 1809.

enfants de Rambaud, — pour se réunir aux députés des corps et corporations et concourir à l'élection du notable ecclésiastique. Cependant M. de Vareilles ayant appris que M. de Laverdy, contrôleur général des finances, interprétant la déclaration de 1766, avait décidé que cet acte excluait les religieux de pareilles assemblées, l'affaire n'eut pas de suite (1) : et probablement, malgré le rang infime que MM. du clergé trouvaient que le brave *la Jean-Pierre*, si exact observateur de la discipline militaire (2), tenait dans le monde, il eut l'honneur de les représenter dans l'assemblée des notables jusques à ce que l'Assemblée nationale, qui s'avançait en toute hâte, eût réalisé ce vers prophétique de la *Turgotine :*

De même pas marcheront noblesse et roture.

Sur la fin de l'année, M. de Vareilles eut le bonheur d'obtenir un bref du souverain Pontife Pie VI, qui accordait indulgence plénière et perpétuelle à l'église cathédrale et paroissiale de Gap, pour le troisième dimanche de chaque mois et pour les Quarante heures (3).

...Mais j'avance, comme un étourdi, sans m'apercevoir que nous sommes en pleine Révolution. Un temps d'arrêt, s'il vous plait. Ne croyez pas que j'aille vous faire parcourir à pas lents et mesurés cette étonnante, curieuse et terrible période. Les matériaux que j'ai recueillis sont abondants sans doute ; mais ils sont hérissés de noms propres, que je ne saurais encore faire resplendir au grand

(1) *Assemblée des corps et corporations de la ville de Gap* du 1ᵉʳ mars 1789. — *Requête des membres de l'ordre ecclésiastique au vibailli de Gap*, répondue le 7 du même mois. — *Assemblée tenue au palais épiscopal*, le 11 mars. — *Note autographe* de M. de Vareilles. Mss. Arch. de la Préfecture.

(2) Parmi tous les contes débités sur J.-P. Martin, l'on a prétendu, qu'étant en sentinelle à Colmar, éprouvant certain besoin pressant, il s'écria, pour ne pas violer la consigne : *Caporal, venez moucher la Jean-Pierre.*

(3) Bref du 28 nov. 1789. Ms. original.

jour. Attendez, avec patience, que les temps soient accomplis. Alors je pourrai, sous une autre forme que celle dont je me suis servi jusqu'à présent, vous faire connaître les détails de l'histoire de Gap pendant la Révolution, depuis l'assemblée des notables jusques et compris le complément de 1830 [1]).

Mon point de départ, dans cette correspondance, a été la Réformation et les suites qu'elle eut dans notre ville. On a prétendu que la Révolution de 1789 en était le corollaire. — C'est donc principalement sous le rapport des idées religieuses que je me hâte de vous montrer la ville de Gap, à la fin du XVIII° siècle et le commencement de celui où nous nous trouvons.

Suivez-moi donc en courant dans ce sentier bordé d'épines et pavé d'un fer brûlant, pour arriver, enfin, à ce que les siècles, la Réformation et les Révolutions ont fait de nous, fiers et misérables habitants des Alpes.

Le souvenir des excès commis dans cette contrée par les Religionnaires, transmis de génération en génération, sans tenir compte des violences qui furent exercées contre eux pendant le règne de Louis XIV, subsistait encore avec beaucoup de force dans la ville de Gap avant la Révolution de 1789.

J'ai vu, dans mon enfance, de bonnes et vieilles dames, sur qui la philosophie du XVIII° siècle avait glissé, sans produire la moindre altération dans l'ancienne croyance, ne parler des Huguenots qu'avec une espèce d'horreur et approuver les persécutions auxquelles ils étaient en butte dans quelques parties du diocèse. On enlevait leurs enfants pour

---

[1]) Nous avons publié naguère le travail de Théodore Gautier sous le titre : *La période révolutionnaire dans les Hautes-Alpes*, d'abord dans le journal *Le Courrier des Alpes*, puis en tirage à part (Gap, E. Jouglard, 1895, in-8° de iv-190 p.).

les placer dans l'hospice de la Charité, où ils recevaient une éducation catholique, laquelle persistait ordinairement jusqu'à leur retour à Trescléoux ou à St-Laurent, où leurs parents se livraient, dans les bois, à l'exercice de leur culte décoloré.

Si les vénérables matrones de 1789 croyaient toujours fermement au dogme catholique et pratiquaient religieusement la morale qui en découle, la foi de leurs époux et de leurs fils avait été déjà fortement ébranlée à cette époque. Aux querelles de la Réforme avaient succédé les discussions, non moins vives, mais nullement sanglantes, du Jansénisme ; et sur les ruines de celles-ci s'était élevé le philosophisme, qui tâchait de faire table rase, en balayant devant lui toute croyance.

Vers les deux tiers du *siècle de lumière,* Monsieur le Procureur fiscal de la ville de Gap était abonné au *Mercure de France,* rédigé alors par les déistes La Harpe et Marmontel, bien différent de ce *Mercure* qui, au commencement du XIX⁰, changea de nature et de couleur, sous la plume de Fontanes, de Châteaubriand et de ce même La Harpe, devenu chrétien. Il le communiquait à M. le premier consul, devenu plus tard M. le Maire, qui, en échange, lui glissait sous le manteau le *Zadig* et le *Candide* du sieur Arouet de Voltaire, ou le discours du citoyen de Genève sur l'inégalité des conditions, voire le *Système de la Nature,* attribué à ce pauvre Mirabeau, secrétaire de l'Académie française, devenu, après sa mort, le bouc émissaire de la secte holbachique. L'on vit même circuler, dans Gap, ce fameux livre de l'*Esprit,* qui divinisait la matière, où Helvétius, plus conséquent que ses coreligionnaires, jetait les fondements de la morale de l'individualisme. Les gentilshommes des environs recevaient, dans leurs châteaux, les livraisons du grand œuvre encyclopédique, de sorte que l'on commençait à préconiser, dans la ville et dans sa banlieue, la sublime philosophie et à prêcher la tolérance ou, pour mieux dire, l'indifférence universelle.

1789 à 1793. — Aussi, lorsque éclata la Révolution, nos pères qui, d'un autre côté, « crurent ressaisir nos vieilles libertés » municipales et pouvoir humilier, à leur tour, ces prélats qui les avaient disputées à leurs ancêtres, la soutinrent avec une ardeur et un enthousiasme difficiles à décrire et n'eurent garde de repousser la Constitution civile du clergé.

Après avoir suscité contre le vénérable La Broue de Vareilles une petite émeute (1), qui eut pour résultat beaucoup de vitres cassées au palais épiscopal et, plus tard, la fuite du fidèle pasteur ²), ils élirent avec emphase et portèrent en triomphe l'évêque constitutionnel qui allait siéger à Embrun (3).

M. de Vareilles, abandonné alors par la plus grande partie de son clergé, ne quitta son diocèse qu'après avoir lancé l'excommunication contre l'évêque in-

(1) Quelques jeunes patriotes portèrent la cocarde nationale à l'évêché et invitèrent M. de Vareilles à s'en décorer. L'on prétendit, quelques jours après, que l'évêque avait fait placer cette cocarde sur la queue de l'un de ses chevaux, et qu'il avait la cocarde noire des *aristocrates*, non à son chapeau, mais dans le cœur. Pour mettre un terme à ces clameurs, M. de Vareilles se vit obligé de parcourir les rues de la ville avec la cocarde tricolore attachée à son chapeau.

²) Après la proclamation de la Constitution civile du Clergé, Mgr La Broue de Vareilles demeura courageusement à Gap jusqu'au 11 juillet 1792 (Voir le *Mémoire sur sa conduite dans le diocèse depuis mars 1789 jusqu'en juillet 1792*. (Gap, Jouglard, 1892, in-8°, 23 p.).

(³) L'élection eut lieu dans l'église St-Arnoux, le bureau étant placé, je crois, sur la tombe du saint des Alpes, François Berger de Malissoles. [Cette *élection* d'Ignace de Cazeneuve, chanoine et maire de Gap, eut lieu le 8 mars 1791 (Cf. Th. Lemas, *Ignace de Cazeneuve*. Paris, Gaston Née, 1890, in-8°, p. 38-39). Le 4 septembre 1792, l'évêque constitutionnel fut élu député à la Convention. Il ne parut plus guère dans le département. Il se démit de ses fonctions épiscopales le 1ᵉʳ juillet 1798, rétracta ses erreurs et mourut, à Varses, près Gap, le 10 mai 1806, âgé de 68 ans (G. IV, p. xxvii)]

trus. Cette arme, autrefois si terrible et aujourd'hui si impuissante, n'excita que le dédain et la pitié. M. Ignace de Cazeneuve alla se placer, à Embrun, sur le trône du fier M. de Leyssin, qui l'avait également excommunié, et trouva, plus qu'il n'en voulait, des grands vicaires et des chanoines, pour occuper les stalles de la superbe métropole des Alpes Maritimes, descendue au rang d'église cathédrale du département des Hautes-Alpes.

Dans une violente diatribe de cette époque, l'archevêque d'Embrun est comparé à Catilina et à Mathan, et accusé d'hypocrisie, de noirceur et de scélératesse ; mais l'auteur ne voit dans les écrits de l'évêque de Gap qu'un galimatias prolixe et digne du feu (1) et ne porte point l'audace jusqu'à attenter aux mœurs irréprochables de ce prélat.

Cependant le clergé, divisé d'abord en réfractaires et en assermentés, fut ramené presque en masse à la saine doctrine par la bulle du Pape, qui condamnait la Constitution civile [2]. Le père Rossignol [3], le dernier des Jésuites anciens, en publia une version française, qui provoqua une espèce d'insurrection à Embrun. Des pierres furent lancées par le peuple assermenté, et des chansons grivoises, par les patriotes goguenards. Puis, tout culte chrétien fut abandonné, à Embrun comme à Gap, pour faire place aux cérémonies d'une religion nouvelle, dont le culte était demeuré inconnu jusques à nos jours : c'était celui de l'athéisme.

---

(1) *Réplique à la lettre de M. Leyssin, soi-disant archevêque d'Embrun, aux électeurs du département des Hautes-Alpes.* Gap, 1791.

[2] On pourra juger de la conduite de la majeure partie du clergé des diocèses anciens de Gap et d'Embrun d'après les notes et les références qui les accompagnent, que nous avons données dans *l'Introduction* de *l'Inventaire des archives des Hautes-Alpes*, série G. VI.

[3] Jean-Joseph *Rossignol*, né à *La Pisse* (aujourd'hui *Pelvoux*, canton de L'Argentière), le 3 juil. 1736, jésuite le 16 sept. 1762, mort à Turin en 1817.

1793 et 1794. — On promenait, dans les rues de la ville de Gap, chaque jour de *décadi,* quatre ou cinq déesses de la Raison, intronisées dans de vieux fauteuils, sortis de l'évêché, et portés par de braves et énergiques sans-culottes du quartier de la *Drôme,* ci-devant St-Arey, ou de la rue Peyrolière, devenue rue des *Piques ;* et, quelques fois, par de ci-devant pénitents en carmagnole, les cheveux plats et coupés à *la Biscarrat* [1]), lesquels dénonçaient régulièrement au Comité de surveillance et à la Société populaire, réunie dans cette vieille chapelle profanée, en 1650, par les derniers des Calvinistes, quelque vieux prêtre célébrant encore, le dimanche, et, par surcroît, quelques bonnes femmes qui fuyaient le prêtre assermenté pour assister, en cachette, à la messe catholique, dans quelque chambre obscure de quelque maison écartée des vieilles rues du *Fraïsse* ou du *Noyer* [2]), lesquelles n'avaient pas changé de nom, attendu qu'elles figuraient parmi les saints du calendrier du citoyen Romme.

Jamais le mot fanatisme n'avait reçu une acception aussi étendue qu'à cette époque : on l'appliquait aux victimes incarcérées pour cause de religion, comme aux infracteurs de la loi qui avait organisé le pillage ; et moi-même, il m'en souvient, comme si c'était hier, j'ai entendu le brave sans-culotte Pierre Nel, honnête cultivateur de la rue de la Drôme, autrefois du *Puits Virolet* [3]), dénoncer une marchande de la place *Égalité,* ci-devant Saint-

---

[1]) Louis Biscarrat, originaire d'Alan (Drôme), garde-magasin du timbre à Gap, en 1793-1794, l'un des membres les plus exaltés du Comité de surveillance et de la Société populaire de Gap.

[2]) Les rues du *Fraïsse* et du *Noyer* faisaient partie de la rue actuelle du Mazel et se trouvaient aux environs du puits du Tanc, dont la pompe, établie en 1724, a été démolie en juin 1909.

[3]) « Rue de St-Arey, au *Puys Virolhet... Androne* (passage) *dau Viroulhet* alant à St-Anthoine », dit-on, le 14 mars 1540, dans un acte du notaire Mutonis (G. 1568, *Invent.,* p. 38).

Étienne [1]), parce qu'elle avait refusé de livrer une livre de riz au taux du *maximum,* et s'écrier au bout de chaque période de sa patriotique harangue : *Comment, citoyens, quel fanatisme !*

Cependant, lorsque l'incorruptible Maximilien [Robespierre] eut fait décréter l'Être Suprême et l'immortalité de l'âme, l'on commença, peu à peu, à négliger les déesses de la Raison et à faire du déisme, tant bien que mal, dans les grandes cérémonies du *Pré de la foire.*

1796 à 1800. — Puis vint la théophilanthropie du Directoire, qui ne jeta, parmi nous, aucunes racines vivaces, bien qu'on y célébrât, par-ci, par-là, la fête du Râteau et de la Charrue ; plus, celles du Printemps et des Vendanges, et qu'après avoir entendu l'orateur perpétuel, perpétuel panégyriste de toutes les époques et de tous les systèmes, l'on fît le tour de la ville, en chantant des cantiques quelque peu matérialistes, tels que celui dont mon ingrate mémoire n'a retenu que la première strophe :

« Jeunes filles, jeunes garçons,
« Chantez, célébrez par vos sons
« La plus brillante des saisons.
  « Alleluia ! »   *(Fête du Printemps.)*

En même temps l'on établissait des écoles centrales, où, selon le précepte d'Émile, il était défendu de parler religion aux étudiants, sauf à enseigner le Sabéisme de Dupuy, citoyen français, qui vint inspecter la nôtre au moment de son apogée, c'est-à-dire au moment où elle était parvenue avec effort à réunir sept élèves...

Je ne dois point omettre que la liberté des cultes étant décrétée, pour la vingtième fois, et consacrée par la Constitution de l'an III, l'on vit nos insermentés se cacher dans nos montagnes ou partir

---

[1]) Aujourd'hui (1909) place Jean-Marcellin.

pour l'exil, et se rouvrir une église dans Gap, à l'usage des Constitutionnaires. C'était l'église des ci-devant Ursulines, les autres servant de magasin à blé ou d'écurie pour les chevaux de la République.

Un prêtre assermenté, bon vivant, fin railleur [1]), se moquant des *patarons,* qui l'appelaient le Pape des *Banets,* vint y célébrer la messe ostensiblement, tandis que les réfractaires la disaient en cachette, dans une cave, au vu et su de notre police, qui ne savait jamais les prendre sur le fait. Les ouailles de l'abbé Bertrand n'étaient pas nombreuses, mais il s'en consolait, attendu que, s'il y a beaucoup d'appelés, il y a peu d'élus, et que, d'ailleurs, il n'avait pas ici, comme à Valernes, à exercer simultanément deux emplois fort hétérogènes ; emplois qui, du reste, ne l'embarrassaient nullement dans le village qu'il venait de quitter. *Le Pape des Banets* y avait été élu commandant de la garde nationale. Les jours de grande cérémonie, où l'on célébrait, à la fois, par exemple, la fête des Oignons et celle de la Pentecôte, il conduisait sa troupe et son troupeau à l'église paroissiale ; ensuite, il passait dans la sacristie, se revêtait des habits sacerdotaux, se rendait à l'autel et commençait la messe. Au moment de l'élévation il enlevait fort dextrement la chasuble, l'étole et l'aube, et apparaissait aux yeux de ses soldats en véritable capitaine. Alors, il leur adressait, d'une voix guerrière, ce commandement : *Portez armes ! — Présentez armes ! — Genou à terre !* — Puis, il endossait, de nouveau, les ornements du sacerdoce, et terminait le Saint-Sacrifice avec un ordre, une dignité, une bienséance, qui ne laissaient rien à désirer.

Sous le rapport politique, je ne signalerai pas

[1]) Bernard Bertrand, de La Motte-du-Caire (B.-A.), né le 9 mars 1747, nommé, dans la suite, curé du Poët (1 avril 1808, démissionnaire le 1 mai 1809).

les fluctuations de la ville de Gap pendant les diverses phases de la Révolution. Il me suffira de dire qu'elle éprouva de bien cruelles déceptions en 1793, lorsque, après avoir applaudi à son député à la Convention nationale (M. de Cazeneuve, évêque constitutionnel), qui, n'écoutant que la voix de sa conscience, avait eu le courage, comme ses collègues des Hautes-Alpes, de voter contre la mort du Roi ; après s'être montrée avec éclat pour les Girondins en convoquant ses assemblées primaires et ses électeurs, à l'effet de nommer des députés à Bourges, elle se vit forcée de courber la tête sous le joug de la Montagne. Toutefois, pas une goutte de sang n'y fut versée à cette terrible époque. La ville et le département devinrent, au contraire, le refuge des proscrits des départements voisins. La réaction, si violente dans une ville rapprochée de la nôtre, fut presque inoffensive dans les Hautes-Alpes, qui offrirent encore un asile aux proscripteurs des années précédentes.

1800 à 1839. — La Révolution du 18 brumaire [9 nov. 1799] amena le Concordat [du 15 juil. 1801] et, avec lui, les cérémonies de la religion catholique, que l'on put célébrer publiquement dans une ville, qui, comme la nôtre, ne connaissait plus de dissidents. Chacun y devint ostensiblement bon chrétien, les uns sincèrement, d'autres pour plaire au Premier Consul et, plus tard, à Sa Majesté impériale.

Mais cependant, sous l'Empire, la fumée de la gloire n'avait pas tellement enivré les habitants de Gap qu'ils ne se permissent de faire de l'opposition contre l'autorité de cette époque, non moins absolue que l'autorité des temps anciens. En 1807, le maire de cette ville refusait du *respect* au premier magistrat du Département, et persistait à ne lui offrir que de la *considération*. Cette grande querelle était portée à la décision du ministre, qui ordonnait le respect avec considération au magistrat subalterne; et celui-ci sortait avec honneur de la lutte, en donnant sa démission, aux applaudissements de la ville et de la banlieue (1). Ainsi le sang des Gapençais des siècles féodaux coulait encore dans les veines des Gapençais du XIXe siècle.

A la même époque, nos sceptiques de toutes les nuances se retranchaient derrière les niaiseries mystérieuses de la *franche-maçonnerie,* dont la porte était ouverte, à deux battants, aux misérables profanes; ils pouvaient, sans trouble, adresser leur pathos au G∴ A∴ d∴ l'U∴, et, à l'ombre de l'acacia d'Hiram, prononcer le grand nom de *Jéhova,* et se dire, à l'oreille, en trois temps et quatre lettres, le mot sacré du Souverain chapitre des Rose croix; puis, se séparer, en disant les uns *Emmanuel,* et les autres *Pax vobis.*

Laissons-les donc mourir en paix, et voyons à côté d'eux s'élever la Petite Église, qui ne peut se développer parmi nous, malgré le zèle de la sœur Saint-Louis, que le R. P. Thomas, de la compagnie de Jésus, nommait dans la chaire de la cathédrale, en 1824, et avec son gros rire Normand, *la papesse des illuminés;* et, nonobstant les célèbres prophéties du P. Louis, qui virent leur accomplissement sous la Restauration.

Puis, le siège épiscopal de Gap est rétabli. Pour premier évêque de cette ère nouvelle, nous possédons un digne successeur des *Arigius,* des Constantin, des Arnoux de Vendôme, des Artus de Lionne et des Berger de Malissoles, et de notre cathédrale radieuse *le peuple saint inonde les portiques.*

Puis, des disciples du P. Enfantin, en quête de la *Mère* qui doit révéler le dogme nouveau, nous pré-

(1) *Mémoire justificatif pour M. Blanc, maire de Gap, contre M. Ladoucette, préfet des Hautes-Alpes.* Brochure in-4°. Paris 1807.

chent, en passant la pure doctrine de Saint-Simon.

Puis, de tout ce pêle-mêle, de tout ce cahos de maximes divergentes, de tout ce ramassis du XVIII⁰ siècle, de la Révolution, de l'Empire et de la Restauration, sort, pour la classe élevée de la société, l'indifférence la plus complète en matière de religion, bien que vous ayez entendu de vos propres oreilles, il y a quelques jours, affirmer d'un ton pédantesque que les ignorants, seuls, se traînent aujourd'hui dans la fange de l'impiété ; il en est sorti encore l'égoïsme le mieux raffiné, sous lequel nous jouissons, à présent, d'une paix inaltérable, avec la précieuse faculté d'injurier, d'outrager, de calomnier, en un mot, de dire et de faire, à notre gré, tout ce qui n'est pas défendu par le code pénal; code qu'il est permis toutefois de violer en cachette, pour amener les choses à bien, attendu que la fin justifie les moyens.

Dès lors, plus de ces haines vivaces, qui vous secouent rudement un pays, et vous tiennent en haleine, pendant tout un bon petit siècle.

Nous ne prenons plus la peine de singer le *Dictionnaire philosophique* ou son copiste le citateur, voire les *Entretiens d'un curé Jacobin avec Routine maître d'école,* œuvre indigène, sortie des presses de Gap, en l'an 2 de la République, où *la horde noire, coiffée de l'éteignoir du sens commun,* est drapée de la belle manière.

Ainsi, quelques innovations dans le culte des images passent inaperçues, sans éprouver l'étreinte du ridicule, bien qu'elles aient dû troubler, dans leurs tombes, les restes des Lionne, des Hervé, des Pérouse, prélats de l'école de Bossuet, dont ils furent les précurseurs ou les élèves, et qui toujours surent placer les devoirs au-dessus des pratiques.

Ainsi, dans notre excellente petite ville, nous pouvons soutenir que l'étoile de Voltaire brille tou jours du plus grand éclat ou bien qu'elle a fini par devenir nébuleuse, et dire avec cet honnête et sublime boulanger de Nîmes :

> Chaque jour enfante et dévore un système;
> L'impiété commence à se dire anathème.
> La foi d'un soufle impur a sauvé son flambeau :
> Brisant son front d'airain contre nos cathédrales
> L'antechrist Arouet est à ses derniers râles...
>
> Jean Reboul.

Pour tout dire en un mot, une moitié de la population en est encore aux moqueries de la Bible, l'autre moitié ne se moque de rien et se moque de tout.

Le rationalisme peut y attaquer la tradition, et la tradition y pulvériser le rationalisme.

Nous pouvons, à notre gré, soutenir la diversité des races humaines et établir la prééminence du blanc sur le noir, ou bien reculer devant les conséquences, et dire, avec Moïse, que le Scythe et l'Éthiopien descendent d'un père commun, et, avec l'Évangile, que tous les hommes, quelle que soit leur taille et leur couleur, sont frères et égaux, et doivent jouir des mêmes droits, si, d'ailleurs, la moralité et l'intelligence individuelle le permettent.

Nous pouvons, sans nous émouvoir, faire revivre les anciens débats entre les idées innées et les idées acquises.

Nous pouvons prétendre que, comme l'individu, la société humaine passe de la synthèse à l'analyse et de l'analyse à la synthèse ; en d'autres termes, de l'état organique à l'état critique, et que Moïse, homme de transition, est nécessairement panthéiste, puisqu'il est sorti de l'organisme égyptien pour passer dans le criticisme : ou bien démontrer que le législateur des Hébreux a nettement enseigné l'unité de Dieu, du Dieu suprême créateur de la matière et des intelligences inférieures.

Nous pouvons nier ou convenir, sans conséquence, que les livres sanscrits des Indiens, les livres sacrés des Chinois, les hiéroglyphes de l'Égypte, l'écriture cunéiforme des briques de Babylone, corroborent les récits de la Bible au lieu de les détruire.

Nous pouvons, sans nous prendre aux cheveux, soutenir que rien n'est vrai d'une manière absolue ; que le dogme chrétien est usé et doit faire place à une nouvelle croyance, non encore élaborée; ou bien que le dogme est immuable de sa nature et ne peut recevoir que des développements.

Nous pouvons vanter la perfectibilité indéfinie de la race humaine; ou dire, sans nous déchirer, que notre pauvre humanité tourne dans un cercle vicieux, tantôt avançant d'un pas, tantôt reculant de deux.

En morale, nous sommes larges sur les principes et inexorables à l'égard des personnes. Nous pouvons asseoir la base de toute moralité sur les intérêts réciproques bien entendus, ou sur le parfum d'honnêteté qui s'élèvera de la tombe ; ou bien soutenir que la morale n'a de solidité qu'en s'appuyant sur la croyance religieuse.

Nous pouvons, enfin,... dire tout ce qui nous passera par la tête, sans exciter ces vigoureuses passions qui soulevaient le Moyen-âge ou la Renaissance. D'où il suit que les guerres de religion sont bien et dûment éteintes dans la ville de Gap ; ce que je suis heureux de ne pas affirmer également des guerres politiques, qui sont venues les remplacer, pour que nous ne tombions pas dans cette léthargie énervante, ce repos mou et efféminé, qui aurait fini par nous abaisser au niveau des moutons de Madame Deshoulières.

SUPPLÉMENT A LA XLIII° LETTRE.

1784 à 1792 et 1831. — *Note sur M. de Vareilles.*

François-Henri de La Broue de Vareilles naquit au château de Sommières en Poitou le 2 septembre 1734, et fit ses études à Paris, au séminaire de Saint-Sulpice. Élevé au sacerdoce, il fut nommé chanoine de Meaux à l'âge de 26 ans (1760), par M. de La Marthonée de Caussade, qui avait été évêque de Poitiers; ensuite, le cardinal de Montmorency, évêque de Metz, son allié, le nomma grand vicaire de ce diocèse (c'était en 1762) et lui confia la plus grande partie de l'administration de son diocèse. En 1770, le Roi nomma M. de Vareilles à une abbaye, et, en 1784, à l'évêché de Gap. Le cardinal de Montmorency fit la cérémonie de son sacre. Dans ce diocèse, il visitait à pied, et avec de grandes difficultés, les paroisses situées sur nos plus âpres montagnes; cependant, il refusa de le quitter pour aller à Nevers, dont le siège lui avait été offert.

M. de Vareilles resta dans son diocèse jusqu'au mois de juillet 1792. A cette époque, il se vit dans la nécessité de sortir de la ville de Gap, pendant la nuit et sous des habits empruntés. Il se cacha pendant quelque temps à Grenoble et dans les environs de Lyon, et, ensuite, il passa dans la Savoie; mais, forcé de quitter Chambéry, lorsque l'armée française s'empara de cette province, il se retira à Fribourg en Suisse. Dans cette ville, les évêques émigrés avaient établi une table commune pour cent vingt prêtres indigents, expatriés comme eux. « M. de Vareilles était le trésorier de la caisse de « secours; il inventait chaque jour de nouveaux « moyens pour se procurer des aumônes; il allait

« souvent servir ces prêtres qui pleuraient d'atten-
« drissement à la vue d'une charité si touchante »,
M. de Beaupoil de Saint-Aulaire, évêque de Poitiers,
mourut à Fribourg dans les bras de l'évêque de
Gap, qu'il avait nommé son exécuteur testamentaire.

En 1796, M. de Vareilles se retira à Munich et ne rentra en France qu'au mois d'août 1814. Il était alors âgé de quatre-vingts ans. Il habita la ville de Poitiers, où il dirigea, depuis 1817, l'association des jeunes personnes dont le but était de faire élever de pauvres orphelins. Chaque année, l'on donnait et on donne encore dans cette ville une retraite à quatre-vingts femmes pauvres. M. de Vareilles assistait à ces exercices et servait ces pauvres femmes, le jour de la communion générale. Il fut nommé chanoine de St-Denis en 1825, et il mourut à Poitiers, qu'il n'avait pas quitté, le 23 novembre 1831, dans sa quatre-vingt-dix-huitième année. Par décision royale du 30 du même mois, il fut inhumé dans la cathédrale de cette ville. « Tous les jours de la vie de notre pieux pontife furent *des jours pleins,* selon la belle expression des Livres sacrés. Méditer les vérités du salut, assister au sacrifice de nos autels, lire des livres édifiants, entendre la parole sainte, tels furent les devoirs qu'il remplit avec fidélité jusqu'au tombeau... Au bruit de la mort du pontife, toute la cité est plongée dans la douleur. Il faut défendre sa dépouille mortelle des empressements de la vénération publique. Les magistrats, les guerriers, tout un peuple suit son cercueil dans un recueillement profond... » (1).

Gap, le 22 février 1842.

(1) *Oraison funèbre de Mgr l'illustrissime et révérendissime François-Henri de La Broue de Vareilles, ancien évêque com tr de Gap, doyen des évêques de France, dédiée à Monseigneur de Bouillé, évêque de Poitiers, prononcée dans l'église cathédrale le 22 décembre 1831, par M. l'abbé Lambert, vicaire général de Poitiers.* Poitiers, F.-A. Boubier, broch. in-8°, 1831.

XLIVe LETTRE [1].

MONUMENTS ANCIENS DE GAP.

MONUMENTS DÉTRUITS PAR LES PROTESTANTS : Saint-Jean-le-Rond. — Église cathédrale. — Maison épiscopale. — Couvent de Saint-Dominique. — Couvent de Saint-François. — Couvent de Saint-Antoine. — Couvent de Saint-André. — Prieuré de Saint-Arey. — Commanderie de Saint-Jean-de-Jérusalem. — AUTRES MONUMENTS QUI AVAIENT DISPARU AVANT LES GUERRES DE RELIGION : Église de Saint-Étienne. — Saint-Jean-des-Aires. — Saint-Mens. — ÉTABLISSEMENTS POSTÉRIEURS AUX GUERRES DE RELIGION. — Maison de Charité. — Hôpital Sainte-Claire — Couvent des Ursulines. — Couvent des Capucins.

La main implacable des compagnons de Lesdiguières et des religionnaires qui l'avaient précédé, dans la ville de Gap, s'était donc cruellement appesantie sur les monuments que le moyen âge et les temps antérieurs avaient légués à nos ancêtres. Les divers quartiers de la ville n'offrent plus aux regards stupéfaits de ses habitants que des églises en ruine, des monastères renversés, une maison épiscopale rasée jusqu'en ses fondements et dont la génération suivante ne saura plus où retrouver la place.

Durant de longues années, les débris de tous ces édifices encombreront les lieux où ils élevaient leurs formes majestueuses ou leurs proportions

---

[1] Cette lettre, la VIe de celles que Théodore Gautier fit paraître dans la *Revue du Dauphiné* (Valence, imprimerie de Borel, 1838-1839, t. IV. p. 197-228), nous a semblé être mieux à sa place à la fin de l'ouvrage. Nous la faisons suivre de diverses listes complémentaires, qui auront peut-être quelque utilité.

élégantes. La place de Saint-Arnoux, surtout, présentera, pendant plus d'un siècle, les traces de ces fameuses dévastations. La plupart des couvents et des prieurés situés au sein de la ville ou en dehors de ses murailles ne se relèveront jamais et seront entièrement abandonnés. Le temple de Saint-Jean-le-Rond, dont le peu de lignes consacrées à le décrire, dans ma précédente lettre [1]), n'a pu donner qu'une idée bien imparfaite, subira la plus étrange métamorphose. La cathédrale sera dépouillée pour toujours de sa splendeur ancienne. La maison épiscopale seule, qui, en se relevant prendra le nom de palais épiscopal, pourra présenter dans la suite, quelque consolation aux habitants de Gap, qui, sans en excepter un seul, n'avaient pas vu la première ; plus heureux en cela que ces vieux compagnons d'Esdras, ces anciens de la cité sainte, qui, dans leur jeunesse, avaient contemplé les merveilles du temple de Salomon et qui trouvaient si mesquine l'architecture de celui qu'ils avaient élevé à leur retour de Babylone, quelque magnifique qu'il parût aux yeux des fils de Juda et de Benjamin qui étaient nés pendant la captivité.

Je vais tâcher, Monsieur, de présenter l'historique de ces productions du catholicisme ou de l'art romain, ainsi que des édifices dont l'origine est postérieure aux guerres civiles du XVIe siècle, en suivant l'ordre dans lequel les premières sont mentionnées dans ma cinquième [XXVIe] lettre, ou plutôt dans le mémoire présenté par le clergé de Gap en l'année 1582. Veuillez excuser ce long épisode en faveur de l'intérêt qu'il pourra présenter à ceux de nos compatriotes qui n'ont jamais connu l'existence de la plupart de nos vieux monuments, ou qui ont oublié la date de leur fondation, comme celle de leur ruine et de leur abandon, et la nouvelle desti-

---

[1]) Voir XXVIe lettre, dans le t. I, p. 643-644.

nation qui leur fut donnée, à l'époque de leur rétablissement.

1° Saint-Jean-le-Rond.

Vous douteriez-vous, Monsieur, que ce misérable édifice qui encombre la place de Saint-Arnoux, où les bourgeois de la ville et quelques comédiens ambulants ont, tour à tour, donné et donnent encore, de temps à autre, des représentations dramatiques de tout genre et de toute espèce, représente l'ancien temple romain d'une structure merveilleuse qui devint l'église de Saint-Jean-le-Rond ? [1]. Rien n'est plus certain; cependant, bien que le temple occupât un espace plus étendu que celui envahi par le théâtre, ainsi que l'ont prouvé les fouilles récentes, pratiquées dans l'endroit où se montrait naguère une triple allée de platanes.

Après les guerres de religion, la vieille masure de St-Jean-le-Rond n'était plus qu'un lieu infect, entouré et rempli d'immondices. L'évêque Paparin de Chaumont avait décidé que l'église serait rebâtie ou bien rasée entièrement, et réduite en une place au milieu de laquelle serait érigée une croix en commémoration du lieu saint. Cette décision ne fut point exécutée ; mais, en l'an 1605, la confrérie des pénitents, contrainte, à cette époque, d'exercer ses offices en un coin de l'église des Jacobins, non sans une intolérable et voire incompatible incommodité aux uns et aux autres, demanda à messire Charles-Salomon du Serre « la permission de construire, à ses frais et dépens, une chapelle sur les ruines de

---

[1] L'église de St-Jean-le-Rond est mentionnée dans quelques documents anciens : le 19 sept. 1323, *ecclesia Sancti Johannis Rotundi* (G.) ; le 4 août 1371, Jean Moynier, notaire, habite près de cette église, *prope ecclesiam Sancti Johannis appellati Rotundi* (*Chart. de N.-D. de Bertaud*, n° 231, p. 241). Le 23 avril 1540, il y a tout près de cette église une rue ou androne : *Carreria sive androna prope ecclesiam Sancti Johannis Rotundi* (G. 1560).

l'ancienne église, et la concession du terrain qui se trouvait au-devant d'icelle jusques au cimetière de l'église cathédrale et encore au costé derrière l'évesché ». L'évêque accueillit favorablement la demande des vénérables pénitents de l'habit blanc, représentés par leur recteur, maître Jean Ariey-Rostaing, notaire royal et con-greffier épiscopal, à condition toutefois que la confrérie lui servirait, ainsi qu'à ses successeurs, une rente perpétuelle de quinze sols, bonne monoye courante, à chascune feste de Noël ; qu'elle ferait dire dans la chapelle à ériger une messe basse en commémoration du prélat et de sa maison et de celle de messieurs du Serre, à chaque fête de la Circoncision ; et, en outre, qu'elle y ferait élever les armoiries de l'évêque et les y maintiendrait perpétuellement. Enfin, pour l'exécution et corroboration des conventions qui venaient d'être arrêtées, en présence de noble Gaspard Buisson, sieur de Château-Villar, et de maître Jean-Baptiste Aubert, avocat au parlement de Provence, les parties jurèrent de les observer, savoir : l'évêque, *more prelatorum imponendo manus super pectus*, et les confrères, sur les saints évangiles (1).

La chétive chapelle s'éleva donc sur les débris du vieux temple, et les confrères en jouirent, non sans trouble de la part des protestants, jusqu'aux années de la Révolution (2). Ils en furent expulsés en 1793, lorsque le culte de la Raison commençait à

(1) Acte du 18 avril 1605, reçu par M⁰ Mandaroux, notaire, en la maison de noble Daniel du Serre, frère de l'évêque; maison dans laquelle celui-ci était logé, *en la chambre haulte du dernier d'icelle*.

(2) La dernière cérémonie où les pénitents parurent ostensiblement avec leurs insignes fut une cérémonie funèbre. Ils purent encore, et pour la dernière fois, au mois de mai 1793, assister aux obsèques de demoiselle Thérèse Gautier, veuve de sieur Charles Chuzin, ancien officier municipal de la ville, et sœur de l'ancien président de l'élection. Il semblait alors qu'ils célébraient leurs propres funérailles ; mais la confrérie est ressuscitée, sous l'Em-

s'infiltrer dans la ville. Toutefois, les frères pénitents qui voulurent bien substituer le bonnet rouge au chaperon blanc purent y siéger encore, car la triste chapelle devint, l'année suivante, le lieu brillant où la *Société populaire républicaine* tenait ses séances. Elle fut, ensuite, changée en temple décadaire : alors le président de l'administration cantonale y célébrait, chaque jour de *décadi*, les mariages conclus et arrêtés depuis le *primidi* précédent. Plus tard, elle prit le nom pompeux d'*Odéon*, ce qui lui donna un air grec, qui démentait son origine, et la célèbre *Société d'émulation,* y distribua ses couronnes, dans les séances de grand apparat, bien que déjà, depuis quelques années, elle eût subi la transformation qu'elle a conservée jusqu'à nos jours. Enfin, la Société d'émulation, les mariages décadaires et le culte de la Raison ayant terminé leur existence éphémère, la chapelle susdite est restée définitivement, irrévocablement et exclusivement la salle des jeux scéniques de la ville de Gap¹).

2° Église cathédrale.

« Il est constant, dit Juvénis, en parlant d'une
« vision de saint Arey, que la cathédrale n'estoit
« pas bastie à l'endroit où elle fut depuis fondée
« par les libéralités du patrice Abbon, qu'elle ne
« pouvait estre qu'à l'endroit où sont à présent les
« Cordeliers... » (2).

pire, et paraît avoir fixé pour toujours sa demeure dans l'église des Cordeliers. [Elle fut transférée, cependant, peu après (en 1846), dans l'église construite sur l'emplacement occupé par l'imprimerie de Joseph Allier, imprimeur, établi à Gap, au début de la Révolution, en 1790].

¹) Jusqu'en 1866, époque de la démolition de l'ancienne cathédrale de Gap. Le théâtre devint alors cathédrale provisoire, et cela jusqu'en 1895. On y a tenu depuis quelques réunions profanes, jusqu'en 1898, époque où elle a été complètement démolie, par l'entrepreneur Chaix, afin d'agrandir la place St-Arnoux (cf. G. t. III, p. XL-XLI).

(2) *Histoire du Dauphiné*, page 329 et suiv. du manuscrit de

Je n'ai pas vu la dissertation de notre historien sur le testament du patrice ¹) ; mais comme, de son temps, le couvent des Cordeliers était hors de la ville, il s'ensuit, s'il a deviné juste, que vers la fin du VI° siècle ou le commencement du VII°, la ville de Gap s'étendait jusqu'au torrent de Bonne, car il est peu vraisemblable que la cathédrale eût été bâtie hors de son enceinte. Cependant nous avons vu que l'église de Saint-Jean-le-Rond avait été tranformée en cathédrale au temps de la publication de l'Évangile au sein des Alpes, et que nos premiers pontifes y avaient été inhumés. Quoi qu'il en soit, il s'agit aujourd'hui de vous parler de cette église magnifique, de ce *poème épique en pierre,* selon l'expression pittoresque d'un moderne, qui fut renversée par les protestants, durant les guerres de religion, et qui n'a rien de commun avec cette cathédrale primitive, qui, selon Juvénis, était placée vers le couvent des Frères-Mineurs.

L'église cathédrale de Notre-Dame, dont notre savant chroniqueur a donné une si courte description, dans les termes magnifiques rapportés dans ma cinquième lettre ²), ne fut pas rasée dans toutes ses parties jusqu'en ses fondements, puisque nous voyons encore aujourd'hui, entre la petite porte et l'arc-boutant qui se trouve à l'angle méridional, les triples armoiries de Gaucher de Forcalquier, prélat qui siégeait et désolait ses diocésains, avant les guerres civiles du XVI° siècle, ainsi que quelques rares vestiges de sa gothique architecture, lesquels pourraient bien faire découvrir aux personnes ver-

Grenoble. [Cette opinion de Juvénis n'est guère admissible. Il semble bien établi, aujourd'hui, que l'emplacement de la cathédrale de Gap n'a jamais changé (voir G. III, p. xxxi)].

¹) Dans son testament daté du 5 mai 739, le patrice Abbon fait à l'église de Gap le don de divers domaines ou propriétés : dans la vallée de Suse, à Riez, à Cavaillon, en Trièves (*Cart. de St-Hugues,* p. 45, cf. Fornier, t. III, p. 187-8).

²) Ou XXVI° lettre, t. I, p. 644.

sées dans l'art architectonique, si notre basilique remontait à Karl-le Grand ou si elle avait été élevée à une époque postérieure ¹).

On s'empressa, sans doute, d'y faire quelques réparations aussitôt que les circonstances le permirent : en 1611, la ville avait déjà fourni cinq à six mille écus pour la réédification de la cathédrale, et, par une transaction du 27 avril de la même année, elle s'obligeait à payer cinq cents livres pour le clocher, et de restituer vingt-huit quintaux de métal pour les cloches ; mais, en l'année 1613, elle était bien loin d'être entièrement restaurée, car un prix-fait fut donné, le 4 avril, à des menuisiers suisses, les frères Langhostain, pour la boiserie et les chaires du chœur, moyennant la somme de 3.960 livres, au paiement de laquelle la ville contribua dans une proportion que je ne puis déterminer (2). Elle ne l'était pas même en 1646, époque à laquelle l'évêque, le chapitre et la communauté passèrent une nouvelle adjudication à divers ouvriers, pour la construction du clocher et la réparation des murs d'enceinte, sur les plans et les dessins faits par un savant mathématicien, le P. Vincent Léotaud, jésuite, né dans la Vallouise en 1595 et mort à Embrun en 1672 (3). D'après l'acte du 23 février 1646, la dépense devait être supportée, savoir : les deux

¹) De l'église primitive (IV°-VIII° siècles), de l'église carolingienne (VIII° siècle-950 environ), et de l'église romane (1000-1290), il ne reste rien ou peu de chose. Gautier fait ici allusion à la cathédrale gothique (1300-1567), dont les débris les plus intéressants ont été transportés, en oct.-nov. 1908, au Musée départemental (Cf. G. III, p. xxxi-v; *Annales des Alpes*, t. XII, p. 129 et 209). Le clocher, « une des belles pièces de France », fut démoli le 3 janv. 1577 (*Mém. pour l'advenir*, G. 1499).

(2) Acte reçu par M° Jean Gay, *notaire, le 4 avril 1613*, cité par M. Rochas dans ses *Mémoires inédits*, page 124, 1ʳᵉ série [Cf. G. III, p. xxxv-vii].

(3) N'en déplaise au R. P. Léotaud, au lieu de coiffer d'un bonnet chinois la tour octogone de l'église cathédrale, il aurait bien plus de droits à notre reconnaissance s'il avait rétabli cette flèche qui, d'après la tradition, s'élevait à une hauteur prodigieuse,

tiers par la ville, et le tiers restant, par l'évêque et par le chapitre, dans des proportions inégales. La communauté fut représentée par François Marchand, Antoine *Vilari* et Étienne Collomb, consuls modernes ; lesquels étaient assistés de Guillaume Latil, curé ; Raymond Juvénis, procureur du Roi; Gaspar Combassive ; André Rochas, procureur de la ville ; Jean Comte; Michel Pascal, avocat; Pierre Ollivier, notaire, et Gaspar Gilibert, tous députés de la ville (1).

Il paraît qu'en instituant le plus savant des évêques, qui, pendant le XVII° siècle, ont occupé le siège de Gap, le Souverain Pontife l'avait soumis à employer annuellement la somme de mille livres aux réparations de l'église et à la réédification de la maison épiscopale, indépendamment de ce qu'il était tenu de fournir de droit ; mais n'ayant pu satisfaire à cette obligation, messire Artus de Lionne légua, par son codicille du 16 avril 1661, une somme de 21.000 livres, qu'il reconnaissait devoir depuis le mois de mars 1640, où il avait pris possession de l'évêché, jusqu'au mois de mars 1662. Cette somme devait être employée par moitié à l'église ou à une autre maison dont on ferait l'acquisition au profit de l'évêché ; elle devait être payée par le fils du testateur, messire Hugues de Lionne, marquis de Berni, commandeur et prévôt des ordres du Roi et l'un de ses premiers ministres du Conseil d'en haut, à compte de ce qu'il devait à l'évêque, son père, sur les revenus de l'abbaye de *Sorglionane* ²) par lui recouvrés (3). Sans doute que les intentions de l'illustre testateur furent exactement remplies ;

quelque peu en harmonie qu'elle eût été avec l'édifice qui, dès lors, prit la forme arrondie de l'ordre toscan.

(1) Acte du 23 février 1646, reçu par M⁰ Plauche, notaire. [G. 1182].

²) *Sic.* Lire *Solignac*, abbaye du diocèse de Limoges (G. 918 et 1159).

(3) Codicille d'Artus de Lionne du 16 avril 1661.

cependant, bien des années après le legs de M. de Lionne, l'église cathédrale ne présentait aux yeux de ce Raymond Juvénis, qui avait concouru au prix-fait de 1646, qu'une misérable caricature de cette ancienne église, « dédiée à l'Assomption de la
« Sainte Vierge, qui, depuis, ayant été renversée
« par les calvinistes, fut rétablie de la manière
« pitoyable que nous la voyons à présent. On la
« sacra de nouveau, ajoute notre historien, et l'on
« associa saint Arnoux, évêque et patron de la ville,
« à cette dédicace » (1).

La vieille cathédrale de Gap, bien ou mal restaurée, tomba, comme la ville, au pouvoir des troupes du duc de Savoie, en l'année 1692. Il y avait malheureusement parmi les soldats de ce prince *beaucoup d'hérétiques des montagnes*, qui, loin de respecter le lieu saint, y mirent le feu, après en avoir enlevé l'argenterie, les vases sacrés et les ornements sacerdotaux. Ils auraient bien voulu également descendre les cloches qui se trouvaient dans la tour du P. Léotaud, mais les habitants avaient eu soin d'en rompre le degré et d'en enlever les échelles, avant l'entrée des Piémontais dans la ville [G. 1503]. Comme l'église n'était que lambrissée, il n'en resta que le clocher et les quatre murailles. Il fallut donc la rétablir de nouveau, et, à cet effet, il fut passé trois marchés, depuis le mois de juin 1703 jusqu'au 11 mai 1706, époque à laquelle la dépense s'était déjà élevée à 53.070 livres ²).

Louis XIV avait accordé un secours de 20.000 livres; l'évêque, Charles Bénigne d'Hervé, et la ville avaient fait le surplus de la dépense ; mais le chapitre n'y avait encore nullement contribué en 1706, époque à laquelle M. de Malissoles succéda à M. d'Hervé ; loin de là, il avait exigé de l'entrepreneur

(1) Juvénis. *Hist. du Dauphiné*, page 93 et suivantes du manuscrit de Grenoble.
²) Cf. G. III, p. xxxvii-viii.

quelques sommes qui lui étaient dues pour vente de bois : car, vous le savez, Monsieur, les chanoines étaient possesseurs de la belle forêt du *Derez*. D'un autre côté, M. d'Hervé n'avait encore rien payé d'une gratification de 10,000 livres qui lui avait été accordée sur ses bulles, pour être employée aux réparations de l'église, suivant la clause qui y était insérée ; et la cathédrale était encore en si mauvais état, à cette époque, que les chanoines continuaient de faire leur service dans la chétive chapelle des pénitents qu'ils avaient occupée dès la fin de l'année 1692 (1).

La boiserie qui orne le chœur de la cathédrale, et ces tableaux représentant les évêques canonisés de l'église de Gap, qui masquent quelque peu ces énormes piliers qui semblent soutenir une voûte immense, ne furent terminés qu'en 1720.

Après avoir reçu quelques embellissements, tels que ces deux buffets d'orgues, soutenus, à l'entrée de l'église par deux belles colonnes toscanes, dont l'origine remonte vers le milieu du XVIII° siècle, et le maître-autel en marbre, qui remplaça, pendant l'épiscopat de M. de Vareilles²), l'autel en bois sur lequel étaient posés ces deux chérubins que vous admirez encore sur les consoles élevées qui les ont rapprochés du faîte de l'édifice ³) ; après avoir vu réunis dans son sein les membres de la Société

---

(1) *Mémoires de messire François Berger de Malissoles et de la ville de Gap relatifs au rétablissement de l'église cathédrale.* — *Délibération du conseil municipal du 8 mai 1706,* dans laquelle figurent, entre autres, Jean Masseron, maire perpétuel; François Léautier et Georges Nas, consuls ; Rochas, commissaire ; Barbier et Combassive, élus ; Bontoux, avocat ; Jean de Cazeneuve ; Pierre Thomé, notaire ; Paul Roubaud, Pierre Bonnet, Joseph Espié et Pierre Martin [Cf. BB. 64, *Inv.*, p. 289].

²) Lire : Sous l'épiscopat de Franç.-Gaspar de Jouffroy-Gonsans, en 1776 (G. 2087).

³) Ces deux anges adorateurs, œuvre remarquable de Jacques *Bernus,* sont présentement dans la chapelle de la Vierge de la nouvelle cathédrale de Gap.

populaire, à l'époque où les représentants du peuple Barras et Fréron vinrent proclamer dans les Alpes le triomphe de *la Sainte Montagne*, et avoir postérieurement servi de grenier à blé, cette église cathédrale est ainsi venue jusqu'à nous. Durant les orages révolutionnaires, elle ne perdit qu'une superbe grille qui séparait les nefs du sanctuaire (1) et les douze apôtres sculptés sur la balustrade de la chaire, que la hache de l'impiété mutila en 1794. La grille va être remplacée ; mais qui nous rendra nos douze apôtres et surtout cette flèche incommensurable qui s'élançait vers le ciel ! [2]).

3° Maison épiscopale.

Nous ne savons rien de l'ancienne maison épiscopale [3]), détruite par les calvinistes, si ce n'est qu'elle était très belle [4]) et bien bâtie, qu'elle occupait à peu près le même emplacement que le palais épiscopal de nos jours, et que, dans une salle de cette maison, l'on avait peint divers prélats de l'église de Gap [5]), entre autres saint *Demetrius*, dont la figure précédait celles des autres évêques, avec un éloge où il était présenté comme disciple des apôtres. Voici comment Gabriel *de Sclafanatis*, dans un bréviaire qu'il fit imprimer en 1499, s'exprime

---

(1) C'est à la munificence de M. de Pina, doyen du chapitre, mort au mois de janvier 1753, que la cathédrale est redevable de l'orgue et de l'ancienne balustrade ; il avait donné 12.000 livres pour le premier objet (*Annales des Capucins* de Gap, page 252).

[2]) La nouvelle cathédrale de Gap, très remarquable à différents points de vue, est terminée par un beau clocher, dont la flèche svelte s'élève dans les airs à près de 60 m. de hauteur (cf. G. III, p. XXXVIII-XL).

[3]) Elle existait au XII° siècle et, souvent, elle est mentionnée, dès lors, dans les chartes de Bertaud et de Durbon (Voir G. III, p. XLII-XLIII).

[4]) « Une des plus belles maisons de la Province » (G. 1286).

[5]) *In domo picta d. episcopi*, 1ᵉʳ juin 1202 (Bert. n° 3) ; — *in parlatorio nostro picto*, 25 juin 1225 (ib. n° 17), etc. (Cf. G. III, p XLII).

sur les évêques peints dans la salle de l'évêché :
*Quorum nomina descripta et personæ in circuitu
aulæ Vapincensis episcopalis depictæ continentur, ubi
dicitur : Hujus almæ ecclesiæ Vapincensis primus
episcopus fuit beatus Demetrius, qui fuit apostolorum
discipulus*; ce qui avait été tiré de précédents bréviaires manuscrits fort anciens. Paul de Beauvois, chanoine de la cathédrale de Gap, qui mourut en 1651, âgé de plus de cent ans, avait lu bien des fois, dit Juvénis, qui l'avait connu dans sa jeunesse, l'écrit placé sous le portrait de saint *Demetrius*, lequel écrit portait encore que ce disciple des apôtres avait été le premier évêque de Gap et par conséquent le fondateur de cette église (1).

Charles-Salomon du Serre, qui succéda à Paparin de Chaumont, était logé chez noble Daniel du Serre, son frère [G. 898], dont la maison était située, je pense, sur la place St-Arnoux et tout près de l'église cathédrale (2). Dans la suite, Artus de Lionne et ses successeurs y demeurèrent jusqu'à la construction du nouveau palais épiscopal, laquelle n'eut lieu que vers la fin du XVIIᵉ siècle ³).

En accordant des secours pour l'érection du nouvel hôtel épiscopal, le Gouvernement avait exigé qu'il fût élevé sur l'emplacement occupé par l'ancien. En conséquence, au mois de novembre 1670, messire Jean-Mathieu de Bertrand, sieur du Fresne, conseiller du Roi, vibailli, lieutenant général civil et criminel des montagnes du Dauphiné, juge royal, présidial (tels sont ses titres), fut chargé, sur

(1) Juvénis, *Histoire du Dauphiné*, pag. 283 et suiv. du Ms. de Grenoble.

(2) Elle est possédée aujourd'hui [1837] par M. Girard, officier en retraite, [et, en 1909, par M. Marius Courtil]. J'ai habité cette maison, de 1879 à 1890, 14 juillet, époque où j'ai dû l'abandonner, à la suite d'un violent incendie, occasionné par une fusée lancée du clocher de la cathédrale, alors en construction et arrêté à la hauteur du toit].

³) Ceci n'est pas en tous points exact (cf. G. III, p. xlviii).

la requête de Pierre de Marion, alors évêque de Gap, de reconnaître le lieu où se trouvait jadis la maison épiscopale, ruinée par les protestants vers l'année 1577 [1]. Plusieurs vieillards furent appelés en témoignage, entre autres noble Benoît de Vitalis, sieur de Beauchâteau, âgé de 76 ans. Ces vieillards n'avaient pas été témoins directs des ravages causés par les calvinistes ; mais ils avaient vécu, pendant de longues années, avec les contemporains des guerres de religion, *qui avoient veu la dicte maison épiscopale droicte, et qui leur disaient, souvent, que ceulx de la religion prétendue réformée l'avoient desmolie dans le temps de leurs guerres, et que les dicts prétendus réformés les avoient souvent obligez* A COUPS DE BASTONS *d'aller à leur presche.* Il résulta de l'enquête que cette maison était bâtie en un endroit élevé, joignant le cimetière de l'église cathédrale du côté du levant, appelé place Saint-Arnoux ; qu'elle s'étendait le long dudit cimetière vers la chapelle des pénitents, les écuries et le jardin de la dame de La Motte, du côté du midi ; qu'on voyait encore rez-terre les restes d'une muraille dans le milieu de la rue, tendant du Doyenné vers le jardin de l'évêque, où l'on tenait la grenette sous une halle ; *qu'il y avoit au dedans l'auditoire du juge ordinaire et les prisons épiscopales,* etc. (2). D'où nous pouvons conclure que la principale façade de l'ancienne maison épiscopale s'étendait dans la cour actuelle, qu'elle empiétait un peu sur la place Saint-Arnoux, et qu'elle s'élevait parallèlement à la façade de l'église cathédrale [3].

Dans une requête présentée à M. Dugué, intendant de la province, le 14 octobre précédent, Pierre

[1] Le 6 janvier 1577 (G. 1190 et 1499 ; G. III, p. xlvi).
(2) Procès-verbal d'enquête du 19 novembre 1670 [G. 1190 ; cf. G. III, p. xlvii].
[3] Sa façade principale était à l'ouest et mesurait 24 toises, soit 47 mètres (G. 1190).

de Marion, afin d'obtenir des secours plus importants et la permission d'imposer toutes les paroisses du diocèse, exposait que les prétendus réformés avaient causé la perte des rentes de l'évêché, et que l'on se trouvait dans l'impuissance de relever le palais épiscopal ; que les guerres civiles avaient obligé les rois Charles IX et Henri III, avec la permission du Saint-Siège, d'aliéner les terres de Châteauvieux, de Poligny, de La Fare, du Noyer, du Glaisil, de La Bâtie-Neuve, de Lettret, de Lazer, de Sigoyer de-Malpoil et autres, qui formaient une bonne partie des revenus de l'évêché, lesquels se trouvaient, en ce moment, surchargés de décimes (1). Cette requête, apostillée par Raymond Juvénis, qui exerçait les fonctions de procureur du Roi au bailliage de Gap, avait donné lieu aux investigations dont je viens de faire connaître le résultat.

Une seconde enquête, en tout conforme à la première, à laquelle il avait été procédé le 23 janvier 1671, fut répondue par l'Intendant le 15 février suivant. Ce magistrat estimait qu'il serait plus avantageux pour la province de Dauphiné d'imposer une somme de 20.000 livres, en trois ou quatre années, pour l'achat de diverses maisons dont on pourrait faire plus commodément et à moindres frais un palais épiscopal, que si on le réédifiait sur les fondements de l'ancien ; ce qui, d'après le devis qui en avait été dressé, en porterait le montant à 53.944 livres, somme que la Province ne pourrait supporter, avec les charges ordinaires qu'elle est obligée de payer (2).

De ce moment je perds de vue la réédification du

---

(1) Requête du 14 octobre 1670 [G. 1190]. — Dans un mémoire du 8 mai 1706, M. de Malissoles porte à 2.500 livres la perte des revenus annuels de l'évêché de Gap.

(2) Avis donné par l'Intendant, le 15 février 1671, sur les requêtes des 19 novembre 1670 et 23 janvier 1671.

palais épiscopal jusqu'en l'année 1686, où M. d'Hervé, qui occupait le siège du diocèse, faisait l'acquisition de plusieurs maisons situées dans les rues Juive, du Four-St-Arey et de St-Jean de Jérusalem (1), tant pour le palais que pour le jardin de l'évêché. Parmi les vendeurs figurent deux descendants de l'ancienne maison de Laye, nommés Louis et François, qui en étaient réduits à exercer la profession de charpentiers ; on y voyait encore noble Jacques Blanc, sieur de Camargues ; Pompone Bonnet, docteur-médecin, et les PP. de la Doctrine chétienne, à qui était confiée la direction du séminaire (2). Il paraît que l'avis de l'Intendant avait été suivi ; que l'on ne tenait plus à élever l'édifice épiscopal sur les fondations de l'ancien, et que, vers cette époque, il fut construit tel que nous le voyons aujourd'hui ³), car il échappa au vaste embrasement de 1692. Le jardin, pour lequel furent suivis les dessins du célèbre Lenôtre, reçut la division qu'il a conservée jusqu'à nos jours ; mais, dernièrement, il a été ébréché quelque peu, du côté de la rue Saint-Arey et de la rue improprement appelée du Temple, afin d'élargir les avenues du nouvel hôtel de préfecture.

Le nouveau palais épiscopal fut occupé successivement par MM. d'Hervé [1692-1706], de Malissoles [1706-36], de Cabanes [1739-41], de Condorcet [1741-54], de Pérouse [1754-63], de Narbonne [1763-74], de Jouffroy [1774-78], de Maillé [1778-84] et enfin par M. de Vareilles [1784-92], obligé de le quitter en 1791 ⁴),

(1) Aujourd'hui, rues du Doyenné, de l'Hôpital et de Saint-Arey.

(2) Actes de vente de l'année 1686. [Les Doctrinaires vendirent leur maison, le 2 avril 1686, au prix de 10.500 l. ; Jacq. Le Blanc céda la sienne, le 28 mai suivant, moyennant 2.450 l., etc. (G. III, p. XLVIII).

³) La dépense totale s'éleva à 48.899 l. (G. 1948).

⁴) Exactement, le 11 juillet 1792 (Voir son *Mémoire sur sa conduite dans son diocèse,* etc. Gap. 1893, in-8° de 23 p.).

448   HISTOIRE DE GAP ET DU GAPENÇAIS.

lors de l'exécution de la Constitution civile du clergé, à laquelle il ne crut pas devoir se soumettre.

Pendant la Révolution, la municipalité y établit ses bureaux, au rez-de-chaussée, et le directoire du district en occupa le premier étage ; il fut un moment, sous le gouvernement directorial, où l'on y voyait installées en même temps l'administration centrale du département, la municipalité de Gap et la gendarmerie stationnée dans cette ville. Le premier de nos préfets, je veux dire le premier de l'ordre chronologique, l'occupa tout seul dans la suite, et ses successeurs y ont fait leur demeure jusqu'au printemps de la présente année [1]. Monseigneur de La Croix, notre nouvel évêque, a pu y descendre le 14 septembre dernier [1837], et l'hôtel de la préfecture est redevenu dès lors le palais épiscopal du diocèse de Gap (2).

4° Couvent de Saint-Dominique.

Le couvent de Saint-Dominique ou des Frères-Prêcheurs, plus communément désigné sous le nom de *Couvent des Jacobins*, remonte au commencement du XIV° siècle. Toutefois, les religieux qui devaient l'habiter ne vinrent en prendre posses-

---

[1] Les préfets Bonnaire, 1800-2 ; Ladoucette, 1802-9 ; Defermon, 1809-13 ; Chazal, 1813-14 ; Harmand d'Abancourt, 1814-15 ; Peliet, 1815 ; de Nugent, 1815-19 ; Liégeard, 1819-23 ; Asselin, 1823-27 ; de Beaumont, 1827-28 , de Roussy, 1828-30 ; Reynaud, 1830-33 ; Gauja, 1833-34 ; Saladin, 1834-35 , et Scipion Mourgue, 1835-37.

(2) Cependant l'acte qui constate la cession faite à l'État par le département des bâtiments de l'évêché et de ses dépendances n'a été dressé que le 23 octobre 1837. Ils avaient été remis au Département par décret du 9 avril 1811. [En suite de la loi de séparation (de 1905), le palais épiscopal a été revendiqué par l'État ; postérieurement, il a été attribué au département des Hautes-Alpes. Mgr Berthet a dû, en conséquence, abandonner l'évêché (le 31 décembre 1906). Depuis cette époque, il est complètement inoccupé. Il semble, d'après les décisions prises par le Conseil général des Hautes-Alpes, en septembre 1909, que l'évêché de Gap, sera à l'avenir affecté au logement des services militaires : génie, recrutement, etc.].

sion qu'en l'année 1330, alors que Guillaume Gibelin occupait le siège, de Gap ¹).

Je pense qu'au moment où le monastère fut détruit par les calvinistes, il occupait le vaste emplacement compris entre la rue et la place Grenette, la rue et la place de l'hôpital Sainte-Claire et la rue de Tresbaudon ²). Se trouvant placé dans le seul quartier où l'incendie de 1692 n'exerça pas ses ravages, il échappa, ainsi que l'hôpital, duquel il n'était séparé que par une rue, aux flammes qui réduisirent en cendres le reste de la ville. Vers la fin du XVIII° siècle, la vaste et belle église des Jacobins, aux réparations de laquelle les revenus du couvent ne pouvaient pas suffire, s'écroula presque entièrement : le chœur et le clocher restèrent seuls debout ; aussi, en faisant faire un demi-tour au maitre-autel placé à l'entrée du chœur, les Pères Dominicains purent encore célébrer leurs offices dans cette partie de l'église. C'est dans cette vieille église et dans la chapelle dédiée à saint Raymond, son patron, qu'avait été enseveli, en 1705, notre docte Juvénis.

Le couvent des Jacobins et ses dépendances furent ensuite vendus nationalement, à l'exception d'un grand corps de bâtiment inachevé, situé le long de la rue Grenette, que le directoire du département fit terminer et dans lequel il s'établit vers la fin de l'année 1791. L'administration centrale y siégea également pendant plusieurs années, et, ensuite, le tribunal civil, qui l'occupe encore en ce moment ³).

¹) En réalité, le couvent des Dominicains de Gap n'a été fondé que le 31 mars 1427 (*Annales des Alpes*, I, 1897, p. 123-141 ; cf. *Bull. soc. d'étud. des Hautes-Alpes*, 1883, p. 437 et suiv.).

²) M. G. Rohault de Fleury, dans sa luxueuse publication, *Les couvents de St-Dominique au Moyen-Age*. Paris, [1902], in-4°, donne le « Plan du couvent des Jacobins de Gap », fondé en 1427 (cf. *Annales des Alpes*. t. VI, 1902-3, p. 48).

³) Depuis la loi « de séparation », et l'attribution de la maison

Sur l'emplacement du vieux monastère se sont élevées diverses maisons, et sur les ruines de l'ancienne église le vaste édifice que M. Bontoux, commissaire du directoire exécutif dans les Hautes-Alpes, fit construire lorsqu'il occupait cet emploi. Aujourd'hui, cette belle maison, qui recouvre tant de débris de la race gapençaise, est possédée par M. Raige, directeur des contributions directes [1]. Dans les caveaux de l'église des Dominicains étaient déposés les restes de la classe pauvre et de la classe moyenne des manants et habitants de Gap, c'est-à-dire les classes les plus nombreuses de la cité [2].

5° Couvent de Saint-François.

C'est ainsi que l'on désignait le couvent des Frères Mineurs ou des Cordeliers, avant que les Capucins se fussent établis près de la ville, ce qui n'eut lieu qu'après les guerres de religion. Une vieille tradition, dit M. Rochas, dans ses *Mémoires*, porte qu'il existait anciennement un prieuré dédié à l'Assomption à l'endroit où l'on voyait de son temps le couvent des Cordeliers (3). Nous avons déjà vu que Juvénis y plaçait la cathédrale où saint Arey célébrait les saints mystères ; mais il faut remonter bien loin pour trouver le prieuré dont parle M. Rochas, car c'est au commencement du XIII° siècle, sous l'épiscopat de Guillaume III, que l'on commença à bâtir le couvent des Frères Mineurs, les-

---

épiscopale de Gap au département des Hautes-Alpes, il a été question plusieurs fois de transférer le tribunal civil à l'évêché. Mais, en septembre 1909, ce projet a été abandonné définitivement, et le Tribunal civil continuera à siéger dans le couvent des Dominicains.

[1] De nos jours et grâce aux libéralités de feu M. Bontoux, directeur de l'*Union Générale*, cette maison est devenue un asile de vieillards, sous la direction des religieuses de St-Joseph.

[2] Voir, ci-après, la liste des prieurs des Dominicains de Gap.

(3) *Mémoires inédits*, pages 162 et suiv., 2° série.

quels vinrent s'y établir en l'année 1292. « Les plus
« anciennes chroniques de l'ordre de saint Fran-
« çois, dit à son tour Juvénis, marquent que ce
« bienheureux patriarche, passant les Alpes, laissa
« de ses enfans dans Gap : ils furent establis dans
« la ville, et l'on montre encore l'endroit où ils
« avoient esté fondés ; ils eurent un pré qui estoit
« tout contre, et ils y bastirent ensuite une belle
« église et un couvent fort vaste : il y avoit grand
« nombre de religieux et des hommes illustres » (1).

Le convent des Cordeliers ²), détruit par les hérétiques en 1577 ³), fut réédifié après les guerres de
religion, tel que nous l'avons vu naguère, à l'exception de l'église qui paraît être d'une date plus récente. Étant situé hors de l'enceinte de la ville, il
échappa sans doute à l'incendie allumé par les Piémontais, car il ne figura pas dans l'état des pertes
dressé par M. de Poligny en 1693. Quoi qu'il en soit,
le monastère et les terres qui l'entourent, voire le
fameux moulin de Burle, premier témoin des prédications de Farel, qui en dépendait avant la Révolution, devinrent des propriétés particulières en 1791.
Le généreux prélat qui a été enlevé à la vénération
de ses diocésains dans les premiers mois de l'année dernière [27 mars 1836], M. Arbaud, fit l'acquisition de l'ancien couvent des Cordeliers ; il le fit
rehausser d'un étage et y établit les Sœurs du Sa-
cré-Cœur-de-Marie. L'église qui n'a jamais été aliénée et que l'on a ornée de quelques tableaux, quelque peu grotesques, sert en même temps d'église

(1) *Histoire du Dauphiné*, pag. 93 et suiv. du Ms. de Grenoble.
²) Le 19 mars 1254 (v. st.) Rodolphe de Montbonot, doyen du chapitre de Gap, fit un legs aux Cordeliers de cette ville (Fornier, *Hist.*, t. I (1890), p. 768 n). Le 2 juin 1298, ils reçoivent 20 l. de Guil. Minsard, de St-Bonnet (Durbon, n° 569). Le 20 févr. 1381/2, Simon *Pessalocii*, marchand de Gap, veut être enterré dans leur cimetière (Bertaud, n° 235), etc.
³) Ou plus exactement en 1567 (*Mémoires pour l'advenir*, G. 1499).

paroissiale de Saint-André, de chapelle pour les pénitents et d'oratoire pour les respectables Sœurs [1]).

6° Couvent de Saint-Antoine.

Saint-Jean-des-Aires. — Il y avait très anciennement près de la porte Saint-Arey et en dehors de la ville, une église paroissiale [?] qui portait le nom de Saint-Jean-des-Aires, et dont vous chercheriez vainement le moindre vestige : elle a eu le sort réservé pendant tant de siècles à la fameuse Babylone.

Il en est de même de l'ancien couvent de Saint-Antoine, placé également hors des remparts, près de l'endroit où se montrait aux yeux des premiers chrétiens cette église paroissiale qui fut donnée, vers le milieu du XIII° siècle, aux religieux de cet ordre [2]) par l'évêque Robert [1235-1251]. C'est en l'année 1123, durant l'épiscopat de Pierre Ier [Graffinel (1123-1130)], que les Pères de Saint-Antoine vinrent s'établir à Gap [3]), avec franchise de la dîme. Dans la suite, ils se placèrent dans la ville et ils élevèrent leur couvent dans l'endroit où fut bâti, postérieurement aux guerres de religion, le monastère de Sainte-Ursule, près duquel une rue portait autrefois le nom de *rue derrière Saint-Antoine* (4).

---

[1]) Elles ont fait construire, en 1857, derrière l'église de St-André, sur l'avenue d'Embrun, une chapelle indépendante, très élégante, qui a été inaugurée le 22 août suivant.

[2]) Exactement, le 7 déc. 1238 (Albanès, *Gallia*, I (1895). Instr. XXII, col. 288-9).

[3]) Je n'ai trouvé nulle part, jusqu'à présent (1909), la preuve de cette affirmation. En 1198 et en 1199, les Antonins de Gap possédaient, toutefois, la petite commanderie de Larra (Albanès, *Gallia*, I, *Instr.* col. 284). Frère Élie était alors le commandeur de Gap. Son prédécesseur Martin *Vacca*, avait reçu, peu avant, de Guil. Raymond et Agnès, sa femme, la commanderie de St-Grégoire, en la vallée d'Avançon.

(4) *Mémoires inédits* de Juvenis et de Rochas. — La rue derrière Saint-Antoine fait partie aujourd'hui de la rue des Travailleurs [Voir la liste des commandeurs de St-Antoine de Gap dans G. VI, p. CVI, et tiré à part, in-8°, p. 256-258].

Couvent des Ursulines. — Dès le moment où leur couvent fut renversé par les calvinistes [en 1567], les Pères de Saint-Antoine ne reparurent plus dans Gap. Puisque le couvent des Ursulines s'éleva, vers l'année 1629, sur les ruines de leur monastère, il convient de vous montrer rapidement les vicissitudes que celui-là a éprouvées depuis l'année 1792, où les religieuses en furent violemment expulsées. D'abord, l'église est transformée en magasin à blé et à farine, et les appartements reçoivent les jeunes et élégants gardes-magasins, qui, sous le Directoire, se montraient à la tête des *incroyables* de la ville. Plus tard, les soldats de la République et du Consulat font entendre, dans les cellules des vénérables nonnes, des sons qui auraient paru aussi étranges qu'inintelligibles à ces mystiques filles de sainte Ursule, s'ils étaient parvenus à leurs chastes oreilles. Enfin, l'ancien couvent des Ursulines est donné par le Gouvernement à la ville, qui y établit le collège communal,... sur lequel je n'ai rien à dire [1]).

7° **Couvent de Saint-André**.

De tous les monastères élevés à Gap, celui-ci, je pense est le plus ancien (2) : il fut desservi par les Bénédictins de la dépendance de l'abbaye de Cluny jusqu'au moment où il fut ruiné par les protestants.

---

[1]) Le collège de Gap, qui a laissé son nom à la rue voisine, dite rue du Collège, a été, lors de la construction du *Lycée*, converti de nouveau en caserne.

(2) Déjà vers la fin du VI° siècle on voyait près de la citadelle *(oppidum)* de la ville de Gap un temple dédié au bienheureux André, apôtre, d'où saint Arey chassa les démons qui y exerçaient des œuvres d'iniquité *(De Sancta. Arigio sive Aridio vita, auctore coevo. Acta Sanctorum maii*, tom. I, pag. 107) ; mais il est fort douteux que la ville s'étendît alors par-delà le torrent de Bonne, où se trouve le couvent de Saint-André et que le temple dédié à cet apôtre appartînt au monastère, qui vraisemblablement ne fut fondé qu'à une époque postérieure.

Les terres qui l'entouraient furent données dans la suite au collège des Jésuites d'Embrun ¹).

L'église ²) et le couvent de Saint-André ne présentent plus que de rares vestiges, dans le lieu qui servait encore, il y a peu d'années, de cimetière à la paroisse du même nom. Ce cimetière fut interdit par notre dernier évêque, parce qu'il était sans clôture et se trouvait ainsi exposé aux irruptions des animaux immondes, appartenant aux meuniers et aux propriétaires qui ont leur demeure à proximité. Là, reposent les restes de l'ancien évêque constitutionnel des Hautes-Alpes, M. Ignace de Cazeneuve, qui mourut dans sa maison de campagne de *Varses*, située dans l'enclave de la paroisse de Saint-André, le 10 mai 1806.

Le vieux monastère ne se releva jamais du coup qui lui fut porté par les protestants, durant les guerres de religion. Après la suppression de la compagnie de Jésus, les prairies qui en dépendaient furent acquises par divers bourgeois de la ville.

Le couvent de Saint-André, cité bien souvent dans nos chartes municipales, était situé près du joli jardin de M. Blanc, pharmacien ³), entre la route royale de Grenoble et le chemin vicinal qui longe le torrent de Bonne et qui vous mène en droite ligne au hameau des Gondoins. — La chapelle de Saint-Jean-de-Chassagnes et celle de Saint-Colomban-de-Charance dépendaient autrefois du prieuré de Saint-André (4).

¹) Le 14 septembre 1618 (G. 753).

²) L'église de St-André de Gap, fut fondée par Adalard et Frodina, sa femme, qui lui donnèrent des revenus pour l'entretien d'un prêtre ; elle fut consacrée par l'évêque Feraud, en 1010, et le même évêque, le 27 mars 1029, donna cet église à Odilon, abbé de Cluny (*Bull. d'hist. ecclés. des dioc. de Valence, Gap*, t. II (1881), p. 257, et tiré à part in-8° de 12 p.).

³) Occupé aujourd'hui (1909), au midi, par le *Chalet Américain*, construit par M. André Provansal, et, au nord, par la pépinière de M. Bapt. Martin, horticulteur.

(4) *Mémoires* de M. Rochas, pag. 162 et suiv., 2ᵉ série.

8° Couvent de Saint-Arey.

« Par-delà le couvent des RR. PP. Capucins et sur
« cette colline baignée à sa base par les eaux du
« Turellet, qui, en cet endroit, bouillonnent et tom-
« bent en cascade, vous ne voyez aujourd'hui
« qu'une très-petite chapelle dédiée à saint Arey,
« où tous les corps séculiers et réguliers, suivis
« des autorités municipales, se rendent procession-
« nellement, chaque année, à la seconde fête de
« Pâques. En ce lieu s'élevoit, avant les guerres
« religieuses du XVI° siècle, un monastère égale-
« ment dédié au grand *Arigius* et desservi par des
« chanoines de la prévôté d'Oulx ».

Ces brèves paroles du consul de 1744, confirmées
par M. Rochas (2), ne nous apprennent point à
quelle époque remonte le couvent ou prieuré de
Saint-Arey ²), que je n'aurai garde de confondre
avec le prieuré de Saint-Mens, dépendant de la
célèbre abbaye de Lérins, où le saint prélat du
VII° siècle se rendait souvent, d'après la légende,
en la compagnie des célestes intelligences.

La procession du lundi de Pâques à la chapelle
de Saint-Arey eut lieu sans interruption jusqu'en
l'année 1788, époque à laquelle M. de Vareilles
ordonna qu'elle se ferait dorénavant à l'église des
Capucins, hors des portes de la ville et dans les
allées voisines de cette église. L'ordonnance du
vénérable prélat avait été provoquée par M. le chanoine Bonnard, son promoteur, qui s'appuyait
sur le mauvais état du chemin et sur la difficulté
de franchir le torrent du Turellet, que l'on passait
au-dessous de la chapelle, et sur lequel aucun pont
n'avait été jeté. Le chapitre avait donné un avis
conforme à la demande du promoteur; mais l'as-

---

(1) *Ibidem, loco citato.*
²) Il dépendait, dès 1059, de la célèbre prévôté d'Oulx, en Piémont *(Cart. d'Oulx,* n°.263).

semblée des notables, présidée par le maire, M. Marchon, et à laquelle assistaient les échevins Joubert et André, ainsi que le respectable Père Paul, secrétaire de la commune, ce fidèle gardien de nos chartes municipales, avait repoussé toute innovation (1).

Je pense que les profanations qui déjà, à cette époque, se montraient sur le lieu consacré au célèbre pontife des temps anciens étaient la cause véritable du changement ordonné par M. de Vareilles : car, à peine la procession descendait de la chapelle vers le domaine des *Malagots*, pour venir joindre la grande route de Provence et rentrer ensuite dans la ville, que des danses et des chants tout à fait profanes succédaient aux hymnes et aux cantiques qui, seuls, autrefois, s'élevaient du sommet de la colline vers le trône de l'Éternel. La Révolution mit un terme au différend que la résolution de l'évêque avait fait naître. Lors du rétablissement du culte, la procession de Saint-Arey ne fut pas renouvelée, et, de nos jours, la sainte chapelle a été convertie en petite maison rustique ; mais, toujours sous les tilleuls qui étendent leurs rameaux au-devant de l'ancienne chapelle, des danses, parfois troublées par les pois chiches que l'on se jette à la figure, ont lieu le lundi des fêtes de Pâques.

On découvre parfaitement, autour de la maisonnette, les fondations de l'ancienne église du prieuré de Saint-Arey ²).

9° Commanderie de Saint-Jean-de-Jérusalem.

Les Templiers. — « Les Templiers, dit M. Rochas
« dans ses *Mémoires*, avoient, proche de la ville,
« une maison avec une église dédiée à Saint-Martin,

---

(1) *Ordonnance de Mgr François-Henri de La Broue de Vareilles* du 15 mars 1788 [G. 982].

²) Voir la *Liste des prieurs de St-Arey*, dans G. VI, p. CVII-VIII, et tiré à part, in-8°, p. 260-262.

« dont il ne reste plus de vestiges. Elle étoit sur le
« grand chemin de Provence, dans le fonds qu'on
« appelle *la Commanderie* ¹). On a trouvé, près de
« là, des tombeaux de tuf et de brique, avec des
« épées au-dedans ²). On ne sait pas en quel temps
« cette maison et l'église furent détruites. Les che-
« valiers de Saint-Jean-de-Jérusalem, maintenant
« l'ordre de Malte, possèdent tout ce que les Tem-
« pliers avoient à Gap, et il y a un commandeur de
« cet ordre. Ils avoient une chapelle dans la ville,
« près la porte Colombe, dont il ne reste que quel-
« ques vestiges du clocher. Rambaud d'Orange, de
« la maison des Baux, grand'croix et commandeur
« de Gap, l'avoit fait construire » (3).

Le passage que je viens de transcrire ferait croire
que la destruction de l'église et du couvent de Saint-
Martin remontait à une époque antérieure aux
guerres de religion, si le mémoire du 18 décembre
1582, cité dans ma précédente lettre, ne l'attribuait
aux Calvinistes (4). Les propriétés appartenant aux
illustres chevaliers du Temple étaient situées au-
dessous de la chapelle de Saint-Arey, de l'un et de
l'autre côté de la route royale de Gap à Marseille,

¹) Il y a ici une confusion: l'église et l'hôpital de St-Martin, fondés en face du cimetière actuel de Gap, dès la fin du XI° siècle, (voir *Rôle des donations,* etc. (dans *Bull. eccl. du dioc. de Valence, Gap*, 1881, p. 145-177 et tiré à part, de 34 p.), furent soumis, peu après, à l'ordre de St-Jean de Jérusalem ou chevaliers de Malte, et non pas aux Templiers. Ceux-ci existaient toutefois dès le XIII° siècle, mais dans l'intérieur de Gap. Le 14 août 1243, Pons Nel *(Noellus)* en était commandeur (B.-du-R. Temple, 57). Le 2 juil. 1279, *Osilius*, était *preceptor domorum Vapinci pro Templi milicie* (sic). *Chart. de Bertaud*, n° 110.

²) De nombreuses trouvailles y furent également faites en 1806 *(Annales des Alpes*, XII, 1908-9, p. 164-166).

(3) *Mémoires inédits* de M. Roclas, pag. 162 à 166, 2° série.

(4) Après avoir écrit ces lignes, j'apprends que le monastère de Saint-Martin, auquel est donnée l'épithète de superbe, fut démoli par ordre de Philippe-le-Bel, après la suppression des Templiers *(Annales des Capucins de Gap*, page 65). De sorte que les protestants n'eurent à détruire que ce qui se trouvait dans la ville.

dans l'endroit où l'on a établi le cimetière. C'est du côté opposé, et dans le champ que l'on nomme encore aujourd'hui *Champ de la Commanderie* qu'étaient placées la maison et l'église des Templiers¹), et plus tard des chevaliers de Saint-Jean-de-Jérusalem. Le 13 juillet 1312, Béral des Baux, chevalier de Rhodes et premier commandeur de Gap, vint en prendre possession au nom de son ordre (2).

Vous venez de voir que c'était encore à un chevalier de la maison des Baux qu'était due la construction de l'église que les chevaliers de Malte possédaient dans l'enceinte de la ville. C'est là que, vers l'année 1460, avait trouvé un asile Jean de Montorcier, cruellement persécuté par Gaucher de Forcalquier, parce qu'il avait hardiment soutenu les droits et les privilèges de la ville contre les usurpations de cet évêque. Vainement aujourd'hui chercheriez-vous en cet endroit un vestige de ce qui avait appartenu aux deux ordres : tout a disparu sous le nouvel hôtel de préfecture, qui est venu occuper l'emplacement non-seulement de l'église, mais encore de la maison et du jardin des nobles chevaliers. Je n'ai jamais aperçu les restes du clocher dont parle M. Rochas; mais, il y a peu d'années, vers le milieu du mur d'enceinte du jardin, dans la partie de la rue Saint-Arey, qui, avant la Révolution, portait le nom de rue Saint-Jean-de-Jérusalem, on voyait encore parfaitement conservé le portail de cette ancienne église, au-dessus duquel était sculpté un crucifix en pierre³).

La maison de l'ordre de Malte servait autrefois de logement au major de la ville et s'appelait le *Gouvernement;* le tribunal criminel y a siégé pendant

---

¹) Lire des chevaliers de Malte (voir la note 1, p. 457, ci-dessus).
(2) Juvenis, *Mémoires inédits*. [Voir la *Liste des Commandeurs*, dans G, VI, p. cvii, et tiré à part, p. 258-260].
³) Peut-être le crucifix, dont les débris, en quatre ou cinq morceaux, sont déposés, depuis oct. 1908, au musée départemental.

la Révolution ; ensuite, elle devint une propriété
particulière, et, aujourd'hui, le vaste hôtel de la
préfecture y étale sa magnificence quelque peu,
étouffée entre les combles et les fondements de
l'édifice. Le jardin a pris une forme élégante et
pittoresque, sur les dessins et sous les yeux de M.
Mourgue, préfet actuel de ce département. Entrez-y
durant la belle saison, parcourez en les allées droi-
tes, sinueuses, horizontales ou inclinées, et vous
trouverez les légumes les plus beaux et les plus
savoureux, des fleurs odoriférantes ou d'un éclat
éblouissant, des tapis de verdure ombragés par
les vieux arbres du cours Ladoucette, escamoté en
partie par le jardin, et, enfin, des monticules en
miniature, où sont groupés des arbrisseaux de
toutes les espèces et de toutes les variétés.

MONUMENTS

QUI AVAIENT DISPARU AVANT LES GUERRES DE RELIGION
OU QUI SONT POSTÉRIEURS A CES GUERRES.

L'église paroissiale de Saint-Étienne, celle de
Saint-Jean-des-Aires et le prieuré de Saint-Mens ne
figurent point dans la nomenclature des édifices
ruinés par les protestants, et moins encore l'ancien
hôpital Sainte-Claire, la maison de Charité et le
couvent des Capucins, puisque la construction des
maisons et des églises qui en dépendaient est postérieure aux guerres civiles du XVI° siècle. Toutefois, puisque nous en sommes aux monuments
religieux de la ville de Gap, et que ces derniers ont
reçu des destinations nouvelles, durant ou après
les troubles plus récents qui suivirent la révolution
de 1789, j'ai cru devoir compléter la matière, en

vous disant ce que les uns et les autres ont pu être autrefois et ce qu'ils sont devenus de nos jours.

10° Église de Saint-Étienne.

En creusant, il y a près de six ans, le grand bassin établi sur la place St-Étienne pour servir de réservoir dans le cas d'incendie, on trouva les fondations de l'église paroissiale de ce nom, dont on n'apercevait nul vestige depuis bien des siècles. A quelle époque remonte sa destruction ? C'est ce que mes recherches n'ont pu m'apprendre [1]). La ville de Gap repose sur les débris des anciennes races qui l'ont habitée : là, encore on trouva de nombreux ossements humains, que la piété contemporaine a fait ensevelir de nouveau dans le lieu consacré, destiné à recevoir tout ce qui reste dans ce monde des êtres sensibles, moraux et intelligents, qui l'ont traversé.

11° Saint-Jean-des-Aires.
12° Saint-Mens.

En parlant des Pères de Saint-Antoine, j'ai mentionné tout ce qu'il m'a été possible de découvrir sur l'église de Saint-Jean-des-Aires ; et c'est bien peu de chose.

Il en sera à peu près de même du prieuré de *Saint-Main* ou *Saint-Mens,* situé à la sommité du monticule de ce nom, qui, jadis, portait celui de Saint-Mamert, évêque de Vienne, et plus anciennement encore le nom de mont *Kapados*, et voyait placardée sur ses flancs la ville de *Kapodunum*

---

[1]) L'église de St-Étienne ou mieux de *Ste-Colombe* existait en 1119. Suivant une bulle du pape Alexandre III, du 26 mai 1166 ou 1167, cette église était le siège d'un petit prieuré, de la dépendance de St-Jean-de-Jérusalem *(Annales des Alpes,* VIII, 1904, p. 87-91). Elle fut démolie en 1567, comme tant d'autres (cf. G. 1707. G. VI, p. cviii).

en langue profane, ou de *Tricorium* en langue sacrée ; ville capitale d'une république celtique, puis gallo-grecque, puis tricorienne ; ville où l'on battait monnaie, où l'on frappait des médailles neuf cents ans au moins avant l'ère chrétienne ; ville ruinée par César [1]), et qui se releva, sous le nom de *Vapincum*, près des bords de la rivière ou plutôt du ruisseau qui coule à la base du mont *Kapados* (2) ; ville, enfin, qui, dans le moyen âge, se vulgarisa sous le nom de Gap, qu'elle a conservé jusqu'à nos jours, et qu'elle conservera, je l'espère, jusqu'à ce que les enfants de Provence, selon la prédiction du grand magicien de Salon, viennent pêcher des truites et des barbeaux dans le lac qui occupera la place où elle fleurit maintenant (3).

Pour en revenir au prieuré susdit, je vous dirai en deux mots, faute d'en savoir davantage, que sur la fin du VIe siècle, on voyait déjà, sur le sommet de Saint-Mens, une église dédiée au martyr saint Mamert, à laquelle se rendait souvent, en la compagnie du lecteur *Probus* et quelquefois en celle des anges, le grand *Arigius*, pour y prier pendant la nuit, ainsi qu'on le voit en la vie de ce saint évêque de Gap ; c'est même en y montant un soir qu'arriva l'aventure la plus extraordinaire de sa vie miraculeuse. J'ignore à quelle époque fut fondé le monas-

―――――――――――

[1]) Sans doute dans sa seconde traversée des Alpes, au printemps de 58 av. J.-C., lorsque les indigènes et en particulier les Caturiges tentèrent de lui barrer la route *(De Bello Gallico,* I, 10 ; Polyen, VIII, 23. Cf. H. Ferrand et C. Jullian, *Rama ? Un épisode du passage des Alpes par César.* Bordeaux, 1909, in-8° de 13 p. (Extr. de la *Revue des Études anciennes.* Avril-juin 1909).

(2) Voir la savante lettre de M. Pierquin de Gembloux sur les antiquités de Gap. Brochure in-8°, Grenoble, 1837. [Cf. dans le tome Ier, p. 60 et suiv., le résumé que Théod. Gautier en donne].

. (3) « Les enfants de Provence,
 « En passant à Charance,
 « Diront : Voilà un lac,
 « Qui jadis étoit Gap ».
                    NOSTRADAMUS.

tère ¹) ; tout ce que je puis vous en dire, c'est qu'il était soumis à l'abbaye de Lérins, ce qui n'est guère plus explicite que ce que j'en ai rapporté en parlant du prieuré de Saint-Arey.

Une chapelle assez bien conservée existe encore sur le sommet du mont *Kapados*. Elle appartenait autrefois, avec les terres déclives qui l'avoisinent, au chapitre de Gap, qui, tous les vendredis de Carême, y faisait dire une messe : les habitants de Gap, et surtout les galeux de la ville, s'y rendaient en foule ; et ceux, parmi ces derniers, qui se dévouaient à Saint-Mamert, étaient sûrs d'être délivrés de leur maladie par l'intercession du bienheureux évêque de Vienne (2). M. Prosper Disdier est devenu propriétaire du prieuré de Saint-Mens ; nous devons remercier ce grave notaire d'avoir bien voulu conserver, au milieu du fourrage, du blé et des pommes de terre, que son fermier entasse, avec ses hardes, dans la chapelle de Saint-Mamert, le tableau qui représente ce prélat revêtu de ses ornements pontificaux, ou peut-être un saint abbé de Lérins, bien que cette production de l'art gapençais paraisse, de tout point, appartenir à la famille de Bruno Blachon.

13° La Charité.

En l'année 1673 et le dernier jour du mois de décembre, sur la proposition de messire Pierre de Marion, évêque de Gap, fut instituée une congréga-

¹) Le prieuré de St-Meins ou St-Mens fut fondé par l'abbaye de Lérins en 1215-26 (*Bull. soc. d'étud. des Htes-Alpes*, 1883, p. 415-417). Un petit hôpital et une église, sous le vocable de St Michel, existaient sur ce monticule le 18 janv. 1390 (G. 1723). Voir la liste des prieurs de St-Mens G. VI, p. cviii et tiré à part. *Plaquettes Alpines*, n° 7. Cf. aussi Henri Moris, *Cartulaire de l'abbaye de Lérins*, Paris, Champion, 1883-1905, 2 vol. in-4°, II, p. c, et *L'Abbaye de Lérins. Histoire et monuments*, ib., 1909, in-8°, p. 117).

(2) *Livre des Annales des Capucins de Gap*, pag. 41 et 42.

tion des Dames de la Charité, à la dotation de laquelle s'empressèrent de souscrire le clergé, la noblesse et le tiers-état de la ville. Le prélat s'engagea à servir, sa vie durant, une rente annuelle de 30 livres, et promit de donner une somme de 600 livres exigible après son décès. Les chanoines et les bénéficiers suivirent l'exemple donné par le prélat : les prieurs de Romette et de Melve ne restèrent pas en arrière. M. du Saix, gouverneur de la ville, et son épouse, promirent l'un et l'autre 300 livres après leur mort. La dame de Montlaur, épouse du seigneur de Manteyer, s'engagea aussi pour 300 livres. M. du Fresne, vibailli, et son épouse, M. de Ricou, Lucrèce *de Bachis*, dame de Montgardin, Lucrèce de Bérard, veuve du seigneur d'Aspres, Angélique de Bérard, veuve de M. de Richer, la dame de Montjeu, la dame de La Motte, Lucrèce de Moustiers, et enfin un descendant de la maison de Laye, nommé Pierre, contribuèrent tous à la fondation des Dames de la Charité, pour des sommes plus ou moins considérables. Les bourgeois et les artisans, en bien plus grand nombre que les nobles et les ecclésiastiques, souscrivirent à cette bonne œuvre. Il vous suffira de savoir que, parmi les signataires de l'acte figurent MM. Grimaud, avocat, Antoine Céas, procureur ; Benoit Vallon, notaire ; Pierre et Diane Bonnet ; Barthélemy Escalier, Blaise Martin ; François Moynier, Pierre Thomé, Étienne Eyraud, François de Rochas et Catherine Marchon (1).

Il paraît cependant que la maison de Charité située sur la place Grenette, et qui, de nos jours, a été transformée en prison et en tribunal criminel, ne fut bâtie que vers la fin du XVIIe siècle ou au

(1) *Rôle de ceux qui ont donné à la congrégation des Dames de la Charité de cette ville de Gap, par l'acte d'institution de la dite confrérie du dernier décembre 1673*, reçu par m^e Escalier, notaire.

commencement du XVIIIᵉ, par les libéralités d'un M. des Orres (1).

Cet établissement, destiné jadis aux orphelins pauvres et à recevoir les enfants hétérodoxes, que l'on y convertissait au catholicisme, malgré leurs parents, dut être témoin bien des fois de la douce contrainte employée par les sœurs qui le desservaient et d'une singulière dialectique pour amener leurs jeunes disciples au giron de l'Église. Les soupirs, les gémissements et parfois d'horribles imprécations font résonner aujourd'hui les voûtes de ses cachots, et la grande salle de la cour d'assises retentit, chaque trimestre, de la brillante faconde de nos orateurs. C'est dans cette salle que se tiennent les assemblées électorales, au milieu des craintes, des espérances, des tribulations des électeurs et des candidats qui aspirent à l'honneur de représenter l'arrondissement de Gap à la chambre élective ²).

14° Hôpital Sainte-Claire.

La maison de l'hôpital Sainte-Claire et ses dépendances, occupées aujourd'hui par la gendarmerie [à cheval], sont toujours une propriété de l'hospice de Gap. J'ignore l'époque à laquelle remonte cet établissement ³) ; mais je sais que l'église qui en dépendait, convertie dans ce moment en grenier à

---

(1) *Testament de messire Jean de Ricou, chanoine*, du 29 avril 1713 [et surtout G. 1363, où sont mentionnées les libéralités de Jean de Gérard, sieur des Orres, en conformité de son testament du 24 déc. 1709].

²) C'est encore dans la salle des Assises qu'a lieu d'ordinaire l'élection des sénateurs des Hautes-Alpes.

³) L'hôpital Ste-Claire de Gap existait certainement dès le XIVᵉ siècle, peut-être même au XIIIᵉ, sous le nom de *Elecmosina Vapincensis*. Le 5 janv. 1390, Arnoux *Plaussuti* et Baudon *Rogerii* étaient recteurs et patrons de l'hôpital Ste-Claire (série II suppl. 374 ; *Inv.*, p. 236). Un second hôpital, celui de Jean Rouvière, *hospitalis magistri Johannis Roverii nuncupati*, existait également à Gap le 3 févr. 1418 (ou 1419) dans la rue Pasteur actuelle (Ibid. 471).

loin, servait avant la Révolution à une confrérie appelée tout simplement *la Congrégation*, dont les membres ne portaient aucune marque distinctive et paraissaient aux processions avec leurs vestes de *cordelia*, immédiatement après ou avant les bourgeois enrôlés dans la confrérie des pénitents blancs. Ces congréganistes n'étaient-ils pas les descendants des pénitents noirs, dont l'existence dans notre ville datait de l'année 1644, époque à laquelle ils avaient une chapelle joignant l'église des Dominicains ? (1). Le soin de l'hôpital Sainte-Claire fut donné aux religieuses hospitalières de Saint-Joseph, vers l'année 1685, par Charles-Bénigne d'Hervé ²) qui, depuis un an, avait été nommé par le Roi à l'évêché de Gap. C'est sans doute à cette époque que fut gravée l'inscription placée au-dessus de la porte d'entrée de l'hôpital, transportée au nouvel hospice : *Videant pauperes et lœtentur*. J'ai déjà dit que l'hôpital Sainte-Claire avait échappé à l'incendie de 1692.

15° Couvent des Capucins.

Charles-Salomon du Serre qui, d'une main hardie, menait de front les nombreux procès qui signalèrent son épicopat, le maintien de l'ancienne discipline et l'établissement de nouvelles congrégations religieuses, songea, dès l'année 1613, à établir dans Gap un couvent de Capucins, malgré les protestants, qui, à cette occasion, suscitèrent des troubles dans la ville. Les terrains qui leur furent cédés, sur

---

(1) *Annales des Capucins de Gap*, page 63. — Par son testament du 1er juin 1671, Marguerite Baud, dame de La Villette, légua aux pénitents blancs la somme de 18 livres et aux pénitents noirs celle de 12 livres.

²) Les religieuses de St-Joseph, de la maison de Vienne (en Dauphiné), furent appelées à Gap par l'évêque Pierre Marion (1662-72) et par les consuls, le 16 sept. 1671. La sœur Catherine Cortial, dite de *La Visitation*, fut leur première supérieure (H suppl. 698). Voir, ci-après, la liste des supérieures de St-Joseph.

les bords du Turellet, appartenaient à l'évêque et à noble Louis de Vachon, seigneur de La Roche et de L'Espiney, et conseiller au Parlement; et, le 20 février 1614, la croix y fut solennellement plantée, malgré le gouverneur de la ville, qui voulut ensuite la faire arracher, et les moqueries de sa femme, dont elle fut miraculeusement punie. Il va sans dire que l'un et l'autre étaient protestants. Cependant, dans une assemblée des catholiques de Gap, tenue le 27 du même mois, dans la maison épiscopale, on exposa que M. du Villar, tel était le nom du gouverneur, prétendait avoir *lettre et commandement de Monseigneur le mareschal des Diguières,* lieutenant du Roi en Dauphiné, de s'opposer à l'établissement des Capucins dans cette ville. On résolut alors d'envoyer des commissaires auprès du Maréchal, pour faire lever son opposition, après avoir fait constater que la distance entre le couvent à élever et les portes et les murailles de la ville était assez considérable pour éloigner toute crainte sous le rapport de la sûreté. M. du Villar et les consuls Gandalle et Patac procédèrent, le lendemain 28 février, à la description du terrain et à la mensuration des distances ; mais la permission de Lesdiguières ne fut octroyée qu'au mois de mai suivant. Il l'annonça au Père Provincial de Provence de la manière suivante :

« Monsieur, il a pris envie à M. l'évesque de Gap « d'instituer un couvent de vostre ordre auprès de « ladicte ville... LESDIGUIÈRES ». [Voir cette lettre, ci-dessus, p. 22-23.]

« Ce 11ᵉ jour de may 1614, à Puymore » (1).

Dès ce moment on mit la main à l'œuvre. Tous les catholiques contribuèrent par leurs largesses à l'édification du monastère et de ses dépendances.

(1) *Livre des archives des Capucins,* pag. 21 à 31. Ce livre est différent de celui des *Annales* déjà cité.

Le 20 juillet de la même année, la pierre angulaire fut posée, et, dès lors, cette église fut dédiée à saint *Demetrius*, premier évêque de Gap, bien que la construction n'en ait été terminée qu'en 1618, ainsi que le porte le chiffre gravé au-dessus de la porte d'entrée. On se servit d'abord des pierres arrachées des fondements du vieux bâtiment des Templiers [des chevaliers de Malte], qui existait en dehors de la porte Colombe, et de la vieille église du prieuré de Saint-Arey.

Cependant le couvent était encore inachevé en l'année 1633, époque à laquelle furent démolis la citadelle et le château de Puymaure, en vertu des ordres du Roi, puisqu'il est écrit que ce couvent profita en grande partie des pierres de taille et autres qui se trouvaient encore au portail de la citadelle de Puymaure, et qu'il avait acquises avec d'autres débris de cette forteresse (1). Enfin, les huguenots avaient fini par se radoucir. Les différends qui, à l'occasion des Capucins, s'étaient élevés entre eux et les catholiques, les menaces, les voies de fait et les conversions qui en furent la suite, trouveront leur place dans l'histoire civile, politique et ecclésiastique de la ville de Gap, lorsque nous serons arrivés au commencement du XVIIe siècle ²).

La terreur qu'avait éprouvé le gardien des Capucins et une partie de sa famille, lors de l'invasion des troupes piémontaises en 1692, n'avait été qu'une terreur panique, car les généraux ennemis

---

(1) *Livre des archives*, pag. 1 à 6 et 40. — *Livre des Annales*, pag. 70 et suiv. — *Mémoires* de M. Rochas, page 121, 2ᵉ série. — Les pierres du portail de Puy-Maure furent données en 1645 à Messieurs du chapitre, pour être employées au clocher de la cathédrale, à condition qu'ils feraient achever le cordon du cloître des Capucins (*Livre des Annales*, page 122). Ainsi ces pierres huguenotes, tombées sous les coups des ordonnances de Richelieu, servirent à restaurer les monuments catholiques.

²) Voir, ci-dessus, p. 14 et suiv.

donnèrent des sauvegardes au Père Lambert de Gap, au Père Paul et à un frère, qui avaient eu le courage de rester ; et, par ce moyen, le couvent ne souffrit aucun dommage (1).

Ces bons religieux, rentrés au bercail, croyaient pouvoir jouir désormais sans trouble et perpétuellement de leur couvent, où trente Pères se seraient trouvés à l'aise, de leur église, ornée d'arabesques dans le chœur et les chapelles de Saint-Roch ou de Notre-Dame, de leur verger et de leur jardin, complantés en arbres fruitiers de la meilleure espèce, des ormes et des tilleuls qui formaient une belle promenade au-devant de l'église ; mais ils n'avaient pas compté sur la révolution de 1789, bien autrement redoutable aux Capucins que ne l'avaient jamais été les hérétiques de toutes les époques et de toutes les espèces. Cependant les RR. PP. de Gap semblaient en avoir adopté les principes, sans trop en prévoir les conséquences, lorsqu'en 1790, ils se joignirent aux députés de l'université de l'église cathédrale, pour complimenter le directoire du département. M. Blanc, chanoine et archidiacre [2]), porta la parole et les administrateurs furent d'autant plus flattés de cette démarche que « nos cha« noines et nos capucins étaient à peu près les « seuls ecclésiastiques en France qui eussent « donné une adhésion pleine et entière aux décrets « de l'Assemblée nationale » (3).

Nos capucins patriotes n'avaient pas encore déserté leur couvent que leur église était envahie par le club des amis de la Constitution de 1792. Mais,

(1) *Annales des Capucins de Gap*, page 208.
[2]) Jean-François-Arnoux-Marie Blanc, chanoine de Gap dès 1778, nommé archidiacre le 1ᵉʳ nov. 1779, et vicaire cathédral de l'évêque constitutionnel Ignace de Cazeneuve le 23 sept. 1791 (cf. G. IV, p. xxiii).
(3) Délibération du 11 août 1790, registre n° 1 [des délibérations du Directoire du Département des Hautes-Alpes. Série L *(Période révolutionnaire)*, 47 ; *Inv.* p. 14].

l'année suivante, le peuple souverain de Gap, précédé par une citoyenne, non gapençaise et fortement imprégnée de l'accent provençal (1), alla tirer de leurs cellules les bons religieux, que l'on promena dans la ville pour servir de risée à ses habitants, devenus un peu plus moqueurs que les huguenots de 1614 : car la citoyenne susdite traînait le respectable gardien du couvent par sa barbe aussi longue que vénérable ²).

Le couvent, l'enclos et l'église des Capucins ne furent point vendus nationalement. La première pépinière départementale fut établie, en 1795, dans le jardin, qui reçut alors dans son enceinte la place qui se trouvait au-devant de l'église. Dans la suite, tout ce qui avait appartenu à ces religieux devint la propriété de l'hospice de Gap, qui continue d'en jouir.

En terminant, je ne puis me dispenser de rappeler un acte de vandalisme qui, cette fois au moins, avait pour mobile l'humanité souffrante : il fut une époque où le nombre des militaires malades était devenu si considérable que les salles du nouvel hôpital ne pouvaient les contenir tous ; pour avoir une salle de plus, on coupa par le milieu l'élégante église des Capucins ; dès lors, elle prit la forme d'un vaste salon, après avoir été barbouillée par des maçons italiens qui ne descendaient nullement de Michel-Ange.

*
* *

Je n'ai point parlé d'un établissement important formé dans Gap sur la fin du XVII⁰ siècle, parce que le local qu'il occupe aujourd'hui a toujours eu la même destination : c'est le séminaire, dont l'histo-

---

(1) Madame F... femme ou soi-disant telle de M. F..., inspecteur de l'enregistrement.

²) Voir, plus loin, la liste des gardiens des Capucins de Gap.

rique trouvera sa place dans une lettre subséquente [1]).

Théodore GAUTIER.

Gap, le 23 décembre 1837.

LISTES SUPPLÉMENTAIRES.

I. *Listes religieuses et monastiques.*

Nous avons publié naguère les listes : des évêques de Gap (G, III, 1897, p. vii-xxx); des dignitaires (G. IV, 1901, p. xv-xxxvii) et chanoines du chapitre (G. V, 1904, p. vii-xxvii) ; des curés, vicaires et chapelains de l'église cathédrale (G, VI, en cours d'impression, p. xcvii-cvi) ; des commandeurs de St-Antoine et de St-Jean de Jérusalem ou de Malte (ib. p. cvi-cvii) ; des prieurs de St-Arey et de St-Mens (ib. p. cvii-cviii) ; enfin, des prieurs, curés et vicaires de St-André-lès-Gap (ib. p. cxcii-iii). Il n'y a pas lieu de reproduire ici ces diverses listes, qu'il sera facile de retrouver au besoin.

Toutefois, il a semblé utile de compléter les renseignements fournis par Théodore Gautier, dans les pages précédentes, sur les maisons monastiques gapençaises, par les listes : des prieurs des Dominicains ; des gardiens des Cordeliers et des Capucins ; des supérieures des Ursulines et des religieuses de St-Joseph ; des supérieurs et professeurs du Séminaire de Gap. Ces listes, quoique très in-

---

[1]) Voir, ci-dessus, p. 161 et suiv., le récit de la fondation du séminaire de Gap, et, ci-après, la liste des supérieurs et professeurs du séminaire.

complètes, mais accompagnées, autant que possible, de références précises, permettront, tôt ou tard, d'écrire des notices historiques, plus ou moins développées, sur les maisons religieuses de Gap, dont la vie intime se lie très étroitement à l'histoire de la ville.

Voici ces diverses listes [1]).

1º *DOMINICAINS DE GAP.*

(Voir p. 450)

Le couvent des Dominicains, Jacobins, ou Frères Prêcheurs, fut fondé le 31 mars 1427 *(Annales des Alpes*, I. 1897, p. 123-141. Cf. *Bull. soc. d'étud. des Htes-Alpes*, 1883, p. 437 et s.). Le 26 avril 1429, Raymond de Montauban, baron de Montmaur, lègue aux Dominicains de Gap, 500 florins, pour son fils, qui doit entrer chez eux (Isère, B. 2996).

Prieurs.

La Motte (de) Pons ou Poncet,... 1428 *(Annales des Alpes*, I, p. 130), six pères... — Fourès, *Foresii* (Christophe), m° en théol.,... 17 févr. 1539 (G. 1559, p. 10'-11), 29 mars 1541 (G. 1562, p. 20)... — Garcin (Jean),... 19 mars 1543 (G. 1566, p. 33), 16 avril 1545 (G. 1569, p. 44')... — Rigaud (Jean),... 14 janv. 1551 (G. 1576, p. 58')... — Gril (Jean),... 9 janv. 1554 (G, 1579, p. 65), 1ᵉʳ mai 1556 (ib. p. 64')... — Allard (Louis),... 13 mai 1556 (G. 1582, p. 72'), 10 religieux prêtres. — Borganion (Jacq. al. Jn), dʳ,... 15 févr. 1557 (G, 1584, p, 79'), 27 sept. 1557 (G. 1589), 11 religieux, 22 mai 1558 (G. 1589, p. 94)... — Rigaud (Jean), vic. 2 juil. 1558, p. 84), pr. 28 janv. 1564 (G.1589, p. 99), 9 religieux. — *Grangia (de)* Dominique,... 10 janv. 1567 (G,.2108, p. 291)... — Moynier (Ant.),... 28 nov. 1574 (G. 1592, p. 110'), 2 religieux ; 7 févr 1575 [G, 1600,

---

[1]) Outre les *Inventaires* de la série G (volumes I à VI, articles 1 à 2760), on cite encore ceux des séries A. B. C. (1887) et H supplément (1899), de la ville de Gap (le t. I seul paru, 1908), de la série L *(Période révolutionnaire*, en cours d'impression) et de la série E *(Féodalité, communes et notaires*, en préparation).

p. 162') prieur du couvent de Gap, n. à Grasse le 8 janv. 1582 (Mut. 4bis, fo 484), — OLIER, *Olyer* (Olivier),... 3 déc. 1586 (Sochon, not. no 11, fo 1290), 13 août 1588 (H. 160, fo 149'), 13 avril 1596 (G. 2699, p. 365')... — VINCENT (Claude),... 12 oct. 1600 (G. 1601, p. 169'), 7 oct. 1608 (H. 160, fo 29')... — BREZESY (Claude),... 15 avril 1608 (H. 160, fo 1), Claude Vincentz, vicaire, Pierre Jouglar, procureur, Laurent Ramoyn, religieux, Guil. Ancian, profès (ib.). — *Guidy* (Franç),... 9 janv. 1611 (G. 1697, p. 19, et 24)... — *Petcnis* (Guil.) (H. 160, fo 19) al. *Petrus*, 8 sept. 1615 (H. 160, fo 37), 2 févr. 1615, prof. en théol., et fr. Pierre Jouglar, sous-prieur, 8 sept. 1615 (fo 37), 22 janv. 1616 (ib. fo 43), 25 avril 1616 (fo 47'), 4 oct. 1616 (C. 148, p. 127. cf. *Bull. soc. ét.*, 1882, p. 54-55)... — IRAILH (Ant.), prieur, 8 mars 1618 (H', 160, fo 37 vo), 26 juin 1618 (H. 160, fo 65'), 29 nov. 1618 (ib. fo 75'), prof. de théol. (fo 76), 9 févr. 1620 (fo 81), *Irailli* (fo 82), 1er déc. 1620, lecteur ès arts (fo 83)... — RIVES (DE) Jean, R-et, 22 oct. 1625 (G. 1697, p. 326'), pr. 8 déc. 1625 (H. 160, fo 89'), 1er févr. 1626 (fo 91'), 14 oct. 1626 (G. 2587, p. 270')... — PASSARD (Ant.), bachr en théol., pr. 1er févr. 1639 (E. 193), 1er févr. 1636 (H. 160, fo 91'), 15 mai 1638 (ib. fo 127')... — ST-LAURANS (DE) Vincent, prédicateur général, et pr., 7 mai 1639 (H. 160, fo 135), 15 févr. 1640 (fo 140), 6 avril 1641 (fo 154') ; vicaire, 6 déc. 1641 (fo 160)... — *Clerissy* (Domin.), pr., 5 mars 1642 (H. 160, f. 163'), prof. de théol., 9 mai 1643 (fo 168'), 1er mai 1643 (fo 177'), 18 et 19 oct. 1643 (fo 180)... — GARIN, Guérin (Hyacinthe), syndic, 8 juil. 1650 (E. 106), syndic-économe 16 janv. 1651 (E. 178), pr. 27 juin 1656 (E. 177), 18 juin 1657 (E. 201), 24 févr. 1659 (ib.), 10 juin 1659 (ib.), 14 nov. 1659 (E. 201) ; prieur à Sisteron, 6 juin 1663 (E. 175). — SIMIANE DE MONTFALET (DE) Guil,... 6 juin 1663 (E. 175), pr. 12 juin 1664 (E. 112), 6 oct. 1672 (E. 79), 17 juin et 26 août 1674 (E. 81), 9 janv. 1677 (E. 84), 4 juil. 1689 (E. 92), 9 déc. 1690 (E. 66), prédicateur général ; il

fonde la confrérie du Rosaire aux Baux, 18 août 1680 (E. 86). — Couture (Trophême, Trophime ?), sous-prieur, syndic, 18 juin 1657 (E. 201), 24 févr. 1659 (ib.), 8 déc. 1661 (E. 202), 19 juin 1664 (E. 112), 17 oct. 1668 (E. 143), 10 juin 1659 (E. 172), 3 mai 1660 (E. 173), 29 janv. 1663 (E. 174), 6 juin 1668 (E. 175), 14 sept. 1665 (E. 176), pr. 6 oct. 1672 (E. 79), 17 juin 1674 (E. 81), 20 août 1674 (ib.), 9 janv. 1677 (E. 84), prédicateur général, 8 mai 1677 et 19 juin 1678 (E. 84). — Bricard (de) Paul, pr. 19 juin 1678 (E. 84)...
— Brutinel (Domin.), 3 mai 1660 (E. 173), à Gap 8 déc. 1661 (E. 202), bach^r en théol. 6 oct. 1672 (E. 79), 26 août 1674 (E. 81) ; syndic, 6 juin 1678 (E. 84), d^r en théol. 19 juin 1678 (E. 84) ; pr. et syndic, 26 mai 1681 (E. 87) ; prédicateur général, 1er mars 1683 (E. 88), 13 avril 1684 (E. 89), 3 juil. 1696 (G'. 963) ; vend 50 l. de pension, 13 juil. 1697 (E. 95), 13 mai 1700 (E. 96)...
— Charlon (Hyacinthe), relig., 19 juin 1664 (E. 112) ; pr. 19 mai 1688 (E. 129), prédicateur général 13 juil. 1697 (E. 95), 13 mai 1700 (E. 96). — Manche ou Mauche (Louis), pr. 5 déc. 1690 (E. 92), 9 déc. 1690 (E. 66), 10 oct. 1691 (E. 93), 8 janv. 1692 (G. 1892), 24 mai 1692 (Gautier ; H 2e fonds, note), 20 avril 1694 (G. 2666, p. 325), 25 août 1696 (G. 2138. p. 310). — Brutinel (Raymond), d^r en théol., 24 févr. 1659 (E. 201), 10 juin (E. 172), 17 oct. 1668 (E. 43), 9 déc. 1690 (E. 66), pr. 20 nov. 1693, et autres (H' 280), 16 oct. 1694 (G. 1788, p. 444), cf. v.' 1696 (G. 1687, p. 442), 24 nov. 1694 (G. 266, p. '325') et Louis Mauche, 20 avril 94 (ib.), 3 juil 1696 (G. 1930, p. 86) ; vicaire 13 juil. 1697 (E. 95), 8 juil. 1712 (E. 99). — Couture (Domin.), *sous-pr.* et prédicateur, 19 juin 1694 (G. 1900). — Marquisan (Thomas), pr. 13 mai 1700 (E. 96)... — Martelly (Michel),... 4 juil. 1689 (E. 92), 14 oct. 1690 (E. 66), 29 janv. 1696 [cf. Joseph M.-J., doyen des conseillers de la sénéchaussée, 1696] (E. 95), 13 juil. 1697 (E. 97), 4 déc. 1712 (Inv. de Gap, p. 295'), 1er juil. 1715 (E. 99) ; *supérieur* 24 déc. 1703 (E. 71) ; syndic 12 févr. 1714

(G. 1930). — Garnier (Jn-Domin.), *sup.*,... 1707 (G. 2613, p. 290')... — Clarion (Jean-Louis), pr. 3 juin 1712 (G. 2144, p. 314')... — Camaret (Jérôme), pr. 1... et 11 déc. 1715 (E. 99), 18 déc. 1716 (G. 2145), 22 oct. 1717 (E. 42). — Meynaud (Jos.-Antonin), pr. 7 janv. 1729 (E. 1), 10 nov. 1729 (G. 2149, p. 316)... — Silvy (Henri), pr. 1734 (G. 2631, p. 297'). — Martelly (Charles), écon. (ib.). — Cresp (Jos.), pr. 6 mai 1738 (E. 43)... — Martelly (Charles), prêtre, 7 janv. 1729 (E. 1); syndic, 20 févr. 1737 (E. 47), 6 mai 1738 (ib.), 5 avril 1739 (E. 48); pr., 1er févr. 1741 (E. 48), 27 juil. 1747 (E. 12); supérieur, 13 juil. 1757 (E. 33)... — Salva (Ant.), *alias* Antonin, dr, 1er mai 1715 (E. 99), pr. 3 août 1746 (E. 11), 16 oct. 1747 (E. 12), 21 févr. 1748 (E. 13); syndic, afferme le domaine du Castellar, 20 nov. 1754 (E. 17); prédicateur 29 mai 1750 (E. 14), abandonne un procès contre la veuve Poncet-Riquetty, 4 juil. et 22 déc. 1753 (E. 17). — Blanchard (Augustin),... 16 oct. 1747 (E. 12); pr. 29 mai 1750 (E. 12, cf. G. 2212). — Marchand,... 26 août 1756 (G. 1931, p. 137)... — Bravet (Elzéar), pr. 3 juil. 1759. Revenus (à Rourebeau, Charance, Lettret, etc.) 1757 l. Martelly, syndic (G. 2331, p. '57)... — Béroud Bérard, pr. 18 juin 1768 (G. 2165, p. 326)... — Blavet (Louis), pr. 30 avril 1774 (II'. 193, couverture)... — Roubaud (Jn-Franç.), pr. 29 mai 1783 (G. 2420, p. '159), Roubaud (Pierre-Benoît, l'aîné, syndic (ib.)... — Gerva (Alexis), originre d'Orange, dr couvent de St-Flour en Auvergne, pr. 7 mars 1789 (G. II, p. 336), 4 mai 1790 *(Annales des Alpes,* I, 1897, p. 130-131), 26 août 1789 (G. 2420, p. 160'), Pierre-Benoît [Roubaud] syndic (ib.). — Roubaud (Pierre), *le Cadet,* syndic, 22 juin 1771 (G. 2166), le 4 mai 1790, âgé de 63 ans (Annales, l. c.), pr. et desservt à Romette, 7 mai et 16 avril 1780 (Et. civ. de Romette, E supp.). — *Frère* Giraud (J.-B.),... le 4 mai 1791, âgé de 85 ans (Q. 96). — Nas de Romane (Pierre-*Bernard),* résidant au couvent de Toulon; 4 mai 1791, 31 ans

(v. 47), encore vivant 28 déc. 1820 (v. 32). *Annales des Alpes*, t. I, p. 131.

2. *CORDELIERS DE GAP.*
(Voir p. 451).

Suivant Juvénis et tous les écrivains postérieurs, qui l'ont copié, le couvent des Cordeliers ou Frères Mineurs, aurait été fondé à Gap, sur la rive droite du torrent de Bonne, vers 1220 (Fornier, *Hist. génér. des Alpes*, t. I, p. 768, note). Le 19 mars 1254 (v. st.), Rodolphe de Monthonot, doyen de Gap, fit un legs aux Cordeliers de Gap (Fornier, l. c.). Le 2 juin 1298, Guillaume Minsard, de St-Bonnet, leur légua 20 l. (Durbon, n° 569). Le 14 févr. 1315/6, Richaude *Arnulphi*, veuve de Guigues de Savine, veut être ensevelie dans leur église et leur lègue 30 l. pour son anniversaire (cf. Savine, E. 183, p. 175).

GARDIENS.

Saix (du), *de Sasio* (Pierre), gardien,... 1332-1333 (*Annales des Alpes*, X, 1907-8, p. 135). — N..., ...20 févr. 1381/2 (Bertaud, n° 235). — Faure, *Fabri* (Guil.), ...1500 (G. 2137)... — Meyer, *Meyherii* (Jacq.),... 9 avril 1513 (G. 1755)... — Guiramand (Domin.),... 30 mai 1616 (E. 180), 15 août 1630 (E. 184), 17 août 1632 (E. 191)... — Cherlier (Jean),... 16 déc. 1653 (E. 135)... — Audibert (Jacq.), d' en théol.,... 22 mai 1658 (E. 107), 29 janv. 1661 (G. 1332), 5 févr. 1661 (E. 109), 10 mars 1662 (E. 110), 14 déc. 1664 (E. 112), 19 janv. 1667 (G. 1900), 19 févr. 1667 (G. 1930)... — Amphoux (d') Charles,... 27 déc. 1668 (E. 115)... — Simon (Bernard),... 27 sept. 1676 (E. 61), 10 sept. 1678 (E. 124)... — Girard (Vincent),... 17 févr. 1684 (E. 127)... — Reynier (Bernard),... 23 août 1688 (E. 129)... — Roulx,... 3 juil. 1696 (G. 1930)... — Castelar (de) Bonaventure,... 16 oct. 1697 (E. 37)... — Roulx (Franç.),... 27 nov. 1700 (E. 38)... — Dolluon,... 1715-1719 (G. 1367)... — Tourrès (Franç.),... 8 févr. 1732 (E. 46), 7 sept. 1738 (E. 4), 1er juin 1742 (E. 9), gardien à Orange, 24 juil. 1748 (E. 13), provincial de l'ordre, 28 août 1751 (E. 15), ex-provincial 13 mars 1756 (E. 20), retiré à Grenoble,

21 nov. 1757 (E. 21). — FANTIN (Bernardin),... 1er juin 1742 (E. 9)... — FANTIN (Jean-Ant.), dr en théol.,... 15 juil. 1782 (G. 2420)... — FAVIER (Esprit), dr en théol. profès à Avignon, affilié à la maison de Gap le 20 déc. 1772, gardien 7 mars 1789 (G. t. II, p. 366), le 8 janv. 1791, âgé de 62 ans et 2 mois (Q. 95').

3. *CAPUCINS DE GAP.*

(VOIR P. 469).

Dès le 4 mai 1609, les catholiques de la ville de Gap avaient entrepris de fonder un couvent de Capucins et le Chapitre écrivit, à cet effet, au Provincial d'Aix une lettre pressante (G. 1689, p. 306' de l'Inv.). Le lieu choisi pour cette nouvelle maison était « hors et tout auprès de la ville », sur la rive gauche du Turelet. Le 26 févr. 1614, l'emplacement en fut fixé définitivement (arch. de la ville, BB, 17, p. 98 de l'Inv.). Voici la liste des supérieurs et gardiens de ce couvent, d'après le *Livre des Annales des Capucins* (Ms., p. 83 et suiv.), et autres sources.

I. SUPÉRIEURS DE LA FABRIQUE.

MARCEL de Carpentras, n. avril 1614. — JÉRÉMIE de Carpentras, n. Marseille 29 août 1614. — RAPHAEL d'Avignon, Aix 11 sept. 1615. — RICHARD de Gap, Avignon 25 oct. 1616. — JÉRÉMIE de Carpentras, Aix 6 oct. 1617, confirmé Marseille 14 sept. 1618 (p. 83).

II. GARDIENS.

JÉRÉMIE de Carpentras, n. Carpentras 13 sept. 1619 (p. 83). — PAUL de Marseille, Marseille 15 juil. 1622 (p. 161). — MARC-ANTOINE de Colmars, Aix 8 sept. 1623 (p. 88), 6 avril 1625 (G. 2581). — UBERTIN de Carpentras, Marseille 5 sept. 1625 (p. 88). — ANGÉLIC de l'Isle, Arles 11 sept. 1626 (p. 88). — MARC-ANTOINE de Colmars, Marseille 25 août 1628 (p. 90), conf. Carpentras, 16 août 1630 (p. 91). — SCOLASTIQUE d'Aix, Toulon 26 sept. 1631, conf. Marseille 16 sept. 1633 (p. 103). — ALEXANDRIN de Châteauneuf, Avignon 15 sept. 1634 (p. 103). — CLÉMENT d'Arles, Aix 14 sept. 1635 (p. 103). — ARNOUX d'Avignon, Marseille 29 août

1636 (p. 103-4). — AMBROISE d'Avignon, Aix 11 sept. 1637 (p. 108). — CLÉMENT d'Arles, Marseille 14 janv. 1639 (p. 109). — VITAL d'Aix, Avignon 7 nov. 1639 (p. 109). — MARC-ANTOINE de Colmars, Arles 3 mai 1641 (p. 110), 24 mai 1642 (p. 98). — SCOLASTIQUE d'Aix, Toulon 26 sept. 1642 (p. 113), 11 oct. 1643 (p. 116). — GÉRARD de Manosque, Beaucaire 9 déc. 1644 (p. 122), conf. Aix 1er sept. 1645 (ib.). — JEAN-LOUIS de Riez, Marseille 7 sept. 1646 (p. 161). — JEAN-LOUIS d'Apt, Carpentras 23 juil. 1649 (p. 133). — JEAN-LOUIS de Riez, Marseille 4 nov. 1650 (p. 123). — DENIS de Nîmes, La Ciotat 6 sept. 1652 (p. 123). — DAMASE de Grasse, Aix 5 sept. 1653 (p. 124). — ÉLISÉE de Sisteron, Aix 4 sept. 1654 (p. 124). — CYPRIEN de Brignoles, Arles 13 août 1655. — ANTOINE de Tarascon, Marseille 28 sept. 1657 (p. 124 et 187). — MODESTE de Beaucaire, Pont-St-Esprit 3 oct. 1658 (p. 126 et 187). — THÉODOSE d'Aix, Marseille 3 déc. 1659 (p. 189), conf. Aix 3 sept. 1660 (p. 190). — GASPAR de Rognes, Apt 9 sept. 1661 (p. 190). — RAPHAEL de St-Tropez, Brignoles 7 sept. 1662 (p. 190), 14 avril 1663 (p. 191). — ALEXIS de Sisteron, Toulon 7 sept. 1663 (p. 191). — BASILE de St-Maximin, Orange 5 sept. 1664 (p. 192). — GASPAR de Rognes, Aix 4 sept. 1665 (p. 192), conf. Aix 27 août 1666 (p. 193). — ANGE de Beaucaire, Beaucaire 1er oct. 1667 (p. 193), conf. Valréas 20 sept. 1668 (ib.). — JUSTIN d'Arles, Avignon 3 oct. 1669 (p. 194), conf. Toulon 5 sept. 1670 (p. 195). — AUGUSTIN de Sisteron, Aix 4 sept. 1671 (p. 196), conf. Marseille 5 mai 1673 (p. 197). — NICOLAS de Toulon, Aix 1er sept. 1674 (p. 198). — MAURICE d'Embrun, Marseille 2 mai 1676 (p. 200), conf. Marseille 20 sept. 1677 (ib.). — ESPRIT de Moustiers, Aix 12 mai 1679 (p. 203). — HUMBLE de Barcelonnette, Aix ? 2 mai 1681 (p. 162). — TIMOTHÉE de Rougon, Marseille 28 avril 1684 (p. 203), conf. 14 sept. 1685 (p. 207). — FRANÇOIS d'Aix, Aix 14 sept. 1688. — FRANÇOIS des Martigues, Marseille 25 août 1690. — IGNACE de Nîmes, Marseille 18 févr. 1694. —

Antoine de Toulon, Marseille 2 sept. 1695 (p. 207, conf. Marseille 10 mai 1697 (p. 209). — Théodose de Sisteron, Toulon 19 sept. 1698 (p. 210). — Ambroise de Brignoles, Marseille 28 mai 1700 (p. 210). — Jean-Baptiste de Vallouise, Marseille 2 sept. 1701 (p. 210). — François des Martigues, Aix 14 mai 1703 (p. 211). — Michel-Ange de Sisteron, Marseille 5 sept. 1704 (p. 211), conf. 21 mai 1706 (ib.). — Bonaventure de Sisteron, Marseille 21 août 1708 (p. 211). — Alexandre de Sisteron, Marseille 27 sept. 1709 (p. 212). — Vital de Draguignan, Marseille 15 mai 1711 (p. 212), conf. 2 sept. 1712 (p. 215). — Germain de St-Maximin, Marseille 11 mai 1714 (p. 222), conf. 24 mai 1715 (p. 223). — François d'Embrun, Marseille 9 mai 1717 (p. 162). — Ambroise de Toulon, Marseille 3 mai 1720 (p. 226). — Hyacinthe de Toulon, 13 oct. 1721 (p. 227). — Alexis de Seyne, 19 oct. 1722 (p. 228), 3 mai 1723 (ib.). — Félix de Métamis, Marseille 1er sept. 1724 (p. 228). — François d'Embrun, Marseille mai 1726 (p. 162). — Raphael d'Embrun, Aix 5 sept. 1727 (p. 229), conf. Marseille 1729 (p. 230). — François d'Embrun, Aix 8 sept. 1730 (p. 232). — Raphael d'Embrun, Marseille mai 1732 (p. 234), conf. Avignon 4 sept. 1733 (ib.). — Michel-Ange de La Roche, Marseille 4 mai 1735 (p. 235), conf. 6 sept. 1737 (p. 235). — Joseph d'Embrun, Marseille 8 mai 1739 (p. 236). — Chrysostôme de Châteauroux, Marseille 5 sept. 1740 (p. 239), 1er févr. 1742 p. 243). — Charles de Guillestre, Marseille 4 mai 1742 (p. 243). — Nicolas de Briançon, Marseille 9 sept. 1743 (p. 244). — Jean-François de Briançon, Marseille 28 mai 1745 (p. 244). — François de St-Crépin, Aix 2 mai 1748 (p. 162), 24 mai 1749 (p. 247). — Félix d'Embrun, Avignon 8 juil. 1750 (p. 248). — Thomas de Carpentras, Nîmes 18 mai 1753 (p. 254). — André de Briançon, Avignon 21 mai 1756 (p. 256). — Jacques de Vallouise, Nîmes 25 mai 1759 (p, 258). — Clément de Carpentras, Orange 25 oct. 1760 (p.

259). — Joseph de Châteauroux, Avignon 14 mai 1762 (p. 260). — Benoit de Châteauroux, Nîmes 10 mai 1765 (p. 263). — Joseph de Châteauroux, Avignon 2 sept. 1768 (p. 264). — Bernard de Châteauroux, Nîmes 10 août 1770 (p. 266). — Jean-François de Vallouise, Avignon, 21 mai 1773 (p. 274). — Augustin du Villar, 13 sept. 1773 (p. 274). — Vincent de Chantemerle, Avignon 9 mai 1777 (p. 277). — Hilaire de Névache, Nîmes 6 nov. 1778 (p. 280). — Joseph de Châteauroux, Nîmes 5 mai 1780 (p. 280). — Augustin de La Roche, Nîmes 24 oct. 1781 (p. 281), conf. Avignon 30 mai 1783 (p. 283), à Nîmes 26 mai 1786 (p. 285). — Hilaire de Névache, Nîmes 25 oct. 1787 (p. 286), 12 mars 1788 (G. 2545). En 1790, il déclare vouloir vivre et mourir dans son ordre (Arch. H.-A. série Q. 52).

4. *URSULINES DE GAP.*

(Voir p. 453).

Les Ursulines établies en France par Françoise de Bermond (1572-1628) et César de Bus, son parent, pour l'éducation des jeunes filles (Th. Bérengier, *Écho de N.-D. de la Garde*, de Marseille, juil. 1896, p. 672-3), furent autorisées à s'établir à Gap par la municipalité, le 28 déc. 1628 *(Inv. des arch. de Gap,* BB, 29, p. 144), et par l'évêque les 7 et 29 janv. 1629 (G. 856, p. 181). Le 15 mai 1630, elles achetèrent l'ancien couvent des Antonins (B.-du-Rhône, H. 33, n° 39). La sœur Catherine Ranguet *de Jésus*, supérieure des Ursulines de Grenoble, fut chargée, le 6 févr. 1629, par Arthur de Lionne, alors chanoine de Grenoble, leur supérieur, et, plus tard, évêque de Gap, de fonder le monastère de Gap (G. 1417). L'église fut construite en 1639 et reconstruite, en 1714, sur les plans d'Excursan.

Supérieures.

Bardet *Françoise*, 1re supérieure, n. 6 févr. 1629 (G. 1417)... — Isabeau de Laurent *de l'Incarnation*, ...10 févr. 1639 (E. 194), 3 août 1639 (E. 102), 2 févr. 1642 (E. 103)... — X... de Loras,... 3 et 8 févr. 1642 (E. 157 et 103), 8 mai 1642 (E. 157), 23 mars 1643 (E. 196)... — Marie Davin,... 20 janv. 1670 (E. 77)... —

Jeanne-Marie MAZAN *de Ste–Madeleine,*... 16 déc. 1694 (E. 94), 27 déc. 1697 (E. 95)... — Madeleine DE POLIGNY *de Ste–Marthe,*... 17 juin 1718 (G. 2210)... — Marianne DE LA VILLETTE,... 18 nov. 1728 (G. 2210)... — Marguerite DE FONCHÈNE,... 21 mai 1744 (E. 10)... — Anne DU SUAU,... janv. 1790 (L. 472'), 17 févr. et 16 avril 1791 (L. 826).

5. *RELIGIEUSES DE SAINT-JOSEPH.*

(VOIR P. 465).

Les premières religieuses de St-Joseph qui se fixèrent à Gap furent envoyées de Vienne en Dauphiné, à la demande de l'évêque Pierre Marion et des consuls de la ville, par Henri de Villars, archevêque de Vienne (1663, † 1693). Le 16 septembre 1671, la mère Jeanne Burdier et sœur Marguerite Ponsonet se rendirent à Gap et arrêtèrent, dès le lendemain, les clauses et conditions de la nouvelle fondation [1]. Trois religieuses devaient prendre « soin des pauvres » à l'hôpital Ste-Claire. Elles recevraient, en retour, le logement, la nourriture et 30 livres chacune, pour leur habillement. On peut juger du triste état dans lequel se trouvaient à cette époque les hôpitaux des Hautes-Alpes et en particulier celui de Gap, par les détails publiés dans l'*Inventaire des Archives du clergé* (série G. 941, p. 330). Les sœurs de St-Joseph de Gap fondèrent successivement des colonies à Embrun, en 1708 (H'. 589), à Ribiers en 1756 (G. 967) et à Digne en 1775 (H'. 553). Elles se trouvaient encore à l'hôpital Ste-Claire de Gap en 1792 (L. 826) et le 2 janv. 1793, (H'. 579). Elles avaient, en même temps, le soin de la maison de la Charité.

SUPÉRIEURES DE SAINT-JOSEPH A GAP.

CORTIAL (Catherine, dite sœur *de la Visitation*), 1ᵉʳ août 1671 (H' 698), 12 sept. 1673 (H' 698), 13 sept. 1673 (H'. 329), 15 mars 1683 (Gap, 407, f° 167), † en sept. 1690, en soignant « les soldats malades ». Voir le bel éloge que le bureau de l'Hôpital fait, le 4 janv. 1691, de cette première supérieure et de ses compagnes, également mortes à la peine : Jeanne Val-

---

1) *Inv. des arch. des Hautes-Alpes.* Série H suppl. 544 ; *Annales des Alpes*, t. III, 1899, p. 31-38.

lon de *St-François;* Louise Blanc, « novice », et autres (H'. 544 ; *Annales des Alpes,* III, p. 36).

Bresson (...), de la congrégation de Vienne,... sept. 1690, malade le 4 janv. 1691 (H'. 544 ; *Annales,* l. c.), † avant le 29 août 1691.

Pelet ou Pellet (Thérèse...), de la congrégation de Vienne... 29 août 1691 (H'. 544), 12 août 1692 (H'. 592), 12 sept. 1694 (H'. 698), 1696 (H'. 569)...

Vial de Daillon (Lucrèce, dite sœur *Thérèse),* fille de Dominique Vial, trésorier général du Dauphiné, veuve de François de Ricou, laquelle testa le 22 avril 1681 (E. 126), professe en 1696 (H'. 558), supérieure le 12 juil. 1702 (H'. 544), en 1703 (H'. 594), en 1705 (H'. 595), † 16 déc. 1706 (H'. 532).

Bordin (Françoise, dite sœur *St-Félix de la Présentation),...* 17 févr. 1707 (H'. 532), 4 juil. 1708, envoyée à Embrun, pour y organiser, avec la sœur Vallon, une nouvelle fondation (H'. 546), en 1709 (H'. 600), en 1716-1740 (H'. 605). Le 21 avril 1740, elle demande à se retirer, à cause de ses indispositions (H'. 550), mais elle est encore dite « supérieure » le 10 août 1744 (H'. 569)...

Ronzier (Catherine, dite sœur *St-Pierre),* fille de Pierre, de Valence (H. 699), venue de Valence à Gap, le 19 févr. 1745 (H'. 569), supérieure le 10 juin 1745 (ib.), en 1747 (H'. 640), 23 nov. 1750 (H. 551), fonde, en 1756, une succursale à Ribiers (G. 967, p. 352-3), 29 nov. 1756 (H. 699), 5 oct. 1767 (H', 699), 26 sept. 1773. Le 5 févr. 1775, on affirme qu'elle a quitté l'hôpital de Gap, « depuis environ une année, à cause de son âge et de ses infirmités » (H'. 553). Elle vivait encore le 31 déc. 1779 et était déjà morte le 8 avril 1780 (H'. 581).

Ronzier (Geneviève, dite sœur *St-Joseph),* de Valence, nièce de la précédente, reçue à Gap le 23 nov. 1750 (H'. 551), professe le 13 oct. 1754 (ib.). Elle remplit temporairement les fonctions de supérieure le 8 sept. 1770 (H'. 553), 16 juin 1771, époque où 600 l. de sa dot servirent à la « conduite et construction de la fontaine de l'Hôpital » (H'. 561) et le 29 sept. 1774 (H. 699). On la trouve, durant de longues années (1775-1793), pharmacienne de cette maison (H'. 576, 580). Le 2 janv. 1793, « la citoyenne Geneviève Ronzier » fait au trésorier de l'Hôpital un versement de 600 l. de profits sur les ventes des produits de la pharmacie (H'. 579).

ARMAND (Françoise, dite sœur de *La Croix*), supérieure,... le 3 août 1774 (H'. 696), envoie une colonie à Digne le 12 août 1775 (*Annales des Alpes*, III, p. 83, cf. H'. 555). Elle est en fonction en 1781-83 (H'. 585), et inscrite le 1er janv. 1791, pour une pension de 30 l. sur la dette publique. Elle fut privée, le 30 mai 1792, de cette modique somme (série L. 826).

6. *ANCIEN SÉMINAIRE DE GAP*.

Un projet de fondation d'un séminaire à Gap fut formé en 1577 et 1584, mais sans effet (G. 2689, cf. *Annales des Alpes*, I, p. 33). Le séminaire de Gap, grâce à l'héritage de Marguerite Baud, dame de La Villette, fut établi, le 27 février 1673, dans la chapelle de N.-D. de Sauveterre, cf. 4 mars 1673 (E. 80). Il fut transféré de Sauveterre à Gap le 5 juin 1675 (E. 82). La direction du séminaire, offerte au Provincial des Doctrinaires d'Avignon, fut acceptée le 2 sept. 1675 (E. 82) et le 1er juin 1676 (G. 2689). Les lettres patentes du Roi, approuvant cette fondation, sont de nov. 1680 (G. 2689). Le séminaire hérite le 26 mars 1679 (E. 85). Voir l'état de ses domaines le 29 déc. 1700 (E. 97) et le 30 avril 1792 (Q. 202). L'inventaire du mobilier du séminaire (169 articles et 31 créances diverses) fut dressé par François Boyer, maire, et Franç. Blanc, le 4 oct. 1792 (Q. 95 *bis*). Ce mobilier fut vendu les 13 mai et 22 sept. 1793. Il produisit 4.086 l. 5 s. 3 d. et *net* 3.666 l. 5 s. 3 d.[1].

SUPÉRIEURS.

MALSAN (Marc-Ant.), n. le 18 juin 1675 (E. 82), 6 juil. 1676 (E. 83), 4 nov. 1681 (E. 68), 12 nov. 1682 (G. 2689,

---

[1] Un petit séminaire existait à Tallard, de 1711 à 1723 (G. 2415, p. 157). — C'est probablement par suite d'une confusion avec la date de cette fondation que M. Roman (*Hist. de Gap*, p. 92), fait ériger le *Séminaire* en 1710 et *à Tallard*, et qu'il le transfère *à La Roche* en 1712 ; puis, après, à Gap.

p. 350), 1683-88 (G. 2417, p. 158), 12 avril 1688 (G. 2208), 1ᵉʳ juin 1689 (E. 92), puis, le 3 avril 1690, supérieur du couvent de Barcelonnette (E. 92). — Dega, *al.* Deiga (Ant.), direct., 22 sept. 1686 (G. 1347 ?), 3 avril 1690 (E. 92)... — Malafosse (de) Adam, 13 juil. 1691 (G. 938), 30 déc. 1691 (E. 93), 7 janv. 1693 (G. 2141), 1694-96 (G. 2417), 1692-3 (G. 2600, p. 281'), 31 déc. 1695 (G. 2603, p. 283'), 25 janv. 1696 (E. 95)... — Richaud (Franç.), ... 5 févr. 1699 (E. 70)... — Raymond, 2 avril 1699 (G. 1604, p. 284')... — Tourniaire (Louis),... 22 nov. 1700 (E. 97), 6 janv. 1701 (G. 2151), 25 juin 1791 (E. 97), 18 mars 1705 (E. 98)... — Pertuis (Franç.), 4 mai 1705 (E. 72), 15 déc. 1705, 18 avril 1707 (G. 2631), 1707-8 (G. 2613, p. 290')... — Croiny (Honoré), 15 nov. 1707-14 mars 1714 (G. 2417), 1ᵉʳ août 1711 (G. 2610, p. 289')...
— Gaston, 21 août 1717 (G. 2417)... — Savournin,... 4 avril 1722... — Rieux,... 20 janv. 1723 (Gaut., *Hist.* II, p. 313). — Lamotte (Pierre-André), 25 févr. 1730, 27 juin 1735 (G. 1462), fait « bâtir » la maison. — Vallentin,... 28 mai 1736 (G. 1465)... — Pellerut (Jacq.),... 1722 (G. 2464, p. '193), 7 mars 1722, synd. (G. 2691, p. 350'), 21 févr. 1733 (G. 2512), p. 220, 1734 (G. 2631)... — Morand (Louis),... 18 déc. 1748 (G. 965)... — Céas (Ignace 2ᵉ), syndic 6 déc. 1753 (G. 2691, p. 351), supʳ, 5 mai 1774 (G. 2166,)? puis prévôt de Gap 1782-92 (G. IV), p. xxvii. — Brieu (Jean-Franç.), 14 oct. 1785 (G. 976), 19 déc. 1785 (G. 2213), 20 févr. 1786 (G. 976). — Pelet (Jean-Claude), de Vedène (Vaucluse), né le 5 août 1750 (Q. 95³), profès à Avignon le 6 août 1768 (ib.), sup. le 25 oct. 1788 (G. 2545), 7 mars 1789 (G. 985), 23 août 1789 (G. 993), 17 juil. 1790 (ib.), 8 nov. 1789 (G. 2546, p. 231'), ex-supʳ, 15 nov. 1792 (G. 2691, p. 352') et 22 oct. 1792 (Q. 93 ᵇⁱˢ).

Syndics.

Risoul (André),... 4 juin 1676 (E. 60), 12 janv. 1679 (E. 84)... — Barrault (Franç.), provincial des Doctrinaires d'Avignon 5 juin 1675, directʳ du sémʳᵉ de

Sauveterre 31 oct. 1675 (E. 60 et E. 82), synd. 22 sept. 1676 (E. 83)... — *Tallatori* (André),... 15 déc. 1691 et 30 déc. 1691 (E. 93), 28 avril 1691 (E. 66)... — N.,... 12 janv. 1692 (E. 93)... — RICHAUD (Franç.),... 5 févr. 1699 (E. 70)... — TOURNIAIRE (Louis),... 7 déc. 1699 (E. 70), puis sup^r. — PELLERUT (Jacq.),... 7 fév. 1721 (E. 43), 7 mars 1722 (G. 2691, H' 289), 8 mars 1722 (H'. 290 et E. 3), 8 août 1735 (ib.)... — SILVESTRE,... 3 avril 1723 (H'. 302), 4 avril 1731 (E. 6), 30 août 1734, 16 et 17 déc. 1731 (H'. 290). — LA MOTTE (DE) Pierre-André, 25 mai 1725 (H'. 302), 19 juin 1728 (E. 45)... — IZE (D') Paul, 16 oct. 1742 (G. 2517, p. '222), 1742-1743 (G. 2691, p. 351), 20 juin 1744 (E. 10)... — *Pinchia* (Michel-Ant.), 17 juin 1745 (E. 20), 11 juil. 1746 (G. 2690, p. 350')... — MORAND (Louis),... 6 juin 1747 (G. 2156)... — FAUTRIER, synd. 15 janv. 1750 (G. 2520, p. 222), 12 juin 1750 (G. 2159) ; rect. 23 oct. 1759 (G. 2331, p. 57'-'8). — CÉAS (Ignace), 29 oct. 1753 (G. 2522, p. 223'), 6 déc. 1753 (G. 2691, p. 351)... — CORNILLE,... 21 mars 1753 (G. 2523, p. 223'), 7 oct. 1756 (G. 2524, p. 223'), 23 oct. 1759 (G. 2331, p. 57'-8)... — BOULOGNE (Franç.), 27 mai 1760 (G. 2164)... — TAULAMESSE,... 5 juil. 1762 (G. 2164)... — VILLION... 14 mars 1771 (G. 2535, p. 227')... — NAS, 11 févr. 1776 (G. 2538, p. 229)... — DAVIN, 15 nov. 1787 (G. 2544, p. 231')...

DIRECTEURS.

RISOUL (André), administrateur, 27 mars 1673 (E. 80), 22 déc. 1674 (E. 81), 14 juil. 1677 (E. 84), 21 déc. 1678 et 12 janv. 1679 (E. 84)... — BARRAULT (Franç.), próvincial des Doctrinaires d'Avignon, 5 juin 1675 (E. 82), loue à Gap une maison, 18 juin 1675 (E. 82)... — CLÉRION (Balthasar),... 13 juin 1678 (E. 84), 26 janv. 1679 (E. 124)... — AUDE (Jean), 2 oct. 1682 (G. 2358, p. 102')... — TOURNIAIRE (Louis), 2 oct. 1682 (G. 2358, p. 102'), 12 nov. 1682 (E. 88)... — HONORÉ (Jacq.), 26 janv. 1679 (E. 124), 13 juin et 31 août 1679 (E. 85)... — MOTTIER, 1er sept. 1684 (G. 888)... — ASTIER,

15 mai 1686 (G. 2358, p. 103')... — DEIGA al. Dega (Ant.), 22 sept. 1686), puis sup^r. — RICHAUD (Franç.), 1691-96 (G. 2417), 7 déc. 1699 (E. 70), ex-sup^r. — MOLLIÈRES (DE) Jos., 7 déc. 1699 (E. 70)... — TOURNIAIRE (Louis), 1701-1705 (G. 2417), 23 nov. 1704 (G. 1347)...— CROISSY (Honoré), 13 nov. 1709 (E. 98)... — SAVOURNIN (Raymond), 7 déc. 1714 (E. 99), 29 mai 1725 (H'. 302), 20 juin 1725 (E. 2), direct. 14 avril 1731 (E. 6) et 16 déc. 1731 (H'. 290)... — PELLERUT (Jacq.), 21 juil. 1726 (G. 1373)... — CAUSSY (Jean), 29 mai 1725 (H'. 302)...— VALLENTIN (Antoine, al. *Jn-Ant.*), D^r 31 août 1734, 8 août 1735 (E. 3) ; rect. 4 nov. 1735 (G. 2.513, p. 220')... — PINCHIA (Michel-Ant.), 29 oct. 1740 (G. 961), 6 mars 1744 (G. 965)... — MONIER (Ange-Jos.), 19 févr. 1740 (G. 2.516, p. 221), « 1er rect. » 17 avril 1741 (E. 8), *al.* Imonier (?), 24 nov. 1741 (G. 2690, p. 350')... — ISLE (D'),... 6 août 1748 (G. 969)... — ARRAZAT (Pierre), 1750-1752 (G. 965)... — PAGANIS (Alex.), 1750-1752 (G. 965)... — BOULOGNE, 4 févr. 1760 (G. 2527, p. 224')... — BRIEU (Jean-Franç.), 5 nov. 1783 (G. 2542, p. 230')...

RECTEURS.

PELLERUT (Jacq.), 3 août 1723 (H'. 302), 27 nov. 1724 (E. 44), 11 janv. 1725 (E. 44), 20 juin 1725 (E. 2), 7 janv. 1728 (E. 45)... — LA MOTTE (DE) Pierre-André, 14 av. 1731 (E. 6), 16 déc. 1731 (H'. 290), 31 août 1734 (E. 3)...— MONIER (Ange-Jos.), 31 déc. 1738 (G. 1468)...— MONIER *al. Imonier* (Ange-Jos.), 24 nov. 1741 (G. 813, f° 369, et G. 2690, p. 350')... — BODON, 6 août 1748 (G. 969)...— CLAPPIER (Franç.-Jos.), 6 avril 1754 (E. 32), 20 juil. 1756 (E. 20)... — CORNEILLE, 20 juil. 1756 (E. 20, cf. G. 816)... — BRUN (Franç.), 7 déc. 1783 (G. 2691, p. 351)... — BRIEU (Jean-Franç.), 17 oct. 1785 et 20 févr. 1786 (G. 976), sup^r 19 déc. 1785 (G. 2213).

Prêtres et Professeurs divers.

D'abord 1 supérieur, 2 professeurs et 1 m° de cérémonies (G. 2689).

BOULE (Honoré), 18 juin 1675 et 3 juil. 1675 (E. 82)...
— LOUVRELEUIL, 4 nov. 1681 (E. 68)... — MOLLIÈRES (DE) Joseph, 29 déc. 1700 (H'. 302)... — GISQUET, préd. 20 juil. 1694 (G. 2140)... — *Imberty* (Octave), prof. 29 déc. 1700 (H'. 302), 25 juin 1701 (E. 97)... — BOISSIÈRES, préd. 11 avril 1706 (G. 1439)... — SAVOURNIN (Raymond), dir. 7 déc. 1714 (E. 99), 9 mai 1725 (H'. 302), 20 juin 1725 (E. 2), 16 déc. 1731 (H'. 290)... — GASTON (Ant.), 7 déc. 1714 (E. 99), 24 août 1715 (E. 99)... — LAFINE (Claude), 7 déc. 1714 (E. 99)... — CAUSSY (Jean), 20 juin 1725 (E. 2)... — MORAN (Louis), 21 sept. 1742 (G. 969), 20 janv. 1744 (E. 10)... — DUMAS (Jacq.), 6 avril 1754 (E. 32)... — ISE (D') Paul,... 1742-1743 (G. 2691, p. '351)... — ISLE (D'),... 6 août 1748 (G. 969)... — AUBERT, 6 août 1748 (G. 969)... — TOURNEL, prof. de théol., 19 oct. 1762 (G. 816)... — OLLIVIER (Augustin), de La Motte, 1759 (G. 969)... — PUZOL (Jos), 1759 (G. 969)... — DUPUY (Ant.), d'Avignon, profès 18 oct. 1787, prête serment le 12 juin 1791 (Q. 95³)... — TEISSIER (Jos. Franç.-Xavier), de Sisteron, né le 17 mars 1759, profès à Avignon le 3 déc. 1777... — DAVIN (Henri), d'Aix, profès à Avignon le 11 sept. 1777... — GILIBERT (Jean), frère lai, profès le 27 avril 1783...

II. *Listes administratives et judiciaires.*

Aux listes religieuses et monastiques, qui précèdent, nous croyons utile de joindre diverses autres listes, surtout d'ordre administratif et judiciaire, concernant des personnages, qui, depuis une époque plus ou moins ancienne, ont rempli à Gap d'importantes fonctions.

Déjà nous avons publié, dans l'introduction du tome Ier de l'*Inventaire des Archives de la Ville de*

Gap (1908, p. x-xxvi), la liste chronologique des consuls, maires, adjoints et autres administrateurs de cette ville; nous ne la reproduirons pas ici; mais nous donnerons ci-après les listes: des Secrétaires et des Procureurs de la ville; des Procureurs du Roi en l'hôtel de ville; des Vibaillis de Gap, des Procureurs du Roi et des Avocats du Roi au bailliage de Gap; des Juges épiscopaux et des Juges d'appel; des Juges du chapitre de Gap; des Présidents et des Lieutenants en l'élection de Gap; des Gouverneurs et des Sergents-Majors de Gap; des Subdélégués de l'Intendant à Gap.

Ces listes sont souvent incomplètes. Peu à peu, on pourra les améliorer. Sauf d'autre mérite, elles auront, du moins, celui de conserver le souvenir d'un certain nombre d'hommes de valeur, appartenant, pour la plupart, à d'honorables familles gapençaises.

SECRÉTAIRES DE LA VILLE DE GAP.

Ils étaient d'ordinaire nommés en même temps que les consuls et ils étaient choisis de préférence parmi les notaires de la ville.

Bénévent (de) Tibaud,... 1413-15 (Gap, *Inv.*, p. 42')... — Grassi (Jacq.), *de Aparia*,... 15 juil. 1424 (p. 48)... — Abon (d') Pierre,... 3 juin 1431-32 (p. 49')... — André (Jean), not.,... 1 juin 1465 (p. 54'), 1 mai 1478 (G. 1749)... — Charbaillat (Jean), clerc du dioc. de Lyon,... 22 avril 1495 (p. 11), 24 mars 1496 (ib.)... — Faure, *Fabri* (Claude),... 24 août 1511 (p. 15')... — Gontard (Ant.),... 1512... — Clary (Jean),... 1520 (G. 1474)... — Gontard (Guil.),... 1527, cf. 7 oct. 1531 (p. 11')... — Gontard (Isnard),... 1543-45 (p. 56)... — Rambaud (Chérubin), not.,... 25 mai 1551 (p. 14'), 24 févr. 1571, secrét° durant 30 ans (p. 61)... — Philibert (Jean),... 1576, 28 mars 1577 (Sochon, not.,

6)... — Baud (Benoît),... 1577-78... — Gay, not.,... 1593 (p. 64'), 1601.

Rochas (Georges),... 15 avril 1602... — Armand (Bernardin),... 24 nov. 1603 (BB. 13)... — Ariey-Rostaing (Jean),... 1604-14 (Gautier, *Précis*, p. 379)... — Martin (Pierre),... 1606-7 (p. 84')... — Chabert (Jean),... 1607-8 (p. 84')... — Brunet-Blocard (Pierre), not.,... 11 juil. 1609 (p. 86')... — Ariey-Rostaing (Jean),... 16 juil. 1612 (p. 91), 15 mai 1614 (p. 99')... — Brunet-Blocard (Pierre), 1614-6 (p. 99', 104')... — *Columbi*,... 18 mars, 25 mai 1616 (cf. G. 1474)... — *Clari* (Grégoire),... 1616-18 (p. 105')... — Philibert (Ét.), not.,... 14 mai 1618, 3 mai 1620 (p. 113)... — Pellegrin, not.,... 15 nov. 1620, 15 avril 1621 (p. 116)... — Brunet-Blocard (Pierre),... 20 mai 1621 (p. 117), 1er mai 1622 (p. 121)... — Brunet-Blocard (Jean), not.,... 1er mai 1622 (p. 121'), 1623... — Chabot (Jean), not., n. 6 août 1623 (p. 124'), 1624... — Céas (Jean),... 15 juin 1624 p. (126'), 1625... — Allix (Jean), not., n. 4 mai 1625 (p. 130), 1626... — *Clari* (Jean), n. 3 mai 1626, « aux gaiges de 100 sols » (p. 133), 1628... — Rolland (Ét.), not. et proc., n. 7 mai 1628 (p. 137), 1629... — Allix (Jean),... 14 juin 1629 (p. 148), 1630... — Brunet-Blocard (Jean), n. 6 mai 1630 (p. 156), 3 août 1631... — Armand (Jacq.), not.,... 17 nov. 1631 (p. 170'), 1632... — Gallabrun (André),... 3 mai 1632 (p. 171), 1633... — Mandaroux (Pierre), not., n. 1er mai 1633 (p. 173'), 8 mai 1634. — Vallon (Laurent), not., n. 8 mai 1634 (p. 175), 1635... — Arthemale (Ét.), not., n. 6 mai 1635 (p. 178'), 1636... — Gallabrun (André), n. 4 mai 1636 (p. 182), 1638... — Faure (Jean-Franç.), not., n. 2 mai 1638 (p. 187), et Jean Davin, « secréte pour le Roi », 29 oct. 1638 (ib.), 1639... — Armand (Jacq.), not.,... 16 mai 1639 (p. 188), 1641... — Allix (Jean), not., n. 5 mai 1641 (p. 192), 1643... — Guigues (Mathieu), not., n. 3 mai 1643 (p. 199'), 1644... — Plauche (Domitre), not.,... 4 mai 1644 (p. 200), 1646... — Vallon (Laurent), not., n. 6 mai 1646 (p. 203'), 1648... — Guigues (Mathieu), n. 10 mai 1648 (p. 207), 1649... — Plauche (Domitre),... 3 mai 1649 (p. 207'), 1650... — Vallon (Laurent).... 1650 (p. 207')...

Meyssonnier (Pierre), not.,... 3 mai 1650 (p. 210), 30 nov. 1658 (E. 42), 28 nov. 1662 (E. 110), 6 nov. 1669 (E. 116)... ; encore vivant 25 avril 1691 (H'. 489). — Simon. al. Simond (Ét.),... 22 févr. 1671 (p. 251), 1709... avec Domin. et Pierre Girard, pour secrétaires-commis, 6 mai 1681 (p. 268)... — Girard (Jean), ...12 mai 1709 (p. 291'), 1726... — Girard (Claude),.. 31 déc. 1713 (E. 99), 29 août 1726 (p. 304), ancien secrét. 12 mars 1737 (E. 47)... — Eyraud (Jean),... 1726 (p. 304), 1742 (p. 314), rés. 1er janv. 1745 (p. 316'), ancien secrét. 20 févr. 1745 (p. 317). — Paul (Jean Ier), n. 1er janv. 1745 (p. 316'), 25 oct. 1774 (p. 8'), 1785 (p. 337)... — Paul (Jean II),... 1785 (p. 357), 20 janv. 1799 (E. 304), 17 mars 1803 (U. 1), 1834 (p. 423)... — Paul (Jean III, al. Jean-Grégoire),... 1843, † 3 juin 1846.

PROCUREURS DE LA VILLE DE GAP.

Il semble qu'anciennement, procureurs, syndics et consuls, étaient une même chose. Dans la suite (11 juin 1623), l'office de procureur fut considéré comme une surcharge et supprimé (p. 123'); mais il fut rétabli en 1633, et, en 1657, il est rempli gratuitement (p. 229). Les gages du procureur, fixés à 20 l., sont abandonnés en 1728 (p. 305).

Balbi (Pierre) et Jean Thomas, avec chacun 25 florins de gages (Inv. p. 39)... — Olphe-Galliard (Jos.),... 24 sept. 1515 (G'. 1052, f° 190)... — Rostaing (Baudon),... 30 mai 1528 (p. 11'), 23 déc. 1531 (G'. 1052)... — Barban (Guil.), not.,... 13 juil. 1532 (G. 1052), 30 oct. 1540 (p. 18)... — Philibert (Pierre),... 15 août 1552 (p. 15), 23 oct. 1553... — Vachier (Jean), ...2 févr. 1558 (G'. 1052)... — Vallier (Jean),.. 30 oct. 1561... — Souchon (Claude),... 23 oct. 1579 X..., ...8 août 1593 (p. 64')... — Catelan (Pierre

…vers 1598… — Armand (Bernardin),… 1600, puis (26 déc. 1603), secrét. (p. 77)…

Brunet-Blocard (Pierre),… 16 juil. 1601 (p.17')… — Gaillard (Gaspar),… 11 févr. 1604 (p. 78)… — Rochas (Georges) et Rostain (Armand), n. 4 mai 1604 (p. 80):… — Queyrel (André), n. 23 mai 1604 (p. 81')… — Combassive (Henri), n. 6 mai 1607 (p. 84')… — Pellegrin,… 6 avril 1610 (p. 90')… — Blocard (Pierre), n. 4 mai 1608 (p. 86')… — Chabot,… 1612… — Doussan (Jean),… 8 déc. 1613 (p. 97)… — Giraud (Clément), n. 15 mai 1614 (p. 99')… — Meyssonier (Jean), n. 1er mai 1616 (p. 104), 3 mai 1616 (p. 105')… — Allix (Jean), n. 6 mai 1618 (p. 113)… — Catelan (Daniel,… 15 sept. 1620 [p. 116)… — Philibert (Charles), n. 16 mai 1621 (p. 116')… — Mazet (Charles), n. 8 mai 1622 (p. 121')… — Céas (Jean), n. 8 mai 1633 (p. 175)… — Grimaud (Jacq.), n. 1er mai 1634 (p. 173')… — Brutinel, n. 6 mai 1635 (p. 178')… — Galhard (Jean), n. 4 mai 1636 (p. 182)… — Barbier (Ét.), n. 2 mai 1638 (p. 187)… — Grimaud (Jacq.),… 6 mars 1640… — Bonnet (Mathieu), n. 5 mai 1641 (p. 192), 11 oct. 1641… — Eyraud (Jn-Luc), n. 3 mai 1643 (p. 199')… — Grimaud (Jacq.), n. 6 mai 1646 (p. 203')… — Brutinel (André), n. 10 mai 1648 (p. 207)… — Pellegrin (Jean), n. 1er mai 1650 (p. 209')… — ? Eyraud,… 1652… — Philibert (Nicolas), n. 4 mai 1653 (p. 216')… — Janselme (Raymond), n. 3 mai 1654 (p. 217)… — Céas (Ant.), n. 13 mai 1657 (p. 229), 5 mai 1658 (p. 230)… — Farnaud (Barthél.), 12 juin 1658 (BB. 90)… — Eyraud (Ant.), n. 8 mai 1661 (p. 237')… — Masse (Pierre), n. 16 juil. 1662 (p. 238')… — Queyrel (Jean), n. 6 mai 1663 (p. 239')… — Eyraud (Ant.), n. 3 mai 1665 (p. 240)… — Farnaud (Barthél.), n. 6 mai 1668 (p. 242), 7 mai 1669 (p. 250')… — Rochas (André), n. 16 juin 1669 (p. 242')… — Céas (Louis), l'aîné, n. 11 mai 1670 (p. 243)… — Sarrazin (Ét.), n. 25 juin 1673 (p. 254)… — Céas (Louis), le cadet, n. 27 août 1673 (p. 254')… — Gautier

(Pierre), 6 mai 1681 (p. 268)... — Rochas (Jacq.), n. 2 mai 1683 (p. 270')... — Sarrazin (Pierre), n. 26 nov. 1684 (p. 272)... — Combassive (Jean), n. 30 nov. 1685 (p. 272')... — Sarrazin (Ét.),... 18 févr. 1687 (p. 274). — Sarrazin (Pierre), n. 28 sept. 1687 (p. 274')... — Philibert (Jean), n. 6 juin 1697 (p. 281')... — Sarrazin (Firmin),... 6 juin 1697 (p. 282)... — Léotier (Franç.),... 12 mai 1698... — Combassive (Joseph), n. 17 mai 1699...

Sarrazin (Firmin), n. 3 juin 1703 (p. 286')... — Rochas (Jacq.), n. 12 mai 1709 (p. 291')... — Anglès (Jean),... 4 janv. 1711 (p. 293)... — Combassive (Jos.), n. 28 mai 1711 (p. 293')... — Blanc (Laurent), n. 31 mai 1716 (p. 297)... — Subé-Blanc (Laurent), n. 3 janv. 1718 (p. 298)... — Blanc (Guil.), n. 2 janv. 1719 (p. 298')... — Lafont (de) Pompone, n. 1er janv. 1721 (p. 300), conf. en 1722 et 23. — Blanc (Ét.), n. 1er janv. 1725 (p. 303'), conf. en 1726 et 27. — Allemand (Jean), n. 1er janv. 1728 (p. 305), conf. 1er janv. 1729 (p. 306). — Corréard (Guil.), n. 1er janv. 1732 (p. 307'), conf. en 1733 et 34. — Rochas (Ignace), n. 1er janv. 1735 (p. 310), conf. 1er janv. 1736 (p. 311). — Blanc (Guil.), n. 1er janv. 1738 (p. 311'), conf. 1er janv. 1739 (p. 312). — Blanc, le cadet, n. 1er janv. 1740 (p. 313)... — Corréard (Guil.), n. 1er janv. 1742 (p. 314), conf. 1er janv. 1752 (p. 323'). — Lafont (de), n. 1er janv. 1755 (p. 327), conf. en 1756-59... — Jaubert (Jn-Ant.),... 21 déc. 1788 (p. 407')... — Labastie (Jean-Jacq.),... 31 juil. 1790 (p. 371'), élu député 10 sept. 1791 (p. 375). — Richaud (Jn-Louis), élu 25 sept. 1791 (p. 365), 14 nov. 1791 (p. 375')... — Romane (Jos.-Pierre), élu 4 déc. 1792 (p. 378'), 23 nov. 1793 (p. 384)...

PROCUREURS DU ROI EN L'HOTEL DE VILLE DE GAP.

L'institution des procureurs du Roi en l'hôtel de ville de Gap est relativement récente. Voici la liste de ceux que nous avons rencontrés.

LAFFREY-PARA (Jean), cons^r du Roi, 10 déc. 1709 (E. 98), n. 11 mai 1724 (Gap, prov. 102)... — BLANC (Jean), n. 31 janv. 1726, aux gages de 200 l. (Gap. 102)... — NAS DE ROMANE (Jos.), n. 18 sept. 1735 (p. 310'), 18 janv. 1736 (cf. G. 2064)... — LAFFREY-PARA (Pierre), n. 21 nov. 1744 (p. 316), viv. 2 févr. 1749 (E. 29)... — BLANC (Charles-Arnoux), n. 29 janv. 1745 (p. 317'), 12 avril 1753 (E. 17), 9 août 1761 (p. 330'), 17 mai 1764 (p. 8), 27 mars 1768 « depuis 24 ans » (p. 343'-4), anc. proc. du Roi, 1er janv. 1771 (p. 338)... — NAS DE ROMANE (Jos.-Franç.-Nicolas),... 3 janv. 1776 (p. 340), 9 sept. 1784 (p. 355')...

VIBAILLIS DE GAP ET DU GAPENÇAIS.

Nous reproduisons ci-après la liste des vibaillis de Gap, déjà donnée dans l'*Inventaire sommaire*. Séries A. B. C. (1887, p. ix), mais avec plusieurs corrections et additions.

Méhenze, Menze (Juste),... 1448... — Granelli (Pierre),... 10 août 1459 (G. 2725)... — Méhenze, Menze (Roland),... 1462... — Ramuti (Didier),... 1471... Olier (Claude),... 1477... — Méhenze, Menze (Guélix)... 1481 (Pilot, *Inv. Louis XI*, p. 157^n, n), 1497... — Olier (Claude)... 1499, 1509 (G. 751), 6 oct. 1510 (G. 2652)... — Émé (Sadon), prête serment 27 oct. 1512 (Gap, *Inv.* p. 18'), 18 et 21 août 1513 (p. 16 et 18'; G. 1321 et 1474)... — Olier (Claude), d^r ès dr.,... 1514, 1515 (Juvénis Ms.), 4 févr. 1527 (Gap, p. 18'), 10 oct. 1531 (p. 11'), 4 avril 1548 (G. 2745), rés. en survie à son fils Benoît, 9 mai 1549 (G. 1575). Il avait ép. Claire *de Montjeu*, d'où ce nom à ses successeurs. — CHOUL (Guil.),... 1551, 8 juin 1554, malade

(G. 1207), 29 juin 1558 (Savine, 74)... — Olier de Montjeu (Benoît), f. de Claude, pourvu en survie le 9 mai 1549 (G. 1576), 1551 (G. 1540), 12 août 1552 (Gap, p. 15), 4 mars 1553 (G. 1578), 1 nov. 1565 (G. 1135), 22 fév. 1572 (B. 1, p. 90'), 25 sept. 1583 (G. 2239), 21 nov. 1596 (p. 17). Teste 18 mars 1600 (E. 180 [1]). — ALLEMAND (André), s^r de Pasquiers, « bally des montaignes » à Gap, 4 sept. 1578 (G. 1641)... — Olier de Montjeu (Claude), d^r ès dr., chan. de Gap 16 janv. 1581 (E. 179), f. de Benoît, qui le déshérite, comme « ingrat et indigne », le 18 mars 1600 (E. 180), alors vibailli (ib.), 18 août 1605 (E. 281), 20 juil. 1611 (E. 282), 28 août 1622 (E. 225), anc. vibailli 20 mai 1614 (Gap, p. 100), † en juin 1638 (E. 201).

PHILIBERT (DE) Alex., s^r de Charance, f. de Franç. Il était vibailli le 17 juil. 1614 (E. 225) et le 31 déc. 1614 (E. 226), jour où il démissionne en faveur de son frère Daniel (ib.), plus tard (1630-34), juge de Gap.— PHILIBERT (DE) Daniel, s^r de Ste-Marguerite, frère du précédent, n. 31 déc. 1614 (E. 226), 24 juil. 1626 (G. 1307), 13 mars 1627 (E. 183), 21 et 28 juin 1628 (G. 1311), 10 mai 1639 (G. 1155), 9 janv. 1644 (Gap, p. 199'). Teste 12 mars 1655 (E. 115); testament publié 6 mai 1656 (ib.), † av. 10 juin 1657 (H. 341). — ISE OU YZE DE SALÉON (D') Jacques, f. de Franç., s^r de Rosans et de Susanne de Renard; mis en posses. 1 mars 1658 (Gap, prov. 58), 30 mars 1658 (H'. 431), cons^r au Parl. 10 mars 1661 (Id. B. II, p. 35).— BERTRAND DU FRESNE (Jean-Mathieu), f. de Pompone, vibailli du Champsaur, probablement pourvu en mars 1661, 20 avril 1664 (G. 2251), 23 mai 1670 (H'. 277), 19 nov. 1670 (G 1190), 2 juil. 1678 (G. 1164), 29 mai 1680 (G. 1163), 5 juin et 11 sept. 1683 (G. 2251), 26 sept. 1685 (G. 2276), 8 août 1688 (Gap, p. 275), 16 oct. 1692 (E. 67), 16 avril 1696 (E. 69), † en 1699 (G. 1382).

[1]) Il avait épousé Anne de Marel, et ne fut jamais ordonné prêtre. C'est Benoît, son fils, qui était prêtre et chanoine de Gap († 25 juil. 1613).

Bertrand du Fresne (Louis), f. du précédent, émancipé 5 janv. 1691 (E. 92), vibailli 16 oct. 1698 (E. 70), 25 nov. 1700 (Gap, p. 284), 9 juin 1702 (p. 285'), 1 janv. 1714 (G. 1382), 14 févr. 1715 (G. 1383), 1 mai 1719 (G. 1382), 18 déc. 1724 (ib.), 31 janv. 1725 (G. 1383), † avant 29 sept. 1731 (G. 1459). — Bertrand du Fresne (Étienne-Jean-Gui.), f. de Louis,... 1731, dit « ancien vibailli » 17 déc. 1740 (E. 48), 3 sept. 1741 (H', 273) et 1 juin 1754 (E. 32. Cf. G. 1911). — Flour de St-Genis (Jean-Ant.), f. de Barthél. et de Julie de Bosse, installé en mai 1738 (G. 2066), 13 janv. 1740 (Gap, p. 313), 25 mai 1749 (p. 320'); vib. honor°, av. 16 févr. 1759 (H', prov. 15), 9 août 1760 (Gap, p. 330'); habite Upaix 2 mai 1764 (G. 1178), 1 mai 1778 (G. 2090), encore vivant en 1786 (G. 2212). — Philibert (Pierre-Jean-Franç.),... 1759, 26 sept. 1762 (Gap, p. 331), 2 mai 1764 (G. 1178), 28 mars 1768 (Gap, p. 344), 1 janv. 1770 (p. 337'), 21 mai 1786 (p. 399'), 1 janv. 1789 (p. 354), 1 mars 1789 (p. 361'), 8 août 1789 (p. 359')...

PROCUREURS DU ROI AU BAILLIAGE DE GAP.

Les causes soumises aux bailliages étaient civiles et criminelles. On trouvera un certain nombre d'exemples des premières dans l'*Inventaire de la série B* (1887, p. 22-66); quant aux secondes, elles sont peu nombreuses, « ce qui prouve que la tranquillité publique était rarement troublée », et que les Procureurs du Roi avaient peu à faire à ce propos. Voici les noms de quelques-uns d'entre eux.

Armand de Chateauvieux (Claude),... 26 févr. 1558 (Inv. p. 15'); teste 8 juil. 1587 (E. 164), codicille 21 juil. 1591. — Juvénis (Raymond Ier), oncle, 20 janv. 1620 (G. 2599), 16 avril 1633 (G. 2583)... — 8 fév. 1642 (G. 2588),... Ricou (de) Jean,... 13 sept. 1643 (E. 154), 15 avril 1664 (E. 140)... — Juvénis (Raymond II), neveu, historien,... 1664, † 1705 (G. 2601). — Bontoux (Jean-Benoît),... 5 févr. 1752 (E. 31), rés. 1er déc. 1762 (E. 30)...

AVOCATS DU ROI AU BAILLIAGE DE GAP.

Nous n'avons rencontré que bien peu de titulaires de cet office, créé en 1627. En voici les noms :

Ricou (de) Jean, s^r de Combedoze,... 3 mai 1694 (G. 1883), teste 2 janv. 1718 (E. 100, cf. G. 1954). — Clerc de Labastie (Jacq,)... 13 mai 1758 (G. 2029), 26 juil. 1776 (G. 1942), 9 mars 1792 (G. 1475), commis^e près le Dép^t en 1795, présid. du Tribunal en 1802. — Blanc, 7 mars 1789 (Gautier, ci-dessus, p.   ).

JUGES ÉPISCOPAUX DE GAP.

La juridiction des juges de l'évêque de Gap s'exerçait, non seulement sur la ville de Gap, mais encore sur les châteaux épiscopaux de La Bâtie-Neuve, La Bâtie-Vieille, Rambaud, Châteauvieux et autres (En voir la nomenclature, t. I, p.   ). On a conservé quelques registres des audiences de cette judicature de 1630 à 1778 (B. 442 à 446). Déjà le *Tableau historique* par M. J. Roman (p. I, p. 94-95), a donné une liste assez complète des juges épiscopaux de Gap, mais sans références. Nous complétons cette liste dans la mesure du possible, en indiquant les sources.

Bonfils (Giraud),... 15 sept. 1245 (Bert. n° 53)... — Heme,... 13 mai 1248 (Bert. n° 59)... — Miraval (de) Pierre,... 30 juil. 1248, 22 janv. 1248/9 (Bert. n° 64)... — Rencurel (Raymond),... 1250... — *Maurelli* (Raimbaud), vice-juge 13 mai 1248 (Bert. n° 59), juge 21 sept. 1250 (ib. n° 65), 18 mars 1250/1 (ib. n° 67)... — Bonfils (Giraud),... 20 juil. 1251 (Bert. n°s 68 et 69), 1251... — Chaix (Guil.),... 1251... — Gralla (Guil.),... 22 avril 1252 (Bert., n° 70)... — St-Paul (de) Hugues,... 22 janv. 1254 (Bert. n° 73)... — Maceya (Bertrand),... 17 nov. 1255 (Bert. n° 73), chan. de Gap 5 nov. 1257 (Bert. n° 76)... — Nicolas, ...26 janv. 1256/7 (Bert. n° 74)... — *Masalguis (de)* Hugues,... 17 mars 1265/6 (Bert. n° 86), 25 juin 1268, (ib. n° 89). — *Pelliparii* (Pierre), vice-juge, 10 juin et 4 oct. 1278 (Embr.), ancien juge 1280 (Embr.)... —

Laveno (de) Jacq.,... 20 mai 1278 (Embr.), 3 avr. 1279, 9 août 1280 (ib.)... — *Rodulphi* (Hugues),... 5 févr. 1281/2 (B.-du-Rh. B. 1102)... — *Sassini* (Bertrand),... 1293... — *Bucentani* (Laurent),... 6 mai 1298 (Embr. n° 58)... — FARE (DE LA) Guil.,... 26 déc. 1298 (G. 909), 1299...

Comitibus (de) Jean,... 1er févr. 1303/4, 1er févr. 1305... — ÉTIENNE,... 1309 (G. 1328)... — FARE (DE LA) Rodolphe,... 1307, 1312, 5 mars 1312/3 (Bert. n° 181)... — FARAMANS (DE) Humbert,... 1315... — IMBERT (Jean),... 6 juil. 1321 (B.-du-R., B. 453)... — ROUX (DE) Étienne,... 17 juin 1329 (Is. B. 3248)... — PIARRE (DE LA) Réforciat,... 1332... — ISNARD (Franç.),... 20 nov. 1336 (G. 1119), 27 juin 1337 (Gap, p. 86), 9 sept. 1337 (ib. p. 93)... — ANDRÉ (Raybaud), ...10 sept. 1338... — *Rostagni* (Franç.),... 1er sept. 1340 (G. 1725), 13 nov. 1347 (ib. et G. 1714)... — AURIAC (D') Guil.,... 1345... — *Pugneti* (Jacq.),... cf. 14 juin 1357 (G. 1714)... — *Pena (de)* Réforciat,... 14 juin 1357 (G. 1714)... — ST-GERMAIN (DE) Jacq., apr. 14 mai 1345, rédacteur de la charte de Gap de 1378 [1382, † 1422 (Is. B. II. 55)], juge du Briançonnais 30 janv. 1380, 29 nov. 1380 (La Salle, 21), puis avocat fiscal delphinal (Bert. n°s 260, 267. cf. G. 2240 n.) — *Visiani* (Rambaud), jurisconsulte, juge après 12 nov. 1361 (G. 1720, cf. G. 2234)... — REBOUL (Ét.),... 1370... — PIARRE (DE LA) Réforciat, n. 5 avril 1388 (Is. Inv. ms.)... — *Aymeri* (Lantelme), 1389... — *Boerii* (Imbert, al. Humbert),... 1389/90 (G. 1815)... — FERAUD (Jean),... 1392 (G. 1117)...

BARON, *Baronis* (Arnaud),... 11 juin 1392 (Gap, p. 142; G. 1117), 19 juin 1392 (Gap, p. 9), 16 août 1393 (G. 1118), 26 févr. 1394/5 (G. 1727), 12 mai 1395 (ib.), 11 mars 1405/6 (Bertaud, n° 256), 16 avril 1406 (Gap, p. 39), 19 avril 1406 (p. 8'), 20 oct. 1411 (B.-du-R., B. 618), 9 déc. 1413 (Is., B. 3289), cf. 16 juil. 1417 (Gap, p. 10)... — GENTIL (Raphaël),... 23 déc. 1412 (G. 1817)... — GARNIER (Raymond),... 14 janv. 1415 (Gap,

JUGES ÉPISCOPAUX.

p. 44')... — Ruffo (de) Guil., vice-juge,... 14-16 mars 1414 (G. 2023 ; Gap, p. 43'), † av. 1er mars 1419/20 (G. 1733). — Boyer, *Boerii* (Humbert), lic. ès-lois,... 25 sept. 1422 (G. 1815)... — Faure, *Fabri* (Jean), vice-juge,... 13 mai 1424 (Gap, p. 47')... — *Maynerii* (Grégoire), pr. poss. 2 mai 1424 (Gap, p. 49), 4 oct. 1424 (p. 102'), 25 nov. 1425 (G. 1817)... — Gautier (Jean), ...25 nov. 1425 (G. 1817)... — Menze, Méhenze (Geoffroy)... 1426... — *Amelii, Amielhi* (Trophime, *al.* Cosme), pr. serm. 23 mai 1432 (Gap, p. 52), 25 juil. 1432 (p. 53), 26 août 1433 (p. 53')... — Valsévère (de) Michel,... 14 nov. 1440 (B.-du-R., B. 662)... — Méhenze (Just), dr ès lois, juge mage du Briançonnais en 1421, juge de Gap,... 4 déc. 1441 (G. 1737), juge mage du Gapençais en 1449 (Pilot, *Louis XI*, no 711). — Artaud (Elzéar),... oct. 1466 (G. 1450), 1471 (G. 2094), 30 oct. 1485 (G. 1121)... — Valsévère (de) Michel,... 20 juin 1488 (B.-du-R., Gap, no 395)... — Émé (Guil.),... 9 mai 1492 (G. 2193)... — Gobaud (André), lic. en dr.,... 1495 (H'. 271 et 341), 21 janv. 1499/1500 (G. 2234)... — Artaud (Elzéar),... 10 nov. 1498 (G. 1126)... — Arnaud (Jacq.) n. 17 févr. 1497 (Is. B. 2992), 1498...

Montjeu (de) Pierre, lic. en dr.,... 27 nov. 1495 (H'. 271), 15 nov. 1499 (G. 1859 et 1984) ; 21 janv. 1516 (G. 2224), † av. 11 juin 1523 (G. 2289). — Émé (Guil.),... v. 1504 (G. 1817), 8 mai 1504 (Gap, p. 55)... — *Fazendati* (Sybuet)... 8 nov. 1506 (G. 1817)... — Patrisdon (Claude)... 10 déc. 1509 (G. 2646), 24 juin 1510 (G. 1474), 14 août 1510 (G. 2645)... — Olier (Claude), serm. 16 oct. 1512 (Gap, p. 19), puis vibailli. — *Mutonis* (Pierre)... 22 août 1513 (G. 1959, cf. 2193), 27 juil. 1514 (G. 1472), 5 mars 1517/8 (H'. 355)... — Arnaud (Rodolphe), lic. ès lois,... 14 juil. 1521 (G. 909), 10 avril 1522 (G. 1823)... — Gobaud (Ant.), lic. ès dr., ...4 févr. 1527 (Gap, p. 18'), 12 août 1527 et 1528 (G. 831), 1529 (G. p. 113')... — *Mutonis* (Pierre),... 29 mars 1531 (G. 2225)... — *Martinelli* (Bertrand), lic. ès dr.;

serm. 23 déc. 1531 (Gap, p. 17-18), mai 1532 (p. 115), 12 juil. 1532 (G. 831 et 2200)... — *Rivalis* (Louis), n. juin 1532, serm. 13 juil. 1532 (Gap, p. 18)... — Chamois, *Chamoyssi* (Guil.), serm. 14 juil. 1533 (Gap, p. 18)... — Garnaud (Louis),... 15 juin 1535 (G. 1819)... — Reynaud (Guil.), d^r en dr.,... 21 juil. 1536, 12 oct. 1538 (G. 1766)... — Gautier (Aynard, *al.* Isnard), serm. 31 oct. 1540 (Gap, p. 18), 8 et 10 juil. 1542 (G. 1152), 27 sept. 1545 (G. 1132), juin 1548 (G. 1886), 7 mai 1554 (G. 1823), 10 juin 1554 (G. 1762), 17 déc. 1557 (G. 2237), 18 juin 1558 (G. 1765)... — Rostaing (Baudon), vice-juge,... 21 mars 1543 (Gap, p. 11')... — Gobaud (André),... 1er oct. 1548 (G. 2274)...

Arnaud (Rodolphe),... 19-28 oct. 1553 (Gap, p. 15)... — Rochas (Firmin), d^r ès dr., lieut. de juge, 19 juil. 1565 (G. 1826)... — Buysson (Gaspar), d^r ès dr., n. 28 oct. 1553, 30 oct. 1553 (Gap, p. 15), 13 et 20 déc. 1554 (G. 1823), d^r févr. 1558 (Gap, p. 15')... — Galhard (Gaspar), lieut. de juge,... 7 mai 1554 (G. 1823)... — Rostaing (Baudon), juge d'appels, 25 sept. 1554 (G. 1983) ; lieut. de juge 7 sept. 1560 (G. 1829 et 2237). — Davin (Simon),... 25 sept. 1554 (G. 1983), 30 oct. 1554 (G. 1823), 1er mai 1562 (G. 1523), puis juge d'appel. — Rochas (Firmin), lieut. de juge,... 13 mai 1560 (G. 2237)... — Gautier (Aynard),... 1563 (G. 839), 1er mai 1567 (G. 1136), 20 févr. 1570 (G. 2245), † av. 1573 (G. 1765), cf. 27 mai 1580 (E. 179). — Gautier (Gaspar), lieut. de juge,... 21 déc. 1563 (G. 1136)... — Rostain (Jean), lieut. de juge,... 26 juin 1564 (G. 2240)... — Abon (Olivier), s^r de Reynier, d^r ès dr., avocat,... 5 janv. 1563 (G. 1528), 11 juil. 1566 (G. 2107), 5 janv. 1569 (G. 2247), serm. 9 févr. 9 févr. 1573 (Chérias), 8 mars 1573 (H'. 541)... — Davin (Pierre), d^r ès dr., serm. 19 oct. 1575 (Chérias), 10 nov. 1575 (G. 1513), 29 sept. 1579 et 11 févr. 1580, 11 mai 1582 (La Bâtie-Neuve), 31 mai 1583 (ib.). — Davin (Claude), 8 janv. 1578 (G. 1144) ;... 19 oct.

JUGES ÉPISCOPAUX.

1585 (Gap, n° 25), 1ᵉʳ mars 1589 (G. 1149). — Girard (Esprit), juge du Champsaur, 2 mai 1582 (B. 1),... 19 oct. 1585 (Gap, n° 25)... — Gautier (Gaspar), 5 mai 1587 (G. 1783), 30 sept. 1592 et août 1593 (G. 2202), † av. 20 avril 1595 (E. 207). — Rostaing (Jean), plus ancien avocat, fait fonction,... 1595 (G. 1886)... — Buysson (Ant.), dʳ en dr.,... 20 avril 1595 (Gap, n° 654), 18 mai 1595 (G. 1513), 1600 (G. 1479), 24 mars 1600 (Gap, p. 17'), 16 juil. 1601 (ib.), 28 déc. 1618 (G. 898), 24 janv. 1620, 14 févr. 1626, † av. 2 mars 1628 (Gap, n° 596).

Abon (Jean), lieut. de juge,... 12 févr. 1604 (Gap, p. 17')... — Millon (Claude),... 10 janv.-28 juin 1630 (B. 442)... — Philibert (de) Alex., dit « M. de Charance », pr. poss. 9 mars 1628 (Gap, n° 596), 8 sept. 1630 (E. 184), 22 mars 1632 (Gap, n° 939), 1ᵉʳ sept. 1632 (E. 185), condamné à être brûlé pour sodomie, 4 oct. 1634 (H'. 284 ; Is. B. 2105). — Legay (Jacq.), dʳ ès dr., n. 1ᵉʳ juin 1633 (Gap, p. 19), 22 oct. 1634 (E. 149),... 1653, vibailli du Champsaur (G. 1673) ; teste 14 juil. 1680 (G. 1768). — Rolland (Ét.), dʳ ès dr., n. 20 mars 1640 (Gap, p. 19), 19 juin 1640 (E. 103), 29 sept. 1643 (E. 158), 15 déc. 1644 (G. 1699), 1657 et 1659 (Is. B. 991 et 1021), 25 mai 1661 (G. 1881), 7 sept. 1668 (E. 143), 10 mai 1669 (E. 113)... — Ricou (de) Franç., juge au bailliage (1643-60), serm. 22 avril 1670 (Gap, p. 19'), 3 mai 1670 (H'. 277)... — Céas (Grégoire),... 27 nov. 1672 (Guillestre, p. 28), juge de Montalquier, 19 sept. 1679 (H'. 280)... — Gervasy (J.-B.), serm. 9 déc. 1677 (Gap, p. 5), 23 févr. 1678 (H'. 277), 5 déc. 1680 (Gap, p. 5'), 22 avril 1681 (E. 126), 12 nov. 1682 (E. 88) ; anc. juge, 9 août 1685 (E. 90). — Masseron (Jean), cosgr de Veynes, serm. 10 mai 1685 (Gap, p. 5'), 1ᵉʳ nov. 1693 (ib.), 17 mai 1699 (G. 2011), 25 juin 1700 (G. 2256), 16 déc. 1700 (G. 1166), puis (13 avril 1707), « maire perpétuel » de Gap, † sept. 1710 (G. 2057). — Tournu (Jean-Mathieu), dʳ ès dr.,... du 11 mai 1707 au 3 déc. 1738 pour le moins (G. 1173), serm. 3 juin 1718 (Gap,

p. 5' et 57), 12 janv. 1719 (G. 2152), 22 mai 1722 (G. 1881), 10 juil. 1725 (G. 1910), 2 juil. 1726 (G. 1883), 3 mars 1728 (G. 2233), 3 déc. 1732 (B. 444), 11 févr. 1734 (G. 1894), 1743-47 (G. 1950), viv. 8 juil. 1748 (E. 29). — Artaud (Pierre-Paul), lieut. de juge,... 1er avril 1730 (B. 444), 5 déc. 1739 (Gap, p. 6), 22 févr. 1743 (p. 315)... — Lafont (de) Pierre, n. par Franç. de Narbonne, évêque de Gap, le 6 nov. 1754 (B. 445), installé le 10 déc. suivant (ib.)... — Clerc de La Labastie (Jacq.), juge de La Freyssinouse, avocat du Roi,... 1760, 27 avril 1763 (E. 24), 4 oct. 1764 (G. 2268) ; plus tard, commis° prés le Dépt (1795), prof. à l'École centrale (1798), † prés. du tribunal (1802), à 78 ans (Is. B. 1805). — Lafont (de) Pierre-Jos.-Marie,... 1774-1778 (B. 446), 29 mars 1787 (G. 2267), 19 août 1789 (Gap, p. 360').

JUGES D'APPEL ÉPISCOPAUX DE GAP.

Le tribunal d'appel épiscopal fonctionna régulièrement jusqu'au 11 févr. 1512, époque ou les conventions conclues entre Louis XII et l'évêque de Gap le supprimeront (Gap, p. 13-14), mais les titulaires en sont inconnus. Il continua cependant à fonctionner, ainsi que l'atteste la liste des juges d'appel publiée ci-après.

Juges d'Appel.

Bochard (Hugues)... 27 sept. 1305 (Embrun)... — Guillomoti (Jacq.), serm. 4 févr. 1527 (Gap, p. 18')... — Armand (Raoul), lic. ès dr.,... 12 mai 1529 (G. 831)... — Martinelli (Bertrand), lic. ès dr.,... 28 nov. 1531 (Gap, p. 17'; G. 1450), cf. 12 juil. 1542 (G. 2200)... — Textor (Olivier),... 20 juin 1532 (Gap, p. 18)... — Blanchard (Claude), dr ès dr.,... 24 juin 1545 (G. 1568), juge de Tallard en 1547 (G. 2225 et 2227).... — Davin (Simon), serm. 1 oct. 1545 (Gap, p. 18), 18 mai 1546 (G. 2099), 3 oct. 1546 (G. 2660), 27 sept. 1554 (G. 1983), 30 oct. 1554 (G. 1823), 17 janv. 1558 (G. 2694), 18 févr. 1561 (G. 1133), 2 oct. 1563 (G. 1138), juge de Rabou, 30 nov. 1564 (G. 2548). — Rostaing (Baudon),... 25 sept. 1554 (G. 1983)... — Davin (Pierre), de Romette, dr ès dr., curé de Champoléon 27 avril 1534 (G. 1682), n. 5 sept. 1551 (G. 1596), 3 oct. 1554 (G. 1823); teste 21 nov. 1574 (G. 1592) 1583 ; juge ordin° 1 mars 1589 (G. 1149)...

JUGES DU CHAPITRE DE GAP.

La juridiction du juge du chapitre de Gap s'étendait sur les terres et seigneuries de Rabou, Chaudun et St-Laurent-du-Cros, et, en dernier lieu, sur Les Eymeyères ou Meyères et Colombis, quartiers de Gap. Les appels des sentences rendues étaient portés à des juges d'appel particuliers, dont Louis Garnaud, professeur de droit, était titulaire le 18 nov. 1534 (G. 1819, cf. G. 2146) et Baudon Rostaing, le 29 sept. 1554 (G. 1983).

Sigottier (de), *de Cigoterio* (Albert),... 6 févr. 1292, v. st. (Bertaud, n° 105)... — Faure, *Fabri* (Lantelme), ...,4 mai 1322 (G. 1814)... — Esparron (d'), *de Sparono* (Guil.),... 2 févr. 1324/5 (G. 1814)... — Roux (de), *de Ruffo* (Jacq.),... 1364 (H.-A.)... — Tholozan, *Tolsani* (Rambaud),... 25 mars 1365 (ib.)... — Reboul (Guil.),... 9 sept. 1399 (B.-du-R., Gap, n° 382)... — Baron, *Baronis* (Arnaud),... 1410 (G. 1732)... — Artaud (Elzéar),... 8 juil.1482 (G. 2021)... — *Mutonis* (Pierre),... v. 1500 (G. 1983)... — Gautier (Gaspar)... 1510 (G. 1983)... — Faure, *Fabri* (Ant.), vice-juge,... 25 oct. 1524 (G. 1819), 9 févr. 1537 (G. 2235)... — Davin (Simon), de Neffes, dr ès dr. (G. 1983),... 23 sept. 1537 et 1547 (G. 2235), 23 mai 1554 (G. 1995), 30 sept. 1554 (G. 1983), 30 nov. 1564 (G. 2548), 28 déc. 1566 (G. 2107)... — Rochas (Firmin), dr ès dr., lieut. de juge, 13 mai 1560 (G. 2237), 19 juil. 1565 (G. 1826) ; juge 3 mars 1573 (G. 2203), 23 et 24 sept. 1576 (G 2026), 17 mai 1582 (G. 2023, cf. G. 1602)... — Abon (d') Jean. sr de Reynier, dr ès dr.,... 5 déc. 1613 (G. 2016), 11 mai 1639 (G. 2123), † 29 avril 1645 (G. 1699). — Bertrand (Pompone), prést en l'élection, juge 29 avril 1645 (G. 1699), 11 sept. 1653 (G. 1989), 18 juil. et 7 sept.

1659 (G. 2016 et 2024)... — Nas de Romane (Jos.), n. 17 mai 1718 (G. 2146), † av. sept. 1747 (G. 1950). — Roubaud (Noël)... 4 avril 1745 (G. 2157), 22 nov. 1753 (G. 2162).— Masseron (Gaspar-Laurent-Jos.-Arnoux), avocat, lieut. de juge,... 16 janv. 1776 (G. 1929), 6 mars 1778 (G. 1928)...

PRÉSIDENTS ET AUTRES OFFICIERS DE L'ÉLECTION DE GAP.

Les élections, créées par édit de mars 1628, étaient des circonscriptions financières des Généralités. On en comptait six en Dauphiné [1]. L'élection de Gap, ou des « trois bailliages des montagnes », s'étendait à peu près sur tout le département actuel des Hautes-Alpes. Le président de l'élection, son lieutenant, les élus ou conseillers, en nombre variable, et le procureur du Roi en l'élection formaient un tribunal financier, qui jugeait de toutes les questions d'impôts.

Présidents.

Gérard ou Girard de Montjoly (Ant.), d^r en dr., avocat à Gap dès le 2 mars 1601 (E. 208),... 30 déc. 1629 (Gap, n° 397), rés. en oct. 1632 (E. 219), † av. 21 oct. 1635 (E. 220). — Bertrand (Pompone), 18 juin 1637 (E. 152), 23 déc. 1639 (G. prov. 1004), 11 sept. 1653 (G. 1989), 21 août 1659 (G. 2024), viv. 7 févr. 1667 (E. 176). — Ricou (de) Franç., d'abord juge, conseiller élu, procureur du Roi en l'élection, prés^t en 1670 ? (cf. G. 2733). — Tourrès (Claude), 31 déc. 1673 (E. 80), 23 déc. 1692 (E. 2309), 1 févr. 1696 (G. 2011), 16 juin 1699 (G. 2007), 13 avril et 20 nov. 1707 (Gap, p. 51 et 290'), teste 27 avril 1710 (E. 98), † 1715 (Inv. I, p. XIII). — Tourrès (Étienne), s^r de La Valette, f. du précédent, reçoit de sa mère l'office de président le 30 juin 1710 (E. 73, cf. G. 2051), 1 janv. 1721 (Gap, p. 300), 17 janv. 1734 (p. 309), 1737, anc. prés^t 25 févr. 1745 (E. 10), codi-

---

[1] Voir abbé Guillaume, *Recueil des réponses de l'élection de Gap* [en 1789]. Paris, impr. nat. 1908, p. v.

cille 22 févr. 1757 (E. 33), † av. 21 nov. 1757 (ib). — Gautier (Franç.-Ant.), n. 9 août 1736 (Gap, p. 344'), 14 avril 1738 (G. 2211), 29 nov. 1750 (Gap, p. 322'), 5 sept. 1752 (E. 16), 3 juin 1756 (E. 33), prés^t honor^e, 29 avril et 18 juin 1766 (Gap, p. 344), en procès au sujet du domaine des Oches à Pelleautier en 1767 (Is. B. 1801). — Vallon (Joseph), reçu 29 avril 1766 (Gap, p. 344'), 27 mars 1768 (p. 344), 22 janv. 1775 (p. 339'), encore en fonctions en 1790.

Lieutenants en l'élection.

Ricou (de), 1700, 1722. — Allemand (Honoré), 1723, 1734. — Escallier (Henri), d'abord procureur, puis conseiller en l'élection, lieut. 5 sept. 1752 (E. 16), 12 janv. 1756 (E. 20). Teste 4 janv. 1762 (E. 23), 23 oct. 1789 (Gap, p. 362).

Procureurs du Roi en l'élection.

Ricou (de) François,... 3 août 1671 (G. 2733)... — Girard (Ant.),... 22 juil. 1716 (E. 42)... — Escallier (Henri),... 31 août 1734 (E. 3), 24 nov. 1735 (ib.), 8 août 1738 (E. 4), puis lieut.

Conseillers en l'élection de Gap.

Ricou (de) François,... 9 mars 1670 (E. 117), puis procureur du Roi. — Ricou (de) Jean, père,... † av. 1684. — Ricou (de) Pierre, f. de Jean,... 26 juil. 1684 (Franç. Chabal, nôt.)... — Barbier (Jacq.),... 1692, 12 déc. 1695 (E. 69), 1696 (G. 1788), 13 avril 1707 (Gap, p. 5'), 12 déc. 1709 (G. 2717), anc. cons. 17 juin 1717 (E. 42). Teste 1er août 1738 (E. 48), viv. 19 mars 1740 (G. 1997), 7 mai 1742 (E. 48, cf. G. 1961 n), père de François (G. 1788 n)... — Gautier (Jean),... 7 déc. 1702 (E. 39), 8 nov. 1711 (E. 41), 30 avril 1713 (E. 41), 2 mars 1719 (E. 43), 1725, 1737. Teste 21 avril 1760

(E. 22), viv. 4 juin 1761 (E. 23). — Guerre (Ant.),...
1725... — Bontoux (Jean),... 13 mars 1734 (E. 42),
10 nov. 1742 (E. 9), 11 mars 1754 (E. 32), 22 sept. 1756
(E. 33), 13 avril 1757 (ib.), 28 nov. 1762 (E. 36)... —
Blanc (Joseph),... 2 janv. 1776 (Gap, p. 340)... —
Gautier (Jean-Franç.),... 10 mai 1775 (E. 18), 1779,
27 avril 1791 (Ét. c.)

GOUVERNEURS DE GAP.

Gap n'était pas une place forte. Sa situation cependant et ses remparts, grandement améliorés au début du XV° siècle (Gap, p. 39 et suiv.), lui donnaient une certaine importance. Dès la fin de ce siècle, cette ville eut ses gouverneurs particuliers. Voici la liste de la plupart d'entre eux.

Gouverneurs.

Rame (de) Pierre, 1484 (cf. G. 1778 et G. 2314), 1500...
— Montauban (de) Gaspar, colonel d'inf^e, 18 mars 1512 (H'. 182), 23 juin 1531 (ib.), vers 1540 (G. 2237), teste en 1550. — La Tour de Vinay (de) Anselme,... 1561, cf. 27 août 1563 (G. 2183). — Gruel de Laborel (Claude),... 1er mai 1562 (Dufayard, p. 23 et 140), 8 mai 1563 (Gap, p. 59'), après 27 août 1563 (G. 2183) ; défait par Montbrun à La Bâtie-Montsaléon, 8 mai 1573, puis gouvern. de Grenoble, févr. 1581, † 1592.
— Serre (du) Ant., père de l'évêque de Gap Charles-Salomon du Serre (G. 1903),... 1564, teste en 1577 (G. 1505, cf. G. 1961). — Rousset (de) Albert,... 1568, 3 oct. 1570 (B. 1, f° 8), 1er sept. 1570 (Gap, p. 59), 7 déc. 1570 (B. 1), tué au combat de Blacons (Rivoire, p. 640). — Combourcier du Monétier (de) Balthasar, prend La Bâtie-Neuve 1574 (Charronnet, p. 102-4), teste 14 mai 1583 (Savine, 40)... — Martin de Champoléon (Aubert ou Albert),... 1581-2, † v. 1585. — Poype-St-Jullin (de la) Gaspar,... 1581-84, remplacé en son absence par Pierre Sauvain, s^r du Cheylar, par d'Auriac 5 avril 1585... — Bonne (de)

Ét., sʳ d'Auriac, avril 1585, 28 mars 1586 (E. 179), chef de la Ligue en Gapençais. — LOUPIAC DE TAJAN,... 1586... — POYPE-ST-JULLIN (DE LA) Gaspar,... 1587, battu à Curban par Lesdiguières 1588 (Dufayard, p. 103) ; son lieut. Charles Allemand de Pasquiers, dit capᵉ Bombain, abandonne Gap le 23 août 1589. — POLIGNY (DE) Jacq.,... août 1589, tué en Provence 15 mai 1592 (Dufayard, p. 154, cf. G. 1293)... — MONTAUBAN DU VILLAR (DE) Gaspar, n. 15 juin 1595, 14 nov. 1597 (Gap, p.65'-6), 2 mars 1604 [p. 78], 14 févr. 1610 (p. 90'), 25 juil. 1615 (p. 103), 17 nov. 1616 (p. 108'), 29 déc. 1621 (E. 142), 22 mars 1622 (E. 182), † 16 mars 1624 et enterré à Jarjayes.

MONTAUBAN DU VILLAR (DE) Joseph, sʳ de Jarjayes, f. de Gaspar, n. en survie de son père 13 déc. 1619 (Gap, p. 65 et 103), 24 mars 1624 (p. 126), destitué 6 juil. 1628 (p. 142), † av. 28 mai 1632. — GRUEL (DE) Claude, baron du Saix, n. 16 juil. 1628 (Gap, p. 142, cf. G. 911), 16 nov. 1629 (Gap, p. 145), 30 juin 1630 (p. 158'), 29 mars 1631 (p. 168), † peu après *(Annales des Alpes,* VII, p. 209). — GRUEL DU SAIX (DE) Charles, f. du précédent, « baron du Saix », n. 15 mai 1632 (Gap, p. 172'), achète les débris de Puymore 9 sept. 1633 (E. 212), 11 janv. 1636 (Gap, p. 181'), 8 juil. 1640 (p. 189'), 28 juil. 1656 (p. 228), 7 mai 1669 (p. 250), 4 mai 1670 (p. 243), 5 juin 1671 (p. 251'), † 10 févr. 1674 (p. 256'), fort regretté. — GRUEL DE VILLEBOIS (DE) Étienne, f. de Claude et frère de Charles, « comte de Laborel », n. v. 15 févr. 1674 (Gap, 256'), entre à Gap 22 avril 1674, à Sisteron 2 mai 1675 (p. 260'), 17 janv. 1676 (p. 263), 8 déc. 1677 (p. 263), 8 déc. 1677 (p. 5), 6 nov. 1687 (E. 129), remplacé le 11 mai 1689, par son fils Charles (G. 1345) et † av. 14 janv. 1711. — GRUEL (DE) Charles, « sʳ de Villebois, baron du Saix », f. aîné d'Ét., n. en survie les 15 juil. 1681, 13 avril 1685 et 4 mars 1689 (Gap, p. 272' et 274) ; son frère Jacques, son héritier, 4 juin 1689 (Jn Lagier, not.). — GRUEL DU SAIX (DE) Jacques, « comte du Saix », f.

cadet d'Étienne, n. en survie 23 janv. 1685 et installé 15 juil. 1685 (Gap, 401), 11 mai 1689 (G. 1345), 7 avril 1691 (Jn Lagier, not.), 13 avril 1699 (Is. B. II. p. 40'), cons. au Parl. 29 déc. 1699 (E. 37), 1715 (G. 1345 et 2046), viv. 20 juin 1725 (E. 2), † av. 1727 (B. 510). — BOFIN ou BOFFIN D'ARGENÇON (DE) Félicien, dit de Puisignieu, colonel réformé d'inf°, n. 6 juil. 1716 (Gap, p. 2'), 30 août 1717 (E. 42), 11 sept. 1721 (G. 1911), 4 févr. 1740 (E. 8), 26 févr. et 17 mars 1745 (Gap, p. 317), 18 mai 1749 (p. 320')... — MARIEULLE (DE)... commandant à Gap, 8 avril et 23 mai 1747 (Gap, n°s 318 et 319)... — RIONS (DE) Albert, major de Die, n. commandant en Diois, Gapençais et Baronnies 17 déc. 1760 et 27 mars 1769, cf. 25 août 1770 (Gap, 346)... — BOFIN (DE) Louis-Félicien, dit « d'Argençon de Puisinieux », lieut. gén. des armées, gouvern. de Gap, absent 20 nov. 1763 (Gap, p. 333), 29 nov. 1766 et 19 févr. 1767 (p. 336'), encore titulaire. en 1789 (Rivoire, p. 83).

SERGENTS MAJORS DE GAP.

Voici les noms des sergents majors, contemporains des gouverneurs de Gap, rencontrés dans les documents. Le *Tableau historique* (t. I, p. 96) a déjà fait connaître la plupart d'entre eux. Nous ajoutons quelques autres noms.

PUY (DU) Claude,... 1557... — GRIL (DE) Jacques, sr de St-Michel de Chaillol... 1590, 6 juin 1614 (Gap, p. 100), 8 août 1622 (Gap, 122')... — BERNARD DU MOULIN (Jérôme), lieut. en la prévôté des Maréchaux de France 31 oct. 1625 (E. 234), 23 juin 1635 (Gap, n° 589)... — AMAT (André), sr de Coste-Giraud, d'Upaix, n. 15 avril 1627 (Gap, p. 142), démiss° août 1650 (p. 19). — AMAT (Claude), sr du Vivier, f. d'André, n. 12 août 1650 (Gap, p. 19) démiss° 21 nov. 1666 (p. 19'). — AMI ou AMIC (Jos.), sr de Consonantes, n. 21 nov. 1666 (Gap, p. 19'), 21 avril 1667 (ib.)...— ANGE (DE L') Claude, d'Aix (G. 1163)... 1680, dém. 1684...

— Renard (de) Charles, s⁻ d'Avançon et de Valgaudemar, n. 12 déc. 1684, installé 3 janv. 1685 (Gap, n° 401), 12 nov. 1698 (E. 70), 18 mars 1702 (E. 97). 29 nov. 1714 (E. 74), † 1715 (ib.) — Barban (Georges), s⁻ de Pragastaud, lieut. de grenadiers au régᵗ de Tallard, major du fort Barreaux, chevʳ de St-Louis [1]), n. 22 janv. 1715 (Gap, p. 2); ses brutalités à Gap, 16 août 1715 (G. 1878), 29 déc. 1729 (E. 43) ; viv. le 4 sept. 1740 (E. 48). — Rousseau (Jean-Claude), s⁻ de La Viorne, chevʳ de St-Louis, en poss. 25 avril 1721 (Gap, n° 494), 11 sept. 1721 (G. 1911), 18 nov. 1724 (E. 44), 27 déc. 1727 Gap, p. 305), † avril 1737 (ib. p. 2'). — Suau (du) Balthasar, s⁻ de La Croix, lieut. de cavᵉ au régᵗ de Peyre-Vintimille, n. 21 avril 1737 (Gap, p. 2'), 16 juin 1743 (E. 9), chev. de St-Louis, 12 août 1752 (E. 16), 16 juin 1755 (ib.)., démissᵉ 20 sept. 1758 (Gap, p. 329'), † av. 10 déc. 1759 (E. 57. Cf. G. 1515). — Suau (du) Balthasar, s⁻ de La Croix, lieut. au régᵗ de Fumel-cavᵉ, puis au régᵗ Royal-Picardie, chevʳ de St-Louis, fils du précédent, n. 20 sept. 1758 (Gap, p. 329'), 15 déc. 1763 (p. 333'), 7 août 1765 (p. 335), 4 sept. 1766 (p. 335'), 6 mars 1768 (p. 343'), 24 févr. 1771 (p. 346'), 28 déc. 1784 (p. 356), 31 juil. 1789 (p. 358'), 3 août 1789 (p. 359), arrêté, avec sa femme, sa fille, sa servante et une religieuse, le 23 oct. 1793 (L. 936), † av. 31 oct. 1794 (ib.).

SUBDÉLÉGUÉS DE L'INTENDANT A GAP.

On sait que les intendants furent créés par édit de mai 1635. Leurs pouvoirs étaient très étendus. Une partie de ces pouvoirs était confiée à des subdélégués (cf. *Invent. des séries A. B. C.*, 1887, p. x-xi). Voici la liste de la plupart de ces personnages pour la subdélégation de Gap.

Marcellier (François), auteur de l'*Inventaire général des Archives de la Chambre des Comptes*, de

[1]) Ne pas le confondre avec son frère *Joseph*, écuyer, garde de corps du Roi, de la compᵉ de Boufflers, brigade de Lestrade, 7 févr. 1706 (E. 72), 20 fév. 1707 (E. 98), 12 mars 1707 (E. 40).

Grenoble, en 34 vol. in-4° ms. (Isère, B. t. III, p. 103, n° 67),... 7 juin 1775 (Gap, p. 263', cf. G. 2052, p. 243). — Garcin (de) Claude, avocat, n. 22 nov. 1676 (Gap, p. 264'), 27 févr. 1678 (p. 265'), 15 sept. 1682 (p. 369'). — Ricou (de) Pierre, lieut. en l'élection, n. 16 févr. 1680, spécialement pour s'occuper des dettes des communautés. — Poligny (de) Jacques, s^r de La Fare et de Tréminis, baron de Valbonnais, mathématicien et ingénieur, commissaire en 1693-96 (G. 2309), subdél. 17 sept. 1701 (E. 71), 28 août 1703 (Gap, p. 287), † av. 4 janv. 1708 (G. 2296). — Juvénis (Raymond), historien,... 8 mai 1704 (G. 2151), † 7 janv. 1705. Il habitait à Gap la rue du Fraisse (G. 1326, cf. G. 2151). — Blanc (Raynaud-Bruno), s^r de Châteauvillar,... 12 déc. 1706 (Gap, p. 289'), 29 juil. 1710 (p. 293), 29 oct. 1713 (p. 295'), 7 avril 1715 (p. 297). Plus tard (9 mai 1726), secrétaire de l'Intendance à Paris, premier commis du bureau de la guerre, 13 nov. 1741 (E. 48), chef de ce bureau, 26 nov. 1750 (E. 14). — Tournu (Jean-Mathieu), juge, 21 juin 1709 (E. 40), 4 déc. 1714 (Gap, p. 296'),... subdél. 3 juin 1718 (p. 57), 2 juil. 1726 (G. 1883), 11 févr. 1734 (G. 1894). Le 3 déc. 1738, M. de Malissoles lui fait don de sa montre (G. 1173). — Céas (Joseph),... 29 déc. 1716 (Gap, p. 298), 4 sept. 1719 (p. 299), 7 mai 1720 (E. 43), 14 juin 1721 (Gap, 325'), 1728 (p. 302), 28 janv. 1729 (p. 306), 31 mai 1733 (p. 308'), 25 janv. 1737 (p. 322'), encore viv. 1 août 1738 (G. 1910)... — Martin de La Pierre (Jacques), ... 9 janv. 1741 (E. 48), 1er déc. 1746 (Gap, p. 317'), 1er mars 1747 (p. 318), 31 mars 1748 (p. 319), 3 oct. 1751 (p. 323), 6 oct. 1753 (G. 1916), 3 juin 1754 (Gap, p. 326'), 2 déc. 1755 (p. 327'), 11 juin 1755 (E. 33), 4 mars 1759 (E. 34), 11 nov. 1762 (E. 36), en fonctions « plus de 20 ans » et anc. subd. le 3 janv. 1763 (Gap, p. 332)... — Lafont (de) Pierre-Jos.-Marie,... 9 juin 1765 (Gap, p. 334-5), 1 sept. 1771 (p. 347'), 20 avril 1772 (p. 348), 1 janv. 1777 (p. 351), 11 juil. 1784 (p. 355), 10 févr. 1789 (p. 361).

VICAIRES GÉNÉRAUX DU DIOCÈSE DE GAP.

Les vicaires généraux ou grands vicaires étaient considérés comme le bras droit des évêques. Ils sont loin d'être tous connus. Souvent ils remplissaient les fonctions de juges et d'officiaux du diocèse. Voici les noms de plusieurs d'entre eux.

GAUTIER (Pierre), longtemps prévôt du chapitre et official de l'évêque, vic. g. le 9 juil. 1289 (G. 909), 21 mars 1300/1 (G. 1707), mort av. 21 mai 1313 (ib.). — NICOLAY (Nicolas), prieur de Volone (B.-A.), 18 nov. 1306 (G. 1681), proc. de Géofroy de Lincel et probablement son vic. g. en 1312 (G. prov. 552)... — O., abbé de Saramon, dioc. d'Auch, vic. g. de Jacq. Artaud, 18 août 1358 (Durbon, n° 729)... — FERAUD (Jean), lic. en dr., vice-juge et official 14 oct. 1383 (G. 1721), de Barjols, 11 juin 1392 (G. 1117) et 16 août 1393 (G. 1118), vic. g. et official 10 oct. 1393 (G. 1116)... SAINTE-MARIE (DE) Jean, chan. de Digne ? *(de Dinico)*, vic. g. de Jean des Saints, 9 déc. 1408 (G. prov. 430)... — SAINT-AMOUR (DE) Géofroy, d^r, chantre de Mâcon, vic. g. d'Alexis *de Siregno*, 21 janv. 1409/10 (G. 1731 ; cf. Gaillaud, *Ephém.*, p. 424)... — DE RUFFO (DE) Guil., sacriste du chapitre, official, vic. g. 7 janv. 1415/6 (G. 1734), mort av. 1er mars 1419/20 (G. 1735)... — ROCELLI (Barthél.), bachelier en l'un et l'autre droit, vic. g. 24 janv. 1419/20 (G. 1735) et après 1421 (G. prov. 499)... — VEUZIACO (DE) Jean, lic. en dr., official et vic. g. 3 déc. 1447 (G. 1120)... — MATHEI (Romée), prévôt de Gap, official et (?) vic. g. 9 avril 1452 (G. 1131), 5 nov. 1458 G. 1745)... — CHAIX, *Chayssii* (Bertrand), bachelier en dr., off. et vic. g. 15 oct. 1566 (G. 831), 5 avril 1467 (G. prov. 1450)... — FORCALQUIER (DE) Jacq., frère de l'évêque et son vic. g. temporel, 1er déc. 1468 (G. 1011)... — CHAMP-REYNAUD (DE) Jean, lic. en dr., off. et vic. g. en 1474 (Fornier, *Hist.*, II, p. 365)... — FRANÇOIS, *Francisci* (Michel), d^r en dr., off. et vic. g. 10 juin 1490 (G. 831)... — *Blasii* (Ant.), prévôt d'Arezzo, proc. et vic. de Gabriel *de Sclafanatis* 26 nov. 1493 (G. prov. 70), viv. 15 juil. 1521 (G. 909)... — *Foberti* ou *Joberti* (Jean), d^r en dr., 10 mars 1494 (G. 2097), off. et vic. g. 20 juin 1498 (ib.)... — REYS (DE) Franç., vic. g.,... 6 mars 1498 (G. 1753)...

PEYTIEU (Ant.), d^r en dr., 6 sept. 1498 (G. 1753), off. et vic. g., 13 juin 1500 (G. 1123)... — *Negreyrolli, Nogayroli* (Guil.), off. et vic. g., 14 nov. 1599 (G, 1859), 14 févr. 1504 (G. 1151)... — BONNET, *Boneti* (Pierre), précenteur, off. et vic. g., 8 avril 1506 (G. 1755), mort 14 juil. 1521 (G. 909)... — *Coma (de)* Domin., lic. ès décrets, off. et vic. g., 16 avril 1513 (G. 1930)... — ARVA (DE) ?... off. et vic. g. 21 août 1513 (G. 1321)... — ÉMÉ (François), archidiacre, n. vic. g. 3 janv. 1506 (G. pr. 175), † à Grenoble 30 mai 1524 (G. 1673). — BOYER, *Boerii. Boverii* (Guil.), professeur en dr,, n. 21 sept. 1515 (G. 909), 22 oct. 1521 (ib.), 28 avril 1528 (G. 831)... — CLÉMENT (Jean), chan. hon. 4 mai 1520 (G. 831), n. 20 févr. 1524 (G. 910)... — *Morelli* (Pierre), d^r en dr., n. 12 juil. 1532 (G. pr. 1450), 27 août 1533 (G. 831), 9 janv. 1534 (ib.)... — TEXTOR, *Textoris* (Olivier), de Lignel en Touraine (G. 1566), d^r en dr., off. et vic. g. 12 juil. 1532 (G. pr. 1450), 20 sept. et 15 déc. 1533 (G. 831), 6 déc. 1545 (G. 911), † 7 juil. 1557 (G. 1683) ; sur sa bibliothèque, cf. G. 2236. — ROUSSET (DE) Ant., prévôt, vic. g. 15 févr. 1546 (G. 1569)... — TIBAUD, THIBAUD (Jacq.), jurisconsulte, chan., vic. g., 9 mai 1527 (G. 831), 7 nov. 1533 (G. 1674), 16 mai 1546 (G. 1284), 1er janv. 1564 (G. 1209), 3 oct. 1570 (G. 1148), † av. févr. 1573 (G. 1770). — FINETTE (Gaspar), chan. hon., organiste, vice-vic. g. 7 sept. 1534 (G. 831), n. vic. gén. 9 nov. 1550 (G. 911), 22 août 1553 (G, 833) ; cf. 17 juil. 1563 (G. 842), 3 sept. 1570 (G. 1148)... — ESPIÉ (Jean), chapelain, n. vic. g. d'Ét. d'Estienne 22 févr. 1569 (G. 843)... — CONSTANS (Sixte), capiscol, id. n. 26 nov. 1569 (G. 843), 17 mai 1571, puis chan. 25 nov. 1572 (G : 1685), † 22 avril 1596 (G. 1688). — PARET, PERRET (Étienne), 8 mai 1572 (G. pr. 42), sept. 1572 (G. 1688), 2 mai 1573 (G. 849), † av. 15 sept. 1573 (G. 1370). — Baile de La Tour (Guil.), prieur des Vignaux, dioc. d'Embrun, prévôt de Gap, vic. g. en févr. 1573 (G. 1770), 24 févr. et 11 juin 1576 (G. 1568), 20 juil. 1578 (G. 1147), † av. 17 déc. 1579 (G. 847 et 1688). — Burgaud (Benoît), chan., n. 19 sept. 1573 (G. 1688), 1578 (ib.), âgé de 80 ans le 8 mars 1587 (G. 1641), encore vivant le 3 oct. 1601 (G. 1779). — Simond (Franç.),... 16 déc. 1579 (G. prov. 178²)... — Meyer (Jean),... † av. 29 juil. 1599 (G. 1335). — Magnan (Pierre), moine de Romette, vic. g. substitué, janv. 1577, août 1578 et nov. 1579 (G. 849)... — Figuet (Jean),... 22 mai 1583, 1590, 1694 et 1596 (G. 849)... — Marchant, *Mercatoris* (Clément), théologal, n. 4 déc. 1581 (G. 848), 15 févr. 1585 (G. 1673), 1586 (ib.)... — Chervas (Joachim), archidiacre de Sisteron 12 avril 1576 (G. 1141) vic. g. en 1581 (G. 849)...

Buysson (Jean), archidiacre de Gap, n. 11 août 1599 (G. 794), 4 avril 1601 (G. 851), † 19 mars 1611 (G. 1689). — Buysson (Honoré), sacriste de Gap, vic. g. 2 mars 1612 (G. 1626, G. 1786), † mars 1648 (G. 862). — Beauvois (de) Paul, chan. et off. 10 mars 1610 (G. 1602), vic. g. août 1612 (G. 853), centenaire en 1650 (G. 1500), † en 1652 (G. 1673). — Paparin (Jacq.), prévôt de Gap, off. et vic. g. de Charles-Salomon du Serre, son oncle, 20 déc. 1622 (G. 855), 1626 (G. 1786), † en août 1673 (G. 1673). — Arnaud (Jean), chan., vic. g. 7 janv. 1620 (G. 898), 1629 (G. 937), 6 oct. 1648 (G. 862), † avril 1657 (G. 1699). — Sanières, Sagnières (Philippe), précenteur, n. vic. g. 9 juin 1643 (G. 861). — Le Vazeux (Achille), official, n. vic. g. 21 févr. 1664 (G. 863), 4 sept. 1667 (G. 1036), prieur de Saint-Jean-de-Montorcier 6 sept. 1679 (G. 1163). — Brette (Jean), doct^r en droit, n. 28 janv. 1668 (G. 864), 1er août 1669 (G. 1179), 21 juil. 1679 (G. 2206), † en juin 1685 (G. 797). — Beauvois (de) Gaspar, neveu de Paul de Beauvois ; prévôt de Gap, n. vic. g. 11 févr. 1664 (G. 863), 31 juil. 1684 (G. 928), 26 févr. 1693 (G. 870), remplacé en mars 1696 (ib.),

† en mars 1700 (G. 870 et 1787). — GAILLARD (Pierre), dr en dr., n. off. et vic. g. en avril 1661 (G. 1165), archidiacre de 1668 à 1694, cf. 1693 (G. 1685), historiographe de N.-D. du Laus, † 12 juin 1715 (H'. 508 et 547). — LE VELAINE DU RONCERAY (Alex.), doyen de Gap, vic. g. 29 janv. 1688 (H'. 544), 2 janv. 1690 (G. 1096), 18 août 1692 (G. 869), † mars 1693 (G. 870).

PINA (DE) Claude, doyen, vic. g. 21 mars 1693 (G. 870), 22 sept. 1738 (G. 875), rés. 26 janv. 1742 (G. 876), † 10 janv. 1753 (G. 1355, 1812). — PASCAL (Véran), curé de Gap, n. vic. g. 15 juil. 1702 (G. 871), 11 oct. 1702 (G. 806), † 19 févr. 1710 (G. 1875). — RISOUL (André), off. et vic. gén., n. 9 mars 1696 (G. 870), 9 mai 1705 (G. 872), † août 1708 (ib.). — GRIMALDIS (DE) Elzéar, d'Antibes, abbé de Clausone, vic. g. 10 nov. 1705 (G. 872), anc. vic. g. 26 mai 1707 (G. 1288). — BERGER DE MOYDIEU (Claude), doyen de Die, frère de M. de Malissoles, n. vic. g. 21 févr. 1708 (G. 872), 27 juil. 1720 (G. 1169), 13 sept. 1741 (G. 875), 14 févr. 1742 (cf. G. 2066)... — CABANES (DE) Philippe, dr en théol., n. vic. g. 14 déc. 1739 (G, 875), cf. 19 févr. 1745 (G. 2160). — AUPRINCE (Jean), du dioc. de Bourges, sacriste de Gap, vic. capitul. 13 sept. 1741 (G. 875).

GALÉAN DE GADAGNE (DE) Charles-Félix-Jean, d'Avignon, 8 avril 1748 (G. 876), 23 nov. 1754 (G. 903), 4 juil. 1757 (G. 878), 28 juil. 1758 (G. 2079). — LA GACHE (DE) J.-B.-Claude, archidiacre, vic. capit., 20 janv. 1755 (G. 878), doyen le 18 mai 1759 (G. 1410)... — ROCHAS (Grégoire), sacriste, vic. capitul., 20 janv. 1755 (G. 878), † mars 1757. — PASCAL (Franç.), chan., vic. capit., 20 janv. 1755 (G. 878), † doyen en 1778. — L'ISLE (DE), Étienne, official 25 juin 1745 (G. 876), vic. capit., 20 janv. 1755 (G. 878), † doyen en 1765. — PIOLLE (Charles), du dioc. d'Embrun, off. et vic. g., n. 16 juil. 1755 (G. 878), 19 juil. 1756 (H'. 523)... — HARENC DE LA CONDAMINE (Jos.-Marie), du dioc. de Vienne, n. vic. g. 16 juil. 1755 (G. 878), 4 janv. 1756 (H', 551, cfr. G. 2076). — CLERC DE LABASTIE (Jos.), off. 7 juin 1759 (G. 815), vic. g. 5 sept. 1760 (G. 879), 25 juil. 1763 (G. ib.), 28 juil. 1764 (G. 880), † chan. 9 mai 1790 (G. 1475). — Bouvard (de) Ant.-Alexis-Franc., chan. de St-Pierre de Vienne, n. vic. g. 1er févr. 1761 (G. 879)... — Céas (Charles-Bruno), doyen, vic. capit., 25 juil. 1763 (G. 879)...

Lubersac (de) Jacq.-Franç., du dioc. de Périgueux, vic. g. n. 1er mars 1765 (G. 1470), 25 sept. 1766 (G. 818), 31 août 1769 (H'. 524), 2 janv. 1770 (G. 819), 1775 (G. 1931, 2088), massacré à Paris, aux Carmes, en sept. 1792 *(Annales des Alpes,* VI, 1902-3, p. 90-91). — Puget (Jean). théologal, vic. capitul. 25 juil. 1763 (G. 879), 29 févr. 1772 (G. 1355), 1773 (G. 1704)... — Lafont (de) Benoît-Pompone, official 29 janv. 1765 (G. 880), vic. g. 14 févr. 1768 (ib.), 23 mars 1774 (G. 1355), cf. 28 janv. 1776 (B. 273)... — Gautier (Pompone), chan., vic. g. 14 févr. 1768 (G. 880), 1780 (G. 1236), 15 janv. 1785 (G. 978)... — Roux de Laric (Claude-Marie), vic. g. 28 sept. 1769 (G. 880)... — La Villette (de) Guil.-Pompée, abbé de Clausone, n. vic. g. 29 juil. 1764 (G. 880), 10 mars 1791 (L. 826), incarcéré 12 nov. 1793 (L. 204) et le 22 nov. 1794 (ib.), † à Veynes en 1809 (G. 1937). — Corneille (le Père), n. vic. g. 13 avril 1777 (G. 822)... — Puy des Saudrais (du), Augustin-Pierre-Joseph, chan., vic. g. 10 janv. 1788 (G. 982), retiré à Dol (Ille-et-Vilaine) le 31 déc. 1803 *(Annales des Alpes,* III, 1899-1900, p. 317). — Brutinel (Joseph), secrétaire de l'évêché, chan., n. 8 janv. 1780 (G. 823), 16 déc. 1789 (L. 472),... — Hébray (J.-B.), du diocèse de Cahors, n. vic. g. 22 avril 1782 (G. 824)... — Flour de Saint-Genis (Jacq.-Marie), fils de Jn-Ant., vibailli ; vic. g. 20 sept. 1778 (G. 822), 1er nov. 1778 (G. 2090), 12 nov. 1781 (G. 824), 24 sept. 1792 (L. 829¹) ; incarcéré 28 avril 1794 (L. 936), mis en liberté 2 nov. 1794 (ib.), viv. à Gap le 28 déc. 1820, « très âgé et infirme » (V. 32, cf. G. 2090).

VICAIRES GÉNÉRAUX DU NOUVEAU DIOCÈSE DE GAP.

On sait que le Concordat de 1801 a supprimé les deux sièges d'Embrun et de Gap. Les départements des Hautes et Basses-Alpes ne formèrent alors qu'un seul diocèse, celui de Digne, dont Irénée-Yves DESSOLES (1802-5) et Charles-Franç.-Melchior-Bienvenu de MIOLLIS (1805-23) furent successivement les titulaires. Le diocèse actuel de Gap, rétabli nominalement par le Concordat du 11 juin 1817, ne fut pourvu qu'en 1823. Voici la liste des vicaires généraux du nouveau diocèse de Gap :

1° Sous M. François-Antoine Arbaud (1823-36).

ARNAUD (Gaspar-Casimir), né dans les Basses-Alpes le 16 mars 1765, nommé vic. g. le 1er août 1823, doyen du chapitre le 13 sept. 1833, mort à Mane (B.-A.) le 13 juil. 1845. — ROUL (Jacq.), né au Villar-St-Pancrace le 26 févr. 1758, curé d'Upaix le 4 mai 1804, des Crottes en 1815, de La Bâtie-Neuve le 27 oct. 1817, doyen du chapitre en 1823, n. vic. gén. le 1er oct. 1823, chan. le 3 août 1833, mort doyen du chapitre le 17 déc. 1848. — VOYRON (Ant.), né au Villar-St-Pancrace le 17 janv. 1767, curé du Villar-St-Pancrace le 1er oct. 1817, de Guillestre le 1er avril 1825, d'Embrun le 18 janv. 1830, n. vic. g., en remplacement d'Arnaud, le 21 août 1833, mort doyen du chapitre le 16 oct. 1854.

Vacance du siège (27 mars 1836-1837, 14 sept.).

ARNAUD (Gaspar-Casimir), n. mars 1836. — VOYRON (Ant.), id. — BOREL (Jean-Joseph), id.

2° Sous M. Nicolas-Augustin de La Croix d'Azolette (1837-1840).

ARNAUD (Gaspar-Casimir), n. 21 nov. 1837. — BOREL (Jean-Joseph), né au Villar-St-Pancrace le 22 mai 1787, prêtre le 21 déc. 1811, professeur d'Écriture sainte au grand séminaire, curé de Vallouise 1 août

1812, supérieur du séminaire-collège de Forcalquier 1 oct. 1815, prof. de dogme au grand séminaire de Digne 4 oct. 1816, et de morale au grand séminaire de Gap 1 oct 1823 ; supér. de ce dernier 1 oct. 1831, n. vic. g. 21 nov. 1837, mort à Gap 18 mars 1883. — MARTEL (Auguste-J.-B.), né à Embrun le 24 juil. 1803, prêtre 9 juin 1827, principal du collège de Gap 1830, curé de Remolon mai 1837, de St-André de Gap 23 oct. 1838, n. vic. g. 1839, mort chan. 4 mai 1868.

Vacance du siège (27 avril-14 déc. 1840).

BLANC (Jacques-Christophe), grand chantre. — DUSSERRE-TELMONT (Laurent), n. le 9 mai à la place de Jean-Jos. Borel, supérieur du grand séminaire, démissionnaire.

3° Sous M. Louis Rossat (1840-44).

BOREL (Jean-Joseph), n, 3 mai 1841... — ROSSAT (Jean), frère de l'évêque, n. 31 mars 1841.

Vicaires généraux honoraires.

CHABRAND (Pierre), supér. du grand séminaire. — JULLIEN (Victor), archiprêtre de la cathédrale. — BONNEVIE, doyen du chapitre de Lyon. — CŒUR, chan. de Paris.

Vacance du siège (17 juin-14 sept. 1844).

M. ROSSAT, évêque nommé de Verdun, administrateur. — BOREL (Jean-Joseph), n. 24 juin 1844. — VOYRON (Ant.), chan., n. 24 juin 1844.

4° Sous M. Jean-Irénée Depéry (1844-1861).

BOREL (Jean-Jos..), n. 20 août 1844. — CHABRAND (Pierre), né à Molines-en-Queyras le 27 nov. 1800, prêtre 20 déc. 1823, principal du collège d'Embrun en 1830, sup. du grand séminaire en 1841, n. vic. g. en sept. 1844, mort à Gap doyen du chapitre le 9 févr. 1888.

Vicaires généraux honoraires

JULLIEN (Victor), chan. — CARLE (Pierre), docteur en théologie. — LÉPINE (François), chancelier de l'évêché. — JOUBERT (Jacq.-Achille), prof. au grand séminaire.

Vacance du siège (9 déc. 1861-1862, 10 juil.).

BOREL (Jean-Jos.), n. 10 déc. 1861... — JULLIEN (Victor), chan., id. — LAGIER (Louis-Fidèle), chan., id.

5° Sous M. Victor-Félix Bernadou (1862-1867).

BOREL (Jean-Joseph), n. 19 juil. 1862. — JOUBERT (Jacq.-Achille), né aux Orres le 17 janv. 1809, prêtre 16 juin 1832, curé de Risoul 1 mai 1834, profess. de dogme 1836, n. vic. g. 19 juil. 1862, mort à la Trappe d'Aiguebelle 14 août 1901.

Vicaires généraux honoraires.

JULLIEN (Victor), doyen du chapitre. — CHABRAND (Pierre), supér. du grand sémin°. — LÉPINE (Franç.), chan. théologal.

Vacance du siège (12 juil.-20 sept. 1867).

BOREL (Jean-Joseph), n. 16 juil. 1867. — JOUBERT (Jacq.-Achille), id. — JULLIEN (Victor), id.

6° Sous M. Aimé-Victor-François Guilbert (1867-1879).

BOREL (Jean-Joseph), n. 19 juil. 1867. — JOUBERT (Jacq.-Achille), id.

Vicaires généraux honoraires.

JULLIEN (Victor), n. juillet 1867, † 14 janv. 1875. — CHABRAND (Pierre), id. — LÉPINE (François), id. — BLANCHARD (Zéphyrin), n. 1872.

7° Sous M. Marie-Ludovic Roche (22 sept., † 6 oct. 1880).

BOREL (Jean-Jos.), n. sept. 1880. — JOUBERT (Jacq.-Achille), id.

Vicaires généraux honoraires.

CHABRAND (Pierre), doyen du chapitre. — LÉPINE chan. — BLANCHARD (Zéphyrin). — HAMELIN, curé de Ste-Clotilde, à Paris.

Vacance du siège (6 oct. 1880-1881, 13 mai).

BOREL (Jean-Jos.), n. 8 oct. 1880. — JOUBERT (Jacq.-Achille), id. — CHABRAND (Pierre), id.

8° Sous M. Marie-Simon Jacquenet (1881-1883).

BOREL (Jean-Jos.), n. mai 1881, † 18 mars 1883. — BLANCHARD (Zéphyrin), id., démissionnaire. — VALENTIN (Auguste), sup. du grand sémin^e, n. 8 avril 1883. — DUPUIS (Joseph), secrétaire gén. de l'évêché, n. 19 mai 1883.

Vicaires généraux honoraires.

CHABRAND (Pierre), doyen du chapitre. — FÈVRE (Justin), proton. apostolique.

Vacance du siège (10 nov. 1883-1884, 4 avril).

M. JACQUENET, administrateur apostolique du diocèse. — CHABRAND (Pierre), doyen, n. nov. 1883. — LÉPINE (Franç.), chan., id. *(Non agréés).*

9° Sous M. Louis-Joseph-Jean-Léon Gouzot (1884-1887).

VALENTIN (Auguste), n. 8 sept. 1884. — BERGE (Louis-Marie), id.

Vicaires généraux honoraires.

CHABRAND (Pierre), — LÉPINE (Franç.). — BARBE, vic. g. de Châlons. — JOUBERT (Jacq.-Achille).

Vacance du siège (17 avril-26 mai 1887).

M. GOUZOT, administrateur apostolique du diocèse.

10° Sous M. Jean-Alphonse Blanchet (1887-1888).

Valentin (Auguste). — Berge (Louis-Marie).

Vivaires généraux honoraires.

Chabrand (Pierre), † 9 févr. 1888. — Lépine (François). — Blanchard (Zéphyrin). — Joubert (Jacq.-Achille), non résidant.

Vacance du siège (18 mai 1888-1889, 27 mai).

Lépine (Franç.), doyen du chapitre, n. 18 mai 1888. — Valentin (Auguste), ancien vic. g., id. — Berge (Louis-Marie), ancien vic. g., id.

11° Sous Mgr Prosper-Amable Berthet (27 mai 1889...).

Berge (Chaffrey-Louis-Marie), n. 23 sept. 1889, † 5 avril 1894. — Guieu (Jos.), n. 23 sept. 1889, démissionnaire 1 août 1907. — Hugues (Jacq.), n. 9 juin 1892, démiss^e 1 juil. 1909. — Caffarel (Jn-Auguste), n. 1 août 1907... — Motte (Florent-Aug.-Alexandre), n. 1 juil. 1909...

Vicaires généraux honoraires.

Joubert (Jacq.-Achille), n. mai 1889, † 14 août 1901. — Lépine (Franç.), id., † 29 août 1899. — Blanchard (Zéphyrin), id., † 26 juil. 1897. — Valentin (Auguste), id, † 19 oct. 1892. — Caffarel (Jean-Auguste), n. en 1892, titulaire 1 août 1907. — Berthet (Jean-Laurent), n. 1 août 1903... — Hugues (Jacques), n. 1 juil. 1909...

TABLE GÉNÉRALE

DES

NOMS DE LIEUX, DE PERSONNES & DE MATIÈRES

(La lettre b indique le 2ᵉ volume.)

Abancourt (Harmand d'), préfet, b, 448 n.
Abbayes : Boscodon, 216, 700, b, 307 ; Clausone, 24, 26, 699 ; b, 358, 401 ; Cluny, 198, 215, 221, 366, 576 ; Cruis, 296 ; Ile-Barbe, 211 ; Lérins, 276, 327, b, 307, 455, 462 ; St:Denis, 257 ; Novalaise, b, 380 ; St-Géraud d'Aurillac, 345, 531 ; St-Victor de Marseille, 25, 215, 221, 231, 245, 576 ; Solignac, b, 143, 440 ; Sourribes, 24, 28 ; Staffarde, b. 214.
Abbon, patrice, 166, 190, 212 ; b, 437, 438.
Abd-el-Rahman, 189, 191, 192.
Abelly (Louis), évêq. de Rodez, b, 186, 320.
Abjurations d'Henri IV, 691 ; b, 7, 16, 35, 40-2, 110, 294, 298.
Abon (d') Ant., consul, b, 244 ; Balthasar, id., b, 98 ; Franç., 96 ; b, 7 ; Guil., 304, 484, 517 ; Jean, sr de Reynier, b, 58, 66, 84, 99, 103, 129, 359 ; Julie, b, 223 ; Melchior, b, 200 ; Pierre, 200, 445, 523.
Abonnelly (Jacq.), vibailli, 483.
Abrachy (Jn), de La Saulce, b, 11.
Abraham, 103, 179, 201.
Abric, d'Avignon, 43.

Académie de Rome, 227 ; française, b, 420.
Administration centrale des H.-A., b, 449.
Acquisitions de Durbon, 242, 247-8, 266, 283 ; de l'évêq. de Gap, 287, 306, 332, 341-2, 481, 524 ; pour les Capucins, 14, 17, 23.
Adrets (Baron des), 668.
Adrien IV, pape, 251.
Aétius, 125.
Agaune (St-Maurice d'), 107.
Agen (évêq. d'), b, 316 ; vic. g., b, 386.
Agnielles (sgrs d'), 321 ; troubles, 322.
Agnières, 75, 234.
Agoult (d'), colonel, 690 ; Raybaud, 274 ; Raymond, 430 ; Rostan, 274, 296.
Agulhe (Giraud), cordelier, 403 ; Jacq., not., 393.
Aicard (Pierre), archev. d'Arles, 234.
Aigle, en Suisse, 542.
Aiguebelle, fam., 687 ; b, 357,
Aigues, riv., 76, 89.
Aiguille, mont, 537.
Aiguilles, 75.
Aimonet (Jean), syndic, 366, 403.
Aix, 92-3, 108, 187, 193, 250, 258,

292, 322, 330, 341, 353, 99, 406, 434, 476, 607, 666, 701, 704 ; b, 155, 202, 217, 262, 175, 334 ; archev., 34, 477 ; archidiacre, 284 ; capucins, b, 9 ; chanoines, 696 ; cordeliers, b, 249 ; métropolitain, 417 ; official, b, 284 ; Parlement, b, 80 ; prisons, 460 ; Ursulines, b, 279.
Alains, 124.
Alaman (L.), 277.
Alamonte, 57. V. Monêtier-Allemont.
Alauson (d'), sr de Ribeyret, b, 256, 357.
Albanès (abbé), xv, 67, 97, etc. ; b, 178, 452.
Albe (d'), card., 396.
Albergue (Droit d'), 254.
Albert (abbé), curé de Seyne, ix, 86, 240, 247, 271, 281, 304, 360, 409, 667 ; b, 169, 174, 216, 317 ; Ant. cosgr de Sigoyer, 497 ; Guiraud, 324.
Alberts (Les), ham., 84, 86.
Albi (Tarn), 716.
Albigeois, 273.
Alboin, lombard, 137, 144.
Alboini (Pierre, Rolland), 248.
Albon (Comté d'), 276, 284, 318, 352.
Album du Dauphiné, xxi, 600.
Alcmène, 78, 80.
Alaunium, station, 74.
Alemand (Rodet), moine à Romette, 331.
Alemands, peuple, 125.
Alet, b, 203, 226.
Alexandre le Grand, 252, 585.
Alexandre II, pape, 219, 223-5, 234 ; III, 11., 252-3, 255, 262, 264, 346, 558 ; b, 11, 209, 305, 348, 460 ; V, 415, 424-5, 427 ; VII, b, 157, 305, 315.
Alexandrie, 178, 353.
Alexis de Sisteron, religieux, b, 137.
Alger, b, 204.

Alife (comte d'), 344, 509.
Allard (Guy), 257, 326, 511, 710, b, 254.
Allemagne, 185, 239, 251, 649 ; b, 3, 77, 207, 310, 358.
Allemagne (baron d'), 657.
Alleman (Aimon), 464 ; Guil., 277 ; Odon, 277.
Allemand (Claude), not., b, 58-9, 62-3 ; Honoré, b, 363, 371.
Allier, imprimeurs, x, xxi, xxv, 345, 437, 594.
Allix (Jn), not., b, 102, 113.
Allobroges, 58, 70, 74, 79, 84, 86, 90, 715, 717.
Alpes, 78-82, 84-5, 87, 89, 91, 102, 124, 127, 138-9, 160, 176, 192, 195, 233, 253, 457, 672, 717 ; Basses, 153 ; Cottiennes, 72, 91 ; Dauphinoises, 79 ; grecques, 92, 125 ; Hautes, 75, 82-4, 88-9, 94, 140, 189, 554, 657, 703 ; b, 34, 215, 360 ; Maritimes, 79, 92, 478, 666, b, 50, 148, 304, 422 ; pœnines, 125.
Alphonse I, comte, 275.
Alpinistes, xiii.
Alpyon, 77, 79.
Alsace, 125, 216.
Amasie, évêché, 468.
Amat, b_1 125.
Amatus, patrice, 138.
Ambassadeurs, b, 146, 170, 186, 197.
Ambel (d'), Raymond, 434.
Ambigat, 81.
Amboise (Édit d'), 579, 581.
Ambcise (d') Georges, card., 497.
Ambrons, 91, 713, 717.
Amédée, archev. d'Embrun, 294 ; duc de Savoie, 368.
Amelia (de) Thomas, évêq., 433.
Amic (Et.), 260.
Amiens, 409, 509, 715.
Ammien Marcellin, 80, 83.
Ammonius, 178.
Amnice, 115, 592.

Amo, chef lombard, 140, 141.
Amy (Bertrand), prieur, et Pierre, sgr d'Eyrague, 430.
Ancelle, 43, 455-6, 503, 526 ; b, 177-81.
André (Cl.), sacriste, 620 ; Guigues, dauphin, 269, 276-7 ; Jean, 322 ; capucin, b, 31, 106-8, 110, 113 ; échevin, b, 455.
Anéroeste, 82.
Ange (de L') Honoré, 665.
Angers, 424.
Angervilliers, intendant, b, 296.
Anglès (Ant.), de Gap, b, 354, 354.
Angleterre, 107, 158, 163, 428, 410, 716 ; b, 84, 147, 203.
Angleterre (d') Henriette, b, 157.
Angrogne (Vallée d'), 543.
Anjou (d') Charles, 286, 289, 293, 476 ; b, 195 ; Louis, 437 ; René, 27, 466-7, 476 ; comtes, 222, 349 ; province, 457.
Annales des Alpes, ix, 21, 42, 68, 73, 91, 334-6, 431, 529, 558, 563, 585, 654, 671 ; b, 115, 177, 275, 280, 332, 439, 449, 457, 460, 471.
Annales des Capucins, 5, 21 et passim.
Annecy, b, 4.
Annibal, 63-4, 67, 72, 78, 80, 82-91, 102.
Annonay (Ardèche), b, 385.
Annuaires des Hautes-Alpes, ix, 46.
Anselme de Forcalquier, capucin, b, 16-8, 21, 23, 31.
Antelmy (d'), évêq. de Grasse, b, 306, 308.
Anthoine (cape), 610 ; le Grand, 178.
Antibes, 93.
Antide (S), évêq. de Besançon, 176.
Antioche, 166.
Antiquités Judaïques, 78.
Antoine, évêq. de Massa, 368 ; de Colmars, b, 91 ; de Tarascon, b, 106-7.

Antoine (d') Judith-Amica, b, 338.
Antonaves (sgr d'), b, 358.
Antonin, empereur, 57.
Antonins de Gap, 242, 245, 276, 280.
Anville (d'), 71.
Aouste (Sgr d'), b, 121.
Apennin, 177.
Aperçu sur les illustrations gapençaises, xiv.
Apocrasius, père de S. Arey, 146.
Apostasie de Gabr. de Clermont, 553.
Apothicaires, 572 ; b, 69, 103, 105, 355.
Apôtres, 97, 99, 158, 177.
Apt, 73-4, 93, 99, 126, 209, 250-1, 268, 307, 310, 360 ; b, 311.
Aqueduc de porte Colombe, 659 ; de la fonte des Capucins, b, 404.
Aquilée, 304.
Arabes, 110, 191, 192, 672.
Arabin (cape), 614, 678.
Aragon (d') Alphonse, roi, 275, 459, 491 ; Nicolas, card., 219 ; Pierre, 304 ; rois, 275, 438, 622.
Ararat, mont, 78.
Arbaud, évêq., xxv, 145, 185, 187, 451.
Arbitrages, 281, 287.
Archéologiques (Découvertes), 80, 529.
Archevêques : Aix, 311, 477 ; Arles, 234, 240, 275, 328, 452 ; Bordeaux, b, 97 ; Cantorbéry, 158 ; Embrun, 38, 171, 176, 184, 195, 204, 214, 217, 240, 249, 250, 267, 279, 281, 311, 320, 348, 360, 431, 449, 520, 652, 665 ; b, 40, 143, 151, 170, 305, 331 ; Lyon, b, 306 ; Mayence, 261 ; Milan, 425 ; Paris, b, 157, 195 ; Vienne, 261, 279, 355, 360 ; b, 307, 316, 338, 380, 480.
Archidiacres : Aix, 284 ; Béziers, 359 ; Embrun, 349 ; Fréjus, 482 ; Gap, 160, 163, 179, 242, 293, 349 ; b, 100, 170, 227, 253, 412, 468, 510-2 ; Sisteron, b, 511 ; Toulon, 355.

Archiprêtres: Lardier, b, 180; Tallard, b, 390.
Architecte, 41.
Archives des Hautes-Alpes, vi, x; de Gap, b, 374; du chapitre, b, 384; nationales, b, 157.
Ardouin, marquis, 202, 206.
Aréod (Laurent), doyen, b, 56.
Arey (St), évêq., xvii, xxxiv, xl, 50, 67, 95, 136, 145, 189, 591.
Argençon (d') sgr, b, 358.
Argentière (L'), 48, 89, 368-9, 522, 666.
Arianisme, 110.
Aridius, évêq. de Lyon, 167, 169.
Ariey-Jouglard, consul, b, 71.
Ariey-Rostaing (Jn), b, 10, 58, 62, 66, 71, 436.
Arius, 114, 125.
Arles, 73, 97, 107, 191, 193, 254, 271, 443, 666; archev., 234, 240, 253, 275, 328, 452; b, 42, 310; comtes, 205, 210; conciles, 121, 129, 130; Crau (La), 79, 140, 196; connétable, 34; province, 123, royaume, 253, 333; b, 77.
Armand, évêq., 214, 232, 236-7, 242.
Armand (Cl.), proc., 602; Franç., bourgeois, b, 371; Françoise, religieuse, b, 482; Gui, avocat, b, 253; Ignace, jésuite, 709; b, 253; Jacq., not, b, 198-9, 204; Jean, comte d'Arras, b, 293.
Armées, 10, 81, 83, 90-1, 252, 346, 451, 457, 492, 520, 576, 653, 668; de Savoie, b, 215; espagnole, b, 351.
Arménie, 115.
Armentaire, évêq. d'Embrun, 124.
Armoiries des évêques, 30, 341, 423, 440, 448, 479, 488, 524; de Gap, 66; de Louis XI, 473; de Gaucher de Forcalquier, b, 438; des Gruel, b, 231; de La Feuillade, b, 173; des comtes de Soissons, b, 96.

Arnaud (Ch.), chan., b, 12, 44; Cl., not., 481, 495; Guil., 341; Jean avocat, b, 84, 103, 118; chan., b, 44, 84, 106, 118, 123; Jos, avocat, b, 364; Lantelme, 441; Pompone, chirurg., b, 354; Théophile, b, 10.
Arnoux (St), xl, 50, 183, 214, 222-33, 239, 273, 591; b, 77, 163.
Arnoux d'Avignon, capucin, b, 115.
Arnoux (Giraud), 298; Richaude, b, 475.
Arquebusiers, 610, 613, 616, 664, 668, 679.
Arrestation du duc de Créqui, b, 186-7.
Arrêts de la Cour, 325, 403, 465; du Conseil d'Etat, b, 55, 59, 151, 225-6, 350, 375, 406; du parl. de Grenoble, b, 210, 212; du parl. de Provence, b, 81.
Artaud (Guigues), 396; Hugues, 402; Jacq., évêq, b, 86; Lazare, 474.
Artauds, fam., 320.
Arthaud (Elzéar), 495; Pierre-Paul avocat, b, 350, 356, 374.
Arthemale (Julien), 689.
Artillerie du duc de Savoie, b, 216.
Arvernes, 140, 147.
Aryens, peuple, 58, 107, 128.
Asdrubal, 77, 91.
Asie, 78, 166.
Asile des Vieillards, b, 450.
Aspremont, 32, 321, 342, 432; b, 357.
Aspres (d') Albert, 417; Arnoux, 418, 432, 443.
Aspres-sur-Buëch, 321, 434; b, 246, 357; charte, 345; curé, b, 313; fontaine, 32; prieurs, 278, 531, 687; sgrs, b, 241.
Assassinats, 169, 337, 355, 552, 615, 621, 629, 651, 683.
Asselin, préfet, b, 448.

Assemblées du Chapitre, 340, 342, 345, 347, 349, 351, b, 160 ; du clergé, 624, 654, 686, 701-2, b, 26-7, 134, 129, 326 ; des états du Dauphiné, 453, 569, b, 65 ; id. du royaume, 632 ; id. de Provence, 399 ; des habitants de Gap, 329, b, 129 ; de Romans, 355 ; des Vaudois, 385-92.

Astier (Gaspar), de Tallard, b, 197 ; Jn-Louis, curé, b, 167 ; Marg. b, 227 ; Pierre, bénéf., b, 199-201, 208 ; chan., b, 12.

Astier (d') Louis, sr de Gandière, b, 223.

Astréaud (Louis), bénéf., b, 227, 243, 261.

Astronomie, b, 155.

Athènes, 107 ; b, 248.

Athénoux (Jacq.), 366.

Attache (Droit d'), 473.

Attila, 125.

Attilius, 82.

Aubert (J.-B.), avocat, b, 436 ; prêtre, b, 346.

Auberuffe (d') Jean, prévôt, 346 ; Rostain, sacriste, 315.

Aubiac (d') sgr, b, 386.

Aubin (Frère), b, 174.

Aubray (Mise), b, 204.

Aucel (abbé), xxiv, 364, 426 ; b, 341, 383.

Auch, b, 386.

Audéoud (Jeanne), b, 191 ; Lantelme, cordel., 366.

Audeyer (Martin), jurisc.ons., 481.

Audin, historien, 483.

Auditeurs des Comptes, 498, 508, 510.

Augier, évêq. de Riez, 244.

Augier (Guil.), 277-8, 330, 398 ; Roger, prieur d'Aspres, 278.

Augsbourg (Ligue d'), b, 214.

Auguste, empereur, 72, 91.

Augustin (le moine), 158, 163 ; de Nîmes, b, 265 ; de La Roche, b, 31, 218.

Aumônes aux pauvres, 564.

Aumôniers : d'Anne d'Autriche, b, 197 ; des filles de Louis XV, b, 386.

Auprince (Jean), sacriste, 320, 379.

Aurasia (de) Raybaud, 274.

Aure (d') Tristan, évêq. de Conserans, 452.

Auriac (d') sgr, 615, 690 ; b, 7, 318.

Aurillac (Abbaye de St-Géraud d'), 345.

Auron, mont au comté de Nice, 182.

Aurouse, mont en Dévoluy, 43.

Auspice (St), sénateur, 98-9.

Austrasie, royaume, 127, 148-50, 166.

Austrechilde, 134.

Autane, mont, 43, 196.

Autrand (Guil.), de Vitrolles, 283.

Autriche, b, 87.

Autun, 114, 126, 164 ; b, 311.

Auxerre, évêque, b, 364.

Avalon (d') Guil., prieur de Durbon, 321-2, 325.

Auvergne, 84, 112, 147, 345.

Avance, ou Vence, riv., b, 168, 177.

Avançon, 75, 83, 90, 332, 560, 563, 610, 718 ; b, 177, 278.

Avançon (d') Guil., archev. d'Embrun, 320, 652, 665.

Avantin, monticule de Rome, 223.

Avantiques, 75, 718.

Avignon, 86, 140, 184, 191, 239, 308, 311, 341, 348, 351, 415, 418, 424, 430, 448, 470, 488, 527 ; b, 321, 333, 338, 362, 366 ; archives, 48 ; capucins, 6, 7 ; cardinal, 441 ; chanoine, 360 ; chapitre, b, 15 ; conciles, 240, 271, 327, 350 ; doctrinaires, b, 164 ; dominicains, 342 ; évêq., 244 ; orfèvre, 410 ; papes, 367, 381 ; prévôt, 448 ; sacriste, 360 ; séminaire, b, 321.

Avitus, 125.
Avocats, vii, xx-i, 4, 304, 344, 367, 400, 444, 572, 652, 690 ; b, 58, 66-7, 69, 84, 88, 103, 118, 122, 129, 162, 191, 230, 234, 238, 253, 261, 267, 285, 324, 343, 350, 354, 363-4, 371, 373-4, 391, 95-5, 417, 440, 442, 463, 495, 508 ; généraux, b, 319.
Avon, notable, b, 395.
Avranches, 126.
Avrigni (d'), historien, b, 5-6, 40.
Ay en Champagne, b, 6.
Aymar, archev. d'Embrun, 279.
Aymar (Guigues), not., 26 ; Pierre, consul, b, 238.
Aymard (Baudon), 396 ; Jean, 260.
Aymeric (Lantelme), 397.
Aymonet (Jean), b, 61.

Babylone, b, 430, 452.
Bachevilliers, b, 221.
Bachis (de) Lucrèce, b, 453.
Baillet, historien, 67.
Baillis : de l'élection, b, 231 ; des Montagnes, b, 99, 493 ; du Champsaur, b, 250.
Bailliage du Champsaur, 352 ; de Gap, 567-8 ; de Serres à Gap, 498, 501, 508 ; b, 395 ; avocats, b, 493 ; lieutenants, b, 395 ; procureurs, b, 494 ; vibaillis, b, 61, 63, 73, 99, 155, 210.
Baillis du Gapençais, 266, 283, 287, 354, 366, 468.
Baillot (Marg.), b, 330.
Bajole, officier de Gap, 650, 684-5.
Balbi (Jean), 418 ; P., consul, 402, 410, 415.
Bâle, 116, 488, 538, 540.
Ballard (Jean), 543.
Bals à Gap, 707.
Bannes, commanderie, 24.
Bannières, 352, 473 ; b, 10, 178, 353.
Banniers, gardes terres, 349-50.

Banquets, b, 108.
Barban (Franç.), sr de Pragastaud, b, 223 ; Jean, curé, 687.
Barbarius, monnaie, 411.
Barbaroux (Grég.), proc., b, 354.
Barbes, pasteurs, 383-4.
Barbets, calvinistes italiens, b, 214, 220-1.
Barbier (Franç.), avocat, 4, 172, 196, 365, 519, 533, 576, 590, 613, 626 ; b, 223, 340, 342-5 ; Jacq., b, 223, 296 ; Jean, 568 ; ministre, 695, 698.
Barcelone, 302, 430 ; comtes, 276, 285, 622.
Barcelonnette, 173, 522.
Bardel (de) Jean et Pierre, b, 357 ; chevr, b, 413.
Bardonnèche (de) Arnaud, 277 ; Arnoux, 694, b, 67 ; Justet, 406-7.
Bargemont, 459.
Barjols, prévôt, 448, 460 ; b, 230.
Baro (de) Raymond, 399, 402, 406-9.
Baron (Jos.-Hilaire), curé, b, 362.
Baron (de) Louis, 563.
Baronis (Arnaud), juge, 260, 400, 445.
Baronius, xxxvi, 122.
Baronnies, 320.
Barons, 6, 206, 338 ; des Adrets, 574, 668 ; d'Auriac, b, 7 ; du Dauphiné, 561 ; de La Roche, 669, 680 ; de Montmaur, 345 ; du Saix, b, 163, 305 ; de Valbonnais, b, 508.
Barras (Prieur de), 691.
Batré, sr d'Entrevennes, 477.
Barreaux (Fort de), b, 216, 507.
Barret, 301, 432.
Barrillon (Paul), b, 335.
Bartel (Simon), 97.
Barthélemy (abbé), xxii ; dom, 271 ; Raymond, de Gap, 495.
Basiliques, 136, 141, 161.
Basin (Domin.), orfèvre, 366.
Bassets, ham. de Gap, 52 ; b, 118.
Bassompierre (de), maréchal, b, 92.

Bastien (cap^e), 611.
Bataille (de) Jean, cap^e, b, 18.
Bâtie-de-Champrond, 361.
Bâtie-Montsaléon, 75, 89, 114, 573 ; b, 62.
Bâtie-Neuve, 74-5, 90, 308, 332, 364, 399, 403, 440, 475, 477, 508, 519, 526, 531, 533, 563, 584, 609, 620, 644, 689, 690 ; b, 97, 116, 272, 318, 352, 446 ; château, 279, 290-1, 563, 609-10, 615-6, 618, 620, 624, 627, 632 ; b, 27, 97 ; église, b, 143 ; juges, b, 498.
Bâtie-Vieille, 208, 364, 399, 403, 477, 508 ; b, 269, 272 ; château, 279, 290-1, 359 ; b, 27 ; église, b, 143.
Bâtie-des-Vignaux, 269.
Baud (Benoît), 635 ; Jacq., avocat, b, 58, 84, 98, 103, 118 ; Marg., b, 162, 164-5, 482.
Baudet (Marie), b, 226.
Baume-des-Arnauds, 278, 320 ; b, 358.
Baume-lès-Sisteron, 17-8, 87, 266, 282, 243, 341, 354, 397, 642, 654, 656, 659, 661-2, 668, 689, 694, 699-703 ; b, 77, 310, 384.
Baux à ferme des droits de boucherie et autres, 473, 481, 489, 496 ; b, 295.
Baux (de) Bérald, 333-4 ; b, 458 ; Stephanette, 599.
Baux (Les), 206.
Bayard, chev^r, 522 ; b, 34, 215.
Bayard, col, mont, 15, 17, 71, 83, 343-4, 473, 519, 537, 539, 555, 576 ; b, 34, 215.
Bayeux, évêque, b, 151.
Bayonne, 78.
Béatrix, dauphine, 290, 292, 294, 505 ; marquise, 282, 286 ; reine, 28, 700.
Beaucaire, 84, 86.
Beauchamp, représentant du peuple, b, 202, 224.
Beauchâteau (de) Blanche, b, 223.

Beaufort (de) Raymond, 423.
Beaujeu (de) Robert, 277.
Beaumarchais, b, 85.
Beaumont, huguenot, 676.
Beaumont, prieuré, 234.
Beaumont (de), préfet, b, 448.
Beaupoil (de), évêq. de Poitiers, b, 432.
Beauregard (Fief de), b, 358.
Beauregard (de) Charles, b, 103, 118, 217, 223 ; Esprit, cap^e, 613, 661, 663, 676.
Beauvois (de) Jean, chan., 503 ; Paul, id., 95, 103, 686, 694 ; b, 44-5, 66, 69, 86, 88, 444.
Bédoine (de) Hugues, prieur, 299.
Beldisnar (de) Lager et Mainfred, 243, 248.
Belfort, château, 320.
Belgique, 125.
Bellafaire (de) Franç., b, 357.
Bellegarde (de), maréchal, 648.
Belley, évêque, b, 311.
Bellon (Jean), b, 103 ; Paul, cap^e, b, 84.
Bellovèse, 77, 81, 717.
Belmont (de) Guil., archidiacre, 293.
Bénédictins à Gap, 25-6, 199 ; de Vendôme, 222, 230, 233 ; de Romette, 278.
Bénéficiers, 96, 226, 620 ; b, 26, 66, 118, 163, 199, 242-3, 261, 275, 395.
Benoît, archev. d'Embrun, 195.
Benoît VIII, pape, 215 ; IX, 217 ; XIII, 28, 264, 408-9, 424 ; b, 11, 306, 333, 348 ; XIV, b, 416.
Benoît (St), 177.
Benoît (Jean), b, 71 ; René, curé, 230 ; consul, b, 240 ; not., b, 349.
Bentham (Jérémie), 47.
Bérald de Saxe, 197, 205-6.
Béranger, chansonnier, p. xlii ; b, 25.
Béranger (de) Raymond-Gabr., 344.
Bérard (de) Angélique et Lucrèce, b, 463 ; chan., 242.

Béraud (Domn.), pr. de St-Mens, 687.
Béraud-Bercastel, historien, 158.
Bercherie (La), commissaire, 466.
Berchoux (Jacq.), consr à Grenoble, 508.
Bérenger, comte de Provence, 210, 271, 275, 282, 286; b, 62.
Bérenger (de) Claudine, 586.
Bergers de Provence, 196.
Bergery, chan. à Genève, 544.
Berlie, supér. du Laus, b, 285.
Berlin, 265.
Bermond, pr. de Bertaud, 298.
Bermond (de) Françoise, b, 479.
Bernadotte, roi de Suède, b, 176.
Bernard (St), xxxvi.
Bernard (Barthél.), 602; Gaspar, curé de Tallard, b, 390-3; Jean, not., 567; Jérôme, b, 63-4, 74;
Bernard-Gari (Franç.), 602.
Berne (Suisse), 538, 540, 555.
Bersac (Le), 317.
Bertaud, chartreusine, 242-3, 257, 266-7, 274, 276, 298, 325-6, 353, 455.
Bertaud, religieux à Gap, b, 128, 131.
Berthet, évêq. de Gap, b, 448.
Bertrand, comte de Forcalquier, 250-1, 320; id. de Provence, 215; co-sgr de Reynier, 341; évêq. de Sisteron, 268; dit de Champsaur, 111.
Bertrand (Bernard), curé, b, 42; Pomporie, b, 122, 154.
Bertrand (de) Jn-Mathieu, b, 444; Louis, vibailli, b, 226, 273.
Besançon, 126, 176, 193, 251; b, 307, 310.
Bessée (La), mont, 87.
Béthisy (de), vicomte, 339.
Beuvon, sgr de Noyers, 201.
Beynet (Aimé), curé d'Avançon, b, 177.
Bez, ville, 140.
Bèze (de) Théodore, 621; b, 40

Béziers, archidiacre, 359.
Bibliographie des patois, xxi.
Bibliothèques de Carpentras, xix, 2, 126; b, 249; des Capucins, b, 155; Gap, vi, 42; Genève, 557; Grenoble, xx, 33, 59; b, 250; nationale de Paris, 258; b, 195, 205; du séminaire de Gap, 100, 497; de Toulouse, 282.
Bienne, village, 542.
Biens nationaux, b, 449.
Bimard (de) Mis, b, 358.
Biographie du Dauphiné, vi, xix, xxi, xxiii; b, 3, 82, 145, 147.
Birac (sgr de), b, 386.
Biraco, Birico, Birago, évêq. de Gap, 189, 193, 209.
Biron (de), maréchal, 691.
Biscarrat (Louis), b, 423.
Blacons (de), 676.
Blaise (Ant.), vic. g., 495.
Blanc, (André), ministre, xxiii; Arley, 572; Cl., bénéf., 620; sr de Camargue, b, 16, 49-50, 66, 103; Franç., b, 324, 359; Guil., proc., b, 354; Jean, 572; b, 373; Jn-Franç., b, 412, 468; Jn-Pierre, b, 354; Laurent, b, 340, 354, 372; Pierre, b, 83; maire, b, 427; pharmacien, b, 454; sacriste de Romette, b, 380; dit *le Brave*, b, 191; le *Cadet*, proc., b, 395-6.
Blanc (Le) Augustin, b, 285; Jacq., b, 447.
Blanchard (Arnoux), 330; Zéphirin, 187; l'aîné, b, 395.
Blanchet (Jean), consul, 495.
Blanchon (Bruno), peintre, 171, 540, 545, 549, 557; b, 462.
Blesmoy (de) Albert, 277.
Blein, biographe, 711-2.
Bliterwich (Ant.-Fr.), év. d'Autun, b, 311.
Blois (Loir-et-Cher), 502.
Blosset, gendarme, 652.

Board (Raymond), moine, 331.
Bobio, évêq., 427.
Boèce (Séverin), 107.
Boiens, 81.
Bois et forêts: Boscodon, b, 359 ; Cristaye, 13, 14, 590 ; Charance, 170 ; b, 277 ; Devès, b, 442 ; Durbon, 325 ; Mison, 309 ; Rambaud, b, 273 ; Rimails, 254 ; Vincennes, 352.
Boissieu, président, 218, 320, 344, 715 ; b, 85, 248.
Bollandistes, 8, 100, 112-3, 120, 122-4, 146-7, 152, 160, 162, 165, 169, 175-7, 221, 231-3.
Bombardement de Gap, 682.
Bonamour (David), b, 134.
Bonardel (Jacq.), 563.
Bondilh (Jn-André), b, 275 ; Jos.-Aug., curé, b, 275, 285, 328.
Bonet (Jacq.), 528 ; Lantelme, 260.
Bonfils (Jn), s^r de Montalquier, 335.
Boniface VIII, pape, 308.
Bonivard-Mazet (Georges), b, 163.
Bonnaire, préfet, b, 448.
Bonnard (Ét.), chan. b, 412, 455.
Bonne, tor., 15, 19, 102, 105, 153, 274, 536, 539, 558, 676 ; b, 433.
Bonne (de) Alex., 690 ; b, 318 ; Cath^e, b, 7 ; Charles, 647 ; Ét., 6, 615, 647, 649, 652-3, 674, 689 ; b, 16, 18, 116, 318 ; Franç., duc de Lesdiguières, 13, 28, 68, 196, 336, 404, 445, 579, 581, 584-605, 610-4, 624-32, 636-712 ; b, 20-3, 40, 54, 61-2, 115, 226, 433, 446 ; Gabriel, not., 404-5 ; Honoré, 503 ; Jacq., 528 ; Jean, 528, 563-4 ; Madele, 691.
Bonnet (Antelme), 481 ; Ant., b, 275 ; Arnaud, b, 238 ; Jean, 297, 304, 367, 381 ; théologal, b, 152, 155 ; Jos., b, 275 ; Mathieu, apoth., b, 105 ; Paul, b,. 354 ; Pierre, b, 296, 463 ; précenteur, 504 ; Pompone,

médecin, b, 447 ; bénéficier, b, 395.
Bonnet-Darmefort (Jos.), b, 354.
Bontoux (Franç.), curé, b, 313, 411 ; Jean, de Corps, 579 ; N., syndic, 297 ; Noé, b, 129 ; Paul, b, 67 ; abbé, prof., b, 312 ; avocat, b, 371 ; commiss. du Directoire, b, 450 ; direct. de l'Union génér., b, 450.
Bonvert, sergent-major, 679.
Bordeaux, 97 ; archev. b, 97, 299.
Borel (Cl.), consul, b, 389, 391 ; Grég., b, 388-90, 393 ; chantre, b, 327.
Borelli (Franç.), 197, 363, 367-8, 370-1, 381, 391, 396, 400, 403, 409, 666-7 ; b, 61 ; Jean, 330.
Bort, ville, 112, 114.
Bosc (du) Guil., 277 ; de Gap, 484.
Boscodon, abbaye, 216, 700 ; b, 307, 359.
Boson, roi, 193, 202-3, 209-10.
Bossuet, 555 ; b, 6.
Bot (Hector), s^r de Cardebat, 66-7.
Bouche, historien, ix, 86, 194, 272, 295-6, 714.
Boucheries, 378, 412, 473.
Bouchon (de) Jacq., cons^r, 498.
Bouchu, intend., xix ; b, 207, 222, 245, 257.
Boucicaut, gouv^r, 532.
Boudret (Nicolas), b, 307.
Bouffier (Jos.), recev^r, b, 295.
Bouffier (de) Laurent, b, 129.
Bouillé (de), évêq. de Poitiers, b, 432.
Bouillon (de), card., b, 197 ; duc, 691.
Boulain, historien, 715.
Boulie (de La) Hipp., b, 285.
Boulland (A.), xxvi.
Boulogne (Seine), b, 258.
Bouquet (Dom), 196.
Bourbon (de), card., 685 ; prince de Conti, xx, 4, 8, 90, 173-4, 196, 284,

319, 365, 519, 533, 576, 589, 612, 675 ; b, 85, 93, 216, 352, 355-361 ; prince des Dombes, 688.
Bourchenu (Moret de), évêque, 306. 308.
Bourdeaux (Drôme), 392.
Bourg-d'Oisans, 679.
Bourges (Cher), 487 ; b, 426.
Bourgogne, 166, 193, 209-10, 236, 251, 253, 281, 435 ; b, 77, 348.
Bourgoin, 453.
Bourguignons, 126.
Bournens (Arnoux), b, 347, 364.
Bourras, miliciens dauphinois, b, 215.
Bousquet (de) Jn-Jos., b, 357.
Bouvat (Pierre), 439.
Boyer (Félicien), doyen, b, 103 ; Franç., maire, b, 482 ; Jean, curé, 687 ; Pierre, b, 181 ; notable, b, 395.
Boyeri (Bernardin), 612, 630 ; Tigide, 612.
Boysson (Jacq.), not., 393, 396.
Braconniers, b, 363.
Brancas (de) Barthél., 448 ; b, 230 ; Buffile, maréchal, 448 ; Gaucher, 479 ; Pierre-Nic., card., 448 ; Roux, 479 ; prince, 90.
Bremond (de) Alex., b, 223 ; Henri, b, 232.
Brennus, 77.
Bréole (La), 85, 317.
Brescia, 81.
Brésier, mont, 35.
Bressieu (de) baron, 581.
Breteuil (de), ministre d'État, b, 330.
Brette (Jn), vic. g., b, 163.
Bréviaires, 95-6, 103, 111, 123, 202, 218, 233, 236, 342, 347, 404, 496.
Bréziers, 320 ; b, 215.
Briançon, 73-5, 84-6, 90, 140, 195, 269, 347, 474, 715 ; b, 98, 246 ; gouverneurs, 577, 669 ; principauté, 348, 352.

Briançon (de) Albert, 523.
Brigianii, 75, 91.
Brigion, 77, 79.
Briquemaut, huguenot, 676.
Biitomar, 82.
Briuncel, seigneurie, 359.
Brives-la-Gaillarde, 195.
Broc (de), historien, 149 ; b, 399.
Brochier (Aug.), 43, 362 ; Jos., b, 71 ; Lantelme, 330.
Brochier (Les), ham. de Gap, 52.
Brogny (de) Jean, card., 443.
Broue de Vareilles (La), évêq. de Gap, xxxiv, 51 ; b, 410-2, 421, 431, 447, 455-6.
Broussailles, soldat, 651.
Bruis (de) Pierre, 242, 245, 666.
Brun, prévôt de Grenoble, 277.
Brun-Durand (J.), b, 124.
Brunache (Pierre), 638 ; b, 339.
Brunehaut, 145, 147, 149-50, 159, 165-9.
Brunets (Les), ham. de Gap, 52.
Brunet-Blocard (Jean), 481 ; Pierre, b, 71, 85.
Bruno (St), 243 ; P., minime d'Avignon, b, 4-5.
Brutinel (Jacq.), 617 ; Jos., chan., b, 412 ; bénéf., b, 242.
Bruyère (La), xliii.
Bucer (Martin), huguenot, 540.
Buchanam, 716.
Buck (de) V., bollandiste, 100.
Budget de Gap, 53-5 ; b, 371-4.
Buëch, riv., 76, 105, 114, 254, 319-20, 322 ; b, 89 ; pont, 269.
Bueil (de), m^{is} de Racan, b, 94.
Buis (Le), 305.
Buissard, 348.
Buisson (Jn), chan., 686, 694 ; Pierre, 500.
Buisson (Le), provençal, 680.
Bulles pontificales, 184, 207, 237, 253, 255, 262, 264-5, 300, 308, 336, 358, 381, 398, 470, 489, 558, 569,

599, 666 ; b, 11, 157, 209, 212, 291, 305, 333, 348, 460.
Bulletin soc. d'étud. des Htes-Alpes, v, xix, 11, 138, 180, 276, 282, 334, 349, 354, 483, 537, 556, 558, 589, 657, 665 ; b, 22, 449, 462, 471.
Bumats (Les), ham. de Gap, 52.
Burdier (Jeanne), relig*e*, b, 480.
Bureau d'aumône, b, 64.
Burgaud (Benoît), chan., 620 ; Guil., id., 686.
Burgaud (Franç.), chan , 503.
Burgondes, 110, 120-1, 124-8, 143, 146, 159, 185.
Burgondie, 138, 144, 148-9, 158, 181, 191, 193.
Burle (pont, moulin de), 19, 536, 539-40, 546, 549, 557, 679 ; b, 8, 93, 451.
Bus (de) César, b, 479.
Busco (Jn), doyen, b, 412.
Butler (Alban), 146, 148.
Buysson (de) Ant., b, 88-9, 91, 97, Honoré, chan., b, 11, 44-5, 47, 102, 123, 153-4 ; Hugues, 635 ; b, 74 ; Jean, 589, 620. Voir Buisson.
Buzet (Ant.), not., 496.
Buzon, tor., 13, 15, 537, 577, 579, 610-1, 623-5.

Cabanes (de) Claude, évêq. de Gap, b, 328-9, 335, 338, 346-9 ; Philippe, b, 346-7.
Cabanus (de) Denis, 205.
Cabassole (de) Jn, professeur, 325.
Cadastres de Gap, 51 ; b, 252.
Cadix (Espagne), b, 177.
Cailla (Fulco), év. de Riez, 299.
Caire (Le), église, 28.
Caire (de) Guil., 335, 342.
Calabre (duc de), 338.
Calamités, 13, 195.
Callandre (Germain), chan., 168.
Calmet (Dom), 714.
Calvaire, 536.

Calvin, xlii, 538, 545-6, 571 ; b, 16, 40.
Camargues (sieurs de), b, 16, 49-50, 66, 103, 359, 447 ; Claude, b, 16, 49-50, 66, 103 ; Franç., b, 359 ; Jacq., b, 447. Voir Blanc.
Cambatèze (de) Ricard, 325, 328.
Campden (Guil.), 58, 63.
Camus (Le), card., b, 160.
Camus de L'Estrade (Le) Anne, b, 329.
Canaux d'Ancelle, 456 ; du Drac, 45, 456 ; de Tallard, 351.
Cantiis (de) Fulcon et Raymond, 299.
Cantorbéry, 158.
Capefigue, historien, 683.
Capeille (J.), historien, 431.
Capiscols, b, 510.
Capitaines : catholiques, 613, 629, 641, 654, 679 ; b, 18, 36, 66-7, 84, 88 ; protestants, 574, 610-1, 613, 664, 679, 684 ; de quartier, 652, 685 ; b, 357, 413 ; de santé, b, 108.
Capitaneis (de) Albert, 386, 390.
Capiton, protestant, 540.
Capitulation d'Embrun et de Guillestre, b, 217.
Caprara (de) Énée, général, b, 218, 228.
Capucins, 25, 41, 705 ; b, 14, 22, 29, 33-8, 41-2, 52, 64, 95, 103, 105, 114-5, 126, 129, 137, 140-1, 152, 154, 162, 165-6, 207, 218, 262, 263-72, 294-5, 335, 351, 401, 404, 459, 465, 476-9 ; bibliothèque, b, 155.
Carbonari, 315.
Cardeurs de laine, b, 14.
Cardinaux, 26, 170, 219-20, 268, 311, 360, 396, 432, 441, 443, 448, 452, 497, 521, 538, 630, 685 ; b, 49, 126, 135, 146, 160, 186, 197, 289, 299, 306, 431.
Caresme (Ét.), 572.
Carette (de) Palamède, 448 ; b, 230.

Carlot, notable, b, 219.
Carlovingiens, 192.
Carpentras, 297, 342-3, 365, 415 ; b, 187 ; bibliothèque, xix, 2, 126 ; b, 249 ; concile, 121 ; évêque, b, 250.
Carre (Louis), pr. de Tallard, b, 141.
Carthaginois, 82, 86, 90.
Casernes de Gap, 39 ; b, 368, 370, 398, 406, 453.
Casette (La), 577.
Cas royaux, 568, 572 ; b, 73, 125.
Cassini, géographe, b, 34.
Castagni (Jn-Louis), not., 689.
Castel-Arnoux, 680.
Castel-Fau (de), 248.
Castellane, 206.
Castellane (de) Françoise, 563, 585 ; b, 223, 285 ; Georges, 478 ; Jean, 223.
Castelmoron (de), évêq. de Marseille, b, 311, 320.
Castillan, bailli, b, 231.
Castus, évêq. de Gap, 189, 209, 211.
Catalans, 436.
Catel, historien, 205.
Catelan, gapençais, b, 154.
Cathédrale de Gap, 334, 479 ; b, 4-5, 10, 12, 28, 44, 64, 134, 143, 148, 154, 160, 224, 246, 296, 325, 437-43, 450.
Catinat, 214, 216, 221, 246.
Caturiges, 48, 57, 71, 75, 90, 717.
Caulet (de) Jn, évêq. de Grenoble, 311.
Cavaillon, 73, 126, 430 ; b, 438.
Cavares, 74, 79.
Caveaux à l'église des Dominicains, b, 450 ; de St-Jean-le-Rond, 196, 232.
Cavernes, 201.
Cazeneuve (de) Ant., avocat, b, 67, 71 ; Bernard, 519, 534, 562, 572 ; Esprit, b, 98, 102, 395 ; Ét., b, 210 ; Ignace, év. constit., b, 177, 412, 421-2, 426, 454 ; Jean, 572 ;

b, 223, 261, chanoine hon., b, 371.
Céaly (Gaspar), direct. des postes, b, 355-9 ; Susanne-Rose, vi.
Céas (Ant.), b, 463 ; Grég., juge, b, 191 ; Ignace, prévôt, b, 320, 412 ; Jean, b, 296 ; doctrinaire, b, 346.
Ceillac, b, 306.
Celle-Villar (de La) Ant., b, 128.
Celles en Berri, 553, 662.
Cellini (Bienvenu), b, 202.
Celse (St), 97, 99.
Celtes, 59, 61, 64, 77-8, 715.
Céreste (sgrs de), 447-8, 460 ; b, 230.
Cervoules (de) Ét., b, 159-60, 209.
Césanne, 74, 352.
César, 57, 61, 68, 91, 93, 213 ; b, 461.
Cette (Prieur de), 430.
Céüse, Séüse, mont, 34, 43, 48 ; b, 8.
Cévennes, b, 87, 95.
Cezeno (de) Paul, capucin, b, 23.
Chabannes (de), chevr, b, 356.
Chabaud (Lantel.), 243 ; Odulphe, ib.
Chabert (Fr.-Jos.), curé de La Saulce, b, 180.
Chaberton, mont, 84.
Chabespagne (Jacq.), 393.
Chabestan, 80 ; b, 357.
Chabestan (de) Guil., 259.
Chabot (Guil.), b, 191 ; Jean, b, 66, 68, 70, 71, 79 ; Raymond, chan., 348.
Chabottes, 181 ; b, 118.
Chabre-Braguette (Franç.), 171.
Chaillol, mont, 43, 576 ; b, 8.
Chaillol (Sgr de), 694 ; b, 103.
Chaix (Bertrand), 468 ; Ét., b, 213, 217 ; Pons, chartreux, 324 ; proc., b, 354, 371.
Chaize (Le Père de La), b, 322.
Chalancon (sgr de), 396.
Chaliol (Franç.), not., 264.
Châlons-s.-Marne, 125.
Châlons-s.-Saône, 126, 136, 141, 146-7, 165, 167, 169, 190 ; b, 157.

Chalvin (Jn), chan., 567.
Chambellans, 451.
Chambéry, b, 431.
Chambre des Comptes, 256, 498, 508, 510 ; b, 144.
Chamier (Daniel), b, 3.
Chamousset, mont, 254.
Champ (seigneurie de), 464.
Champcella. Voir Chancella.
Champoléon, 196 ; b, 272 ; montagnes, 630.
Champoléon (de) Albert, 579, 586 ; Martin, 579, 638, 673, 676 ; b, 42.
Champsaur (Bailliage du), 352 ; b, 35, 357 ; duché, 349, 352, 466 ; b, 34 ; vallée, 83, 461, 587 ; vibaillis, b, 250, 493, 499 ; vichâtelain, 503.
Champsaur (de) Bertrand, 496 ; Guil., archev. d'Embrun, 249-50.
Chancella (de) Albert, 665.
Chanebon, médecin, b, 103.
Chanoines, xv, xxv, 97, 172, 184, 187, 268, 276, 287, 293, 304, 326, 341, 348-9, 359-60, 367, 393, 402, 409, 428, 470, 484, 503, 528, 567, 596, 606-7, 611, 620, 666, 686, 694, 709 ; b, 12, 45-6, 66, 88, 102-3, 108, 118, 152, 154, 159-60, 168, 170, 190, 200, 242, 261, 307, 316, 320, 328, 349, 371, 395, 397, 401, 421, 431-2, 444, 445, 468, 470, 510-2.
Chansons, b, 400.
Chapan, calviniste, 635, 653.
Chapelains, 359, 366-7, 393 ; b, 416, 470.
Chapelles de Briançon, 349 ; Durbon, 250 ; Gap, 12-3, 16, 42, 171, 340, 393, 449, 479, 518, 528, 548, 558 ; b, 114-5, 251, 319, 344, 353, 416, 449, 454, 462 ; Jarjayes, 532 ; Laus, b, 169 ; St-Maurice, b, 415.
Chapellet, tor., 16.
Chapitre, 316 ; b, 200, 470 ; archives, b, 384 ; composition, 30 ; différends, b, 11, 160-1, 201, 208, 319 ; juges, b, 501-2 ; juridiction, 342, 355 ; privilèges, 11, 57, 160 ; sceau, 233 ; statuts, 308, 336, 38.
Chappan (Jacq.), 495. Voir Chapan.
Chappuis (abbé), 185.
Charance, 52, 499, 524 ; b, 78, 359, 361, 381 ; bois, b, 277 ; château, 16, 43, 306, 332, 359 ; b, 27, 31, 224, 361, 399, 404 ; comtes, 496, 508, 524, 565, 665 ; ermite, b, 14 ; fours, 439, 524 ; montagne, 16-7, 43, 90, 137 ; b, 8, 277 ; moulins, b, 348-9 ; sgrs, 214, 226, 228 ; b, 16.
Charance (de) Cadet, 613 ; s^r de Montalquier, 636-7, 663-4, 668.
Charbaillat (Jean), 495.
Charbonnières, 331.
Chardavon, prévôté, 24, 27, 690 ; b, 204, 384 ; sacriste, b, 385.
Charestier, secréte, 633.
Charité de Gap, b, 462-3.
Charivari, b, 366.
Charlemagne, 12, 166, 192, 252, 321, 538, 644.
Charles I, prince de Salerne, 285, 291, 308 ; II, le Boiteux, 296, 304, 308, 310 ; comte de Provence, 318-9, 330, 332 ; b, 189 ; III, 423 ; IV, empereur, 353, 359 ; V, roi de France, 368 ; VI, id., 425 ; VII, id., 434-5, 440, 457, 487 ; VIII, id., 491-2, 519, 533 ; IX, 30, 602, 607-9, 522 ; b, 446 ; X, id., b, 402.
Charles, duc de Calabre, 338 ; Emmanuel, b, 93 ; le Gros, 193 ; Martel, 189, 191-2, 194 ; Quint, 561.
Charronnet, archiviste, x, xv, 35, 558.
Chartes, 5, 215, 218, 242-4, 250, 253-4, 257, 259-61, 269, 275, 344-5, 363, 365-7, 371-81, 429, 470, 708.
Chartes de Bertaud, xv, 243, 244, 249, 275-6, 282, 299, 353 ; b, 435, 443, 457.

Chartes de Durbon, xv, 27, 233, 243-5, 248, 250-1, 255, 268, 274-6, 283, 299, 321-5, 253, 406, 429, 431.
Chartes communales : de Gap, b, 79, 85 ; de Veynes, xv.
Chartreuse (La Grande), 243.
Chartrier d'Avançon, 339.
Chassagnes (Baudon), 402.
Chasse au sanglier, 154.
Chasse de St-Arnoux, b, 202, 209.
Chastelet (Le), huguenot, 633-4.
Chastillon (de) Claude, 436.
Châteaubriand, xxxviii, 49.
Château-Dauphin, b, 351, 361.
Châteauneuf (de) Berlion, 277 ; Bertrand, archev. d'Embrun, 360.
Châteauneuf-de-Bordette, 349.
Châteauneuf-de-Chabre, b, 359.
Châteauneuf-d'Oze, 593.
Château-Queyras, 669.
Châteauroux, 197, 199.
Châteauvieux, 14, 342, 351, 400, 439, 444, 456-7, 477, 590, 644 ; b, 86, 362, 446.
Châteauvillar (de), b, 359, 436.
Châteaux : l'Argentière, 48 ; Avançon, 610 ; Bâtie-Neuve, 279, 290-1, 291, 475, 563, 609-16, 618, 620, 624, 627-32 ; b, 27 ; Bâtie-Vieille, 279, 290-1, 359 ; b, 27 ; Beaufort, 320 ; Bréziers, 320 ; Charance, 16, 43, 306, 332, 359 ; b, 31, 224, 361, 399, 404 ; Dromon, 29 ; Eyrargues, 437 ; Jarjayes, 677 ; b, 279 ; Laye, 337-8 ; Lazer, 311 ; b, 27 ; Lettret, b, 27 ; Montalquier, 687 ; Montmaur, 307 ; La Mure, 669, Puymaure, 21, 671, 691 ; b, 38, 114, 467 ; Rambaud, 285, 295 ; Rabou, b, 348 ; Redortier, 477, 499 ; La Roche-des-Arnauds, 613 ; Rocheblave, b, 358 ; Romette, 576, 579 ; Roussillon, 625 ; St-Léger, b, 357 ; Serres, 613 ; Sigoyer, b, 27 ; Sommières, b, 411, 431 ; Tallard, xxii,
591, 599, 600, 615 ; Tarascon, 221, 438 ; Tournefort, 279, 290-1, 350.
Châtel (du) Tanneguy, 435.
Châtelain (Arnoux), 397.
Châtelains de : Champsaur, 396 ; Corps, 434 ; Jarjayes, b, 285 ; Montalquier, 350.
Chau (de La) Rambaud, 277.
Chauchières (Fontaine de), 32.
Chaudan, 578.
Chaudun, 14, 17, 320, 687 ; b, 412.
Chaumont (de) Paparin, xxxv, 2, 6, 51, 403, 553, 608-712 ; b, 41, 76-7, 125, 264, 310, 319, 444.
Chauvelin (de), chevr, b, 355.
Chauvet, ham. de Gap, 43, 52 ; b, 215.
Chazal, préfet, b, 448.
Chéchiliane, curé, b, 313.
Chemins. Voir Routes.
Chérias (Jules), historien, xiv.
Chevalier (Pierre), 656 ; Reybaud, chartreux, 324 ; Ulysse, 97, 99, 107-8, 118.
Chevaliers, 228, 328, 341, 314, 432, 522, 611, 622 ; b, 81, 356 ; de Malte, 333-4, 366, 400, 467 ; b, 187, 231, 457 ; du Temple, 268, 300, 333, 467.
Chevallet (de) Abel, b, 357.
Chevauchées, 312-3, 336, 348, 434-6.
Chevert, bailli de Givry, b, 355.
Chiesa (della) Augustin, 410.
Childebert, 121, 126-7, 166.
Chilpéric, 125, 149-50 ; b, 399.
Chirac, mont, 196.
Chirurgiens, 572, 689 ; b, 104, 351, 396.
Chodon (Jean), commise, 497.
Choiseul (de) duc, b, 406.
Chomet (Jean), not., 500.
Chorges, 73-5, 83, 90, 92, 99, 114, 216, 492, 532, 604-5, 648, 654, 664-5, 668 ; b, 168, 178, 218.
Chorographie de Provence, ix,

Chorier (Nicolas), ix, 21, 31, 33, 35, 57-8, 71, 74, 84-5, 98, 193, 206-7, 216, 218, 236, 239, 289, 296, 319, 349, 353-4, 357, 360, 396, 405, 415, 425-6, 435, 438, 444, 447, 452-3, 469, 473, 488, 523, 554, 557, 560-2, 571, 576, 584, 588-9, 604, 624, 642, 644, 648, 660, 664, 691, 701 ; b, 247-9, 251-2.

Christaye, bois, mont, 13-4, 17, 590 ; b, 86.

Chrysostôme, capucin, b, 335.

Chuzin (Charles), orfèvre, b, 324, 326, 370, 437.

Cilbert (Christophe), orfèvre, b, 202.

Cimbres, 91.

Cimetières, 366, 395 ; b, 207, 243-5, 356, 454, 457.

Cinq-Estienne (de) Pons, not., 357.

Cipola, 202.

Claret, 573, 576-7, 679.

Claret (de) Pons, 393 ; X, 640-1.

Clary (Jean), 508.

Claude, empereur, 69.

Clausone, abbaye, 24, 26, 699 ; b, 358, 401, 512 ; gorges, b, 358.

Claustral (de) Béatrix, 269, 310 ; Garsende, 269.

Clavel (Jacq.), consul, 630 ; curé de Méreuil, b, 412-3.

Clefs de la ville, 312, 494.

Clémens (Gabriel), sacriste, 484.

Clément (St), pape, 99 ; Clément V, pape, 327, 333-4, 389 ; VI, 289, 353, 359 ; VII, 368, 381, 396-7, 406, 470, 520 ; XI, b, 261, 269, 305, 345 ; XIII, 599 ; b, 394.

Clément d'Arles, capucin, b, 42.

Clément (Jacq.), assassin, 683 ; Pierre, not., 366 ; Sauveur, b, 163.

Cleph, roi lombard, 144.

Clergé du Diocèse (État du), 22 ; assemblées, b, 27, 134, 326.

Clérieu (de) Silvion, 283.

Clérieu (sgrs de), 349.

Clermont en Auvergne, 147, 169, 214, 237 ; b, 317.

Clermont (de) Ant., 561 ; Aynard, 662 ; Bernardin, 509, 562 ; b, 124 ; Franç., card, 184 ; Gabriel, xxiii-v, 51, 218, 536, 553, 562-78, 602, 604, 606-7, 620, 661-3 ; b, 64, 74, 79, 125, 160, 189 ; Henri, 674 ; cf. 34.

Clermont-Tonnerre (de) Ant., 509 ; Louise, 554.

Climat, 17.

Cloches et clochers, 329, 419 ; b, 58, 467.

Clodion, 121.

Clodomir, 126.

Clotaire, 126-7, 142, 148.

Clotilde, 127, 149.

Clovis, 121, 126, 148, 150.

Club des Amis de la Constitution, b, 468.

Cluny, abbaye, 198, 215, 221, 366, 576.

Coblett, protestant, 605.

Codur, chan. de Chardavon, 690.

Colbert (Charles), diplomate, et Charles-Joachim, évêq. de Montpellier, b, 313 ; J.-B., ministre d'État, 226, 239-40, 313.

Coligny (de), amiral, 621, 683.

Collections ornithologiques, 553.

Collèges d'Embrun, 26, 29 ; b, 127, 134, 251, 307, 454 ; Gap, v-vi, 25, 99 ; b, 321-3, 403, 453 ; Paris, 538, 709 ; Tournon, 709.

Collin, juge de paix, b, 33-4.

Collomb (Ét.), consul, b, 440 ; Jean, not., b, 345 ; Georges, 572 ; Paul-Jos., 99.

Colomb de Bâtines, fam., xxi, 674.

Colomb (de) Lucrèce, b, 285.

Colomban (St), 169.

Colombis, quart. de Gap, 18, 57, 313, 317, 567 ; b, 58.

Colomby, proc., b, 79.

Cols, 83, 90, 181, 199, 537, 653 ; b, 22, 34, 215.
Comba (Émile), 543.
Combassive (Démètre), 572 ; Gaspar, b, 129, 440 ; Henri, b, 79, 84, 87, 89 ; Jean, b, 226, 240 ; Lucrèce, v.
Combats à Brion, 668 ; Buzon, 13, 579, 610-2, 623-5 ; Coni, b, 361 ; Couche, 664 ; Crau, 77, 79 ; Curbans, 676 ; Marengo, 520 ; Marignan, 522, 560 ; Marsaille, b, 221 ; Moncontour, 608, 659 ; Oze, 653 ; Staffarde, b, 214 ; Pas de Suse, b, 93 ; Vézeronce, 127.
Combe-Noire, tor., 577.
Comboursier (de) Balthasar, 6, 614, 616, 628-9, 669 ; Jean, b, 66.
Comètes, 203 ; b, 155.
Comité du Collège, vi ; de surveillance, 7 ; b, 423.
Commandants de troupes, 68, 83, 611, 693.
Commanderies : Bannes, 24 ; Gap, 24, 276, 400 ; Larra, b, 452 ; Malte, 333-4, 463, 497 ; b, 456-9.
Commandeurs : de Malte, b, 457, 470 ; de St-Antoine, b, 470.
Commiers (de) Rodolphe, 361.
Comminges, 142.
Comminges (de) Jean, 462.
Commissaire des guerres, b, 359.
Commissaire du Directoire, b, 450.
Comorin (Cap), 117.
Compiègne, 440.
Compostelle, 250, 474.
Comptes consulaires, 476.
Compts (de) Jean, 316.
Comtat Venaissin, 205, 300.
Comte (Ét.), 596, 611, 613 ; Jean, b, 440.
Comtes d'Albon, 216, 276, 284, 318, 352 ; Alife, 344, 509 ; Anjou, 222 ; Auxerre, 138 ; Barcelone, 276, 285, 622 ; Charance, 496, 508, 524, 565, 571, 655 ; Die, 254 ; Forcalquier, 286, 318, 333, 353, 406, 430, 453, 460, 466, 477, 507 ; Gap, 30, 189, 197, 214, 234, 237 ; Grignan, 206, 678 ; Maine, 476 ; Provence, 205, 210, 215, 217, 220, 269, 271, 275-6, 318, 333, 353, 406, 432, 453, 460, 466, 477, 622 ; Toulouse, 108, 271, 430 ; Valentinois, 205, 239, 250, 269 ; Ventavon, b, 358 ; Viennois, 276, 318 ; cf. b, 18, 44, 95, 195, 205, 286, 299, 300, 318, 338, 356-8, 505.
Comtés d'Alife, 344, 509 ; Forcalquier, 86, 205, 214, 252, 257-8, 291, 308, 310, 406 ; Gap, 214, 689 ; Provence, 252, 291, 308, 310, 406
Conciles : Apt, 360 ; Arles, 121, 129-30 ; Avignon, 240, 271-2, 327, 350 ; Bâle, 488 ; Carpentras, 121 ; Clermont, 214, 237 ; Châlors-sur Saône, 136, 141, 146, 165, 167, 190 ; Constance, 425, 432-3 ; Embrun, 214, 219, 258 ; b, 293, 305-16 ; Epaone, 121-2, 125-6 ; Mâcon, 145, 157 ; Narbonne, 193 ; Nîmes, 114 ; Nice, 114 ; Orange, 121-2, 124 ; Orléans, 129 ; Paris, 129, 143, 190 ; Pise, xxxvi, 415, 424-5 ; Ponthion, 193 ; Riez, 119, 123 ; Trente, 95 ; b, 11 ; Turin, 114 ; Vaison, 121 ; Valence, 114, 145, 151, 156 ; Vienne, 333.
Concolitan, 82.
Concordat de 1516, 523 ; de 1801, b, 399, 426.
Condamnation à mort, b, 100.
Condé (de) prince, 596, 621, 649.
Condorcet, château, b, 338.
Condorcet (de) Ant., b, 338 ; Henri, b, 338, 355 ; Jacq.-Marie, évêq. de Gap, xx, 172, 549, 557 ; b, 86, 338, 341-9, 351, 447 ; neveu, 49.
Confréries : de Gap, b, 175, 255 ; des pénitents blancs, b, 9, 135, 162, 176, 255, 266, 413, 435-6 ; id. noirs, b, 162, 465 ; de Tallard, b, 138, 255.

Congrégations: la Charité, b, 462-3 ; les religieuses de St-Joseph, b, 465.
Congrue des curés, b, 411.
Coni (Italie), b, 361.
Connétables, 34, 197 ; b, 40.
Conrad II le Pacifique, 205, 209-11, 253, 282 ; le Salique, 216 ; b, 338.
Conseil d'État, b, 55, 59, 154, 225-6, 350, 375, 406 ; général, xiii ; municipal, 582.
Conseillers au parlement : Aix, 58 ; Grenoble, 449, 508, 510, 563 ; b, 16, 23, 154, 466.
Conseillers de Gap, 495, 566 ; du Roi, b, 44, 81, 154, 162-3, 244, 273, 295, 349, 395, 444, 492.
Consolat ou *Cosse*, 270, 284-5, 289-90, 292, 294, 303, 309-10, 312, 311, 354, 439, 501, 504-5, 507.
Constance, 425, 432-3.
Constance (St), 112, 120-5, 129 ; empereur, 114 ; reine, 302.
Constancien, évêq. de Carpentras, 121.
Constans (Sixte), 620, 686.
Constant, 114.
Constantin, 92, 114 ; b, 18.
Constantin (Nicolas), sgr, 349
Constantin (St), 91, 111-2, 119-21.
Constantinople, 112, 433, 459.
Constitution municipale, 267.
Consul royal à Gap, b, 350, 356.
Consuls et syndics, xix, xx, 4, 91, 172, 315, 397, 406, 410, 415, 418, 432, 441, 448, 474, 495, 500, 563, 565, 567, 572, 585, 612, 630, 635, 694 ; b, 36, 58, 61, 65-7, 75, 83, 88, 94-8, 102-3, 113, 118, 127-9, 152, 217, 226, 230, 234, 238, 240, 247, 261, 324, 330, 340, 368, 371, 395, 440, 442, 466.
Constructions de fours, 439, 481, 524 ; du clocher de la maison consulaire, 419 ; des Couvents : des Capucins, b, 467 ; des Cordeliers,
b, 450 ; de l'église du Laus, b, 173 ; de St-Martin, b, 458 ; des Ursulines, b, 479.
Coolidge (Rév. W.-A.-B.), xiii.
Contrôleur général, b, 418.
Coq du pont de Burle (Le), b, 8.
Coran (Le), 110.
Corbario (de) Pierre, 327.
Corberet, 182.
Corbie (de) Guil., prés., 449.
Cordeliers : d'Aix, b, 429 ; de Gap, 15, 25, 266, 274, 366, 403, 622 ; b, 17, 105, 130, 162, 206, 398, 437-8, 450-52, 475-6 ; église, 467 ; b, 351, 451.
Corno (de) Jacq., év. de Toulon, 354.
Coromandel, 116.
Corps, 75, 284, 287-8, 434, 466, 491, 587 ; b, 217.
Corréard (Guil.), 248 ; b, 372 ; consul, b, 371-2.
Corréo, ham. de La Roche, b, 163.
Cortial (Cathe), visitandine, b, 465.
Cosse, b, 76, 83, 324. Voir Consolat.
Costeil (Peine du), 312.
Côte-Folle, monticule, 17.
Côte-St-André, 574.
Coton, jésuite, b, 40.
Cottin (Jean), 451.
Couche (Combat de La), 664.
Coucouare (La), 19.
Coudreau (Pierre), b, 379.
Coupe de bois à Charance, b, 361.
Couriers, 366, 378.
Courrayer (Le), chan., b, 316.
Cours d'Amour, 328, 599.
Court (Louis), peintre, 227.
Courtil (Marius), b, 444.
Couserans, évêché, 432.
Couvents, 15, 25-6, 28, 41, 102, 195, 199, 222, 232, 235, 274, 299, 333, 699, 700 ; b, 7, 17-8, 105, 130, 157, 206, 213-4, 321-3, 361, 376, 398, 437-8, 448-54.

Crapaudière (La), 41.
Crau (La), 77, 79.
Crémone, 428.
Créqui, 691 ; b, 136.
Crescent (St), 97.
Crespinien (Jean), 57.
Cressy (Jean), b, 58.
Crest (Tour de), b, 298.
Crieur de ville, b, 65.
Crillon (de), évêq. de Glaudèves, b, 306.
Croisades, 214, 237-8, 252.
Croix (Plantation de), b, 265.
Croix (La) de Tallard, 611, 652, 679.
Croix (Mgr de La), b, 448.
Crote (Jean), de Gap, 393.
Crottes (Les), 329, 351, 665 ; sgr, b, 359.
Croyances populaires, 526, 528.
Cruis, abbaye, 296.
Cugie (de), 676.
Culte réformé, 545.
Curban, 676, 677 ; b, 333.
Curés : Ancelle, xxv ; Aspres-sur-Buëch, b, 313 ; Avançon, b, 177 ; Chaudun, b, 412 ; Gap, xxv, 186, 620, 687 ; b, 132, 163, 200, 213, 275, 285, 362, 411, 440, 470 ; Lazer, b, 390 ; Manteyer, b, 177 ; Méreuil, b, 412 ; Montgardin, b, 177 ; Paris, 230 ; Le Poët, b, 425 ; Romette, b, 399 ; St-André-de-Gap, b, 470 ; St-Laurent-du-Cros, b, 176 ; La Saulce, b, 51, 180 ; Seyne, ix, 86 ; b, 216 ; Sigoyer, b, 313 ; Tallard, 687 ; b, 167 ; Valserres, b, 415 ; Veynes, b, 399.
Cydnus, fleuve, 352.

Dacier, 71, 603.
Daguesseau, chancelier, b, 301.
Damien (Pierre), 221.
Damoiseaux, 396, 435.
Damville, maréchal, 633.
Dangeau, b, 254-5.

Daniel (Fr.), de Tallard, b, 137.
Danses gapençaises, 681.
Dauphiné, b, 38, 85, 114, 153, 230 ; gouverneurs, 403, 434, 440, 450, 456, 462, 518, 532, 606, 684, 688 ; b, 22, 40, 95, 136, 226, 233, 395, 413 ; lieutenant du Roi, b, 20, 60 ; merveilles, 33 ; parlement, b, 16, 23, 55, 59, 76, 82, 86, 121, 154, 210, 212, 230, 255, 329, 378 ; province, 74, 182, 193-5, 202, 207, 216, 266, 300, 336, 362, 367, 456, 477, 504, 551, 561, 653-4, 657, 659, 668-9, 676, 695.
Dauphins, 269, 281, 284, 288-9, 318, 348, 350, 434.
David, 135, 151.
Davin (Claude), sr de Beaujeu, b, 58, 66 ; Eynard, 631, 641 ; Franç., 54, 60-1, 69 ; Guil., 54, 70 ; Hugues, méd., 689 ; Jean, chirurg., 572 ; Simon, juge, 572 ; consul, 684.
Davity, historien, 85.
Débuts de la Réforme, 530-58.
Décimes, 661, 685-7, 690 ; b, 13, 26-7, 296.
Déclarations royales, b, 395, 416.
Décorations, 187-8.
Découvertes archéolog., 80, 529, 600 ; b, 457.
Defermon, préfet, b, 448.
Delafont, juge, 404 ; subdélégué, b, 330.
Delaplace, imprimeur, xiv.
Delbène (Alph.), historien, 144, 204, 206.
Délibérations communales, 144, 470, 569-70 ; b, 103, 129, 144, 296, 371, 406 ; des États, 569.
Délimitations de Gap, 13-4, 344, 403 ; du Comtat, 300.
Delphinel (de) Marie, 410.
Déluge de 1561, 538.
Démètre (St), 50, 94-108, 110, 123, 202, 204, 404, 644 ; b, 24, 77, 467.

Démolition de la Cathédrale, 479; b, 437; de Ste-Colombe, 558; b, 207, 437; de Puymaure, b, 467.
Denys (St), 97, 107.
Denys l'aréopagi e, 103, 107.
Déoule, commanderie, 24; torrent, b, 178.
Depéry (Mgr), xiv, 100, 114, 187.
Déportations, b, 402.
Députés des Hautes-Alpes, 45; b, 408, 421.
Déserteurs, 650.
Desjardins (Ern.), 57, 73-4.
Despraux, sgr de Laye, 664.
Destruction du Calvaire, 536; de la cathédrale, 589, 644; du château de Montalquier, 267; de la citadelle de Puymaure, b, 114.
Dettes de la ville, 570; b, 54-5.
Deux (de) Bertrand, archev. d'Embrun, 184, 342, 348, 360; Jacq., évêq. de Gap, 358-9, 361-2, 401; Jean, card., 360.
Devez (Forêt du), b, 442.
Dévoluy, b, 32-4, 114, 357.
Dexter (Le P.), historien, 101.
Dhéralde (Pierre), méd., b, 354, 395, 403.
Diacres, 153, 179, 322; b, 199, 317.
Dialamant, architecte, b, 224.
Dicontius, prêtre, 179-80.
Didier (St), évêq. de Vienne, 145, 147, 149, 167-8, 181; évêq. de Châlons-s.-Saône, 147.
Didier (Jean), curé, b, 176.
Die, 73, 84-5, 239, 597; b, 365; comtes, 218, 254; évêques, 240, 244; jurisconsultes, 484.
Diesme (de), sgr, 451.
Diète de Francfort, b, 146.
Différends, 267, 272, 298, 306, 315, 330, 336, 395, 399, 403, 433, 562; b, 11, 55, 160-1, 201, 208, 276, 293, 319, 411.
Digne, 99, 715; diocèse, 153; évêque, 276; b, 262, 306, 316, 328; recette, 292, 309; sœurs de St-Joseph, b, 480.
Dîmes, 157, 243, 245, 330, 342, 399, 401, 480-1, 488, 568, 661; b, 76, 81, 83, 362, 411, 452.
Diocèses: Avignon et autres, 268; Embrun, 182; Gap, 24; Riez, 299; Sisteron, 309; Suze, xxv; Vienne, 563.
Dioclétien, 92, 107, 110.
Diodore de Sicile, 80.
Directeurs du séminaire, b, 484-5.
Directoire du départ., b, 468; exécutif, b, 459.
Disdier (Jn-Louis), not., b, 354, 372; Prosper, id., 643; b, 462; card., 220.
Disimieux, cape cathol., 679.
Dissertations sur: St Arnoux, 214; St Constantin, 110, 113; St Démètre, 94; Paparin de Chaumont, 623-6; philosophique, xxv-xxxv.
Divisions territoriales, 92, 210.
Docteurs en droit, 360, 397, 418, 461, 503, 563, 567, 601; b, 58, 99, 353, 502, 511-2.
Doctrinaires, 129; b, 164, 198, 274, 289, 320, 346, 355, 447, 482, 486.
Doire, riv., 138.
Dombes (Prince des), 688.
Domène, prieuré, 235.
Dominicains, 438; b, 18, 105, 130, 162, 206, 361, 376; prieurs, b, 212, 471. Voir Prêcheurs.
Domitien, 102-3, 107.
Domo (de) Jean, dit St-Arey, b, 71.
Donadieu, év. de Gap, 189, 192.
Donations, 209, 215, 217, 221, 231, 234-5, 242, 244-5, 254, 256-7, 274, 276, 282-3, 298-300, 351-2, 478, 483, 509, 563; b, aux Capucins, 17, 41, 51-2, 111, 154, 162, 165, 405; à la Cathédrale, 154, 358, 438, 440; au Chapitre, 143; à la Charité,

463 ; aux Cordeliers, 162, 451 ; à l'hôpital, 154, 368 ; au Laus, 173 ; aux Pénitents, 162, 465 ; aux Prêcheurs, 162, 471 ; au Séminaire, 274 ; aux Ursulines, 368 ; à la ville, 245.
Dongois, d'Embrun, 87-8.
Dormillouse, ham. de Freyssinières, 144, 197, 201 ; b, 360.
Dortan (de), jésuite, b, 322.
Dou (J.-B.), de Tallard, b, 388-9.
Dousset (de) Jn, év. de Belley, b, 311.
Doyens de Gap, 307, 315, 340, 349, 399, 443, 503 ; b, 56, 103, 123, 160, 199, 202, 209-10, 228, 280, 320, 328, 349, 367, 412, 443, 451, 512.
Drac, riv., 26, 36, 45, 83, 181, 189, 196-9, 348, 575 ; b, 176 ; canal, 45, 456 ; vallée, 339, 403.
Dragonnet, év. de Gap, b, 189. Voir Montauban.
Draguignan, 202.
Droits politiques de Gap, 375-6 ; seigneuriaux, 26.
Dromon, château et église, 29.
Duché, dame, b, 166.
Duché-pairie de Tallard, b, 265.
Duchesne (abbé), 111 ; éditeur, 120.
Ducros (Franç.), marchand, b, 354.
Ducs : Bourgogne, 281, 435 ; Calabre, 338 ; Champsaur, 349, 352, 466 ; b, 34 ; Épernon, 668, 701 ; Longueville, 518 ; Mayenne, 657-8, 674 ; Nemours, 574 ; Normandie, 352 ; Savoie, 368, 591 ; Villeroy, 690. — Voir b, 4, 6, 40, 50, 87, 91-3, 187, 206, 214-6, 226, 237, 318, 356-7, 406, 413.
Dudevant (Georges Sand), 480.
Duèse (Jacq.), év. de Fréjus, 311.
Dufayard, xv, 639, 648-9, 654, 663-4, 669, 674, 677, 682, 685, 691 ; b, 40.
Dufort (Guil.), de Sisteron, 313.
Dufour (Jean), chan., 349 ; Robert, év. de Sisteron, 432.

Dugué, intendant, b, 445.
Dupille, 119, 594 ; b, 142, 167, 196, 394.
Duplaissis (Franç.), 563, 565.
Dupleix (Scipion), 58, 69.
Dupuis, b, 320.
Dupuy (Aug.), chan., 412 ; Jean, 563.
Durance, riv., 14, 28, 76, 80, 83, 85-7, 105, 118, 125, 139, 144, 153-4, 228, 272, 291, 313, 340, 351, 504, 508, 542, 651, 714-5 ; b, 168, 179, 216, 359 ; vallée, 83, 86, 99, 138, 140, 561.
Durand, év. de Marseille, 310 ; dit Freissinière, 314.
Durand de La Molinière, dame, 101.
Durbon, chartreuse, 24, 27, 242-4, 248, 250, 254, 266-7, 271-2, 274-8, 283, 298, 315-6, 320-1, 324, 345, 405, 429, 474, 523, 701 ; b, 166.

Ébroduniens, 64, 71, 91.
Échafaud à Gap, 463, 467, 469.
Échanges, 344, 473.
Échelles (Les), lieu dit, 86, 575.
Échevins, b, 396, 456.
Écoles, 183 ; centrale, v ; b, 312-3, 365, 404, 424 ; polytechnique, 101 ; de Port-Royal, 657.
Écuyers, b, 92, 157, 507.
Édits d'Amboise, 509, 581 ; de Milan, 114 ; de Nantes, 10, 98, 586, 693, 696, 704, 706 ; b, 1, 21, 25, 65, 206 ; de Poitiers, 647 ; de Roussillon, 583.
Eaux et forêts, b, 363.
Églises : Capucins, b, 14, 325, 351, 467 ; Cathédrale, 4-5, 10, 12, 28, 44, 64, 134, 143, 148, 154, 160, 224, 246, 296, 325, 337-43, 450 ; Cordeliers, 351 ; Dominicains, 351, 435, 449 ; St-André, 454 ; St-Arey, 455 ; St-Étienne, 459 ; St-Jean des Aires, 452, 459 ; St-Jean-le-Rond, 28, 66 ; St-Martin, 457 ; Ursulines, 425, 479.

Églises (des) Pierre, chev^r, 341.
Égypte, b, 430.
Élection, b, 154, 231, 355, 400, 502-3.
Élections consulaires, 294, 705 ; b, 66, 72, 98, 379 ; ecclésiastiques, 131, 234 ; municipales, b, 395, 416-8.
Embrun, ix, xiv-v, 5, 26, 29, 73, 75, 83-5, 90-2, 97, 114, 126, 129, 138 140, 148, 182, 191, 221, 233, 239, 368, 492, 511, 519, 648, 664-5, 680, 715 ; b, 44, 88, 96, 124, 155, 167-9, 174, 177, 217, 246, 303, 307, 314, 321, 323, 415, 421-2, 439 ; archevêques, 38, 171, 176, 184, 195, 204, 214, 217, 240, 249-50, 267, 279, 281, 311, 320, 348, 360, 431, 440, 474, 520, 652, 665 ; b, 40, 143, 151, 170, 305, 331 ; chanoines, 359, 709 ; b, 307 ; charte, 49 ; collège, b, 127, 148, 251, 307 ; conciles, 214, 219, 258 ; b, 293, 305-16 ; diocèse, 666 ; églises, 370, 392, 400, 478, 665 ; évêques, xxxvi, 99, 124, 131, 133, 136, 144 ; hôpital, b, 148 ; séminaire, b, 321 ; sœurs de St-Joseph, b, 480.
Embrun (d') Guil., cosgr des Crottes, 329, 351.
Émé (Oronce), vibailli, 474.
Emeritus, évêq. d'Embrun, 136.
Émigration, 464.
Empereurs, xxxv, 12, 24, 67, 72, 92, 98, 102, 112, 114, 121, 125, 166, 193, 210, 234, 253, 295, 353, 359, 565, 623.
Emprunts de Gap, 470, 573.
Enfantin (Le père), b, 175, 181, 427.
Enquêtes sur : droits de dîmes, 558 ; troubles, 324-5, 353.
Entrée de Louis XIII à Gap, b, 91, 95.
Entrevennes, 296, 299, 477.
Épaone, concile, 121-2, 125-6.
Épernon (d') duc, 668, 677, 701 ; b, 50, 91.

Éphémérides de l'abbé Gaillaud, vi, xv.
Éphèse, 585.
Épidémies, 480, 524, 584, 600 ; b, 15, 87, 101-14, 126, 216, 278, 351-2. Voir Peste.
Épinay (L'), lieutenant, 676.
Épine (L'), 32.
Eredius, év. de Gap, 110, 114.
Ermitages, 29, 236 ; b, 14.
Escallier (Barthél.), b, 493 ; Benoît, b, 371 ; Grég., not., b, 354 ; Jn, not., b, 162, 208, 210 ; curé, v ; b, 411 ; notable, b, 219-20.
Escoubleau, archev. de Bordeaux, b, 97.
Espagne, 79, 90, 149, 191, 194, 714 ; b, 32, 87, 351.
Espagne (Ant.), chan., 620.
Esparron (d') Guil., 304, 349.
Espié (Charles), b, 88, 94 ; Georges, cap^e cathol., b, 36.
Espinasses (d') Géraud, 316.
Esprit, cap^e, 629.
Este (d'), card., b, 186.
Estienne (d') Ét., év. de Gap, 571, 597, 606-7, 609 ; Guil., id., 340 5 ; Hugues, 341 ; Marg.-Françoise, b, 285, 357.
Estoublon, près Riez, 139.
Estouteville (d'), card., 416.
Estrade (de L') Anne, b, 329.
Étapes, b, 97, 246.
États de la Province, b, 65. Voir Assemblées.
Étienne, chan., 276 ; év. de Die, 244.
Étienne (d') Michel, archev. d'Embrun, 431.
Étoile (sgr d'), b, 358.
Études sur le droit privé, xv, 5, 380-1.
Étymologie du mot Gap, 59.
Eugène IV, pape, 448.
Euric, roi des Visigoths, 126.
Eusèbe (St), 180.

Eutichès, 129.
Eutrope (St), 97.
Évangélistes, 96-8, 102, 115.
Évasion de Farel, 551.
Événements mémorables, 559-80.
Évêques : Agen, b, 316 ; Alet, b, 226 ; Amnice, 115 ; Apt, 310 ; b, 311 ; Athènes, 107 ; Autun, 164 ; b, 311 ; Avignon, 244 ; Auxerre, b, 364 ; Bésançon, 107, 176 ; Bobio, 427 ; Carpentras, 121 ; Châlons-s.-Saône, 147 ; Clermont, 169 ; Couserans, 452 ; Die, 234, 240, 244 ; Digne, 276 ; b, 262, 306, 316 ; Embrun, xxxvi, 99, 124, 131, 133, 136, 144 ; Evreux, b, 396 ; Fréjus, 311 ; Genève, 360 ; Glandèves, b, 306 ; Grasse, 327 ; Grenoble, 147, 179, 239, 279 ; b, 160, 311 ; Langres, 355 ; Lodève, 359 ; Lombès, 433 ; b, 157, 186 ; Lyon, 132, 167, 169 ; Maguelone, 438 ; Mans, b, 397, 408 ; Marseille, 310 ; b, 311, 320 ; Massa, 368 ; Meaux, 415 ; Metz, b, 431 ; Montauban, 360, 408 ; b, 3 ; Montpellier, b, 4, 313 ; Nevers, 357 ; b, 307 ; Nice, b, 306 ; Nîmes, 360 ; b, 137 ; Ostie, 171 ; Parme, 488 ; Pavie, 362 ; Plaisance, 427 ; Poitiers, 150 ; b, 431-2 ; Rennes, 149 ; b, 403 ; Riez, 244, 299, 351, 443 ; b, 192 ; Rodez, 157, 186, 316, 338 ; St-Papoul, 149 ; b, 402 ; St-Paul-Trois-Châteaux, 133, 345 ; St-Pons, 359 ; Senez, b, 296, 304, 306 ; Sisteron, 171, 215, 268, 432, 489 ; b, 311 ; Toulon, 354 ; Tours, xxxv, 50, 57, 117, 132 ; Troyes, 357 ; Valence, b, 311 ; Vence, b, 306 ; Verdun, 355 ; Vérone, 262 ; Vienne, 67, 145, 147, 167-9, 181 ; b, 460 ; Vintimille, 433 ; Viviers, 262 ; b, 311.
Évêque constitutionnel, b, 422, 454.
Excommunications, 214, 225, 234-5, 237, 252, 263, 267-8, 279, 285, 295, 300.
Excursan, architecte, b, 479.
Exiles, 74-5, 604.
Exode des réformés, b, 207.
Expilly (Cl.), 329 ; b, 81, 85, 99.
Eyguians, 70 ; b, 359.
Eyme (Sadon), vibailli, 503.
Eyragues, 430, 436-8.
Eyrargues (d') Léger, év. de Gap, xxxv, 430-9 ; b, 86.
Eyraud (Ét.), b, 463 ; Guil., b, 354 ; Jean, b, 296, 341, 354, 371-2, 376 ; Jean-Luc, b, 103, 113, 118, 127, 129, 152 ; Pierre, 330.
Eyssautier (Louis), curé de La Saulce, 51.

Faber (Jacq.), 540.
Fabre (Jacq.), 563 ; Jean, 563, 565-6 ; Pierre, 675 ; Pons, not., 260, 366, 402.
Fabri (Albert), 410 ; Jean, not., 265 ; b, 348 ; Just, 260 ; Lambert, 366 ; chan., 184.
Falque, sr de Montchenu, 349.
Falquin (Jacq.), b, 118.
Fare (La), 313, 364, 399, 505, 507 ; b, 222, 272, 446 ; château, 290-1, 359 ; église, b, 143 ; seigneurie, 477, 586, 637.
Fare (de La) Rodolphe, avocat, 316, 344.
Fareaux (Les), ham. de Gap, 13, 43, 52, 537, 554.
Farel (Ant.), not., xxi, 483, 503-4 ; Franç., id., 483 ; Guil., xxi, xxxiv, 483, 537-58, 570, 573, 657, 666, 709 ; b, 8, 16, 40, 44, 48, 260, 451.
Farnaud (Ant.), ix, 11, 46, 719 ; Barthél., b, 354, 356 ; Jean, b, 296, 324, 354.
Faucon (Bses-Alpes), 653.
Faucon (Jn), chan. d'Embrun, 470.
Faudon (Casses de), 33, 526-7.

Faudon (de) Gratien, 563.
Faur (du) Charles, b, 41.
Faure (Ant.), 511, 709 ; Grég., b, 181 ; Jacq., b, 233 ; Pierre, prévôt, 443.
Faure l'Entendu, b, 401, 404.
Faure (du) Franç., b, 55, 58-62 ; Pierre, b, 54, 66, 118.
Fauriel, historien, 129-30, 143, 192.
Fauvins (Les), ham. de Gap, 13, 52.
Feller (abbé), historien, 146.
Fenouillet (Pierre), b, 4-5, 12.
Feraud (Franç.), 366 ; Isnard, 341 ; Jean, official, 396, 400 ; Laugier et Pons, 215 ; Olivier, 341 ; Pierre, 215, 217, 330.
Feraudus I, év. de Gap, 214-5 ; II, id., 214, 217.
Ferdinandis (de) Marcellin, chev., b, 187.
Ferrare, 545.
Ferroul (Charles), bénéf., b, 163.
Fêtes, v, 4, 184, 450, 707 ; b, 268-9
Feuillade (La), b, 143, 170, 173-4.
Feux d'artifices, b, 270-1 ; de joie, b, 108, 229, 232-4, 235, 239, 272, 276.
Figuet (Jean), avocat, 662, 686, 638.
Filochi (Jean), momie, 331.
Finances de Gap, 51, 376 ; b, 121.
Finet (Sébastien), 496.
Finette (Charles), apoth., 572 ; Gaspar, vic. g., 607.
Fisquet, historien, 188.
Flandria (de) Bernard, 572 ; Jean, 519-20, 534, 562, 709.
Fleury (G. Rohault de), 449.
Fleuves : Cydnus, 252, 271 ; Danube, 137 ; Escaut, 216 ; Euphrate, 592 ; Oder, 125 ; Pô, 82, 85 ; Rhin, 78, 125 ; Rhône, 81-2, 84, 86-7, 89, 107, 140, 192-3, 216, 268, 400, 714 ; Seine, 81.
Flisco (de) ou Fiesque, Nicolas, 520.
Florence, 432, 448.
Florens, courrier, b, 187.
Flotte (de) Arnaud, 216, 320, 353-4 ;

Guigues, 366, 467 ; Guil., 687 ; Henri, 248, 320 ; Josserane, 320 ; Marianne, 6, 358 ; Osasiche, 277, 330, 396 ; comte de la Roche, b, 18.
Flour de Saint-Genis (Jacq.-Marie), chan., b, 401, 403, 412 ; Jean-Ant., vibailli, b, 231, 356, 371.
Foasse, Fogasse (Ant.), 460, 473-4 ; Jacq., 528, 563.
Foires : à Gap, 450, 493, 688 ; b, 63 ; à Lagrand et à Veynes, 532.
Foix (de) card., 441, 452, 468.
Fondations : de Bertaud, 242-3, 257 ; de Durbon, 242-4 ; de chapelles, 340, 479 ; des Cordeliers de Gap, 274 ; b, 13-22, 475 ; des Dominicains, id., 334, 409, 438 ; b, 450, 471 ; des chevaliers de Malte, 306 ; de Saint-André-de-Rosans, 211 ; des Ursulines, b, 48, 479 ; du village de Dormillouse, 131 ; de l'église de Gap, 94 ; de la ville, 713-9 ; du comté de Forcalquier, 215 ; du second royaume de Bourgogne, 189.
Fontaine l'Évêque, 299.
Fontaines : de Gap, 32, 173, 558 ; de Tallard, 600.
Fontarieu, intendant, b, 292.
Forcalquier, 86, 214-6, 235, 238-9, 242, 250, 252, 257-8, 268-9, 282, 286, 289, 291, 301, 308, 310, 313, 318, 323, 325, 341, 359, 406, 430, 436, 453, 457-8, 460, 477, 507.
Forcalquier (de) Alix, 478 ; Gaucher, xxxv, 51, 447-85 ; b, 86, 189, 230 ; 438, 458 ; Jacq., sgr de Céreste, 447, 479 ; b, 230 ; Louis, 447.
Forcelli (Guil.), moine à Romette, 331.
Forestier (Guil.), év. de Gap,
Forest-St-Julien, b, 176.
Forestiers de Gap, 481.
Forêts. Voir Bois.
Fornier, Fournier (Marcellin), de Tournon, jésuite, historien, viii, xv,

25, 49, 80, 83-6, 91, 99, 126, 138, 143-4, 189, 192, 203-4, 207-8, 211-2, 216, 219, 221, 253, 269, 272, 281-2, 320, 391-2, 409, 474-5, 478, 492, 521, 666 ; b, 143, 148, 151, 186, 249-50, 253, 265.

Fornoue, 492.

Forou (Honoré), consul, 661.

Forteresse : de Puymorc, 21, 68, 202 658, 671-9, 691 ; b, 19, 61, 93, 114 ; de Barreaux, b, 216, 507.

Fortia d'Urban (de), 72, 89, 90.

Fortia-Montréal (de) Henri, pr, de St-André-de-Rosans, b, 256.

Fortifications : de Chorges, 664 ; de Gap, b, 21 ; du Monêtier, 669 ; de Puymore, 671-9.

Fortunat, év. de Poitiers, 150.

Fortune (Guil.), consul, 566.

Fouage, 296.

Fouilles archéol., 61 ; de Faudon, XV, 218.

Fouquet, b, 157.

Fourier, xxvi, xxxiii.

Fournage (Droits de), 306-7, 315-6, 373 ; b, 125.

Fournier (Guil.), év. de Gap, 358, 360-1, 401 ; Paul, xv, 216. Voir Fornier.

Fours banaux, 296, 303, 314, 316, 536, 571, 612 ; b, 295 ; de Charance, 439, 481, 524.

Francaies, const à Grenoble, 604.

Franchises. Voir Libertés.

François (St) d'Assises, 266, 274 ; Xavier, 117, 675.

François I, 355, 519-20, 522, 533, 560-1 ; b, 73, 125, 153 ; II, 570 ; b, 153.

François, card. de Venise, 432 ; de Pignerol, b, 272 ; pr. de Romette, 328.

Franche-Comté, 216.

Franc-maçonnerie, b, 427.

Franchises municipales. Voir Libertés.

Francs, 58, 125-7, 132, 146, 185, 191.

Francs archers, 476.

Frédégonde, 145, 148-9 ; b, 399

Frédéric II, 266, 271, 279-80, 333 ; b, 78 ; évêq. de Gap, 267, 273.

Frédéric Barberousse, xxxv, 24, 242, 251-3, 255, 257, 271, 279, 320, 565 ; b, 77, 189.

Frescheneri (Guil.), 329.

Freyssinières, 189, 194, 197-8, 200, 245, 368-9, 666.

Freyssinières (de) Guil., 354.

Freyssinouse (La), 14, 43, 80 ; b, 272, 500.

Fréjus, 93, 196, 233 ; b, 275 ; archidiacre, 482 ; chanoine, 360 ; vicomte, 205.

Fresne (du), vibailli ; b, 210. Voir Bertrand.

Fribourg, b, 431.

Frontignan (de) Laurent, 445.

Furmeyer, 267, 284, 289.

Furmeyer, cap^e, 574, 576-8, 584 ; b, 162, 357. Voir Rambaud.

Fuslier, prés., 693.

Gabelles, 296, 303, 316, 450.

Gaillard (Ant), consul, 572 ; Esprit, id., b, 118 ; Jean, proc., 602 ; Pierre, archidiacre, b, 160, 170-1, 173-4, 184, 227-8, 253 ; écuyer, 601 ; s^r de Châteauvieux, 662 ; de Gap, b, 126.

Gaillaud (abbé), vi, xv.

Gaius, frère de Démètre, 101.

Galba, empereur, 75.

Galbert (Guil.), 350.

Galibier, col, b, 360.

Gallabrun (Ant.), 567, 630.

Gallia christiana, ix, 122, 160, 357, 359-60, 405 ; b, 144, 204 ; *novissima*, xv, 67, 97, 100, 111, 118, 121, 147, 156, 180, 190, 217-8, 221, 257, 268, 415, 424, 427 ; b, 452.

Gallites, 75.

Gals, 69, 77-8, 128

Galswinthe, 149.
Gams, 133, 351, 354.
Gandalle (Gabriel), cap*, b, 66, 69 ; corsu¹, b, 466.
Gandelin (Guil.), 496 ; Pierre, 496.
Gangaille (de) Arnoux de Lagier, b, 17.
Gangaymerlis (de) Jean, 418.
Gantelme, évêque de Gap, 306, 317, 327-8.
Garcin (Albert), not., 402 ; Baudon, 620.
Garde (La), ham. de Gap, 43, 52.
Garde-Freinet (La), 191, 194.
Gardes champêtres, 108 ; nationales, b, 425.
Gardiens des Capucins, b, 476-9 ; des Cordeliers, b, 475.
Garnesier, l. d. de Durbon, 248.
Garnier (André), év. constitutionnel b, 177 ; ancien député, 45.
Gaslaudi (Jn), prêtre, 508.
Gastinel (Roland), moine à Romette, 331.
Gaston religieux, b, 276.
Gaucourt (de) Raoul, 440, 450.
Gaufridus, évêque de Gap, 328-35, 443.
Gauja, préfet, b, 448.
Gaule, 78-9, 91-2, 94, 99, 117, 123, 127, 140, 142, 148-50, 159, 189, 191, 202, 219.
Gaule au IVᵉ siècle (La), 142 ; Celtique, 79 ; cisalpine, 75, 81, 137 ; méridionale, 91, 120, 124, 137, 143 ; transalpine, 82.
Gaulois, 60, 62, 65, 77, 81, 84, 91, 107, 114, 713.
Gautier (Ant.), not., v ; Aymar, juge, 572 ; Franç-Ant., b, 355 ; Gaspar, juge, 601 ; Georges, 397 ; Guil., 481 ; Honoré, b, 129 ; Jacq., 563 ; Jn-Ant. et Nicolas, 572 ; Pierre, b, 118 ; prévôt, 304, 313, 315 ; Pompone, b, 412 ; Théodore, historien,

v-x, xvii, 8, 67, 89, 120 ; Thérèse, b, 326.
Gavet, moine de Romette, b, 333, 380.
Gavier (Jacq.), prévôt de Sisteron, 690.
Gay (Jean), not., b, 439.
Gay (Le) Jacq., juge, b, 122.
Gellin (Benoît), consul, 583.
Gellin St-Georges (Guil.), b, 234, 240 ; Jean, b, 226.
Gembloux (Le) Pierquin, xl, 57, 60, 63-4, 66-7, 80.
Gendarmerie, 566, 608, 652, 677 ; b, 464.
Gênes, métropole, 427 ; b, 14, 204.
Genèse (La), 158.
Genest (St), martyr, 107.
Genêt (de) Jean, huguenot, 641.
Genève, 126, 538, 543-6, 555 ; b, 300 ; biblioth., 557 ; évêq., 360.
Genevois, de La Mure, xlii.
Genlis (de), archev. d'Embrun, 38 ; b, 143, 158, 174, 321, 331.
Gentil (de) Pons, b, 140.
Genton (de) Franç., b, 358 ; capᵉ de Lesdiguières, 684.
Geoffroi, év. de Gap, b, 189.
Géographes, 58, 71.
Géographie de la Gaule romaine, 57 ; au IVᵉ siècle, 126.
Georges, gouver. de Tallard, 573.
Gépides, 124.
Gérard¹ (André), jésuite, b, 170, 184 ; Claude, b, 354 ; Pierre, notaire, 396.
Gérard de Montjoly (Ant.), juge, b, 191.
Gérard (de) Jn, sʳ des Orres, b, 464.
Gérasime, 178.
Germain de St-Maximin, b, 272.
Germains, 127-8.
Germanie, 191.
Gerson, xxxvi.
Gesates, 82.

Gibelin (Guil.), év. de Gap, 345 ; b, 449.
Gibert, historien, 713-4, 717.
Gide, imprimeur, xiv.
Gigors (B.- A.), 653.
Gilbert, comte de Provence, 333.
Gilibert (Pierre), consul, b, 118
Gilles (Pierre), historien, 543.
Gillibert (Gaspar), b, 440.
Gillis, châtelain, b, 285.
Girard (Cl.), b, 371 ; Esprit, 572, 662 ; Vincent, apoth., 103, 105 ; not., b, 349 ; Off. en retraite, b, 444.
Girard (de) Jean, archev. d'Embrun, 440.
Giraud (Ant.), curé, b, 213 ; Arnoux, 572 ; B., prévôt, 296 ; Clément, proc., b, 71 ; Franç., 563.
Giraudon (abbé), b, 203.
Glaisil (Le), 290, 359, 364, 399, 477, 505, 507, 518, 586, 701 ; b, 143, 446.
Glaize, mont., 473, 537.
Glandèves, b, 215.
Gleisolles, b, 215.
Gobaud (Guil.), b, 71.
Godefroi, comte d'Anjou, 222.
Godégisèle, 126.
Godemar, roi des Burgondes, 127.
Gombaud (Jacq.), b, 100.
Gombert (Franç-Aug.), pr. de Dromon, 23 ; Pierre, 322-3.
Gomer, 60, 77.
Gondebaud, roi des Burgondes, 126.
Gondicaire, id, 125.
Gondoins, ham. de Gap, 52.
Gondovald, 142-3.
Gonesse (de) Guil., sénéchal, 289.
Gonsans (Doubs), b, 397.
Gontard (Pierre), not., 563.
Gontardi (Ant.), not., 485, 528.
Gontrand, roi des Burgondes, 127, 131, 133, 135-9, 142-5, 148-9, 156, 158, 166, 169.
Gordes (de), 588.

Gorze, ville, 538.
Goudet (Ét.), not., b, 363.
Gouffres de Faudon, 526-7.
Gouvernet, 676, 680, 693, 695, 697, 698.
Gouverneurs de : Briançon, 577, 669 ; Carpentras, b, 187 ; Dauphiné, 403, 434, 440, 450, 456, 462, 518, 532, 606, 684, 688 ; b, 22, 40, 95, 136, 226, 233, 395, 413 ; Gap, 6, 21, 577, 597, 613-4, 660, 664, 668, 674, 676, 684 ; b, 19, 60, 66, 87, 103, 163, 165, 223, 234, 273, 356, 463, 466, 504-6 ; Grenoble, b, 504 ; Lyon, b, 318 ; Provence, 598, 668, 701 ; b, 187 ; Puymaure, b, 19, 71, 102 ; Tallard, 647.
Grâce-Dieu (La), abbaye, b, 44.
Graffinel (Pierre), év. de Gap, 42, 244-5 ; b, 452.
Graisivaudan, 352, 578.
Grange (La), huguenot, 628.
Gras (Franç.), 329 ; Guil., 304, 329 ; Honoré, Hugues, Pierre, 329.
Grasse, évêq., 275, 287, 293, 327 ; b, 306 ; capucins, b, 265.
Grassi (Jn), 441 ; R., 277.
Grèce, 103, 626.
Grecs, 60, 62, 64, 69, 128, 716, 719.
Grégoire (St), 115, 117-8, 161-2, 591-2.
Grégoire I, év. de Gap, 242, 250-1, 253-5 ; II, id., 266, 271 ; III, id., 266, 273, 276.
Grégoire I, le Grand, pape, 158-9, 162-6, 186, 187 ; VI, id., 217 ; VII, 232, 234, 236-7, 240-1 ; IX, 609 ; X, 300 ; XI, 367-8 ; XII, 425 ; XIII, 111, 273, 624.
Grégoire de Tours, xxv, 50, 57, 132-4, 136, 139, 142, 145-6, 150, 179.
Grêle, 37 ; b, 140, 294.
Grenier d'abondance, b, 325, 337.
Grenoble, 119, 126, 207, 235, 239, 505, 575, 591, 668 ; b, 23, 35, 40,

50, 55, 65, 76, 81-2, 86, 90, 102, 109, 121, 154, 161, 171, 187, 197, 210, 215, 248, 306; académie, 60; avocats, xxi, 444; b, 319; bibliothèque, xx, 30, 59; b, 250; diocèse, 182; évêques, 147, 179, 239, 258, 279, 345, 347, 360, 392, 418, 431, 440; b, 160, 311; gouverneur, b, 504; imprimerie, b, 403; notaire, b, 349; Parlement, 22, 449, 459-60, 462, 502, 690; prévôt, 277; sergent major, 679; siége, 140.

Gresset, 48.

Griffon, doctrinaire, b, 290.

Grignan, 206.

Grignan, huguenot, 676, 678, 691.

Grignan (de) marquis, b, 147.

Grilh (de) Franç., 163, 232, 235; Jacq., 694.

Grimaldi (de) Louise, 647.

Grimaud (Franç.), avocat, b, 165, 463; Michel, not., b, 372; pr. de Pelleantier, b, 242.

Grolly (Claude), crieur, b, 65, 67.

Grosse-Vache, tor., 539.

Grossi, prélat, 209.

Grudin (Th.), sergent d'armes, 499.

Gruel (de) Charles, b, 163, 165; Claude b, 231; Jacq., b, 236, 356; Pierre, 441, 449, 462, 464-5; b, 230-2.

Gua (du) Georges, 586.

Guadet (J.), 93, 128, 132, 216, 353.

Guerres civiles, 267, 285, 327, 589, 603-25, 649-51, 672; b, 146, 207; d'Auguste, 91; de religion, xv, 558, 579.

Guers (de) Mme, ursuline, b, 196.

Guet-apens: d'Oze, 653; de Rosines, 625; de Tallard, 651-2.

Gueydan (Jean), 602.

Guichard (Firmin), b, 63; sgr de Clérieu, 349; templier, 248.

Guigues, év. de Gap, 275.

Guigues X, dauphin, 281; XI, id., 281, 284, 288-9; XIII, 348.

Guigues (Honoré), de La Garde, b, 351, 376; Pierre, 563.

Guil (le), riv. et vallée, 75, 561.

Guillaume II, comte de Forcalquier, 205, 215; III, id., 430; V, id., 239; VI, id., 269.

Guillaume, comte du Gapençais, 189, 197, 202, 205; id., de Provence, 202, 205, 211, 217.

Guillaume I, év. de Gap, 242, 245-9, 273; II, id., 255-6, 271; III, id., 266, 271-2, 279; b, 189, 450; IV, d'Esclapon, id., 266, 275, 278; V, id., 274, 278; VIII, Forestier, id., 440-3; dit de Gières, id., 267-8.

Guillestre, 75, 84, 144, 227, 522, 669; b, 215; château, 669.

Guion (Jacq.), b, 374.

Guise (de) Franç., 587, 621, 680, 683.

Gundiock, roi des Burgondes, 125.

Hachette, éditeur, xv, 126.

Halicarnasse (d') Denis, 80.

Halle aux grains, b, 324.

Haller (B.), 540.

Hameaux: Alberts, 84, 86; Bassets, 52; b, 118; Brochiers, 52; Brunets, 52, Bumats, 52; Charance, 52, 499, 524; Chauvet, 43, 52; b, 215; Colombis, 52; Corréo, b, 163; Dormillouse, 131, 144, 197, 201; Fareaux, 13, 43, 52, 537, 554; Fauvins, 13, 52; La Garde, 43, 52; Gondoins, 52; Le Laus, b, 169; Lunels, 52; Meyères, 43, 52; Prapic, 196, 199; Sagnières, 52; b, 118; Serigues, 43, 52; Tourronde, 14, 43, 52, 590; Treschâtel, 43, 52; Villar-Robert, 52.

Hamy (Le P.), b, 128, 134, 170, 253.

Hanovre (Guerre de), b, 207.

Hapsbourg (de) Rodolphe, 286.

Harlay (de) Franç., archev., b, 195.

Hauréau (Barthél.), historien, 98.

Helvétie, 210.
Helvétius, b, 420.
Hennebert (comm.), histor., 83.
Henri I, empereur, 210 ; II, id., 567 ; IV, id., 234.
Henri II, roi de France, b, 74, 125, 153 ; III, 30, 623-4, 630, 647, 669, 683 ; b, 446 ; IV, b, 652, 684, 688, 691, 709 ; b, 2, 6, 81, 89, 153, 176, 206.
Herbesiis (de) Jean, 503.
Herbigny (d'), intendant, b, 225-6.
Hercule, 78-80, 90.
Herculanum, xxii.
Hérétiques, 11-2, 21, 26, 47, 96, 98, 182, 197, 245, 367-70, 383-92, 400, 474, 478, 524-58, 588, 596, 603, 625, 627, 669, 671-92 ; b, 11, 13-4, 19, 34-43, 48, 50, 95, 135, 198, 207, 214, 220-1, 225, 297-302, 335, 419.
Hermengarde, fille de Louis II, 193.
Herminjard, historien, 540, 542, 545.
Hérodote, 81.
Hérules, 124.
Hervé, év. de Gap, 40, 50 ; b, 204-14, 223-4, 232, 235-44, 254-64, 292, 295, 346, 442, 447, 465 ; b, 205, 254.
Hesmond (d') abbé, b, 152.
Heybert (d'), de Seyssins, b, 102.
Hilaire (Cl.), de La Saulce, 710.
Hildebrand, 219, 221, 232. Voir Grégoire VII.
Himalaya, 117.
Hippocrate, 179.
Hist. générale des Alpes par Fornier, xv, xix, 40, 80, 84, 138, 143, 192, 204, 213, 221, 247, 250, 253, 320, 391, 409, 474-5, 478, 492-3, 521 ; b, 143, 148, 151, 158, 170, 174-5, 183, 186, 249, 250, 253, 316.
Histoire du diocèse d'Embrun par Albert, ix, 86, 240, 247, 271, 281, 305, 360, 409, 662, 667 ; b, 169, 216, 317.
Histoire du Dauphiné par Juvénis,
5, 10, 31, 33-4, 36, 59, 70, 80, 86, 100, 108, 161-2, 169, 175, 184, 190, 247, 249, 526, 644 ; b, 215, 249, 253, 437, 444, 451.
Homédes (des) Jean, b, 231.
Hommages et reconnaissances, 254, 266-7, 276-81, 284, 286, 289, 306-7, 328, 331-2, 335, 338, 342, 344, 347, 351, 354, 359, 372, 405, 430, 438, 457, 476, 480-1, 500, 503-4, 523, 528, b, 76, 78.
Hongrois, 195, 210.
Honorius, empereur, 125.
Honorius II, pape, 245.
Hôpitaux, 25, 41 ; b, 148, 154, 243, 246, 457, 459, 462, 464-5, 480.
Hormisdas, pape, 121.
Hospices : du Mont-Genèvre, xxiv ; de la Charité, b, 420, 469.
Hospitaliers : de St Jean de Jérusalem, 68, 333 ; de St-Gilles, 250.
Hostun (d') Camille, 591 ; b, 147, 178 ; Roger, 690 ; b, 318.
Hôtel de ville de Gap, 39 ; b, 244, 330, 339.
Hôteliers, b, 191.
Hugo (Victor), 48, 599.
Hugon (Guil.), 274, 622 ; Jacq., cordelier, 622, 709 ; Pierre, 622.
Hugues, archev. d'Embrun, 214, 219-21 ; comte d'Arles, 210 ; id., du Gapençais, 214, 237, 268 ; év. de Die, 234, 240 ; id., de Gap, 189, 204, 209, 211, 266, 274-5 ; id., de Grenoble, 239.
Hugues Capet, 210.
Hugues (d') Franç., prieur, 617 ; Guil. archevêque d'Embrun, b, 40, 148, 151, 169, 307, 309, 313 ; marquis, b, 395.
Huissiers, b, 285, 310.
Hullier (Arnoux), 620, 694.
Humbert, archev. d'Embrun, 281.
Humbert I, dauphin, 310, 313 ; II, id., 350, 352-3, 533.

Humble de St Tropez, capucin, 32-4, 38, 42, 91, 107, 114 ; b, 33, 35.
Huns, 125.
Hus (Jean), 428.

Iconiens, 7o, 78.
Ictodurum, 57, 74, 90.
Ildefonse II, 269, 273.
Ile-Barbe, abbaye, 211.
Iles : des Allobroges, 87 ; de Crémieu, 685 ; de Ré, b, 402.
Illustrations gapençaises, 709-10.
Imbert, avocat, b, 261 ; dauphin, 318 (voir Humbert) ; dit Le Maréchal, 277.
Impôts : albergue, 254 ; attache, 473 ; cosse, b, 76, 83, 324 ; décimes 661, 685-7, 690 ; b, 13, 26-7, 296 ; dîmes, 157, 243, 245, 330, 342, 399, 401, 480-1, 488-9, 586, 661 ; b, 76, 81, 83, 362, 411, 452 ; fournage, 306-7, 315-6, 373 ; b, 195 ; grand poids, b, 55 ; péage, b, 188 ; régale, b, 67-7 ; rève, b, 54-6, 257, 406 ; tailles, 564, 566, 569 ; b, 231.
Imprimeurs d'Aix, 187 ; d'Embrun, ix ; de Gap, x, xiii-v, xxv, 187, 595 ; b, 383, 419, 421, 437 ; de Grenoble, b, 406 ; Paris, xiv-v ; Valence, b, 433.
Incendies à Bertaud, 455 ; Châteauroux, 590 ; Clausone, 26, 699 ; Chorges, Tallard et Veynes, 591 ; Gap, 361 ; b, 10, 218-21 ; St-Bonnet, 385 ; Sigoyer, 357.
Incursions en Italie, 77 ; dans les Alpes, 131, 189.
Indulgences, 307.
Information canonique, b, 280, 289.
Ingenils (de), pr. de Romette, 330.
Inguimberti (d'), év. de Carpentras, b, 250.
Innocent III, pape, 257-3 ; VII, 427 ; VIII, 488-9, 511 ; b, 189 ; X, b, 137 ; XI, b, 197 ; XII, b, 211.

Innocent de Bresse, b, 111.
Inondations, 539.
Inquisiteurs, 197, 237, 363, 386, 400. 567, 666 ; b, 61.
Inquisition, 108, 367-70, 389-92, 474.
Inscriptions, 173, 226, 282 ; b, 185 ; 369, 465.
Insubrie, 79, 81-2.
Instituteurs, b, 54.
Intempéries, 69 ; b, 140, 294, 397-8.
Intendants, xix, 22 ; b, 207, 222, 225, 292, 299, 335, 350, 374, 445.
Invasion des ennemis, 10, 25, 180, 195-6 ; b, 206, 467.
Inventaires des archives, xv, xvii et passim.
Invention des bâteaux à vapeur, b, 408.
Irrigation, 455.
Isère, riv., 78, 86, 140, 715.
Isichius, év. de Grenoble, 179-80.
Isidore de Séville, 57.
Islamisme, 124.
Isles (des) Joubert, b, 293.
Ismidon, archev. d'Embrun, 217.
Isnard (Louis), de Digne, b, 296.
Isoard, comte de Die, 248, 254 ; id., de Gap, 234 ; év. de Gap, 214, 235-7, 242, 244.
Isoard (d') Guil., 329.
Italie, 79, 83-90, 99, 114, 137, 139-41, 144, 165, 176, 210, 251-2, 319, 451, 519, 562, 675, 713, 717 ; b, 146, 187, 217, 351.
Itinéraire d'Antonin, 73.
Ivrée, 206.
Ize (d') Jacq., vibailli, b, 155 ; Jean, vic. g., b, 315-6, 345, 356 ; Pierre, b, 256.

Jacobins, 334, 409, 438, 479 ; b, 18, 105, 130, 162, 206, 212-4, 321-3, 361, 376, 448, 450 ; église, b, 351, 435, 449 ; prieurs, 471.
Jacques (Jn-Jos.), curé, b, 415.

Jaffé, 223, 265.
Jalla (Jn), 543.
Jambe (Jacq.), not., 304.
Janselme (Raymond), b, 227.
Jansénius, b, 164, 320.
Janus, mont, 82.
Jaquet (Jacq.), 496.
Jarjatte (La), mont, 254.
Jarjayes, 14, 16, 18, 400, 532, 642; b, 168, 269; château, 677; b, 279; châtelain, b, 285; curé, b, 285.
Jaudreau (Chérubin), not., 483.
Jaussaud (Dimanche), b, 191; Domin., b, 330; Franç., 329.
Jean (St), apôtre, 97-8, 101; arch. - de Vienne, 279; duc de Normandie, 352; dauphin, 310-1, 313, 328; év. de Lombez, 433; moine, 178, 467.
Jean III, pape, 133; VIII, 193; XXII, 311, 327; XXIII, 184, 427-8, 431-2.
Jean-Franç. de La Roche, b, 218.
Jean-sans-Peur, duc, 435.
Jeanne-d'Arc, 440.
Jeanselme (Jn), de Manteyer, 366.
Jérôme (St), 124-5.
Jérusalem, 117, 253, 423, 477, 592; b, 148, patriarche, 364; rois, 279, 406.
Jésuites, 322, 422, 439; d'Avignon, 585; d'Embrun, 26, 29, 80, 709; b, 127-33, 147, 184, 206, 216, 249, 334, 454; de Lyon, b, 251.
Jeux, 457.
Joanis (J.-B.), méd., 282, 284.
Joseph de Châteauroux, b, 346-7.
Josèphe, historien, 60, 78.
Joubert, avocat, b, 267, 324; échevin, b, 456.
Jouffroy d'Albans, b, 408; Gonsans, év. de Gap, 397, 408, 447.
Jouglard (P.), imprimeur, xiii, xv.
Journaux, 60, 67; b, 355, 419-20.
Jovite de Montéoux, capucin, b, 32, 106.
Joyeuse (de) duc, 621.

Jubilés, 496; b, 211.
Juges: d'appel, b, 500-1; du chapitre, b, 501-2; épiscopaux, 495-500; mages, b, 497.
Julien l'Apostat, 107.
Jullien (Grég.), not., 662; Jean, 100; curé, 186.
Juridiction: de Gap, 77, 92, 255, 267, 287, 295, 300, 309, 313, 477, 504, 565; b, 11-2, 73, 76, 124, 208, 292.
Jurisconsultes, 418, 484, 519; b, 510.
Justice, 22, 373, 564.
Juvénis (Ant.), év. de Gap, 415, 422-7; muletier, b, 252-3; Gaspar, b, 103-4, 247; Jean, 423; Raymond, historien, viii et *passim*; religieux, b, 333.

Labastie, chan., b, 395.
Labbe (Philippe), 156, 169, 273.
Laborel, gouvern., 577, 613, 618.
Lacordaire, 353.
Lacs de Laffrey, b, 358; de Pelleautier, 33.
Ladoucette, préfet, vi, ix, xiv, 2, 11, 44, 83, 87-8, 144, 258-9, 296, 456, 554, 568, 684, 719; b, 427, 448.
Lafayette, visitandine, b, 116.
Laffiteau, év. de Sisteron, b, 311.
Laffrey (Isère), 465-6; b, 358.
Laffrey (Jean), b, 296; notable, b, 395.
Lagier (Jacq.), b, 310; Jean, not., 404; Mathieu, 586.
Lagoy (de), numismate, 62.
Lagrand, 267, 299, 532.
Laidet, sgr de Charance, 214, 226, 228, 230.
Lainez, 675.
Lamanon (de) Anne, b, 132.
Lamartine, 48.
Lambert (Jacq.), 366; religieux, b, 432; vic. g., b, 432.
Lambesc, 341.
Lanfranc, év. de Pavie, 362.

Langhostan, frères, b, 439.
Langres, 126 ; év., 355.
Languedoc, 195, 435, 649 ; b, 203, 325, 402.
Langue vulgaire, b, 400.
Lantelme, archev. d'Embrun, 240 ; év. de Digne, 276.
Laplane(de) Ed., ix, xxii, 216, 656.
Laragne, 321.
Larche, 38 ; b, 215.
Lardier, b, 178, 180.
Laric, b, 357. Voir Chabestan.
Larra, commanderie, b, 459.
Lascaris, vice-légat, b, 187.
Latelle (Jean), consul, b, 83.
Latil (Guil.), curé, b, 133, 440 ; Pierre, id., b, 132-3 ; not., b, 48.
Laugier, chan., 99, 112-3, 120, 123-4
Launcel (de) Raymond, 314.
Laurent de Pertuis, b, 133
Laus (N. D. du), 594, 700 ; b, 10, 167, 169-76, 179, 182-4, 195-6, 227, 279, 283, 287-8.
Lausanne, 216, 555.
Lautaret, mont, 182.
Lautrec (de) comte, b, 356.
Laval (de) Louis, gouv., 456.
Laverdy (de), contrôl., b, 418.
Law, financier, b, 259, 278.
Lay-Crussillieu, command., 660.
Laye, 14, 298, 397, 477, 554, 662 ; b, 272 ; château, 290, 311, 313, 359, 395 ; sgrs, 339, 503, 563, 584, 664 ; tour, 610.
Laye (de) Franç., b, 447 ; religieux, 331, Jean, b, 223, 242 ; baron, 338 ; Louis, charpentier, b, 447 ; Olivier, év. de Gap, 315, 317, 336-9 ; Pierre, b, 463.
Lazare (dom), chartreux, 243-4, 247 ; juif, 222.
Lazer, b, 359, 446 ; château, 27 ; curé, 390 ; église, 143.
Léautier (Franç.), b, 261, 442 ; Paul 366 ; Pierre, b, 66.

Léautier-Faure (Franç.), consul, 83, 296.
Lèches (de) sr, de Bréziers, b, 215.
Lecto (de) Reynaud, sénéchal, 322, 325.
Ledon, directeur du Sémin., b, 345.
Leganez, comm. espagnol, b, 218.
Legay, chan., b, 200, 227, 242.
Legs, 479. Voir donations.
Lemaître, dame, b, 285 ; Valentin, b, 191.
Lemas (Théod.), b, 421.
Lemoine, card., 538.
Lenôtre, b, 447.
Leodegarius ou Léger I, év. de Gap, 214, 232-5, 240 ; II, id., 242-4 ; III, id., xxxv, 430-9.
Leoffred, comte de Provence, 220-1.
Léon (St), pape, 120-1.
Léonce, comte de Die, 218 ; prêtre, 121.
Léotaud (V.), jésuite, b, 145, 155, 439.
Léouffre (Hon.), b, 339, 345, 371.
Lérins, abbaye, 276, 327 ; b, 307, 455, 462.
Lesbros, abbé, b, 228.
Lesdiguières, 48. Voir Bonne.
Lesor (Robert), chan., 484.
Lettres, 454, 511, 567 ; b, 22, 96, 112, 240, 300-1 ; patentes, 340, 449, 476, 490-1, 497, 502, 508-9, 602 ; b, 125, 152-3, 197, 226, 297, 482.
Lettret, 14, 18, 83, 342, 351, 439, 456, 496, 531, 560, 661 ; b, 362, 387, 446 ; château, 290-1, 359 ; b, 27 ; consul, 661 ; église, b, 143 ; moulins, b, 190 ; péage, b, 188 ; sgrs, 439 ; b, 190.
Leudegisèle, burgonde, 143.
Leuthéric (Ant.), chan., 503.
Leuzon (Pierre), 277.
Levens, abbé, m. de musique, 172.
Leyde, 450, 495, 513.
Leydet (Franç.), de Sigoyer, 497.

Leydon, not. à Embrun, b, 310.
Leyssin (de), archev. d'Embrun, b, 422.
Lhomme (de) Gui, Jn-Louis et Pierre, b, 256.
Libéral (St), archev. d'Embrun, 195.
Libertés et franchises de Gap, 5, 240, 253, 280, 283-4, 294, 314, 329-30, 352, 364, 366-82, 396-7, 406, 431-2, 444, 449, 461, 470, 493-5 500-2, 531, 560, 562, 564, 569-70; b, 77, 123, 153, 230, 247, 342, 350. 375, 421, 458.
Licenciés en droit, 316, 400, 410, 439, 468, 481, 500, 562; b, 230, 313, 397, 495-501, 509.
Liégeard, préfet, 42 ; b, 448.
Lieutenants du Roi, 489, 679, 701 ; b, 7, 20, 60, 350, 395, 466 ; en Dauphiné, 355, 464, 547, 588, 660, 692.
Lieux dits de : La Bâtie-Neuve, 527, 584 ; Chorges, 216 ; Durbon, 248, 254, 323-4, 523 ; Freyssinouse, 319 ; Gap, 16-8, 40, 44, 47, 51-3, 58, 75, 182, 208, 319, 401, 450, 531, 539, 596, 637, 682, 694 ; b, 14-5 58, 63, 65, 90, 118, 135, 215, 222-3, 233, 245-6, 278, 324, 339, 341, 364, 374, 387, 421, 423, 434, 447, 449, 452, 459, 463 ; Guillestre, 131, 138 ; Jarjayes, b, 168 ; Lettret, 83 ; Montgardin, 531 ; Mont-Genèvre, 84 ; Orcières, 196-7 ; Oulx, 235 ; Roche-des-Arnauds, 243, 353, 483-4 ; b, 163 ; St-Bonnet, 584 ; St-Étienne-d'Avançon, 168-9 ; St-Martin-de-Queyrières, 259 ; Tallard. 650 ; Val-des-Prés, 86 ; Ventavon, 358.
Ligue ambronnième, 91 ; d'Augsbourg, b, 214.
Ligures, 77-8, 139, 713, 717.
Limoges, Limousin, 97, 112.
Lioncel (de) Geoffroy, év. de Gap, 306-35, 343.

Lionne (de) Artus, Arthur, év. de Gap, viii, xxxiv, 5, 6, 50, 96-8, 110 ,113, 120, 137, 144, 204-6, 231, 271, 358-9, 404-6, 690 ; b, 120-5 132, 142-5, 152, 156, 161, 170, 247, 382, 440, 443, 479 ; id., év. de Rosalie, b, 146 ; Hugues, ministre d'État, b, 135, 143, 145-6, 440 ; Humbert, b, 144 ; Louis, b, 147 ; Sébastien, b, 121.
Livre rouge, 5, 50, 253-6, 259, etc. ; b, 77, 86, 342.
Lizieux, évêq., b, 364.
Lodève, évêché, 359.
Logement de troupes, b, 199, 262, 361, 375.
Lombard (Baudon), 366, 397 ; Giraud, 330, 397, 417, 419, 445.
Lombardie, 81, 139.
Lombards, 12, 22, 128-31, 137-8, 140-4, 148, 197, 245.
Lombez, évêq., 433 ; b, 157, 186.
Loménie (de) card., b, 126.
Long (Le), oratorien, b, 251.
Longnon, 126, 142.
Longpérier (de), 258.
Lorette (N. D. de), b, 32.
Loria (de) Roger, 302.
Lorincello (de), év., 50, 339-40, 345, 531. Voir Lincel.
Lorraine, 216, 457.
Lorraine (de) Isabelle, 457.
Louis I d'Anjou, 423 ; b, 252 ; II, id., b, 253, 406, 415, 430 ; III, 430, 434, 436.
Louis II, dauphin, 450-2. Voir Louis XI.
Louis II, empereur, 193.
Louis, év. de Gap, 439 ; fils de Boson, 209-10.
Louis VII, roi, b, 231 ; IX, 286, 289, 500 ; XI, 449, 468, 472-3, 477-8, 569, 635, 666 ; XII, xl, 22, 25, 498-502, 518, 564 ; b, 73, 124, 153 ; XIII, 21, 96, 671 ; b, 23, 43, 49, 50,

87-8, 91, 93-5, 101, 122-3, 153 ;
XIV, xl, 7, 20, 197, 272, 600, 686 ;
b, 121, 134, 136, 146-7, 153-7, 167,
203-7, 221, 229, 234, 236, 240, 247,
260, 264, 292-3, 322, 419, 441 ;
XV, b, 131, 297, 303, 316, 386, 396-
7 ; XVI, b, 115.
Louvigny (de), général espagnol, b, 218.
Lovain (Pierre), 500, 563.
Lovat (de), avocat gén., 690 ; b, 319.
Luc (Drôme), 73.
Lunels, ham. de Gap, 52.
Lus (Drôme), 268, 325.
Lussignol (Dlle), b, 390, 393.
Luther, xxv, xxxiii, 538, 556.
Luxembourg (de) Franç., 477.
Luye, riv., vallée, 14, 52, 78, 83, 85, 104, 155, 287, 408, 539, 676 ; b, 8, 171, 218, 341.
Lybie, 191.
Lyon, 73, 115, 126, 131-3, 137, 167, 169, 193, 221, 251, 352, 369, 434, 560, 615-6, 686, 711, 715 ; b, 42, 307, 310, 431 ; archev., b, 306 ; gouvern., 318.
Lyonnaise, 125.

Mabillon, xl, 229, 231-2.
Mâcon, 126, 145, 157.
Madrid, b, 146, 170.
Magallon, consul, b, 371.
Magie à La Bâtie-Neuve, 527-8.
Magnence, 114-5.
Maguelone, évêq., 438.
Mahomet, 191, 198, 201 ; b, 459.
Maillebois (de), b, 335.
Maillé (de), év. de Gap, 51, 149 ; b, 31, 398-405, 447.
Maine (Comte du), 476.
Mainfroi, 189, 206.
Maires de Gap, 558 ; b, 324, 416, 421, 427, 456 ; alternatif, b, 273 ; perpétuel, b, 224, 261, 442 ; de Laye, 339 ; du Palais, 149 ; b, 399.

Maison épiscopale, 41, 366 ; b, 148, 158, 434, 443-8.
Maistre (de), xxxiii.
Maître des eaux et forêts, b, 364.
Majors de Gap, 21 ; de Barreaux, b, 507.
Malaise, tor., 114.
Malecombe, tor., 539.
Malemort en Dévoluy, 208.
Malespine (de) W., 259.
Malijai, b, 26, 328.
Malissole (de), év. de Gap, 6, 23, 50, 98, 183, 227, 506 ; b, 43, 174, 223, 259-70, 275-77, 289-302, 319-34, 346, 349, 353, 378, 386, 421, 441, 446-7.
Malte (Chevaliers de), 467 ; b, 187, 231, 457.
Malte-Brun, 71.
Mamert (St), év., 67, 151.
Manche, Mauche (Louis), b, 212.
Mandagot (de), arch. d'Embrun, 311.
Mandaroux, not., b, 85, 436.
Mandements: Ancelle, 526 ; La Roche-des-Arnauds, b, 163.
Maudrot (de), historien, 490.
Manent (de) Jean, b, 256.
Manifestation, 458.
Manosque, 185, 317.
Mans (Le), évêq., b, 397-9, 408.
Manse, col, 83, 181.
Mantaille, 193.
Manteyer, 243, 267, 330-1, 366, 399 ; b, 16, 272, 357 ; château, 292, 338 ; curé, b, 177 ; forêts, 332 ; prieur, 687 ; seigneurie, 359, 449 ; b, 41.
Manteyer (de) Georges, xv, 58-9, 66, 108, 202, 207, 218, 221, 354, 483, 537, 539, 540, 545, 555 ; Rambaud, 300 ; Roland, 267, 287, 311.
Mantoue (duché), b, 87.
Manuel (Armand), 662.
Manuscrits, vii-ix, xviii, xxi, 70, 87, 111-2, 170, 230-1, 404, 497, 523, 557 ; b, 27, 396 et *passim*.

Marcel (Bertrand), not., 350 ; de Carpentras, b, 16, 18, 23, 31, 34, 36-7, 42 ; religieux de Gap, b, 36.
Marcellin (St), év. d'Embrun, 99.
Marcelly (Thom.), not., 366, 396.
Marchand (Franç.), b, 440 ; Jean, b, 154, 363.
Marchands, b, 191, 238, 243, 324, 354, 364, 416, 451.
Marchon (Cath⁵), b, 463 ; Franç., chan., b, 412 ; J., consul, b, 113 ; Jean, b, 264 ; Jos.-Aug., maire, b, 416, 456 ; Pierre, b, 129 ; avocat, b, 395-6 ; médecin, b, 354-5 ; dit *San-Meniqué*, b, 355.
Marcousse (La), 678-9.
Marcoux (de) Jn, 465-7.
Maréchaux, 528, 648 ; de camp, 647 ; de France, 521, 581, 633, 690 ; b, 40, 60, 92, 147, 214, 318.
Marengo (Bataille de), 520.
Mareul (de) Jn, mistral, 466.
Marignan (Bataille de), 522, 560.
Marion (Pierre), év. de Gap, 410, 439, 477 ; b, 156-66, 171, 182, 186, 188, 190, 192-4, 232-3, 255, 445-6, 462, 465, 480.
Marquis, 62, 202, 206, 279, 690 ; b, 228, 254, 285, 313, 318, 324, 356-9, 395, 408, 416, 440.
Marquis, avocat, b, 391-3.
Marrou (Grég.), b, 181.
Marsaille (La), combat, b, 221.
Marseille, 234, 415, 419, 422, 436, 438, 477, 546, 710, 713, 716 ; b, 10, 66, 281, 358 ; abbaye de St-Victor, 245 ; église, b, 9 ; évêq., 308, 310 ; b, 311, 320 ; not., 310 ; vicomte, b, 252.
Martelly, dominicain, b, 242-3.
Marthe (Ste), 97.
Marthonée, év. de Poitiers, b, 431.
Martial (St), 97.
Martigni, év., 126.
Martin (St), 117, 592.

Martin IV, pape, 297 ; V, 438.
Martin (Bapt.), b, 454 ; Benoît, hôte, b, 354, 364, 372 ; Blaise, b, 463 ; Gabriel, dʳ en théol., 389 ; Jacq., prêtre, 503 ; Jean, 400 ; Jn-Pierre, b, 416.
Martin de La Pierre, b, 351, 356.
Martinelly, calviniste, 23.
Martyrologe : gallican, 112 ; hiéronymien, 120.
Martyrs, 96, 98, 107-8, 110, 112, 151, 166, 168, 174, 178, 223, 595.
Mas de : Colombis, 313 ; Durbon, 243 ; Pierrefeu, 215 ; Vaunaveis, 235.
Mas-Latrie (de), 396.
Massa, évêq., 368.
Massacre de la St-Barthélemy, 606.
Masseron (Jn), maire, b, 244, 261, 264-5 ; juge, b, 295, 442 ; médecin, b, 340, 347, 350, 354, 371-2, 376.
Massiers du bailliage, b, 568.
Massieye (Ber. et Guil.), 277.
Massieye, Massive (Rue), 170.
Massot (Théod.), vii, xxi, 600.
Mathématiciens, 151, 439, 508.
Matheron (Cath⁵), b, 183 ; Jean, proc. gén., 500, 503-4, 508.
Mathias, empereur, b, 23.
Mathieu (Jacq.), clavaire, 481.
Maugiron, lieut. gén., 660, 679.
Maupéou (de) Jn, év., b, 157.
Maurel (Pierre), chapelain, 277, 393.
Maures, Mores, 22, 128, 189, 192, 194, 197-8, 200-1, 478, 672 ; colline, 90, tour, 15.
Maurienne, 206.
Maurienne, [Muriane] (de) Franç., b, 356 ; Louis, b, 359.
Maximien, 110.
Maximilien, 608, 623-4.
Maximin, avocat, 343, 373 ; religieux, b, 36 ; saint, 97.
Maximum, b, 118, 424.
Mayence, archev., 261.

Mayenne (de), duc, 648, 653-4, 657, 658-9, 674.
Mayeul (St), 189, 198-200, 203, 207, 213.
Mazarin (de), card., b, 135, 146.
Mazel (de) Barthél., 568.
Meaux, év., 415, 425, 538 ; b, 431.
Médailles, 63, 66, 68-9, 80 ; b, 253.
Médavy (de), intend., 299-300.
Médecins, 562, 572, 689 ; b, 65, 103-4, 340, 350, 354-5, 371, 403, 447 ; d'Aix, b, 284 ; de Lyon, 384 ; de Tallard, b, 285.
Médicis (de) Cathe, 655 ; Jules, 520.
Médulles, 70.
Méen (St), abbé, 67.
Mées (Les), 317.
Meilan (de), év. de Gap, b, 197-8, 203-5, 226, 261.
Mélan (curé de), b, 263.
Melve, prieurs, 691 ; b, 463 ; sgr, b, 18.
Mémoires de J.-D. Rochas, 74, 281, 334 ; b, 64, 110 et *passim*.
Mende, chan., 359 ; év., b, 302.
Mendegaches (de) Gilbert, év. de Gap, 358-9, 401.
Mendicité (Dépôt de), b, 370.
Mens (St), 178.
Mercœur (de), duc, b, 187.
Mercuriales, b, 118-9.
Méreuil, b, 357, 359, 412-3, 415.
Merle (Amé), 316.
Mersebourg (de), év., 261.
Merveilles du Dauphiné, 33.
Meschatin (de), év. de Gap, b, 194-5, 234.
Messagers, b, 355.
Metz, 538 ; b, 143, 411.
Meurtres, 587, 615.
Mévouillon, 70, 221, 695, 698.
Mévouillon (de) Bertrand, 277 ; Guil., 432 ; Rambaud, 301 ; Raymond, év. de Gap, 50-1, 267, 277, 293, 301-4, 315-6, 332, 334, 571 ; b, 195.

Meyer (Félix), xlii ; Jean, 566 ; b, 371 ; Louis, apoth., b, 103, 105 ; Paul, 477.
Meyère, proc., b, 354.
Meyères (Les), ham., 43, 52.
Meyers (Les), ham., 52.
Meynier (de) Franç.-Ant., b, 256 ; Pierre, not., b, 234.
Meyssonier (Daniel), b, 245 ; Gaspar, b, 313 ; Pierre, not., b, 144.
Mézeray, 522, 579.
Michaëlis (Sébastien), 97.
Michaud, 237, 709.
Michel-Ange d'Avignon, capucin, b, 7-11, 15, 31.
Michel (Ant.), b, 296 ; Blaise, b, 68 ; Esprit, b, 99-100.
Michelet, historien, xxxviii, 333.
Mignard, présid., 683.
Milan, 81, 252, 425, 457, 488, 498, 519, 564.
Milices, 610-1, 613, 693 ; b, 232, 270, 403 ; du Dauphiné, b, 215.
Millon (Jn), consul, b, 88, 94.
Millot, 158.
Milon (A.), évêque de Valence, b, 311.
Minimes d'Avignon, b, 4.
Ministres d'État, b, 6, 146, 274, 297, 313, 330.
Ministres protestants, xxiii, 392, 538, 540-2, 695 ; b, 3, 23.
Minsard (Guil.), b, 451, 475.
Miollis, év. de Digne, b, 262, 313.
Mirabéau (de), b, 286.
Miracle (Bertr.), not., 297.
Miracles, 98, 104, 106-8, 116, 119, 145, 152-6, 162, 165-6, 169, 175, 177-8, 214, 220, 227-9, 236, 535, 592-3 ; b, 9, 19-20, 51, 142, 166-70, 172, 183, 195-6, 272, 280.
Mison, 309, 317.
Mison (de) Pierre, 217.
Missels, b, 383.
Missionnaires, 408-9.

Missions à Gap, b, 265-8, 335, 347 ; St-Bonnet, b, 141, 262 ; Tallard, b, 137-9.
Mississipi, b, 278.
Mistral (Fréd.), 457.
Mitre (St), 108.
Modeste de Beaucaire, capucin, b, 137, 140.
Mœurs et Coutumes: Ambrons et Liguriens, 714 ; clergé de Gap, b, 44-8, 159, 190, 242-3 ; Gapençais, 21, 45, 78-9, 102, 136, 157 ; Freyssinières, 189, 197-8 ; Vaudois, 383-92.
Moines, 178, 215 ; augustins, 710 ; de Cluny, 366 ; d'Oulx, 234, 236, 271.
Moïse, imprimeur à Embrun, ix, xxxii, 43.
Molans (de) Guigues, 314.
Molines-en-Queyras, 667 ; b, 246.
Mollie (Franç.), b, 307.
Monastères, 24, 27, 26, 140, 159, 215, 299, 371, 455, 539, 700-1 ; b, 166, 455.
Monestier (de) Guil., 244.
Monêtier-Allemont, 73-6, 354, 617.
Monêtier-de-Briançon, 75, 669.
Monlausier (de), chan., b, 242.
Monnaies, 62, 354, 375.
Mons Seleucus, 48, 73, 84, 114, 613.
Montagnes: Ararat, 78 ; Auron, 182 ; Aurouse, 43 ; Autane, 143 ; Bayard, 15, 71, 343, 519, 537, 539, 576 ; b, 215 ; Brésier, 35 ; Céüse ou Séüse, 34, 43, 48 ; b, 8 ; Chaillol-le-Vieux, 43, 48, 196 ; b, 8 ; Charance, 16, 17, 43, 90, 137 ; b, 8, 277 ; Chaudun, 320, 687 ; Chirac, 196 ; Christaye, b, 86 ; Dormillouse, b, 360 ; Galibier, b, 360 ; Janus, 82, Jarjatte, 254 ; Lautaret, 182 ; Montcenis, 195, 521 ; Morgon, 48 ; b, 149, 359 ; Pelvoux, 40, 48 ; b, 360 ; Pyrénées, 78, 82, 124, 141, 191 ;

Puy-Cervier, b, 177 ; Roane, 43, 96 ; St-Bernard, 520 ; St-Guillaume, b, 149 ; St-Maurice, 700 ; b, 168, 176-7, 183, 415 ; St-Philippe, 33, 526 ; Saluces, b, 149 ; Sestrières, 84 ; Viso, b, 36.
Montalquier, quart. de Gap, 267, 284, 310, 312, 314, 467, 472 ; b, 58, 62, 67, 84 ; château, 267, 289 ; cour, 293 ; foire, 450 ; juge, 350 ; b, 499 ; sgrs, 435, 393.
Montalquier (de), sr, b, 19, 35, 54, 61, 67, 70-1.
Montamat (de) Guil., 247, 307.
Montauban, 663 ; évêq., 360, 408 ; b, 3.
Montauban (de) Dragonet, év. de Gap, 343, 345-5, 401 ; Franç., b, 118 ; Gautier, 349 ; Ismidon, 356 ; Jacq., év. de Gap, xxxv, 358, 362-405 ; Jean, b, 103 ; Raymond, 345, 471 ; Raynaud, 287, 306, 315, 321-3, 325, 345.
Montauban de Flotte (de) Franç., b, 223.
Montbéliard, 538.
Montbonot (de) Rodolphe, b, 451, 475.
Montbrand, 278, 687.
Montbrun, 28, 574, 589, 606, 613, 642, 649, 675, 685 ; b, 40.
Mont-Cenis, 195, 521.
Montchenu (de), 349.
Montbrison, 608.
Montcontour, 608, 695 ; b, 84.
Mont-Dauphin, 138.
Montélimar, 664 ; b, 3.
Montereau (Pont de), 435.
Montespan (de), dame, b, 157.
Montferrat, 279, 410.
Montfort (sgr de), b, 7.
Montford (de) Bertrand, 287.
Montfuron, sgrie, 606.
Montgardin, 83, 340, 531, 560, 584 ; curé, b, 177 ; prieur, 687.

Montgardin (de), dlle, b, 132.
Mont-Genèvre, 71, 75, 77-9, 81, 84, 86-8, 90, 93, 99, 114, 130, 138, 140-1, 144, 199, 451, 521 ; b, 92, 96.
Montgolfier, 174.
Monticules : Christaye, 17 ; b, 86 ; Côte-Fole, 17 ; Puymaure, 17-8, 68, 78 ; 208 ; b, 23, 25, 35, 38, 41, 55, 52, 62, 111, 215 ; Puy-Ponson, 18 ; St-Mens, 4, 16, 66, 145, 152, 174, 319 ; b, 215-6.
Montils-lès-Tour, 449.
Montjeu (de) Benoît, 6, 495, 568, 615, 641, 662, 686 ; b, 61, 63, 73 ; chan., b, 12 ; Claude, 500, 504, 519, 533, 560, 562, 709 ; Pierre, 481, 495, 500, 504. Voir Olier.
Montlaur (Marquis de), b, 357.
Montlhéry (Bataille de), 473.
Montlosier, b, 134.
Montmaur, 208, 306, 320, 324, 345-6 ; château, 48, 307 ; sgrs, 315, 321, 359 ; b, 357.
Montmaur (de) Jacq., gouv., 403.
Montmorency (de), card., b, 431 ; duc, b, 356.
Montmorin, 208 ; b, 357.
Montorcier, M-sier, 461 ; b, 351.
Montorsier (de) Arnaud, 277 ; Guil., 277, 295, 402 ; Jean, 461, 463, 465, 467, 479 ; b, 458 ; Sochon, 366.
Montpellier, 305, 474 ; b, 4, 313.
Montreviol, 290-1, 359 ; b, 318.
Montrond, 75.
Monuments, 11, 196, 703 ; b, 434-70.
Morat, 538, 542.
Morel (Lagier), 687 ; chan., b, 160.
Moreri, 129, 156, 169 ; b, 121, 145, 147, 247.
Morest (Germain), consul, 661.
Morges, en Auvergne, en Trièves, 147.
Morges (de) Aimar, 331 ; commise, 499.

Morgon, mont, 48 ; b, 149, 359.
Moris (Henri), b, 462.
Mortemart (de), b, 93.
Motet (Guig.), chartreux, 321-3.
Motta (de), B., not., 426.
Motte (de La) Aug., b, 346 ; notable, b, 395.
Motte-Chalancon, 402.
Motte-du-Caire, 28, 228, 266, 272, 653 ; b, 425.
Motte-Gondrin (La), 547, 551.
Moulin (Le), 650, 684-5.
Moulins de Gap : La Blache, 15 ; de Bonne, 676 ; Borel, 173, 539 ; de Burle, 536, 639-40, 546, 549, 577, 679 ; b, 8 ; de Charance, b, 348-9 ; des Cordeliers, 558.
Moulins de Lettret, b, 190 ; Mison, 317 ; La Rochette, 455 ; Tallard, 351.
Mouret (Mérande), hôtesse, b, 242.
Mourgue (Scipion), préfet, 448-9.
Moustiers (de) Guil., 281 ; Jean, 503 ; b, 223 ; Lucrèce, b, 463.
b, 223 ; Lucrèce, b, 463.
Mouture (Droit de), 378.
Moynier (Franç.), b, 463 ; Jean, 260, 397 ; not., b, 439.
Mummolus, 131, 138-40, 142-3.
Munich, b, 432.
Municipalité de Gap, 20-1, 272.
Murailles de Gap, 10, 18, 39, 152, 371, 398, 433 ; b, 215 ; de Pertuis-Rostan, 669.
Murat (Jn), maire, b, 273.
Mure (La), 466, 578, 627, 669 ; b, 358, 399.
Mures (cap^e), 654.
Musée : archéolog., 335 ; départ., 42, 529 ; b, 439.
Musique (Maîtres de), 172.
Muston, pasteur, 392.
Mutonis, (Jn-Benoît), not., 620, 624-5, 688 ; Michel, b, 84 ; Pierre, juge, 507, 518.

Nantes, 10, 98, 490, 586, 693, 696, 704, 706; b, 21, 25, 65, 206.
Naples, 304, 318, 424, 457, 471.
Napoléon, 241 ; b, 403.
Narbonnaise, 77, 91-2, 121.
Narbonne, 91-2, 191-2.
Narbonne (de), év. de Gap, 95 ; b, 386-97, 407, 447.
Nas (Georges), b, 261, 442 ; Jeanne, b, 51 ; chan., b, 320.
Natal de Seyne, capucin, b, 114.
Nazaire (St), 97, 99.
Nazareth (monastère de), 371.
Neffes, 14 ; b, 179, 272, 501.
Nègre, curé de Montgardin, b, 177.
Nel (Pierre), b, 423 ; Pons, b, 457.
Nérac (Paix de), 653.
Néron, 91.
Nestorius, 129.
Neufchâteau (de) Franç., 46.
Neufchâtel, 538, 541, 549, 557.
Neufville (de), duc de Villeroy, b, 318.
Neustrie, 148-9.
Névache, 86.
Nevers, 126 ; b, 87 ; év., 357 ; b, 307, 431.
Nibles, b, 357.
Nice, 140, 182 ; év., 306, 311.
Nicée, 114.
Nicéphore, 178.
Nicolas IV, pape, 306 ; év. de Riez, b, 192 ; év. de Viviers, 262.
Nicolas de Briançon, b, 14, 17 ; de Toulon, b, 166.
Nicolas (Jacq.), 297, 329 ; Pierre, 397 ; Rose, vi.
Nicolet (de) Guil., 330.
Nîmes, 114, 308, 310, 360 ; b, 157, 289, 362, 429.
Nisier (St), év. de Lyon, 132 ; patriarche, 133.
Nizar (Albert), troubadour, 259.
Noailles (de), archev. de Paris, b, 206, 258, 289, 321, 331.

Nodier (Ch.), 39.
Nogent-sur-Seyne, 357.
Nom (Le) et les deux premières enceintes de Gap, xv, 58-9, 66.
Normandie (duc de), 352 ; b, 84.
Normands, 209, 217.
Nostradamus, ix, 271-2, 297, 318, 338, 341-2, 371, 392, 399, 430, 436, 453, 489.
Notables de Gap, b, 395, 416.
Notaires: Arles, 107 ; Dévoluy, 265 ; Embrun, b, 310 ; Gap, xviii, xxi, 260, 264, 304, 316, 330, 350, 366-7, 393, 396, 402, 417, 426, 481, 483, 485, 495-6, 500, 503, 528, 563, 568, 602, 607, 620, 624, 643, 662, 688 ; b, 48, 56, 66, 85, 88, 102, 130, 144, 161-2, 198, 204, 209, 234, 275, 277, 324, 343, 345, 354, 360, 363, 372, 376, 423, 435-6, 439-40, 442, 462-3, 487-9 ; Grenoble, b, 349 ; Marseille, 310 ; Rambaud, 366 ; St-Bonnet, 445 ; St-Étienne-en-Dévoluy, b, 348 ; St-Julien-en-Bochaine, 298 ; La Saulce, v ; Sisteron, 297, 314, 689 ; Ventavon, 26 ; Veynes, 483.
Nouvelli-Garcin, de Gap, 495.
Novalaise, abbaye, b, 380.
Novice (de) Raymond, not., 314.
Noyer (Le), 290-1, 359, 364, 399, 477, 518, 586, 701 ; b, 34, 144, 272, 407, 446.
Nugent (de), préfet, b, 448.
Nyons, 434, 657, 681 ; b, 313, 338, 365.

Oberziner (J.), 91-2.
Obverche (d') Jacq., consul, 448 ; b, 230.
Oddou (Guil.), syndic, 304.
Odilon, év. de Gap, 235.
Odo (Franç.), 329 ; Guil., 277, 329 ; Jean, 315 ; chartreux, 324.
Odonibus (de) Odo, 329.
Œcolampade, 540.

Offices divers, b, 87, 99, 292.
Olier (Gaspar), 620. Voir Montjeu.
Olivetan, cousin de Calvin, 543.
Olivier, archev. d'Aix, 477.
Olivier (Jean), de Laye, 339.
Ollive (Franç.), curé de Gap, 620.
Ollivier (Élisée), chirurgien, b, 104; Jules, juge, vii, xxi, xxiii; Pierre, not, b, 440; religieux, b, 346.
Olphe-Galliard (Léon), ornithologiste, 563.
Olphi (Ant.), not., 563, 565.
Ombriens, 713.
Omnebonum, év. de Vérone, 262.
Orange, 86, 121-2, 124, 126, 193, 333, 714; b, 338; princes, 344, 509.
Orange (d') Rambaud, 334; b, 457.
Orcière (d') Claude, 503; Gabriel, 563.
Orcières, 177, 189, 196-7, 234; b, 272.
Ordéric, moine, 222-3.
Ordonnances: épiscopales, 288, 299, 306; b, 158, 163, 264, 385, 416; royales, 707; b, 12, 60, 62.
Ordre de Malte, 25; b, 187, 231, 470; de St-Louis, b, 413.
Orfèvres: à Aix, b, 202; à Gap, b, 324, 372; à Sisteron, 366.
Organisation municipale, 705.
Organiste, orgues, 478; b, 368, 510.
Orléans, 127, 129, 683; b, 12.
Orléans (d') Louis, 518; Marie, 440; Philippe, régent, b, 300; duc, b, 395.
Ornano (d') Alph., 653 677, 684, 692.
Ornements, 336, 351.
Ornithologie, 563.
Orpierre, 231; b, 187-8, 299, 358.
Orres (des), 665.
Orsière (d') Anastasie, 483.
Orthographe (Réforme de l'), 710-2.
Ortroy (Van) Fr., bollandiste, 675.
Orvieto (Italie), 301.
Ostie (Italie), 171.

Othon I, év. de Gap, 214, 235; II, id., xxxv, 51, 266-7, 283-300, 308-9, 505, 568, 571; b, 86, 195.
Oside (Ste), martyre, 107.
Oulx, 73-4, 182; prévôté, 195, 268; b, 17, 455.
Ouragan, b, 397-8.
Ours de St Arey, 145, 176-7, 181.
Ours (Mont de l'), 196.
Owen, xxxiii.
Oze (d') Franç, moine, 331.

Pacôme, 177.
Paderborn (Wesphalie), b, 408.
Pagi (Le P.), 190, 209, 327, 368, 422, 428; b, 247, 249.
Palais de Latran, 558; épiscopal. Voir Maison.
Palestine, 191, 237, 252; b, 32.
Palisse (de La) Joachim, 567.
Palluel, quart. de Gap, 47.
Palmerii (Ant.), 503; Jean, 449.
Palu (La), chan., 596, 611, 613, 682.
Pampelune, 675.
Pape (Gui), 457-60, 471.
Papebroch, bollandiste, 146.
Paquiers (de), 676, 684.
Paramelle (abbé), 116.
Parat, consul, b, 75.
Paris, xv, 27, 97, 129, 143, 149, 186, 190, 368, 480, 538, 691, 702, 709; b, 144, 146, 156, 195, 224, 240, 255, 264, 313, 402-3, 416; archev., b, 157, 195, 258; biblioth., 258.
Paris (Ardouin), b, 18; Nicolas, év. de Riez, b, 191-2; promoteur, b, 159.
Paris (de) Jos., éminence grise, b, 87, 92, 94-5.
Paris (Isère), b, 102.
Paris (N.-D. des), b, 180.
Parisière (de La), év. de Nîmes, b, 289.
Parisis (de), Pierre, 324.

Parlement : de Dauphiné, 22, 449, 460, 465, 498, 508, 510, 561, 690 ; b, 16, 23, 55, 59, 76, 82, 86, 121, 154, 210, 212, 230, 256, 329, 378 ; de Provence, 58, 567 ; b, 58, 79-81, 285, 436.
Parme, 488 ; b, 146.
Paroisses : Chauvet, 52 ; Larche, 38 ; St-André-lès-Gap, xxiv, 186, 274 ; St-Arnoux de Gap, 186.
Partiment (Le), ruisseau, 16.
Pas de Suse, b, 93.
Pascal II, pape, 235.
Pascal (Blaise), b, 275 ; Franç., b, 349 ; Jean, b, 295 ; Michel, b, 440 ; Véran, curé, b, 213.
Pasquier, 715.
Passages des Alpes, 521.
Patac. (Georges), b, 66, 77 ; consul, b, 466.
Patègues, 296, 316.
Patras (Ét.), prêtre, 508.
Patriarches d'Alexandrie, 353 ; Constantinople, 112 ; Jérusalem, 364.
Patrices, 138, 165-6, 190, 212.
Patrouilles, 494.
Pâturages, 17, 254, 268, 306-7, 324-5, 473.
Pauchon (Honoré), b, 14, 191.
Paul (St), apôtre, 99, 103, 107, 177.
Paul de Cigale, religieux, b, 218 ; de Marseille, capucin, b, 42, 281.
Paul V, pape, b, 23.
Paul (Jean), not., b, 324, 343 ; greffier, 284 ; secrét., 343, 376.
Pauletti (Jean), b, 16.
Paulin (St), xxxvi.
Pavie (Italie), 107, 137, 255, 521 ; b, 81.
Péages, 311, 313, 439, 567 ; b, 188.
Pécout (Henri), xv, 380-1.
Peintures, 96, 103, 171, 227 ; b, 443.
Peiresc, 58.
Peirousse (de La) Honoré, b, 166.
Pelat (de) Charlotte, b, 285.

Pèlerinages : Avignon, 474 ; Embrun, 478 ; Montpellier et St-Jacques de Compostelle, 474.
Pelléautier, 33 ; b, 179, 242, 272, 503.
Pellegrin, proc., b, 354.
Pellenc (abbé), v.
Pelvoux, 40, 48 ; b, 360.
Pénitents : blancs, b, 9, 49, 135, 162, 266, 413, 435 ; bannière, 10 ; recteurs, 49, 354, 436 ; noirs, 162, 465.
Pensions, 299, 694.
Pépinières, 45 ; b, 454, 469.
Péréfixe, év. de Rodez, b, 157.
Période révolutionnaire, v-vi.
Pérouse (de), év. de Gap, xxv, 50, 95, 111, 120, 123, 599 ; b, 378-86, 406, 447.
Perpignan, 78.
Perrin, historien, 390.
Pertuis-Rostan, 86, 88-9, 269, 669 ; b, 217.
Pérusse (de La) Jos., b, 209.
Pérussis, gouverneur, b, 188.
Pessalocii (Simon), b, 451.
Pestes : en 1483, 480 ; en 1520, 524 ; en 1564, 584 ; en 1630, 594 ; b, 15, 87-114, 126, 270, 351-2.
Petichet, vibailli, b, 197.
Petiet, préfet, b, 448.
Pétrobusiens, 197, 242, 245, 666.
Peutinger (Carte de), 57, 74.
Peyre (Jn), horloger, b, 389.
Peyruis, 84.
Peytieu (Jn), b, 174.
Philibert (Charles), b, 16 ; Claude, b, 84 ; Élie, b, 67, 84, 103 ; Georges, consul, 694 ; Henri, b, 226 ; Jacq., b, 275 ; Martin, 524 ; Pierre, b, 354, 371 ; Pierre-Jn-Franç., b, 395, 401, 417 ; chan., b, 152.
Philibert (de) Alex., b, 99 ; Franç., sgr de Venterol, b, 55.
Philipeaux, ministre, b, 90.
Philippe, martyr, 178 ; patriarche de Jérusalem, 364.

Philippe (Don), b, 361.
Philippe-le-Bel, 25 ; b, 457 ; de Valois, 352 ; le Hardi, 297.
Philippi (Lantelme), 260, 393.
Philisbourg, b, 240.
Philosophes, 107 ; b, 409.
Pie II, pape, 358, 381, 398, 414, 470, 469 ; b, 153 ; VI, b, 418 ; VII, b, 403 ; IX, 187.
Piégut (B.-A), 331, 393.
Piémont, 21, 199, 369, 385 ; b, 116.
Piémont (de) Ét., chan., 367, 402.
Pierre (St), apôtre, 99, 103, 177.
Pierre, archev. d'Arles, 328 ; év. de Grenoble, 279 ; le Vénérable, 197, 242 ; roi d'Aragon, 622.
Pierrefeu, mas, 215.
Pignerol, 410 ; b, 215.
Pilles (Les), 15, 495.
Pillage de Gap par les Protestants, 589, 627-45.
Pilot, 71, 74, 86-7, 91.
Pimbesche (de), b, 80.
Pin (Le), prieuré, 28, 700 ; b, 333.
Pina (de) Cl., 258 ; b, 269, 280, 284-5, 288, 320, 328, 348-9, 367, 443.
Pioulet, ministre, b, 23.
Pireti (Ant.), nonce, 428.
Pise, xxxv, 415, 424-5.
Pisse (La) ou Pelvoux, b, 422.
Plaisance, évêq., 427-8.
Plan-de-Fazy, 138.
Planpinet, 86.
Plateau de Bayard, 17, 344, 555 ; b, 34.
Platel (Jacq.), 652.
Plauche, not., b, 130, 440.
Plaussuti (Arnoux), b, 464.
Plessis-lès-Tours, 477.
Pline, 58, 70, 75, 82, 166, 713, 718.
Pô (Le), fleuve, 82, 85.
Podio Acuto (de) André, 393.
Poët (Le), 503 ; b, 359, 425.
Poètes, 430, 601 ; b, 94, 429.
Poids du blé, 55.

Poids et mesures, 377, 411, 473.
Poipe (de La) Ant., 451.
Poires gloutes, 560-1.
Poitiers, 150, 191, 647-8 ; b, 289, 320, 431-2.
Poitiers (de) Aymar, 355 ; Guil., ib. ; Henri, év. de Gap, xxxv, 355-7, 401 ; Othon, év. de Verdun, 355.
Police, 377, 379, 410-4.
Poligny, 290-1, 359, 364, 399, 477, 518, 586, 644 ; b, 143, 222, 272, 446.
Poligny (de) Anne, b, 202 ; Giraud, consul, 410 ; Jacq., b, 222 ; Jean, 524 ; Ursuline, b, 272.
Pologne, 615, 623, 654.
Poltrot, 587, 621, 683.
Polybe, 82, 88.
Pomet, 301.
Poncet (Guichard), 111 ; Jacq., 393, 397 ; Jean, 503 ; Rose, b, 285.
Ponnat (de) Cl., chan., 326.
Ponse (Pierre), huissier, b, 227.
Ponsonet (Marg.), b, 480.
Pont (du) Pierre, commr, 276.
Pontaujard (de) Paul-Franç., b, 358.
Ponthion, 193.
Pontis (de) dame, b, 42.
Pont-St-Esprit, 89, 435.
Ponts de Brion, 669 ; du Buëch, 269 ; de Burle, 19 ; b, 93 ; de Laye, 181 ; de Montereau, 435 ; du Mont-Calvaire, 539 ; de St-Clément, b, 216 ; de Savines, 492 ; b, 217 ; de Sorgues, 184 ; La Barque, b, 62.
Population de Gap: 10, 55, 583, 694 ; b, 110 ; de Tallard, b, 138.
Port-Royal, 657.
Portes de Gap: Colombe, 19, 401, 406, 547, 641 ; b, 265, 278, 467 ; Chauchière, 19 ; b, 245 ; Garcine, 19 ; Jaussaude, 19, 39, 401 ; b, 90-1, 108 ; Lignole, 19, 39, 401, 410, 417, 450, 539 ; b, 123 ; St-Arey, 19, 81, 173, 401, 407, 547, 682 ; b, 21,

90 ; Sarrasine à Embrun, 207. Portes (de). Bonne, b, 121 ; président, 604.
Portier (Louis), auditeur, 510.
Poste aux lettres, b, 355.
Potentissimus, év. de Gap, 189-90.
Pouillé du diocèse, 67.
Poupardin (René), xv, 195, 202, 210.
Pouvoir temporel, xv.
Pouzol (Jos.), docrtin., b, 346.
Prachin (Guiraud), 324.
Prapic, ham. d'Orcières, 196, 199.
Prat (Arnaud), de Curbans, 366.
Praux (des), baron, 339.
Prayers, b, 382.
Précenteurs, 260, 293, 503, 620 ; b, 379.
Précis de l'hist. de Gap, xi, 1.
Prêcheurs (Frères), 28, 266, 282, 293, 301, 305, 342, 354, 699-700 ; b, 212, 471-5. Voir Dominicains, Jacobins.
Prédicateurs, 408-9, 435, 535, 671-5 ; b, 4-5, 7-9, 16, 33, 36, 362 ; protestants, 538, 541, 558.
Prédications de Farel, 538-49.
Préfecture (Hôtel de la), 40, 334 ; b, 458.
Préfets: de l'église d'Aix, 287 ; des Gaules, 92 ; des Hautes-Alpes, 87, 719 ; b, 403, 427, 448, 459.
Préséances, b, 122, 229, 232, 241, 263-4, 273, 276.
Présents, 410, 418, 521 ; b, 123.
Prévôté: de Chardavon, 24 ; b, 204, 384 ; d'Oulx, 182 ; b, 17, 455.
Prévôts: Apt, 307 ; Barjols, 448, 460 ; b, 230 ; Cruis, 296 ; Embrun, 342 ; b, 307 ; Gap, 276-7, 304, 313, 315, 346, 503, 617 ; b, 320, 412, 509-12 ; Riez, 443 ; Romette, b, 381 ; St-André de Grenoble, 277 ; St-André de Rome, 459 ; St-Didier d'Avignon, 448 ; b, 230 ; Sisteron, 690.
Prieurés: Beaumont, 234 ; Curbans, 28 ; Domène, 235 ; Lagrand, 267 ; Orcières, 26 ; Pin, b, 333 ; Romette, 26, 577, 700 ; St-André de Gap, 14, 25, 234, 293 ; b, 16 ; St-André-de-Rosans, 211 ; St-Arey de Gap, 168 ; b, 17, 24 ; Ste-Colombe, 558 ; St-Géraud de Montgardin, 531, 587 ; St-Mens-lès-Gap, 459-61.
Prieurs: Aspres-sur-Buëch, 278, 687 ; Barras, 691 ; Beaumont, 298 ; Bertaud, 293 ; b, 293 ; Dromon, viii, 23 ; Durbon, 244, 247, 272, 274, 278, 321, 324, 345 ; Lagrand, 299 ; Manteyer, 687 ; Melve, 691 ; Méreuil, b, 415 ; Monêtier-Allemont, 617 ; Montbrand, 687 ; Pelleautier, b, 242 ; Reynier, 23 ; Romette, 26, 328, 330, 564 ; b, 241 ; St-André de Gap, b, 134, 470 ; St-André-de-Rosans, 687 ; b, 256 ; St-Arey-lès-Gap, 620 ; b, 470 ; St-Jean de Montorcier, b, 511 ; St-Mens, 687 ; b, 202, 470 ; Serres, b, 415 ; Sigottier, b, 180 ; Tallard, b, 26, 141, 202 ; Upaix, 389, 687 ; b, 293 ; Valbonnais, b, 202 ; Vignaux, b, 511 ; Volone, 690 ; b, 26, 509.
Princes, 4, 8, 90, 173-4, 196, 253, 267, 285 ; d'Anjou, 437 ; de Condé, 649 ; de Conti, 576 ; b, 352, 361, 375 ; des Dombes, 684 ; d'Embrun, b, 305 ; de Lorraine, 664 ; du St-Empire, b, 311 ; de Salerne, 296, 319.
Prisca, vierge, 223.
Prise de Gap par les Protestants, 589, 627-45 ; b, 218.
Prisonniers, 267, 285, 195, 425, 438, 451, 460, 543, 551, 589 ; b, 97, 187, 417.
Prisons à Aix, 460 ; à Gap, b, 463.
Privas (Synode de), b, 6.
Privilèges: des Dominicains, b, 212 ; de Durbon, 251, 254 ; de l'église de Gap, 263-6, 279, 346, 424, 426, 436, 506, 518, b, 11, 57, 160, 349 ;

de l'évêq. de Gap, 256, 263 ; de Guillestre, b, 216 ; de la ville de Gap (Voir Libertés).
Probus, lecteur de St-Arey, 151, 165, 174, 179.
Procédures, 329, 333, 336, 343, 395, 414-5, 432-3, 439, 456, 462, 469-70, 508, 566-8, 572 ; b, 43, 55-6, 58, 63, 125, 135, 188, 210, 167, 273, 334, 348, 359, 382, 391.
Processions : à Durbon, 321 ; à Gap, 351 ; b, 5, 14, 17-8, 24, 42-3, 49-50, 109, 135, 265-7, 269-70, 272, 335, 412, 416, 455 ; à N.-D. du Laus, b, 10, 172-3, 176-9 ; à Marseille, b, 9 ; à St-Maurice de Valserres, 700 ; b, 415 ; à Tallard, b, 138-9.
Procession du St-Sacrement, ix, 39, 47, 102, 113, 535-6.
Procureurs : généraux, 444, 500 ; b, 55 ; du bailliage, b, 494 ; du Roi, xix, 404, 563, 602, 665 ; b, 84, 129, 247, 267, 364, 372, 417, 440, 463, 492 ; de la ville, b, 489-491.
Produits végétaux, 17-8, 59, 400.
Professeurs : du collège, b, 324, 403 ; de l'École centrale, b, 312-3, 403 ; du Séminaire, b, 486.
Prophéties, 170, 671-2 ; b, 38.
Provane (Arnaudin), 396.
Provansal (André), b, 454.
Provence, xv, 10, 12 et *passim* ; b, 7, 9, 43, 58, 79, 81, 153, 187, 278, 285, 436.
Prudhomme, xv, 601.
Prudhommes, b, 354.
Prunières, 647.
Prunières (de) Balthazar, b, 358 ; dlle, b, 285. Voir Estienne.
Ptolémée, géographe, 58.
Puget (de) Jos., vic. g, b, 306, 394.
Puget (du) Henri, év. de Digne, 306, 308.
Pugnat (Pierre), fermier, 481.
Pugnet (Jacq.), 316.

Puits Virolet à Gap, 170.
Puy (cap^e), 641.
Puy-Cervier, mont, b, 177.
Puy (du) Rodolphe, 313.
Puymaure, Puymore, 17-8, 21, 68, 78, 208, 573, 596, 691, 671, 673, 675 ; b, 23, 25, 35, 38, 41, 55, 59, 62, 115, 215 ; forteresse, 21, 68, 202, 658, 671-9, 691 ; b, 19, 38, 61, 95, 114, 467 ; gouverneurs, 19, 71, 102 ; vin, 47, 317.
Puy-Ponson, monticule, 18.
Puy-Sagnières (Chemin de), 85.
Pyrénées, 78, 82, 124, 141, 191.

Quades, 124.
Quesnel, b, 274, 304-5, 313, 315, 343.
Queyras, vallée, 666-7 ; b, 215.
Queyrel (Famille), 34 ; Gaspar, not., 568 ; Thomas, 689.
Quinze-Vingts, b, 416.

Rabety (Geoffroi), év. de Riez, 351.
Rabot (Bertrand), cons^r, 510.
Rabou, 14, 17, 208, 249, 256, 264, 320 ; b, 242, 272, 277, 348, 501.
Raige, directeur, b, 450.
Rambaud, 14, 16, 256, 291, 295, 359, 364, 399, 403, 477, 508, 536 ; b, 171, 272 ; bois, b, 273 ; château, 285, 290 ; b, 27 ; église, b, 143 ; ermite, b, 14 ; not., 366.
Rambaud (André), 439 ; Chérubin, not., xviii, 607 ; Honorat, 546, 710-12 ; Lantelme, 474 ; Pierre, 277, 349.
Rame, 73, 75, 85, 88, 90, 140, 199.
Rame (de) Guil., 329 ; Laurent, 331 ; Mathieu, 665.
Ramissac (Claude), de Lyon, 641.
Ranquet (Cath^e), ursuline, b, 479.
Raphaël, proc., 439.
Raphaël d'Avignon, b, 23.
Rappelin (Guil.), 330 ; Jean, b, 354.
Rastel de Rocheblave (de), b, 357.

Rauque (Vital), b, 54.
Ravenne (de) Ant., 484.
Raymond-Bérenger, 430.
Raymond I, év. de Gap, 342 ; II, id. Voir Mévouillon.
Raymond IV, comte de Toulouse, 271, 430.
Raymond (Guil.), b, 452 ; prévôt, 277.
Raynaud (Pierre), 400.
Rayne (Franç.), 329.
Rayvelini (Jean), 366.
Ré (Ile de), b, 402.
Rébellions, 436, 567.
Reboul (Jn), 48 ; b, 129.
Receveurs : des finances, 43 ; des tailles, b, 295 ; généraux, b, 362.
Recherches histor., 190, 212 ; sur les Antiquités dauphinoises, 71, 75, 87.
Reconnaissances. Voir Hommages.
Recrosio (R.), év. de Nice, 306, 311.
Recteurs : de l'hôpital de Gap, b, 464 ; des Jésuites, b, 134, 251, 307 ; des pénitents, b, 10, 49, 354, 436 ; du séminaire, b, 185.
Recueil de circulaires de Mgr Arbaud, xxv, 364, 427.
Recueil de réponses... Élection de Gap, xvi.
Rédortier, 309, 359, 477.
Réforme (Débuts de la), 524-58.
Régale (Droits de), 24, 242, 253, 257, 282, 330, 477 ; b, 76-7.
Régents d'école, b, 54.
Régis, jésuite, xix, b, 251.
Réglements : bibliothèque, xxi ; boucheries, 378, 412 ; constitution municipale, 707 ; denrées, 410 ; élection épiscopale, 487 ; impôts, 570 ; Miséricorde, b, 328 ; police, 410-4 ; protestants, 581-2, b, 1, 25 ; vins étrangers, 317.
Reims, 97, 440 ; b, 6.
Reinaud, historien, ix, 114, 203, 206-8.
Reines, 28, 145, 148, 655.

Religieuses : de St-Joseph, b, 246, 465, 480-2 ; Ursulines, b, 48, 196, 272, 279, 453.
Reliques, 100, 112, 228, 236, 594 ; b, 14, 77, 162, 392.
Rémède, Rémi (St), év. de Gap, 110, 112-4, 118, 122.
Remolon, b, 176.
Remparts. Voir Murailles.
Remusat (Raymond), 340.
Renaud de Villeneuve (Franç.), év. de Viviers, b, 311.
Rencurel (Benoîte), bergère, 595 ; b, 168, 170, 174-5, 178, 183, 279 ; Guil, b, 183.
René, roi, 453, 457-9, 466.
Rennes, 149, b, 403.
Rénouard, histor., b, 408.
Rentes d'Embrun, 478, 521.
Réotier, 667.
Représentants du peuple, b, 202, 443.
Requêtes, 322, 414, 697-9.
Réunion : du Gapençais au comté de Forcalquier, 214 ; au Dauphiné, 6, 266, 486, 502, 561, 567 ; b, 153 ; du Dauphiné à la France, 608.
Rève (Droits de), 433, 473 ; b, 54-6, 62, 257, 370, 406.
Revenus : de l'évêché, 659 ; b, 401, 406, 446 ; des Dominicains, b, 214, 242 ; de Romette, b, 241 ; des Ursulines, b, 241 ; de la ville de Gap, 53, 705.
Revillasc (de) Franç. et Guil., b, 241 ; Jean, 366 ; Jn-Cl., 68 ; Louis, 687 ; de Colonne, b, 358.
Revue du Dauphiné, xii, xxi-ii, xxiv, 258, 530.
Rey (Gilet), 397.
Reybaud (Alex.), b, 285.
Reymont (L.-T.), théologal, b, 412.
Reynaud, préfet, b, 448.
Reynier, 292, 335, 341, 359, 477, 517-8, 523 ; b, 98, 359.
Reynier (de) Pierre, 338.

Reynier (Franç.), b, 191 ; Jacq., 563 ; J.-B., 601 ; Pierre, doyen, 307, 330.
Reynu, cabaretière, b, 243.
Reyvelin (Jacq.), 563.
Reyveliny (Jean), b, 61.
Rhin, fleuve, 78, 125.
Rhodane, chef lombard, 140.
Rhodes (chev. de), 333. Voir Malte.
Rhône, fleuve, 81-2, 84, 85-7, 89, 107, 140, 192-3, 216, 268, 400, 714.
Riambourg (de), 238.
Riant (comte), 114.
Ribeyret, b, 256.
Ribiers, b, 359, 480.
Richaud (Ant.), prieur, 691 ; J.-C., imprimeur, 187 ; médecin, b, 285.
Richelieu, 13, 478 ; b, 49, 87, 126, 146.
Richer (de) Michelon, 435.
Richier (Jacob), sculpteur, 42 ; Jacq., chan., et Pierre, 484.
Ricou (de) Franç., juge, b, 157 ; Jean, chan., b, 227, 261, 274, 464 ; proc., b, 162, 164, 223, 274-5, 463 ; Pierre, avocat, b, 162, 191, 234.
Rieux, doctrinaire, b, 291.
Riez, 93, 97, 119, 123, 139, 190 ; b, 132, 438 ; diocèse, 299 ; évêq., 299, 351, 443 ; b, 192 ; prévôt, 443.
Rimails, forêt, 254.
Rioms, 231.
Rioufroid, 248.
Rioutort, 16.
Ripert le Simoniaque, év. de Gap, 51, 214, 218-9, 221, 224, 227, 231.
Riquetti (de) Ant. et Jn-Ant., marquis de Mirabeau, b, 285 ; Victor, tribun, 478 ; b, 286.
Rives (de) Hugues, chartreux, 324.
Rivières : Buëch, 76, 105, 114, 254, 319-20, 322 ; Doire, 138 ; Drac, 26, 36, 45, 83, 181, 196-9, 348, 575 ; b, 176 ; Durance, 14, 23, 76, 80, 83, 87, 105, 118, 125, 139 ; 144, 153-4, 228, 272, 291, 313, 340, 351, 504, 508, 642, 651 ; b, 168, 179, 216, 359 ; Guil, 75 ; Isère, 78, 86, 140, 715 ; Luye, 14, 52, 78, 287 ; b, 8, 171 ; Meuse, 216 ; Saône, 193, 216 ; Ubaye, 215 ; Vence, 176.
Rizoul (André), b, 163 ; Ant., b, 58.
Roane, mont., 43, 196.
Roanne (Loire), b, 128.
Robadilla, prédicateur, 675.
Robert, év. de Gap, 266, 279-83 ; b, 453 ; roi de Sicile, 332, 342, 344, 346, 430 ; b, 189.
Robert (Franç.), chan., b, 190-1 ; Gabriel, b, 41 ; Hugues, 402 ; Jacq., 330 ; Raymond, 349 ; dit *La Fleur*, 171, 173.
Robespierre, b, 424.
Robin (Guil.), not., 310.
Robion (Terre de), 479.
Rochas (Ad.), vi, xix, xxi, 11, 68, 271 ; b, 83, 145, 147 ; André, b, 440 ; Ant., 122, 129, 132 ; Firmin, 572 ; Georges, b, 84, 103 ; Guil., 330 ; Ignace, b, 354 ; Jacq., b, 296 ; Jean, b, 84 ; Louis-Ignace, b, 353-4 ; Paul, b, 122, 254.
Rochas (de) Franç., b, 463 ; Jacq.-Franç.-Jos., 216, 250 ; Jos.-Domin., viii, xx, xxxvii, 1-2, 6, 11, 50, 71, 100-1, 120, 294, 362, 381, 403-9, 415 ; b, 55, 57, 369, 382-4, 395, 450, 455, 458, et *passim* ; Marie-Jos.-Eug., juge, 101.
Rochas d'Aiglun (de) Albert, 101.
Roche (Célestin), b, 150 ; Ét., consul, b, 70-1.
Rocheblave (de), b, 357-8.
Roche-des-Arnauds, 14, 89, 243, 276, 283, 320-1 ; b, 17, 272, 362 ; baron, 669, 680 ; château, 613 ; comte, b, 19 ; délimitation, 249 ; mandement, b, 163 ; sgrs, 330, 353, 396 ; b, 16, 466.
Roche-de-Rame, b, 246.
Rochelle (La), 608 ; b, 6, 35, 87.

Rochette (La), 43, 74-5, 455, 519-20, 533, 560, 577, 647 ; b, 269 ; ermite, b, 14 ; sgneurie, 690 ; b, 318 ; sgrs, 503, 647.
Rodez, b, 157, 186, 316, 338.
Rodolphe I, 203, 206, 210 ; II, 210 ; III, le Fainéant, 210, 216.
Rodulphe, év. de Gap, 214, 217, 235.
Rodulphe (Pierre), 371.
Roger (Baudon), 481 ; b, 464.
Rois: Aragon, 275, 438, 622 ; Austrasie, 127, 166 ; Berry, 717 ; Bourgogne, 193, 206, 209-10 ; Burgondes, 121, 125-7, 131, 166 ; France, xI, 6, 22, 25, 96, 121, 210, 286, 297, 355, 368, 425, 440, 449, 451, 457, 487, 489, 490, 500, 564, 569, 607-10, 630, 635, 647, 652, 683-4, 686, 694 ; b, 2, 6, 43, 49-50, 73, 94, 124, 131, 142, 146, 153, 197, 205, 231, 260, 297, 306, 402, 419, 446 ; Jérusalem, 279, 406, 428, 430, 477 ; Lombards, 144 ; Naples, 304, 424 ; Navarre, 684 ; Rome, 240, 242 ; Sardaigne, b, 361 ; Sicile, 272, 279, 308, 313, 318-9, 327, 332, 338, 344, 406, 423, 430, 436, 460, 466, 477 ; Suède, b, 176 ; Visigoths, 126.
Rôle de la commanderie de Gap, 68.
Rôle des évêques de Gap, 5, 97, 113, 129, 190 ; b, 144, et *passim*.
Rolland (Ét), avocat, b, 118 ; Martin, cape, b, 82 ; constituant, b, 403 ; not., b, 88, 91, 97.
Rolland la Baume (César), b, 296.
Rollin, 713-4.
Romains, 57, 62, 64, 66, 74, 82, 87, 89, 91, 99, 102, 125, 128.
Roman (J.), xv ; b, 495.
Romane (de) avocat, b, 324, 354, 395.
Romans, 326, 352, 355, 393, 574, 606.
Rome, 81, 99, 102, 107, 117, 133, 145, 151, 158, 160-1, 170, 174, 176, 182, 190, 198, 210, 214, 218-9, 240, 244, 252, 257, 293, 297, 327, 358, 414, 425, 431, 451, 488, 496, 607, 675 ; b, 4, 32, 146, 174, 195, 306, 394, 399 ; Académie, 227 ; monastère de St-André, 159 ; palais du Latran, 558.
Romette, 14, 25, 43, 181, 275, 277, 281, 306, 331, 334, 343, 576, 578-9, 581, 586, 610 ; b, 242, 269, 333, 379, 380-1, 399, 463 ; château, 576, 579 ; curé, b, 399 ; juge, b, 501 ; monastère, 278 ; prieuré et prieurs, 26, 328, 330, 564 ; b, 241.
Ronzier (Geneviève), b, 482.
Roque (La), cape, 661,
Roquemaure, 84, 86, 89.
Rosans, 75, 89, 208 ; b, 256.
Rosines, tor., 16, 652.
Rosset (Ant.), 276. Voir Rousset.
Rossignol (Jn-Jos.), jésuite, b, 422.
Rostaing (Baudon), 562 ; Gaspar, 694 ; Lantelme, 277.
Rostaing La Coste (Jacq.), b, 68-70.
Roubaud (Élisée), maire, 558 ; b, 324 ; Noël, avocat, b, 285, 292 ; Pierre, b, 364 ; consul, b, 395 ; médecin, b, 30.
Rouf (Géraud), 540.
Rougier, curé, b, 399.
Roure, recteur des pénitents, b, 43, 135.
Rousseau (Jn-Jacq.), b, 259.
Rousset, ham. de Curbans, 28, 85.
Rousset, prieuré, b, 333 ; sgneurie, 496, 503, 647.
Rousset (de) Albert, 647 ; Ant., 276, 503 ; Aynard, 503 ; Louis, chan., 568 ; Madele, 647 ; gouver. de Gap, 598.
Roussillon (de) Gérard, 349.
Roussillon (Ursolin), 73-4, 583, 625.
Roussy (de), préfet, b, 448.
Routes et chemins, 44, 52-3, 78, 82, 84, 85, 88, 99, 140, 173, 336, 340, 519-20, 531-3, 560, 562, 576-7, 653-4 ; de Grenoble, b, 454 ; du Laus,

b, 182 ; de Provence, b, 265, 456 ; de Veynes, b, 89, 95.
Rouvière (Jn), b, 464.
Roux (Bertrand), 244 ; fermier, 481 ; juge, b, 310.
Roux (de) Cu·l., 430.
Roveria (de) Guil., 287, 293.
Rovrière (La) ou Rivière, prieuré, 531.
Roy (du) Jean, 496.
Royaume d'Arles, xv, 216 ; de Provence, xv, 195, 210.
Ruelle (Ant.), de Serres, b, 335
Ruffi (Raymond), 296 ; historien, 235.
Ruffo (de) Guil., 445 ; Jacq., 330 ; Jean, 396-7 ; not., 298.
Ruisseaux : Chapellet, 16 ; Luye, 587 ; Partiment, 16 ; Rieutort, 16 ; Turre'et, 15.

Sabine (Évêq. de), 348.
Sabi·e (Pierre), 329 ; Raymond, 260.
Sabinien, pape, 161-2.
Sacristains, sacristes, 277, 315, 331, 349, 360, 484, 503, 620 ; b, 47, 102-3, 123, 154, 320, 412, 510-2 ; de Chardavon, b, 385 ; de Fréjus, 482.
Sagittaire, év. de Gap, xxxi, 131-7, 139, 141-6, 148, 197.
Sagnières, ham. de Gap, 52 ; b, 118.
Sagnières (Philippe), chan., b, 44.
St-André de Gap, xxiv, 52, 153, 199, 215, 234, 293, 470, 620 ; b, 16, 127, 134, 453-4, 470.
St-André *de Orbello*, 299.
St-André-de-Rosans, 687 ; b, 256.
St-André-lès-Avignon, 235.
St-Antoine de Gap, b, 452-3, 470.
St-Antoine de La Baume, 27.
St-Arey-lès-Gap, 67, 182, 620 ; b, 17, 24, 353, 416, 455-6, 470.
St-Arnoux de Gap, vi.
St-Auban-d'Oze, b, 359.
St-Barthélemy à Fontaine-l'Évêque, 299.

St-Bernard (Petit), 87, 520.
St-Barthélemy, 610 ; b, 338.
St-Bonnet-en-Champsaur, 393, 418, 435, 445, 466, 491, 519, 528, 533, 584-5, 587, 605, 610, 664 ; b, 61, 126, 141, 262.
Ste-Catherine de Sorp, 299.
Ste-Claire (Hôpital de), 459, 464-5, 480.
St-Claude (Chan. de), b, 397.
St-Clément, 85 ; b, 216.
St-Cœur de Marie, couvent, 274 ; b, 451.
Ste-Colombe à Gap, 558, 694 ; b, 4, 37, 135, 207.
Ste-Colombe (sgr de), b, 358.
St-Cyr-Nugues, historien, 82.
St-Denys, abbaye, 257 ; b, 432.
St-Didier d'Avignon, b, 230.
St-Didier-en-Dévoluy, 234.
St-Didier (Puits de), 35.
St-Étienne à Gap, b, 459-60.
St-Étienne-d'Avançon, b, 168, 178.
St-Étienne-en-Dévoluy, b, 33, 348.
St-Étienne-de-Tinée, 182, 184.
St-Étienne (de) Jacq., de Gap, 330.
St-Gabrie', 73.
Ste-Geneviève de Paris, b, 316.
St-Geniès-de-Dromon, 215.
St-Genis (sgr de), b, 356.
St-Géraud d'Aurillac, 345, 531.
St-Germain, 107, 112, 579.
St-Germain (de) Ant., consul, 500 ; Gaspar, sgr de La Villette, 615, 617 ; Jacq., avocat, 367, 397, 400, 405, 444, 523 ; Olivier, 329.
St-Gilles, 250.
St-Graven, huguenot, 605.
St-Grégoire, commanderie, b, 452.
St-Guigues, col, b, 22.
St-Guillaume, chemin, 86 ; mont, b, 149.
St-Jacques de Malemort, 35.
St-Jacques (de) Guil., 287.
St-Jean-d'Angély, b, 40.

St-Jean-de-Chassagnes, 43, 52.
St-Jean de Jérusalem, commanderie, 334, 344, 366, 400, 497 ; b, 456-9, - 470. Voir Malte.
St-Jean de La Salle, 606.
St-Jean de Lyon, b, 195.
St-Jean-de-Montorcier, b, 357, 511.
St-Jean-des-Aires, 173, 280 ; b, 452, 459-60.
St-Jean-le-Rond, 100, 102, 196, 232, 366, 644 ; b, 28, 66, 356, 435.
St-Joseph (Couvent de), 25 ; b, 246, 465, 480-2.
St-Julien (de) Guigues et Rostaing, 331.
St-Julien-en-Bochaine, 254, 298; 321, 326 ; b, 245, 399.
St-Jullin, gouvern., 658, 660, 654, 658, 674, 676-7, 685.
St-Laurent-du-Cros, 14, 346-9 ; b, 35, 118, 176, 272, 420.
St-Laurent-en-Beaumont, b, 399.
St-Léger, 234 ; b, 2, 357.
St-Mamert, 174. Voir St-Mens.
St-Marcel, 136, 141-2.
St-Marcel (de) Armand, 329 ; Cl, sacriste, 503 ; Georges, 563 ; Gérard, 329 ; Guigues, sacriste, 349 ; Guil, 329 ; év. de Grasse, 327, 333 ; Hugues, 314, 568 ; Lantelme, chan., 287, 293, 304, 316, 329, 332 ; b, 78.
Ste-Marguerite, ham. de Gap, 52, 287.
Ste-Marthe (de) Denys, 98, 225, 231 ; Louis et Scévole, frères, 98, 231-2, 426, 623-4 ; b, 144.
St-Martin, bâtard, 669, 678.
St-Martin, commanderie de Gap, 24.
St-Martin-de-Queyrières, 269.
St-Maurice, mont, 126, 140 ; b, 168, 176-7, 183.
St-Mens, Méins, 4, 16-8, 66, 68, 81, 145, 152, 174, 276, 319, 365, 576, 687 ; b, 215-6, 292, 459-51, 470.
St-Papoul, 149 ; b, 420.

St-Paul (de) Georges, prêtre, b, 52 ; Jean, card., légat, 268 ; abbé, b, 156.
St-Paul-sur-Ubaye, 522 ; b, 215.
St-Paul-Trois-Châteaux, 83, 126, 137, 345, 364.
St-Philippe, mont, 33, 43, 526.
St-Pons, 330.
St-Pons de Thomières, 359.
Ste-Prisca, à Rome, 232.
St-Quentin, b, 121.
St-Remy en Provence, 73.
St-Roch, chapelle, b, 114.
St-Sacrement (Fête du), b, 13.
St-Simon (de) duc, xxxiii ; b, 92-3.
St-Simonniens, xlv-vi, 47.
St-Tropez, 194, 703 ; b, 42.
St-Vallier, sénéchal, 489.
St-Véran (de) chevr, 28.
St-Victor (de) Hugues, 179.
St-Victor de Marseille, 25, 215, 217, 221, 231, 245, 576 ; b, 333, 380.
St-Vincent (de) abbé, b, 399.
Saintes (Char.-Inf.), 97.
Saints (des) Jn, év. de Gap, 409-20 ; b, 117, 252.
Saisio (de) Raymond, 331.
Saix (Le), 449 ; baronnie, b, 163, 505 ; seigneurs, b, 87, 136.
Saladin, préfet, b, 448 ; sultan, 25".
Saléon, b, 155, 338.
Saléon (d'Ise de) Jn, b, 316, 338, 345, 356.
Salerne (de) prince, 267, 285, 291, 296, 303, 315-6.
Salle (de La) Ant, 326.
Salméron, prédicateur, 675.
Salonius, év. d'Embrun, xxxvi, 131, 133-7, 139, 141, 144.
Saluces, 205, 420 ; marquisat, b, 4.
Salusses, mont, b, 149.
Salvand (Guil.), 563.
Salvanhi (Louis), chan., 484.
Samosate (de) Paul, 555.
Samson, histor., 714-5, 718.

Sanchoniaton, 79.
Sanctis (de) Jn, év. de Gap, 264. Voir Saints.
Sancton, médecin, b, 105.
Sangle (de La) Cl., b, 231.
Santelli (Arnaud), 356, 400, 402 ; b, 61, 313 ; Fulcon, 260, 445.
Saôre, riv., 193, 216.
Sapière, font., 37.
Sardaigne, roi, b, 361.
Sarmates, 124.
Sarrasins, 7, 12, 29, 68, 189, 191-2, 194-6, 198, 200, 202-17, 237, 239, 245, 666, 672.
Sarrazin (Firmin), proc., b, 275, 296 ; Jacq., curé, b, 200 ; Pierre, consul, b, 75, 217, 296 ; avocat, b, 261.
Sasse, tor., 702.
Sassenage (Isère), 575.
Sassenage (de) Ant., 509 ; Henri, 434 ; marquise, b. 407-8.
Saulce (La), v, 32, 120, 208, 710 ; b, 51, 178-1, 220.
Sault, 206.
Saunier (Ant.), 542 ; Louis, 710.
Sauret (abbé), 493 ; Richard, b, 54, 61.
Sauret (de) Jean, 418-9, 432, 443. Voir Belle.
Saussay (du), 112-3, 121, 123, 227.
Sauvage (Jn), audit., 498, 508.
Sauvigny (de), intend., b, 350, 374.
Sauze (du) Robert, 484, 503, 508-9.
Savine (Pierre), 316.
Savine (de) Rambaud, 293 ; Victor-Amédée, abbé de Boscodon, b, 307.
Savines, 85 ; pont, 492 ; b, 217.
Savoie, 194, 438, 675 ; duc, 368 ; b, 4, 215.
Savonnière (de), b, 399.
Savournon, 404, 688 ; b, 44, 357-8, 360.
Saxons, 124, 131, 139, 159.
Say (J.-B.), économiste, b, 387.
Schomberg (de), maréch., b, 92.

Sclafanatis (de) Gabr., év. de Gap, 51, 96, 487-523, 561-2 ; b, 189, 264, 292, 310-1, 409 ; Jean, 524 ; Jn-Jacq., év. de Parme, 488 ; Sixte, 496, 524 ; Vincent, 498.
Scolastique, capucin, b, 129, 133.
Sculptures, b, 458.
Secrétaires d'État, b, 145 ; de la ville de Gap, xviii ; b, 354, 371, 376, 456, 487-9 ; généraux, 1, 11.
Ségalauniens, 84.
Séguier (Jacq.), év. de Lombès, b, 157, 186.
Seigneurs : Agnielles, 321 ; Agoult, 296 ; Aix, 396 ; Anjou, 349 ; Antonaves, 358 ; Aouste, b, 121 ; Argençon, b, 358 ; Aspremont, 432 ; b, 357 ; Aspres-sur-Buëch, b, 241 ; Aubiac, b, 386 ; Auriac, 615, 647 ; Avançon, 563 ; b, 278 ; Bâtie de Champrond, 361 ; Birac, b, 386 ; Camargue, b, 359 ; Celles en Berry, 553, 662 ; Céreste, 447-8, 460, 694 ; b, 230 ; Chaillol, 694 ; b, 103 ; Chalancon, 396 ; Champ, 464 ; Charance, 214, 226, 228 ; b, 16 ; Châteauneuf-d'Oze, 503 ; Châteauneuf-de-Bordette, 349 ; Clérieu, 349 ; Crottes, 329, 351, 665 ; b, 359 ; Diesme, 451 ; Entrevennes, 477 ; Étoile, b, 358 ; Eyrargues, 430 ; Furmeyer, b, 162 ; Gap, 655, 689 ; b, 44 ; Gordes, 588 ; La Croix, 473 ; Laric, b, 357 ; Laye, 339, 503, 563, 664 ; Lettret, 349 ; b, 190 ; Manteyer, b, 41 ; Melve, b, 18 ; Méreuil, b, 357 ; Mévouillon, 221 ; Montalquier, 335 ; Montbrand, 278 ; Montchenu, 349 ; Montfort, b, 7 ; Montmaur, 315, 321 ; Montmorin, b, 357 ; Montorsier, 461 ; Motte-Chalancon, 402 ; Moydans, b, 256 ; Nibles, b, 357 ; Noyers, 201 ; Oze, 330 ; Pilles, 496 ; Poët, 503 ; Poligny, b, 228 ; Prunières, 647 ; Reynier, 292, 512, 523,

b, 98 ; Ribeyret, b, 256 ; Roche-blave, b, 357 ; Roche-des-Arnauds, 321, 330, 353, 396 ; Rochefort, b, 256 ; Rochette, 503, 647 ; Rosans, b, 256 ; Rousset, 496, 503, 647 ; St-André-de-Rosans, b, 256 ; St-Genis, b, 356 ; Saléon, b, 155 ; Sigoyer-Malpoil, 292, 298, 497 ; Sorbiers, b, 256, 357 ; Thèze, b, 18 ; Thorame-Basse, 393 ; Tour-du-Pin, 311 ; Valgaudemar, 239 ; Valserres, 329 ; Ventavon, 244, 281, 503 ; Veynes, b, 499 ; Villar, b, 118 ; Villette, 615 ; b, 351 ; Vinay, 349.

Selle (La), tor., 16.

Séminaire de Gap, 100 ; b, 161, 164, 197, 250, 362, 469-70, 482-6 ; à La Roche, b, 163 ; de Tallard, 482 ; des Bons-Enfants à Paris, b, 204 ; de Viviers, b, 321.

Sémiramis, b, 266.

Sempronia, mère de S. Arey, 146.

Sénéchaux de Provence, 289, 308, 322, 325, 328, 489.

Senez, évêq., 295, 304, 306, 316.

Sentences, 297, 301, 306, 311, 313, 332, 342-3, 354, 370, 403, 463, 474, 566 ; b, 11-2, 61, 161, 412.

Sergents de l'évêque, 374 ; majors de Gap, b, 506-7 ; id., de Grenoble, 679.

Serigues, ham. de Gap, 43, 52.

Serments (Prestation de), 329, 350, 397, 449, 451, 477 ; b, 180, 350, 374, 415, 492.

Serre (du) Ch.-Salomon, év. de Gap, 6, 256, 258, 287, 329, 456, 704 ; b, 1-12, 257, 334, 435, 444, 465 ; Charles, chan., b, 45-9, 123, 160 ; Daniel, 16, 18, 27, 56, 63, 85, 103, 202, 435, 441 ; Louis, sr de Melve, 199, 201-2.

Serres, 70, 89, 184, 321, 501, 584, 617, 686 ; b, 62, 124, 177, 188,

296, 299, 335, 357 ; château, 613 ; cour, 393 ; prieur, b, 415.

Servien (de) Abel, b, 121, 145 ; Isabelle, b, 121.

Sestrières, mont, 84.

Sévigné (Mme de), b, 117, 206.

Seyne (B.-A.), 240, 661 ; b, 216.

Siagrius, év. d'Autun, 163.

Sicile (Rois de), 272, 279, 308, 313, 318-9, 327, 332, 338, 344, 406, 423, 436, 457, 459-60, 466, 477.

Siconiens, 70, 75.

Sicoriens, 78.

Sidoine Apollinaire, 128.

Sièges de : Chorges, 668 ; Embrun. b, 216 ; Gap, 189, 206, 267, 285, 296-7 ; Grenoble, 574-5 ; Guillestre, b, 215 ; La Rochelle, 608 ; Serres, 613 ; Tallard, 653-4.

Sigaud (Trou de), 34, 43.

Sigebert, histor., 203 ; roi, 149.

Sigismond, roi, 121, 126.

Sigottier, 70, 75 ; b, 26, 180.

Sigovèse, 717.

Sigoyer, 70, 75, 357 ; b, 27, 179, 259, 446.

Sigoyer-Malpoil, 292, 298, 359, 447, 497, 518.

Silius Italicus, 80, 88.

Simiane (de) Bertrand, chan.; 304 ; sgr de Gordes, 583, 597, 606, 610, 613, 616, 628-9 ; Guirand, 274.

Simler (Josias), 57.

Simphorianus, év. de Gap, 189-91.

Sion (de) card., 521 ; église, 360.

Siregno (de) Alexis, év. de Gap, 427-9.

Sisteron, 28, 73-4, 83, 93, 90, 120, 154, 201, 269, 293, 301, 313, 317, 322, 325, 346-7, 353, 400, 497, 631, 642, 653-4, 656, 701-3, 714 ; b, 89, 114, 217 ; archidiacre, b, 511 ; arrondissement, 228 ; chan., 367 ; diocèse, 268, 309 ; évêq., 171, 215, 250, 268, 432, 432, 489, 491 ; b,

311 ; not., 297, 314, 689 ; orfèvre, 365 ; prévôt, 690 ; ursulines, b, 196 ; vicomte, 205.
Sixte IV, pape, 666 ; b, 212.
Smith (Adam), économiste, 48 ; b, 387.
Soanen (Jean), év. de Senez, b, 296, 304, 306-15, 317, 320, 338.
Sociétés : d'agriculture, 42 ; Émulation, 174 ; b, 437 ; populaire, 7 ; b, 423, 437.
Soissons (comte de), b, 95.
Solignac, abbaye, 143, 440.
Sommières (Poitou), b, 411, 431,
Sonne (de La) sgr, b, 256.
Sonnets, 593, 711-2.
Sorbiers (sgrs de), b, 256-7.
Sorgues (Pont de), 184.
Souchon des Praux (Claude), b, 223, 278-80 ; Henriette, b, 285-6 ; Lucrèce, b, 177, 280, 234-5, 287-9 ; Pierre, b, 285.
Souloise, tor., 35.
Sources, 43, 89, 189, 199.
Sourribes, 24, 28, 245, 701.
Spectacles (Salle de), 41.
Spié (Jn), vic. g., 607, 620.
Spolette (Év. de), 433.
Spon (Jacob), méd. à Lyon, 384.
Staffarde, abbaye, b, 214.
Stainville (de), b, 356.
Stations romaines, 354.
Statues et bustes, 39, 42, 58, 183 ; des Saints, b, 14 ; de la Vierge, b, 14 ; de St Roch, 374.
Statuts : du chapitre, 308, 338, 342, 481 ; du clergé, 654-6 ; par les évêq. Lincel, 340 ; Othon, 315.
Storgius, év. de Gap, 214-6.
Strabon, 70, 301, 714.
Strasbourg, 78, 533, 540 ; b, 401.
Suau (du) Cl., sgr de La Croix, 473.
Subé (Jn), médecin, 572.
Subé-Blanc (Jn-Pierre), b, 353-4 ; Laurent, b, 324, 371.

Subdélégués de l'intend., b, 507-8
Suède, b, 176.
Suédert, prêtre, b, 165.
Suisse (La), b, 207.
Suisse (Le), 612-3.
Suisses, 74, 521, 543, 714.
Sully, b, 6.
Supérieurs du Séminaire, b, 482.
Supérieures des religieuses : de St-Joseph, b, 480 ; des Ursulines, b, 479.
Suse, xxv, 73-4, 195, 206 ; b, 438.
Suze (de) Henri-Barthél., arch. d'Embrun, 170, 175-6.
Syagrius, év. de Grenoble, 147.
Sylvestre, doctrinaire, b, 291.
Sylvius (Œnéas), pape, 470.
Syncelle (Le) Georges, 257.
Syndics : du chapitre, b, 349 ; de Gap, 287, 297. (Voir consuls) ; du séminaire, b, 483-4.
Synodes : de Chalon-sur-Saône, 169 ; de Lausane, 555 ; de Lyon, 131, 133 ; protestants : d'Ay-Champagne, b, 6 ; de Gap, b, 3-6, 35-9.

Tableaux, 171, 227, 528, 540 ; b, 442, 462.
Tacite, 713.
Taillas (de), xv.
Tailles, 375, 403, 564, 566, 569 ; b, 231, 295.
Tajan, 668.
Tallard, 57, 70-1, 74-5, 83, 115, 117-8, 251, 290, 331, 340, 396, 400, 473, 578, 590, 597-9, 652-4, 674, 678-80, 684, 690 ; b, 107-8, 137-42, 178, 182, 188, 196, 201, 359, 387, 390, 394 ; château, 279, 291, 359, 499, 518, 591, 599, 600 ; consuls, 684 ; b, 391 ; duché-pairie, 6, 265 ; église, 595 ; gouverneurs, 573, 647, 650 ; justice, 22 ; b, 191 ; médecin, b, 285 ; moulin, 351 ; prieur, b, 26, 141 ; vicomtes, 344, 361, 509-10,

565, 647 ; b, 7, 16, 116, 147, 318 ;
viguier, 563, 565.
Tallard (de) Pons, 366.
Tanc (du) Benoît, b, 75 ; Gaspar,
b, 66.
Tarascon, 221, 415, 438.
Tardieu, chan., 172-3 ; b, 371.
Tarentaise, 92, 126, 193, 367.
Tartone (Jean), pr. de Volone, 690.
Tartullis (de) Charles, b, 84.
Tauriniens, 79, 82.
Tavannes, 542, 653.
Tavernier, imprim., 187.
Taxil (de) Franç., b, 358.
Tellier (Le), b, 234, 322.
Temples, 585 ; b, 148 ; de St-André
à Gap, b, 453 ; de Ste-Colombe, b,
4, 37, 135 ; protestants, 102, 106,
152, 196, 366, 643, 666, 694.
Templiers, 15, 68, 182, 248, 268, 306,
327, 331, 333, 392 ; b, 24, 456-7,
467.
Tencin (de) Pierre Guérin, archev.
d'Embrun, b, 305-6, 308, 316.
Tende (de), gouv. de Provence, 598.
Terendel, command., 574.
Territus, év. de Gap, 110, 114, 119.
Testaments, 190, 212, 357, 405, 467 ;
de Gaucher de Forcalquier, 478 ;
de Marge Baud, dame de La Vil-
lette, b, 162 ; du chan. de Ricou,
b, 274 ; en faveur de Louis XI, 477.
Testevielle (Pierre), not., 366.
Teutons, 69, 91.
Textor (Olivier), 567.
Théâtre, 12, 149, 435.
Théodebert I, roi, 127 ; II, 166.
Théodose, le jeune, 57, 121.
Théodoric-le-Grand, 126, 159.
Théodoric ou Thierry II, 166-8.
Théologaux, b, 4, 152, 159, 186, 209,
415, 511.
Théologiens, 97, 119, 389, 396, 546,
567, 622 ; b, 170, 196, 200, 249,
284, 293, 316, 416, 512.

Théus, b, 177.
Thèze, b, 18.
Thibaud (Jacq.), chan., 568.
Thierry (Amédée), 7, 78, 80, 628 ;
Auguste, vii, xxxviii, 1, 5.
Thomacii (Jn), consul, 415, 458.
Thomas (St), 115 ; le père, b, 427 ;
not., 277.
Thomé (Claude), curé, b, 293 ; Franç.,
b, 354, 463 ; Jacq., chan., 686.
Thorame-Basse, 393.
Thorey (Pilot de), 462.
Thou (de), 88, 198, 571, 578-9, 606.
Tibaud (Jacq.), 503.
Tigide (St), év., de Gap, 110-4, 122.
Tite-Live, 63, 70, -80, 82, 83.
Tobar (del), b, 351.
Toiras (de), maréchal, b, 92.
Tombeaux : anciens, b, 457 ; divers,
558 ; de Gaucher de Forcalquier,
479 ; de Henri de Poitiers, 357 ; de
Robert du Sauze, 529 ; de St Ar-
noux, 232 ; des Apôtres, 151 ; b, 32.
Tonneins (synode de), b, 6.
Torchat (Pierre), 357.
Tornatoris (Jacq.), not., 330 ; Jean,
not., 316.
Torre-Pellice, 543.
Torrents : Ancelle, 455 ; Bonne, 15,
19, 102, 105, 153, 274, 536, 539,
558, 676 ; b, 438 ; Buzon, 15, 537,
577, 611 ; Combe-Noire, 577 ; Dé-
oule, b, 178 ; Grosse-Vache, 539 ;
Malecombe, 539 ; Rosines, 16, 652 ;
Sasse, 702 ; Selle, 16 ; Souloise, 36 ;
Turelet, b, 14, 353.
Toscane, 137.
Toulon, 196, 354-5.
Toulouse, 108, 142, 238, 271, 282,
424, 430, 468, 474.
Tour (La), baronnie, 352.
Tour (de La) Guil., prévôt, 617-8,
620 ; Hugues, sgr de Vinay, 349 ;
Pierre, 397 ; Thibaud, év. de Sis-
teron, 487, 489-91 ; b, 189.

Tour-Brune, à Embrun, 478, 665.
Tour-du-Pin (La), 311.
Tourettes (Col des), 199.
Tour-Landry (La), 149.
Tournai, bénéf., b, 242.
Tournay, const, b, 122.
Tournefort (Château de), 279, 290-1, 359.
Tourniaire, curé, b, 285.
Tournon, 80 ; collège, 709.
Tournoux, b, 215.
Tournu (Jos.-Bruno), b, 412 ; consul, b, 324.
Tourrès, prés. en l'élection, b, 296.
Tourrès-Lavalette, avocat, b, 354.
Tourriers, ham. de Gap, 14, 52.
Tourronde, ham. de Gap, 43, 52, 590 ; b, 118, 278.
Tours, évêq., 132.
Tours de La Bâtie-Neuve, 628 ; de Crest, b, 298 ; de la maison épiscopa'e de Gap, 310 ; de la maison du Laus, b, 180 ; de Laye, 610 ; des Maures, 15 ; du château de Tallard, 591.
Traités, 266-7, 284-90, 293-4, 296-7, 306, 308, 310, 312, 336, 349, 352, 359-60, 362, 365, 372, 396-9, 402, 424, 430, 440, 452, 456, 472-5, 500-1, 506-7, 565, 573, 662, 680, 684, 701 ; b, 146.
Trajan, 112, 166.
Transactions, 267, 281, 290, 303, 306-7, 316, 358, 362, 381, 396, 398, 440-1, 456, 497, 562-5, 571, 581 ; b, 44, 55-6, 59, 82, 193, 209, 277, 319, 348.
Transferts : à Gap, de la foire St-Martin, 450 ; du baillage de Serres, 498, 501, 508.
Translation du corps de St-Arnoux, 236.
Tremblements de terre, 105, 297 ; b, 74.
Tréminis, b, 222.

Trente (Concile de), b, 11.
Treschâtel, ham. de Gap, 43, 52, 317.
Trescléoux, 70, 221, 231 ; b, 420.
Trésoriers généraux, b, 17.
Trian (de) Anne, 509, 599 ; Arnaud, 344, 361, 509 ; Louis, 509.
Tribunaux de Briançon, 101 ; de Gap, 250, 449, 458, 463, 495, 500.
Tricant (Aimé), b, 128.
Tricastins, 79, 84, 87.
Tricoloriens, 9, 70, 78, 638.
Tricoriens, 3, 9, 49, 61-3, 70-1, 75, 78, 84, 87, 89, 91, 102, 461.
Trinitaires, 266, 272.
Trivulce, card., 26, 564 ; b, 380 ; maréchal, 521.
Trophime (St), 97.
Troubadours, 242, 258, 622.
Troubles : à Agnielles, 322 ; à Gap, 267, 285, 297, 314, 356, 395, 441, 451, 457-8, 461, 471, 535, 570, 604-5 ; b, 135, 382, 421 ; à Genève, 538.
Troupeaux, 140, 322.
Trouvailles à Gap, 171, 529 ; au Monêtier-Allemont, 354.
Troyes, évêq., 357.
Tube (de) Jean, 527.
Tumuli, 80.
Turcs, 237, 252.
Turenne (de) Raymond, 399.
Turellet, ruiss. de Gap, 15 ; b, 14, 17, 20, 30, 353, 381, 455, 466.
Turin, 202, 205, 279 ; b, 81, 221, 422.
Turin (Franç.), prêtre, b, 16, 36, 39.
Tyriens, 60, 79.

Ubaye, vallée, 561 ; b, 215.
Ughelli, 427-8.
Université de l'Église de Gap, 20, 172, 475, 479, 528, 566, 589 ; b, 58, 60, 62.
Upaix, 366 ; b, 359, 560 ; prieurs, 389, 687 ; b, 293.
Urbain II, pape, 214, 231, 235, 237 ;

V, 360, 365 ; VI, 289 ; VIII, b, 123.
Ursins (des), card., b, 186.
Ursolis, 74.
Ursulines: d'Aix, b, 279 ; de Gap, 25 ; b, 48, 272, 425, 453 ; de Sisteron, 196.
Ursus (St), martyr, 107.
Utrecht (Paix d'), b, 272.

Vacca (Martin), commandeur, b, 452.
Vaccon (de) J.-B. év. d'Apt, b, 311.
Vachères (de), sgr, 676.
Vachier (Arnoux), not., 602 ; Jean, chan., 402.
Vachon (de) Louis, b, 16-7, 154, 466.
Vading (Luc), 427-8.
Vagiennes, 75.
Vaisor, 121, 126.
Valangin, ville, 542-3.
Valatonius, év. de Gap, 160, 163, 179-8, 189, 190.
Valbonnais, baronnie, 352 ; b, 508 ; historien, ix, 118, 289, 314, 353 ; prieur, b, 202.
Val-des-Prés, 84, 86.
Valence, 73-4, 86, 126, 140, 145, 151, 156, 193, 239, 511, 551, 606, 709 ; b, 122 ; concile, 114 ; évêq., b, 311 ; imprimeur, b, 433 ; précenteur, 393.
Valentin (Jacq), b, 14 ; Jean, b, 275 ; Vincent, 316.
Valentinien III, 121.
Valentinois, 355.
Valerres, 223, 653, 701 ; b, 425.
Valette (La), 668-9, 677, 680, 701.
Vaigaudemar, 329 ; b, 34, 114, 357.
Vallée (La), chapelier, b, 243.
Vallées: Angrogne, 543 ; Barcelonnette, 522 ; Buëch, 319, b, 89 ; Champsaur, 83 ; Dévoluy, b, 32-3 ; Drac, 339, 403 ; Durance, 83, 86, 99, 140, 561 ; Guil, 161 ; Luye, 83, 85, 104, 155, 408, 539 ; b, 218, 341 ; Queyras, b, 215 ; Ubaye, 561 ; Vance, Vence, 83, 340, 610 ; Ventavon, 700 ; Vitrolle, 700.
Vallier (Gustave), 233.
Vallière (La), b, 157.
Vallon (Ant.), b, 129 ; Benoît, b, 463 ; Franç., b, 350-1, 376 ; not., b, 400-1 ; président, b, 275.
Vallon-Corse (Franç), historien, vii, 50, 60, 180, 713-6 ; b, 145, 253.
Vallouise, 87, 245, 368-9, 409, 474, 666 ; b, 34, 439.
Valserres, 26, 83, 154, 156, 332, 339, 531, 560, 700 ; b, 176, 242, 272, 455.
Valserres (de) Guil., 277, 332 ; Lantelme, 277.
Vance, vallée, 83, 340.
Vandales, 124.
Vandolle, terre, 472.
Varey (de) Jeanne, 647.
Vargeri (Jn), chan., 260.
Vars, 522 ; col, b, 215.
Vars (de) Raymond, b, 215.
Vases apollinaires, 57.
Vaubar, b, 206.
Vaudois, 197, 245, 2-3, 369-70, 383-92, 474-5, 666.
Vaugondy (de) Robert, 71.
Vaunaveis, 235.
Velaine (Le) Alex., doyen, b, 210-1.
Velin (Jacq.), avocat, b, 58, 65, 67, 69, 79, 84, 103, 109, 118 ; consul, 630 ; Jean, 563.
Vellesius, év. de Gap, 129, 132, 144.
Venac (de) Guil., bailli, 468-9.
Vence, b, 306.
Vendôme, 222-30.
Vénétie, Venise, 137, 425, 432.
Ventavon, 75, 243, 677 ; b, 114 ; comté, b, 358 ; mandement, 274 ; plaine, 668 ; sgrs, 244, 281, 503 ; vallée, 700.
Venterol, 330, 596, 653 ; avocat, b, 343, 373-4.
Venterol (de) Ferand, 331 ; Maxi
Ventes: de Charance, b, 78 ; de La

Bâtie-Neuve, b, 319 ; du grand poids, b, 55 ; de Lettret, 602. min, commandeur, 400.
Vêpres siciliennes, 340.
Verdier (Pierre), de Grenoble, b, 145.
Verdun, 355, 668.
Vergy (de) Gabrielle, 239.
Verjus (abbé), b, 205.
Vernille (Pierre), 563.
Vernin (Jn), not., 503.
Vérole (Petite) à Embrun, b, 216.
Vérone, 81, 256, 262.
Versailles, b, 210, 226, 273.
Vertot (de) abbé, 362.
Véseronce (Bataille de), 127.
Vesta (Prêtres de), 104-6.
Veynes, 75, 84, 89, 356, 695 ; b, 62. 89, 95, 218, 245, 357, 417 ; clerc, 367 ; cosgr, b, 499 ; curé, b, 399 ; foire, 532, 597 ; not., 483.
Vial, not., à Embrun, b, 310.
Vibaillis de : Briançon, 474 ; Champsaur, 101 ; b, 493, 499 ; Gap, 6, 483; 503, 519, 562, 568, 588, 615 ; b, 61, 63, 73, 99, 155, 210, 226, 231, 273, 371, 395, 401, 444, 463, 492-3 ; Graisivaudan, b, 197.
Vic (de) commise, 698.
Vicaires de : Briançon, xxv ; Forcalquier, 322 ; Gap, xxiv-v ; b, 470 ; St-André-de-Gap, b, 470 ; Sigoyer, b, 313.
Vicaires généraux, 96, 608, 686 ; b, 106, 123, 163, 170, 205, 211, 280, 307, 316, 328, 362, 380, 386, 397, 399, 411, 417, 432. 509-18.
Vicomtes de : Béthizy, 339 ; Broc, 149 ; Marseille, b, 252 ; Pasquiers 684 ; Tallard, 1, 118, 351, 509, 565, 662, 647 ; b, 7, 16, 116, 147, 264.
Victor II, pape, 207, 219, 231 ; év. de St-Paul-Trois-Châteaux, 133-4.
Victor-Amédée, duc de Savoie, 591 ; b, 116, 214, 221.
Videl (Louis), ix, 13, 31, 338-9, 404, 584-5, 587, 589, 610-2, 624, 626, 637, 651-2, 658, 664, 666, 668, 678, 680, 681, 691.
Vies de : S. Arnoux, 230 ; S. Grégoire, 119 ; des saints, 67.
Vienne, 72-4, 92, 97, 126, 145, 147, 167, 169, 181, 239, 253-4, 261 ; archevêques, 261, 279, 354, 360 ; b, 307, 316, 338, 380, 460, 480 ; comté, 216, 284, 318, 352 ; concile, 333 ; diocèse, 563, 666 ; royaume, 193, 333.
Viennoise, 92, 125.
Vieux (Guil.), 367, 418 ; Raymond, 448.
Vignaux, prieur, b, 511.
Vignon (Marie), b, 40.
Viguiers de Tallard, 563, 565.
Vilar (Ant.), b, 440 ; Marius, 397.
Villar (Alex.), consul, b, 93, 102.
Villar (du) Franç., b, 223 ; gouvern., 693 ; b, 19, 21, 61, 66, 118, 466.
Villar-Robert, ham. de Gap, 52.
Villar-d'Arènes, 75.
Villars (de) Henri, archev., 355, 480.
Villebois (de), b, 231-5.
Villemur (de), marquis, b, 356.
Villeneuve-lès-Avignon, b, 333 ; chartreuse, 406 ; gouverneur, b, 188.
Villeneuve (de) Franç., év. de Viviers, b, 234, 311.
Villeroy (de), duc, 690.
Villette (de La), abbé de Clausone, 700 ; b, 401, 417 ; Albert, b, 162 ; Pompée, b, 351, 357.
Villevieille (de), maréchal, 581.
Villon (Jacq.), prévôt de Barjols, b, 230 ; Pierre, id., 448.
Vin (Dîme du), 399, 400-1.
Vinay, commandeur, 588 ; sgr, 349.
Vincent-Ferrier (St), 409, 474, 666.
Vincent (Père), capucin, b, 31, 401, 404.
Vincennes (Bois de), 352.
Vins (de), 667.

Vins étrangers, 267, 288, 315, 317, 377, 418.
Vintimille, évêq., 433 ; vic. g., b, 284.
Violences, 266-7, 354, 551, 704.
Virez (D^r), b, 304.
Virville (de), gouvern. de Gap, b, 236.
Visigoths, 125-6, 128, 149.
Viso, mont, b, 360.
Vistule, 125.
Vital de Draguignan, b, 272.
Vitalis (de) Benoît, b, 232, 445 ; Daniel, chan., b, 44-5.
Viterbe (de) Annius, 78.
Vitrolle, 283, 700 ; b, 360.
Vitrolle (de) Jacq., 277.
Vivarais, 574.

Vivian (Ant.), 641.
Vivien, commandant, 68.
Vivier (du), b, 359.
Viviers, 126 ; b, 311, 321.

Weiss, b, 121, 145, 408.
Wendich, 126.
Wiederhold (Wilhelm), 558.

Yllins (d'), 698.
Yse. Voir Ise.

Zaban, lombard, 140.
Zagarola, 235.
Zosime, 114.
Zuingle, 540.
Zurich, 540.

ERRATA.

TOME Ier.

Pages.
11, note, dernière ligne, *ajouter*, avant p. 210, 1908.
58, ligne 26, *lire* prononcer.
62, » 17, » numismate.
80, note, l 11, » son.
84, ligne 34, » une.
90, ligne 15, » favorables.
126, note 3, l. 2, » siecle.
152, ligne 13, » le lui.
250, note 3, l. 3, » celle.
460, ligne 33, » et.
479, note 2, l. 1, » démolition.
533-534. « Sous ce rocher... naissance ». Ces deux paragraphes ont été déjà publiés à la page 519.
539, ligne 30, *lire* huguenols.
558, note 2, l. 17, » eu.
622, ligne 23, » troubadour.

TOME IIe.

Pages.
8, ligne 12, *lire* de la Luye.
16, ligne 4, » Carpentras.
35, ligne 25, » Carpentras.
41, ligne 32-3, » conversions.
69, ligne 31, » précéder.
84, ligne 21, » coulumes,
99, ligne 6, » -XXXIIIe.
112, ligne 23, » perdront.
164, ligne 7, » ecclésiastiques.
166, note 3, l. 2, » janv.
333, ligne 25, » consommée.
342, ligne 17, » barreau.
386, ligne 23, » 1768.
467, ligne 31, » généraux.

TABLE ANALYTIQUE

DU TOME IIe

DE L'HISTOIRE DE GAP & DU GAPENÇAIS.

(Voir les Sommaires en tête de chaque Lettre.)

———⋈———

		Pages.
	Note de l'éditeur...	v
XXXe Lettre.	Épiscopat de Charles-Salomon du Serre, 1re partie [1602 à 1614]...	1
XXXIe Lettre.	Idem. Suite (1615 à 1630)...................................	29
XXXIIe Lettre.	2e partie. Idem (1602 à 1620).............................	53
XXXIIIe Lettre.	Idem. Suite (1620 à 1629)..................................	75
XXXIVe Lettre.	Idem. Fin (1629 à 1637)....................................	100
XXXVe Lettre.	Épiscopat d'Artus de Lionne (1637 à 1661)...............	120
XXXVIe Lettre.	Pierre Marion (1661 à 1675). Notre-Dame du Laus......	156
XXXVIIe Lettre.	Guillaume de Meschatin (1677 à 1679)...................	194
	Victor Meillan (1680 à 1692)................................	197
	et Charles-Bénigne Hervé (1692 à 1706).................	205
XXXVIIIe Lettre.	Charles-Bénigne Hervé. Suite (id.).......................	229
XXXIXe Lettre.	François Berger de Malissoles (1706 à 1726)............	259
XLe Lettre.	Idem. Suite (1727 à 1738)..................................	303
	Claude de Cabanes (1739 à 1741).........................	328
XLIe Lettre.	Jacques-Marie de Condorcet (1742 à 1756)..............	337
XLIIe Lettre.	Pierre-Amat de Pérouse (1756 à 1762)...................	377
	François de Narbonne-Lara (1763 à 1774)................	386
	François-Gaspar de Jouffroy-Gonsaus (1774 à 1778)...	397
	J.-B. Marie de La Tour-Landry (1778 à 1784)...........	398
XLIIIe Lettre.	Les temps modernes (1784 à 1839).......................	410
	La Révolution (1789 à 1800)...............................	421
	L'Empire, La Restauration, etc. (1804 à 1845).........	426
XLIVe Lettre.	Monuments anciens de Gap................................	432
	— détruits par les Protestants...................	435
	— disparus avant les guerres de religion......	459
	Établissements postérieurs aux guerres de religion.....	462

	Pages
Listes supplémentaires...............................	470

Listes religieuses et monastiques

Dominicains...	450,	471
Cordeliers...	451,	475
Capucins...	469,	476
Ursulines...	453,	479
Religieuses de St-Joseph................................	463,	480
Ancien Séminaire de Gap...............................		482

Listes administratives et judiciaires...............	486
Secrétaires de la ville de Gap.........................	487
Procureurs de la ville.....................................	489
Procureurs du Roi en l'hôtel de ville................	492
Vibaillis de Gap et du Gapençais.....................	492
Procureurs du Roi au bailliage........................	494
Avocats du Roi au bailliage............................	495
Juges épiscopaux de Gap...............................	495
Juges d'appel épiscopaux...............................	500
Juges du chapitre de Gap...............................	501
Présidents et autres officiers de l'Élection.......	502
Gouverneurs de Gap......................................	504
Sergents-majors de Gap.................................	506
Subdélégués de l'Intendant.............................	507
Vicaires généraux du diocèse de Gap..............	509
Table générale...	519

FIN DU TOME SECOND.

Fini d'imprimer le 21 février 1910.

Gap. — Imprimerie & Librairie Alpines, rue Carnot, 13.

PRINCIPALES PUBLICATIONS
de l'Abbé Paul GUILLAUME.

Descrizione storica e artistica di Monte Cassino, 1re édit., 1874, in-16 de 290 p.; 2e éd., 1880, in-16 de 284 p. (Épuisé.)

Essai historique sur l'abbaye de Cava (près Naples), d'après des documents inédits. Naples, 1877, in-8° de 626 p.

Le Mystère de Sant Anthoni de Viennès, publié d'après une copie de 1503. Gap, 1884, in-8° de cxx-224 p. et fac-simile.

Le Mystère de Saint Pierre et Saint Paul, publié d'après un ms. du XVe siècle. Gap, 1887, in-8° de xx-236 p.

Le Mystère de Sanct Poncz, publié d'après un ms. du XVe siècle. Gap, 1888, in-8° de xvi-243 p. (Épuisé).

Le Mystère de Saint Eustache joué en 1504, avec une traduction française, 2e édit. Montpellier, 1891, in-8° de 180 p. (quelques exemplaires).

Chartes de N.-D. de Bertaud, second monastère de femmes de l'Ordre des Chartreux, diocèse de Gap (1188-1449). Gap, 1888, in-8° de lvi-368 p.

Chartes de Durbon, quatrième monastère de l'Ordre des Chartreux, diocèse de Gap (1116-1452), Montreuil-sur-Mer, 1893, in-8° de xxx-904 p. et une vue.

Histoire générale des Alpes-Maritimes ou Cottiènes et particulièrement d'Ambrun, leur Métropolitaine, par le L. Marcellin Fornier, Tournonois. Paris, 1890-92, 3 vol. gr. in-8°, lvi-816, iv-779, xxiv-559-176* p.

La Période révolutionnaire dans les Hautes-Alpes, par Théod. Gautier, 1790-1830. Gap, 1895, in-8° de iv-190 p.

Inventaire sommaire des Archives départementales des Hautes-Alpes, séries A, B, C. Gap, 1887, in-4° de xviii-414 p.

Idem. Série G, t. I (Archidiocèse d'Embrun). Gap, 1891, in-4° de xxxiv-502 p.

Idem. Série G, t. II (Diocèse de Gap). Gap, 1895, in-4° de xx-491 p.

Idem. Série G, t. III (Évêché de Gap). Gap, 1897, in-4° de l-468 p.

Idem. Série G, t. IV (Secrétariat de l'Évêché et Chapitre de Gap). — Gap, 1901, in-4° de xliv-478 p.

Idem. Série G, t. V (Chapitre et Université de l'église de Gap). — Gap, 1904, in-4° de xxviii-504 p.

Idem. Série G, t. VI (Clergé diocésain, etc.). Gap, 1909, in-4° de cclxxvi-491 p.

Idem. Série H supplément (Hospices de Briançon, d'Embrun et de Gap). — Gap, 1899, in-4° de iv-619 p.

Idem. Arch. Communales; Ville de Guillestre. Gap, 1906, in-4° de cxxiv-512 p. et 1 carte au 1/100.000e.

Idem. Arch. Communales: Ville de Gap. Gap, 1908, in-4° de xxviii-444 p.

Idem. Série E. Archives de Savine. — Sous presse.

Idem. Série L. Période révolutionnaire. — Sous presse.

www.ingramcontent.com/pod-product-compliance
Lightning Source LLC
Chambersburg PA
CBHW070331240426
43665CB00045B/1332